DANIEL HALÉVY

Du libéralisme au traditionalisme

SÉBASTIEN LAURENT

DANIEL HALÉVY

Du libéralisme au traditionalisme

Préface de Serge Berstein

BERNARD GRASSET
PARIS

COLLECTION DIRIGÉE PAR
PATRICK WEIL

Tous droits de traduction, de reproduction et d'adaptation
réservés pour tous pays.

© *Éditions Grasset & Fasquelle*, 2001.

*A la mémoire de mon frère,
le capitaine Cyrille Laurent,
mort en service aérien commandé*

Remerciements

Ce livre est issu d'une thèse de doctorat en histoire intitulée *Daniel Halévy (1872-1962). Une écriture entre littérature et politique. Du libéralisme au traditionalisme*, soutenue en janvier 2000 à l'Institut d'Etudes Politiques de Paris, travail que M. le professeur Serge Berstein a bien voulu accepter de diriger. Il a encouragé et appuyé notre initiative, créant également les conditions favorables à un bon déroulement de cette recherche. Qu'il en soit ici très sincèrement et profondément remercié. Le jury de la thèse, composé de MM. les professeurs Serge Berstein, Géraldi Leroy, Jean-Marie Mayeur, Jean-Yves Mollier, Jean-François Sirinelli et Michel Winock, a formulé lors de la soutenance une série de remarques dont ce livre tient compte en grande partie.

A l'origine de ce travail se trouve Mme Elisabeth Reyre envers qui notre dette est grande. Sans M. Jean-Pierre Halévy qui nous a ouvert pendant plus de sept ans ses archives familiales, ce travail n'aurait pu être entrepris. Nous lui devons beaucoup et lui exprimons notre vive gratitude. Il nous a laissé libre de construire comme nous l'entendions notre interprétation, connue de lui sous forme d'hypothèses dans notre mémoire de DEA, soutenu en 1993. L'analyse historique a ainsi, comme souvent, divergé de la mémoire familiale. La gratitude que je lui témoigne n'engage en rien son jugement, que je sais réservé, sur le fond de mon travail. D'autres membres de la famille Halévy nous ont également témoigné leur confiance en nous permettant de consulter les papiers familiaux : Mme Claude Nabokov, M. Pierre Joxe, Mme Henriette Guy-Loé. M. Paul Beauvais, collectionneur d'autographes depuis plus de cinquante ans, a bien voulu nous permettre de consulter sa merveilleuse collection concernant Daniel Halévy. Que tous sachent notre profonde gratitude.

Anne Simonin, Michel Prat et Vincent Duclert qui ont bien voulu relire la thèse avec vigilance nous ont fait part de leurs remarques, qu'ils en soient très sincèrement remerciés. Ce travail est issu en grande partie de réflexions nées dans le cadre d'un groupe de travail réunissant Philippe Olivera, Judith Belpomme, Hervé Serry, Thomas Loué, Blaise Wilfert et Bruno Goyet : que tous soient vivement remerciés. Des collègues et camarades nous ont soutenu tout au long de ce travail et nous ont encouragé, en particulier toute l'équipe du Cedias-Musée social : Mme Colette Chambelland, Mme Françoise Blum et M. Anthony Lorry. Mme Fulvia Gentili a bien voulu effectuer les traductions italiennes et Mme Dominique Reyre, professeur à l'Université de Toulouse-Le Mirail, les traductions espagnoles. Les archives Grasset nous ont été ouvertes, nous en remercions M. Jean-Claude Fasquelle, M. Denis Lepeu, Mme Marie-Hélène d'Ovidio. Nos recherches en Italie ont été facilitées par M. Marco Gervasoni à Milan et par M. le professeur Gaetano Quagliariello à Florence. Mme Diana Ruësch nous a facilité l'accès du fonds Prezzolini à Lugano. De nombreuses personnes nous ont ouvert leurs archives familiales ou ont facilité l'accès à des sources inédites : M. Jean-Michel Guittard, M. Guy Dupré, M. Jean-Pierre Dauphin chez Gallimard, MM. André et Jean d'Ormesson, Mme Guillemette Andreu, Mme Sabine Bricard, Mme Henri Gouhier, M. René Mougel, Mmes Claire et Jacqueline Paulhan, Mme Schweisguth, la famille Bainville, la famille Guy-Grand, M. Thierry Massis, Mme Nicole Maurras et M. Jacques Maurras. Nos recherches dans les fonds publics ont été facilitées par Odile Gaultier-Voituriez, conservateur des archives d'histoire contemporaine, M. Jean-Marie Jenn, conservateur des archives départementales de Paris, Mme Ariane Ducrot, conservateur général aux Archives nationales, Mme Suzanne Champonnois, conservateur des archives de l'Inalco, Mme Laffite-Renaudie, conservateur des archives de l'Institut, Mme Ogilvie, conservateur des archives de l'Institut Pasteur, Mme de Lussy, Mme Le Pavec et Mme Sacquin à la Bibliothèque nationale, M. François Chapon, conservateur de la bibliothèque littéraire Jacques Doucet, M. Ozanam, conservateur des archives de l'ordre des avocats, Mme le professeur Julie Sabiani, directrice du Centre Charles Péguy d'Orléans, Mme Dauphragne, bibliothécaire de l'Ecole normale supérieure. De nombreuses personnes qui ont connu Daniel Halévy et le quai de l'Horloge ont bien voulu nous accorder des entretiens : Mme Eliane Broïda (†), M. Jean Guitton (†), Mme Nicole Maurras et M. Jacques Maurras, M. François Léger, M. Claude Bourdet (†), M. Paul Sérant, M. Pierre Boutang (†), M. Eric de Dampierre (†).

A Wanda et Valentine va toute ma reconnaissance pour leur grande patience.

A mes parents, correcteurs scrupuleux de la thèse, va toute ma gratitude affectueuse.

Grâce à Patrick Weil et à Olivier Nora, la thèse est devenue un livre.

Préface

par Serge Berstein

Il existe quelque paradoxe dans le choix fait par Sébastien Laurent de consacrer plusieurs années de sa vie à écrire la biographie historique de l'inconnu célèbre qu'est Daniel Halévy. Si le nom des Halévy est en effet intimement lié à l'histoire de la France aux XIXe et XXe siècles, c'est, bien sûr, en raison de la notoriété de Ludovic Halévy, librettiste des opérettes d'Offenbach, ou, de manière moins primesautière, de celle d'Elie Halévy, frère de Daniel, philosophe et historien, spécialiste reconnu de l'histoire de l'Angleterre contemporaine et observateur sagace et inquiet des évolutions de la vie politique dans l'entre-deux-guerres. Or, il faut bien le reconnaître, Daniel Halévy ne jouit pas de la même aura. Non qu'il soit totalement inconnu. Mais c'est moins un parcours que quelques images isolées que l'histoire a retenues de son œuvre. Essayiste de talent, il se frotte à une sociologie rurale encore dans les limbes avec sa *Visite aux paysans du Centre* dont la première mouture date de 1910. Les historiens connaissent de lui deux ouvrages portant sur les débuts de la IIIe République, *La Fin des notables*, publiée en 1930 et *La République des ducs*, parue en 1937, mais ces ouvrages ne font pas autorité en matière scientifique. Enfin, Daniel Halévy figure parmi les pamphlétaires situés dans le sillage de l'Action Française et des ligues d'extrême droite par sa virulente critique du parlementarisme et du radicalisme écrite au lendemain du 6 février 1934, la *République des comités*. En fait, le contenu de ces livres n'est informatif que par raccroc et l'analyse y sert de soubassement à un jugement de valeur de caractère politique qui place leur auteur à contre-courant de son époque. Car ce qui motive la rédaction de ses ouvrages les plus connus, c'est la nostalgie d'un monde en voie de disparition, celui de la vie rurale traditionnelle dans le premier cas, celui d'une vie politique dominée par la grande bourgeoisie libérale dans le second, celui enfin du refus méprisant de la démocratie substituant à ses yeux le règne des petits et des médiocres au gouvernement des élites. Ainsi se trouve posé le principe d'unité qu'en bonne méthode historique Sébastien Laurent s'est bien gardé de fixer a priori, mais qui ressort avec éclat de la biographie exemplaire qu'il nous livre.

Biographie. L'étude d'un parcours singulier (et un intellectuel ne saurait être que singulier) présente-t-il un intérêt pour l'historien dont la préoccupation n'est pas de restituer pour elle-même l'existence d'un individu mais de saisir les évolutions collectives de la société ? Oui, si l'individu en question permet par son itinéraire de comprendre les motivations profondes de phénomènes sociaux qui dépassent sa seule personne. Or tel est précisément le cas du présent ouvrage. Daniel Halévy tel que le restitue Sébastien Laurent permet en effet de saisir de manière significative trois phénomènes historiques importants.

Le premier relève de l'histoire sociale et éclaire le processus d'assimilation des juifs dans la France des XIXe et XXe siècles. Sébastien Laurent nous montre comment l'ancêtre bavarois des Halévy gagne à la fin du XVIIIe siècle une France où la révolution va bientôt procéder à l'émancipation des juifs dans une perspective assimilatrice qu'accepte avec enthousiasme Elie Halfon Lévi. La suite semble destinée à illustrer de manière exemplaire ce processus d'assimilation. Dès la seconde génération, Léon Halévy devient secrétaire de Saint-Simon, professeur de littérature française à l'Ecole polytechnique et prophète du « franco-judaïsme », de la fusion complète entre juifs et Français, la religion demeurant cantonnée à la sphère privée. Il prêche d'ailleurs d'exemple, épousant la fille du secrétaire perpétuel de l'Académie des Beaux-Arts et faisant baptiser ses enfants dans la religion catholique. Une nouvelle étape de l'assimilation est franchie avec les enfants de Léon, Ludovic, le premier Halévy à s'assurer la célébrité grâce à son activité de librettiste, de dramaturge, puis de romancier, parcours couronné par une élection à l'Académie française en 1884, et Anatole Prévost-Paradol, fils naturel de Léon, brillant journaliste libéral et orléaniste. A ce stade, la fusion est totale, les Halévy, désormais catholiques, mais faisant preuve d'une grande indifférence religieuse, étant étroitement intégrés au milieu intellectuel parisien et leur salon accueillant journalistes, écrivains, peintres et musiciens. Leur parcours est-il significatif ou constituent-ils un cas isolé ? La réponse de Sébastien Laurent, confirmant d'autres recherches historiques, est nuancée : les Halévy sont représentatifs de la réussite sociale de quelques familles juives immigrées au XIXe siècle, mais la masse de la communauté est constituée d'artisans et de petits commerçants, au statut modeste, voire médiocre. Quoi qu'il en soit, enrichis, vivant une vie aristocratique, passant leurs vacances à Dieppe, admirateurs de l'Angleterre libérale et raffinée, fréquentant les milieux d'avant-garde, les Halévy ne se sentent plus guère, à l'orée du XXe siècle, descendants d'immigrés juifs. Il est vrai que, leur patronyme aidant, d'autres le sentent pour eux, depuis Barrès qui commente sur le mode antisémite l'élection de Ludovic quai Conti jusqu'au commandement militaire allemand qui fait figurer en 1943 les noms de Daniel et Elie Halévy sur la liste Otto comme ceux d'écrivains juifs de langue française dont les ouvrages sont désormais interdits. Daniel Halévy, arguant qu'il n'était pas juif aux termes de la législation de Vichy, se fera relever de cette interdiction. Argumentation qui ne parut sans doute pas convaincante au Commissariat général aux Questions juives qui, en juillet 1944, décide d'ouvrir un dossier à son nom. De son côté, Jean Guéhenno, dans son *Journal des années noires* reprochera à Daniel Halévy son indifférence au statut des juifs, qualifiant de « juif honteux » cet écrivain dont la famille est assimilée depuis trois générations et qui, pour sa part, ne se sent pas juif.

Le second intérêt de l'ouvrage de Sébastien Laurent relève de l'histoire culturelle. Fils d'un écrivain et académicien, élevé dans un milieu artiste et cultivé, condisciple et ami de Proust au lycée Condorcet, Daniel Halévy n'imagine pas pour lui d'autre carrière que littéraire. Aussi brûle-t-il de mettre ses pas dans ceux des poètes d'avant-garde, s'enthousiasmant pour le symbolisme ou le décadentisme et se proclamant (à seize ans !) chef de file d'une nouvelle et éphémère école littéraire baptisée « subtilisme ». Sur les traces de son frère Elie, il connaît un moment philosophique et la découverte de Nietzsche qu'il traduit le conduit à rédiger la première biographie en français du penseur allemand. Mais Daniel Halévy, même s'il connut quelques succès littéraires limités, n'occupe qu'une place très secondaire dans l'histoire de la littérature française, tout du moins comme écrivain. Son intérêt historique est ailleurs, dans la conquête, mise en évidence par l'ouvrage, d'un pouvoir littéraire impressionnant. Les fortes pages où Sébastien Laurent démonte les ressorts de celui-ci constituent, en la matière, un modèle d'analyse. Ce pouvoir est fondé sur trois piliers qui se renforcent les uns les autres et aboutissent, par un effet de symbiose, à faire de Daniel Halévy, un des détenteurs majeurs de l'influence dans les milieux éditoriaux durant la période de l'entre-deux-guerres. Premier fondement de cette influence, la direction, de 1920 à 1933, de la prestigieuse collection des « Cahiers verts », créée par les éditions Grasset. Halévy y publie plus d'une centaine d'ouvrages, romans, essais, nouvelles, poésie, histoire, théâtre, etc. dus aux plumes les plus renommées, telles celles de Mauriac, Maurois, Giraudoux, Morand, Malraux, Montherlant ou Chamson. Très vite, cette collection fait figure de référence et le fait pour un écrivain d'y être publié vaut reconnaissance de sa qualité. Second pilier du pouvoir littéraire d'Halévy, son salon du quai de l'Horloge où se pressent, outre les amis et familiers, les collaborateurs ou futurs collaborateurs des « Cahiers verts » pour qui la fréquentation du salon constitue l'antichambre de l'entrée dans la collection des éditions Grasset. Enfin, la critique littéraire forme le troisième pôle de cette magistrature d'influence exercée par Halévy. Elle lui permet de défendre les conceptions classiques qui lui tiennent à cœur, de pourfendre les tenants de l'avant-garde et de présenter sous le jour le plus avantageux ses auteurs des « Cahiers verts » ou ceux qu'il espère y attirer par quelque jugement flatteur. Au-delà même de la collection qu'il dirige, Daniel Halévy inspire chez Grasset la collection « Ecrits » et fait entrer dans la maison d'édition Jean Guéhenno qui en deviendra un des piliers et des écrivains comme Jean Grenier, Louis Guilloux ou André Chamson, ainsi que les jeunes catholiques animateurs des « équipes sociales » autour de Robert Garric. Ce rôle d'éveilleur intellectuel, de chasseur de têtes de futurs écrivains à succès, et, ajoutons-le, de champion du classicisme littéraire désignait naturellement Daniel Halévy pour un siège à l'Académie française qui lui paraissait promis et auquel il songea dès 1934. Or, sur ce point ses espérances devaient être déçues, sa candidature de 1935 étant éclipsée par celle de Bainville, plus représentatif que lui de la droite maurrassienne et celle de 1953 au fauteuil de Jérôme Tharaud apparaissant à contre-courant de la tonalité politique du second après-guerre. A ce stade, l'écrivain et directeur de collection Halévy est rattrapé par son évolution politique.

Celle-ci constitue sans doute l'aspect le plus original de l'ouvrage de Sébastien Laurent, souligné par le sous-titre « Du libéralisme au traditionalisme ». C'est en effet la dérive possible du courant libéral, affronté à la démocratisation de la société française au XXe siècle qu'illustre le destin de Daniel Halévy. Issu d'un milieu de grande bourgeoisie libérale de nuance orléaniste, admirateur de la monarchie constitutionnelle, convaincu que le seul gouvernement qui vaille est celui exercé par les élites compétentes et cultivées, Halévy va se trouver en porte-à-faux par rapport à l'évolution sociale et politique de son temps. Il se trouve que, comme nombre de jeunes intellectuels libéraux, Daniel Halévy est dreyfusard. Sans doute par mimétisme familial (après tout, les origines juives de la famille la désignent aux attaques des antisémites), mais aussi par réaction contre le déchaînement populiste des antidreyfusards et refus de se laisser emporter par les haines irrationnelles d'une populace pour laquelle il n'éprouve que mépris. Son idéal est ailleurs. Il est dans l'attachement sentimental à un socialisme humaniste, dans le devoir d'éducation populaire qui incombe aux élites et qui le conduit à fréquenter les milieux du christianisme social, à militer à la Ligue des Droits de l'Homme et à l'Union pour l'action morale, à tâter du socialisme à Versailles, à prononcer des conférences dans les Universités populaires, à collaborer aux *Cahiers de la Quinzaine* de Charles Péguy. Comme nombre d'intellectuels, en particulier Sorel, avec lequel il est lié, Halévy fait partie des déçus du dreyfusisme qui considèrent que les raisons morales qui les ont conduits à s'engager dans l'Affaire sont déviées par l'utilisation politique qui est faite de la victoire des dreyfusards. Le tournant démocratique pris par la vie politique française au début du XXe siècle heurte profondément ce libéral élitiste, méfiant envers le suffrage universel, et conservateur de tempérament. La brouille avec Péguy, consécutive à leurs différences de lecture sur l'Affaire, achève de le couper de ses anciens amis. C'est désormais, et de plus en plus, vers les adversaires de la République parlementaire et de l'évolution démocratique que se sent attiré Halévy. Dès avant la guerre de 1914, il se rapproche de Maurras, tout en pointant ses désaccords avec lui et en subissant de plein fouet l'antisémitisme des tenants du nationalisme intégral. Toutefois les critiques adressées aux dreyfusards par Halévy, instrumentalisées par l'Action Française, provoquent un rapprochement de fait, accentué par l'analyse très favorable que les fondateurs du Cercle Proudhon font des thèses de Daniel Halévy sur la décadence démocratique. Désormais, ce dernier, profondément convaincu que l'évolution politique de la France conduit celle-ci au désastre passe du dilettantisme qui a marqué sa jeunesse à un engagement qui lui fait considérer comme nocive l'évolution de la société française au cours du XXe siècle. Le libéral est devenu traditionaliste pour retrouver le monde enfui de sa jeunesse dorée et l'amertume marque son œuvre, qu'il s'agisse du regret de la perte des racines rurales dans sa *Visite aux paysans du Centre*, de la description de l'âge d'or que fut à ses yeux la *République des ducs* ou de l'exécration du radicalisme et du parlementarisme qui sourd de la *République des comités*. L'écrivain encore modéré de *Décadence de la liberté*, paru en 1931, devient un pamphlétaire parfois violent après 1934, s'adaptant à la tonalité d'une vie politique où le manichéisme l'emporte sur la sérénité des analyses. Désormais identifié à la droite maurrassienne, il va en suivre l'évolution comme les dérapages. Coupé des milieux libéraux eux-mêmes qui le considèrent comme un « réactionnaire », isolé de ses anciens amis, il va pousser jusqu'au bout la logique de l'engrenage dans lequel il s'est piégé. Ce libéral, et qui se considère toujours comme tel, partage la « divine surprise » de Maurras devant l'effondrement de la « gueuse » en 1940, se montre pétainiste idolâtre, collabore à la propagande de l'Etat français et, comme ses nouveaux amis, trouve dans la défaite la justification de ses diagnostics pessimistes sur la décadence française. Comme eux encore, il juge qu'il faut accepter la loi du vainqueur. Suspect à la Libération, marqué par sa sympathie pour Vichy, même si aucun acte de collaboration ne peut lui être reproché, Daniel Halévy n'est plus au lendemain de la guerre qu'un marginal par rapport aux courants politiques et littéraires dominants. Il trouve refuge dans les milieux néo-maurrassiens, nouant des amitiés avec de jeunes écrivains issus des milieux d'Action Française comme Pierre Boutang, Pierre Andreu ou Philippe Ariès, collaborant à l'hebdomadaire *Paroles Françaises,* ouvrant son salon du quai de l'Horloge à d'anciens pétainistes et fréquentant la boutique des Amitiés françaises où se retrouvent autour d'Henri Massis des écrivains marginalisés à la Libération. Rien n'illustre mieux la dérive de ce libéral égaré par hostilité à la démocratie dans les ornières du traditionalisme que le fait que la seule victime de la Seconde Guerre mondiale sur le sort de laquelle il s'apitoya ait été... Charles Maurras, emprisonné à la Libération !

C'est le grand mérite de l'ouvrage de Sébastien Laurent d'avoir ainsi permis d'expliquer, à travers le cas spécifique de l'intellectuel Daniel Halévy, comment un libéral intelligent, cultivé, humaniste pouvait glisser par hostilité à l'évolution d'un monde qu'il ne comprenait plus et qui lui apparaissait comme décadent, du conservatisme à la réaction traditionaliste et trouver des charmes à une dictature autoritaire doublée d'un régime d'exclusion et de proscriptions, de surcroît au service de l'occupant, dès lors que celui-ci jetait bas la République et la démocratie parlementaire.

S. B.

Introduction

A l'été 1948, Charles Maurras, emprisonné à Clairvaux affirmait à son codétenu Xavier Vallat, ancien commissaire général aux questions juives, que Daniel Halévy – qui quelques mois plus tôt avait participé à un numéro d'*Aspects de la France* demandant « justice pour Maurras » – avait « toujours incliné vers les solutions nationalistes[1] ». Dès les années 1930, l'appartenance de Daniel Halévy à la droite littéraire était une évidence pour ses contemporains. Cependant quoi qu'en ait pensé le fondateur de l'Action Française, il n'en fut pas toujours ainsi, le même Maurras écrivant d'ailleurs en 1914 dans les colonnes du quotidien d'extrême droite qu'Halévy était un « critique adverse ». La longue vie de Daniel Halévy (1872-1962), né quelques mois après la reddition de Napoléon III à Sedan, décédé peu de temps avant la fin de la guerre d'Algérie, offre la possibilité assez rare de suivre dans la longue durée un itinéraire intellectuel et une évolution qui l'ont mené du dreyfusisme à un nationalisme proche de celui de l'Action Française. Cette évolution ne serait pas exceptionnelle si le personnage ne présentait d'autres particularités qui rendent cette mutation plus curieuse encore. En effet, Daniel Halévy est issu d'une famille de juifs bavarois installée en France au moment de la Révolution française qui s'agrégea par le biais de mariages mixtes à la bourgeoisie protestante. Or, la situation minoritaire du judaïsme et du protestantisme dans la société française fut à l'origine du soutien durable porté par ces confessions aux idées et aux forces politiques démocratiques. Au sein de la famille Halévy, le judaïsme initial s'estompa dès le milieu du XIXe siècle en raison de l'ascension sociale et des alliances matrimoniales. Ludovic Halévy (1834-1908), le père de Daniel, n'avait déjà plus d'attaches avec la religion originelle. En fait, l'unique lien que Daniel Halévy conserva par-delà les générations avec le milieu juif dont il était issu fut un attrait pour la

---

1. Xavier Vallat, *Charles Maurras numéro d'écrou 8. 321*, Paris, Plon, 1953, p. 87.

culture et la langue françaises auxquelles ses aïeux devaient leur intégration à la bourgeoisie parisienne.

Les écrits et les engagements de l'écrivain Daniel Halévy entre les années qui vont de l'Affaire Dreyfus à la guerre d'Algérie amènent à reconsidérer en profondeur la notion même « d'itinéraire ». Au-delà des ruptures apparentes qui l'ont mené de la gauche à la droite, Daniel Halévy a fait preuve d'une grande continuité de pensée. Les catégories usuelles employées par les historiens ne permettent pas toujours de rendre compte d'attitudes complexes et nuancées que Daniel Halévy a revendiquées. Les querelles littéraires, les affrontements idéologiques ont produit à son époque des simplifications qui lui ont été imposées. Le siècle qui nous sépare aujourd'hui de ces temps lointains a en outre considérablement accentué cette déformation. Le parti a donc été pris de prêter une attention toute particulière aux conditions et aux enjeux de la vie politique et culturelle à l'époque de Daniel Halévy afin de mieux lui restituer sa dimension historique réelle. Ainsi, a émergé progressivement la figure d'un écrivain tout à la fois libéral et conservateur se rattachant à la famille de pensée de François Guizot. La situation de cette sensibilité, déjà considérablement marginalisée à la fin du XIXe siècle, explique en partie le décalage grandissant de Daniel Halévy avec les époques qu'il traversa.

Comme de nombreux écrivains nés après l'époque romantique, Daniel Halévy a bénéficié tout au long de sa carrière littéraire d'une situation particulière, celle du « sacre de l'écrivain » magistralement analysée par Paul Bénichou. Après les années 1830, les relations entre littérature et politique ne ressemblèrent plus à ce qu'elles avaient été auparavant. Le magistère de l'écrivain dans la société française fut désormais un fait culturel – mais aussi politique – incontesté. Conscient de ce fait, Daniel Halévy refermera d'ailleurs rapidement la parenthèse de jeunesse au cours de laquelle il avait marqué une certaine inclination pour le mouvement de « l'art pour l'art ». L'Affaire Dreyfus surgissant brutalement au moment de ses débuts littéraires eut pour conséquence de créer un contexte dans lequel se nouèrent étroitement les relations de la littérature et de la politique dans son œuvre et dans sa vie. Ne souhaitant pas dissocier l'étude de l'œuvre de celle de la vie, nous avons pensé que la notion de « carrière littéraire » était le mieux à même de réunir ces deux aspects. Ainsi avons-nous voulu mener l'analyse des thèmes de sa production littéraire, présents dans ses livres et articles, mais aussi dans des conférences et au cours de débats, couplée avec celle de son rôle joué dans les milieux littéraires. Le prestige de l'écrivain en France a longtemps produit une représentation de lui comme un personnage étranger à la politique, un créateur pur, dont les écrits résultent d'une alchimie impénétrable. Nous avons essayé, à l'encontre de cette tendance, de saisir la relation établie par Daniel Halévy écrivain, à la société environnante et en particulier avec la société intellectuelle. Nous avons ainsi été guidés tout au long de notre travail par une interrogation sur l'autonomie de l'écrivain, du double point de vue de sa production et de sa carrière littéraire. Ce livre, au-delà du cas personnel de Daniel Halévy est aussi l'occasion de réfléchir à la situation de l'écrivain dans la société du XXe siècle.

« Historien, essayiste et biographe » : ainsi commencent invariablement les notices présentant Daniel Halévy dans les rééditions de ses ouvrages parues au cours des années 1970, un siècle après sa naissance. Jusqu'à aujourd'hui, ce sont essentiellement ses travaux historiques sur la première décennie de la IIIe République qui ont retenu l'attention. Les ouvrages et manuels d'histoire de la littérature parus après la Deuxième Guerre mondiale mentionnent rarement Daniel Halévy, sa contribution à la littérature française, lorsqu'elle est indiquée, étant généralement réduite à sa collaboration aux *Cahiers de la Quinzaine*[1]. La situation de Daniel Halévy dans la mémoire savante est paradoxale : alors qu'il est quasiment ignoré par les littéraires, ce sont essentiellement ses qualités d'écrivain que soulignent les historiens, tel René Rémond évoquant le « pouvoir d'évocation[2] » de *La Fin des notables* et de *La République des ducs*.

Esprit éclectique, D. Halévy s'est penché sur des sujets très divers irriguant la culture européenne et touchant à la littérature, à l'histoire des idées, à la politique et aux enquêtes sociales. A la différence de son frère aîné Elie (1870-1937), Daniel Halévy n'a pas été l'auteur d'une « œuvre » dans le sens que l'histoire littéraire ou l'histoire des idées donnent habituellement à ce terme. C'est la raison pour laquelle, se mettre d'emblée en quête d'un principe d'unité – ce qui postule d'une certaine façon l'existence même d'une « œuvre » – nous a paru infondé. Il y a peut-être dans l'éclectisme de Daniel Halévy que d'aucuns apprécièrent en son temps comme du dilettantisme, l'une des explications de l'oubli dans lequel il est rapidement tombé après sa mort. S'agissant d'un écrivain fécond, auteur d'ouvrages historiques et de livres consacrés à l'actualité politique et littéraire de son temps, sa postérité littéraire a certainement souffert de cette indétermination. Or, c'est précisément cette caractéristique, résumée par le qualificatif d'« essayiste »,

---

1. Cf. par exemple : Pierre Moreau, *La Critique littéraire en France*, Paris, Colin, 1960, p. 175 et Jacques Robichez, *Précis de la littérature française du XXe siècle*, Paris, PUF, 1985, p. 106.
2. René Rémond, *Les Droites en France*, Paris, Aubier, « Collection historique », 1982, p. 507.

qui a retenu notre attention, nous incitant à nous interroger sur les relations entre littérature et politique, dans le cadre de cette biographie intellectuelle.

PREMIÈRE PARTIE
───────────────

Genèse d'un tempérament politique

CHAPITRE PREMIER

La famille Halévy : judaïsme, « franco-judaïsme » et assimilation

Elie Halfon Lévi : du ghetto bavarois à Paris

La question des origines de Daniel Halévy amène à porter son regard au-delà du Rhin, en Bavière, à la fin du XVIIIe siècle. C'est à Fürth, ville proche de Nuremberg en moyenne Franconie, une région de forte présence juive, qu'Elie Halfon Lévi vit le jour en 1760 dans le ghetto. Il ne demeura pas longtemps en terre allemande et le chemin vers la France fut accompli en deux étapes. Peu avant l'âge de trente ans, il quitta la Bavière en compagnie de son père, Jaakov Lévi[1], et franchit le Rhin. La date d'arrivée du père et du fils à Metz, où ils rejoignaient le frère aîné d'Elie, Moïse, quoique incertaine, se situe peu de temps avant l'année 1789 ou immédiatement après. Il est difficile de savoir dans quelle mesure les événements politiques qui se préparaient dès 1788 en France ont pu être connus d'eux et influencer leur décision, les raisons de leur choix étant peut-être plus naturellement d'ordre privé ou familial. Au milieu des années 1790, Elie Lévi quittant la communauté lorraine troublée par des violences antijuives, reprit la route pour Paris où il trouva un emploi de maître de chapelle dans différentes synagogues et commença à apprendre le français. Ce court passage dans la plus importante communauté juive de France, en Lorraine, fut toutefois une étape

---

1. Des généalogistes juifs allemands ont établi que Jaakov était rabbin à Fürth. Il n'a pas été possible de le vérifier. Robert Debré, lui-même issu d'une famille juive du Bas-Rhin, a affirmé la même chose (cf. Robert Debré, « Préface » [1977] à : Daniel Halévy, *Péguy*, Paris, Pluriel-Poche, 1979 [rééd. du *Péguy* de 1944], p. 45).

importante de sa vie, car il épousa à Paris, en juin 1798, Julie Meyer (1781-1819), née et élevée à Malzéville, près de Nancy.

Les Juifs du royaume de France à la veille de la Révolution se répartissaient en quatre communautés distinctes entre lesquelles les relations étaient limitées, parfois conflictuelles. Les séfarades, sujets français depuis Henri II, représentant la « nation » portugaise, étaient des descendants des Marranes, communauté relativement intégrée, notamment dans le milieu des négociants bordelais. Les comtadins et niçois, « Juifs du pape », formaient une des plus petites, mais une des plus anciennes communautés juives de France. Les ashkénazes, rassemblés dans l'est de la France, essentiellement en Lorraine et en Alsace, composaient le troisième ensemble : ils se distinguaient de tous les autres non seulement par leur importance numérique mais plus encore par un ferme attachement à leurs traditions religieuses. Les Juifs parisiens, alors peu nombreux, constituaient le quatrième groupe.

L'émancipation du judaïsme français sous la Révolution fut magnifiée par la communauté et perçue jusqu'au début des années 1970 dans l'historiographie du judaïsme français comme un acte fondateur reléguant au second plan les évolutions ultérieures du XIXe siècle[1]. En dépit des nuances qui ont pu être apportées par la suite et qui ont souligné l'œuvre de la Restauration et de la Monarchie de Juillet, l'idée d'une acquisition des droits politiques et civils pour les Juifs, revendiquée par certains de leurs représentants à la Constituante et très activement défendue par l'Abbé Grégoire, soutenu par une partie de la noblesse libérale, constitua le point de départ du mouvement d'abolition de toutes les discriminations subies sous l'Ancien Régime. Elle fut l'aboutissement d'un courant d'idées prônant la « régénération » des Juifs en Europe, né autour du philosophe berlinois Moses Mendelssohn. Les Juifs bordelais qui négociaient de leur côté, obtinrent de la Constituante la reconnaissance des droits du citoyen pour leur communauté le 28 janvier 1790. C'est l'Assemblée nationale qui prit la décision majeure d'accorder ces mêmes droits à l'ensemble des Juifs régnicoles le 27 septembre 1791.

Napoléon compléta l'œuvre révolutionnaire d'émancipation et jeta les bases d'une meilleure organisation du judaïsme français, première étape permettant la fusion des différentes communautés. En réunissant

---

[1]. Trois ouvrages notamment s'inscrivent dans cette perspective : Berhnard Blumenkranz (dir.), *Histoire des Juifs en France*, Toulouse, Privat, 1972, 479 p. ; Michael Robert Marrus, *Les Juifs de France à l'époque de l'Affaire Dreyfus. L'assimilation à l'épreuve*, Paris, Calmann-Lévy, 1972, 348 p. ; Bernhard Blumenkranz (dir.), *Les Juifs et la Révolution française*, Toulouse, Privat, 1976, 231 p.

en 1806, une assemblée des notables pendant dix mois, puis en convoquant un grand Sanhédrin, l'Empereur souhaitait autant parachever l'émancipation que mieux contrôler une communauté dont en réalité il se méfiait profondément. Deux ans plus tard, par les trois décrets du 17 mars 1808, il mettait en place un système hiérarchique avec des consistoires départementaux élisant un consistoire central. Le 20 juillet 1808 enfin, un décret ordonnait aux Juifs de France de faire enregistrer leurs noms auprès des communes.

Elie Halévy, l'homme de deux cultures

De l'union entre Elie Halfon Lévi et Julie Meyer naquirent trois filles et deux garçons, l'aîné, né en 1799, recevant le prénom de Fromental, tiré du calendrier révolutionnaire[1], le cadet, né en 1802, celui de Léon. Elie, *cantor* à la synagogue de la rue de la Victoire, vivait difficilement et dut se lancer dans une activité complémentaire de petit commerce. Doué, semble-t-il, dans le maniement des langues et particulièrement du français, à une époque où la langue courante de la communauté était à Paris le *yiddish*, il devint traducteur officiel du consistoire de Paris. Maîtrisant tout à la fois l'allemand, l'hébreu, le *yiddish* et le français, il se consacra entièrement à sa fonction nouvelle qui lui permit d'occuper une place privilégiée au sein de la communauté juive parisienne. En application du décret de 1808, il choisit comme patronyme d'état civil celui d'Halévy. A l'heure où nombre de ses coreligionnaires ignoraient encore largement la langue française et parvenaient difficilement à sortir de la ségrégation qui les confinait dans des métiers de colporteurs ou de petits commerçants, Elie Halévy s'orienta vers une carrière de publiciste.

Simon Mayer Dalmbert, ancien officier, avait fondé en 1818 avec l'appui du consistoire, *L'Israélite français*, dont il confia la rédaction à Elie. Ce journal, favorable au régime des Bourbons, défendait l'idée qu'il était possible d'être israélite par la fidélité à la foi des ancêtres et pleinement français, notamment en marquant sa loyauté à l'égard du régime et en s'adaptant à la culture française. Fromental et Léon, chacun à leur manière, allaient tirer, sous la Restauration, les leçons de ces idées nouvelles. Logiquement, Elie Halévy répondit favorablement à la demande du consistoire qui souhaitait le voir rédiger un catéchisme à

---

1. Jusque dans le choix du nom de son fils, Elie fait le lien entre les deux cultures : Fromental est certes un prénom de la France nouvelle mais en *Yiddish*, « frumm » signifie aussi pieux.

l'attention de la jeunesse juive. Il fut ainsi le rédacteur de l'*Instruction morale et religieuse à l'usage de la jeunesse israélite* qui parut en 1820, premier texte de cette nature à être adopté dans les écoles consistoriales. La même année, le consistoire avait demandé un travail identique à Samuel Cahen : ces deux catéchismes constituèrent un événement sans précédent pour la communauté juive. Autre indice de l'évolution progressive vers l'assimilation, Elie qui avait placé l'aîné Fromental au Conservatoire de musique de Paris à l'âge de dix ans (1809), décida d'inscrire Léon au lycée Charlemagne. Cet événement – exceptionnel à l'époque dans une communauté dont les enfants fréquentaient uniquement l'école consistoriale – provoqua des remous et les critiques les plus vives au sein de la communauté[1]. Les fils d'Elie, lors de sa mort survenue en 1826, pouvaient déjà mesurer le chemin accompli depuis le ghetto de Fürth.

Léon Halévy aux origines du franco-judaïsme

Au lycée Charlemagne, établissement fréquenté par les enfants de la bourgeoisie parisienne, Léon Halévy (1802-1883) entouré de camarades non juifs pour la plupart, se lia avec Charles-Augustin Sainte-Beuve (1804-1869). Il est fort probable que Léon ait mis à profit ce séjour hors de la communauté pour nouer des relations avec des camarades non juifs. Son appartenance confessionnelle lui interdisant de présenter le concours de l'Ecole normale, il commença des études de droit. Le grand événement de sa vie survint en 1825, à l'âge de vingt-trois ans, lorsque l'un de ses amis Olinde Rodriguès (1795-1851), membre de la communauté juive portugaise, le présenta à Saint-Simon (1760-1825). Léon, immédiatement séduit, devint le dernier secrétaire du penseur vieillissant. Il entra ainsi dans la petite équipe de jeunes gens qui l'entouraient dont une partie, tels Olinde Rodriguès, Emile et Isaac Pereire, Gustave d'Eichtal, étaient de la même communauté. Léon n'assura pas longtemps cette fonction mais il contribua avec Enfantin, après la mort de Saint-Simon, à la diffusion de la pensée du maître.

La rencontre entre une douzaine de jeunes gens juifs, très vivement critiqués par leur communauté, et le penseur visionnaire de la modernité fut, selon Michael Graetz, d'une importance fondamentale pour l'évolution du judaïsme français[2]. Graetz voit dans ce rapprochement

---

1. Cf. Patrick Girard, *Les Juifs de France de 1789 à 1960. De l'émancipation à l'égalité*, Paris, Calmann-Lévy, « Diaspora », 1976, pp. 117-118.
2. Cf. Michael Graetz, *Les Juifs en France au XIXe siècle. De la Révolution française à l'alliance israélite universelle*, Paris, Seuil, « L'Univers historique », 1989, p. 155.

entre de jeunes membres d'une communauté encore très rivée sur son passé, sur une identité essentiellement religieuse, et une pensée utopique, moderne et socialisante, l'acte par lequel se forma progressivement une nouvelle conscience juive, laïque et moderne. Pour chacun de ces jeunes gens et particulièrement pour ceux qui étaient d'extraction modeste comme Léon, cette confrontation constitua un puissant facteur d'intégration sociale et culturelle.

Hostile à l'évolution religieuse du saint-simonisme, qui devint une secte, Léon quitta assez rapidement le groupe, mais une étape fondamentale dans l'assimilation de sa famille avait été franchie. Sans position bien établie dans la société, il devint polygraphe, réalisant notamment des traductions grecques avant de se lancer dans deux œuvres plus importantes à caractère historique. Il fit ainsi paraître en 1825, un *Résumé de l'histoire des Juifs anciens* et trois ans plus tard, un *Résumé de l'histoire des Juifs modernes*. Dans celui-ci, il formulait ce qui allait constituer l'axiome de base du « franco-judaïsme » : Léon Halévy appelait ses coreligionnaires à une « fusion complète » entre Juifs et Français, la seule distinction subsistant étant la religion, cantonnée à la vie privée. Cela signifiait qu'en aucun cas la dimension religieuse ne pouvait être un obstacle à l'assimilation, et que, le cas échéant, le judaïsme religieux devait évoluer afin de se conformer à la culture française. Son petit-fils Daniel Halévy, relisant cet ouvrage à la fin de l'année 1935, y voyait avec raison la trace d'une pensée assimilationiste. A la recherche de stabilité professionnelle, Léon devint professeur de littérature française à l'Ecole polytechnique de 1831 à 1834 et assistant-bibliothécaire à l'Institut grâce à un mariage réussi en 1832 avec Alexandrine Le Bas (1813-1893), fille d'Hippolyte Le Bas (1782-1867), l'architecte du quai Conti qui était secrétaire perpétuel de l'Académie des Beaux-Arts. En quête d'une situation plus adaptée lui ménageant des loisirs pour l'étude et l'écriture, il décida d'entrer dans l'administration, devenant en 1837 rédacteur au ministère de l'Instruction publique. Il y acquit tous les grades, jusqu'à celui de bibliothécaire du ministre en 1851, mais il quitta l'administration peu de temps après la proclamation de l'Empire. D'un point de vue politique, il semble que Léon ait fait preuve de sentiments orléanistes prononcés : Eric Hansen, biographe de son fils Ludovic, parle à propos de Léon de « dévotion aux Orléans[1] ». Indéniablement, le régime de Juillet avait parachevé l'intégration légale du judaïsme français. En 1842, Léon avait écrit une

---

1. Eric C. Hansen, *Ludovic Halévy : a study of frivolity and fatalism in Nineteenth Century France*, Boston-London, University Press of America, 1987, p. 40, n. 89.

Ode sur la mort de S.A.R. Monseigneur le Duc d'Orléans, symbole d'un attachement affectif plus que politique à la dynastie[1]. Il devint, de 1868 à 1876, feuilletoniste littéraire au *Journal des Débats*, quotidien de sensibilité orléaniste. Décédé en 1883, Léon – qui avait toujours vécu modestement – avait pu constater dans l'ascension sociale et culturelle de ses deux fils, Ludovic Halévy et Anatole Prévost-Paradol, que le choix du franco-judaïsme leur avait ouvert le chemin menant à la bourgeoisie intellectuelle parisienne.

Le caractère composite de la société juive dont les Halévy ne représentent qu'une infime fraction ne signifie pas que ce groupe en voie d'assimilation se soit écarté définitivement du judaïsme. C'est l'intérêt de la démarche de Michael Graetz de mettre en évidence un processus de transfert culturel : dans son analyse sociale et culturelle du judaïsme, il distingue un « centre » religieux structuré autour des institutions consistoriales, composées de notables, et une « périphérie » de petite et moyenne bourgeoisie fortement marquée par l'assimilation, de sensibilité républicaine ou saint-simonienne, affirmant une conscience juive laïque et moderne[2]. Le renouveau du judaïsme à la fin du XIXe siècle vint de la périphérie : une conscience juive moderne se forma aux marges de la communauté, là où les Juifs déjudaïsés assimilèrent les valeurs républicaines et laïques qui furent transmises progressivement au « centre[3] ».

Les générations Halévy et le processus socio-culturel d'assimilation

L'assimilation, processus de longue durée qui est au cœur de l'histoire socio-culturelle de la famille Halévy, pose de délicates questions méthodologiques qui divisent les historiens du judaïsme. Selon Michael Robert Marrus, il s'agit d'une perte d'identité juive au profit de l'identité française, alors que pour Christine Piette-Samson, le mouvement de l'une à l'autre permet la conservation de certaines valeurs

---

1. Pierre Guiral note que, devenu républicain sous l'Empire, il conserva un attachement réel aux Orléans. Cf. Pierre Guiral, « Léon Halévy », dans : Henri Loyrette (dir.), *Entre le théâtre et l'histoire. La famille Halévy (1760-1960)*, Paris, Fayard-Réunion des musées nationaux, 1996, pp. 84-85.
2. Michael Graetz, *op. cit.*, pp. 18-31.
3. Le livre collectif de p. Birnbaum, *Histoire politique des Juifs de France. Entre universalisme et particularisme*, Paris, Presses de la FNSP, 1990, 310 p., confirme l'approche de Graetz et souligne les résistances juives, en particulier celles du « centre », à la modernité.

particulières du judaïsme[1]. Patrick Girard voit de son côté dans l'assimilation une véritable synthèse entre l'héritage religieux et les valeurs dominantes de la société française. Ces trois approches différentes révèlent autant de possibilités nuancées d'apprécier l'évolution de la communauté juive et de comprendre l'attitude des Juifs français à l'égard de leur identité d'origine et vis-à-vis de la culture française. Par ailleurs, l'ascension sociale n'a pas toujours entraîné la perte de la culture d'origine : en effet, une partie du « centre », c'est-à-dire du milieu orthodoxe consistorial, a connu un indéniable mouvement d'ascension sociale, ne serait-ce qu'en raison de sa position institutionnelle, reconnue à la fois par la communauté juive et par la société française.

A bien des égards, l'histoire de la famille Halévy peut être ramenée à une étude de son assimilation en quatre générations. Avec Elie Halfon Lévi a lieu l'arrivée à Paris. Celui-ci occupa des fonctions au sein des institutions consistoriales et ne rejeta pas la culture française, dans la mesure où il se fixa pour tâche d'assurer un lien entre la communauté et la société française. Mais c'est à la deuxième génération, sous la Monarchie de Juillet, que commença l'ascension sociale marquée par la carrière de Léon et plus encore par celle de son frère aîné Fromental. Il suffit, pour ce dernier, d'en relever les étapes majeures : élève de Cherubini au Conservatoire, il récolta de nombreux prix pour ses compositions et reçut le grand prix de Rome en 1819 pour sa cantate *Herminie*. Dès 1822, il commença une carrière d'enseignant au Conservatoire tout en continuant à composer et à proposer ses œuvres à différents directeurs de salles. Accompagnateur et chef de chant, comme l'avait été son père en milieu religieux, il travailla successivement au Théâtre-Italien et au Grand-Opéra. Il connut le succès dès trente-six ans avec *La Juive* en 1835 qui lui ouvrit les portes de l'Institut l'année suivante, du fait de son élection à l'Académie des Beaux-Arts. Il fut le premier Juif à y être élu. Son mariage en 1842 avec Léonie Rodriguès-Henriques, d'une famille juive de grands bourgeois bordelais, consacra ces succès que ne démentirent pas les opéras suivants, *La Reine de Chypre* en 1841 et *Le Juif errant* en 1853. C'est également à cette seconde génération que l'éloignement vis-à-vis de la religion originelle se réalisa, comme ce fut le cas pour Léon. Peut-être faudrait-il apporter une nuance sur ce point en ce qui concerne Fromental et Léonie Halévy[2]. Certes, Eric

---

1. Cf. Michael Robert Marrus, *Les Juifs de France à l'époque de l'Affaire Dreyfus. L'assimilation à l'épreuve*, Paris, Calmann-Lévy, 1972, 348 p. et Christine Piette-Samson, *Les Juifs de Paris (1808-1840), problèmes d'acculturation*, thèse de troisième cycle d'histoire, EHESS, 1971.
2. La dimension religieuse n'est malheureusement pas abordée dans le travail de Ruth

Hansen, ayant consulté le journal de Fromental, écrit de celui-ci qu'il était « ignorant of Judaism[1] ». Cependant Fromental ne délaissa pas le « centre » : il fut élu au Consistoire central en 1858. Cette élection traduit plutôt sa réussite sociale et la façon dont il était apprécié par le judaïsme institutionnel. Elle indique peut-être aussi la volonté de rappeler le souvenir de son père, plutôt que ses sentiments religieux. En revanche son épouse semble avoir été une personne observante qui exprimait dans son testament le souhait que son petit-fils se marie exclusivement avec une jeune fille de religion juive[2]. Dans la branche dont est issu Daniel Halévy, l'éloignement définitif vis-à-vis du judaïsme fut réalisé lorsque Léon épousa une catholique, Alexandrine Le Bas, qui fit baptiser leur fils Ludovic. Peut-être y eut-il quelques réticences de la part de Léon car Ludovic, né en 1834, ne fut baptisé qu'en 1836. Quoi qu'il en soit, l'usage d'élever les enfants dans la religion de leur mère fut ainsi durablement fixé au sein de la famille. Pour les Halévy, le mariage de Léon fut une étape décisive, les mariages mixtes étant encore relativement peu nombreux : sous le second Empire, avance David Cohen, le taux d'endogamie dans les grandes villes était de 80 %[3].

A la troisième génération – Geneviève Bizet-Straus, Anatole Prévost-Paradol, Ludovic Halévy – l'ascension sociale atteignait son plus haut niveau et la déjudaïsation était largement avancée. Il n'y eut pas de retour en arrière et la quatrième génération – Jacques Bizet, Daniel et Elie Halévy – confirma définitivement des tendances affirmées très tôt dans la famille, dès le régime de Juillet.

Cette mutation rapide de la famille Halévy ne fut pas un cas totalement isolé. L'évolution de la famille Lévy et de la famille Dreyfus, qui toutes deux croisèrent la destinée des Halévy, l'atteste. L'histoire de la maison d'édition Calmann-Lévy avait commencé dans la communauté juive ashkénaze à Mutzig, près de Strasbourg[4]. Simon Lévy (1784-1854) y était né puis était parti s'installer à Phalsbourg, auprès de sa belle-famille. Juif pieux, il vécut modestement de son métier de mar-

---

Jordan, *Fromental Halévy. His Life and Music, 1799-1862*, Londres, Kahn and Averill, 1994, 232 p.
1. Eric C. Hansen, *op. cit.*, p. 7.
2. B.N., manuscrits, n.a. fr. 14 383, testament olographe de Léonie Halévy née Rodriguès-Henriques (22 août 1876, avec codicilles de 1882 et 1883).
3. Il ajoute toutefois que les mariages mixtes sont nettement plus nombreux chez les familles d'artistes d'origine juive que dans d'autres types de famille. Cf. David Cohen, *La Promotion des Juifs en France à l'époque du second Empire (1852-1870). Promotion et intégration*, t. II, thèse de doctorat de troisième cycle sous la direction du professeur Pierre Guiral, Université de Provence, 1980, p. 796.
4. Cf. l'histoire de cette famille dans : Jean-Yves Mollier, *Michel et Calmann Lévy ou la naissance de l'édition moderne 1836-1891*, Paris, Calmann-Lévy, 1984, 549 p.

chand colporteur. En 1826, il décida de venir s'installer à Paris auprès des Juifs « tudesques » dans le *Pletzl*. Fidèle à sa profession d'origine, il fut vendeur ambulant à la sortie des théâtres. Ses enfants, Michel et Calmann qui fréquentaient l'école consistoriale, travaillaient avec lui. Leur père décida alors de se lancer dans une nouvelle activité et obtint l'autorisation de vendre des livrets de pièces de théâtre à la sortie des salles. En 1836, une autre étape fut franchie, lorsque Simon ouvrit rue Vivienne une boutique qui était en même temps un cabinet de lecture où il vendait et louait des livrets de pièces de théâtre. C'est son fils Michel (1821-1875) qui fit évoluer assez tôt le commerce initial en le transformant en entreprise d'édition quand en 1841, il édita les premiers livrets d'opéra avec la « veuve Jonas ». Par quelques subterfuges comme le rachat chez ses confrères de stocks d'invendus dont il changeait la couverture, la nouvelle activité de la famille Lévy démarra peu à peu. En 1847, il inaugura au format in-octavo une « bibliothèque littéraire » et une « bibliothèque dramatique », collections qui assurèrent durablement le succès de l'entreprise Lévy. Il devint l'éditeur éclectique des Orléans et des orléanistes, fidèle en cela à sa sensibilité politique, ainsi que des romantiques, George Sand notamment, mais aussi Flaubert, Baudelaire et Renan. C'est sous le Second Empire que sa maison d'édition fut l'une des plus importantes de France. En deux générations, l'ascension sociale et la déjudaïsation avaient largement progressé.

La famille du capitaine Alfred Dreyfus offre un exemple similaire en trois générations. Abraham Israël Dreÿfuss (1749-1819), arrière-grand-père d'Alfred Dreyfus, naquit à Rixheim dans le Haut-Rhin, où il exerçait la profession de boucher[1]. Son fils Jacob (1781-1838) se lança dans le colportage, pratiquant également le prêt d'argent et la location de parcelles de terre. Enrichi, Jacob acheta au début des années 1830 un appartement à Mulhouse où la famille s'installa en 1835. Le père et le fils, Raphaël (1818-1893), se transformèrent alors en marchands. En 1850, Raphaël, père d'Alfred Dreyfus, devint commissionnaire en tissus imprimés, ce qui favorisa la création d'une filature de coton en 1862. A la troisième génération, lorsque Raphaël se transforma en industriel, l'intégration à la bourgeoisie juive et protestante mulhousienne couronna cette évolution. Sur cette lancée, la brillante carrière militaire d'Alfred (1859-1935) ne surprend pas.

Ces trajectoires ascendantes de familles juives s'achevant dans les années 1860 sur des réussites éclatantes sont toutefois exceptionnelles.

---

1. Toutes les indications suivantes sur les Dreyfus sont tirés de : Michael Burns, *Histoire d'une famille française, les Dreyfus. L'émancipation, l'Affaire, Vichy*, Paris, Fayard, 1994, pp. 13-136.

La structure sociale de l'ensemble du judaïsme français à la même époque offre un tableau bien différent. Dans cette communauté, les paysans étaient très peu nombreux, le prolétariat ouvrier très faible numériquement, une minorité de Juifs avait atteint des professions libérales et des fonctions économiques de haut niveau : la majeure partie de la communauté était en fait composée d'artisans et de petits commerçants. Il existait également une élite sociale juive, composée d'une aristocratie d'origine étrangère descendant des Juifs de cour – les familles Rothschild, Camondo, Cahen d'Anvers – ainsi qu'une haute bourgeoisie à laquelle s'intégrèrent les Halévy, Lévy et Dreyfus, qui avaient acquis une position importante de la Restauration à la Monarchie de Juillet s'épanouissant sous le Second Empire.

De la Révolution à la Monarchie de Juillet, les réformes politiques et juridiques avaient établi les fondements du mouvement d'intégration. La loi du 8 février 1831 autorisant la subvention des consistoires par l'administration des cultes, constitue pour David Cohen la « seconde entrée des Juifs dans la société française[1] ». L'arrêt de la Cour de Cassation du 3 mars 1846 supprimant l'obligation de prêter un serment *more judaico* pour les justiciables juifs, confirma définitivement l'égalité absolue des Juifs avec les autres citoyens au regard de la loi. Le développement économique – progrès du système bancaire et notamment du crédit réduisant largement la pratique de l'usure, développement des moyens de communication diminuant le colportage – favorisa la disparition de certaines professions dans lesquelles les Juifs étaient enfermés, et entraîna leur reconversion vers des « métiers utiles ». La dernière étape sur le chemin de l'assimilation fut celle de l'intégration sociale, difficile à mesurer en dehors de quelques réussites familiales, dont les supports étaient essentiellement l'école publique et le service militaire, qui n'était pas encore étendu à toute la population. A la fin du Second Empire, trois groupes composaient la communauté juive : celui, minoritaire, des orthodoxes repliés sur les institutions consistoriales ; celui moins nombreux encore, des rationalistes qui voulaient adapter le judaïsme, et une majorité indifférente en matière religieuse mais qui s'assimilait économiquement et socialement.

Ludovic Halévy : anatomie d'une réussite sociale et culturelle

C'est dans les murs de l'Institut, chez son grand-père Hippolyte Le Bas, que Ludovic Halévy naquit le 1er janvier 1834. Toute une partie de

---

1. David Cohen, *op. cit.*, p. 39.

sa vie, jusqu'à son mariage, eut pour cadre le quai Conti. A onze ans, il entra au collège Louis-le-Grand comme boursier grâce à la générosité de la duchesse d'Orléans[1]. Bien qu'il fût sensibilisé à la culture classique dispensée dans les établissements bourgeois sous la Monarchie de Juillet finissante et aux premières heures de la République, il fit des études médiocres et échoua rapidement à l'Ecole de droit. Comme son père le lui avait montré, une carrière dans l'administration pouvait constituer une sinécure. Il devint ainsi fonctionnaire à dix-huit ans, en septembre 1852, dans un poste subalterne de rédacteur au secrétariat du ministère d'Etat. Remarqué par la qualité de son travail, il devint l'assistant du secrétaire général, Alfred Blanche (1816-1893). A l'image de Léon, l'administration n'était pour Ludovic qu'un moyen d'assurer sa subsistance et d'acquérir son indépendance. Le temps libre que lui laissait son activité au ministère lui permettait d'écrire des pièces de théâtre, mais il ne parvenait pas à les faire jouer, se heurtant aux refus des directeurs de salles.

Le hasard mais surtout l'aide de son oncle Fromental permirent à Ludovic de sortir de l'anonymat. En 1855, Jacques Offenbach (1819-1880) était à la recherche d'un auteur pouvant composer en moins de trois jours un livret pour un opéra d'ouverture destiné à la nouvelle salle des Bouffes-Parisiens[2]. Ne trouvant pas le collaborateur désiré, il s'adressa à son ami Fromental Halévy qui lui recommanda son neveu. Ludovic, sous le pseudonyme de Jules Servières, écrivit en vingt-quatre heures *Entrez, Messieurs, Mesdames* qui fut un grand succès. A vingt et un ans, Ludovic avait trouvé un style et un genre qui pendant près de trente ans n'allaient pas se démoder. Les succès allaient désormais être aussi rapides qu'avait été pressante la demande d'Offenbach. Malgré leur différence d'âge, tous deux s'associèrent à nouveau et *Ba-Ta-Clan*, joué en décembre 1855, confirma ce premier succès.

Les débuts de Ludovic coïncidèrent avec une recomposition en profondeur de la littérature théâtrale. Les genres dominants dans la première moitié du XIXe siècle étaient alors le vaudeville et l'opéra comique. Offenbach voulut imposer l'opérette, appelée « opéra-bouffe » à l'époque, dans une nouvelle salle qu'il avait fondé en 1855 et qu'il dirigea par la suite, les Bouffes-Parisiens[3]. C'est donc sur un premier

---

1. Cf. Ludovic Halévy, *Carnets*, Paris, Calmann-Lévy, 1935, t. 1 : 1862-1869, p. 177, n. 1.
2. Sur Offenbach, on renverra au remarquable ouvrage de Jean-Claude Yon, *Jacques Offenbach*, Paris, Gallimard, « NRF biographies », 2000, 796 p.
3. Cf. Jean-Claude Yon, « La création du théâtre des Bouffes-Parisiens (1855-1862) ou la difficile naissance de l'opérette », *Revue d'histoire moderne et contemporaine*, octobre-décembre 1992, pp. 575-600.

texte signé de Ludovic Halévy que l'offensive débuta. Un an plus tard, à la suite des tout premiers succès, Offenbach décida d'éprouver la réaction des musiciens en organisant un concours d'opérette, sur un livret de Ludovic. Le jury était composé entre autres de Fromental Halévy, professeur de composition au conservatoire et membre de l'Académie des Beaux-Arts, d'Eugène Scribe (1791-1861) et d'un des anciens élèves de Fromental, Charles Gounod. Georges Bizet (1838-1875), qui avait été l'élève de Fromental au conservatoire, remporta l'épreuve[1]. L'opérette soumise au contrôle étroit du régime impérial qui la considérait comme amorale, attaquée par la critique qui y voyait le signe d'une décadence de l'art dramatique, connut le destin inverse de certaines compositions musicales d'avant-garde. En effet, dans un contexte de forte expansion générale du théâtre et de démocratisation de la vie musicale, l'opérette remporta un immense succès populaire, soutenant la carrière d'Offenbach, de Ludovic Halévy et d'Henri Meilhac, symbolisant l'esprit de la fête impériale[2].

En 1860, Ludovic commença une collaboration durable avec son ancien camarade de Louis-le-Grand, Meilhac (1831-1897), en écrivant *Ce qui plaît aux hommes*. Consécration précoce pour les deux jeunes auteurs, l'éditeur Michel Lévy qui avait dû renoncer à une carrière d'acteur dramatique pour aider son père, fit signer en septembre 1861 un traité aux deux librettistes qui lui réservèrent la propriété exclusive de leurs œuvres pendant 5 ans[3]. L'exposition universelle de 1867 à Paris procura une réputation mondiale au trio. En dépit de ce succès rapide, Ludovic Halévy n'avait pas abandonné la carrière administrative; il était devenu chef de bureau en 1858 au ministère de l'Algérie et des Colonies. Sa route croisa celle du puissant duc de Morny (1811-1865), président du Corps législatif. Celui-ci, souhaitant commencer une carrière littéraire, demanda en 1860 à Alfred Blanche de lui recommander un jeune auteur qui pourrait l'y aider. Leur collaboration déboucha sur *Mr Choufleury restera chez lui*, dont la première représentation fut donnée dans les salons du Corps Législatif. Lorsque le ministère de l'Algérie fut supprimé en 1861, Ludovic alla trouver Morny pour lui demander de lui confier le poste de secrétaire-rédacteur des débats du Corps Législatif dont les attributions venaient d'être

---

1. En 1869, il devint le gendre de Fromental en épousant sa fille Geneviève (qui devint plus tard Geneviève Straus).
2. Cf. l'analyse statistique de Christophe Charle, *La Crise littéraire à l'époque du naturalisme. Roman, théâtre et politique. Essai d'histoire des groupes et des genres littéraires*, Paris, Presses de l'Ecole normale supérieure, 1979, p. 30 et Ivo Supicic, « Situation socio-historique de la musique au XIXe siècle », dans Jean et Brigitte Massin, *Histoire de la musique occidentale*, Paris, Fayard, 1985, pp. 705-717.
3. Jean-Yves Mollier, *Michel et Calmann Lévy...*, op. cit., p. 356.

étendues. Ainsi Ludovic, à l'aube de ses plus grands succès, quitta l'administration proprement dite pour une fonction lui permettant d'observer l'arène politique de l'Empire. Le 29 juin 1868, sa vie prit un nouveau tournant : il épousa une jeune fille de grande lignée protestante, Louise Breguet (1847-1930) au temple de l'Oratoire.

L'ascension sociale et la réussite professionnelle du fils de Léon se traduisirent par un réel enrichissement, à l'instar de celui d'une majorité d'artistes de l'époque[1]. A sa mort, Ludovic laissa à sa famille une fortune évaluée à 84 000 francs. La somme était relativement modeste mais il faut ajouter à cela les droits d'auteur [2], perçus par ses enfants et son épouse après son décès, qui augmentaient considérablement le revenu global. Ainsi Ludovic toucha près de 80 000 francs de droits d'auteur, pour la seule année 1872[3]. Certaines pièces furent des succès financiers considérables : *La Belle Hélène* donnée en 1864 rapporta 97 224 francs et *La Vie parisienne*, jouée deux ans plus tard, 102 497 francs[4]. A la veille de sa mort, il indiquait dans une note manuscrite à propos de ses revenus : « A partir de 1873 [...] je me mets à gagner de l'argent, beaucoup d'argent[5]. » En plus du capital transmis et des droits d'auteur, une partie de sa fortune avait été investie dans des valeurs immobilières. Ainsi Ludovic avait-il acheté en 1883 l'immeuble de cinq étages où il s'installa au 39, quai de l'Horloge, lors du décès de son beau-père Louis Breguet. Dix ans plus tard, en mai 1893, il acquit une grande maison à Sucy-en-Brie, pour la somme de 86 571 francs. Offensive réussie dans le champ dramatique, l'opérette propulsa la famille Halévy dans les milieux aisés de la capitale.

---

1. Cf. de ce point de vue l'étude très nette de Marie-Claude Genet-Delacroix, « Le statut social de l'artiste professionnel aux XIXe et XXe siècles », dans *La Condition sociale de l'artiste XVIe-XXe siècles*, Saint-Etienne, Université de Saint-Etienne-CIEREC, 1987, pp. 87-104.
2. Ses droits d'auteur devinrent son unique ressource à compter de 1868 (il gagna près de 48 000 francs de droits cette année-là), Ludovic ayant démissionné de l'administration du Corps Législatif un an plus tôt. A cette époque, le théâtre était, du point de vue des droits d'auteur, nettement plus rémunérateur que le roman ou la poésie (cf. Rémy Ponton, *Le Champ littéraire en France de 1865 à 1905. Recrutement des écrivains, structure des carrières et production des œuvres*, thèse de doctorat en sociologie sous la direction de Pierre Bourdieu, E.H.E.S.S., 1977, p. 57).
3. Indication publiée par Jean-Pierre Halévy, dans Henri Loyrette (dir.), *op. cit.*, p. 161.
4. Eric C. Hansen, *op. cit.*, p. 72, n. 64. Précisons que Ludovic ne touchait qu'une partie de ces sommes considérables.
5. Document publié par Jean-Pierre Halévy, dans Henri Loyrette (dir.), *op. cit.*, p. 161.

L'orléanisme libéral Halévy-Paradol

Le succès de l'œuvre et l'ascension sociale masquaient une dimension moins heureuse. Eric Hansen, dans une biographie intellectuelle consacrée à Ludovic[1], a montré que ses livrets sous l'apparence de la frivolité, révélaient le tableau d'une société bourgeoise en crise[2]. Pour certains observateurs de la société, il y avait là un témoignage fort précieux : Georges Sorel (1847-1922), ami de Daniel Halévy, éprouvait une grande admiration pour Ludovic et expliquait longuement en 1912 à Jean Variot, l'utilisation historique et « sociologique » que l'on pouvait faire de l'œuvre de Ludovic Halévy[3]. La décadence des valeurs morales, en particulier de celles de la famille, menacées par l'adultère et le libertinage, peut être analysée comme un reflet du pessimisme profond de l'auteur.

L'arrivée de Ludovic Halévy face aux tribunes du Corps Législatif ne se traduisit pas par la politisation de l'écrivain, encore moins par une adhésion à l'Empire. Ce qui ne fut qu'une mutation administrative due à la faveur du duc de Morny, donna l'occasion au jeune librettiste de découvrir la société politique impériale. Le décès du duc en mars 1865 modifia profondément la vision que Ludovic avait de son travail à l'Assemblée. Il écrivait ainsi dans ses *Carnets* huit mois plus tard : « Ma vie a beaucoup changé depuis la mort de M. de Morny. Plus de politique. Je ne sors plus guère de mon petit milieu littéraire[4]. » Moins de deux ans plus tard, le 17 février 1867, il remit sa démission du Corps Législatif, écrivant en forme de bilan dans ses *Carnets* : « Des sept années que je viens de passer au milieu des représentants de mon pays, j'emporte la plus profonde indifférence politique[5]. » A l'heure pourtant où l'Empereur essayait d'amorcer un virage libéral, la désillusion de Ludovic à l'égard de la politique ne faisait que s'accroître[6]. Là encore, un recours à l'œuvre permet de compléter les indications des *Carnets*, publiés en 1935 par son fils Daniel. Désormais auteur à succès, ayant longtemps bénéficié de la bienveillance de Morny qui l'avait probable-

---

1. Eric C. Hansen, *op. cit.*, 271 p.
2. *Ibid.*, pp. 113-210.
3. Jean Variot, « Daniel Halévy », dans *Propos de Georges Sorel*, Paris, Gallimard, 1935, pp. 163-165.
4. Ludovic Halévy, *Carnets*, Paris, Calmann-Lévy, 1935, t. I : 1862-1869, p. 65.
5. *Ibid.*, p. 150.
6. Eric C. Hansen, *op. cit.*, pp. 155-195.

ment protégé de la censure impériale, Ludovic donna libre cours à une satire acerbe du régime. L'ironie et l'humour, armes de polémiste en des régimes de liberté contrôlée, servirent à attaquer ministres et conseillers, ridiculisés dans *Barbe-Bleue* et *Les Brigands*[1]. Daniel, se souvenant que son père lui avait laissé entière liberté dans sa jeunesse pour le choix d'une profession, rappelait cependant que deux carrières lui avaient été interdites : l'administration et la politique[2].

Exilée en Angleterre, la famille d'Orléans avait entrepris par le biais de ses représentants en France, Edouard Bocher et Eugène Dufeuille notamment, une vaste campagne de séduction auprès des milieux artistiques et littéraires. Invité à dîner chez les Orléans, à l'occasion d'un voyage à Londres en 1867, Ludovic revint ébloui de l'accueil qui lui avait été réservé[3]. Ludovic, comme son père Léon, conserva par la suite un attachement réel à la dynastie, qui trouve son origine dans son hostilité à l'Empire et dans l'adhésion aux valeurs de l'orléanisme politique. D. Halévy souligna bien plus tard le rôle important de la mère de Ludovic dans cette sensibilité. Lors du décès de sa grand-mère en 1893, Daniel Halévy fit d'elle dans son *Journal* un portrait reposant principalement sur sa sensibilité orléaniste. Dans les années 1880, Ludovic rencontra à nouveau à diverses reprises les Orléans qui jouèrent par la suite un rôle important en faveur de son élection à l'Académie française. Il fut invité par le Comte de Paris au Château d'Eu en compagnie du Grand-Duc de Mecklembourg et du Grand-Duc Nicolas de Russie[4]. Trois ans plus tard, grâce à Dufeuille et au comte d'Haussonville, il put rencontrer le Prince exilé en Angleterre. Ludovic côtoyait par ailleurs souvent les orléanistes, non seulement par le biais de Prévost-Paradol, mais aussi en rencontrant directement Dufeuille[5] et Bocher[6]. Hostile au suffrage universel, sous l'Empire comme sous la République[7], étranger

---

1. Comme l'indiquent les *Carnets*, seul Morny, pour lequel il éprouva un réel attachement, échappe à sa critique de la société impériale.
2. Daniel Halévy, « Introduction », dans : Ludovic Halévy, *Carnets, op. cit.*, t. I : 1862-1869, p. 64.
3. *Ibid.*, pp. 170-176.
4. Bibliothèque de l'Institut, Ms 4488, f. 143, lettre de Philippe d'Orléans Comte de Paris à Ludovic Halévy, 2 novembre 1885.
5. Ludovic Halévy, « Les Carnets de Ludovic Halévy (IV) 1882-1883 », *Revue des Deux Mondes*, 1er février 1938, p. 593 ; *Carnets*, Paris, Calmann-Lévy, 1935, t. II : 1869-1870, p. 168 ; « Les Carnets de Ludovic Halévy (IV) 1882-1883 », *Revue des Deux Mondes*, 1er février 1938, p. 608 ; « Carnets de Ludovic Halévy (1883-1885) », *Revue des Deux Mondes*, 1er décembre 1941, p. 279. Cf. surtout : Bibliothèque de l'Institut, Ms 4484, ff. 126-147, lettres d'Eugène Dufeuille à Ludovic Halévy (1870-1899).
6. Ludovic Halévy, « Les Carnets de Ludovic Halévy (III) », *Revue des Deux Mondes*, 15 février 1937, p. 828.
7. Cf. par exemple, Ludovic Halévy, *Carnets, op. cit.*, t. I : 1862-1869, p. 205 et t. 2,

aux idées démocratiques[1], Ludovic devint de plus en plus pessimiste avec l'établissement de la République. Homme soucieux d'ordre, il se rallia au nouveau régime mais se disait en 1881, « [...] républicain de résignation [...][2] ». Les liens de son père et de son demi-frère Prévost-Paradol avec le *Journal des Débats* expliquent qu'il fut sollicité par ce quotidien en 1889 pour une contribution à son *Livre du centenaire*. Son texte intitulé « La maison de la rue des Prêtres-Saint-Germain-l'Auxerrois » (qui abritait la rédaction du journal[3]), était totalement vierge de considérations politiques et se terminait par ces phrases explicites : « Pendant que la France, depuis 1789, voyait se succéder, [...] une centaine de ministres de la Guerre et une centaine de ministres des Affaires étrangères, de plus en plus éphémères, le *Journal des Débats* ne connaissait ni les révolutions, ni les changements de dynastie, et restait obstinément fidèle [...] à la même politique. Hélas ! elle a rarement triomphé, cette politique ! Le *Journal des Débats* a été bien plus souvent du côté des vaincus que du côté des vainqueurs, et ce n'est pas ce qui l'honore le moins[4]. » Pourtant, certains républicains trouvaient grâce à ses yeux, tels Jules Simon, Charles de Freycinet, et surtout Gambetta pour lequel il éprouvait une certaine affection. Après la mort de celui-ci, il fut persuadé du déclin définitif de la République. La force de ses liens avec son demi-frère[5], l'attention méticuleuse qu'il portait à ses succès de publiciste, à sa carrière, expliquent également la prégnance d'un orléanisme familial.

Deux ans avant son mariage, Léon Halévy avait eu un fils, Anatole (1829-1870), de Lucinde Paradol (1798-1843), actrice du Théâtre Français. Le garçon fut reconnu par le commandant François Prévost mais il semble qu'il n'ait pas vécu trop à l'écart de la famille Halévy[6]. Son

---

p. 69, également un extrait de ses carnets datant de 1881 cités dans : Ludovic Halévy, *Trois dîners avec Gambetta*, Paris, Grasset, « Les amis des Cahiers verts » n° 4, 1929, p. 19.

1. A l'exemple d'une conversation avec Rochefort : « [...] Rochefort lâcha quelques phrases absurdes sur le problème social, sur la misère en bas, le luxe en haut ; la démocratie perçait déjà » (Ludovic Halévy, *op. cit.*, t. II : 1869-1870, p. 25). Les *Carnets* abondent en remarques de ce genre, notamment sous la IIIe République.

2. Ludovic Halévy, *Trois dîners...*, *op. cit.*, pp. 20-21. Cf. Eric C. Hansen, *op. cit.*, p. 181.

3. Cf. *Le Livre du centenaire du Journal des Débats 1789-1889*, Paris, Librairie Plon, 1889, pp. 387-392.

4. *Ibid.*, p. 392.

5. « [...] Paradol, je puis le dire, c'est un peu moi, un peu et même beaucoup. Sa vie m'intéresse et me touche autant que la mienne propre » (Ludovic Halévy, *op. cit.*, t. II : 1869-1870, p. 142).

6. Les indications qui suivent sont tirées de la thèse de doctorat de Pierre Guiral, *Prévost-Paradol 1829-1870. Pensée et action d'un libéral sous le second Empire*, Paris, PUF, 1955, 842 p.

demi-frère cadet Ludovic lui voua en tout cas un attachement profond. Ni le commandant Prévost, encore moins Lucinde qui mourut percluse de dettes, ne pouvaient élever Anatole Prévost-Paradol comme un jeune bourgeois. Il fit néanmoins de remarquables études à la pension Bellaguet et au collège Bourbon. Lauréat du concours général, il entra à l'Ecole normale où il se distingua de ses camarades par la vivacité de son esprit et par un tempérament politique précoce marqué par l'anticléricalisme et l'hostilité au coup d'Etat. Avant tout préoccupé de conserver son indépendance, Paradol se mit en congé de l'école au début de l'année 1852. Il multiplia les activités pour gagner sa vie : après avoir été un temps secrétaire de Marie d'Agoult, il fut répétiteur, notamment des fils Rodriguès. En dépit d'une *Revue de l'histoire universelle* qui lui avait été demandée par Hachette et d'une collaboration régulière à la *Revue de l'instruction publique*, il soutint rapidement ses deux thèses. Son tempérament politique se précisa à cette époque et il rejoignit les rangs de l'orléanisme libéral, auquel il ajouta une tendance personnelle d'anglophilie.

A cette époque, plusieurs courants se distinguaient au sein du libéralisme post-révolutionnaire[1] : le libéralisme individualiste de Benjamin Constant accordant la primauté à l'individu, tendance caractérisée par une attitude essentiellement critique à l'égard du pouvoir[2] ; le libéralisme notabilitaire de Guizot qui mettait en avant le nécessité de protéger et de guider le corps social par le biais des « capacités » ; enfin le catholicisme libéral de Montalembert. La pensée de Guizot, née chez les Doctrinaires, trouva dans les Orléans un élément dynastique nécessaire à l'époque. Deux lignées libérales s'ouvraient ainsi dans le siècle : un libéralisme de gauche, allant des Idéologues aux opportunistes de 1880, ceux-ci étant prêts à l'établissement de la République, et un libéralisme de droite, des Doctrinaires au duc de Broglie, c'est-à-dire l'orléanisme, cherchant de plus en plus à contrôler la poussée démocratique. A l'origine, le libéralisme orléaniste, compromis entre tradition et modernité, n'était pourtant pas conservateur, mais l'évolution de la Monarchie de Juillet l'avait peu à peu entraîné vers la droite. Pour autant les valeurs de l'orléanisme qui étaient celles d'une monarchie

---

1. Parmi les nombreuses études récentes consacrées au libéralisme, on distinguera les travaux de Lucien Jaume, « Le libéralisme », *Cahiers du Cevipof*, 1997, n° 18, pp. 61-85 ; « Aux origines du libéralisme politique en France », *Esprit*, juin 1998, n° 6, pp. 37-60 tirés de son livre, *L'Individu effacé ou le paradoxe du libéralisme français*, Paris, Fayard, 1997, 591 p. ; de Pierre Manent, *Histoire intellectuelle du libéralisme*, Paris, Calmann-Lévy, « Pluriel », 1987, 278 p. ; et de Françoise Mélonio, « Les tribulations du libéralisme en France », *The Tocqueville Review*, 1996, vol. XVII, n° 2, pp. 3-17.
2. Pierre Manent, « Benjamin Constant et le libéralisme d'opposition », dans *Histoire intellectuelle du libéralisme*, Paris, Calmann-Lévy, « Pluriel », 1987, pp. 181-197.

laïque, se heurtèrent à l'Empire dès les débuts du nouveau régime : en prônant un régime parlementaire bicaméristre, avec une chambre haute et une chambre basse élue au suffrage censitaire, ainsi qu'un attachement profond à la décentralisation et une lutte permanente contre les empiétements de l'administration sur les « libertés », les orléanistes se plaçaient dans une opposition résolue au régime.

La carrière de journaliste politique qui fut sa « vocation exclusive[1] » selon Pierre Guiral, commença en décembre 1856 lorsqu'Hippolyte Rigault (1821-1858) proposa à Paradol de prendre la succession du chroniqueur John Lemoinne (1815-1892) au *Journal des Débats*, quotidien qui avait soutenu sans réserve le régime de Juillet. Paradol quitta alors sans regret la chaire que Fortoul lui avait offerte à la Faculté des Lettres d'Aix l'année précédente. Il se consacra à son nouveau métier aux *Débats* où il écrivit presque quotidiennement jusqu'à la fin de sa vie, des articles à caractère politique et des textes de critique littéraire. Benjamin de la rédaction, il se distingua très rapidement au sein du journal bien que ses critiques à l'égard de l'Empire aient souvent été beaucoup moins modérées que la ligne du quotidien[2]. Son nom fut rapidement connu dans les salons orléanistes[3], notamment chez les Haussonville, chez les Broglie[4] et chez les Dufeuille. Cette renommée naissante se traduisit par le fait que Michel Lévy, éditeur orléaniste, devint rapidement et quasi exclusivement à partir de 1859 son éditeur attitré. Sa réputation dans les milieux libéraux grandit encore lorsque, publiant en 1860 une brochure sur *Les Anciens Partis* dont il prenait la défense, il fut condamné à un mois d'emprisonnement. Il esquissait dans ce court texte ce qu'allait être l'Union libérale trois ans plus tard. Les espoirs des libéraux avaient été ruinés lors de la proclamation de l'Empire. Désarçonnés par le suffrage universel, ils furent condamnés pendant une décennie à une « émigration de l'intérieur » selon la belle formule de Louis Girard. A partir de 1860, ils prirent l'habitude de se réunir chez Thiers puis se regroupèrent lors des élections de 1863 au sein de l'Union libérale, qui permit un rapprochement entre tous les opposants au régime, des libéraux aux républicains. A trente-quatre ans, Paradol se présenta aux élections à Périgueux et Paris mais il fut largement battu. C'était le premier signe d'une durable mésentente entre le jeune libéral et le suffrage universel.

---

1. Pierre Guiral, *op. cit.*, p. 745.
2. Pierre Guiral parle même à ce sujet de « désaccord [constant] » entre Paradol et la rédaction (*ibid.*, p. 736).
3. *Ibid.*, pp. 314-316.
4. Le duc de Broglie dans ses mémoires parle à deux reprises de Paradol comme d'un « ami », *Mémoires du duc de Broglie*, Paris, Calmann-Lévy, 1938, t. I, p. 317 et 363.

Quoi qu'il en soit, cet échec n'interrompit pas sa carrière littéraire. Au début de l'année 1865, il publiait ses *Etudes sur les Moralistes français* qui allaient grandement contribuer à son élection au mois d'avril à l'Académie française, refuge de l'orléanisme intellectuel. Il y fut reçu par Guizot et cet acte symbolisa le passage d'une génération libérale à une autre. Avec l'Académie et les *Débats*, Paradol disposait d'une forte légitimité intellectuelle qu'il mit au service de ses convictions politiques. La parution en 1868 de *La France nouvelle*, véritable bréviaire de la pensée libérale, connut un grand retentissement. Les grands thèmes du libéralisme y étaient largement présents : décentralisation, magistrature indépendante, liberté de la presse, encadraient des réflexions nouvelles qui illustrent les idées plus souples de la deuxième génération libérale, prêtes à des compromis avec les républicains. Paradol se montrait en effet indifférent à l'égard de la forme du régime pourvu que celui-ci respectât les principes du fonctionnement parlementaire. Contrairement à d'autres libéraux orléanistes, il ne souhaitait pas que la chambre haute soit héréditaire et était prêt à accepter l'élection de la chambre basse au suffrage universel. *La France nouvelle* montrait le caractère « moral[1] » plus que dogmatique ou affectif, de son libéralisme. Les concessions auxquelles il était disposé et qui annonçaient l'alliance de certains libéraux avec les opportunistes, démontraient qu'il n'était pas orléaniste par attachement dynastique mais parce qu'il tenait au régime parlementaire et à l'influence d'une bourgeoisie éclairée au sein de la société. Mais cet essai montrait également l'aveuglement de la pensée libérale à l'égard de l'évolution sociale contemporaine qui remettait profondément en cause la société libérale rêvée par les orléanistes. Incapables de prévoir la poussée démocratique qui en résulta, les élections de 1869 sonnèrent comme un premier avertissement. Il fut d'une certaine façon fatal à Paradol qui essuya à Nantes son second échec électoral. Ludovic a relaté dans ses *Carnets* l'abattement de son demi-frère et l'amertume qu'il retira définitivement du combat politique.

Paradol avait considéré avec circonspection les premières décisions de l'Empire libéral, craignant qu'elles n'entraînent un regain républicain, voire socialiste. Cependant la formation du ministère Ollivier le fit changer d'avis : lassé peut-être du journalisme, il discerna dans ce ministère le début de la construction d'un régime parlementaire tant attendu. Il refusa le ministère de l'Instruction publique mais accepta au début de l'année 1870 de siéger dans deux commissions extra-parlementaires, celle de la décentralisation et celle de l'enseignement supé-

---

1. Pierre Guiral, *op. cit.*, pp. 518-519.

rieur. Reçu par l'Empereur le 1er juin 1870, il accepta deux semaines plus tard le poste d'ambassadeur à Washington que lui proposait Ollivier. Cette nomination fit scandale parmi les libéraux qui dénonçaient la trahison de celui qui avait été un critique subtil du régime ; il devint alors selon Pierre Guiral, le « bouc émissaire du ralliement[1] ». Il embarqua pour les Etats-Unis accablé par de violentes attaques. Apprenant avec désespoir la déclaration de guerre à son arrivée sur le sol américain, craignant probablement l'accusation de duplicité, il se tira le 18 juillet 1870 une balle dans la poitrine.

Cette fin dramatique donna plus encore d'éclat et de grandeur à sa rapide ascension. Il laissait derrière lui une œuvre importante de critique littéraire, un ton de publiciste particulier, critique – mais rarement polémique – et un ouvrage majeur de la pensée libérale française, *La France nouvelle*. A bien des égards, il a été un des inspirateurs de la Constitution de 1875 et du Sénat, une des références de la « République des ducs », étudiée par son neveu Daniel une soixantaine d'années plus tard.

Le milieu Halévy

Tant par la fortune que par le genre de vie et l'état d'esprit, Ludovic Halévy fut incontestablement un représentant de la « bonne bourgeoisie », dont Adeline Daumard a retracé la formation dans la première moitié du XIXe siècle. Encore faut-il nuancer cette appréciation tirée de l'histoire sociale quantitative : l'analyse de la vie mondaine, à partir de la correspondance de Ludovic, montre que ses fréquentations le poussaient plus loin, dans le « monde ». Invité privilégié du salon de sa cousine Geneviève Bizet-Straus, il fréquentait également celui de la comtesse de Loynes ainsi que celui des Rothschild[2] et plus tard après l'Affaire Dreyfus, celui de son amie, la marquise Arconati-Visconti[3]. La table de ses éditeurs, Michel et Calmann Lévy lui offrait un autre type de sociabilité dominée par les lettres et les arts et il se rendait sou-

---

1. *Ibid.*, p. 693.
2. Cf. Bibliothèque de l'Institut, Ms 4489, f. 4, lettre d'Ernest Renan à L. Halévy, 29 janvier 1883. Fréquentation confirmée par D. Halévy dans un récit autobiographique : *Pays parisiens*, Paris, Grasset, 1932, p. 53.
3. Cf. Bibliothèque de l'Institut, Ms 4479, ff. 111-125, 17 lettres de la Marquise Arconati-Visconti à Ludovic Halévy (1904-1907) et Bibliothèque de la Sorbonne, Ms 278, ff. 3731-3753, 18 lettres de Ludovic Halévy à la marquise Arconati-Visconti (*ca* 1890-1908). Sur ce salon, politiquement à part, cf. Gérard Baal, « Un salon dreyfusard, des lendemains de l'Affaire à la Grande Guerre : la marquise Arconati-Visconti et ses amis », *Revue d'histoire moderne et contemporaine*, juillet-septembre 1981, pp. 433-463.

vent avec son fils Daniel rue Auber[1]. Le dîner Bixio – fondé en 1856 par Alexandre Bixio (1808-1865) – qui se réunissait le vendredi chez Brébant, lui permettait de rencontrer John Lemoinne des *Débats*, Alexandre Dumas, Gérôme, Victorien Sardou. Fromental Halévy en avait été membre dès l'origine, bientôt rejoint par Sainte-Beuve. Ludovic Halévy y avait été admis, selon la règle, par un vote à l'unanimité en mars 1882[2]. Le général de Galliffet, Eugène-Melchior de Vogüé, le duc d'Aumale et le Prince d'Arenberg y retrouvèrent Ludovic Halévy dans les années qui suivirent.

Le succès de Ludovic Halévy était ambigu et partiel. Il était joué essentiellement aux Bouffes, au théâtre du Palais-Royal ou aux Variétés, rarement sur les grandes scènes. Le succès populaire, à la mesure de ses droits d'auteur, n'avait pas entraîné de reconnaissance officielle, encore moins de la part de la critique. Halévy, comme Meilhac, était considéré comme un auteur de boulevard écrivant dans un registre mineur, ce qui ne pouvait pas lui apporter de véritable consécration littéraire. Pour y parvenir, une reconversion s'imposait dans un genre plus valorisé. En 1881, *La Roussotte* fut le dernier vaudeville de Ludovic, qui abandonna définitivement le genre dramatique et les salles de spectacle.

Au tout début de l'année 1882, Renan fit savoir à Ludovic par l'entremise de Calmann Lévy qu'il serait favorablement accueilli à l'Académie[3]. Cela accéléra, semble-t-il, ses projets littéraires : il fit paraître alors son premier roman, *L'Abbé Constantin* après une pré-publication dans la *Revue des Deux Mondes*. Dans ce nouveau genre, il renoua à nouveau avec le succès, aussi rapide qu'à ses débuts au théâtre. La même année, *Criquette* recevait un accueil similaire. La reconversion romanesque était réussie. Les Orléans, influents à l'Académie, l'appuyèrent dans sa campagne et le duc Albert de Broglie (1821-1901) prépara très scrupuleusement son élection, établissant le compte des voix et aidant Ludovic dans ses visites[4]. La campagne fut difficile, l'opérette desservant Ludovic pour des raisons à la fois morales et académiques. René Peter, mémorialiste scrupuleux des manœuvres académiques, nota que *L'Abbé Constantin* – que Dumas fils appelait la « carte de visite académique[5] » de Ludovic Halévy – était une « "œuvre

---

1. Cf. le récit de Daniel Halévy, « Une vie obscure », *Journal des Débats*, 26 janvier 1935, p. 1.
2. Cf. Jules Claretie, *Souvenirs du dîner Bixio*, Paris, E. Fasquelle, 1924, p. 30.
3. Ludovic Halévy, « Les Carnets de Ludovic Halévy (III) 1880-1882 », *Revue des Deux Mondes*, 15 janvier 1938, p. 399.
4. Ludovic Halévy, « Carnets de Ludovic Halévy (1883-1885) », *Revue des Deux Mondes*, 1er décembre 1941, p. 291.
5. D'après René Peter, *Vie secrète de l'Académie française. Au seuil du monde nouveau*, Paris, Librairie des Champs-Elysées, 1940, p. 213.

pie" adroitement produite en temps voulu[1] ». L'appui de Broglie fut décisif : le 4 décembre 1884, Ludovic Halévy était élu au fauteuil d'un opposant sous l'Empire, un des animateurs de l'Union libérale, le comte Othenin d'Haussonville (1809-1884[2]). Il y fut reçu le 6 février 1886 en présence du Comte de Paris. La reconversion n'avait échappé à personne : dans la réponse au discours de Ludovic, Edouard Pailleron (1834-1899), auteur dramatique, passa sous silence toute la partie de l'œuvre du récipiendaire qui avait pourtant fait son succès[3].

Dans une période marquée par le très fort monopole des auteurs dramatiques consacrés sous le Second Empire[4] – sans équivalent dans les autres genres littéraires –, la reconversion romanesque de Ludovic Halévy coïncida pour le théâtre avec le début d'une crise. La production théâtrale entre 1876 et 1885 achevait alors une décennie de net recul en termes quantitatifs et les recettes annuelles des théâtres connaissaient une certaine diminution (notamment celles des Variétés et des Bouffes-Parisiens), évolution doublée d'un accroissement des fermetures de salles[5]. Cette évolution globale n'eut pas de conséquences sur le succès et la fortune personnels de Ludovic mais elle indique qu'il sut effectuer sa reconversion au moment propice.

A l'Académie, Ludovic contribua à l'élection de ses amis : Meilhac et Jules Claretie, tous deux en 1888, Ernest Lavisse en 1892, Paul Bourget en 1894 et son cousin Marcelin Berthelot en 1900[6]. Jamais cependant il ne déploya autant d'activité que pour faire élire Anatole France[7]. Ludovic qui se faisait parfois l'intermédiaire de France auprès de Calmann Lévy, poussait sans cesse l'homme de la Villa Saïd à publier[8], et il insista ardemment pour qu'il se présente. Ludovic négocia avec le duc de Broglie l'appui des orléanistes à un écrivain qui passait pour « anarchiste » sous la coupole. Dans ses notes, L. Halévy parle d'un « traité[9] » passé alors avec la droite. France confia à ce propos à Paul

---

1. *Ibid.*, p. 155.
2. Par ailleurs beau-frère du duc de Broglie.
3. *Discours prononcés dans la séance publique tenue par l'Académie française pour la réception de M. Halévy le jeudi 4 février 1886*, Paris, Firmin-Didot, 1886, pp. 27-48.
4. Cf. Christophe Charle, *op. cit.*, pp. 115-118.
5. Christophe Charle, *op. cit.*, pp. 36-39.
6. D'après le compte des scrutins de l'Académie où il consignait scrupuleusement tous ses votes et notait ses remarques sur les coulisses des élections (Bibliothèque de l'Institut, Ms 4491, ff. 1-229).
7. Cf. le journal du tout jeune critique Albert Flament (1877-1956) qui observait les élections académiques : *Le Bal du Pré Catelan*, Paris, Fayard, « C'était hier », 1946, p. 98.
8. Bibliothèque de l'Institut, Ms 4485, ff. 1-49, 48 lettres d'Anatole France à L. Halévy (1887-1904).
9. Bibliothèque de l'Institut, Ms 4491, f. 197, scrutin du 23 janvier 1896.

Gsell (1870-1947) : « J'entrepris mes visites. Halévy dirigeait les opérations[1]. » Ainsi L. Halévy parvint à retourner l'opinion d'une enceinte qui était hostile à son candidat. Il acquit par la suite quai Conti la réputation d'un homme à l'entregent particulièrement efficace.

La réception à l'Académie d'un écrivain au patronyme juif avait donné l'occasion aux antisémites de se faire entendre. Ainsi le jeune Maurice Barrès (1868-1923) consacra à Ludovic Halévy un article de la *Revue contemporaine*, subtil éreintement teinté d'antisémitisme[2]. La même année, l'attaque fut plus violente encore et sans nuances de la part de Drumont dans *La France juive* : Ludovic Halévy était campé comme un juif prussien dont l'aïeul était né à Dantzig[3], un juif qui en inventant le personnage du « général Boum » voulait insidieusement déshonorer l'armée[4]. Bien plus tard, Daniel Halévy évoquera la réaction de son père : « Catholique par la personne de sa mère, juif par celle de son père, il estimait qu'un démenti pourrait être compris comme un désaveu filial, ce qui n'eut pas convenu. Un ami de Drumont lui ayant offert de faire effacer son nom, çà et là imprimé dans la *France juive*, il refusa, disant qu'il n'avait rien à demander, que les choses étaient bien ainsi[5]. » De son côté, la communauté juive en la personne d'Isidore Cahen (fils de Samuel Cahen, le fondateur des *Archives Israélites de France*), rendant compte de cette élection, déplorait la déjudaïsation de la famille Halévy : « M. Ludovic Halévy, – qui n'est point des nôtres, bien qu'issu de sang israélite[6]... » Pourtant, bien qu'il ait été baptisé à l'église Saint-Germain-des-Prés, il ne semble pas que Ludovic ait fait preuve d'un attachement particulier à la religion catholique. Son œuvre contient d'ailleurs sous le couvert de l'ironie, de nombreux traits anticléricaux. Lors de son décès en 1908, ses obsèques furent des plus sobres : il n'y eut pas de discours, de fleurs, de couronnes ou d'hommage officiel. Des prières furent dites au domicile par la famille,

---

1. Paul Gsell, *Propos d'Anatole France*, Paris, Grasset, 1921, p. 44. Sur l'élection, cf. également Michel Corday, *Anatole France d'après ses confidences et ses souvenirs*, Paris, Ernest Flammarion, 1927, pp. 160-170.
2. Maurice Barrès, « M. Ludovic Halévy à l'Académie », *Revue contemporaine*, t. IV, février 1886, pp. 236-241.
3. Edouard Drumont, *La France juive. Essai d'histoire contemporaine*, Paris, C. Marpon et E. Flammarion, 1886, t. I, p. 29 et 372, t. II, pp. 232-233 et 239 n. 1.
4. *Ibid.*, t. I, p. 28 et 372.
5. Daniel Halévy, *Note concernant deux passages du Journal des années noires de Jean Guéhenno*, s.d., [1947], p. 8.
6. Isidore Cahen, « Grands noms du judaïsme français : I. Les Halévy, II. Les Pereire », *Archives Israélites de France*, 25 février 1886, n° 8, p. 57. Il ajoutait plus loin : « [...] les puissantes individualités dont il vient d'être question [Halévy et Pereire] n'ont pas toujours accordé à l'élément religieux la place qu'il mérite, ou n'ont pas toujours rendu suffisante justice à l'influence hébraïque dont elles sont dérivées [...] » (p. 58).

suivies d'un éloge par le pasteur Charles Wagner, puis le convoi funéraire partit pour le cimetière Montmartre[1].

En observant l'itinéraire de Ludovic, il est possible de s'interroger sur la capacité des carrières artistiques au XIXe siècle à favoriser le processus d'assimilation. On peut constater que la musique et le théâtre ont favorisé cette évolution jusqu'à un point ultime, celui de la déjudaïsation totale, à l'image précisément de Ludovic[2].

---

1. « Les obsèques de M. Ludovic Halévy », *Le Temps*, 11 mai 1908, p. 3.
2. Voire même dans certains cas à la conversion au catholicisme, comme Jacques Offenbach ou Giacomo Meyerbeer.

CHAPITRE II

Le monde clos

Dans la société bourgeoise, la famille et le milieu familial constituaient le lieu privilégié de l'éducation. Les diverses évocations par Daniel Halévy de sa jeunesse sont toutes marquées par un profond attachement à un style de vie familial et à des sociabilités placées sous le signe de la conversation dans le cadre des salons. Les habitudes de vie, les relations amicales, la fréquentation du lycée ont été autant de traits constitutifs de la formation reçue par Daniel Halévy. L'orléanisme familial n'était pas pour les Halévy une idéologie politique mais la traduction d'un certain nombre de valeurs incarnées dans un mode de vie particulier et certains usages sociaux. La sensibilité de Daniel se forma ainsi, à la fois sur le plan esthétique et sur le plan politique.

Racines

A la mort d'Hippolyte Le Bas en 1867, Ludovic Halévy dut quitter l'appartement de son grand-père, dans les murs de l'Institut. Dans un essai fortement autobiographique consacré en 1929 à Paris et intitulé *Pays parisiens*, Daniel Halévy indiquait que la mort de son arrière-grand-père avait marqué pour sa famille le début des grandes pérégrinations dans la ville. C'est, semble-t-il, sur la suggestion d'amis de la famille, les Gounod, Eugène Fromentin et Edgar Degas que Ludovic Halévy s'installa sur les pentes de Montmartre, d'abord au 31 de la rue de La Rochefoucauld pour quelques années, puis définitivement au 22, rue de Douai, au sein d'un quartier, la « Nouvelle Athènes », encore peu touché par les constructions du préfet Haussmann[1]. La famille Ha-

---

1. Sur la sociotopographie des écrivains à cette époque, cf. Christophe Charle,

lévy retrouvait là de nombreux amis qui lui étaient particulièrement chers, non loin de l'atelier de Degas rue Victor-Massé que le peintre quittait pour venir dîner toutes les semaines chez les Halévy[1], des ateliers de Puvis de Chavannes et de Gustave Moreau, de celui d'Eugène Fromentin, situé place Pigalle. La particularité de la famille Halévy tenait à ce qu'elle associait étroitement à la vie familiale les plus proches amis. La famille était d'ailleurs composée rue de Douai de plusieurs générations : les Halévy s'étaient installés avec le couple Léon Halévy et la fille de Fromental, Geneviève Halévy, à la veille d'épouser Georges Bizet. Cet immeuble que Jacques-Emile Blanche appellera le « familistère Halévy[2] », réunissait ainsi le théâtre et la musique. De l'aveu même de Daniel Halévy[3], l'empreinte de sa famille maternelle semble l'avoir moins marqué que celle des Halévy et des Le Bas : les visites régulières à la maison-atelier des Breguet, quai de l'Horloge, ou à l'Institut chez Marcelin Berthelot (1827-1907) pour y rencontrer les cousins Berthelot, n'ont pas modifié son attachement initial à une culture familiale orientée vers la littérature et la musique plus que vers la technique ou vers la science.

Deux ans après son frère Elie né en pleine guerre, le 6 septembre 1870, Daniel Halévy vit le jour, le 12 décembre 1872, rue de La Rochefoucauld mais ne connut dans son enfance que la rue de Douai en raison d'un déménagement rapide. D. Halévy en se souvenant de cette époque faisait allusion à l'atmosphère particulière qui régnait dans cette partie de Paris : « Des artistes, quelques gens du monde, s'y étaient installés et formaient une petite république, active, agréable, à quinze minutes des boulevards[4]. » Différente des relations mondaines et professionnelles de Ludovic, la sociabilité du quartier de la « Nouvelle Athènes » renforçait des liens déjà très forts avec certains artistes et écrivains de leur entourage.

Des attaches particulières unissaient les familles Blanche et Halévy. C'est probablement par Alfred Blanche, dont Ludovic fut un des collaborateurs au ministère d'Etat, qu'il fit la connaissance de son frère, le docteur Antoine-Emile Blanche (1820-1893), directeur de la clinique

---

« Situation sociale et position spatiale, essai de géographie sociale du champ littéraire à la fin du dix-neuvième siècle », *Actes de la recherche en sciences sociales*, février 1977, n° 13, pp. 45-59.

1. Cf. Henri Loyrette, *Degas*, Paris, Fayard, 1991, p. 515 et Eunice Lipton, « Degas' friends and a question of stylistic choices », dans *La Condition sociale de l'artiste XVIe-XXe siècles*, Saint-Etienne, Université de Saint-Etienne-CIEREC, 1987, p. 77.
2. Jacques-Emile Blanche, *La Pêche aux souvenirs*, Paris, Flammarion, 1949, p. 108.
3. Daniel Halévy, *Pays parisiens*, Paris, Grasset, 1932, [1re éd. : 1929], pp. 265-266.
4. *Ibid.*, pp. 28-29.

psychiatrique de Passy. Celle-ci accueillit la tante de Ludovic, Léonie Rodriguès-Henriques, épouse de son oncle Fromental. Mais les épisodes de « neurasthénie » auxquels d'autres membres de la famille furent confrontés, avaient affermi les liens de Ludovic avec le « docteur Blanche ». Celui-ci fut d'ailleurs désigné, avec Ludovic leur oncle comme tuteur, des trois enfants d'Anatole Prévost-Paradol, après sa disparition. Entre le fils du docteur Blanche, Jacques-Emile (1861-1942) et Daniel Halévy une relation durable, amicale malgré la différence d'âge, assura la pérennité des liens entre les deux familles[1].

Les liens de Paradol avec John Lemoinne, rédacteur en chef du *Journal des Débats*, s'étendirent aux Halévy, compagnons parisiens et voisins de vacances à Dieppe. Daniel, en particulier, fut pendant toute son adolescence un ami des trois filles de J. Lemoinne, Catherine, Marie et Rose (qui épousa Jacques-Emile Blanche). Albert Boulanger-Cavé (1832-1910) que Ludovic avait rencontré au ministère d'Etat, où Cavé était « sous-chef du bureau des théâtres » – en réalité chargé de la censure des théâtres – se trouvait très souvent auprès de la famille Halévy. Ayant rapidement quitté la carrière administrative, il vivait dans une totale oisiveté, en compagnie d'Hortense Howland (1835-1920), amie de Fromentin et de Gustave Moreau.

Parmi toutes ces amitiés, celle de Degas se distingue par l'importance qu'elle eut pour D. Halévy : celui-ci confia à Maurice Barrès en 1919 que le peintre avait été la grande passion de ses jeunes années. Degas était un ami des Niaudet, famille alliée des Breguet et il avait ainsi connu Louise Breguet – amie des sœurs de Degas – avant qu'elle n'épouse Ludovic Halévy. Le peintre s'entendit d'autant mieux avec Ludovic qu'ils avaient tous deux été élèves du collège royal Louis-le-Grand. Situés non loin de son atelier, les Halévy recevaient souvent la visite inopinée de Degas dont la personnalité et la fantaisie enchantaient Daniel. Degas était attentif à ce jeune garçon qu'il a représenté dans certains tableaux[2] et l'associa par la suite, vers 1895-1896, à ses travaux photographiques en lui demandant d'assurer de longues séances de pose[3]. Parfois Daniel, se rendant à son atelier, y découvrait les ébauches d'œuvres en cours[4].

---

1. « Notre amitié était sans âge. J'ai des lettres échangées entre ses parents et mes grands-parents. Elles datent de 1840, et leur caractère est intime » (Daniel Halévy, « Jacques-Emile Blanche », *Le Divan*, n° 245, janvier-mars 1943, p. 7).
2. Cf. *Catalogue de l'exposition Degas*, Paris, éditions de la Réunion des musées nationaux, 1988, 635 p.
3. De nombreux portraits de Daniel et de la famille Halévy sont reproduits dans le catalogue de l'exposition : Malcolm Daniel, Eugenia Parry, Theodore Reff, *Edgar Degas photographe*, Paris, Bibliothèque nationale de France, 1999, 143 p.
4. A quatre-vingt-huit ans, Daniel Halévy édita ses souvenirs sur cette époque (*Degas*

Aux souvenirs heureux de l'enfance et de la jeunesse, maintes fois évoqués dans son *Journal* comme dans des écrits publiés, sont étroitement liés ceux des vacances dieppoises nettement idéalisées, présentés par Daniel Halévy comme un véritable âge d'or. Chaque été les Halévy, parfois accompagnés par le couple Cavé-Howland ou par Degas, se rendaient dans cette station balnéaire mise à la mode dès les années 1820 par la duchesse de Berry. Située face à Brighton, Dieppe, transformée l'été en « colonie britannique » (selon l'expression de Jacques-Emile Blanche, un de ses plus fidèles mémorialistes[1]), accueillait une société anglomane composée essentiellement d'artistes[2]. Le peintre James Whistler (1834-1903), un de ses élèves, Walter Sickert (1860-1942) – qui avait épousé la fille d'un des grands libéraux anglais du siècle, Richard Cobden – et l'écrivain irlandais George Moore (1852-1933), connu par les Halévy à Paris, apôtre du « celtic revival », étaient les représentants les plus en vue de l'art britannique à Dieppe. Parfois, cette société franco-britannique franchissait la Seine pour gagner Trouville chez Geneviève Bizet-Straus qui y tenait salon, ou chez Mme Arthur Baignières. Les Halévy y retrouvaient également leurs amis Lemoinne et les Blanche dont la villa du Bas-Fort-Blanc, était mitoyenne de la villa des Rochers, louée par les Halévy. C'est là, à l'été 1885 que le jeune Blanche, qui commençait une carrière de portraitiste mondain, fit un tableau représentant D. Halévy, toile dédiée à son « ami Daniel[3] ». Se remémorant cette époque plus de quarante ans après, Blanche écrivait : « Assis dans le salon jaune d'Offranville, je regardais autour de moi meubles, gravures, tableaux ; je rouvrais des albums aux fermoirs de cuivre oxydé d'où surgissaient les images pâlies de nos parents, des amis de nos deux familles. Toute notre jeunesse, Daniel ! tout un monde[4]. » D. Halévy se plaisait dans la compagnie de Blanche, son ami aîné, dont il disait qu'il avait « [...] reçu l'éducation d'un gentilhomme des anciens temps[5] ». « L'été à Dieppe, je passais mes matinées dans

---

parle, Paris-Genève, La Palatine, 1960, 187 p. Cet ouvrage a été réédité en 1995 aux éditions de Fallois avec des textes inédits).

1. Cf. notamment Jacques-Emile Blanche, *Dieppe*, Paris, Emile-Paul, « Portrait de la France », 1927, 112 p.

2. Sur la vogue des côtes normandes à cette époque et le développement d'un snobisme, cf. Emilien Carassus, *Le Snobisme et les lettres françaises de Paul Bourget à Marcel Proust 1884-1914*, Paris, Colin, 1966, pp. 272-291.

3. Reproduit dans : *Jacques-Emile Blanche, peintre (1861-1942)*, catalogue de l'exposition du musée des Beaux-Arts de Rouen, Paris, éditions de la Réunion des musées nationaux, 1998, p. 69.

4. Jacques-Emile Blanche, *Mes Modèles*, Paris, Librairie Stock, 1928, p. V.

5. Daniel Halévy, « Jacques-Emile Blanche », *Le Divan*, n° 245, janvier-mars 1943, p. 9.

l'atelier de Jacques-Emile. Il y avait là Helleu, Sickert, Edouard Dujardin, le directeur de la *Revue indépendante*, Degas[1] », écrivait-il en 1943. Mis à part la compagnie de Blanche, D. Halévy découvrait dans son entourage certaines personnes qui allaient orienter et façonner ses premiers choix littéraires et esthétiques.

Formation d'une sensibilité

Sur un papier à carreaux, dans un cahier d'écolier recouvert de toile, commencé le 28 mars 1886, quelques jours après la réception de son père à l'Académie française, Daniel Halévy – âgé de treize ans – inaugura une activité quasi quotidienne qui l'occupa près de soixante-dix ans, marquée par de rares interruptions : écrire son *Journal*, comme son père qui remplissait régulièrement des carnets. Ecrire pour lui, écrire pour satisfaire un besoin irrépressible, éloigné encore du moindre souci littéraire. Vers 1890, il commença à rédiger d'autres cahiers intitulés *Notes* où il marquait ses impressions de lecture et plus tard, ses projets et ébauches d'études ou d'articles.

Il consigna dans son *Journal* les faits marquants de son adolescence, entièrement centrés sur le monde des adultes, en l'occurrence celui de son père, le milieu des auteurs dramatiques et de l'Académie. Il y relatait les commérages littéraires, les visites reçues ou faites par Ludovic, les bons mots et les traits d'esprit échangés dans les salons où son père était invité, ainsi que le résultat des scrutins académiques[2]. Emporté en classe, son *Journal* était lu et parfois annoté par ses camarades, notamment Robert Dreyfus et Marcel Proust, connus au lycée Condorcet.

Le *Journal* de l'adolescence est avant tout celui du fils d'un auteur dramatique reconnu et d'un membre influent de l'Académie. Ainsi la part de mimétisme est grande dans les premières appréciations esthétiques. Accompagnant souvent son père au spectacle ou aux répétitions, Daniel devint un échotier fidèle des appréciations et des renommées. A l'âge de quinze ans, au cours de l'année 1888-1889, une évolution très nette apparut : son intérêt pour le théâtre et la scène déclina au profit de la littérature. Il ne témoigna plus à partir de 1888 qu'un intérêt limité au théâtre, si ce n'est pour la scène d'avant-garde, comme le Théâtre libre d'Antoine. D. Halévy lisait déjà beaucoup et son *Journal* reflète de ce

---

1. *Ibid.*, pp. 9-10.
2. En 1930, il disait à André Rousseaux : « J'ai cessé très tôt de m'intéresser à la cuisine des élections académiques, probablement pour y avoir assisté trop souvent [dans ma jeunesse] » (André Rousseaux, « Un quart d'heure avec M. Daniel Halévy », *Candide*, 17 avril 1930).

point de vue un grand éclectisme. Ce document permet de percevoir une autre étape importante : le projet d'écrire s'esquissait déjà et D. Halévy pensa d'abord à un roman. Cette idée sans lendemain, qui vit le jour à l'époque de l'essor du symbolisme, porté par le genre poétique, est importante : elle indique qu'à seize ans, lorsque pour la première fois D. Halévy songea à écrire, c'est à un genre mineur qu'il pensa, déconsidéré par le roman-feuilleton, émergeant à peine dans une époque dominée par le théâtre et la poésie[1].

Malgré son âge, il n'avait pas encore quatorze ans, l'insouciance et le ton léger des jeunes années, la politique surgit dès 1886 : il s'intéressa alors de façon subite et avec attention à la question de l'expulsion des princes et inaugura à cette occasion une habitude qui ne le quitta pas dans le grand âge, celle de coller – comme son père – des articles de presse dans ses cahiers et de les commenter. En l'occurrence, cette brusque irruption de questions politiques dut faire écho à l'indignation que l'expulsion des prétendants orléanistes suscita dans l'esprit paternel. Peu de temps après, l'adolescent se passionna pour la cause du général Boulanger pour lequel il prit parti. Sa curiosité alla au-delà de la lecture attentive de la presse : il voulut voir ce qu'était réellement le boulangisme. A la sortie du lycée, il se rendait dans les rues pour voir la foule et courir dans les rues avec les émeutiers. La première mention d'un avis politique dans son *Journal* date de mars 1889, dans un passage intitulé « Idées » : D. Halévy avait alors seize ans et sa condamnation de la démocratie qu'il jugeait niveleuse était ferme, ressemblant de près aux écrits de son père dans les *Carnets*. Les signes de cette sensibilité politique plus affective que raisonnée s'expliquent certes par le jeune âge, mais traduisent aussi un état d'esprit familial peu favorable au régime républicain. De ce point de vue, Elie Halévy n'était pas en reste : il écrivait ainsi à son frère, en juin 1918, qu'en rangeant d'anciens papiers datant de l'époque du lycée Condorcet, il avait retrouvé ses projets de 1885 pour y organiser un comité royaliste[2].

---

1. Sur l'essor sans précédent du genre poétique à l'âge romantique, cf. Paul Bénichou, *Le Sacre de l'écrivain 1750-1830. Essai sur l'avènement d'un pouvoir spirituel laïque dans la France moderne*, Paris, Librairie José Corti, 1973, particulièrement aux pages 275 à 352.
2. Lettre d'Elie à Daniel Halévy, 5 juin 1918, reproduite dans : Alain, *Correspondance avec Elie et Florence Halévy*, Paris, Gallimard, 1958, p. 570.

A l'ombre de Verlaine et Mallarmé

La première partie de l'éducation de D. Halévy fut assurée par sa famille. L'usage étant fixé depuis Léon Halévy que les enfants reçoivent la religion de leur mère, Daniel Halévy, fils de Louise Breguet, fut élevé dans la religion protestante[1]. Vers l'âge de dix ans, il entra rue d'Amsterdam au collège Fontanes, niveau primaire du lycée Condorcet. Il est probable, comme il le laissa entendre, qu'à Fontanes un certain brassage social était opéré, mais en réalité très certainement limité aux milieux bourgeois[2]. Jacques-Emile Blanche l'avait précédé, le frère aîné de Daniel, Elie, y était entré deux ans plus tôt, et à une époque où le nombre de lycées parisiens était encore limité, D. Halévy se retrouvait dans un milieu social qui n'était pas vraiment différent de celui de sa famille. Daniel fit d'ailleurs son entrée dans la cour du lycée en même temps que son cousin Jacques Bizet. Le tableau de Jean Béraud, « Sortie du lycée Condorcet à Paris », contemporain de cette époque, où l'on voit calèches et domestiques, représente ce milieu social très homogène.

A la différence d'Elie, élève sérieux qui accumulait les premières places dans toutes les matières, Daniel fit preuve d'une autre attitude, attestée par les appréciations de ses professeurs soulignant la distraction et le côté capricieux du jeune élève. Les récits de ses camarades confirment qu'il était un élève remarqué, autant par ses premières places dans les matières littéraires, que par un tempérament dissipé[3]. Professeur d'Anglais à Fontanes et à Condorcet, Stéphane Mallarmé (1842-1898)[4] écrivait au père de Daniel, à propos d'une étourderie dans une composition, qu'il était un « très amusant petit bonhomme[5] ».

Lors de son entrée en classe de troisième, à l'automne 1887, il fit la

---

1. Cf. Daniel Halévy, *Note...*, *op. cit.*, p. 12.
2. Daniel Halévy, *Pays...*, *op. cit.*, pp. 122-123.
3. Cf. notamment Fernand Gregh, *L'Age d'or. Souvenirs d'enfance et de jeunesse*, Paris, Grasset, 1947, p. 136.
4. C'est grâce à Louis Bréton (père de Geneviève Bréton qui devint la belle-mère de D. Halévy en 1898) que Mallarmé ayant quitté Avignon, avait été affecté à Condorcet à la rentrée 1871 (cf. Jean-Luc Steinmetz, *Stéphane Mallarmé*, Paris, Fayard, 1998, pp. 139-148).
5. Bibliothèque de l'Institut, Ms 4487, f. 167, lettre de Stéphane Mallarmé à Ludovic Halévy, 12 novembre 1883 (reproduite dans : Stéphane Mallarmé, *Correspondance*, t. III : 1886-1889, Paris, Gallimard, 1969, p. 396). A la suite de cet échange de lettres, L. Halévy qui avait envoyé à Mallarmé certains de ses volumes, reçut en retour *L'Après-Midi d'un faune*.

connaissance de son aîné, Marcel Proust (1871-1922) qui entrait en rhétorique et de Robert Dreyfus (1873-1939), qui venait d'arriver en seconde. Ces deux derniers se connaissaient depuis la petite enfance, mais l'entente fut rapide entre eux trois. Fernand Gregh (1873-1960) arriva en 1889 à Condorcet où il se lia avec Daniel, son camarade de rhétorique. Henri Rabaud (1873-1949) et Jacques Bizet (1872-1922) complétaient ce petit groupe de lycéens, réparti dans des classes de niveaux différents mais qui avaient en commun, outre leur origine sociale, les mêmes passions : « Par l'analyse, la musique, le dialogue, la poésie, nous voulions explorer, connaître, exprimer[1]. » Daniel Halévy, était, selon Robert Dreyfus, leur « chef de clan[2] ».

L'influence de Mallarmé – dont D. Halévy confessait que la classe ne ressemblait à aucune autre : « Il aurait bien voulu être ailleurs, et nous aussi, et c'est peut-être cela que nous sentions[3] » – semble avoir dépassé largement celle du cours d'anglais. « [...] Mallarmé poète et mage – nous recommandait Wagner, Shelley, Baudelaire, Edgar Poe, Verlaine, Paul Bourget (bientôt Barrès), nous incitait à ouvrir le journal d'Amiel, celui de Benjamin Constant, de Stendhal, celui de Marie Bashkirtseff[4] », se souvenait Daniel Halévy dans *Pays parisiens*. Les années 1880 furent caractérisées par l'essor de la poésie symboliste qui s'opposait à la longue domination du Parnasse et du naturalisme. En 1884, Huysmans avait publié *A rebours* : très tôt considéré comme le manuel du décadentisme, il avait ainsi encouragé le grand public à lire Verlaine et Mallarmé, jusqu'alors ignorés. Ces jeunes gens qui écoutaient Mallarmé dans leur salle de classe, le lisaient-ils à l'époque ? Il est impossible d'apporter une réponse à cette question. Mais le mouvement quitta les cénacles où il fut d'abord confiné : le 18 septembre 1886, Jean Moréas publiait le manifeste du symbolisme dans un quotidien national, *Le Figaro*. Il y affirmait : « Pour la traduction exacte de sa synthèse, il faut au symbolisme un style archétype et complexe : d'impollués vocables, la période qui s'arc-boute alternant avec la période aux défaillances ondulées, les pléonasmes significatifs, les mystérieuses ellipses, l'anacoluthe en suspens, tout trope hardi et multi-

---

1. Daniel Halévy, *Pays...*, *op. cit.*, p. 117.
2. Robert Dreyfus, *De Monsieur Thiers à Marcel Proust*, Paris, Plon, 1939, p. 16.
3. Daniel Halévy, *Pays...*, *op. cit.*, p. 106. Cf. également l'évocation de la classe de Mallarmé dans : « De Mallarmé à Paul Valéry », *Revue Universelle*, 1er mai 1920, n° 3, pp. 283-284 et dans « France. Lettre à une amie allemande », *Revue de Genève*, juin 1921, n° 12, pp. 878-879. Léon-Paul Fargue a évoqué ses souvenirs de la classe de Mallarmé au lycée Rollin, décrivant une ambiance tout à fait analogue à celle de Condorcet (cf. Léon-Paul Fargue, « La classe de Mallarmé », *NRF*, 1er mai 1941, pp. 641-649).
4. Daniel Halévy, *Pays...*, *op. cit.*, p. 117.

forme [...]. » L'esthétique symboliste[1] représentait pour ces bourgeois adolescents, élevés dans le culte des formes classiques – inévitablement associées par eux aux exercices scolaires – une occasion de rupture. Le caractère particulier des classes de Mallarmé, sa personnalité rompant avec l'ordre rigoureux du lycée, ajoutait à la séduction que pouvait exercer le symbolisme sur eux. Pour ces jeunes gens, influencés par Verlaine et Mallarmé, distinguant sans doute mal le décadentisme du symbolisme, les formes de l'esthétique nouvelle constituaient un espace de liberté par la rupture avec l'alexandrin classique, le goût du vers libre et la désorganisation voulue de la strophe. La langue française, confia plus tard D. Halévy, était alors un de leurs soucis : « Une de nos graves préoccupations, je crois bien que c'étaient nos styles. La Langue française, en ce temps-là, était en mauvais état[2]. » Daniel Halévy n'a probablement pas lu le *Décadent littéraire et artistique* lancé en 1886 par Anatole Baju, qui s'adressait aux décadents bohèmes, revue relativement confidentielle. En revanche il était abonné dès 1884 à la *Revue Indépendante*, créée par Félix Fénéon et reprise en 1886 par Edouard Dujardin, ami de Jacques-Emile Blanche. Cette revue, relais actif du symbolisme fut lue régulièrement par D. Halévy dont il conserva d'ailleurs jusqu'à sa mort une collection intacte. En 1888, D. Halévy trouva dans la bibliothèque paternelle une édition des *Romances sans paroles* de Verlaine, recueil inconnu lors de sa parution en 1874 mais qui, une quinzaine d'années plus tard, contribua à la découverte du poète. Le *Journal* d'Halévy laisse transparaître son émotion lorsqu'il s'aperçut que le volume contenait des notes manuscrites du poète. Se rendant, en compagnie de Robert Dreyfus et de Jacques Baignières, chez Vanier, l'éditeur des décadents et des symbolistes, ils lui confièrent le livre afin que Verlaine le signât. Mais celui-ci voulut savoir qui lui demandait cette signature : les adolescents lui laissèrent un mot signé de pseudonymes. Ils ne revirent jamais le volume[3]. Quoi qu'il en soit, ils avaient été près d'approcher le poète maudit de la littérature bourgeoise. En dépit de l'échec de cette visite, l'enthousiasme pour la poésie nouvelle fut réel et durable.

Au cours de l'année de troisième, D. Halévy lança avec ses camarades la *Revue de seconde*[4], entièrement placée sous le signe du

---

1. Cf. Michel Décaudin, *La Crise des valeurs symbolistes. Vingt ans de poésie française 1895-1914*, Genève-Paris, Slatkine, 1981 [1ʳᵉ éd. : 1960], 532 p.
2. Daniel Halévy, *Pays...*, *op. cit.*, pp. 117-118.
3. Fernand Gregh fait un récit partiellement vrai de l'événement, cf. *L'Age d'or. Souvenirs d'enfance et de jeunesse*, Paris, Grasset, 1947, p. 242.
4. La toute première revue créée à Condorcet par D. Halévy, en 1886-1887, fut *Le Rapide*, revue enfantine plus que littéraire.

« subtilisme », dont Robert Dreyfus a rapporté l'histoire en quelques lignes : « Le même Daniel Halévy venait de se proclamer l'inventeur et le chef de cette audacieuse école littéraire ; il n'avait pas tout à fait seize ans. Mais les tendances subtilistes furent vite désavouées, au nom de la vieille clarté française, par d'autres rédacteurs influents et, d'après le n° 13 de cette revue (mars 1888), Daniel Halévy se retira en "menaçant de fonder un nouveau journal". Heureuse scission ! A la rentrée d'octobre, elle donna naissance à la revue Lilas [...][1]. » C'est à la même époque et dans un autre domaine qu'il s'enthousiasma pour Wagner qui rencontrait alors un succès considérable en France. Jacques-Emile Blanche avait fait le pèlerinage à Bayreuth l'année précédente et Dujardin avait fondé la *Revue Wagnérienne* en 1885, un an avant de reprendre la *Revue Indépendante*. L'analogie entre le mouvement littéraire et la musique wagnérienne était évidente pour Daniel Halévy ; celui-ci devint à Condorcet, avec l'aide de Proust, le propagandiste du décadisme[2]. Dans la classe de Proust[3], le style décadent était adopté par tous ceux qui s'intéressaient à la littérature, il envahissait les compositions, provoquant les protestations du professeur de français. En rhétorique, Daniel Halévy « centre de la [...] classe[4] », d'après son ami Gregh, déploya d'intenses efforts pour la convertir au décadisme. Pour la plupart de ces jeunes gens, l'intérêt marqué pour la littérature – décadente ou non – les entraîna à créer des petites revues, multiples projets plus ou moins achevés. Après la *Revue de Seconde*, ce fut la *Revue verte*, autre revue manuscrite, qui devait être tirée en exemplaire unique mais qu'une divergence entre D. Halévy et Proust empêcha de paraître, puis la *Revue lilas*, sous-titrée *Revue du subtilisme* dont la réalisation ne dépassa pas quelques numéros. *Le Lundi revue artistique et littéraire*, dont le titre constituait une référence claire à Sainte-Beuve, échoua pour les mêmes raisons que la *Revue verte*.

Si Proust fut « décadent » un temps, il semble ne pas l'avoir été avec autant d'application que Daniel Halévy. Celui-ci écrivait des poèmes en style apparemment décadent, mais qui tenaient peut-être autant à l'influence de Huysmans et de Baudelaire qu'à celle de Verlaine ou Mallarmé. Ainsi celui-ci : « Une peine abîmait et tenaillait, mortelle/Et pénible un vampire accroupi sur un mort/Pourriture par le travail des

---

1. Robert Dreyfus, *Souvenirs sur Marcel Proust*, Paris, Grasset, 1926, pp. 71-72.
2. Il employait uniquement ce terme, comme Verlaine qui refusait ceux de « décadent » et « décadentisme », jugés péjoratifs.
3. Cf. B.N., manuscrits, n.a. fr. 19 772, correspondance entre M. Proust et R. Dreyfus ; Marcel Proust, *Correspondance avec Daniel Halévy*, Paris, éditions de Fallois, 1992, pp. 33-68 ; Marcel Proust, *Ecrits de jeunesse 1887-1895*, Combray, Institut Marcel Proust International, 1991, pp. 23-167.
4. Fernand Gregh, *op. cit.*, p. 137.

vers et telle/Une charogne en proie aux griffes d'un remords[1]... » ou : « La femme saisissait à travers l'avalanche/De mots incohérents et tristes quel était/Le vœu qui tourmentait sa face jaune et blanche/D'anges divins que la luxure pourrissait[2]. » Proust en fit une longue critique, très détaillée, sans aucune complaisance : « Tu n'exprimes jamais ta pensée dans sa sincérité, dans son intégrité. C'est la faute aux décadents. Bientôt tu ne pourras rien écrire en français. Fais des discours latins pour dissocier ta pensée d'avec le style décadisant qui te colle[3] », et l'avis sur le second poème était tout aussi sévère : « [...] si cette forme, comme je l'espère pour toi, n'est qu'un misérable pastiche d'un décadent que je ne connais pas, quand tu en seras débarrassé, tu feras des choses très belles[4] ».

Pour d'autres individus que ceux du lycée Condorcet, moins enracinés dans la société bourgeoise, le symbolisme fut porteur d'une contestation, à caractère nettement politique – autrement radicale que celle du naturalisme ou du classicisme littéraire[5]. La « visite » à Verlaine, l'influence de Mallarmé, les petites revues du lycée et l'emballement « décadiste » furent-ils autre chose pour Daniel Halévy qu'une toquade passagère, une étape de l'adolescence ? Nettement plus engagé que ses camarades dans le « décadisme », il revint assez vite à la « clarté française » mais cette hostilité passagère à la langue classique révèle – outre l'intérêt très marqué pour la littérature – à la veille des découvertes sociales et politiques, une tendance au refus d'un certain ordre bourgeois.

Le départ de Proust à l'été 1889 coïncida avec la fin des projets littéraires à Condorcet. Les années de rhétorique et de philosophie sanctionnées par deux baccalauréats contraignirent D. Halévy à redoubler d'efforts dans son travail scolaire. Par ailleurs, son frère Elie, jeune homme brillant de la famille, premier au concours général de philosophie, venait d'entrer en 1889 à l'Ecole normale supérieure et se destinait progressivement à une carrière de philosophe. Dans la cour du lycée, les camarades de Daniel observaient avec curiosité le groupe des aînés qui entouraient le frère de leur ami. Robert Dreyfus a décrit un Elie d'allure austère, qui l'impressionnait considérablement et Proust

---

1. Reproduit dans : Marcel Proust, *Correspondance avec Daniel Halévy*, Paris, éditions de Fallois, 1992, p. 54 [désormais : *Proust...*].
2. *Ibid.*, p. 59.
3. *Ibid.*, p. 54.
4. *Ibid.*, p. 58.
5. Cf. Pierre Aubery, « L'anarchisme des littérateurs au temps du symbolisme », *Le Mouvement social*, 1969, n° 69, pp. 21-34.

semble avoir partagé son avis[1]. Il y avait peu d'éléments communs entre les graves aînés philosophes et les jeunes esthètes mimant les symbolistes. Elie s'était particulièrement lié avec deux camarades philosophes, Léon Brunschvicg (1869-1944) et Xavier Léon (1868-1935) qui allaient rester pour lui de très proches amis[2]. Ceux-ci fréquentaient régulièrement les Halévy comme l'atteste le *Journal* de Daniel, qui reflète la curiosité et l'admiration qu'ils suscitaient en lui. Daniel, en classe de philosophie, rencontra les nouveaux camarades de son frère à la rue d'Ulm, Célestin Bouglé (1870-1940), Emile Chartier (1868-1951) et Dominique Parodi (1870-1955). Tout ce groupe allait rester durablement soudé[3], de même que Dreyfus et Gregh restèrent liés à Daniel jusqu'à leur mort.

Lors de son année de rhétorique (1889-1890), après le départ de Proust, Daniel Halévy commença à fréquenter régulièrement Léon Brunschvicg et à goûter le plaisir de la dispute philosophique. L'année suivante, élève, comme l'avait été son frère, d'Alphonse Darlu (1849-1921) il déploya des efforts importants pour contraindre son esprit à une nouvelle forme d'activité. Mais dès le début de l'année, Darlu, en rendant une composition de philosophie à Daniel, regretta que la clarté et la beauté de son style ne recouvrent que la faiblesse de sa réflexion philosophique. Redoublant d'efforts, D. Halévy, piqué au vif, prit des répétitions régulières de philosophie, avec Darlu lui-même, et avec Léon Brunschvicg qui terminait sa scolarité à la rue d'Ulm. Celui-ci l'avait aidé dès la rhétorique et lors d'une discussion lui avait proposé de lutter contre une tendance forte à l'éclectisme en prônant un plan de réforme intellectuelle. En outre, l'intérêt pour la philosophie était également lié à une compétition avec son camarade Gregh qui réussissait aussi bien en philosophie que dans les matières littéraires. Mais les efforts ne portaient guère, le goût du style l'emportant déjà sur la pure spéculation intellectuelle. Son *Journal*, quoique tenu moins réguliè-

---

1. Cf. Robert Dreyfus, *op. cit.*, p. 47 et Robert Dreyfus, « Elie Halévy », *Revue de Paris*, 1ᵉʳ octobre 1937, p. 685 (réédité dans : Robert Dreyfus, *De Monsieur Thiers à Marcel Proust*, Paris, Plon, 1939, p. 61).
2. En 1892, les deux amis étant séparés – Brunschvicg en poste à Lorient et Elie préparant l'agrégation à Paris – ils avaient convenu d'écrire une pensée quotidienne en pensant l'un à l'autre. En 1942, Brunschvicg qui avait reçu de l'épouse d'Elie son carnet, le compléta jour par jour. Ce document fut publié en 1948 : Léon Brunschvicg, *L'Agenda retrouvé*, Paris, éditions de Minuit, 1948, 247 p.
3. Cf. Alain, *Correspondance avec Elie et Florence Halévy*, Paris, Gallimard, 1958, 467 p., préface et notes par Jeanne-Michel Alexandre, ainsi que : Elie Halévy, *Correspondance (1891-1937)*, Paris, éditions de Fallois, 1996, 803 p., édition annotée par Monique Canto-Sperber, Vincent Duclert, Henriette Guy-Loë. Préface de François Furet. Sur Alain, cf. l'ouvrage novateur de Thierry Leterre, *La Raison politique, Alain et la démocratie*, Paris, PUF, « Philosophie d'aujourd'hui », 2000, 280 p.

rement en 1890 et 1891, reflète une très grande déception en matière de philosophie. Le contact malheureux avec cette discipline lui avait permis de mieux discerner le caractère particulier de sa forme d'esprit, étranger aux spéculations abstraites et mieux adapté à des expressions littéraires.

La vie de salon : éthique sociale de la conversation

Tout au long du siècle, la vie de salon s'est démocratisée. Le salon, sociabilité d'origine aristocratique, a évolué et s'est embourgeoisé[1]. Les transformations sociales ont accru l'importance du référent aristocratique qui est demeuré très puissant, les salons se situant culturellement et symboliquement – quelle que soit leur fonction, divertissante, artistique ou politique – par rapport aux cours royales[2]. Cette origine curiale du salon, né au XVIIe siècle dans une société aristocratique, constituait une référence importante pour la société bourgeoise.

La vie de salon était naturelle au sein de la famille Halévy. Encore faut-il distinguer la réception quotidienne de la famille et des amis, le « salon de compagnie et de divertissement » comme l'a justement qualifié Adeline Daumard, – ce qui n'excluait pas une dimension rituelle – des jours de réception réguliers, officiels et très codifiés. Dans ce cadre apparemment informel où l'on souhaitait reproduire les formes de la simplicité et donner à croire que le salon était un lieu de sociabilité spontané, se jouait souvent l'avenir mondain et social, parfois professionnel des individus qui le fréquentaient. En fait, rien n'était moins spontané que la vie de salon : les jours étaient fixes, les heures également, les invités étaient souvent les mêmes, adoubés par le maître ou la maîtresse de maison, la conduite de la conversation obéissait à des règles cachées mais connues de tous et la maîtrise de l'art de bien parler – l'éloquence privée – était une condition nécessaire à l'admission de nouveaux venus.

Si D. Halévy, enfant, ne participait pas à ces rituels mondains, les « jeudis » et, plus tard, les « samedis » de son père lui furent ouverts à l'âge de l'adolescence. En outre, dans l'immeuble Halévy de la rue de Douai, il n'avait que quelques marches à franchir pour se rendre chez sa tante Bizet. L'été déjà, à Trouville, le manoir de la Cour Brûlée, loué

---

[1]. Adeline Daumard, « La vie de salon en France dans la première moitié du XIXe siècle », dans *Sociabilité et société bourgeoise en France, en Allemagne et en Suisse, 1750-1850*, Paris, Editions recherches sur les civilisations, 1987, pp. 81-92.
[2]. Marc Fumaroli, « La conversation », dans *Trois Institutions littéraires*, Paris, Gallimard, « Folio-histoire », 1992, pp. 113-210.

par sa tante à Lydie Aubernon, offrait l'occasion à D. Halévy de parfaire son initiation mondaine, commencée avec Jacques-Emile Blanche. Après le décès de Georges Bizet en 1875, Geneviève Halévy très liée à son cousin Ludovic avait commencé à transformer son appartement parisien en salon de réception. Emile Straus, frère naturel d'Edmond de Rothschild et avocat-conseil de cette famille, se lia avec cette femme, que son esprit fit connaître dans le Paris mondain. Il l'épousa en 1886. Geneviève Straus quitta alors la rue de Douai pour le boulevard Haussmann. Daniel Halévy se souvint d'avoir vu en 1888 chez sa tante la princesse Mathilde, témoin d'une autre époque de la vie de salon. Geneviève Straus avait un salon à caractère littéraire : elle y recevait Meilhac, Paul Hervieu puis plus tard Abel Hermant, Paul Bourget, des auteurs dramatiques, tels Porto-Riche et Bernstein, des acteurs dramatiques telles Réjane et Simone, des artistes comme Jean-Louis Forain ou des critiques comme Etienne Ganderax et son frère Louis. De jeunes mondains, comme Proust invité par son camarade Jacques Bizet, y découvraient le monde et y trouvaient une source d'inspiration littéraire. Proust fit plus tard de Geneviève Straus l'un des modèles de la duchesse Oriane de Guermantes, transformant son salon en un lieu d'observation du déclin d'une sociabilité aristocratique. Evoquant en 1895 les origines montmartroises du salon de sa tante, alors situé boulevard Haussmann, D. Halévy écrivait : « Tout Paris vint à elle ; les bohèmes avaient amené des artistes qui avaient amené la riche finance, qui avait amené un peu d'aristocratie[1]. » Les Halévy, et Daniel en particulier, continuèrent à fréquenter jusqu'à la guerre ce salon familial – un des plus renommés du Tout-Paris. La jeunesse de Jacques-Emile Blanche, au regard de l'âge de son père et de celui de sa tante, permit à Daniel Halévy de rencontrer chez le peintre des artistes de la génération nouvelle. Ainsi dans les années 1890, il y fit la connaissance pour la première fois de Maurice Barrès, André Gide et Henri de Régnier[2]. Les salons fréquentés par Daniel n'étaient pas ceux, au caractère politique plus marqué, de l'aristocratie du faubourg Saint-Honoré et du faubourg Saint-Germain. Le salon de son père, celui de Geneviève Straus, de Blanche, réunissaient principalement des artistes. Dès l'adolescence, il se fondit très naturellement dans cette forme de sociabilité, presque consubstantielle à la vie de famille. A la différence de bien d'autres jeunes gens utilisant les salons à des fins professionnelles, artistiques ou littéraires[3],

---

1. Daniel Halévy, « Tableaux de Paris », texte inédit reproduit dans : *Proust...*, p. 175.
2. Daniel Halévy, « Jacques-Emile Blanche », *Le Divan*, n° 245, janvier-mars 1943, p. 4.
3. Cf. à cet égard l'étude de R. Ponton, très éclairante sur l'utilisation du salon par les

D. Halévy n'eut jamais besoin de devenir un salonnard, ni comme Proust, de transformer ce monde familier en matière littéraire[1].

Plus qu'à la dimension mondaine du salon à laquelle son ami Proust était attaché, Daniel Halévy a considéré le salon comme le lieu par excellence de la conversation. Celle-ci a très tôt représenté pour lui une forme achevée de relation sociale, porteuse d'une certaine égalité. Dans le cadre bourgeois du salon, pourtant peu propice à des rencontres de milieux sociaux différents, la conversation instaurait un semblant d'égalité, comme le remarque Marc Fumaroli : « C'est un commerce détaché des liens familiaux, des rangs et des professions, un jeu de rôles intensément littéraire[2]. » Un relevé attentif des occurrences de la conversation dans les écrits de D. Halévy montre qu'il a attribué à cette manifestation sociale une valeur quasi éthique, propre à caractériser le tempérament français et à adoucir les rapports de classes. Au plus fort de son engagement dans les milieux syndicaux en 1908, il écrira dans les *Pages Libres* : « La conversation plaît aux Français, qu'ils soient ouvriers, professeurs ou gens du monde[3]. » Bien des annotations de son *Journal* confirment l'importance accordée à la conversation qui participe de son idée de tempérance des différences sociales : « [...] causer, c'est déjà vivre ensemble[4] », écrivait-il en 1914.

---

romanciers psychologues, Rémy Ponton, « Naissance du roman psychologique. Capital culturel, capital social et stratégie littéraire à la fin du XIXe siècle », *Actes de la recherche en sciences sociales,* juillet 1975, n° 4, pp. 66-81.

1. Au-delà des aspects littéraires de la *Recherche*, Catherine Bidou-Zachariasen montre que Proust a donné à son œuvre une dimension sociologique très forte : « De la "maison" au salon. Des rapports entre l'aristocratie et la bourgeoisie dans le roman proustien », *Actes de la recherche en sciences sociales,* décembre 1994, n° 105, pp. 60-70.

2. Marc Fumaroli, « La conversation », dans *Trois Institutions littéraires*, Paris, Gallimard, « Folio-histoire », 1992, pp. 144-145. Sur les origines de la conversation, perçue comme une forme d'égalité dès le XVIIe siècle, cf. Nicolas Schapira, « Sociabilité, amitié et espace littéraire. Les lettres de Jean-Louis Guez de Balzac à Valentin Conrart », dans *Hypothèses 1997. Travaux de l'Ecole doctorale d'histoire*, Paris, Publications de la Sorbonne, 1998, pp. 141-147.

3. Daniel Halévy, « Un entretien sur la démocratie », *Pages Libres*, 16 mai 1908, n° 385, p. 91.

4. *Quelques nouveaux maîtres*, Moulins, « Cahiers du centre », 6e série, février-mars 1914, n° 59-60, p. 176.

CHAPITRE III

Découverte de la société et débuts littéraires

La volonté de sortir du monde clos que constituaient le milieu familial et le groupe amical du lycée Condorcet fut pour Daniel Halévy un premier acte d'individualisme. En observant ces premières manifestations, on constate que sa démarche ne fut pas seulement intellectuelle mais qu'elle fut également le fruit de rencontres et d'actes qui, sans être politiques, témoignent d'engagements nouveaux dans la vie sociale.

Mûrissement d'une sensibilité sociale

Evoquant les souvenirs de la rue de Douai, D. Halévy se rappelait avoir vu dans son enfance, chaque matin, depuis le bureau de son père, l'échoppe d'un savetier voisin. Etonné de voir cet homme travailler sans cesse, sans jours chômés, effectuant des tâches répétitives, il confiait sa surprise et son trouble : « Qu'une vie pût s'écouler ainsi, captive, rendue esclave par des besognes, je ne pouvais le comprendre[1]. » Ainsi, dans les *Pays parisiens* en 1929 a-t-il donné un caractère littéraire à une étape de sa vie qu'il considérait comme fondamentale, l'amenant à se convertir à la fin du siècle en militant social : le savetier de l'enfance constituait dans la genèse de sa conversion sociale, l'étape décisive, celle de la découverte des différentes conditions. La transformation profonde de sa vision de la société à partir de ce moment-là, à l'heure où certains de ses camarades se lançaient dans des carrières purement littéraires, mérite un examen approfondi. Comment ce jeune homme issu d'un grand lycée parisien, fils d'académicien, habitué des salons, fut-il

---

1. Daniel Halévy, *Pays...*, *op. cit.*, p. 157.

amené sur le terrain social et souvent au plus près de forces politiques révolutionnaires ? L'importance de cette évolution au regard de l'ensemble de sa vie, oblige à s'interroger de façon approfondie sur les origines et les premières manifestations de ce changement.

En fait, rien dans le *Journal*, commencé en 1886, ou lors de l'évocation postérieure de souvenirs, ne donne le sentiment que la vision du savetier ait provoqué une quelconque modification dans la vie de Daniel Halévy. En réalité, c'est dès la classe de seconde, en mai 1889, que la question sociale surgit brusquement dans ses réflexions au détour d'une phrase du *Journal* sous la forme d'une aspiration à une philosophie idéaliste. Evolution majeure de ces années de jeunesse, cette irruption d'un questionnement philosophique sur la société était entièrement nouvelle et rompait avec la description du monde clos de la société familiale et mondaine des Halévy, dominante majeure du *Journal* jusqu'à cette époque. Quelques mois après, cette aspiration confuse et généreuse semblait se formuler autrement dans son esprit : il se déclarait désormais « socialiste ». Ainsi se précisait ce que fut l'origine du « socialisme » de ce jeune lycéen, une conviction intime, le sentiment d'un droit au bonheur égal pour tous, s'inscrivant – peut-être – dans l'incompréhension, bien antérieure, face aux différences sociales.

La dimension intellectuelle, l'ébauche d'une réflexion sur la société ne se manifestèrent qu'après une découverte individuelle et émotionnelle. Le *Journal* et les *Notes* de D. Halévy permettent de reconstituer ses lectures avec précision, étape nécessaire à une analyse des influences[1]. De ce point de vue, les premières lectures à caractère social et politique de D. Halévy témoignent d'un grand éclectisme et s'inscrivent dans quatre tendances principales : socialisme français proudhonien, renouveau spiritualiste protestant, socialismes allemands, sociologie libérale anglaise.

Le tout premier livre dont le *Journal* fait mention, en novembre 1889, fut choisi dans la bibliothèque paternelle : *Du principe de l'art et de sa destination*, paru en 1865, un des derniers livres écrits par Pierre-Joseph Proudhon (1809-1865). Cette date marque le début d'un long compagnonnage intellectuel de D. Halévy avec l'autodidacte bisontin. *Du principe de l'art*, texte très antiromantique, où Proudhon accentuait son hostilité aux écrivains « femmelins » présentait certains aspects de la pensée proudhonienne, antimatérialiste, antiautoritaire et hostile au suf-

---

[1]. Cf. une analyse théorique très utile sur la question de « l'influence » en matière culturelle, notamment à partir des critiques émises par Lucien Febvre dès 1909 : Patrice Rolland, « A propos de Proudhon : une querelle des influences », *Revue française d'histoire des idées politiques*, 1995, n° 2, pp. 275-300.

frage universel. Il semble toutefois que D. Halévy n'en ait pas fait, au premier abord, une lecture politique.

Le « retour » à Proudhon au début du XXe siècle s'est traduit par des appropriations politiques et syndicales[1] et l'incorporation du penseur dans une perspective philosophique par l'histoire des idées politiques, a accentué cette perception. Cette vision contemporaine d'un polygraphe dont la multiplicité des sujets de réflexion a favorisé toutes sortes de lectures, souvent totalement opposées, a peut-être occulté une autre interprétation de Proudhon, plus littéraire et antérieure, datant de la fin du XIXe siècle. Avant même l'article que Georges Sorel lui consacra dans *La Revue philosophique* en 1892 et les deux volumes biographiques d'Arthur Desjardins en 1896, qui amorcèrent le retour à ce penseur, c'est un critique littéraire, Sainte-Beuve – dont en 1872, Michel Lévy fit paraître la toute première étude importante consacrée à l'écrivain bisontin[2] – qui contribua à le tirer de l'oubli. Les *Carnets* de Ludovic Halévy témoignent de sa passion pour Sainte-Beuve : à sa mort en 1869, Ludovic racheta une partie de sa bibliothèque dont des ouvrages annotés par le critique et des études préparatoires aux *Lundis*[3]. Il est fort probable que la lecture que Daniel Halévy fit de Proudhon ait été largement influencée par celle de Sainte-Beuve pour lequel, comme son père, il avait une grande attirance. Les travaux ultérieurs de D. Halévy sur Proudhon s'inscriront d'ailleurs dans la lignée de l'approche biographique et littéraire de Sainte-Beuve, tradition marginale chez les proudhoniens qui s'intéressèrent avant tout à la pensée politique de cet auteur. Dans sa *Vie de Proudhon* écrite en 1948, volume dans lequel D. Halévy réédita le *P.-J. Proudhon 1837-1848* de Sainte-Beuve, presque totalement ignoré par les proudhoniens, le critique du XIXe siècle écrivait : « [...] je désirerais faire acte de littérature jusqu'au sein de ce grand révolutionnaire, aujourd'hui couché dans la tombe, et j'appelle faire acte de littérature montrer l'homme au vrai, dégager ses qualités morales, son fonds sincère, sa forme de talent, sa personnalité enfin [...][4]. » Ces lignes décrivent parfaitement la nature des travaux proudhoniens de D. Halévy, parfois rebuté par une forme de pensée totalement

---

1. Patrice Rolland, « Le retour à Proudhon, 1900-1920 », *Mil neuf cent. Revue d'histoire intellectuelle*, 1992, n° 10, pp. 5-29.
2. Charles-Augustin Sainte-Beuve, *P.-J. Proudhon. Sa vie et sa correspondance 1837-1848*, Paris, Michel Lévy, 1872, 352 p.
3. Ludovic Halévy, *op. cit.*, t. II : 1869-1870, p. 82 et 86.
4. Dans : Daniel Halévy, *La Vie de Proudhon*, Paris, Editions Stock, Delamain et Boutelleau, 1948, p. 134. Dans l'avant-propos, Sainte-Beuve précisait : « Je n'ai jamais connu Proudhon qu'après la politique et en dehors de la politique » (Charles-Augustin Sainte-Beuve, *P.-J. Proudhon. Sa vie et sa correspondance 1837-1848*, *op. cit.*, pp. 3-4).

étrangère à sa propre sensibilité littéraire. Si Daniel Halévy fut indéniablement marqué par la personnalité de Proudhon, il est difficile de savoir quelle influence elle exerça sur lui en 1889-1890. Ce n'est que bien plus tard, à l'heure d'engagements idéologiques plus nets, que la pensée proudhonienne donnera une signification particulière à l'action d'Halévy.

A la fin de l'année 1889, D. Halévy, alors encore en rhétorique, avait commencé une série de lectures de Proudhon au contenu idéologique plus marqué. Etape importante dans la formation intellectuelle de D. Halévy, elles constituent les premières lectures non littéraires et traduisent de ce point de vue une évolution nette par rapport à l'époque des petites revues littéraires du lycée.

La lecture de plusieurs ouvrages de Charles Secrétan (1815-1895) et notamment ses *Etudes sociales* semble avoir été particulièrement importante dans sa sensibilisation aux questions sociales. Les réflexions des *Notes* sont souvent émaillées de citations extraites des ouvrages de Secrétan. Philosophe et théologien suisse, animateur du renouveau spiritualiste protestant, Secrétan eut une grande influence dans la définition de la théologie du milieu. Les *Etudes sociales* éditées en Suisse en 1889[1] étaient constituées par un ensemble d'articles parus dans *Evangile et liberté*. L'auteur se posait en réformateur social hostile au socialisme collectiviste et au socialisme d'Etat, autant qu'au conservatisme capitaliste. L'originalité de sa démarche tenait à ce qu'il se situait dans la perspective du droit et de la rationalité économique, essayant de reléguer les arguments moraux et religieux au second plan. Ce type d'approche était à l'origine de contradictions dans son raisonnement mais l'ensemble restait néanmoins séduisant pour un lecteur découvrant la question sociale sans une connaissance précise des règles économiques. Un aspect supplémentaire isolant Secrétan d'autres réformateurs sociaux tenait à sa formation philosophique, à sa conception de l'individu et de la liberté qui guidait l'ensemble des réflexions des *Etudes sociales*. Trois principes caractérisaient pour lui la « position de la question » : la possibilité de nationalisations contre indemnisation, le respect de la liberté des individus et des droits acquis, la nécessité d'accroître la richesse collective[2]. La plus importante des contradictions résidait dans le fait qu'il restait attaché à une conception strictement libérale de l'Etat : « Loin d'appeler l'Etat à intervenir plus qu'il ne le fait, nous voudrions le restreindre à la fonction qui est l'unique raison de son existence, savoir de garantir aux citoyens la liberté de leurs mou-

---

1. Charles Secrétan, *Etudes sociales*, Lausanne, F. Payot éditeur, 1889, 338 p.
2. *Ibid.*, pp. 16-21.

vements en faisant observer les contrats et régner la paix[1]. » Secrétan pensait qu'une solution pratique aux problèmes sociaux pouvait être trouvée soit par l'action législative, soit par un accord entre patrons et ouvriers[2]. Deux types de réformes étaient proposées qui l'éloignaient à la fois de l'orthodoxie libérale et des réformateurs sociaux, le plus souvent conservateurs : promouvoir d'une part les institutions coopératives ouvrières (coopératives de production et de consommation) et d'autre part la participation aux bénéfices, source de l'épargne ouvrière. Conscient de l'effort demandé au patronat, il appelait également à une « réforme morale de l'ouvrier[3] ». En fin de compte, si des aspects pratiques novateurs de la question sociale étaient envisagés, si le raisonnement faisait sans cesse appel à des justifications économiques, la dimension morale – posée comme préalable à toute réforme – était omniprésente.

Les penseurs socialistes allemands découverts alors par le jeune Daniel Halévy furent presque aussi différents, voire opposés, que le socialisme allemand était divers. *Le Capital* figure dans ses lectures aux côtés de *Capital et travail* de Ferdinand Lassalle (1825-1864), un socialiste non marxiste, ainsi que *La Quintessence du socialisme*, étude de l'économiste allemand Albert Schaeffle (1831-1903). Cet ouvrage d'un « socialiste de la chaire » avait été traduit en 1880 par Benoît Malon. Il lut également *The Study of Sociology*, d'Herbert Spencer (1820-1903[4]), sociologue et philosophe britannique de tendance libérale, qui en attribuant au déclin de la puissance de l'Etat une fonction déterminante dans sa philosophie historiciste – très clairement antiétatiste – rejoignait certaines des conclusions de Proudhon sur le rôle de l'Etat.

L'année 1890 fut du point de vue de la découverte du socialisme une période de profond mûrissement. Elle fut marquée pour ce jeune intellectuel par la découverte des quartiers ouvriers de la capitale. Abandonnant les grands boulevards, les quais et l'Institut, Daniel Halévy au cours de longues marches, aborda la partie nord de Paris et la banlieue ouvrière. Les étapes de son initiation à la réalité ouvrière furent le quartier des Epinettes, de la Grande-Carrière, de Saint-Ouen et de Clignancourt dont la misère le marqua profondément. Tout au long de l'année, en sortant de Condorcet, il continua ses pérégrinations, découvrant un autre aspect de la Ville-lumière et une réalité sociale

---

1. *Ibid.*, pp. 94-95.
2. *Ibid.*, pp. 337-338.
3. *Ibid.*, p. 195.
4. Cf. Daniel Becquemont, « Herbert Spencer : progrès et décadence », *Mil neuf cent. Revue d'histoire intellectuelle*, 1996, n° 14, pp. 69-88.

entièrement nouvelle. Dès cette époque, il prit l'habitude d'engager des discussions avec les habitants du Paris ouvrier, curieux non pas seulement de voir mais aussi de connaître la vie quotidienne d'une société dont il était totalement ignorant. Cependant, en dépit de ses lectures, ses aspirations demeuraient tout aussi vagues et idéalistes qu'auparavant. Dès lors, dans l'esprit de Daniel Halévy, qui parallèlement à ses découvertes théoriques du socialisme continuait à lire Secrétan, une double dimension s'affirma : lecture critique du socialisme et questionnement moral d'origine religieuse. Ainsi en décembre 1890, ce double aspect était au cœur du plan d'un livre en deux parties qu'il souhaitait consacrer au « Socialisme idéaliste ». La première procédait à une étude comparée du socialisme allemand « théorique » et du socialisme français « pratique » – celui-ci représenté uniquement par deux auteurs, Louis Blanc et Proudhon. La seconde partie était constituée d'une étude de Dieu et de la morale, le but final du socialisme idéaliste étant de réaliser « La cité de l'amour » et « La cité de Dieu ».

En 1890, un pas supplémentaire avait été franchi : il s'était abonné à la *Revue socialiste*. Seule revue française importante à diffuser les idées socialistes, fondée cinq ans plus tôt, elle reflétait par son contenu les idées de son fondateur et directeur Benoît Malon (1841-1893), adepte d'un socialisme pragmatique et respectueux des différentes nuances du socialisme français. En outre la *Revue socialiste* était un organe qui ne négligeait pas – à cette époque – la dimension culturelle et en particulier littéraire[1]. Dans l'enthousiasme qui le saisit à l'approche du 1er mai, Daniel Halévy songea à offrir deux heures quotidiennes de son temps pour aider la *Revue socialiste*. Il recopia intégralement dans son *Journal* les considérants de la proclamation ouvrière du 1er mai 1890, très appuyée par les guesdistes, réclamant la journée de huit heures, le repos hebdomadaire ainsi que la limitation du travail des femmes et des enfants comme la suppression du travail de nuit. Premier acte véritablement politique, il se rendit à la Bourse du travail fondée trois ans plus tôt, en compagnie de Léon Brunschvicg, pour y acheter des emblèmes socialistes et signer la pétition du 1er mai. Le récit qu'il en fit laisse clairement transparaître l'émotion, la fébrilité et la peur de ce jeune homme que tout désignait comme un bourgeois, face aux regards surpris des militants ouvriers. Malgré les mesures préventives prises par les forces de police, le 1er mai 1890 fut à Paris et en province la première mobilisation de masse depuis la Commune.

---

1. Même si la part de la critique littéraire – plutôt conventionnelle – ne cessa de diminuer avant de disparaître complètement de la revue. Cf. Madeleine Rébérioux, « Avant-garde esthétique et avant-garde politique : le socialisme français entre 1890 et 1914 », *Esthétique et marxisme*, Paris, UGE, « 10-18 », 1974, pp. 21-39.

Dans son projet de livre, Daniel Halévy avançait deux moyens pour réaliser la cité idéale, le collectivisme et l'éducation. Au cours de l'année, il fut sollicité par des œuvres protestantes d'éducation qui l'invitaient à rendre visite à des familles pauvres, de confession réformée. On ne sait pas s'il a accepté cette proposition mais quoi qu'il en soit, la nécessité de l'éducation populaire devint alors une évidence pour lui. L'action sociale était opposée par beaucoup, notamment dans les milieux philanthropiques religieux, à l'action politique. Peut-être est-ce au nom de la dimension morale de sa vision sociale conjuguée à la prudence bourgeoise, qu'il refusait alors un engagement politique plus poussé. A la même époque, il condamnait vivement dans son *Journal* l'emploi du suffrage universel. Cet état d'esprit à l'égard de la politique s'inscrivait dans la continuité des premières manifestations de l'adolescence, dans le sillage idéologique de son père.

Ce travail de lent mûrissement des lectures, des découvertes, des premiers engagements entre 1889 et 1891, ne passait pas inaperçu dans la famille et dans l'entourage des Halévy qui considéraient avec curiosité cette évolution, certains comme Meilhac réprouvant que Ludovic Halévy tolère le socialisme de son fils. Un an plus tard, alors que Daniel et Elie se trouvaient en voyage à Gand, assistant à une manifestation socialiste, l'aîné écrivait ironiquement à sa mère : « En tout cas, elle a fait battre le cœur de Daniel, très préoccupé de découvrir ici les symptômes d'une prochaine révolution[1]. » Nul doute que le regard porté sur Daniel n'ait contribué à accroître la prise de conscience de son « socialisme ».

En décembre 1890, Daniel Halévy constatait que son socialisme naissant s'était déjà affaibli. Ce bilan tenait essentiellement au fait que cette pensée idéaliste relevait plus du sentiment que d'une construction rationnelle. Dans les années qui suivent, jusqu'en 1896, le *Journal* et les *Notes*, ainsi que les premières publications ne contiennent plus aucune référence ni à l'autre monde, entrevu un temps à Condorcet, ni au socialisme. Pendant ces six années, Daniel Halévy retourna au cercle clos de la rue de Douai, celui du « familistère » et des amitiés lycéennes. Ainsi, les dernières années du lycée furent-elles marquées par l'émergence d'un sentiment insolite qui le plaça dans des dispositions nouvelles, le rendant apte à évoluer dans des directions sociales et idéologiques radicalement opposées à celles de son milieu mais qui ne se manifestèrent pas immédiatement.

---

1. Lettre d'Elie à Louise Halévy, 31 mars 1891, reproduite dans : Elie Halévy, *Correspondance (1891-1937)*, Paris, éditions de Fallois, 1996, p. 60.

A la veille de son baccalauréat, il avait songé à diverses orientations pour l'année suivante. A plusieurs reprises, le *Journal* mentionne des projets d'études à la faculté de théologie protestante. Il s'inscrivit finalement à l'Ecole de droit pour l'année universitaire 1891-1892 mais il échoua à l'examen de fin d'année. Le projet d'une revue, le *Banquet*, ressouda le groupe de Condorcet au début de l'année 1892, l'emportant sur la faible détermination qui l'avait mené sur les bancs de l'Université. Il décida alors de s'inscrire à la rentrée universitaire 1892 à l'Ecole spéciale des langues orientales vivantes pour y faire des études « d'arabe littéral » (littéraire). Jean Guitton a rapporté une conversation avec Halévy au cours de laquelle celui-ci lui avait indiqué que c'était sur le conseil de Renan, ami de son oncle Berthelot, qu'il avait commencé des études d'arabe[1]. A cette époque, l'enseignement de l'arabe rue de Lille était destiné essentiellement à des jeunes gens se préparant à une carrière diplomatique et, plus rarement, à une carrière universitaire[2]. Daniel Halévy n'envisageait ni l'une ni l'autre et peut-être a-t-il songé un moment à s'y inscrire pour bénéficier du report d'incorporation accordé aux élèves des écoles par la loi militaire[3]. Quoi qu'il en soit, après trois années d'études, interrompues par le service militaire effectué en 1893-1894, il obtint le diplôme de l'Ecole en décembre 1896. Il fut durant ces trois années universitaires un élève peu assidu aux cours, venant moins d'une fois sur quatre rue de Lille[4]. L'Ecole était peu exigeante : la chaire d'arabe, alors tenue par le professeur Hartwig Derenbourg (1844-1908), orientaliste connu de Ludovic Halévy, comportait un seul cours par semaine, et à cet enseignement hebdomadaire suivi par Daniel, s'ajoutait un cours complémentaire de géographie, d'histoire et de législation des Etats musulmans. En dépit d'une fréquentation épisodique, il semble que Daniel Halévy en ait tiré un réel profit intellectuel, ce cursus l'amenant à concentrer ses études et sa réflexion sur une matière et à lutter contre l'éclectisme que lui reprochait Brunschvicg. En revanche, plus jamais par la suite il ne manifesta d'intérêt pour l'arabe ou le monde musulman[5].

---

1. Cf. Jean Guitton, *Journal 1955-1964*, Paris, Plon, 1968, t. 2, p. 194 et du même auteur, *Journal de ma vie.1. Présences du passé*, Paris, DDB, 1976, p. 190. Aucune confirmation de cette indication n'a pu être trouvé dans les archives familiales.
2. Cf. « De l'Ecole des langues orientales à l'Institut national des langues et civilisations orientales », *Langues'o 1795-1995. Deux siècles d'histoire de l'Ecole des langues orientales*, Paris, éditions Hervas, 1995, p. 33.
3. Un report lui fut accordé, cf. A.D. de Paris, feuillet matricule de Daniel, Pol Halévy, classe 1892, matricule 691.
4. Comptages effectués d'après les registres de présence des élèves (1892-1896), cours d'arabe littéral (A.N., 62 AJ 140*).
5. René Johannet assura en 1936 que D. Halévy avait envisagé dans sa jeunesse d'écrire une étude sur la fin des Omeyades (« Intellectuels et universitaires. Daniel Ha-

Les six années qui séparent la sortie du lycée en 1891 de l'Affaire Dreyfus furent marquées par des activités diverses : *Le Banquet* en 1892-1893, puis un projet de roman épistolaire avec Proust, Gregh et La Salle, à l'été 1893, qui ne vit finalement pas le jour[1]. Cet échec fut suivi de l'éloignement définitif de Proust, lancé dans une carrière mondaine et la fin temporaire des projets littéraires pour Daniel Halévy. Le *Journal* fut interrompu entre 1893 et 1895 et D. Halévy, avec certains camarades, Gregh et Dreyfus notamment, découvrit de nouveaux salons, celui de Mme Baignières, de Lydie Aubernon, de Mme Arman de Caillavet où Gregh l'emmena, celui d'Augustine Bulteau également. La vie était facile pour Daniel et son frère qui n'avaient pas besoin de travailler. Ludovic versait à chacun de ses fils qui demeuraient chez lui une pension de 6 000 francs par an en avance sur leur part d'héritage[2]. Oisif, Daniel pouvait consacrer son temps à la lecture, aux rencontres et à la conversation. Son état d'esprit était alors celui du dilettantisme que Bourget, dans un portrait de Renan, définissait ainsi en 1883 dans les *Essais de psychologie contemporaine* : « C'est beaucoup moins une doctrine qu'une disposition de l'esprit, très intelligente à la fois et très voluptueuse, qui nous incline tour à tour vers les formes diverses de la vie et nous conduit à nous prêter à toutes ces formes sans nous donner à aucune. » Ce livre avait été l'ouvrage de référence de toute une génération et Halévy écrivait en 1920 qu'il avait été « [...] l'instruction et l'une des lectures solides de notre jeunesse[3] ».

De la camaraderie à la carrière littéraire

Parmi les anciens camarades du lycée Condorcet, D. Halévy, Proust, Dreyfus et Gregh notamment, l'état d'esprit qui régnait au lycée n'avait pas disparu. Les affinités pour la littérature, le goût des discussions

---

lévy », *Le Temps*, 4 juin 1936, p. 4). Paul Guth en 1954 écrivit la même chose (« Daniel Halévy », *Revue de Paris*, LXI, janvier 1954, p. 154). Aucune trace de ce projet n'a été trouvée. Marianne Halévy a rapporté à Jean Guitton que D. Halévy avait projeté de partir en Perse après ses études (cf. Jean Guitton, *op. cit.*, p. 190).

1. Les lettres échangées à cette occasion entre les quatre camarades ont été reproduites dans : Marcel Proust, *Ecrits de jeunesse 1887-1895*, Combray, Institut Marcel Proust International, 1991, pp. 217-271 et celles entre D. Halévy et Proust dans : *Proust...*, pp. 76-81.
2. Le traitement annuel d'un professeur agrégé dans un lycée était à l'époque de 7 000 francs, celui d'un professeur d'université de 10 000 francs.
3. Daniel Halévy, « L'Histoire littéraire. Période contemporaine (1870-1920) », *La Minerve française*, 15 juin 1920, n° 25, p. 775.

esthétiques avaient survécu à leur dispersion provisoire, après la classe de philosophie. Fernand Gregh, suivant les conseils de Darlu, avait commencé une licence de philosophie ; Proust était inscrit à l'Ecole libre des sciences politiques et Robert Dreyfus à l'Ecole de droit. En dépit de cette diversité, le souvenir des revues de Condorcet et l'esprit de camaraderie subsistaient.

Au début des années 1890, des revues nées avec des moyens modestes, à partir de petits groupes et de cénacles, s'étaient traduites par de véritables réussites, notamment sur le versant symboliste. En 1889, Alfred Valette avait ainsi créé le *Mercure de France*. Une nouvelle équipe parisienne soudée autour d'amitiés nées à Condorcet[1] avec à sa tête les trois frères Natanson, avait repris deux ans plus tard la *Revue Blanche*, née en Belgique. A Condorcet, Daniel Halévy avait été condisciple de Thadée Natanson, qui lui avait d'ailleurs vainement offert en 1891 de publier ses vers. En outre, sur les bancs de l'Ecole des langues orientales, il avait pour voisin son frère, Louis-Alfred. Pour les camarades de Condorcet, à l'abri de toute préoccupation financière et sans souci de rentabilité, le projet de renouer des liens autour d'une revue littéraire était attirant. Ce projet s'inscrivait dans une conjoncture favorable : la décennie 1890-1900, marquée par une crise de surproduction éditoriale[2], vit en effet se multiplier les créations de nouvelles revues. Ainsi, les camarades d'Elie, Xavier Léon et Léon Brunschvicg songeaient en 1891 à lancer une revue de philosophie qui aurait été le support d'un retour à la métaphysique.

D'après Robert Dreyfus, le choix du titre *Le Banquet*, revint à D. Halévy[3]. Réminiscence de la classe de philosophie, le banquet platonicien est une évocation du plaisir de converser, mais surtout une représentation courante, comme Marc Fumaroli l'a montré, de l'idéal de la conversation à l'époque moderne[4]. Fernand Gregh soutint le projet et en fut le principal animateur. Robert Dreyfus et Fernand Gregh qui se sont fait les mémorialistes de cette revue, ont évoqué son histoire avec beaucoup de précision[5]. A lire Gregh, l'équipe initiale réunissait Proust, Robert Dreyfus, Louis de La Salle (1872-1915), D. Halévy, Jacques Bi-

---

1. Geneviève Comès, « Le groupe de *La Revue Blanche* (1889-1903) », *Revue des revues*, automne 1987, n° 4, pp. 4-11.
2. Christophe Charle, *op. cit.*, p. 31.
3. Robert Dreyfus, *op. cit.*, p. 80. L'auteur cite à l'appui de son propos le procès-verbal de la réunion de fondation.
4. Marc Fumaroli, « La conversation », dans *Trois Institutions littéraires*, Paris, Gallimard, « Folio-histoire », 1992, pp. 113-210.
5. Cf. Robert Dreyfus, *op. cit.*, pp. 79-133 et Fernand Gregh, *L'Age d'or...*, *op. cit.*, pp. 148-152.

zet, et Horace Finaly (1871-1945)[1]. D'après Proust, « Les seuls collaborateurs étaient Daniel Halévy, Fernand Gregh, Robert Dreyfus, moi, et un seul membre étranger à notre groupe de lycéens, M. Barbusse qui nous envoyait de très jolis vers [...][2] ». D'autres jeunes gens rejoignirent le groupe du *Banquet*, certains anciens élèves de Condorcet comme Amédée Rouquès, Gabriel Trarieux (1870-1940), Henri Rabaud (1873-1949), Horace Finaly – d'autres étrangers à ce lycée, tels Léon Blum (1872-1950)[3], entré rue d'Ulm la même année qu'Elie (par ailleurs grand ami de René Berthelot, cousin des Halévy), mais aussi Robert de Flers (1872-1927), Gaston Arman de Caillavet (1869-1915) et Henri Barbusse (1873-1935), dont les premiers vers publiés par *L'Echo de Paris* avaient été remarqués par Gregh qui lui demanda alors de collaborer au *Banquet*[4].

En dépit des réussites que furent le *Mercure de France* et la *Revue Blanche*, les années 1890 furent marquées par le début du déclin du symbolisme. Le 14 septembre 1891, dans une lettre adressée au *Figaro*, Jean Moréas proclamait la fin du symbolisme en annonçant la naissance de l'école romane : « L'Ecole romane française renoue la "chaîne gallicane" rompue par le romantisme et sa descendance parnassienne, naturaliste et symboliste. J'ai déjà expliqué pourquoi je me sépare du Symbolisme que j'ai un peu inventé. Le Symbolisme, qui n'a eu que l'intérêt d'un phénomène de transition, est mort. Il nous faut une poésie franche, vigoureuse et neuve, en un mot, ramenée à la pureté et à la dignité de son ascendance[5]. » Le désir d'un retour à la clarté de la langue française, annonciateur du néo-classicisme d'Action française, se dessinait déjà. C'est d'ailleurs du milieu des années 1890 que Michel Décaudin date le début de la « crise des valeurs symbolistes ». Dans ce contexte, les jeunes fondateurs du *Banquet* allaient marquer nettement leur hostilité à l'esthétique symboliste, tournant le dos définitivement à la toquade décadentiste de leur adolescence. Plus de trente ans après, R. Dreyfus témoigna de cette évolution, tout en attribuant un rôle majeur à Gregh : « Et pourtant, Fernand Gregh expliquerait mieux que moi que *Le Banquet*, fondé en réaction contre le symbolisme, se proposait

---

1. *Ibid.*, p. 148. Sur le milieu Finaly, présentant certaines analogies avec celui des Halévy, cf. Eric Bussière, *Horace Finaly, banquier 1871-1945*, Paris, Fayard, « Pour une histoire du XXe siècle », 1996, pp. 15-30.
2. Lettre de Marcel Proust à Paul Souday, 5 janvier 1921, dans : Marcel Proust, *Correspondance*, Paris, Plon, 1984, t. XX (1921), p. 47.
3. Sur Blum et le *Banquet*, cf. son témoignage : Léon Blum, *Souvenirs sur l'Affaire*, Paris, Gallimard, « Folio-Histoire », 1981 [1re éd. : 1935], p. 91.
4. Cf. Philippe Baudorre, *Barbusse*, Paris, Flammarion, 1995, p. 33.
5. Lettre de Jean Moréas au *Figaro*, 14 septembre 1891, reproduite dans : *Auto-dissolution des avant-gardes*, Paris, éditions Galilée, 1980, p. 95.

de renouer avec la pure et riche tradition française, par une intelligente fusion du classicisme et du romantisme[1]. » Répondant en 1924 à une enquête sur les revues d'avant-garde, Gregh déclarait : « [...] au *Banquet* [...] nous réagîmes contre les excès du symbolisme qui portait déjà dans ses flancs incertains le dadaïsme futur. C'était d'abord un art qui ne fut pas seulement décoratif ni allégorique mais expressif directement, simplement, lyriquement, en un mot humain, d'où le nom d'humanistes que j'ai rajeuni pour nous dénommer. Nous voulions réconcilier l'art, même le grand art, avec le public[2]. » Du point de vue de Gregh, qui fit carrière de poète « humaniste » par la suite, la nécessité de présenter *Le Banquet* comme une première étape sur la voie de son détachement à l'égard de l'hermétisme symboliste ne surprend pas. De son côté, Proust n'avait que modérément sacrifié à la cause décadentiste, rappelant D. Halévy à l'ordre de la « clarté française » dès l'époque de Condorcet. Gregh et Proust, principaux soutiens du *Banquet*, l'orientèrent indéniablement dans le sens de leurs propres goûts. Cependant, l'adresse « au lecteur » du premier numéro de mars 1892 traduisait, outre le désir très net de faire connaître la littérature étrangère, une grande diversité de goûts, moins claire que les affirmations postérieures de Gregh. « Ils tiennent à déclarer hautement qu'ils adoptent, en matière de littérature, les doctrines anarchiques les plus subversives. Nous ne serons pas symbolistes, mais nous ne serons pas tolstoïsants. La largeur de notre éclectisme réconciliera nos tempéraments[3] », annonçaient les concepteurs de la revue. Rien n'était plus vague que cette déclaration, laissant ouverte toute possibilité d'infléchissement pour l'équipe fondatrice. Trois traits caractérisent le contenu du *Banquet* : dominante de poésie (un tiers de l'ensemble), intérêt pour les sujets philosophiques (un cinquième[4]) et promotion de la littérature étrangère. Imprimée sur les presses du *Temps*, mais financée exclusivement par les cotisations des fondateurs, elle était peu diffusée. *Le Banquet* était par nature et par son fonctionnement une revue de camarades, ce qui explique son échec rapide. A tous points de vue, *Le Banquet* ne supporte pas la comparaison avec la *Revue Blanche* qui rémunérait, modestement, ses auteurs : celle-ci reposait sur un projet esthétique plus affirmé, comportant également une dimension politique. Elle

---

1. Robert Dreyfus, *op. cit.*, p. 108.
2. Réponse de Fernand Gregh à une enquête sur les « revues d'avant-garde » dans : *Belles-Lettres*, décembre 1924, n° 62-66, p. 147, [*reprint* Ent'revues, 1990]. Il confirmait dans ses souvenirs : « [...] nous étions contre la mode de l'hermétisme qui commençait à sévir [...] » (Fernand Gregh, *op. cit.*, p. 153).
3. « Au lecteur », *Le Banquet,* mars 1892, n° 1, p. 5.
4. D'après les comptages de Jacques Deguy, « Etude de la revue *Le Banquet* (1892-1893) », *Bulletin d'Informations proustiennes*, n° 4, automne 1976, n° 4, p. 30.

s'adressait à un lectorat pour lequel toute la vague symboliste des années 1880 avait travaillé et s'appuyait en outre sur une structure plus forte, autour d'un véritable secrétariat de rédaction[1]. Disparaissant faute d'argent[2] en mars 1893, au bout de huit numéros, un an à peine après sa création, *Le Banquet* vit partir Gregh et Proust à la *Revue Blanche* qui annonça la fusion des deux revues[3]. Deux mois plus tôt, Elie Halévy et ses camarades, ceux-là mêmes qui avaient encouragé Daniel au lycée sur la voie de la philosophie, avaient fait paraître le premier numéro de la *Revue de métaphysique et de morale*, projet reposant sur les réseaux normaliens et universitaires[4].

La contribution de Daniel Halévy au *Banquet* se caractérisa par trois types d'articles. Il fut l'un des promoteurs de la littérature étrangère dans la revue : ses premiers pas littéraires furent de courtes traductions d'Henrik Ibsen, de Nietzsche et de Percy Shelley à une époque où la traduction n'était pas une véritable profession mais le fait soit d'autodidactes, soit moins souvent d'universitaires[5]. Le choix d'Ibsen était intervenu au moment précis où de nombreuses traductions d'œuvres scandinaves paraissaient en France[6]. D'autre part, Daniel Halévy rédigeait des aphorismes sous un titre un peu « boulevardier », « Le livre d'or de la comtesse Daniel ». Enfin, il fit paraître un seul véritable article, une étude consacrée à « Frédéric Nietzsche ». Un même aspect marquait l'ensemble de ses contributions au *Banquet* : les textes – tel *Empereur ou Galiléen* d'Ibsen (1873) – ou les auteurs choisis – Shelley et Nietzsche – avaient en commun de s'opposer à l'influence jugée né-

---

1. Cf. Georges Bernier, *La Revue Blanche, ses amis, ses artistes*, Paris, Hazan, 1991, pp. 84-101.

2. D'après Robert Dreyfus, *op. cit.*, p. 83.

3. Cf. *Revue Blanche*, 25 mai 1893, t. IV, n° 19, p. 21 qui précisait : « Les personnes qui reçoivent cette publication agréeront sans doute [de] recevoir la *Revue Blanche* où elles retrouveront tous les collaborateurs du *Banquet*. » Léon Blum écrivait à la *Revue Blanche* depuis 1892.

4. Sur les origines de la revue, cf. « Xavier Léon/Elie Halévy. Correspondance (1891-1898) », *Revue de métaphysique et de morale*, 1993, n° 1-2, pp. 10-58 et l'étude de Christophe Prochasson, « Philosopher au XXe siècle : Xavier Léon et l'invention du "système R2M" (1891-1902) », *Revue de métaphysique et de morale*, 1993, n° 1-2, pp. 109-140 ; Jean-Louis Fabiani, *Les Philosophes de la République*, Paris, éditions de Minuit, 1988, pp. 36-44 et Stéphan Soulié, « La *Revue de métaphysique et de morale*, 1893-1906. Critique philosophique et philosophie morale en République », *Jean Jaurès cahiers trimestriels*, octobre-décembre 1998, n° 146, pp. 45-73.

5. Cf. Michel Espagne, *Le Paradigme de l'étranger. Les chaires de littérature étrangère au XIXe siècle*, Paris, Cerf, 1993, p. 216.

6. Christophe Charle, « Champ littéraire français et importations étrangères. De la vogue du roman russe à l'émergence d'un nationalisme littéraire (1886-1902) », dans Michel Espagne et Michael Werner (dir.), *Philologiques. III Qu'est-ce qu'une littérature nationale ? Approches pour une théorie interculturelle du champ littéraire*, Paris, Editions de la Maison des sciences de l'homme, 1994, pp. 249-263.

faste du christianisme et, soit de promouvoir des idées prométhéennes, soit de vouloir restaurer une forme de paganisme.

On peut se demander dans quelle mesure les salons littéraires ont contribué à la vie littéraire. Les souvenirs des salonnières, le *Journal* de nombreux écrivains ont réduit le « salon » à sa seule dimension de sociabilité : lieu de mondanités mises au service de stratégies littéraires, la vision habituelle laisse de côté tout effet sur la production culturelle de leur temps. Le salon – lieu privilégié de la conversation – joua pourtant un rôle fondamental en matière d'influence littéraire[1], comme le montre l'introduction de Nietzsche en France à la fin du XIXe siècle qui doit beaucoup à quelques salons cosmopolites.

En novembre 1891, D. Halévy avait fait la connaissance chez une amie de sa mère, Louise Read[2] – secrétaire et légataire universelle de Barbey d'Aurevilly – d'Emmy de Néméthy qui, la première, lui parla de Nietzsche. D. Halévy entreprit de le lire et son attrait pour ce penseur iconoclaste fut, semble-t-il, très rapide. Dès le mois suivant, il se mit à apprendre l'allemand et à traduire aussitôt ses premiers passages de Nietzsche[3]. A l'époque, celui-ci était en France quasiment inconnu ; quelques études plutôt hostiles avaient paru : en 1888 un article de Jean Bourdeau dans le *Journal des Débats*, une étude d'Eugène de Roberty ans plus tard, et au moment de la rencontre de Daniel Halévy avec Emmy de Néméthy, une étude de Teodor de Wyzewa dans la *Revue bleue*[4]. Nietzsche n'était alors accessible qu'en allemand, mis à part un texte de la période wagnérienne, *Richard Wagner à Bayreuth*, traduit en 1877 par Marie Baumgartner chez un éditeur suisse, Fischbascher – texte qui, selon Geneviève Bianquis, « [...] ne sort guère des milieux suisses et de la chapelle wagnérienne [...][5] ». En 1891, aucune traduction n'était disponible en français.

La découverte de Nietzsche et les travaux sur le penseur allemand

---

1. Cf. Alain Vaillant, « Conversations sous influence. Balzac, Baudelaire, Flaubert, Mallarmé », *Romantisme. Revue du dix-neuvième siècle*, 1997, n° 98, pp. 97-110. L'auteur estime que dans la première moitié du XIXe siècle, la conversation joua un rôle plus important que le livre en matière d'influence culturelle.

2. Sur Louise Read, cf. Antoine Albalat, *Souvenirs de la vie littéraire*, Paris, Armand Colin, 1993 [1re éd. 1920], pp. 208-210 et André Billy, *L'Epoque 1900. 1885-1905*, Paris, éditions Jules Tallandier, « Histoire de la vie littéraire », 1951, pp. 144-151.

3. Aidé par des amis, les Kapferer, et également par son cousin René Berthelot (cf. Daniel Halévy, « Nietzsche, sa vie et sa pensée par M. Charles Andler », *Journal des Débats*, 27 décembre 1928, p. 3).

4. « F. Nietzsche, le dernier métaphysicien », *Revue bleue*, 7 novembre 1891, pp. 586-592.

5. Geneviève Bianquis, *Nietzsche en France. L'influence de Nietzsche sur la pensée française*, Paris, Librairie Félix Alcan, 1929, p. 4.

occupèrent les vingt premières années de la vie littéraire de D. Halévy, jusqu'à sa publication de la biographie du philosophe en France en 1909, premier grand succès littéraire de Daniel. En 1892, la littérature française dans son ensemble ignorait Nietzsche[1] : cet espace libre fut rapidement occupé par D. Halévy qui fut le premier traducteur français du penseur allemand, et le fit connaître par de nombreux articles. L'étude des stratégies littéraires – généralement masquées par ceux qui les mettent en œuvre –, loin d'instaurer un quelconque déterminisme dans le processus de création artistique, permet au contraire de faire la part entre l'autonomie de l'écrivain, la sensibilité réelle à une œuvre ou à un auteur et l'utilisation de ses centres d'intérêt au profit de sa carrière littéraire[2]. Il s'agit donc d'examiner conjointement le champ littéraire à l'époque de Daniel Halévy, et à partir du *Journal* et des *Notes*, les intentions et projets de leur auteur.

Dans le second numéro du *Banquet*, en avril 1892, Daniel Halévy avait publié avec Fernand Gregh les premières traductions de Nietzsche en France : il s'agissait de deux passages tirés d'*Au-delà du bien et du mal*, dont celui sur les deux morales, probablement un des plus connus aujourd'hui. Mais Gregh fit rapidement le choix d'une carrière poétique et c'est seul que D. Halévy à la fin de l'année publia à la *Revue Blanche* d'autres fragments[3]. Avec les traductions, D. Halévy avait fait paraître « Frédéric Nietzsche[4] », première étude passionnée et très favorable à Nietzsche, rompant totalement avec les premiers échos très critiques en France. L'article, s'opposant fermement à l'étude précédente de Teodor de Wyzewa, l'ancien animateur de la *Revue Wagnérienne*, lui opposait la vision d'un Nietzsche non nihiliste, penseur de la vie et de la force, hostile aux morales décadentes. D. Halévy, critiquant un ouvrage allemand consacré à Nietzsche, remarquait : « Lourde exposition de la "conception nietzschienne [sic] du monde". La lourdeur sera l'éternel

---

1. Cf. Angelika Schober, *Nietzsche et la France. Cent ans de réception française de Nietzsche*, thèse de doctorat d'Etat de langues et littératures allemande et scandinave sous la direction de François Muller, Université de Paris X-Nanterre, 1990, pp. 48-135

2. C'est en ce sens que nous voudrions nuancer l'utilisation de la notion de stratégie par les sociologues : « En décrivant des positions [en termes stratégiques] qui conditionnent en grande partie les prises de position d'ordre théorique, le sociologue n'entend pas nier l'intérêt ou la valeur de celles-ci. Il s'agit plutôt de les situer dans un contexte, qui, seul, permet de comprendre aussi bien le mode de formation des différentes options que ce qui en éclaire la teneur, un ensemble de présupposés et d'implications le plus souvent soustraits au discours explicite » (Louis Pinto, « Avant-propos », *Les Neveux de Zarathoustra. La réception de Nietzsche en France*, Paris, Seuil, 1995, p. 15).

3. « Fragments de Nietzsche », *La Revue Blanche*, août-septembre 1892, n° 11, pp. 95-100 et novembre 1892, n° 13, pp. 251-260.

4. *Le Banquet*, avril 1892, n° 2, pp. 33-35. Gregh, qui cosigna l'étude, reconnut que la plus grande part de l'article était de Daniel Halévy (Fernand Gregh, *op. cit.*, p. 152, n. 1).

défaut des résumés de cette doctrine si vivante, enthousiaste et légère, et dont la forme nécessaire est la poésie de *Zaratahustra* ou l'aphorisme d'*Au-delà du bien et du mal*[1]. » Nietzsche poète plutôt que philosophe, tel fut le jugement de Daniel Halévy et d'autres critiques le suivirent dans cette voie.

L'année 1892 semble avoir été entièrement consacrée pour lui à des travaux de traduction. D. Halévy avait songé à traduire l'intégralité de *Par-delà le bien et le mal*, mais il recula devant l'ampleur et la difficulté de la tâche. Il s'attela avec Robert Dreyfus à la traduction de *Der Fall Wagner* qui parut au début de l'année 1893. Ce pamphlet antiwagnérien où Nietzsche faisait l'éloge de *Carmen*, composée par Georges Bizet sur un livret de Meilhac et Halévy écrit quatre ans plus tôt, était inconnu en France. L'accueil fut glacial. Henri Albert (1869-1921) qui tenait la rubrique des lettres allemandes depuis deux ans au *Mercure de France* réagit aussitôt en écrivant dans un long article : « Je crois pouvoir affirmer que la publication de cet opuscule, ainsi dégagé de ses autres ouvrages, n'était nullement selon les intentions de l'auteur[2]. » Quatre ans plus tard, D. Halévy fit un véritable *mea culpa* : « [...] *le cas Wagner*, dont l'édition française, publiée trop tôt, regrettée aujourd'hui par les traducteurs eux-mêmes ; traduction isolée, hâtive, a moins servi que desservi la cause de Nietzsche. Ce pamphlet a obtenu un succès de scandale[3]. » En fait la réaction d'Henri Albert n'était pas seulement celle d'un critique adverse qui, en même temps que D. Halévy, avait fait de Nietzsche sa spécialité exclusive. Le *Cas Wagner* avait heurté une opinion encore majoritairement wagnérienne. Dès 1894, Henri Albert entretenait les meilleures relations avec la sœur du philosophe, Elisabeth Förster-Nietzsche[4] qui contrôlait étroitement les *Nietzsche Archiv*. Dès cette époque, il souhaitait conserver l'exclusivité des traductions pour le compte du *Mercure de France*, en accord avec l'éditeur al-

---

1. *Le Banquet,* novembre 1892, n° 6, p. 192.

2. Henri Albert, « Friedrich Nietzsche (I) », *Le Mercure de France*, janvier 1893, p. 55. En 1888, Nietzsche avait songé à Gabriel Monod et à Paul Bourget pour assurer la traduction française de *Der Fall Wagner* (cf. lettre du 4 octobre 1888 à Malwida von Meysenbug reproduite dans : Angelika Schober, *op. cit.*, pp. 36-37).

3. « Nietzsche et Wagner 1869-1876 » (II), *Revue de Paris*, 1ᵉʳ décembre 1897, p. 673. Dans l'entre-deux-guerres, dans une chronique « France-Allemagne », D. Halévy rappela qu'il avait lu *Der Fall Wagner*, en omettant soigneusement de signaler qu'il l'avait traduit (cf. Daniel Halévy, « France. L'influence allemande en France... », *Revue de Genève*, avril 1923, n° 34, p. 508, repris dans *Courrier de Paris*, Paris, éditions du Cavalier, « Les Mœurs et l'esprit des nations », 1932, pp. 104-105).

4. Sur son rôle dans la construction de la postérité de son frère, cf. Jacques Le Rider, *Nietzsche en France. De la fin du XIXᵉ siècle au temps présent*, Paris, PUF, « Perspectives germaniques », 1999, pp. 50-57.

lemand de Nietzsche[1]. Romain Rolland écrivant à Malwida von Meysenbug (1818-1903), amie de Wagner et de Nietzsche, affirmait sa réprobation à l'égard d'un nouveau courant qui, pour porter Nietzsche au plus haut, rabaissait l'œuvre de Wagner : « Je vous assure que je n'ai rien inventé de ce que je vous ai dit sur le "néo-antiwagnérisme" ; il est courant aujourd'hui dans le monde des jeunes littérateurs, à la *Revue Blanche* et au *Mercure de France*[2]. » Le choix du *Cas Wagner* avait assurément été un faux pas, mais il avait permis à D. Halévy d'occuper le premier le terrain de la traduction de Nietzsche en France et lui avait donné l'occasion de prendre rang parmi les premiers critiques à lui être favorables. La concurrence fut pourtant rapide : dès la fin de l'année 1894, le *Mercure de France*, unique revue à l'époque avec *Le Banquet* et dans une moindre mesure la *Revue Blanche*, à être bien disposée à l'égard de Nietzsche, avait fait paraître un appel aux bonnes volontés pour une traduction collective et intégrale de l'œuvre de Nietzsche. Hugues Rebell (1867-1905), qui assurait avoir commencé la traduction de Nietzsche depuis trois ans, répliqua dans le numéro suivant au nom de la critique et des écrivains[3], en s'opposant à l'idée de travail collectif, et affirmant que la traduction de Nietzsche était une œuvre délicate, réservée à une élite. De fait, le projet ne vit pas le jour, Rebell de son côté abandonna la partie mais Henri Albert, qui publia de son côté très régulièrement à partir de 1893 des études sur Nietzsche au *Mercure*, préparait sa traduction. Cinq ans plus tard, il fit paraître *So sprach Zarathustra* en français. A partir de 1898, il entreprit la traduction d'un volume par an aux éditions du *Mercure*, dans la perspective d'une traduction complète de l'œuvre[4]. D. Halévy s'était lancé avant lui dans la traduction : après le *Cas Wagner* en 1893, il avait publié en 1897 à la *Revue Blanche* des traductions d'autres fragments et dans le même numéro une étude, « Biographie de Nietzsche » en collaboration avec Robert Dreyfus[5], illustrée par des dessins de Félix Vallotton, suivie de deux articles « Nietzsche et Wagner » à la *Revue de Paris*. Ces fragments avaient été aussitôt qualifié « d'ineptes[6] » par H. Albert.

---

1. Cf. le détail des tractations dans : *ibid.*, pp. 52-57.
2. Lettre de Romain Rolland à Malwida von Meysenbug, 3 novembre 1897, reproduite dans : *Choix de lettres à Malwida von Meysenburg*, Paris, Albin Michel, « Cahiers Romain Rolland » n° 1, 1948, p. 211.
3. « Sur une traduction collective des œuvres de Nietzsche », *Le Mercure de France*, janvier 1895, t. XIII, pp. 98-102.
4. Traduction dont la qualité fut assez tôt mise en cause, d'après Geneviève Bianquis (elle-même traductrice de Nietzsche) (cf. *Nietzsche en France..., op. cit.*, p. 5). La traduction du *Cas Wagner* par Henri Albert au Mercure parut en 1906.
5. *Revue Blanche*, 15 janvier 1897, n° 87, pp. 57-61 et 62-68.
6. Lettres d'Henri Albert à Fritz Kœgel, 18 janvier 1897, reproduite dans : Jacques Le Rider, *op. cit.*, p. 53.

La vision par Daniel Halévy d'un Nietzsche poète témoigne des ambivalences de la réception en France des écrits du penseur[1]. Deux types de lectures furent faites dès la connaissance des premiers textes. Il y eut celle des philosophes et des universitaires qui, mis à part Henri Lichtenberger (1864-1941)[2], ignorèrent ou condamnèrent cette pensée irrationnelle remettant en cause le kantisme alors dominant dans l'université française. Cette attitude explique l'« absence presque totale de Nietzsche dans la philosophie universitaire entre 1890 et 1914[3] » : la reconnaissance universitaire de Nietzsche ne vint que dans les années 1950. Une autre lecture fut celle de certains critiques et écrivains, tels Halévy, Albert, Rebell, qui lui furent favorables au nom d'une vision onirique et révolutionnaire de sa pensée : ils voyaient en lui – malgré l'amoralité de ses propos – un « moraliste » utilisant des formes littéraires relevant de la poésie. Mais chez les critiques et les écrivains, la diversité des thèmes abordés par Nietzsche, leur analyse parfois contradictoire, rendit possibles toutes sortes d'appropriations, souvent nettement divergentes[4]. La réception positive des revuistes eut pour conséquence la diffusion d'un nietzschéisme mondain qui desservit la pensée de Nietzsche auprès des philosophes.

L'accueil de la pensée de ce philosophe en France participait clairement de l'attitude ambivalente de la pensée française vis-à-vis de l'Allemagne, marquée par la « crise allemande de la pensée française[5] » qu'étudia Claude Digeon. Jusqu'aux années 1890, le poids dominant de la défaite, le complexe national d'infériorité à l'égard de l'Allemagne expliquent que la relation à la culture allemande se soit inscrite dans la « théorie des deux Allemagnes », formulée par le philosophe Edme Caro dans la *Revue des Deux Mondes* en décembre 1870[6]. Caro distinguait l'Allemagne libérale de Kant de celle – autoritaire et militaire – de

---

1. Cf. Angelika Schober, *op. cit.* et Louis Pinto, *op. cit.*, 208 p.
2. Cf. Hans Manfred Bock, « Henri Lichtenberger, père fondateur de la germanistique française et médiateur entre la France et l'Allemagne », dans Michel Espagne et Michael Werner (dir.), *op. cit.*, pp. 155-169 et Angelika Schober, *op. cit.*, pp. 64-73
3. Louis Pinto, *op. cit.*, p. 38. Y compris dans une revue philosophique pourtant opposée à la philosophie dominante, la *Revue de Métaphysique et de Morale*, où Brunschvicg critiqua très fermement Nietzsche. Ce n'est que vers 1908-1909 que les articles de Charles Andler contribuèrent à une vision plus nuancée dans cette revue.
4. Cf. Geneviève Bianquis, *op. cit.*, 126 p. et l'étude de Reino Virtanen montrant les ambiguïtés de sa réception à l'Action Française : « Nietzsche and the Action Française. Nietzsche's significance for french rightist thought », *Journal of history of Ideas*, avril 1950, XVI, pp. 191-214. L'article « Nietzsche » du *Dictionnaire politique et critique* de Charles Maurras en est une illustration (édition établie par Pierre Chardon, Paris, Fayard, 1932-1934, vol. 3, pp. 183-196).
5. Claude Digeon, *La Crise allemande de la pensée française (1870-1914)*, Paris, PUF, 1959, 568 p.
6. *Ibid.*, pp. 160-164.

Hegel et de Bismarck. Cette distinction devint la vision la plus communément admise de l'Allemagne. Mais la « génération de 1890 » fut aussi le support d'un véritable nationalisme littéraire anti-allemand et Claude Digeon évoque à cet égard un « antigermanisme littéraire systématique[1] » qui submergea le wagnérisme des années 1880, permettant petit à petit, une lecture favorable de Nietzsche – dans la mesure où il s'opposait à Wagner. Nietzsche fut alors perçu comme un penseur très influencé par le classicisme français – dont *Le Cas Wagner* était une illustration –, totalement opposé au romantisme germanique wagnérien.

Si le *Journal* et les *Notes* contiennent quelques rares allusions à ses travaux sur Nietzsche, elles sont extrêmement laconiques et ne permettent pas de savoir dans quelle mesure la découverte de Nietzsche exerça une influence idéologique sur Daniel Halévy. En revanche, ses engagements à la même époque dans des œuvres d'éducation populaire d'origine protestante – à l'opposé des propos de Nietzsche sur la morale du christianisme –, comme son attrait pour le socialisme, sur lequel Nietzsche avait émis des jugements méprisants, montrent de toute évidence que D. Halévy n'était pas devenu nietzschéen. Pour autant, Nietzsche n'a pas été uniquement une rencontre impromptue, habilement utilisée pour commencer une carrière littéraire. La sensibilité idéologique élitiste, qui peu à peu se forme et apparaît chez Daniel Halévy, présente certains traits dont l'origine n'est probablement pas totalement étrangère à la découverte du penseur allemand.

Ainsi dès 1897, avec l'article « Biographie de Nietzsche », se mettent en place les traits constitutifs de ce que furent les études nietzschéennes de D. Halévy. Ces articles et ouvrages eurent dès lors un caractère biographique accentué qui le distinguèrent fort rapidement des autres auteurs s'intéressant à Nietzsche, dans la mesure où, dès les années 1890, les critiques privilégièrent l'analyse de sa pensée par rapport à l'étude de sa vie. En biographe avisé, il voulut rencontrer les proches de Nietzsche : ainsi, fit-il la connaissance d'une femme de lettres allemande, Malwida von Meysenbug en mai 1897, lors d'un voyage à Rome. Ayant rencontré dans le salon de Mary Darmesteter Romain Rolland, lié à Malwida von Meysenbug, il obtint communication d'une partie des lettres que Nietzsche lui avait adressées. A la veille de repartir la voir à Rome au début du mois de novembre 1897, Daniel Halévy avait été annoncé auprès d'elle par Romain Rolland en ces termes : « J'aime à vous en prévenir, pour que, le cas échéant, vous remettiez au point sa

---

1. Claude Digeon, *op. cit.*, p. 540.

vénération pour Nietzsche dans l'affaire de la brouille avec Wagner[1]. »
La caractéristique dominante des travaux de Daniel Halévy reposait sur une analyse approfondie de la personnalité du penseur, analyse dont la qualité est encore aujourd'hui saluée. Cette approche faisait très nettement passer au second plan l'étude de la pensée de Nietzsche, au profit de la dimension psychologique. Par ailleurs, D. Halévy mit au cœur de ses travaux les relations entre Nietzsche et Wagner, contribuant d'emblée à mener l'étude de Nietzsche sur un plan esthétique[2]. Ainsi prirent forme très tôt les structures d'un projet littéraire, utilisé pour ses débuts dans les lettres mais repris ensuite à plusieurs décennies d'intervalle.

Les petites revues de l'adolescence, les premiers vers et le *Banquet* témoignent d'une sensibilité littéraire précoce, mais à aucun moment avant 1897 Daniel Halévy n'a révélé une quelconque intention de devenir écrivain. Le plaisir d'écrire et de converser relevait jusqu'alors exclusivement d'une expression naturelle et strictement privée. En fait, *Le Banquet* avait été le témoignage d'une sociabilité amicale bien plus qu'un projet de jeunes gens aspirant à utiliser une revue pour entrer en littérature, tendance plus nette chez les membres de la *Revue Blanche*[3].

L'année 1897 constitue de ce point de vue une étape importante marquée par la parution des premiers articles de D. Halévy dans des revues de diffusion importante. Ses camarades avaient été plus précoces et peut-être leurs débuts littéraires encouragèrent-ils D. Halévy : un an plus tôt, Marcel Proust avait fait paraître *Les Plaisirs et les jours*, œuvre pour laquelle il avait obtenu une préface d'Anatole France ; Gregh, le premier de la classe de philosophie, l'animateur du *Banquet*, avait publié un volume de vers, *La Maison de l'enfance*, remarqué par le critique du *Temps* Gaston Deschamps et récompensé de surcroît par le prix Archon-Despérouse de l'Académie qui, pour la première fois, couronnait un volume de vers libres. Louis de La Salle avait été un des lauréats d'un concours de poésie organisé en 1892 par Catulle Mendès et Marcel Schwob à l'*Echo de Paris*. La notion « d'entrée dans les lettres » n'a pas vraiment de sens en ce qui concerne Daniel Halévy. La position de son père à l'Académie – en dépit d'une carrière littéraire

---

1. Lettre de Romain Rolland à Malwida von Meysenbug, 3 novembre 1897, reproduite dans : *Choix de lettres...*, *op. cit.*, p. 211.
2. Ce qui n'était pas le cas dans d'autres pays européens, cf. l'étude comparée très éclairante de Dominique Bourel et Jacques Le Rider (dir.), *De Sils-Maria à Jérusalem. Nietzsche et le judaïsme. Les intellectuels Juifs et Nietzsche*, Paris, Cerf, 1991, 274 p.
3. En comparant, par exemple, avec Léon Blum. Cf. Christophe Charle, « Léon Blum et le champ littéraire », *Cahiers Léon Blum*, 1988, n° 23-25, pp. 5-20 et Venita Datta, « Un jeune dilettante à la *Revue Blanche* », *Cahiers Léon Blum*, *op. cit.*, pp. 21-37.

peu académique – le plaçait en position avantageuse. Toutefois, D. Halévy, en choisissant cette voie, devait précisément se démarquer de la réputation littéraire de son père, péjorative et vieillie aux yeux de la jeune littérature. En fin de compte, très avantagé par rapport à ses camarades qui devaient tisser leur propre toile dans le monde des lettres[1], il lui fallait se situer par rapport à l'héritage paternel. Il semble que les années de dilettantisme aient favorisé cette prise de conscience.

En janvier 1897, après quatre années pendant lesquelles il n'avait rien publié, il fit paraître dans la *Revue Blanche* son étude sur Nietzsche accompagnée de fragments traduits du philosophe. Cet article, publié pour la première fois dans une revue à laquelle il n'appartenait pas, fut le seul de sa longue carrière littéraire à paraître dans une revue d'avant-garde. Pourtant, sa collaboration avec le groupe de la *Revue Blanche*, qu'il aurait pu choisir assez facilement pour commencer sa carrière littéraire étant donné ses liens avec les Natanson, s'arrêta à ce stade[2]. Choix stratégique, idéologique ou esthétique ? Il est clair, comme le montrent à la fois ses idées sociales de l'époque aussi bien que son attirance passée pour le décadentisme, que Daniel Halévy n'était pas fondamentalement éloigné des préoccupations de la *Revue Blanche*. Mais tous ses articles ultérieurs entre 1897 et 1898 parurent dans la *Revue de Paris*[3]. Fondée en 1894 par Paul Calmann-Lévy, la *Revue de Paris*, libérale et républicaine[4], dont le projet était de faire pièce à la *Revue des Deux Mondes* alors confrontée à des difficultés[5], avait pour administrateurs Paul et Georges Calmann-Lévy, le vicomte de Lovenjoul, Alban Chaix, le duc Decazes et Ludovic Halévy. Ce dernier fut en outre un des quatre principaux actionnaires de la revue. Louis Ganderax, ancien collaborateur de Meilhac, ami de Ludovic et de Geneviève Straus, en fut le directeur littéraire ; James Darmesteter puis Ernest Lavisse à partir

---

1. Certains camarades de Daniel avaient été aidés par Ludovic Halévy ; Gregh notamment qui devint secrétaire de rédaction à la *Revue de Paris* et qui obtint grâce à lui le prix Archon-Despérouse.
2. Auparavant, en 1892, il avait traduit des fragments de Nietzsche, mais sous une signature discrète : « D.H. » Il faut toutefois signaler aussi une collaboration comme figurant à *L'Ennemi du peuple* d'Ibsen, représentation donnée par la *Revue Blanche*, le 29 mars 1898 au théâtre de l'Œuvre et un second et dernier article en 1902 : D. Halévy ne fut qu'un collaborateur occasionnel de la *Revue Blanche*.
3. Etudiée par Jean-Yves Mollier, *L'Argent et les lettres. Histoire du capitalisme d'édition 1880-1920*, Paris, Fayard, 1988, pp. 381-386.
4. Thomas Loué, « La Revue de Paris », *Bulletin du Centre d'histoire de la France contemporaine*, 1990, n° 11, pp. 128-132.
5. Marquées par une décroissance du nombre d'abonnés et le remplacement de Buloz par Brunetière. Cf. la thèse de Thomas Loué, *La « Revue des Deux Mondes » de Buloz à Brunetière. De la belle époque de la revue à la revue de la Belle Epoque*, thèse de doctorat en histoire sous la direction d'Alain Corbin, Université de Paris I, 1998, 3 volumes.

d'octobre 1894, les directeurs politiques. Deux centres d'intérêt caractérisent les premières productions littéraires de Daniel à la *Revue de Paris* : l'Italie (« Michele Amari », « Vénétie et Toscane ») et de nouveau Nietzsche (« Nietzsche et Wagner »). Daniel Halévy avait ainsi opté pour une stratégie littéraire dans une revue contrôlée par son père, attitude nettement plus prudente que d'éventuels débuts à la *Revue Blanche*. Son frère Elie avait fait un autre choix : disposant de la *Revue de Métaphysique et de Morale*, il y fit ses débuts de philosophe et ne collabora pas avant 1906 à la *Revue de Paris*, où il ne publia qu'un seul article avant la Grande Guerre. Léon Blum, exact contemporain de Daniel, proche de lui par ses origines juives, collaborateur occasionnel du *Banquet*, partageant son dilettantisme – mais étranger aux milieux littéraires – avait quant à lui choisi une stratégie offensive, critiquant fortement l'académisme et les autorités littéraires[1].

De même que le voyage à Bayreuth était une étape dans l'éducation artistique, le voyage en Italie constituait un moment important dans la formation culturelle de la bourgeoisie[2]. Daniel Halévy s'y rendit à deux reprises en 1896 et en 1897, pour y passer plusieurs mois, d'abord en Toscane, puis à Rome. De ces voyages italiens, D. Halévy tira la matière de ses premières études parues dans la *Revue de Paris*. Cet exercice de style mis à la mode en littérature par Stendhal – auquel Daniel Halévy fait plusieurs fois référence dans son *Journal* de voyage – mais aussi par Taine, puis par Bourget et Barrès, était un genre alors en vogue. On retrouve dans « Vénétie et Toscane[3] », articles réédités en plaquette, les stéréotypes de toute la littérature française de l'époque sur l'Italie, présentant une « Italie-musée » dont la beauté, manifestée par ses œuvres d'art, ses paysages et son architecture, n'avait d'égale que sa décrépitude et sa pauvreté d'alors[4]. « Michele Amari[5] » était une étude consacrée au révolutionnaire sicilien, personnage qui n'avait eu de cesse de se retirer de tout poste politique pour se plonger, aux côtés de Renan, dans les manuscrits arabes de la Nationale. Cet article n'était en fait qu'un prétexte à évoquer le dilemme de l'homme partagé entre

---

1. Cf. Christophe Charle, « Léon Blum et le champ littéraire », *op. cit.*, pp. 5-20.
2. Cf. Pierre Milza, *Français et italiens à la fin du XIXe siècle. Aux origines du rapprochement franco-italien de 1900-1902*, Ecole française de Rome, « CEFR » n° 53, 1981, pp. 313-351 et Emilien Carassus, *op. cit.*, pp. 272-291.
3. *Revue de Paris*, 1er août 1898, pp. 590-608 et 1er septembre 1898, pp. 71-94.
4. Cf. Pierre Milza, *op. cit.*, pp. 340-343 et une étude des représentations littéraires : Marie-Madeleine Martinet, *Le Voyage d'Italie dans les littératures européennes*, Paris, PUF, « Littératures européennes », 1996, 342 p.
5. *Revue de Paris*, 1er mars 1897, pp. 68-96. Il avait écrit cet article grâce à des indications données par son professeur d'arabe (cf. Bibliothèque de l'institut, ms 3379, f. 6, lettre de Ludovic Halévy à Hartwig Derenbourg, 16 mars 1897).

l'action politique et l'étude, la dimension italienne du personnage passant au second plan. Portraits, récits de voyage, les sujets étaient classiques, les formes à la mode, éloignées d'œuvres d'imagination ou de recherches stylistiques. La réaction à son premier article fut positive et Louis Ganderax l'invita à poursuivre sa collaboration à la *Revue de Paris*. Dépassant le cénacle quasi-familial de la *Revue de Paris*, son étude fut également appréciée au *Journal des Débats*.

La longue période de maturation que constituèrent ces six années de dilettantisme (1891-1897) et la reception de ses premiers écrits le confirmèrent dans la voie des lettres. Lors de son premier voyage à Bayreuth à l'été 1897[1], il évoquait dans son *Journal* sa situation en parlant de lui, pour la première fois, comme d'un homme de lettres. Un an plus tard, au cœur de l'Affaire Dreyfus, il signait l'*Hommage des artistes à Picquart*[2]. Dans un contexte où les prises de position publiques servaient aussi à identifier des sensibilités politiques et éthiques, des appartenances sociales et professionnelles, cette affirmation publique du statut « d'artiste » confirme le choix d'une carrière littéraire[3].

Socialisme, christianisme social et éducation populaire

Homme de lecture et de salon, dilettante et esthète à cette époque, D. Halévy fut également un homme de rencontres, dont certaines furent à l'origine d'échanges intellectuels importants, sources de conversion à des idées nouvelles. A cet égard, deux personnages rencontrés par D. Halévy en 1896, Paul Lagarde et Paul Roederer sont à l'origine de la découverte d'une part, des milieux socialistes hétérodoxes – qui marquèrent durablement D. Halévy –, d'autre part, de l'action sociale et notamment de l'éducation populaire protestante. Initiateurs de D. Halévy au socialisme et à l'action sociale, le rôle qu'ils jouèrent dans sa formation mérite une attention particulière. Lors de sa première

---

1. Sur le voyage à Bayreuth, cf. Hélène Barbey-Say, *Le Voyage de France en Allemagne de 1871 à 1914*, Nancy, Presses universitaires de Nancy, 1994, pp. 118-126.
2. Paul Brenet et Félix Thureau (éd.), *Hommage des artistes à Picquart*, Paris, Société libre d'édition des gens de lettres, 1899. Cet hommage avait paru dans les journaux et D. Halévy l'avait signé le 26 novembre 1898.
3. Entre 1865 et 1905, la majeure partie des écrivains sont issus de la petite bourgeoisie ou de la classe moyenne. C'est un milieu où la reproduction sociale est faible : sur l'ensemble, un nombre minime (6,2 %) sont des fils d'écrivains, d'artistes ou de journalistes. En outre, la majeure partie de ces « fils des lettres » choisissent de faire une carrière d'auteur dramatique (63,2 %). Cf. Rémy Ponton, *Le Champ littéraire...*, *op. cit.*, pp. 36-45. L'étude des peintres au XIXe siècle montre que leur origine sociale est également très majoritairement modeste (cf. Marie-Claude Genet-Delacroix, *op. cit.*, p. 88).

période militaire (août-septembre 1896), effectuée à Vincennes, D. Halévy fit la connaissance de Paul Lagarde (1874-1908), le secrétaire de Maurice Barrès. Les deux hommes se lièrent et dès la fin de la période, Lagarde proposa à D. Halévy de lui faire rencontrer Benoît Malon et l'équipe de la *Revue socialiste*. Lagarde le présenta également à Paul Roederer qui présidait le « groupe de la Villette », un cercle protestant de rencontres entre étudiants et ouvriers.

Paul Lagarde, orphelin assez jeune, avait été élevé par son grand-père Bellanger, un ouvrier arrêté à diverses reprises sous l'Empire, ami de Victor Considérant. Elève brillant, Lagarde reçut une bourse de la ville de Paris pour terminer ses études au Lycée Charlemagne[1]. Après son baccalauréat, il commença des études de droit : licencié en droit en 1895, il fut admis à la conférence du stage des avocats l'année suivante et au tableau du barreau en 1898, date à laquelle il commença à plaider. Sensibilisé assez tôt, semble-t-il, au socialisme, il se forma auprès de Benoît Malon et de ses successeurs à la *Revue socialiste*, Eugène Fournière, Gustave Rouanet et Adrien Veber. A vingt ans, Lagarde commença une collaboration régulière à la *Revue*. Vers 1894, il épousa Jeanne Brousse, fille de Paul Brousse (1844-1912), et devint alors jusqu'à sa mort administrateur du *Prolétaire* (plus tard *Le Prolétariat*), organe officiel de la Fédération des travailleurs socialistes de France, fondée par son beau-père. Menant de multiples activités, il fit également partie de la commission juridique de la Fédération des bourses du travail. En février 1900, il fut initié à la maçonnerie et devint membre de la loge « Unité maçonnique » appartenant à la Fédération du Grand Orient. Le bâtonnier Rousset qui fit son éloge mortuaire, indiqua que le barreau avait compté à cette époque peu de membres plus à gauche que Lagarde : « La Politique a exercé sur lui sa séduction ; les études philosophiques et sociales ont réclamé une bonne part de son application ; et personne n'a apporté plus de zèle, de conviction et de désintéressement à la défense des revendications ouvrières[2]. » Socialiste, anticlérical et franc-maçon, son engagement ne fut pas toutefois toujours aussi linéaire qu'il en a l'air : Lagarde incarne de ce point de vue une forme de socialisme non marxiste, éducatif et fédéraliste, relativement influent encore dans les années 1890, dont le rôle n'avait cessé de décliner au sein du socialisme français mais qui marqua sensiblement Da-

---

1. Les renseignements biographiques sont tirés des archives de l'ordre des avocats à la cour de Paris, dossier administratif de Paul Lagarde et de : Loge unité maçonnique, *Discours prononcé aux obsèques du F..., Lagarde*, Paris, Imprimerie Hugonis, 1909, 23 p.
2. Archives de l'ordre des avocats, éloge mortuaire du bâtonnier Rousset, version manuscrite, p. 2, reproduit dans la *Gazette des tribunaux*, 29 octobre 1908, p. 941.

niel Halévy. Lagarde semble avoir subi par ailleurs l'influence d'un de ses aînés au barreau, Paul Panayotis Argyriadès (1849-1901), avocat d'origine macédonienne, militant blanquiste. Il publia avec lui en 1896 *Solution de la question d'Orient : la Confédération balkanique*, texte d'une conférence tenue au Grand Orient. C'est vers 1894-1895 que Lagarde devint secrétaire de Maurice Barrès, à une époque où celui-ci était au plus fort de sa campagne socialiste et fédéraliste[1]. Il assurait son secrétariat personnel mais aussi celui de la *Cocarde. Journal républicain*, dont Barrès était le « directeur politique[2] ». Dans ses mémoires politiques, *Au signe de Flore*, Maurras, se souvenant de la période de sa vie où il collabora à la *Cocarde*, rappelait la diversité des collaborateurs : « Sur la formule : *nous sommes individualistes et décentralisateurs*, les esprits les plus différents, les partis les plus opposés [...] Juifs, pratiquants, bons catholiques, libres-penseurs intolérants se supportaient ou se déchiraient là-dedans[3]. » Pour Zeev Sternhell, le programme de la *Cocarde* était caractérisé avant tout par une attitude de refus : « [...] refus du monde bourgeois, du parlementarisme, de l'encasernement de la jeunesse et de l'éducation traditionnelle, refus de la société industrielle et de la centralisation qui écrasent l'individu[4]. » Assumant pendant trois ans[5] des tâches à la fois littéraires (copie des écrits de Barrès) et administratives parmi lesquelles il surveilla pour Barrès notamment la liquidation et la vente de la *Cocarde*, Paul Lagarde écrivait à M. Barrès à la veille de son service militaire, en 1895 : « Il me va falloir pendant un an abandonner et votre intimité et les travaux auxquels vous m'associez et les études que j'aime et la lutte commune[6]. » Au-delà des convictions socialistes et fédéralistes, Georges Bessière, confrère de Lagarde au barreau et « frère » de sa loge, a évoqué l'attachement de Lagarde à la dimension culturelle du socialisme. Lors

---

1. Cf. notamment ses échanges avec Maurras en 1895-1896 dans Maurice Barrès et Charles Maurras, *La République ou le roi. Correspondance inédite (1888-1923)*, Paris, Plon, 1970, 706 p. Sur l'action « fédéraliste » de Lagarde auprès de Barrès, cf. les lettres de Maurice Barrès et Charles Maurras de 1895, reproduites dans : Maurice Barrès et Charles Maurras, *op. cit.*, p. 89, 92 et 107.
2. Sur le « socialisme » de Barrès à la Cocarde, cf. Zeev Sternhell, *Maurice Barrès et le nationalisme français*, Paris, Colin, « Cahiers de la Fondation nationale des sciences politiques » n° 182, 1972, pp. 163-213. Si nous suivons cet auteur quant à l'étude de la *Cocarde*, nous n'adhérons pas à sa conclusion qui l'amène à distinguer dans ce journal un socialisme national, ébauche d'un « préfascisme ».
3. Charles Maurras, *Au signe de Flore. La fondation de l'Action Française 1898-1900*, Paris, Bernard Grasset, 1933, p. 37.
4. Zeev Sternhell, *op. cit.*, pp. 180-181.
5. Cf. B.N., manuscrits, fonds Maurice Barrès, 18 lettres adressées par p. Lagarde à M. Barrès (1895-1898).
6. B.N., manuscrits, fonds Maurice Barrès, lettre de p. Lagarde à M. Barrès, 13 avril 1895.

de l'éloge funèbre maçonnique, Bessière rappela des propos que Lagarde avait tenus en 1894 : « Nous tous [...] n'oublions pas que le problème économique n'est pas tout le problème social, que le bien-être matériel est un moyen et non un but [...] enfin que si nous réclamons pour tous le pain quotidien, le droit à la vie, c'est pour assurer à tous sans distinction aucune le droit à la science et le droit au rêve[1]. » La contribution de Lagarde à la *Revue socialiste* de 1894 à 1898 fut de diriger la « Revue des revues philosophiques et littéraires ». Cette sensibilité particulière explique que Lagarde ait été membre de la « Société d'aide fraternelle et d'études sociales » où il fit la connaissance de Roederer.

Paul Roederer, de confession réformée, était président du plus important groupe de la « Société d'aide fraternelle et d'études sociales » qui se trouvait non loin de l'église évangélique libre de la Chapelle du Nord, desservie par le pasteur Tommy Fallot (1844-1904) jusqu'au début des années 1890. Celui-ci avait été le fondateur du groupe de la Villette où Daniel Halévy découvrit l'action sociale. Dans ses *Essais sur le mouvement ouvrier en France* parus en 1901, D. Halévy rendit d'ailleurs au pasteur Fallot un discret hommage, affirmant dans le chapitre consacré aux coopératives et aux universités populaires, qu'il « [...] fut en France l'initiateur des premiers groupes éducatifs [...][2] ». En fait, la sensibilité initiale de Fallot l'avait porté vers les milieux ouvriers et l'avait conduit à entrer en relations avec des socialistes allemands et français, parmi lesquels Benoît Malon. Responsable dans les années 1870 d'une mission Mac All d'évangélisation en milieu ouvrier, il avait ouvert une salle dans le quartier populaire de la Villette. Nommé au temple de la Chapelle du Nord, il fit une série de sermons en 1878 qui provoquèrent la stupeur dans le monde protestant. Fallot y affirmait notamment que la royauté du Christ devait s'instaurer dans la société comme dans les âmes et développait le thème du « droit au salut » pour tous. Ses idées l'amenèrent à prôner une réforme des rapports du « capital et du travail », élément fondamental de sa lutte pour la justice économique qui ne pouvait être séparée d'un effort en faveur de l'éducation en milieu ouvrier. Il jeta ainsi les bases de ce qui devint le christianisme social, mouvement qu'il anima jusqu'à son retrait au début des années 1890. Il fut rejoint par une génération de pasteurs plus jeunes comme Elie Gounelle (1865-1950) et Wilfred Monod (1867-

---

1. Loge unité maçonnique, *Discours prononcé aux obsèques du F..., Lagarde*, Paris, Impr. Hugonis, 1909, p. 11.
2. Daniel Halévy, *Essais sur le mouvement ouvrier en France*, Paris, Société nouvelle de librairie et d'édition, 1901, p. 185.

1943) qui continuèrent le mouvement après lui. Outre le rapprochement très net avec les idées socialistes, cette nouvelle doctrine avait pour principal effet de rompre totalement avec l'approche classique – individuelle et morale – des protestants français, qui avait inspiré tout au long du siècle l'action philanthropique. Le mouvement, défini par Jean Baubérot comme « un projet utopique et critique de solution "chrétienne" de la question sociale[1] » reposait sur une forte critique de l'individualisme moderne que la « solidarité » était censée corriger. Pour Baubérot, il y avait chez Fallot et ses continuateurs une recherche de « troisième voie[2] », n'excluant pas des tendances variées, plus ou moins proches du socialisme, voire même du mouvement anarchiste.

Au printemps 1882, Fallot fonda le « Cercle socialiste de la libre pensée chrétienne » où se rencontraient ouvriers et étudiants. Face aux réactions très négatives des milieux protestants, il modifia l'appellation qui devint « Société d'aide fraternelle et d'études sociales ». Différents groupes apparurent dans le Paris ouvrier, l'un près du temple de Fallot, le groupe de la Villette, et un autre relativement important à Vaugirard. La dimension éducative du christianisme social rencontra l'intérêt de jeunes intellectuels, laïcs réformés comme Raoul Allier (1862-1939), très actif dans les milieux étudiants protestants, et le pasteur Charles Wagner (1852-1918), qui comme Fallot était passé du luthéranisme à l'église évangélique libre.

A la même époque dans le foyer protestant important qu'était la ville de Nîmes, le mouvement coopératif commençait à se développer. Edouard de Boyve (1840-1923), bourgeois protestant s'inspirant du mouvement coopératif anglais, avait fondé en 1883 une coopérative. Il rencontra Auguste Fabre (1833-1923), créateur d'un groupe d'éducation populaire et tous deux unirent leurs efforts en créant sur une base coopérative un organisme commun d'éducation populaire à Nîmes. Ecrivant dans ses *Essais* l'histoire du mouvement coopératif en France, D. Halévy rendit hommage au caractère précurseur de l'action de Boyve[3]. Dans le mouvement socialiste, l'idée coopérative n'allait pas de soi à l'époque : les guesdistes lors du congrès ouvrier de Marseille (1879), avaient obtenu que le principe coopératif soit fermement rejeté et des principes collectivistes adoptés[4]. D'autres socialistes, minori-

---

1. Jean Baubérot, « Le christianisme social français de 1882 à 1940 : évaluation et problème », *Revue d'histoire et de philosophie religieuse*, vol. 67, n° 1, 1987, p. 37, n. 2.
2. *Ibid.*, p. 48.
3. Daniel Halévy, *Essais...*, *op. cit.*, pp. 141-143.
4. Cf. Jean Gaumont, *Histoire générale de la coopération en France. Formation et développement de l'Institution coopérative moderne*, Paris, Fédération nationale des coopératives de consommation, t. II, 1923, pp. 62-68.

taires à l'époque, pensaient autrement, tel Benoît Malon qui avait fondé en 1866 une coopérative de consommation, la « Revendication » à Puteaux. En 1885, Charles Gide (1847-1932) professeur d'économie politique à la faculté de Montpellier, fit la connaissance de Boyve et commença à développer une théorie complète de la coopération. Gide était lié avec Charles Secrétan qui s'intéressait alors à ses conceptions économiques non-orthodoxes, c'est-à-dire non libérales[1]. Secrétan essayait à cette époque de promouvoir l'économie sociale en Suisse et Gide s'intéressait à sa critique philosophique de l'individualisme. C'est précisément cette dimension qui amena Gide tout au long de sa vie à défendre l'idée coopérative. Le mouvement, réunissant des laïcs protestants autour de Boyve et Gide, appelé par dérision « l'Ecole de Nîmes », conçut l'idée coopérative dans une perspective de rapprochement des classes sociales, un moyen de se garder aussi bien de l'individualisme que du collectivisme. Gide était attaché à la dimension éthique et sociale des coopératives : « [...] elles servent à conférer à la classe ouvrière les connaissances et les vertus sans lesquelles jamais elle ne réussira à occuper dans l'ordre social la place à laquelle elle aspire et elle a droit[2]. » La coopération était un instrument d'éducation de la classe ouvrière, rendant ainsi possible son émancipation. Le rejet du principe coopératif en 1879 par le mouvement ouvrier fit des chrétiens sociaux protestants l'unique support en France de la coopération, tant par ses réalisations que par la formulation d'une théorie complète.

Le christianisme social avait trouvé dans l'Ecole de Nîmes la dimension économique qui lui manquait. En 1888 se tint à Nîmes le congrès constitutif de l'Association protestante pour l'étude des questions sociales (A.P.E.Q.S.). Le pasteur Fallot fut le président (remplacé par Boyve deux ans plus tard) et Charles Gide le vice-président de cette association qui inspirait l'action de la « Société d'aide fraternelle et d'études sociales ». C'est en son sein que D. Halévy découvrit à la fois la réalité de l'action sociale, trouva la confirmation de ses idées concernant l'éducation populaire et apprit également la dimension pratique de la coopération. Il reste qu'en majorité le pastorat et la bourgeoisie protestante furent hostiles à cette sensibilité sociale particulière, née dans le protestantisme orthodoxe et nettement influencée par le Réveil[3] : le

---

1. Sur les relations Gide-Secrétan, cf. Marc Pénin, *Charles Gide 1847-1932. L'esprit critique*, Paris, L'Harmattan, 1997, p. 83. Gide fut le fondateur en 1887 de la *Revue d'économie politique* dont le projet était de s'opposer au magistère libéral du *Journal des économistes*.
2. Cf. les propos de Charles Gide tenus dans ses conférences de propagande, reproduits dans : Marc Pénin, *op. cit.*, p. 44.
3. Cf. André Encrevé, *Les Protestants en France de 1800 à nos jours. Histoire d'une réintégration*, Paris, Stock, 1985, pp. 59-66.

mouvement du christianisme social resta minoritaire au sein de la société protestante.

L'intérêt porté par D. Halévy aux questions ouvrières par le biais de l'éducation populaire coïncida avec l'irruption sur la scène politique sociale et nationale, du mouvement ouvrier dans la période 1889-1895[1]. L'agitation sociale et une vague de puissantes grèves, les premiers résultats positifs aux élections municipales de 1892, ceux des législatives de 1893 où les socialistes obtinrent 5 % des suffrages, furent les principales étapes de ce mouvement, couronné par les municipales de 1896 où ils furent élus à la tête de grandes villes comme Lille et Dijon. Indéniablement, ces manifestations du monde ouvrier lui donnèrent une présence plus forte dans l'espace public. C'est dans ce climat nouveau que Daniel Halévy découvrit le groupe de la Chapelle. Il se rendit alors dans le quartier de la Villette, où il fit la connaissance de Paul Roederer. Dès décembre 1896, il anima en compagnie de Robert Dreyfus une première soirée pour des familles ouvrières. Tout au long de l'année 1897, il revint de temps à autre au « groupe de la Chapelle », rue d'Allemagne, parfaire sa découverte des milieux ouvriers. En 1898, il commença une forme nouvelle d'activité, celle de conférencier, avec une première causerie portant sur un thème parfaitement adapté : « Hans Sachs », un cordonnier allemand du XVIe siècle devenu un maître chanteur célèbre passé à la Réforme. Mais pour ce jeune homme qui à la même époque avait repris des activités littéraires, les barrières sociales étaient parfois difficiles à franchir, malgré ses convictions, et Paul Roederer l'encouragea fermement à persister dans cette découverte de milieux entièrement nouveaux pour lui.

Le chemin qui avait mené en un siècle la famille Lévi du ghetto de Fürth à la coupole de l'Académie française, est un exemple exceptionnel de laïcisation, d'ascension sociale et d'assimilation permis par l'avènement d'une société démocratique. La famille Lévi/Halévy, dès l'époque de Léon, fit de la littérature l'outil privilégié de son intégration à la communauté nationale. De Léon (1802-1883) à Daniel (1872-1962), l'identité de la France fut d'abord perçue dans son expression littéraire. Cette façon de penser l'identité nationale inclut d'ailleurs d'autant plus rapidement la famille dans la communauté des écrivains.

---

1. Cf. Madeleine Rébérioux, « Le socialisme français de 1871 à 1914 », dans : Jacques Droz (dir.), *Histoire générale du socialisme. 2. De 1875 à 1918*, Paris, PUF, 1974, pp. 160-171 et Claude Willard (dir.), *La France ouvrière. Histoire de la classe ouvrière et du mouvement ouvrier français*, t. I : *Des origines à 1920*, Paris, Scanéditions-Editions sociales, 1993, pp. 309-314.

L'abandon des racines juives fut assez rapide. La synthèse que constitua le « franco-judaïsme », dont Léon fut un des initiateurs, en marque d'ailleurs une étape décisive. Son mariage hors de la communauté en 1832 scella le destin du judaïsme pour sa famille. Ludovic fut élevé dans un milieu familial attaché à la société de la Monarchie de Juillet. Lui-même ne connut que l'Empire et si sa carrière profita largement de la soif de divertissement de la société impériale, il conserva un attachement profond aux valeurs à la fois libérales et conservatrices de l'orléanisme de son temps. Le judaïsme ayant été définitivement délaissé avec Ludovic, Daniel fut élevé dans le culte de la littérature et sous le signe de l'orléanisme. A ces deux références culturelles, s'ajouta l'influence protestante maternelle. L'ascension sociale parachevée par Ludovic et par la branche issue de Fromental déboucha sur la fréquentation d'un milieu social de bonne et de haute bourgeoisie. Pour Daniel, la marque de l'éducation familiale fut bien plus forte que celle du lycée de la rue du Havre. Son attrait pour la littérature fut précoce, confirmé plus tard par l'échec en philosophie : Alphonse Darlu et Léon Brunschvicg lui firent comprendre – et il l'accepta lui-même rapidement – que la spéculation abstraite ne correspondait pas à sa vocation. Après une période de dilettantisme au cours de laquelle il suivit des études universitaires sans grande détermination, les premiers choix s'imposèrent à lui. L'attention pour la question sociale rarement manifestée dans son milieu de façon aussi précoce, l'amena progressivement à l'exploration du socialisme. Si, à l'origine, il s'engagea dans cette voie à la suite du choc ressenti lors de la découverte de la misère ouvrière, la dimension morale de son questionnement sur la société confirma ses choix initiaux. Son premier engagement social, l'enseignement populaire dans une institution protestante, manifesta la rencontre de ses aspirations sociales et de son éducation. A la même époque, il découvrait un socialisme très hétérogène, à l'heure où celui-ci connaissait ses premiers succès politiques. Les années qui précèdent immédiatement l'Affaire Dreyfus le virent également s'orienter vers une carrière d'écrivain et de critique qui débuta véritablement en 1897. Il laissa alors derrière lui le dilettantisme littéraire de l'époque du *Banquet* et trouva en Nietzsche un terrain inexploré en France.

DEUXIÈME PARTIE

Au cœur de la cité

CHAPITRE IV

L'ébranlement de l'Affaire Dreyfus

L'Affaire Dreyfus ouvrit une nouvelle période dans la vie de Daniel Halévy. En passant d'un engagement social et privé à un engagement civique et public, il manifesta un tempérament militant que le règlement judiciaire de l'Affaire n'interrompit pas. Par ailleurs, ses convictions politiques et sociales antérieures connurent une nouvelle évolution à l'occasion de cet événement.

« Justice et passion »

La participation au groupe de la Villette et les premières préoccupations littéraires n'avaient pas éclipsé la vie mondaine. Dans le petit groupe amical issu du lycée Condorcet, les jeunes filles – des sœurs principalement – étaient peu nombreuses et Daniel allait atteindre l'âge de se marier. Plusieurs familles, les Halévy, Bizet, Gregh et Vaudoyer organisèrent à la fin de l'année 1896 des séances de répétition d'une comédie d'Alfred de Musset, *Carmosine*, sous la surveillance maternelle. Sur fond d'une histoire d'amour très vertueuse, jeunes gens et jeunes filles se rencontrèrent tout au long de l'hiver 1897, préparant la représentation qui eut lieu en mars 1897, suivie d'un bal chez les Vaudoyer. Avec son cousin Jacques Bizet et son ami Fernand Gregh, Daniel Halévy participa à ces séances en incarnant Minucio, le troubadour confident de Carmosine. Il y fit la connaissance de Marianne Vaudoyer (1880-1968), une cousine éloignée, descendante de la famille Le Bas, fille d'Alfred Vaudoyer (1846-1917) et de Geneviève Bréton (1849-1918)[1]. Cette activité théâtrale et mondaine n'atténua pas son intérêt

---

1. Louis Bréton (1817-1883), père de Geneviève Bréton, avait été un associé de Louis Hachette.

pour Nietzsche et l'Italie où il partit, au printemps 1897, avant de se rendre à Bayreuth.

Cette vie harmonieuse de la famille Halévy fut profondément bouleversée à l'automne 1897 par les premières manifestations publiques d'une ancienne affaire judiciaire qui resurgit brutalement et mobilisa soudainement la vie de l'ensemble de la famille. C'est Lucien Herr (1864-1926) qui enrôla la famille dans l'Affaire Dreyfus. Bibliothécaire à l'Ecole normale supérieure, il y avait connu Elie, mais les deux hommes n'avaient pas noué de relation amicale à cette époque[1]. C'est dans un autre cadre que Herr se lia à la famille Halévy : à la fin de l'année 1897, Herr était secrétaire de rédaction de la *Revue de Paris*[2] et à ce titre voyait très fréquemment Ludovic Halévy. Dans le plan de mobilisation des écrivains imaginé par Herr en faveur de Dreyfus, figure une liste manuscrite d'intellectuels à contacter, portant en tête le nom de Ludovic Halévy aux côtés de ceux d'Anatole France et du comte d'Haussonville[3]. Herr connaissait les certitudes de son ami Edgar Demange, premier avocat du capitaine Dreyfus. A la mi-novembre, la famille Halévy suivait avec attention les articles du *Temps* et du *Figaro*, qui faisaient allusion aux informations détenues par Auguste Scheurer-Kestner, vice-président du Sénat[4]. Le 22 novembre à la *Revue de Paris*, Ludovic apprit par Herr, lui-même le tenant de Demange, que le général Billot, ministre de la Guerre, savait l'innocence de Dreyfus. A partir de ce moment, les Halévy firent eux-mêmes part autour d'eux de ce qu'ils savaient ; l'immeuble du 22, rue de Douai et la maison de Sucy-en-Brie, devinrent des relais d'opinions dreyfusardes. La famille Halévy au sens large se mobilisa[5] : la cousine de Ludovic, Geneviève Straus, amie de Joseph Reinach, fut rapidement convaincue de l'innocence de Dreyfus[6] et fit de son salon une enceinte dreyfusarde, recevant des révisionnistes précoces tel le prince de Monaco.

Dans un contexte où l'Affaire Dreyfus devint un enjeu politique mais

---

1. Après l'Affaire, Herr devint l'ami d'Elie, et le conseilla lorsqu'il lui soumit ses premiers travaux. Cf. Elie Halévy, *Correspondance (1891-1937)*, op. cit., 803 p.
2. Il avait partagé un temps cette tâche avec Fernand Gregh qui avait la charge de la partie littéraire, puis celui-ci avait quitté la revue en juillet 1897.
3. A.H.C., fonds Lucien Herr, LH 2, liste non datée mais très vraisemblablement de la fin de l'année 1897.
4. Cf. Auguste Scheurer-Kestner, *Mémoires d'un sénateur dreyfusard*, Strasbourg, Bueb et Reumaux, 1988, 316 p.
5. Ce qui n'était pas le cas de tous leurs parents et alliés, notamment Marcelin Berthelot, qui se tint dans une réserve complète jusqu'à sa mort en 1907.
6. En février 1898, au cours d'un dîner chez Lydie Aubernon auquel assistait le diplomate Maurice Paléologue, elle se déclara ouvertement dreyfusarde en présence de nombreux hôtes violemment hostiles (cf. Maurice Paléologue, *Journal de l'Affaire Dreyfus 1894-1899. L'Affaire Dreyfus et le quai d'Orsay*, Paris, Plon, 1955, pp. 104-105).

également la cause de nombreuses dissensions privées, Ludovic qui se trouvait au cœur d'un milieu professionnel d'auteurs reconnus, majoritairement antidreyfusards[1], fut confronté à des ruptures qui le touchèrent profondément. Parmi ses plus proches amis comme Albert Boulanger-Cavé, Hortense Howland et le marquis du Lau, les avis étaient opposés quant à la culpabilité de Dreyfus et l'attitude à adopter. Plus grave encore fut la rupture avec le vieil ami de la famille, Degas. Celui-ci respectant les institutions établies, était profondément conservateur[2]. Depuis le début des années 1890, il lisait quotidiennement *La Libre Parole*, admirant Drumont et professant ouvertement des opinions antisémites[3]. A la fin du mois de janvier 1898, il écrivit une lettre de rupture à Louise Halévy[4]. Daniel, aussi bouleversé que son père par le départ de ce grand ami, écrivit le lendemain dans son *Journal* : « [...] c'est la guerre civile [...][5]. »

Les lieux de sociabilité les plus informels n'échappèrent pas aux secousses de l'Affaire. Ludovic, d'après les souvenirs de son ami Jules Claretie, était un des rares membres du dîner Bixio à être convaincu de l'innocence de Dreyfus[6]. A l'Académie, Ludovic se trouvait dans une institution nettement antidreyfusarde[7]. Anatole France décida de ne plus paraître sous la coupole. En dépit de ses convictions, Ludovic ne signa pas l'adresse de protestation de janvier 1898, acte révisionniste autant que geste de soutien à Zola. On peut s'interroger sur les raisons qui ont empêché Ludovic de marquer son appui public à Zola en janvier 1898. En effet, Ludovic avait été un des rares auteurs à apprécier certains de ses romans, à le faire savoir et à encourager, même appuyer Zola dans ses tentatives pour entrer à l'Académie[8]. De plus il s'était distingué de

---

1. Cf. Christophe Charle, *Naissance des « intellectuels », 1880-1890*, Paris, éditions de Minuit, 1990, 271 p.
2. Cf. Maurice Braud, « Edgar Degas et l'affaire Dreyfus entre avant-garde et réaction », *Mil neuf cent. Revue d'histoire intellectuelle*, 1993, n° 11, pp. 107-112.
3. Cf. la note rédigée par D. Halévy vers 1958-1959 sur l'évolution de Degas, reproduite dans : Daniel Halévy, *Regards sur l'affaire Dreyfus*, Paris, éditions de Fallois, 1994, pp. 263-264. Ce volume [désormais *Regards*...] comprend le *Journal* de D. Halévy pour la période de l'Affaire ainsi que des textes inédits.
4. Cf. *Regards*..., pp. 262-263.
5. Cf. *Regards*..., p. 63.
6. Cf. Jules Claretie, *Souvenirs du dîner Bixio*, Paris, Fasquelle, 1924, pp. 91-133.
7. Cf. Christophe Charle, « Champ littéraire et champ du pouvoir : les écrivains et l'Affaire Dreyfus », *Annales ESC*, mars-avril 1977, n° 2, pp. 240-264. D'après C. Charle, un peu moins de la moitié de l'Académie ne s'est pas prononcée. Les ouvrages de R. Peter et de J. Claretie précités incitent à penser que l'institution était très nettement antidreyfusarde.
8. Cf. John C. Lapp, « Emile Zola et Ludovic Halévy : notes sur une correspondance », *Cahiers naturalistes*, 1964, vol. X, n° 27, pp. 91-100.

ses confrères en votant pour Zola[1] à diverses reprises, en 1891, 1892, 1893, 1894[2], 1896 et 1897. Gilles Le Béguec a avancé l'idée que la cristallisation du camp dreyfusard autour de Zola, auteur à scandale, avait empêché le ralliement de nombreux libéraux à la cause dreyfusarde[3]. Ludovic n'avait pas craint pourtant dans le passé, en soutenant France qualifié « d'anarchiste » et Zola de « pornographe », de prendre des risques. Sa prudence en janvier 1898 ne tenait-elle pas plutôt à une autre analyse de la situation ? Lui qui n'avait plus rien à craindre pour sa carrière littéraire, largement achevée, constatait la montée de l'antisémitisme auquel il avait été confronté dans le passé. Profondément troublé par la violence générale de l'atmosphère, n'a-t-il pas craint à ce moment qu'un engagement public trop prononcé ne remette en cause tout le processus d'assimilation dont la famille Halévy avait étonnamment bénéficié au long du siècle ? Sur l'état d'esprit à l'époque, il écrivit : « Ce qui se passe depuis trois mois est épouvantable. La France n'a jamais, jamais, jamais été dans une plus grave situation et qui semble inextricable. C'est le Boulangisme qui recommence. Un Boulangisme antisémite et militaire [...][4]. » De juin à décembre 1898, Ludovic sombra dans une profonde dépression, à la mesure du traumatisme ressenti dans ce qui lui parut être la fin d'un monde, celui des amitiés littéraires et esthétiques, de la conversation. Son état l'empêcha d'assister au mariage de Daniel avec Marianne Vaudoyer le 21 novembre 1898.

L'isolement de Ludovic grandit encore lorsque le 31 décembre 1898, vingt-deux de ses confrères académiciens signèrent l'appel à la constitution d'une Ligue de la Patrie française (L.P.F.), paru dans le quotidien monarchiste *Le Soleil*. Par la suite d'autres signèrent cet appel et ils furent 26 académiciens au total[5] à le faire, dont ses amis le duc de Broglie et le comte d'Haussonville. Certains modérés décidèrent de réagir à

---

1. D'après le dépouillement du registre personnel des scrutins de Ludovic Halévy : Bibliothèque de l'Institut, Ms 4491, ff. 1-229. Précisons toutefois que L. Halévy ne soutint qu'une fois Zola au-delà du premier tour, en 1896. Coppée, France, Claretie et Dumas fils soutinrent également Zola mais sans lui apporter un appui aussi conséquent que L. Halévy. Celui-ci fut, avec Alphonse Daudet, parrain de Zola lors de son entrée à la Société des gens de lettres.
2. Daniel Halévy se souvenait en 1953 de la visite de Zola à son père à l'occasion de ce vote (Daniel Halévy, « Trois rencontres avec Emile Zola », dans : *Présence de Zola*, Paris, Fasquelle, 1953, p. 149).
3. Gilles Le Béguec, « Zola, repoussoir ? Les intellectuels libéraux et le refus du dreyfusisme », *Les Cahiers naturalistes*, 1980, n° 54, pp. 282-298.
4. Ludovic Halévy, *Carnets*, janvier 1899, reproduit par J.-P. Halévy dans : Michel Leymarie (éd.), *La Postérité de l'Affaire Dreyfus*, Lille, Presses universitaires du Septentrion, 1998, p. 35. Les *Carnets* concernant l'époque de l'Affaire ont été en grande partie détruits par Ludovic. Ceux qui subsistaient n'ont pas été publiés par Daniel.
5. Jean-Pierre Rioux, *Nationalisme et conservatisme. La Ligue de la Patrie française 1899-1904*, Paris, éditions Beauchesne, 1977, p. 11 et 23.

cette initiative et lancèrent dans *Le Temps* du 24 janvier 1899 un « appel à l'Union ». Ce texte très intéressant a été totalement éclipsé[1] par différentes manifestations telles l'adresse de protestation de janvier 1898, les différents hommages à Zola et Picquart, l'appel du *Soleil*, en fait par la polarisation du conflit en deux camps. Très modéré, l'appel signé par certains universitaires, des écrivains et quelques académiciens, partageant tous des convictions libérales, refusant la division des esprits et donc l'engagement dans quelque « ligue » que ce soit, apparaît comme une tentative de trouver une voie moyenne. Réponse à la constitution de la Ligue de la Patrie française, autant qu'appel à éviter la désunion des libéraux, ce texte était signé des « amis de la légalité et de la paix publique[2] ». Ceux-ci, se disant respectueux de la magistrature aussi bien que de l'armée, déclaraient que tous les citoyens devaient s'incliner par avance devant la décision de la Cour de Cassation. L'appel avait été relayé à l'Académie par Lavisse qui avait organisé la collecte des signatures. Six académiciens le signèrent : Ernest Lavisse, Jules Claretie, Gaston Paris, Sully-Prudhomme, Victorien Sardou et Ludovic Halévy. Celui-ci qui signa le 25 janvier le fit le même jour que Paul Desjardins et Emile Boutmy, fondateur et directeur de l'Ecole libre des sciences politiques. L'état d'esprit des signataires de « l'appel à l'Union » était marginal, la L.P.F. ralliant largement les conservateurs qui, comme ceux de la *Revue des Deux Mondes*[3], luttaient contre la division des esprits, pour le respect des corps constitués, mais mettaient au-dessus de tout le respect de la chose jugée, ce qui interdisait toute démarche de révision. L'Affaire Dreyfus eut pour conséquence importante que la majeure partie des libéraux conservateurs avait rallié le camp nationaliste, contribuant à l'éclatement de la famille libérale dont l'unité avait déjà été assez largement affaiblie par l'établissement de la République. Au sortir de l'Affaire, Ludovic, à l'image de ses idées politiques, était un homme vieilli et isolé.

Le centenaire de l'Affaire Dreyfus a été l'occasion d'un renouveau

---

1. Madeleine Rebérioux l'évoque brièvement (« Histoire, historiens et dreyfusisme », *Revue Historique*, avril-juin 1976, p. 425), Gilles Le Béguec le mentionne (« Zola, repoussoir ? Les intellectuels libéraux et le refus du dreyfusisme », *Les Cahiers naturalistes*, 1980, n° 54, p. 285) ainsi que Vincent Duclert, plus longuement (*L'Affaire Dreyfus*, Paris, La Découverte, « Repères », 1994, pp. 83-84) mais cette démarche collective reste encore largement méconnue.
2. *Le Temps*, 24 janvier 1899, p. 2.
3. Cf. la thèse de Thomas Loué, *op. cit*. Mis à part les grandes revues académiques, la majorité des revues fut plutôt dreyfusarde (cf. Vincent Duclert, « Les revues dreyfusardes en France : l'émergence d'une société intellectuelle », *La Revue des revues*, 1994, n° 17, pp. 9-47).

historiographique marqué par la volonté de dépasser la dimension strictement politique et judiciaire de cet événement[1]. Les épithètes « dreyfusard », « dreyfusiste » ou « dreyfusien[2] » masquent souvent des sensibilités encore plus complexes et nuancées. L'abondance des sources privées permet de faire une analyse en profondeur des convictions personnelles et de leur transformation en action publique. De ce point de vue, l'engagement de Daniel Halévy lors de l'affaire Dreyfus mérite que l'on s'y attarde.

Grâce à l'intervention de Romain Rolland, D. Halévy devait retourner à Rome à la mi-novembre 1897 afin de poursuivre ses travaux sur Nietzsche. Il pensait notamment rencontrer une nouvelle fois Malwida von Meysenbug, prévenue par Rolland de l'antiwagnérisme de son visiteur. Le projet de voyage fut abandonné par D. Halévy car au même moment débutait la campagne de Scheurer-Kestner en faveur de Dreyfus. La première mention de cet événement dans son *Journal* date du 15 novembre 1897, le jour même où Scheurer-Kestner dans une lettre au général Billot, parue dans *Le Temps*, déclarait avoir donné au gouvernement des pièces décisives démontrant l'innocence du capitaine Dreyfus. Ce jour-là, D. Halévy écrivait : « Arrêté, jugé dans un coup de passion, cet homme est, selon toute probabilité, innocent. Mais l'arrêt est porté ; les partis sont engagés ; l'homme est rendu responsable de toutes les fautes impunies d'Israël ; il est coupable, depuis trois ans la chose est acquise : elle est un des éléments de la politique intérieure de la France. Soudain, elle est mise en question[3]. » A cette date, la conviction de D. Halévy n'était pas entièrement faite, Scheurer-Kestner n'ayant fait qu'instiller le doute. Elle le devint sept jours plus tard, lorsque Ludovic apprit à la famille ce qu'il savait par Lucien Herr. La veille, réfléchissant aux premiers éléments connus, il écrivit : « Cette affaire Dreyfus est violemment entrée dans ma vie. Je suis sûr maintenant de mon opinion politique : je suis très républicain, très individualiste ; je hais la démagogie, qui est le contraire de la Liberté. Quand j'étais jeune, j'ai été boulangiste ; c'était si gai, si brillant ! J'en ai honte au-

---

1. Cf. Vincent Duclert, « L'Affaire Dreyfus et le tournant critique (note critique) », *Annales H.S.S.*, mai-juin 1995, n° 3, pp. 563-578 et deux numéros spéciaux de la revue *Jean Jaurès cahiers trimestriels*, avril-juin 1995, n° 136, 114 p. et juillet-septembre 1995, n° 137, 106 p., ainsi que Pierre Birnbaum (dir.), *La France de l'affaire Dreyfus*, Paris, Gallimard, « Bibliothèque des histoires », 1994, 598 p. Christophe Prochasson insiste sur l'intérêt d'une relecture culturelle et anthropologique de cette crise (« L'Affaire dans tous ses états », dans Jean-Pierre Rioux et Jean-François Sirinelli (dir.), *Pour une histoire culturelle*, Paris, Seuil, « L'univers historique », 1997, pp. 233-249).

2. Cf. la typologie proposée par Vincent Duclert (*L'Affaire Dreyfus*, Paris, La Découverte, « Repères », 1994, pp. 82-84).

3. Cf. *Regards...*, p. 31.

jourd'hui. Le boulangisme, c'est l'affaire Dreyfus ; le cléricalisme et la démagogie ; l'excitation populaire faite loi[1]. » La certitude à peine acquise, il prévoyait déjà, à la suite d'une conversation avec Elie, une forme d'action allant au-delà de la conviction privée : « Il est bien évident que si l'enquête du général de Pellieux n'aboutit pas, il faudra que nous écrivions[2]. » Née autour de Herr et de la *Revue de Paris*, l'information fut relayée par les cercles les plus proches, ceux de Geneviève Straus et de Mary Darmesteter. Daniel suivit alors la campagne de presse du *Figaro*, les articles de Zola et s'en entretenait avec son camarade socialiste, le jeune avocat Lagarde, également avec Paul Roederer du groupe de la Villette et ses amis Robert Dreyfus[3], Fernand Gregh, son cousin Jacques Bizet. Ces jeunes gens faisaient partie d'un groupe de dreyfusards extrêmement restreint jusqu'en janvier 1898. A la fin du mois de novembre, Daniel ouvrit un nouveau dossier qu'il intitula « Justice et passion[4] », dans lequel il se livrait à une analyse de l'opinion, de la classe politique et de la presse, alors qu'il réservait à son *Journal* le compte rendu des événements. Sa première initiative personnelle fut de soumettre à Herr l'idée d'entamer une procédure judiciaire à l'occasion d'une perquisition illégale réalisée chez Picquart. Herr transmit l'idée à Clemenceau qui la trouva bonne au point d'envisager de financer la mobilisation d'avocats.

Pour ces jeunes gens, le passage à l'acte public eut lieu en deux étapes : au début du mois de décembre, certains d'entre eux dans l'entourage de Herr décidèrent de publier une adresse de soutien à Zola. Proust persuada Anatole France de signer, mais les refus furent plus nombreux : ceux de Porto-Riche, Paul Bourget et Lavisse, que Herr ne parvint pas à convaincre de s'engager publiquement. Ce texte, prudent dans son énoncé, ne fut pas publié : « Un groupe d'hommes indépendants ne se considérant pas comme représentés par quelques manifestants tapageurs, sans d'ailleurs rien préjuger du fond de l'affaire Dreyfus, expriment à Emile Zola toute leur admiration pour le courage qu'il a montré dans les récentes polémiques[5]. » A la mi-décembre 1897, Daniel Halévy rendait visite en compagnie de Bizet à Zola, qui leur demanda d'agir sur l'opinion publique[6]. Plaçant en effet la lutte avant tout

---

1. *Ibid.*, p. 35.
2. *Ibid.*, p. 39.
3. Celui-ci n'avait aucun lien de parenté avec Alfred Dreyfus.
4. Reproduit dans *Regards*..., pp. 65-98.
5. Texte reproduit dans *Regards*..., p. 257. Le passage souligné est le fait des auteurs.
6. Il fit plus tard de cette visite un récit un peu différent par rapport au *Journal* (cf. Daniel Halévy, « Trois rencontres avec Emile Zola », dans *Présence de Zola*, Paris, Fasquelle, 1953, pp. 149-150).

sur le terrain de l'opinion, l'analyse zolienne de l'état d'esprit contemporain confirma Daniel Halévy dans celle qu'il faisait de son côté dans « Justice et passion ».

L'abandon de la campagne de presse par *Le Figaro* le 19 décembre laissait Zola, dont la *Lettre à la jeunesse* n'eut pas l'effet escompté, encore plus isolé. Naquit alors le projet d'une adresse de protestation demandant la révision du procès. Le petit groupe de camarades mobilisé au mois de décembre reprit son action. Elie et Daniel se rendirent le 5 janvier 1898 chez France[1] dont ils recueillirent la signature, mais ils furent éconduits par Paul Hervieu et reçurent une réponse dilatoire du peintre Eugène Carrière. L'acquittement d'Esterhazy à l'unanimité le 11 janvier renforça leur détermination : « Je vais de quartier en quartier, depuis le petit Hôtel de France, avenue du Bois, jusqu'aux rues de cette autre ville, provinciale et studieuse, qui s'étend sur les pentes adverses de la montagne Ste-Geneviève[2]. » Le 14 janvier, au lendemain du retentissant article de Zola, parut dans *L'Aurore* la première adresse de protestation[3], premier acte d'engagement public de Daniel. A la différence du texte publié le lendemain, celui signé par Daniel ne comprenait pas d'autre aspect que la dimension judiciaire : « Les soussignés, protestant contre la violation des formes juridiques au procès de 1894 et contre les mystères qui ont entouré l'affaire Esterhazy, persistent à demander la révision. » Indice d'une différence d'attitude entre les deux frères, Daniel, pourtant diplômé des langues orientales, n'avait pas fait figurer son titre universitaire alors que le nom d'Elie se trouvait dans la liste des « agrégés de l'université ». Dans un contexte où la jeunesse des Ecoles se mobilisa fortement dans un camp comme dans l'autre, les amis de Condorcet et du *Banquet* pouvaient se compter en nombre[4] : Louis de La Salle, Marcel Proust, Jacques Bizet, Amédée Rouquès, Gabriel Trarieux, Robert de Flers. Daniel parvint à convaincre certains de ses amis : Louis Feine, parent de Degas connu lors de son service militaire, Paul Roederer et Paul Lagarde, qui fut contraint de rompre avec Barrès, signèrent dans les jours qui suivirent ainsi que Raymond Kœchlin (1860-1931), rédacteur de politique étrangère au *Journal des*

---

1. Cf. Joseph Reinach, *Histoire de l'Affaire Dreyfus*, Paris, Fasquelle, 1911, t. III, p. 244, n. 3. En 1947, F. Gregh fit un récit erroné de cette quête de signatures (Fernand Gregh, *op. cit.*, pp. 291-292).
2. Cf. *Regards...*, p. 58.
3. Reproduite dans *La Petite République* le 15 janvier 1898, p. 1.
4. Christophe Charle, « Les étudiants et l'affaire Dreyfus », *Cahiers Georges Sorel*, 1986, n° 4, pp. 61-78. Yolande Cohen montre qu'à gauche la politisation de la jeunesse était antérieure à l'Affaire (Yolande Cohen, « Avoir vingt ans en 1900 : à la recherche d'un nouveau socialisme », *Le Mouvement social*, juillet-septembre 1982, n° 120, pp. 11-29).

Débats, cousin de Marianne Vaudoyer. Alphonse Darlu, l'ancien professeur de philosophie de la plupart de ces jeunes gens, signa aussi l'adresse. Mais d'autres refusèrent de franchir le pas d'une prise de position publique, préférant se situer dans une réserve prudente : ainsi leur cousin René Berthelot (1872-1960), approché par Léon Blum, refusa de signer l'hommage à Zola[1] que Herr voulut relancer le jour même de la publication de l'adresse[2].

Indépendamment de la cause de Dreyfus, Zola fut incontestablement la personne la plus marquante pour Daniel Halévy lors des débuts de l'Affaire et il assista aux premières séances de son procès en février[3]. Au printemps une autre figure de ralliement émergea, celle de Picquart[4], qui devint le héros de la famille Halévy, se substituant progressivement à Zola, exilé à Londres. Daniel le rencontra à diverses reprises au mois de mars, et en juin 1898 au mariage de Jacques Bizet[5]. Daniel et Elie souscrivirent chacun à la médaille offerte à Zola en avril 1898 à l'initiative du *Siècle*[6]. Le cadet signa également l'*Hommage des artistes à Picquart* en novembre 1898[7].

Persuadé, dès la fin du mois de novembre 1897, que l'acte d'écrire publiquement était une forme d'engagement, Daniel Halévy se mobilisa également lors de certaines manifestations dreyfusardes : en septembre, salle Chaynes où Francis de Pressensé (1853-1914) parla devant un auditoire composé essentiellement de socialistes et d'anarchistes ; en octobre, à la confrontation Pressensé-Déroulède qui tourna à l'émeute. Son engagement précoce en 1897 lui valut, semble-t-il, une petite notoriété : en décembre 1898, lors d'une réunion en faveur de Picquart à la Maison du Peuple, Dhors, un militant anarchiste interpella Daniel Halévy en ces termes : « Je veux répliquer au citoyen Halévy [...] qui est

---

1. Cf. Ilan Greilsammer, *Blum*, Paris, Flammarion, 1996, pp. 44-45 et 125. « Signer une adresse à Zola ce serait, que je le désire ou non, me classer dans un groupe, et c'est ce que j'ai toujours évité » (Lettre de René Berthelot à Léon Blum non datée, citée par Ilan Greilsammer, *ibid.*, pp. 44-45).
2. Ce projet qui ne vit pas le jour, est probablement l'amorce de l'Hommage à Zola de la *Revue Blanche* (1er mars 1898).
3. Autre initiative, le 25 février, le philologue Louis Havet lui indiqua que Ludovic Trarieux recherchait des jeunes gens pour recueillir des signatures pour protester contre la condamnation de Zola. Cette idée ne semble pas avoir dépassé un cercle très restreint et Alain Pagès ne la mentionne pas (cf. Alain Pagès, *Emile Zola, un intellectuel dans l'Affaire Dreyfus*, Paris, Librairie Séguier, 1991, 396 p).
4. Cf. Christophe Prochasson, « Le Colonel Georges Picquart ou la vertu cachée », *Mil neuf cent. Revue d'histoire intellectuelle*, 1993, n° 11, pp. 15-20.
5. Celui-ci épousa une cousine de Daniel, Madeleine Breguet.
6. Cf. la deuxième liste de souscription parue dans *Le Siècle*, 24 mars 1898, p. 1. *L'Aurore* participa également à la souscription à partir du 27 mars.
7. Paul Brenet et Félix Thureau (dir.), *Hommage des artistes à Picquart*, Paris, Société libre d'édition des gens de lettres, 1899, p. 5. Il signa le 26 novembre.

l'un des citoyens courageux qui des premiers se prononcèrent pour la révision [...][1]. »

Son attitude lors de l'Affaire, révélant un tempérament militant déjà esquissé dans les rangs du christianisme social, ne fut pas seulement une succession d'actes, précipités par les soubresauts juridiques et politiques de l'Affaire. Ce militantisme le distinguait d'ailleurs de son frère Elie, dont l'engagement fut tout aussi net mais qui, dès la fin du mois de janvier 1898, au cœur de l'affrontement, repartit en Angleterre poursuivre ses travaux universitaires, ne suivant dès lors les événements qu'à distance[2]. L'engagement de Daniel s'inscrivait incontestablement dans une forme différente de dreyfusisme. Le terme d'engagement – qui n'apparaît jamais sous sa plume – ne caractérise pas dans son cas un processus de socialisation politique, dont l'Affaire Dreyfus aurait été le cadre. Engagé avec des intellectuels libéraux dans ces premiers mois de l'Affaire, il se retrouvait dans un environnement qui était, quelles qu'en soient les nuances, celui de son milieu familial.

Le dossier « Justice et passion » ouvert en novembre 1897 traduisait une double conviction. Daniel Halévy entendait, comme la majorité des dreyfusards révisionnistes, prendre position contre une injustice mais aussi lutter contre les passions de l'opinion publique qu'il assimilait à la démagogie. Combat éthique d'une part, lutte antidémagogique de l'autre, celle-ci étant perçue dans sa dimension plus culturelle que politique. Les notes de « Justice et passion » montrent très nettement que des deux convictions, la seconde l'emportait sur l'engagement éthique. Cela signifiait pour lui qu'il fallait d'une part s'opposer aux démagogues, c'est-à-dire à la classe politique et à la grande presse, majoritairement et violemment antidreyfusarde[3], et d'autre part s'adresser à l'opinion, en l'occurrence les masses, sensibles à la démagogie et qu'il fallait éduquer[4].

Cette analyse de l'Affaire correspond d'ailleurs clairement à deux périodes différentes de son engagement. La première, de novembre 1897 à février-mars 1898 (premier procès Zola), se traduisit par la mobilisation dans le sillage de Lucien Herr, de signatures et de relais d'influence pour aider à enclencher le processus de révision. A partir du printemps 1898, Daniel Halévy privilégia l'action sur l'opinion par le biais de

---

1. Cf. *Regards...*, p. 123.
2. Cf. Elie Halévy, *Correspondance (1891-1937)*, op. cit.
3. Cf. Janine Ponty, « La presse quotidienne et l'affaire Dreyfus en 1898-1899. Essai de typologie », *Revue d'histoire moderne et contemporaine*, avril-juin 1974, pp. 193-220.
4. Sur l'émergence de la massification culturelle et sur les réactions de repli de l'élite parisienne, cf. Christophe Prochasson, *Paris 1900. Essai d'histoire culturelle*, Paris, Calmann-Lévy, 1999, 348 p.

différentes conférences et causeries, par des interventions lors de manifestations, cette attitude témoignant du moindre intérêt porté désormais aux aspects judiciaires : il n'assista pas au second procès Zola[1], ni au procès de Rennes. Le comportement de la classe politique républicaine lors de l'Affaire conforta chez lui un antiparlementarisme que l'hostilité de principe au suffrage universel avait antérieurement établi. C'est sur le terrain culturel, celui de l'éducation, que le jeune homme de lettres, ainsi qu'il se désignait lui-même, décida d'agir désormais. Le sens de son action à venir était indiqué dans un texte important, une lettre ouverte à l'Union pour l'action morale dont il était membre. Dans cette lettre parue le 1er janvier 1899, il se félicitait du surgissement de l'Affaire Dreyfus, car sans elle : « Nous ne saurions pas si nettement les conditions de notre société : une opinion lâche, incapable de réagir contre les journaux qu'elle lit ; des journaux lâches, constamment apeurés devant cette opinion qui les suit ; un parlement lâche devant ces deux lâchetés, et, brochant sur le tout, une soldatesque voulant imposer sa force brutale dans la débâcle de toutes les forces morales[2]. » Il refusait la posture de l'esthète, de l'intellectuel distant : « Ne pourriez-vous énumérer tout ce que peut faire un homme de bonne volonté, dans son quartier, sa ville ou son village : fondation de patronages scolaires, de sociétés de secours mutuels, de coopératives, encouragements aux associations dans lesquelles il faudra entrer, et vivre, car c'est faire beaucoup trop peu que de lire dans votre Bulletin, au coin de son feu, des traductions de Ruskin, et concilier ainsi, en les flattant, ses goûts de nonchalance, et de raffinement moral[3]. » Il terminait ce programme de réforme intellectuelle et morale par un appel à agir : « [...] conseillez-nous, organisez-nous, dirigez-nous pour l'action[4] ».

Naissance d'un militant

D'autres formes de mobilisation des esprits se préparaient à la même époque. Ludovic Trarieux (1840-1904), ancien Garde des sceaux, eut l'idée au cours du procès Zola auquel il témoigna, de créer un groupement pour assurer la sauvegarde des droits individuels. Le 19 février 1898, eut lieu chez Scheurer-Kestner une réunion rassemblant Yves

---

1. Il ne participa pas non plus à l'hommage de la *Revue Blanche* à Zola (1er mars 1898), ce qui témoigne de sa position marginale à l'égard de cette revue.
2. « Lettre de Daniel Halévy », *Bulletin de l'Union pour l'action morale*, 1er janvier 1899, n° 6, p. 234.
3. *Ibid.*, p. 237.
4. *Ibid.*, p. 238.

Guyot, Joseph Reinach et Trarieux au cours de laquelle le projet de constitution d'une ligue se précisa. Le soir même, Daniel Halévy dînait chez Louis Havet (1849-1925), professeur d'éloquence latine au Collège de France, membre de l'Institut, qui rassemblait dans son salon quelques dreyfusards. Sa détermination, rappelée par D. Halévy, était profonde : « [...] chez Havet, d'une ardeur extraordinaire. "Qu'il paraisse des brochures, coup sur coup ; il faut faire comprendre au gouvernement que c'est un poison qui ne se résorbe pas. Quand ils auront compris, ils liquideront"[1] », déclarait le savant. Le lendemain il participait chez Trarieux en compagnie d'Emile Duclaux, Louis Havet, Jean Psichari, Arthur Giry, Edouard Grimaux, le docteur Héricourt, Paul Meyer et Paul Viollet à une nouvelle réunion qui décida de la création d'une Ligue des droits de l'homme (L.D.H.). D. Halévy et Elie furent rapidement mobilisés par Louis Havet, qui leur écrivait une semaine plus tard : « Trarieux va fonder une Ligue : pour la défense du droit individuel et de la liberté ; je vous enverrai un exemplaire des statuts dès que j'en aurai ; il importe, je crois, de recueillir vite des adhésions, afin de nous être comptés et connus avant que le gouvernement puisse nous entraver ou nous interdire. Plus l'action collective est difficile pour le moment, plus il y a lieu de ne pas se relâcher dans l'action individuelle[2]. » Daniel reprit alors pour le compte de la Ligue nouvelle le chemin des appartements et des hôtels parisiens[3].

Aux origines, la Ligue, tirant les leçons du procès Zola, développa un programme d'esprit strictement juridique. La « défense du droit individuel et de la liberté » était indéniablement au cœur des préoccupations de Daniel Halévy dans cette première partie de l'Affaire Dreyfus. La Ligue n'avait pas encore le caractère politique qu'elle revendiqua plus tard, dans l'entre-deux-guerres. Afin de mieux comprendre l'état d'esprit de D. Halévy lorsqu'il s'inscrivit à la Ligue, il est nécessaire de revenir sur un incident auquel il fut confronté à la fin de l'année 1898. Daniel Halévy avait lu l'appel à constitution de la Ligue de la Patrie française (L.P.F.). paru le 31 décembre 1898 dans *Le Soleil*. Aussitôt, il décida de faire partie de ce groupement : « Je me préparais à adhérer à la Ligue nouvelle que vos amis et vous êtes en train de fonder ; je ne la connaissais que par son titre, son manifeste dont le caractère patriotique

---

[1]. Cf. *Regards...*, p. 103.
[2]. Lettre de Louis Havet à D. Halévy, 27 février 1898, reproduite dans : *Regards...*, p. 265.
[3]. Elie, en Angleterre jusqu'à la fin du mois de mai (il n'en revint que par intermittence), recruta ses amis par courrier, notamment Célestin Bouglé, jeune professeur à la Faculté des Lettres de Montpellier. Cf. lettre d'Elie H. à C. Bouglé, 31 mars 1891, reproduite dans : Elie Halévy, *Correspondance..., op. cit.*, p. 235.

me convenait beaucoup[1]. » Mais le « comité d'initiative » de la L.P.F., composé de François Coppée, Jules Lemaître, Marcel Dubois, Louis Dausset, Gabriel Syveton et Henri Vaugeois (cofondateur en avril d'un Comité d'Action française) décida de n'accepter : « [...] aucune des signatures qui ont appuyé les manifestations en faveur de Dreyfus ou de Picquart[2] ». Ainsi, refusèrent-ils la signature d'Hervé de Kérohant, directeur du quotidien monarchiste *Le Soleil*, car il avait signé en faveur de Picquart. Ils publièrent ainsi le nom d'un certain nombre de personnes refusées, parmi lesquelles celui de Daniel Halévy. Cette réserve du « comité d'initiative » à l'égard de ceux qui s'étaient manifestés publiquement en faveur de Dreyfus ou de Picquart, classait assez nettement la L.P.F. dans le camp antidreyfusard et explique la teneur de l'« appel à l'Union » paru à la fin du mois. Pourtant, le manifeste de la L.P.F. était modéré. C'est d'ailleurs la raison qui avait poussé D. Halévy à souhaiter en faire partie : dans la lettre ouverte à la L.P.F., il reprenait un à un chaque terme du manifeste qui commençait par : « Ont résolu ; de travailler, dans les limites de leur devoir professionnel, à maintenir, en les conciliant avec le progrès des idées et des mœurs, les traditions de la Patrie Française... » etc. et ajoutait « J'adhère » à chaque fois. Il précisait qu'il ne voyait pas en quoi la L.P.F., dans son manifeste, s'opposait à l'esprit de la L.D.H. Prenant acte dans une lettre ultérieure, du refus de la L.P.F., il ajoutait avec ingénuité que si elle souhaitait être conséquente avec elle-même, elle devait refuser la signature de ceux qui avaient souscrit en faveur du lieutenant-colonel Henry. Le fait d'être « ligueur », attaché au respect des droits individuels, était parfaitement compatible, pensait-il, avec un attachement patriotique aux « traditions » françaises.

Qu'était, dans ces premiers mois, la Ligue des droits de l'homme ? Elle se caractérisait à l'époque par une démarche uniquement « juridique et légaliste[3] », avec notamment le rôle majeur de conseil juridique qu'elle assumait gratuitement auprès des particuliers. Elle était du fait de la personnalité de ses fondateurs et dirigeants, très hétérogène, sans qu'une dominante apparaisse nettement : Jean et Monica Charlot, initiateurs des premiers travaux sur la ligue, voient en elle un rassemblement d'intellectuels tenant les hommes politiques à l'écart ; de son côté Madeleine Rebérioux insiste au contraire sur le poids des po-

---

1. Lettre non envoyée à la Ligue de la Patrie Française, *ca* 1er janvier 1899, reproduite dans *Regards...*, p. 129.
2. Décision reproduite dans le *Journal des Débats*, 4 janvier 1899, p. 2.
3. Emmanuel Naquet, « La Ligue des Droits de l'Homme au tournant du siècle », dans *L'Affaire Dreyfus et le tournant du siècle, 1894-1910*, Nanterre, Musée d'histoire contemporaine-BDIC, 1994, p. 167.

liticiens et sur le mode d'action politique, alors que Vincent Duclert a mis en avant le rôle majeur des « savants » (universitaires et chercheurs, scientifiques et littéraires) dans le succès originel de la Ligue[1]. Cependant, ces travaux soulignent tous que les premiers ligueurs avaient pour plus petit dénominateur commun une même origine sociale, celle de la bourgeoisie libérale[2]. Les liens des Halévy avec les premiers ligueurs à l'époque de la fondation étaient étroits. Gabriel Trarieux, le fils de Ludovic – premier président de la L.D.H. – avait participé au *Banquet* et Louis Havet, vice-président de la Ligue, était un ami de Ludovic Halévy. Enfin ils étaient liés également avec le second vice-président, Emile Duclaux (1840-1904)[3], par leur amie Mary Darmesteter qui était sur le point d'épouser en secondes noces le disciple et successeur de Pasteur.

Daniel Halévy s'était installé après son mariage, dans le XVIIe arrondissement de Paris et militait à ce titre au sein de la section des Ternes. Celle-ci, de taille modeste, n'était pas une des plus actives de l'arrondissement[4] qui comptait trois autres sections, Batignolles, Epinettes et plaine Monceau. C'est en tant que délégué du comité de la section des Ternes que D. Halévy écrivit en novembre 1901 à Joseph Reinach (1856-1921), membre du comité central de la Ligue, pour lui demander d'agir en faveur de Brière, individu accusé d'infanticide. Daniel Halévy inscrivait sa démarche au sein de la L.D.H. en esprit libéral, en ligueur soucieux du respect des droits de l'individu.

L'Union pour l'action morale : libéralisme, élitisme et kantisme

L'Affaire Dreyfus renforça son désir de militer. En même temps qu'à la Ligue des droits de l'homme, il prit de nouvelles responsabilités au

---

1. Cf. Jean et Monica Charlot, « Un rassemblement d'intellectuels. La Ligue des Droits de l'Homme », *Revue française de science politique*, vol. IX, n° 4, décembre 1959, pp. 995-1028 ; Madeleine Rebérioux, « Politique et société dans l'histoire de la Ligue des droits de l'homme », *Le Mouvement social*, avril-juin 1998, n° 183, pp. 3-26 ; Vincent Duclert, « La Ligue de "l'époque héroïque" : la politique des savants », *ibid.*, pp. 27-60.
2. Cela est confirmé par l'étude prosopographique d'Emmanuel Naquet : « Les ligueurs des droits de l'homme dans le *Maitron*, de l'Affaire Dreyfus à la Seconde Guerre mondiale », *Cahiers de l'IHTP*, mars 1994, n° 26, pp. 232-245.
3. Sur ces liens avec les Darmesteter-Duclaux, cf. Daniel Halévy, « Emile Duclaux », *Le Temps*, 26 janvier 1907 et Daniel Halévy, « Emile Duclaux (1840-1904) », *Pages Libres*, 2 mars 1907, n° 322, pp. 217-230.
4. D'après notre dépouillement du *Bulletin officiel de la Ligue des Droits de l'Homme* effectué pour la période 1900-1914. En 1906, la section des Ternes fusionna avec celle de la plaine Monceau.

sein de l'Union pour l'action morale dont le projet intellectuel quoique nettement différent de celui de la L.D.H., s'inscrivait à l'époque dans une sensibilité idéologique assez proche.

Au début de l'année 1892, s'étaient réunis au domicile du professeur de philosophie Jules Lagneau (1851-1894), une quinzaine de bourgeois préoccupés de réfléchir en commun aux conditions de la vie sociale, créant pour ce faire une « Union pour l'action morale ». Parmi eux, se trouvaient le pasteur Charles Wagner, Raoul Allier, Max Leclerc, le capitaine Hubert Lyautey, Gabriel Monod et Paul Desjardins. Monod (1844-1912), historien, directeur d'études à l'Ecole pratique des hautes études, était l'aîné de ce groupement mais c'est le philosophe Lagneau qui formula le projet intellectuel que son successeur, Paul Desjardins (1859-1940), reprit à sa mort en 1894[1]. La date d'adhésion de Daniel Halévy à ce groupe est incertaine : elle remonte sans doute à la période précédant immédiatement l'affaire Dreyfus, vraisemblablement à la fin de l'année 1896, lorsqu'il commença à fréquenter Lagarde, Roederer et le groupe de la Villette. Parmi les membres fondateurs de l'Union, Raoul Allier (1862-1939), chargé de cours de philosophie à la Faculté de théologie protestante de Paris et le pasteur Charles Wagner (1852-1918), étaient tous deux membres de la « Société d'aide fraternelle et d'études sociales » du pasteur Fallot[2]. Les liens entre le groupe originel de l'Union et l'Eglise évangélique libre de la Chapelle du Nord n'étaient pas seulement limités à ces deux protestants, puisque Paul Desjardins évoquant les débuts de l'Union, fait allusion à leurs visites au pasteur Fallot[3]. En outre, Daniel Halévy connaissait Paul Desjardins, ayant été camarade à Condorcet d'Abel Desjardins, son frère cadet. Paul Desjardins, normalien, agrégé des lettres, avait commencé en 1882 une carrière de critique en collaborant au *Journal des Débats*. Si quelques catholiques étaient présents à l'Union (l'abbé Ackermann, Lyautey), ainsi que des sceptiques et des agnostiques, le protestantisme libéral caractérisait l'esprit dominant de ce groupement[4].

---

1. Dès la réunion de fondation, on lui confia l'« Initiative et [la] détermination des principes ». Desjardins ne cessa de souligner l'influence décisive et durable de Lagneau. Cf. notamment « Regard en arrière », *Bulletin de l'Union pour l'action morale*, 1905, n° 10, pp. 448-450.
2. Sur l'engagement protestant, cf. André Encrevé, « La petite musique huguenote », dans Pierre Birnbaum (dir.), *La France de l'affaire Dreyfus*, Paris, Gallimard, « Bibliothèque des histoires », 1994, pp. 451-504.
3. Paul Desjardins, « Regard en arrière », *Bulletin de l'Union pour l'action morale*, 1905, n° 10, p. 451.
4. Dans ses Mémoires politiques, Maurras se souvenant d'Henri Vaugeois et de Maurice Pujo, écrivait : « Tous mes nouveaux amis venaient de l'*Union pour l'action morale*, pays judéo-protestant, où l'esprit et l'Etat protestants faisaient la loi » (Charles Maurras, *Au signe de Flore...*, *op. cit.*, p. 152). A la fin de l'année 1899, il commença

Jules Lagneau, qui avait trouvé le terme « d'action morale », avait exposé dans la *Revue bleue* le 13 août 1892 les principes présidant à la fondation de l'Union. Il expliquait que des hommes d'origines différentes se regroupaient pour lutter contre l'affaiblissement du « lien social » et que seule l'action morale pouvait rétablir « l'harmonie sociale ». Il terminait son article intitulé « Simples notes » – dont Paul Desjardins écrivit plus tard qu'il constitua une « flèche de direction[1] » pour les membres – par une phrase qui figura jusqu'en 1905 sur la couverture du *Bulletin* de l'Union : « Nous créons au grand jour, sans arrière-pensée et sans aucun mystère, une union active, un ordre laïque militant du devoir privé et social, noyau vivant de la future société[2]. » Constituée en « association de mutuelle éducation philosophique et civique » après la loi de 1901, ses statuts précisaient qu'elle avait pour objet d'aider à la recherche de la vérité et de la lutte pour le droit, en développant notamment les « méthodes critiques ». A sa fondation l'Union se réclamait de l'esprit du libéralisme : « On doit être libéral. On doit repousser énergiquement l'usurpation des majorités comme celle des particuliers[3]. » Cette définition conservatrice du libéralisme était tempérée par une volonté de dépasser les milieux strictement libéraux afin de favoriser la recherche de la vérité chez des individus venant d'autres horizons, en appelant à la création « [...] d'un parti démocratique libéral fraternel [...][4] ». Se constituer en groupement d'influence critique, tel était le projet des fondateurs poursuivi par Desjardins jusqu'à la guerre. Celui-ci, persuadé de l'influence des minorités agissantes, écrivait en 1891 dans *Le Devoir présent* : « La grande affaire n'est pas assurément de présenter un tel effectif de membres, indifférents ou tièdes. En France, particulièrement, cinquante hommes ligués, convaincus et résolus suffiraient à changer le moral du pays [...][5]. »

---

une série d'articles, « Les Monod », dans la *Revue* d'Action Française, attaquant très violemment la famille de Gabriel Monod.

1. Paul Desjardins, « Regard en arrière », *Bulletin de l'Union pour l'action morale*, 1905, n° 10, p. 450.
2. Propos anonymes de Jules Lagneau parus dans la *Revue bleue* le 13 août 1892, repris en brochure dans *Simples notes pour un programme d'union et d'action* en 1893. Cité d'après une réédition dans un supplément au *Bulletin*, 15 décembre 1902, n° 4, p. 3.
3. Compte rendu de la réunion du 15 février 1893, reproduit dans le *Bulletin* et cité par François Beilecke, « Die *Union pour l'Action morale* und die *Union pour la Vérité* : Zur Entwicklung und Rolle einer republikanischen Intellektuellenvereinigung 1892-1939 », *Lendemains*, janvier 1995, n° 78-79, p. 96.
4. *Ibid.*
5. Paul Desjardins, *Le Devoir présent*, Paris, Alcan, 1892 cité par Hans-Manfred Bock et François Beilecke, en introduction au dossier « Vernunftethik als gesellschaftliche Begründung der Republik. Die intellektuelle-Vereinigung *Union pour la Vérité* in der Dritten Republik », *ibid.*, p. 83.

En 1899, quelques jours à peine après que « l'appel à l'Union » avait ébranlé les milieux libéraux, Desjardins écrivait dans un article non signé intitulé « Maximes à garder dans la crise présente » : « Ne pas compter les adhésions, mais en peser les motifs. Ne pas idolâtrer le nombre[1] », en prévenant qu'il fallait se défier de l'« [...] idole du *suffrage universel* [...] », qui était « invoquée au profit de notre système électoral imparfait et de notre corps électoral mal informé [...][2] ». A la différence de la L.D.H., aux modes d'action plus démocratiques, l'Union ne croyait pas au poids des masses et restait attachée à une démarche élitiste. Il s'agissait à la fois d'une élite de l'intelligence et d'une élite sociale : la composition socioprofessionnelle du premier comité d'administration le laisse clairement voir. Sur trente-neuf membres, il n'y avait qu'un seul employé et près de 60 % du comité était composé d'enseignants en majorité issus de l'enseignement supérieur[3]. Les hauts fonctionnaires représentaient près de 8 % de l'ensemble et les oisifs plus de 12 %. Dans ce milieu libéral et de tendance protestante[4], les idées kantiennes étaient au fondement des principes éthiques développés par l'Union. Desjardins lui-même s'en faisait le relais : « Dirigeons notre volonté sur nous ; donnons-nous l'esprit que nous désirons à la communauté[5] » et Louis Boisse, professeur de philosophie, mesurant l'influence de la philosophie kantienne sur l'Union, précisait : « Ce n'est point en vérité une étude de la philosophie kantienne que nous nous proposons ici ; c'est un examen de ce qu'il y a d'actuellement vivant, et en quelque sorte *d'immédiatement utilisable* dans cette féconde discipline[6]. »

L'Union avait mené son action par le biais de conférences, de publications non périodiques[7] et surtout par un *Bulletin*[8] dès octobre

---

1. « Maximes à garder dans la crise présente », *Bulletin de l'Union pour l'action morale*, 1er février 1899, n° 7, p. 293.
2. *Ibid.*, p. 292.
3. Comptage effectué d'après la liste des membres du Comité d'administration (1906) (Archives privées Georges Guy-Grand, désormais A.P.G.G.).
4. Desjardins écrivait : « [...] nous sommes : des *Réformateurs de la société par la réformation critique et pratique de leur propre esprit* » (« Regard en arrière », *Bulletin de l'Union pour l'action morale*, 1905, n° 10, p. 439). Les italiques sont de Desjardins.
5. *Ibid.*, p. 432. Sur le kantisme de Desjardins, cf. François Beilecke, *op. cit.*, pp. 92-93.
6. Louis Boisse, « Kant et l'esprit moderne » paru dans le *Bulletin* en 1904, cité par Hans-Manfred Bock, « Europa als republikanisches Projekt Die *Libres Entretiens* in der rue de Visconti. Paris und die *Décades von Pontigny* als Orte französisch-deutscher Debatte und Begegnung », *Lendemains*, janvier 1995, n° 78-79, pp. 122-156.
7. Parmi celles-ci : Paul Desjardins, *Les Règles de l'honnête discussion selon Pascal* ; Emile Duclaux, *L'Education des cellules* ; Félix Pécaut, *Simples explications sur les Evangiles et l'Evangile*.
8. En novembre 1904, une nouvelle série fut créée, les *Libres Entretiens*, publications de débats thématiques.

1892. Daniel Halévy, simple membre jusque-là, entra en novembre 1899 au comité de rédaction du *Bulletin*, qui comptait un millier d'abonnés à cette époque[1]. L'Union avait connu une importante transformation au cours de l'été 1897 : à la suite de protestations contre l'anonymat des contributions écrites qui était alors la règle et contre le caractère abstrait des articles, Desjardins avait décidé de créer une gérance et un comité de rédaction pour le *Bulletin*. D. Halévy avait lui-même protesté en décembre 1897 auprès de Gabriel Séailles (1852-1922), bras droit de Desjardins, en contestant la neutralité de l'Union lors de l'Affaire Dreyfus[2]. La réponse de Séailles était une invitation à agir et explique probablement l'entrée de D. Halévy au comité de rédaction un an et demi plus tard : « Mais vous allez maintenant être surpris si je vous demande de quel droit vous reprochez à l'Union de n'avoir pas fait ce qu'il vous appartenait à vous de faire puisque vous étiez un de nos membres et que vous n'aviez qu'à nous proposer un avis que nous sollicitons de tous les membres de notre Union[3]. » L'Union connut à l'occasion de l'Affaire Dreyfus une mutation progressive : elle perdit son caractère initial de détachement à l'égard des réalités sociales et politiques[4], tout en conservant une démarche élitiste. Au Comité de rédaction de l'Union, D. Halévy retrouvait des personnes qui lui étaient connues : Maurice Bouchor, Georges Deherme, Paul Desjardins, Emile Duclaux, Charles Gide, Charles Wagner. Au début de l'année 1906, près de dix ans après son entrée à l'Union, il fut élu au Comité d'administration nouvellement institué par Desjardins qui remaniait profondément l'association en la dotant de nouvelles structures et d'un nouveau nom, celui d'« Union pour la vérité ». D. Halévy se trouvait au début du siècle pleinement dans l'esprit de Desjardins, évoquant en 1902 le « centre de réflexion et d'action[5] » que l'Union incarnait à ses yeux.

---

1. François Beilecke, *op. cit.*, p. 97.
2. Les « Maximes à garder dans la crise présente » de Paul Desjardins répondirent tardivement à ce vœu (*op. cit.*, pp. 291-296). D. Halévy souhaitait se désabonner pour appuyer sa protestation.
3. Cf. Lettre de Gabriel Séailles à D. Halévy, s.d. [entre le 18 et le 22 décembre 1897] reproduite dans *Regards...*, pp. 259-260
4. Cf. François Beilecke, *op. cit.*, p. 99.
5. Daniel Halévy ; « Union et solitude ? », *Bulletin de l'Union pour l'action morale*, 15 août-15 octobre 1902, n° 20, p. 442. Il avait également poursuivi son activité de recruteur, incitant Marcel Proust à devenir membre et Louis Feine à s'abonner.

Contours d'un socialisme

A partir de 1898, Daniel Halévy et son épouse partageaient leur temps entre le quartier des Ternes qualifié plus tard d'« insipide Australie[1] » et le village de Jouy-en-Josas où ils demeuraient auprès des Vaudoyer. C'est dans le département de Seine-et-Oise que Daniel Halévy poursuivit sa découverte du socialisme. Après la fréquentation en 1896-1897 de Roederer et Lagarde, socialistes bourgeois, l'activité de Daniel Halévy au sein de la fédération socialiste de Seine-et-Oise le mit en présence d'un autre type de milieu socialiste, sociologiquement et idéologiquement plus proche du monde ouvrier, incarnant une sensibilité différente de l'environnement broussiste de Paul Lagarde.

Les premières manifestations de groupements socialistes relativement organisés en Seine-et-Oise remontaient à 1887[2]. Cette année-là Emile Hébert et L. Chéradame avaient fondé un « Groupe d'études sociales », adhérant à la Fédération des Travailleurs socialistes de France (F.T.S.F.) de Paul Brousse. Quelques années plus tard, vers 1891, des ouvriers typographes et des terrassiers fondèrent « l'Union socialiste des trois cantons de Versailles », adhérente au Parti ouvrier socialiste révolutionnaire (P.O.S.R.) de Jean Allemane. Les allemanistes étaient issus d'une scission de la F.T.S.F. intervenue au congrès de Châtellerault en 1890[3]. Comme les broussistes, ils acceptaient le suffrage universel mais donnaient un mandat impératif à leurs élus. La figure de Jean-Marie Jouandanne, membre du groupe socialiste de Port-Marly, émergea en Seine-et-Oise à la fin des années 1890. A son initiative, un congrès fut organisé à Paris en septembre 1898 pour la constitution d'une fédération socialiste, dont il fut élu secrétaire général adjoint. L'Alliance socialiste révolutionnaire (A.S.R.) de Seine-et-Oise, qui devint par la suite Fédération socialiste révolutionnaire, était à l'époque très hostile à toute participation socialiste à un gouvernement bourgeois[4].

---

1. Daniel Halévy, *Pays...*, op. cit., p. 148.
2. Cf. Hubert-Rouger, *Encyclopédie socialiste syndicale et coopérative de l'Internationale ouvrière*, t. III : *La France socialiste*, Paris, Aristide Quillet éditeur, 1921, pp. 246-262.
3. Cf. deux sources : Sylvain Humbert, *Les Possibilistes*, Paris, Marcel Rivière, « Histoire des partis socialistes en France », 1911, pp. 63-77 et Maurice Charnay, *Les Allemanistes*, Paris, Marcel Rivière, « Histoire des partis socialistes en France », 1912, pp. 8-14 et l'étude pionnière de Michel Winock, « La scission de Châtellerault et la naissance du "parti allemaniste" (1890-1891) », *Le Mouvement social*, n° 75, juin 1971, pp. 33-62.
4. Cf. Maurice Dommanget, *La Chevalerie du travail française 1893-1911*.

Loin de détenir la puissance de la fédération voisine de la Seine, l'A.S.R. faisait l'objet d'une surveillance policière étroite. Au sein de la fédération, le groupe de Versailles fréquenté par Daniel Halévy était beaucoup moins actif que celui de Port-Marly ou de Saint-Germain-en-Laye[1]. Il semble en fait que le militantisme dans le département ait été peu développé et que le mouvement ait manqué de figures charismatiques pour le diriger. Ainsi, le 7 avril 1900, une réunion publique organisée au Chesnay, dont l'ordre du jour, particulièrement vaste, était « Cléricalisme, militarisme, nationalisme. Les élections municipales. Les syndicats et le Parti socialiste. La femme, la jeunesse et le socialisme », rassembla à peine 90 personnes alors que la venue de Francis de Pressensé en janvier 1901 pour une conférence sur le thème « Nationalisme et socialisme », mobilisa plus de 350 personnes parmi lesquels de nombreux républicains et radicaux[2]. Un mois après la venue de Pressensé, un militant socialiste déclarait regretter « [...] que les auditeurs ne soient pas en plus grand nombre dans une localité comme Versailles » et ajoutait : « [...] le socialisme ne peut triompher avec une poignée de citoyens et surtout à Versailles, où il n'est pas possible à un candidat socialiste militant de décrocher la timbale électorale [...][3] ». Pour autant, la relative faiblesse numérique qui affectait, au-delà du groupe de Versailles, l'ensemble de la fédération, n'est pas un indice de la modération de ses militants : les différents rapports de police attestent au contraire de la détermination politique des militants lors des séances publiques. Une des caractéristiques de l'A.S.R. réside dans le nombre relativement élevé de membres de la Chevalerie du travail française (C.T.F.) dans ses rangs, eu égard au faible nombre de militants[4]. Cet ordre, « sorte de franc-maçonnerie prolétarienne et révolutionnaire[5] » qui n'eut qu'une courte existence, préfigure, selon Maurice Dommanget, le syndicalisme révolutionnaire. Très favorable à l'action syndicale et hostile au parlementarisme, la C.T.F. était étroitement liée en Seine-et-Oise à la Libre pensée. Le mouvement syndical se déve-

---

Contribution à l'histoire du socialisme et du mouvement ouvrier, Lausanne, éditions Rencontre, 1967, p. 308.

1. F7 12502, ministère de l'Intérieur, rapports du commissariat central de Versailles au directeur de la Sûreté générale, 8 avril 1900 et 10 février 1901 et F7 12734, ministère de l'Intérieur, rapports du préfet de Seine-et-Oise au ministre (1905-1909).

2. F7 12502, ministère de l'Intérieur, rapports cités *supra*.

3. F7 12502, ministère de l'Intérieur, rapport du commissariat central de Versailles au directeur de la Sûreté générale, 10 février 1901.

4. De nombreux chevaliers occupaient ainsi des postes responsabilités dans le mouvement ouvrier de Seine-et-Oise : Emile Hébert, Georges Boisserolles, E. Favrais, Marius Lucas, Jean-Marie Jouandanne. Par ailleurs, D. Halévy fréquenta en dehors de la fédération d'autres militants de la C.T.F., Eugène Guérard et Jules Malbranque.

5. Maurice Dommanget, *op. cit.*, p. 9.

loppa plus tardivement : vers 1895 apparurent les premiers syndicats à Versailles, ville qui concentrait les plus importants effectifs syndicaux du département[1]. En janvier 1896, s'y ouvrit la première Bourse du Travail mais elle rassembla, semble-t-il, peu d'adhérents. La fédération des syndicats de Seine-et-Oise ne se constitua qu'en mai 1904.

Peu de temps après avoir écrit la lettre ouverte à l'Union pour l'action morale, dans laquelle il appelait à l'action, D. Halévy effectua ses premières démarches auprès des syndicalistes et socialistes du département. Il se lia alors particulièrement avec Marius Lucas et Jean-Marie Jouandanne. Il écrivit en janvier 1899 à Lucas dont il fit en premier la connaissance. Celui-ci, tailleur de métier, avait une activité militante très variée : secrétaire de la récente Bourse du Travail, conseiller prud'homme à Versailles, il était membre de l'Union socialiste des trois cantons. Le récit fait par D. Halévy de sa première visite à Lucas témoigne d'une vision très particulière du peuple. Dans ces quelques phrases sont inscrits tous les stéréotypes de sa vision du monde ouvrier qu'il ne cessera de développer dans les dix années qui suivirent : « Je l'attends quelques instants dans sa boutique, rue des Récollets, vieille comme son vieux nom, une rue d'artisans, non d'ouvriers, vestige de la vieille France, travailleuse et rieuse, ouverte à gauche sur la Place d'Armes, vestige de la vieille France aristocratique et noble. L'intérieur est propre, sans doute protestant : je vois une Bible[2]. » Le bilan de cette première rencontre le décida pour un engagement plus poussé : « Je retournerai au groupe de Versailles, dans des groupes voisins. Je connaîtrai ce mouvement socialiste de Seine-et-Oise[3]. » Ayant quitté Lucas qui l'avait renseigné sur l'état du mouvement ouvrier dans le département en insistant sur sa diversité, D. Halévy commentait : « [...] cela permet à des non-doctrinaires tels que moi d'entrer dans la vie socialiste, et d'y chercher, aidé par ces ouvriers intelligents sans la connaissance desquels toute pensée sur la société moderne est abstraite et vaine[4]. » Il commença son activité au sein de l'Union socialiste des trois cantons par des recommandations sur l'organisation du mouvement. Ainsi dès l'été 1899, Lucas lui écrivait en le remerciant de ses premiers conseils qui l'avaient amené à s'entendre avec les Chevaliers du travail et le groupe de la Libre pensée. Daniel Halévy avait également fait la connaissance de Jean-Marie Jouandanne, magasinier dans une compagnie de chemins de fer et actif militant comme Lucas : membre du groupe socialiste de Port-Marly, secrétaire général adjoint

---

1. Cf. Hubert-Rouger, *op. cit.*, pp. 262-273.
2. Cf. *Regards...*, p. 138.
3. *Ibid.*, p. 139.
4. *Ibid.*, p. 140.

de l'A.S.R., chef de chantier de la Chevalerie du travail, il était aussi franc-maçon, membre de la loge « Les Fidèles d'Hiram » de Rueil. Jouandanne souhaitait que D. Halévy apporte un soutien d'ordre éducatif au mouvement. Halévy venait de fonder avec quelques amis à Paris une université populaire et Jouandanne espérait qu'il ferait de même en Seine-et-Oise en collaboration avec une institutrice, Marie Baertschi et avec Maurice Bouchor, qui avant l'Affaire Dreyfus s'était fait connaître par ses tentatives d'éducation populaire.

Le rapprochement d'Halévy avec les socialistes et syndicalistes de Seine-et-Oise encouragea sa volonté d'approfondir la découverte des structures du monde ouvrier. Ainsi participa-t-il, à titre personnel, au Congrès général des organisations socialistes françaises, qui se tint en décembre 1899 à la salle Japy. La longue description qu'il en fit plus tard dans ses *Essais sur le mouvement ouvrier en France*[1], n'est pas fondamentalement éloignée de celle de Léon Blum : « Les débats prirent, dans l'ensemble, une importance et une ampleur vraiment magistrales[2]. » Elle témoigne d'un réel enthousiasme d'Halévy à l'égard du désir d'unité manifesté par les représentants socialistes. Mais en dépit des résolutions adoptées – refus de participation à un gouvernement bourgeois sauf « circonstances exceptionnelles », et uniquement afin de préparer « l'expropriation politique de la classe capitaliste[3] » – et résolution pour la constitution de l'unité, Japy ne déboucha sur rien de vraiment précis. Dans la foule se trouvait également Charles Péguy que D. Halévy ne connaissait pas encore, fiévreux mais bouleversé par l'empoignade et tout comme D. Halévy, fortement hostile à l'égard de l'attitude des guesdistes[4]. L'ensemble du récit d'Halévy dans les *Essais* était fondé sur une opposition historique et politique entre les guesdistes, descendants des « jacobins doctrinaires » et le reste du mouvement socialiste, incarnant la « foule vivante et désordonnée des fils de Diderot et de Danton ».

Dans sa correspondance avec D. Halévy, Jouandanne, un des principaux dirigeants de la fédération, attirait à diverses reprises son attention sur les difficultés posées tour à tour par l'organisation d'universités

---

1. Daniel Halévy, *Essais...*, *op. cit.*, pp. 234-245.
2. Léon Blum, *Les Congrès ouvriers et socialistes français* II *1886-1900*, Paris, Société nouvelle de librairie et d'édition, « Bibliothèque socialiste n° 7 », 1901, p. 81.
3. *Congrès général des organisations socialistes françaises*, compte rendu sténographique officiel, Paris, Société nouvelle de librairie et d'édition, Paris, 1900, p. 409. Les broussistes s'étaient nettement prononcés en faveur de la participation (cf. Sylvain Humbert, *Les Possibilistes*, *op. cit.*, p. 85).
4. Cf. Géraldi Leroy, *Péguy entre l'ordre et la révolution*, Paris, Presses de la FNSP, 1981, pp. 107-115. Le jugement d'Halévy est très similaire à celui de Péguy, les critiques à l'égard de Jaurès en moins (cf. *Essais...*, *op. cit.*, pp. 234-245).

populaires, de coopératives et plus généralement sur les questions de mobilisation des militants. Face à la désorganisation de l'Union socialiste des trois cantons, il fit appel à D. Halévy pour qu'il utilise son « influence morale » et ravive leur esprit militant. C'est au contact de ces hommes que naquit chez Halévy un admiration durable pour le militant. Bourgeois, mais sans ambition politique, Halévy pouvait être utile à la fédération. Très attaché à la nécessité de former les militants, Jouandanne demanda également à Halévy de l'aider à rédiger pour la fédération un manuel de propagande socialiste. Gabriel Warée, représentant de la fédération aux Congrès de Wagram et de Lyon et le docteur Jacques Cherechewski, membre du groupe de Saint-Germain-en-Laye, cofondateur de la fédération avec Jouandanne, devaient avoir la charge de la première et de la troisième partie, D. Halévy qui rédigeait alors ses *Essais sur le mouvement ouvrier en France* devant s'atteler à la partie consacrée aux questions économiques. Le projet ne vit finalement pas le jour. Mis à part ce rôle de conseiller pour la fédération, Daniel Halévy occupa une position officielle au sein de l'organisation : en août 1900, Jouandanne discuta dans une longue lettre du compte rendu de mandat d'Halévy auprès des militants. Ce document est intéressant car l'on y voit Jouandanne essayer de persuader Halévy qu'il faut distinguer au sein des groupements syndicaux, l'élite militante des membres passifs. Jouandanne essayait de le convaincre que les foules ignorantes étaient incapables de discipline et qu'il fallait agir en priorité auprès des militants chevronnés, auprès de l'élite ouvrière. Par ailleurs, il souhaitait n'accepter dans les coopératives que les militants réellement socialistes afin d'éviter tout embourgeoisement de cette institution.

Dans la perspective de préparer le second congrès général des organisations socialistes françaises, D. Halévy conformément aux usages allemanistes, reçut le 16 septembre les instructions du groupe de Versailles qui le chargea de le représenter au congrès de la salle Wagram. Du 23 au 27 septembre 1900, il se rendit d'abord, à titre privé, en compagnie de son frère Elie, au congrès socialiste international. Il siégea ensuite officiellement au congrès national en compagnie de Bondoux pour représenter le groupe allemaniste de l'Union socialiste des trois cantons de Versailles, intellectuel esseulé dans une représentation de Seine-et-Oise essentiellement populaire[1]. Il avait reçu de Jouandanne

---

1. Cf. *Deuxième congrès général des organisations socialistes françaises,* compte rendu sténographique officiel, Paris, Société nouvelle de librairie et d'édition, Paris, 1901, pp. 368-369. Il y avait au total 28 délégués pour représenter la Seine-et-Oise dont Jean Allemane et Adéodat Compère-Morel. D'après les comptages de Christophe Prochasson, la majorité des intellectuels présents dans les congrès socialistes étaient des

des consignes très floues, notamment sur la participation ministérielle, mais ni le compte rendu sténographique officiel, ni le récit de Bracke[1], ni son propre récit du *Journal* ne permettent de connaître sa participation au vote final. En revanche, le récit qu'il fit de la réunion de Wagram dans les *Essais* montre clairement qu'il quitta le congrès comme Péguy un an plus tôt, écœuré par la violence des querelles[2]. Sa participation officielle à Wagram fut-elle la cause de son retrait de la fédération de Seine-et-Oise ? Il est difficile d'en être absolument certain mais il est assuré en revanche que Daniel Halévy n'eut pas d'activités socialistes liées à la Seine-et-Oise après 1902. A Paris, la cause des universités populaires mobilisait alors toute son énergie.

L'unité de toutes les tendances socialistes accomplie au sein de la S.F.I.O. en 1905 fut précédée de graves dissensions nationales qui n'épargnèrent pas la fédération : au congrès de Lyon (mai 1901) – auquel D. Halévy ne participa pas – les délégués de Seine-et-Oise hostiles à l'approbation de Millerand se retirèrent. En juin, le congrès de la fédération approuva leur vote minoritaire mais les blâma d'avoir quitté le congrès. Cette sanction provoqua une scission en deux groupes d'importance égale et une radicalisation : des allemanistes et quelques broussistes rallièrent la nouvelle Fédération socialiste révolutionnaire dont Jouandanne fut élu secrétaire général. Elle adhéra au Parti socialiste de France de Guesde. Nul doute que cette évolution n'encouragea pas D. Halévy à continuer de militer en Seine-et-Oise[3]. En dépit de cet engagement relativement court de quatre années, auprès des syndicalistes et socialistes de Seine-et-Oise, Daniel Halévy était considéré en dehors de ce milieu comme un socialiste inconditionnel. Paul Roederer qui avait quitté Paris pour s'établir à Nancy lui écrivait en novembre 1901 qu'il avait acquis dans la ville une réputation de socialiste.

---

avocats : les écrivains et les artistes étaient très minoritaires (cf. Christophe Prochasson, *Place et rôle des intellectuels dans le mouvement socialiste français (1900-1920)*, thèse de doctorat en histoire sous la direction de Madeleine Rebérioux, Université de Paris-I Sorbonne, 1989, p. 262).

1. Cf. Bracke, *Leur Congrès. A la salle Wagram*, Paris, Librairie G. Jacques, « Bibliothèque du parti ouvrier français », 1901, 62 p. Bien qu'essentiellement polémique, l'ouvrage mentionne dans le détail certains votes.

2. Dans les *Essais*, il parle de « lamentable tumulte » (p. 259). Le récit du congrès de Wagram (cf. *Essais...*, *op. cit.*, pp. 234-245) est beaucoup plus succinct que celui de Japy.

3. L'unité entre toutes les tendances fut reformée au congrès départemental unitaire du 25 juin 1905.

Aspects d'une pensée sociale : autonomie ouvrière et coopération

Dans le courant de l'année 1901, D. Halévy avait fait paraître ses *Essais sur le mouvement ouvrier en France* à la Société nouvelle de librairie et d'édition (S.N.L.E.). Le projet était directement issu de son expérience en Seine-et-Oise. En reprenant certaines études parues à la *Revue de Paris* et aux *Pages Libres*, il composa son premier livre qui est l'unique témoignage de sa période militante, un « essai » d'où tout effet de style, toute littérature est absente. Issu autant de ses observations que de lectures et d'études, les *Essais* offrent un condensé de sa pensée sociale au sortir de l'Affaire Dreyfus.

Apprenant qu'il travaillait à un ouvrage sur le mouvement ouvrier, Lucien Herr le lui avait demandé dès décembre 1899 pour le compte de la S.N.L.E. Répondant à l'appel de Charles Péguy dont la librairie Bellais était en situation de faillite, Herr avait racheté le passif de l'établissement et fondé, au mois d'août 1899, la S.N.L.E. Les cinq administrateurs étaient Lucien Herr, Léon Blum, Hubert Bourgin (1874-1956), Mario Roques (1875-1961) et François Simiand (1873-1935), Péguy demeurant « délégué à l'édition ». Dès octobre 1899, Herr avait sollicité D. Halévy pour le financement de la S.N.L.E. mais celui-ci n'avait pas apporté son soutien à une entreprise certes socialiste, mais qui relevait d'un groupement normalien auquel il se sentait étranger. François Simiand relut les épreuves des *Essais* et indiqua à Daniel Halévy les corrections souhaitées. En revanche, celui-ci n'avait pas accepté les modifications du titre de ses *Essais* que Herr lui suggérait par l'entremise d'Elie : le bibliothécaire de la rue d'Ulm souhaitait que « mouvement socialiste » remplace « mouvement ouvrier ». L'ouvrage n'eut pas d'autres échos que dans des périodiques bourgeois : Jacques Bainville (1879-1936) y consacra un long article critique dans la royaliste *Gazette de France*[1] et Henri Mazel (1864-1947) un bref commentaire ironique dans le *Mercure de France*[2]. Eugène d'Eichtal (1854-1936) tardivement, en 1904, en fit un commentaire louangeur mais succinct dans le *Bulletin de l'Union pour l'action morale*[3].

---

1. Jacques Bainville, « L'intelligence française en danger », *La Gazette de France*, 8 novembre 1901.
2. Henri Mazel disait des *Essais* qu'ils étaient « [...] intéressants et écrits de façon agréable ; de plus, optimistes, ce qui est parfait » (Henri Mazel, « Revue de la quinzaine. Science sociale. Essais sur le mouvement ouvrier en France », *Mercure de France*, janvier 1902, p. 198).
3. *Bulletin de l'union pour l'action morale*, 15 janvier 1904, n° 6, p. 288. L'auteur (1854-1936) était le fils de Gustave qui avait fait partie avec Léon Halévy, grand-père de Daniel, de l'entourage de Saint-Simon.

L'ouvrage obéissait à une construction rigoureuse dans ses trois parties – syndicats, coopérative, action politique – chacune étant précédée d'un historique. Dans l'ensemble, ce livre était le reflet d'une pensée non doctrinale et pragmatique qui restait cependant influencée par les premières formes d'action sociale exercées par D. Halévy avant l'Affaire Dreyfus. Celui-ci avait pour projet de faire une présentation historique et contemporaine des formes d'organisation du monde ouvrier et distinguait quatre institutions ouvrières relevant de quatre formes différentes d'action : les syndicats et les bourses du travail, les institutions coopératives, les universités populaires, le Parti socialiste. Il valorisait fortement l'autonomie ouvrière qui caractérisait selon lui le développement du mouvement ouvrier au XIXe siècle et démontrait parallèlement l'intérêt des formes coopératives.

La première étape de son raisonnement consistait en une longue défense du syndicat face aux critiques bourgeoises[1] : il démontrait d'une part que le syndicat n'était pas une institution « tyrannique » mais au contraire un ferment d'éducation démocratique ; d'autre part il avançait l'idée que le syndicat ne provoquait pas la ruine économique par ses revendications, mais contribuait au contraire à une meilleure organisation de l'économie. Il critiquait fortement au passage le comportement du patronat refusant d'appliquer la loi Waldeck-Rousseau de 1884, autorisant les associations professionnelles. Second aspect de son propos, il faisait un éloge très appuyé des bourses du travail[2] dont il montrait de façon détaillée le caractère bienfaisant pour le monde ouvrier[3]. Sa seule réserve sur cette institution résidait dans le mode de financement municipal dont il doutait qu'il lui permette une autonomie durable[4] : la question des subventions engendrait à l'époque certaines réticences dans une partie du monde ouvrier[5].

Ensuite, D. Halévy, formé à l'école de Charles Secrétan et de Charles

---

1. Daniel Halévy, *Essais...*, *op. cit.*, pp. 29-98.
2. Sur les bourses du travail, cf. Jacques Julliard, *Fernand Pelloutier et les origines du syndicalisme d'action directe*, Paris, Seuil, « Points-Histoire », 1985 [1re éd. : 1971], 295 p. et Peter Schöttler, *Naissance des bourses du travail. Un appareil idéologique d'Etat à la fin du XIXe siècle*, Paris, PUF, « Pratiques théoriques », 1985, 294 p.
3. *Essais...*, *op. cit.*, pp. 82-86. Il avait enquêté au printemps 1899 auprès des bourses du travail grâce à l'autorisation de Pelloutier.
4. *Essais...*, *op. cit.*, p. 83.
5. Jacques Julliard s'oppose à l'idée avancée par p. Schöttler que les subventions publiques aux bourses du travail ont permis à l'Etat d'en atténuer le caractère révolutionnaire (« A propos d'un livre de Peter Schöttler. Les subventions dans le syndicalisme français », *Cahiers Georges Sorel*, 1986, n° 4, pp. 147-158). Dans sa réponse p. Schöttler, confirme sa position sur le « subventionisme » ajoutant que la maîtrise croissante des subventions par les préfets justifie son idée d'un contrôle d'Etat sur les Bourses du travail (« Bourses du travail, "subventionisme" et sciences sociales. Réponse à Jacques Julliard », *Cahiers Georges Sorel*, 1987, n° 5, pp. 205-212).

Gide, faisait une véritable apologie du principe de la coopération et des différentes organisations dans lesquelles il pouvait s'incarner. La coopération, comme l'a montré Jean Gaumont, était une voie explorée par les syndicalistes réformistes et en pratique par de rares socialistes. A Paris, D. Halévy avait constaté l'échec de la Maison du Peuple. En revanche, le coopératisme était une composante à part entière du socialisme belge et c'est en Belgique que Daniel Halévy observa les résultats de la combinaison de cette institution avec le socialisme. Envoyé au printemps 1899 en Belgique pour le compte de la *Revue de Paris*, D. Halévy était parti, muni d'une recommandation de Jaurès et de Gérault-Richard pour Emile Vandervelde, obtenue par l'entremise de Lucien Herr. Il avait assisté à l'inauguration de la Maison du Peuple de Bruxelles, avait découvert le *Vooruit* de Gand et en était revenu entièrement conquis, n'ayant de cesse de faire connaître cette expérience[1] qui devint un modèle en Europe[2]. Comme Charles Gide avant lui, il distinguait la dimension « morale » que pouvait avoir la coopérative : « [...] elle avait été un comptoir, puis un lieu de repos et de camaraderie ; maintenant elle réagit sur ceux qui l'ont créée, et modifie leurs mœurs[3]. » Cette institution était l'amorce possible d'une contre-société : « Un mécanisme ingénieux, progressivement élaboré, fit du *Vooruit* une machine aux multiples engrenages, qui doucement enveloppe et saisit l'homme un instant attiré par elle[4]. » Daniel Halévy suivit attentivement au cours de ces années d'engagement social, l'évolution du mouvement coopératif[5]. Enfin, dans les *Essais* il s'attardait particulièrement sur les universités populaires (U.P.) en soulignant la nécessité d'un lien entre les institutions coopératives, notamment entre la coopérative de consommation et les U.P., afin d'assurer leur survie financière. En conclusion, l'ouvrage reflétait ses propres découvertes : « L'agitation révolutionnaire a déjà fait sortir du peuple une race d'hommes si remarquables qu'il est impossible de ne pas en être frappé. Nous voulons parler de ces ouvriers, ou, pour employer le mot dont ils se désignent eux-mêmes, de ces *militants* [...][6]. » Il terminait avec

---

1. Cf. Daniel Halévy, « Le langage des faits. Note sur la valeur éducatrice des coopératives à propos de la maison du peuple de Bruxelles », *Bulletin de l'Union pour l'action morale*, 15 mai 1899, n° 14, pp. 161-165 et « Les Maisons du peuple en Belgique », *Revue de Paris*, 15 juillet 1899, pp. 400-417.
2. Cf. l'étude européenne de Mario Scascighini, *La Maison du peuple. Le temps d'un édifice de classe*, Lausanne, Presses polytechniques et universitaires romandes, 1991, 227 p.
3. Daniel Halévy, « Le langage des faits. Note... », *op. cit.*, p. 163.
4. *Essais...*, *op. cit.*, p. 113.
5. Daniel Halévy, « Visite aux ouvriers d'Amiens », *Pages Libres*, 15 novembre 1902, n° 98, pp. 405-414, est un compte rendu du congrès des coopératives socialistes.
6. *Essais...*, *op. cit.*, p. 292. C'est l'auteur qui souligne.

enthousiasme : « Nos contemporains demandent souvent des professeurs d'énergie et de santé morale : ils sont là. Certains de nos contemporains se plaignent que notre temps manque de héros : ils sont là[1]. »

En dépit d'une rhétorique orthodoxe qui lui échappait parfois : « La démocratie syndicale est donc deux fois indispensable : d'abord, pour concentrer la main-d'œuvre écrasée par la concentration des capitaux, ensuite pour aider l'Etat à lutter contre la ploutocratie[2] », les idées défendues étaient plutôt modérées dans l'ensemble. D'un point de vue sémantique, il n'est pas inutile de remarquer qu'il employait rarement dans ce livre le terme de « classe » auquel il préférait celui de « peuple ». S'il était favorable à l'utilisation de la grève, il marquait de façon claire son hostilité à la grève générale[3]. Peut-être sa condamnation était-elle d'autant plus forte qu'il connaissait les progrès qu'avait fait cette idée dans les milieux syndicaux. En effet, en 1892 la fédération des Bourses du travail avait adopté dès sa constitution une position très radicale et en 1895, la C.G.T. s'était constituée sur la base de la grève générale. En 1899 dans un article sur le congrès socialiste, il avait déjà fait part de son hostilité à ce principe[4]. Depuis, l'idée de grève générale n'avait cessé de progresser. A diverses reprises au cours de voyages dans la France ouvrière il en faisait lui-même le constat[5] : « Toutes les observations que je recueille dans les milieux ouvriers me donnent à penser que nous n'échapperons pas à un essai de grève générale[6]. » Par ailleurs, il était attaché à l'idée de l'arbitrage de l'Etat dans les conflits du travail[7]. Enfin, l'existence des syndicats était à ses yeux importante non seulement pour la classe ouvrière, dans la mesure où ils contribuaient à la formation de sa conscience, mais aussi pour l'ensemble de la société car ils permettaient d'éviter que la violence des foules ne dégénérât de façon incontrôlable[8]. En fin de compte, il attribuait à l'Etat d'une part, aux syndicats de l'autre, un rôle modérateur par rapport au mouvement ouvrier.

Ainsi, aux origines du socialisme d'Halévy, se trouvait l'intérêt mani-

---

1. *Ibid.*, p. 295.
2. *Ibid.*, p. 97.
3. *Ibid.*, pp. 79-81.
4. Daniel Halévy, « Avant le congrès socialiste », *Revue de Paris*, 1er décembre 1899, pp. 657-676.
5. Daniel Halévy, « Observations sur les grèves du Nord », *Pages Libres*, 17 octobre 1903, n° 146, pp. 317-319 et « A propos des grèves d'Armentières. Réponse à un abonné », *Pages Libres*, 7 novembre 1903, n° 149, pp. 390-396.
6. *Ibid.*, p. 394.
7. *Essais...*, *op. cit.*, pp. 90-95. Secrétan dans les *Questions sociales*, le recommandait également.
8. *Ibid.*, p. 98.

festé pour le monde ouvrier et c'est en allant à sa découverte qu'il avait rencontré le socialisme. Le premier article non littéraire de Daniel Halévy datait de septembre 1898 et parut dans la revue de Georges Deherme, *La Coopération des idées*. Dans ce compte rendu d'un ouvrage du sociologue italien Guglielmo Ferrero, Halévy faisait l'éloge du travail et affirmait que la puissance d'une nation résidait dans le « producteur ». Il prédisait que les « races laborieuses » l'emporteraient sur les « races paresseuses[1] ». Cette tonalité très ouvriériste et proudhonienne en somme, caractérise son engagement au sein du mouvement ouvrier au début du siècle. A bien des égards, la dimension politique en était volontairement exclue.

Bien que non doctrinaire, D. Halévy lisait les œuvres des socialistes européens, en partie diffusées par la S.N.L.E. Dans sa bibliothèque de travail, on trouve un grand nombre de brochures, lues mais rarement annotées, qui témoignent d'une certaine connaissance des grandes tendances du socialisme européen[2] : le socialisme révisionniste et réformiste du S.P.D. allemand, présenté par Jaurès[3], ainsi que le socialisme belge de Vandervelde[4] et les fabiens anglais[5]. Pourtant, dans ses articles rares sont les jugements de D. Halévy sur les grandes œuvres théoriques du socialisme européen : il s'agit plus souvent de propos sur les grandes figures du mouvement que de développements sur les idées elles-mêmes.

Quelle était la nature du « socialisme » qu'il revendiquera ouvertement dans les colonnes des *Pages Libres* ? De culture libérale, D. Halévy était hostile au socialisme matérialiste[6], mais comme beau-

---

1. Daniel Halévy, « Le Militarisme », *La Coopération des idées*, septembre 1898, n° 32.
2. Cette partie de la bibliothèque de D. Halévy figure dans un fonds « Daniel Halévy » aux A.H.C. de la F.N.S. P, DH 1 et DH 2.
3. Edgard Milhaud, *Le Congrès socialiste de Stuttgart*, Paris, Georges Bellais éditeur, 1899, avec une préface de J. Jaurès ; Jean Jaurès, *Bernstein et l'évolution de la méthode socialiste*, Paris, Société nouvelle de librairie et d'édition, « Bibliothèque du Mouvement socialiste », 1900.
4. Emile Vandervelde, *Le Collectivisme*, Bruxelles, Le Peuple, « Bibliothèque de propagande socialiste », 1896 et du même auteur, *Le Socialisme et la transformation capitaliste de l'agriculture*, Bruxelles, Le Peuple, « Bibliothèque de propagande socialiste », 1899.
5. *The Case for an eight hours bill*, Fabian Tracts n° 23, may 1891, 15 p. *A Democratic budget*, Fabian Tract n° 39, august 1892 ; Sydney Webb, *Socialism : true and false*, Fabian Tract n° 51, may 1894 ; G. Bernard Shaw, *The Fabian society : its early history*, Fabian Tract n° 41, reprinted november 1899 [1892]. Son frère qui vivait une partie de l'année en Grande-Bretagne, se tournait à cette époque vers l'étude du socialisme anglais et européen.
6. Cf. Daniel Halévy, « Avant le congrès socialiste », *Revue de Paris*, 1er décembre 1899, pp. 657-676 et « Avant le congrès de Lyon », *Pages Libres*, 11 mai 1901, pp. 403-411 où il fait l'apologie du socialisme « démocratique, pratique et décentralisé ».

coup de Français il avait une connaissance imparfaite de la pensée marxiste[1], qu'il réduisait à l'analyse de la concentration capitaliste et à la loi d'airain des salaires, attribuée à tort à Marx[2]. Dans ses premiers articles et dans les *Essais*, il se posait en défenseur de la tradition française du socialisme non matérialiste. Mais en 1901, Benoît Malon, « [...] seul clairvoyant et juste [...] »[3] était l'unique responsable socialiste français dont il faisait l'éloge. Il citait Edouard Bernstein : « Il faut que la sozial-démocratie ait le courage de s'émanciper de la phraséologie du passé et qu'elle consente à paraître ce qu'elle est en réalité : *un parti de réformes démocratiques et socialistes*[4] », et commentait en affirmant qu'il s'agissait d'une « opinion raisonnable ». Dans les *Pages Libres*, traduisant en juin 1901 un article de Bernstein tiré des *Sozialistische Monatshefte*, il faisait part de son estime pour sa « grande honnêteté scientifique [...] »[5].

Hostile à la pensée des guesdistes, il était également autant éloigné du socialisme normalien que du socialisme des intellectuels en règle générale[6]. Plus attaché au syndicalisme que les intellectuels ne l'étaient, D. Halévy ressentait une méfiance profonde à l'égard des groupes universitaires socialistes et ne revendiquait jamais dans aucun de ses engagements son propre cursus universitaire. Une expérience auprès d'un groupe du socialisme normalien le confirma dans son refus : sa participation à l'équipe de fondation de *L'Humanité*. En effet, dans « l'ours » du premier numéro son nom figurait parmi les rédacteurs de « l'information[7] » et dans le même numéro, au milieu de la première page se trouvait l'annonce suivante : « Notre collaborateur Daniel Halévy part ce soir pour l'Italie d'où il nous enverra des télégrammes et des correspondances sur le voyage du président de la République[8]. » La plupart des membres de la première équipe de rédaction appartenait

---

1. Sur la réception de Marx en France et notamment pour la lecture de Sorel, cf. Shlomo Sand, *L'Illusion du politique. Georges Sorel et le débat intellectuel 1900*, Paris, La Découverte, « Armillaire », 1985, 277 p.
2. Cf. Daniel Halévy, « Avant le congrès socialiste », *Revue de Paris*, 1er décembre 1899, p. 659. La « loi d'airain des salaires » a été théorisée par un socialiste allemand non marxiste, Ferdinand Lassalle.
3. *Essais...*, p. 141.
4. *Ibid.*, p. 255. Les italiques sont de Bernstein.
5. Daniel Halévy, « Le socialisme et la question coloniale », *Pages Libres*, juin 1901, p. 485.
6. Cf. Christophe Prochasson, *Le Socialisme normalien (1907-1914). Recherches et réflexions autour du groupe d'études socialistes et de l'école socialiste*, mémoire de maîtrise sous la direction de Maurice Agulhon, Université de Paris-I Sorbonne, 1981, 389 p. et Georges Lefranc, *Jaurès et le socialisme des intellectuels*, Paris, Aubier, 1968, 232 p.
7. *L'Humanité*, 18 avril 1904, n° 1, p. 1.
8. *Ibid.*

« pour l'essentiel aux cohortes normaliennes et sorbonnardes[1] » comme l'a relevé Madeleine Rebérioux. Les articles d'Halévy parurent du 24 au 30 avril 1904[2]. En fait, Lucien Herr lui avait proposé de partir à Rome quelques semaines avant la fondation du journal et D. Halévy vit là une occasion de retourner en Italie. Par la suite, il ne publia plus un seul article dans ce quotidien et son nom disparut rapidement de l'équipe de rédaction[3]. En 1901, il avait évoqué avec ironie le milieu entourant Jaurès : « Jaurès [...] salué, suivi, par une bande enthousiaste de jeunes universitaires et de jeunes hommes de lettres un peu vite convertis à la doctrine [...][4]. »

En définitive, on retrouve quatre éléments dans le socialisme d'Halévy, correspondant aux différents milieux qui l'influencèrent. Il est délicat d'établir une hiérarchie entre ses différentes strates dans la mesure où son socialisme fut essentiellement syncrétique. En premier lieu, le christianisme social, les écrits de Gide et de Secrétan, lus vers 1888-1889, lui avaient montré qu'il était possible de se convertir à une certaine forme de socialisme sans pour autant renier la culture libérale. Cette troisième voie bien souvent contradictoire en elle-même, n'était pas un obstacle pour un jeune intellectuel dans la mesure où les réformes que Secrétan et Gide voulaient apporter au libéralisme concernaient essentiellement sa dimension économique et morale. Le christianisme social restait compatible dans leur esprit avec une société libérale refusant toute forme de nivellement. Sa véritable initiation au socialisme, il l'avait faite auprès de Malon[5] et de la *Revue socialiste*, grâce à Paul Lagarde. Ce milieu, hostile au socialisme matérialiste, partageait certaines idées des chrétiens sociaux, notamment la dimension coopérative. Grâce à Lagarde, il fit la connaissance de son beau-père, Paul Brousse dont les militants étaient particulièrement bien implantés dans le nord de la capitale, notamment dans le quartier de la Villette. Les idées possibilistes étaient dominantes en Seine-et-Oise lorsqu'il arriva

---

1. Madeleine Rebérioux, « Naissance de *L'Humanité* », *Jean Jaurès*, octobre-décembre 1975, n° 59, p. 8.
2. Daniel Halévy, « M. Loubet en Italie », *L'Humanité*, 24 au 30 avril 1904 (sept articles).
3. Contrairement à ce qui fut affirmé, D. Halévy ne fut pas non plus actionnaire du journal : dans son ouvrage sur Péguy, René Johannet avançait cette idée (*Vie et mort de Péguy*, Paris, Flammarion, 1950, p. 144). Sur l'exemplaire du livre qu'il conserva, D. Halévy a inscrit en face de cette affirmation, dans la marge : « non. »
4. *Essais...*, p. 232.
5. « Benoît Malon avait le génie du cœur. Il y a plaisir à le rencontrer ; sa sincérité est évidente. » (Daniel Halévy, « Avant le congrès socialiste », *Revue de Paris*, 1er décembre 1899, p. 664 reproduit dans les *Essais...*, p. 217.) L'article de la *Revue de Paris* est dans son ensemble un éloge de Malon.

au sein de la fédération, troisième étape de sa découverte du socialisme. Les broussistes étaient favorables au socialisme municipal[1] et respectaient l'autonomie des syndicats. Claude Willard a montré la composition sociologique particulière de leurs militants, recrutés essentiellement parmi des employés, des artisans et des ouvriers de la petite industrie. D'après Madeleine Rebérioux, il s'agissait surtout des « métiers hautement qualifiés de Paris ou d'ateliers déjà anciens[2] ». Daniel Halévy retrouvait parmi eux les « fils de Diderot », figure non sociologique mais historique, à laquelle il était profondément attaché. Il y avait également en Seine-et-Oise des éléments allemanistes, notamment le groupe qu'il représenta à Wagram. Le dernier élément qui influença Halévy fut le proudhonisme, dont on a vu qu'il l'avait d'abord découvert dans une perspective littéraire. Depuis, sa lecture de Proudhon avait évolué. Dans les *Essais*, il s'était plu à longuement souligner l'influence indirecte et posthume de Proudhon sur le socialisme français[3]. A lire Halévy, Proudhon aurait eu une responsabilité historique majeure au sein du socialisme français : « Proudhon, qui n'a rien de mystique et qui veut organiser la vie en ce monde, s'ingénie à trouver des systèmes capables de sauver la liberté dans le socialisme[4]. » A la suite de Proudhon, il estimait très bénéfique le rôle des anarchistes : « Je vois avec plaisir que les anarchistes ont exercé une très bonne influence sur le socialisme français. Ils l'ont déraidi, ils ont brisé la doctrine marxiste, ou du moins ce qui s'était greffé sur elle : une notion monstrueuse de l'État[5]. » S'il est clair qu'il avait d'abord retenu de Proudhon la dimension éducative[6], l'organisation contractuelle de la société telle que l'avait pensée Proudhon était également une idée qui l'intéressait. En 1907, dans un compte rendu d'un ouvrage de Jacques de Boisjolin, Daniel Halévy ne masquait pas l'intérêt qu'il portait à « [...] l'idée proudhonienne du contrat suffisant à tout, engagement à court terme, toujours délibéré[7] ».

L'adhésion d'Halévy au socialisme de par son engagement à la

---

1. Cf. Sylvain Humbert, *Les Possibilistes, op. cit.*
2. Madeleine Rebérioux, « Le socialisme français de 1871 à 1914 », dans : Jacques Droz (dir.), *Histoire générale du socialisme.2. De 1875 à 1918*, Paris, PUF, 1974, p. 159.
3. *Essais...*, pp. 278-288.
4. *Ibid.*, p. 279.
5. Cf. *Regards...*, p. 139. Robert Debré qui fit la connaissance de D. Halévy aux *Cahiers de la Quinzaine*, a indiqué en 1977 que celui-ci avait été dans sa jeunesse abonné à *La Révolte* de Jean Grave (cf. Robert Debré, *op. cit.*, p. 49). Il n'a pas été possible de le confirmer.
6. Sur ses conceptions en matière d'éducation, cf. Maurice Dommanget, *Les Grands socialistes et l'éducation : de Platon à Lénine*, Paris, Colin, « U », 1970, pp. 245-275.
7. Daniel Halévy, « Lectures. Les Partis en France », *Pages Libres*, 3 août 1907, n° 344, p. 128.

fédération de Seine-et-Oise et du fait de ses écrits, ne fait aucun doute. Il attribuait au socialisme un rôle historique important : « Le socialisme n'a donc pas déchaîné la guerre de classe, mais il l'a modifiée de la manière la plus heureuse. Elle était inconsciente, il l'a faite consciente ; elle était instinctive, il l'a faite réfléchie[1]. » Cependant, à propos du rôle du Parti socialiste, Daniel Halévy apparaît beaucoup plus nuancé que dans son plaidoyer pour l'autonomie ouvrière. Un long passage des *Essais*, rédigés après sa participation au congrès de Wagram, était ainsi consacré à la formulation de réserves sur l'organisation du parti et plus encore, sur son existence même[2]. Ainsi, allait-il jusqu'à préconiser le retrait des socialistes de la vie politique : « Les socialistes ne sont liés à la société existante que par les campagnes électorales [...]. Mais la suppression du suffrage universel leur causerait un faible dommage [...]. Que perdraient-ils? [...]. Concentrés sur eux-mêmes, ils travailleraient plus et mieux[3]. » Il opérait ainsi une distinction très nette entre le mouvement ouvrier pour lequel il œuvrait et le Parti socialiste. Cette nuance explique que la remarque de Herr sur le qualificatif des *Essais* n'ait pas été suivie d'effets, D. Halévy persistant pour « mouvement ouvrier » plutôt que « mouvement socialiste ». En définitive, il était beaucoup plus attaché à encourager l'action des institutions d'autonomie ouvrière (syndicats, bourses du travail, coopératives...) que l'union du Parti socialiste. Confronté de près aux déchirements des congrès socialistes en 1899 et 1900, son retrait de la fédération de Seine-et-Oise et la courte durée de son engagement dans le groupe de Versailles prennent ainsi toute leur signification. Dans les nombreux portraits de personnalités socialistes qui émaillent les *Essais* et ses articles, son enthousiasme et son attachement réels pour Brousse, Allemane ou Jaurès sont systématiquement tempérés dès lors qu'ils tendaient – selon Halévy – à se transformer en « hommes de parti ». L'intérêt du mouvement ouvrier tenait d'abord pour lui à sa capacité à s'organiser de façon autonome, en dehors du suffrage universel.

Son attirance pour le mouvement ouvrier s'inscrivait de façon plus générale dans son refus de la politique. Rendant compte du livre de Jacques de Boisjolin, *Les Partis en France*, Daniel Halévy faisait clairement siennes les recommandations de l'auteur invitant à ne pas voter. Il ajoutait : « Le suffrage universel est un compte de forces, non de pensées[4] », critique classique des antidémocrates qui trouvait à l'époque un

---

1. *Essais...*, p. 292.
2. *Ibid.*, pp. 262-267.
3. *Ibid.*, p. 264.
4. Daniel Halévy, « Lectures. Les Partis en France », *Pages Libres*, 3 août 1907, n° 344, p. 128.

écho nouveau. Cette hostilité à la politique était radicale : dans les années 1920, il avoua n'avoir voté qu'une seule fois dans sa vie – en 1919[1] – et il est avéré qu'il ne vota pas non plus par la suite[2]. Même dans les *Essais*, il ne pouvait masquer entièrement son antiparlementarisme : « [...] un député se paye[3] », ajoutant en forme de jugement définitif : « La politique française est viciée tout entière, et son aristagogie vaut sa démagogie[4]. »

Une comparaison permet de préciser les contours du socialisme hétérodoxe de Daniel Halévy. A bien des égards, il existait des points communs entre la pensée sociale d'Halévy et l'anarcho-syndicalisme de Ferdinand Pelloutier. Cependant les divergences étaient nombreuses : Halévy était aussi hostile à la grève générale que Pelloutier y était favorable. En outre, celui-ci était opposé à toute intrusion bourgeoise dans les institutions et dans l'éducation ouvrières[5]. Enfin, il était très réservé sur l'intérêt de la coopération et lui préférait le mutuellisme proudhonien. Mais d'autres éléments importants les rapprochaient. Halévy et Pelloutier avaient subi l'influence de Proudhon[6] et, cultivant tous deux une forme d'élitisme, ils partageaient une même hostilité envers les masses brutales et ignorantes. En outre, Daniel Halévy s'était toujours montré hostile à la C.G.T.[7], contre laquelle Pelloutier ne cessa de batailler durant les dernières années de sa vie. En fait, ils avaient en

---

1. Daniel Halévy, « Les élections générales en France (1871-1914) », *Revue de Genève*, t. IX, mai 1924, p. 611 repris en volume : *Décadence de la liberté*, Paris, Grasset, « Les Ecrits », 10e volume de la 2e série, 1931, p. 13.
2. M. Pierre Joxe, relatant une conversation avec son grand-père, confirme que celui-ci se maintint dans l'abstention (Pierre Joxe, « Daniel Halévy, un lettré militant et sceptique », dans Henri Loyrette (dir.), *Entre le théâtre et l'histoire La famille Halévy (1760-1960)*, Paris, Fayard-Réunion des musées nationaux, 1996, p. 518). Ce propos est corroboré par Mademoiselle Eliane Broïda, la secrétaire de D. Halévy de 1955 à 1962 (entretien avec l'auteur, 27 décembre 1996).
3. *Essais*..., p. 194.
4. *Ibid.*, p. 295.
5. Jacques Julliard, *Fernand Pelloutier..., op. cit.*, p. 248.
6. La question d'une influence de Proudhon sur Pelloutier est un ancien débat : Lucien Febvre en 1909 avait contesté l'affirmation d'Edouard Droz selon laquelle il y avait une forte influence de Proudhon sur le syndicalisme par le biais de Pelloutier (« Une question d'influence : Proudhon et le syndicalisme contemporain », *Revue de synthèse*, octobre 1909, n° 56, pp. 179-193). Jacques Julliard, plus de soixante ans après, a renchéri en montrant que si Pelloutier fut le plus sensible à Proudhon parmi les syndicalistes de son temps qui, majoritairement, l'ignoraient, il n'était pas pour autant proudhonien (Jacques Julliard, *Fernand Pelloutier..., op. cit.*, pp. 205-210).
7. Cf. *Essais...*, pp. 61-62 et : « La méthode actuelle de la Confédération générale du travail, qui par toutes ses voies mène à la grève générale, que nous donnera-t-elle ? Des brutalités à bref délai, des rancunes, des colères, un recul » (« A propos des grèves d'Armentières... », *op. cit.*, p. 395).

commun deux idées fondamentales : ils étaient hostiles à l'usage du suffrage par les ouvriers et partageaient une même conviction : l'autonomie ouvrière[1] que Pelloutier appelait « action directe[2] », c'est-à-dire l'« [...] émancipation des travailleurs par eux-mêmes [...][3] », hors de la sphère politique. Cette position avait pour corollaire un même souci de l'éducation des ouvriers[4], dans le cadre des bourses du travail pour Pelloutier, dans celui des universités populaires pour Halévy. Pelloutier et Halévy étaient favorables aux syndicats et aux bourses, mais hostiles à toute organisation centralisée, notamment celle de la C.G.T. En fin de compte, il est possible de considérer que les idées sociales et syndicales d'Halévy – si la formule n'était pas en soi contradictoire – étaient celles d'un Pelloutier réformiste.

---

1. Ce terme n'est jamais utilisé par D. Halévy.
2. Jacques Julliard, *Fernand Pelloutier...*, *op. cit.*, pp. 214-227.
3. *Ibid.*, p. 208.
4. *Ibid.*, pp. 243-256.

CHAPITRE V

Le « deuxième dreyfusisme » : le « parti de la Démopédie »

Parmi les raisons qui poussèrent Daniel Halévy à s'engager en 1897-1898, la cause du capitaine Dreyfus constitua seulement l'élément mobilisateur. A la lumière du comportement de la presse et de l'opinion, il avait constaté que le combat principal devait concerner la lutte contre la démagogie. Une fois tournée la page judiciaire de l'Affaire, le sens de l'engagement restait le même, tant les événements politiques et sociaux postérieurs confirmèrent le constat initial des années 1897-1898. La nécessité de protéger la société des injustices s'était traduit par son soutien et son adhésion à la Ligue des droits de l'homme. En soutenant la cause de Brière en 1901 auprès des instances de la L.D.H., D. Halévy restait fidèle aux raisons qui l'avaient amené à se mobiliser en novembre 1897. Mais les multiples engagements et écrits de D. Halévy à la même période attestent que la lutte contre les « passions » était de loin sa préoccupation la plus importante. En liant « passions » et « démagogie » dans un raisonnement expliquant l'antidreyfusisme dominant du pays, il posait la question en termes plus culturels que politiques. Ce type de position inspira d'ailleurs l'ensemble de ses réflexions sociales jusqu'à la Grande Guerre. Au sein de l'Union pour l'action morale, il avait trouvé un premier type de réponse à ses questions. Le souci de l'Union, antérieur à l'Affaire, de développer les « méthodes critiques » était à ses yeux la solution adéquate. Cependant, le type d'action élitiste entrepris par Paul Desjardins limitait l'effort à des milieux exclusivement bourgeois. Or, l'Affaire avait montré aux yeux de D. Halévy que cette façon de procéder était vaine : la lecture de Ruskin, comme il l'avait écrit lui-même, ne pouvait modifier l'état de l'opinion. Il s'agissait donc pour lui d'agir pour réformer l'opinion la plus sensible à la démagogie, celle du peuple. S'ouvrit alors la période du « deuxième dreyfusisme[1] » l'amenant à suivre ce qu'il nommait, à la suite de Proudhon, le « parti de la Démopédie[2] ». En 1896-1897, il avait rejoint à la Villette un groupe d'éducation populaire mais l'Affaire modifia profondément la signification de son action : il ne s'agissait plus seulement d'un souhait de connaître les couches populaires, mais d'un désir de réforme sociale grâce à la transmission culturelle. Ce nouvel engagement allait profondément absorber Daniel Halévy : pendant trois ans, de 1899 à 1902 il n'écrivit pas un seul article à caractère littéraire, mettant de ce fait en suspens sa récente carrière d'écrivain.

Le mouvement des universités populaires

L'instruction des adultes s'était développée au cours du XIXe siècle – essentiellement pour des motifs philanthropiques, qu'ils soient d'ordre religieux ou, plus souvent, laïcs – par le biais de l'extension universitaire qui venait de franchir la Manche, et de diverses œuvres postscolaires. Il existait ainsi à Paris depuis 1848 une Association philotechnique qui recevait l'appui de certains enseignants républicains de la Sorbonne. En mars 1896, l'Union pour l'action morale avait lancé l'« éducation philosophique populaire », dirigée par Gabriel Séailles[3] au siège de l'Union. Dans un tout autre esprit, Emile Méreaux, militant anarchiste, avait créé vers 1895 des « soirées ouvrières » à Montreuil-sous-Bois, fréquentées par Georges Deherme (1867-1937), un sculpteur sur bois du faubourg Saint-Antoine, co-fondateur de l'Union pour l'action morale en 1892. En 1896, Deherme avait créé une revue mensuelle, *La Coopération des idées*, dont le titre indiquait l'esprit du projet et où il défendait des idées positivistes[4]. Deux ans plus tard, tirant les leçons de l'effort de son camarade Méreaux et de celui de l'Union de Desjardins, il créait un groupe d'études, « La Coopération des Idées pour l'instruction supérieure et l'éducation éthique sociale du peuple »

---

1. Daniel Halévy, *Apologie pour notre passé*, Paris, « Cahiers de la Quinzaine », XI-10, 5 avril 1910, p. 74.
2. Daniel Halévy, *Essais...*, *op. cit.*, 1901, p. 154.
3. « Education philosophique populaire », *Bulletin de l'union pour l'action morale*, 15 mars 1896, n° 10, pp. 474-476.
4. « A la jeunesse française, nous avions un autre idéal à proposer que celui du parasitisme et de l'histrionisme des lettres.[...]. Nous avons déjoué ce monstrueux attentat du silence contre l'œuvre d'Auguste Comte et nous avons empêché d'éteindre cette grande lumière. » (Réponse de Georges Deherme à une enquête sur les revues d'avant-garde parue dans : *Belles-Lettres*, décembre 1924 [reprint 1990, Ent'revues], n° 62-66, p. 133.)

et ouvrait en avril 1898 une salle où les ouvriers venaient écouter des conférences[1]. Le pasteur Charles Wagner assura la séance d'ouverture.

Deherme avait commencé à recruter activement des conférenciers en mobilisant largement le réseau de l'Union pour l'action morale et écrivit dès juin 1898 à D. Halévy pour solliciter des conférences. Celui-ci prononça sa première conférence à la Coopération des idées en juillet sur « Michelet ». Il devint un collaborateur relativement régulier sur des sujets fort divers : « Le désordre par la force » le 15 octobre 1898, « l'ordre par la justice » le 29 octobre 1898 ou encore « le Père Hecker et le catholicisme en Amérique » le 9 novembre 1898. Face au succès de cette première tentative, Deherme voulut transformer le projet initial en une « Société des Universités populaires » qui aiderait à la fondation d'universités populaires dans l'ensemble de la France. Il associa Daniel Halévy aux discussions préparatoires mais des dissensions sur la forme future de cette organisation surgirent rapidement entre les deux hommes : « Deherme a profité de mon absence à une réunion pour faire revenir sur tout ce que j'avais fait voter. Je voulais une association très libérale. Il veut une centralisation dirigée par lui[2]. » Dans une période où l'Affaire Dreyfus le mobilisait moins que l'année précédente, Halévy était profondément intéressé par le projet : « Je rêve pour l'an prochain une sorte d'émigration à l'intérieur, une installation à Belleville avec cinq ou six amis, et un essai pour réaliser une vie juste, et pour voir, par des essais, ce qu'on [peut] essayer, non de diriger mais d'organiser avec le peuple ouvrier, tel qu'il est aujourd'hui[3]. » La « Coopération des idées, Société des Universités populaires » siégeant au 16, rue de la Sorbonne, fut fondée en mars 1899. Deherme mobilisa l'ensemble des réseaux républicains et universitaires que l'Union lui avait fait connaître. Cette structure très informelle et confidentielle à ses débuts, acquit ainsi très rapidement une importance surprenante eu égard à sa fondation récente. Cela eut pour conséquence de lancer le mouvement de création d'universités populaires dans toute la France. D. Halévy intégra alors le cercle des organisateurs de l'Université populaire en France : il fut appelé dès mars 1899 par Deherme au Comité d'administration et lors de l'inauguration de la Coopération des idées dans son nouveau bâtiment du faubourg Saint-Antoine le 9 octobre 1899, il fut présenté aux côtés de ses aînés, Paul Desjardins et Henry

---

1. Cf. la version publiée de la thèse de Lucien Mercier, *Les Universités populaires : 1899-1914. Education populaire et mouvement ouvrier au début du siècle*, Paris, Editions ouvrières, 1986, 188 p. L'auteur relève qu'il existe de nombreux aspects méconnus dans la vie de Deherme.
2. *Regards...*, p. 142.
3. *Ibid.*, p. 141.

Bérenger, comme un des principaux dirigeants de l'institution[1]. En 1903, il représentait officiellement les universités populaires aux cérémonies pour le centenaire d'Edgar Quinet[2]. Au sein de la Société des universités populaires, il retrouvait le milieu de l'Union pour l'action morale qu'il connaissait bien : le président de la Société était Gabriel Séailles et au comité de propagande siégeaient Paul Desjardins, Emile Duclaux, Charles Gide et le pasteur Wagner. L'Union appuya logiquement l'effort de Deherme : « C'est en faisant plus de justice que nous établirons la concorde sociale. En voulant faire des hommes soumis, on fait des révoltés : nous voulons faire des hommes libres, des hommes de jugement sain, et donner à tous l'habitude de la réflexion et de la critique[3]. » L'ami de Daniel Halévy, Robert Dreyfus était l'un des quatre secrétaires de Deherme, lui-même secrétaire général de l'organisation. Mais Daniel Halévy fit surtout dans ce cadre la connaissance de nouvelles personnes, plus proches de lui par leur âge : Maurice Kahn, Charles Guieysse, Marie Baertschi qui étaient administrateurs de la Société ; Maurice Bouchor et Philippe Chaslin, tous deux membres du comité de Propagande. Ceux-ci formèrent rapidement l'ossature d'un groupe soudé par les mêmes convictions. Mais les différences de conception entre Deherme et Halévy sur le rôle de la Coopération des idées, alliées à une incompatibilité de caractère entraînèrent le retrait assez rapide de D. Halévy qui quitta en 1900 le Conseil d'administration. Dans le même temps, Deherme, trop autoritaire et centralisateur, avait été évincé de son poste de secrétaire général en février 1900, aussitôt remplacé par Charles Guieysse[4].

L'expérience Deherme avait donné à D. Halévy l'idée de créer une Université populaire, et il écrivait au début du mois de novembre 1899 : « Après-demain je quitte Jouy. Je vais à Paris pour y vivre vraiment d'une vie d'action [...]. Nous sommes un petit groupe d'"éducateurs" : en ce moment ce qu'il y a de plus vivant à Paris, toute l'Affaire Dreyfus a travaillé pour nous. Elle a soulevé bien des colères, et nous les transformons en actes, en institutions : nos maisons du peuple, nos universités populaires, etc.[5] » Dans ce groupe figuraient : Robert Dreyfus, Marie Baertschi et Charles Guieysse. Marie Baertschi née en Suisse en 1868, ancienne élève de Fontenay-aux-Roses, était devenue professeur à

---

1. Maurice Demaison, « Une université populaire », *Journal des Débats*, 8 octobre 1899.
2. « Le centenaire d'Edgar Quinet », *Le Temps*, 2 mars 1903, p. 1.
3. « Le Bien à faire. Les universités populaires en France », *Bulletin de l'union pour l'action morale*, 15 avril 1899, n° 12, p. 28.
4. Cf. Lucien Mercier, *op. cit.*, pp. 48-53.
5. *Regards...*, p. 161.

l'école normale d'institutrices de Versailles avant de réussir à l'agrégation de l'enseignement secondaire des jeunes filles. Dreyfusarde ardente et de tempérament très vif, elle avait connu des démêlés avec l'inspection académique. Daniel Halévy l'avait rencontrée pour la première fois en juin 1899 à Montreuil chez Emile Méreaux et avait été fortement impressionné par son charisme auprès des ouvriers. Charles Guieysse (1868-1920), fils du ministre Paul Guieysse, était un officier d'artillerie polytechnicien. Dreyfusard, il avait quitté l'armée à la suite de la deuxième condamnation de Dreyfus et s'était tourné vers d'autres milieux, œuvrant dans des restaurants de tempérance, adhérant à la Ligue de l'enseignement et devenant l'un des administrateurs de l'Ecole des hautes études sociales. Daniel Halévy l'avait rencontré pour la première fois en 1899 à une réunion de la Société des universités populaires.

Le mouvement fut rapidement lancé : 80 % des créations d'universités populaires eurent lieu entre 1899 et 1901. Il bénéficiait du climat de l'Affaire Dreyfus qui avait encouragé la mobilisation de l'opinion mais aussi de la naissance de l'Université et de l'émergence des sciences sociales qui expliquent l'appui d'une grande partie du monde universitaire libéral et républicain. En quelques années, près de 230 universités populaires (dont 69 en région parisienne) rassemblèrent plus de 50 000 adhérents, en majorité d'origine ouvrière.

Le projet d'éducation populaire pour lequel la France s'enthousiasma au début du siècle, rassemblait en fait des intentions extrêmement variées. Certaines étaient fondées par des ouvriers[1], d'autres par des employés ou des bourgeois. Les rares U.P. anarchistes et socialistes étaient entièrement différentes des fondations républicaines et libérales, de loin les plus nombreuses. Cette variété se traduisait dans la composition sociologique des publics et dans les thèmes étudiés par les U.P. Charles Guieysse et Charles Péguy dans un des *Cahiers de la Quinzaine* paru en octobre 1901[2], défendirent une conception syndicaliste et antibourgeoise des U.P., annonçant très clairement la vague d'anti-intellectualisme qui allait marquer ce milieu quelques années plus tard. Guieysse se réjouissait à la fin de l'année 1901 que les bourgeois aient quitté le mouvement, suite aux attaques de la presse libérale qui dénonçait la politisation des U.P. Le meilleur moyen d'éviter tout

---

[1]. Lucien Mercier affirme que ce type d'U.P. composait 2/3 de l'ensemble (cf. *op. cit.*, p. 63). Ce chiffre, au vu du dépouillement du *Bulletin des U.P.* et de *L'Université populaire*, paraît toutefois très surévalué.

[2]. Cf. Charles Guieysse, *Les Universités populaires et le mouvement ouvrier*, « Cahiers de la Quinzaine », III-2, octobre 1901, 72 p., avec une préface de Charles Péguy, « Vraiment vrai ».

embourgeoisement était selon lui de n'attribuer à la Société des U.P. qu'un rôle « consultatif ». Du fait des tendances centralisatrices de la Société, il en quitta le secrétariat général à la fin de l'année 1901. De même, les intellectuels bourgeois pouvaient rester, selon lui, aux U.P., mais devaient être cantonnés dans un rôle de conseil[1]. Pour Guieysse, l'U.P. devait être d'inspiration et de direction ouvrières : « Cette idée que la direction de l'enseignement dans l'U.P. appartient aux administrateurs ouvriers, peu de gens se décident à l'adopter délibérément[2]. » En fait les idées de Guieysse concernant les U.P. s'inscrivaient dans un projet révolutionnaire global : ce n'était pas les universités d'Etat qui devaient modeler les U.P. par l'envoi de conférenciers de l'université et par le rapprochement de la Société des U.P. avec la Sorbonne, mais les U.P. qui devaient constituer une source d'inspiration pour l'université publique. Cette conception utopique des premiers temps ne survécut pas longtemps : à la veille du premier congrès national des U.P. (mai 1904), alors que le mouvement s'essoufflait très nettement dans l'ensemble du pays, Guieysse écrivait une véritable charge contre la présence d'intellectuels bourgeois dans les U.P.[3]. Il se montrait très hostile à la présence des représentants du « socialisme universitaire » et du radicalisme. Il adoptait désormais une attitude exclusivement ouvriériste, déclarant qu'il ne pouvait y avoir d'U.P. que dans des zones de concentration ouvrière, à l'abri de la pénétration intellectuelle. Il consacra un numéro entier des *Pages Libres* à cette question deux mois plus tard. Rappelant que l'objectif des U.P. était l'émancipation de la classe ouvrière, il dressait une typologie des Universités populaires : U.P. à caractère philanthropique, U.P. démocratiques, U.P. ouvrières et révolutionnaires. Les deux premiers types étaient des « patronages moraux ou politiques[4] » et seul le dernier pouvait mener à l'émancipation. Pour ce faire, il n'y avait d'autre possibilité que de lier ce type d'U.P. aux bourses du travail ou aux syndicats : « L'U.P., *service de la Bourse du Travail*, a pour but de fournir aux syndiqués, au fur et à mesure qu'ils en ont besoin, les connaissances utiles pour une *extension croissante* de la puissance syndicale[5] », idée relativement proche de celles de Pelloutier. Pour ce qui était des méthodes, l'enseignement devait être extrê-

---

1. *Ibid.*, p. 59.
2. *Ibid.*, p. 37.
3. Charles Guieysse, « A propos d'un congrès des Universités populaires », *Pages Libres*, 9 avril 1904, n° 171, pages de couverture. Ce congrès fut publié par Péguy à la demande d'Halévy : *Congrès des U.P. 1904*, « Cahiers de la quinzaine », V-20, 13 septembre 1904, 153 p.
4. Charles Guieysse, « Les Universités populaires et les syndicats », *Pages Libres*, 18 juin 1904, n° 181, p. 483.
5. *Ibid.*, p. 488. Les italiques sont de Guieysse.

mement progressif et commencer par des sujets « pratiques », c'est-à-dire professionnels. Pelloutier avait défendu la même idée. Guieysse refusait que le contenu des programmes soit défini par des bourgeois, tout en reconnaissant qu'il était difficile de se passer de ceux qui possédaient le savoir. Cette contradiction fondamentale des U.P. ouvriéristes ne pouvait être résolue que par la suppression de la culture générale et son remplacement par un enseignement purement professionnel. Cette attitude marquait les premières désillusions et le début du repli du mouvement ouvrier sur lui-même, mettant fin à une courte période commencée avec l'affaire Dreyfus.

Daniel Halévy se situait dans une tout autre perspective. Répondant à l'article de Guieysse, il faisait au contraire un bilan très nettement positif de l'œuvre des U.P. Il ne pensait pas que les U.P. devaient êtres intégrées dans les bourses du travail ou les syndicats, et affirmait au contraire qu'elles devaient rester « alliées » à ces institutions mais « autonomes ». Quant à la nature des programmes, il refusait l'enseignement pratique : « [...] il faut continuer et propager parmi les ouvriers une culture générale adaptée à leurs besoins[1]. » Retenant l'idée d'un enseignement progressif, il reconnaissait la nécessité d'une pédagogie adaptée. S'opposant à Francis Delaisi qui avait renchéri sur Guieysse, Daniel Halévy affirmait que même l'art classique pouvait être enseigné aux ouvriers. Ainsi aux U.P., il ne reniait pas sa culture et refusait l'idée d'art social, qui commençait à se développer dans une partie du mouvement socialiste[2] : une même culture devait être enseignée à tous. En 1904, invité par les camarades de son frère au Congrès international de philosophie organisé par la Société française de philosophie, il se réjouissait dans son rapport consacré à « l'Université populaire en France », que grâce à l'œuvre des U.P., des publics « [...] doués d'habitudes d'esprit entièrement nouvelles [...][3] » se forment dans le pays.

Cependant, si le projet de D. Halévy apparaît clairement en ce qui concerne la forme et l'objectif des U.P., il semble s'être longuement interrogé sur les fondements humanitaristes du mouvement sans trouver de réponse définitive. A la veille de fonder une U.P. avec quelques camarades, il s'était rendu le 21 novembre 1899 à l'inauguration d'une

---

1. Daniel Halévy, « Opinions sur les U.P. », *Pages Libres*, 27 août 1904, n° 191, p. 165.
2. Cf. Christophe Prochasson, *Place et rôle des intellectuels dans le mouvement socialiste français (1900-1920), op. cit.*, pp. 176-189.
3. Daniel Halévy, « L'Université populaire en France », dans *Congrès international de Philosophie*, Paris, A. Colin, 1904, p. 426.

U.P. socialiste[1], « L'Emancipation », rue de la Croix-Nivert. Les fondateurs étaient en majorité des normaliens : Mario Roques, François Simiand, Paul Mantoux (1877-1956), Etienne Burnet (1873-1960) et Paul Grunebaum-Ballin (1871-1969), grand ami de Gaston Arman de Caillavet[2], l'ancien collaborateur du *Banquet*. Marie Baertschi soutint très activement les fondateurs de cette U.P. par des séries régulières de conférences. Le récit fait dès le lendemain par Daniel dans son *Journal* témoigne de sa gêne face à l'idéalisme dont les intellectuels bourgeois avaient fait preuve devant le public ouvrier.

L'interrogation qui se faisait jour dans ce trouble était la possibilité ou l'impossibilité d'un rapprochement entre l'humanitarisme démocratique et la culture libérale. Ce hiatus constaté à Grenelle, Daniel Halévy l'écarta provisoirement mais il ne fut jamais réellement surmonté. Plus tard, il s'interrogea à diverses reprises sur cette ambiguïté en rappelant un souvenir de l'année 1899. Quelques mois après la grâce de Dreyfus, se trouvant sur le seuil de la Coopération des idées, rue du faubourg Saint-Antoine, aux côtés de Paul Desjardins et d'Emile Labeyrie, il observait la foule ouvrière défilant pour l'inauguration de la statue de Jules Dalou qui avait représenté une République appuyée sur l'ouvrier : « Nous n'étions pas fâchés, mais à notre plaisir se mêlait un peu d'étonnement. Nous lisions les mots écrits sur les bannières : *Liberté ; Egalité ; Travail ; Solidarité*. Nous écoutions les cris qui alternaient avec les chants : *Vive la sociale !* Paul Desjardins était l'un des nôtres ; il observa : – Quand ces hommes lisent ou prononcent ces mots que nous lisons, écoutons, qu'éprouvent-ils ? Il faudrait le savoir, nous ne le savons pas[3]. » En 1932, reprenant cette anecdote dans les *Pays parisiens*, il ajoutait : « En effet, nous l'ignorions, nous rendions hommage à des dieux inconnus. Adolescents bourgeois qui avaient tant à apprendre, le spectacle d'une telle force élémentaire, confirmant la réflexion de notre aîné, nous rendirent silencieux, un peu pensifs[4]. » Tout à l'enthousiasme, le *Journal* de ces années ne laisse pas transparaître cette réserve, mis à part celle inspirée par la soirée de Grenelle. Mais les

---

1. « L'Emancipation », *Bulletin des Universités populaires*, n° 2, juin-juillet 1900, p. 11.

2. Grunebaum était de la même promotion qu'Elie mais les deux hommes ne s'étaient pas liés (cf. Brigitte Bergmann, *Paul Grunebaum-Ballin 1871-1969. Un siècle au service de la République*, mémoire de DEA sous la direction de Pascal Ory, IEP, 1988, 232 p).

3. Daniel Halévy, *Apologie pour notre passé*, Paris, « Cahiers de la Quinzaine », XI-10, 5 avril 1910, p. 85. (Repris à l'identique en 1911 dans *Luttes et Problèmes*, Paris, Marcel Rivière, 1911, pp. 92-93 et dans *Péguy et les Cahiers de la Quinzaine*, Paris, Grasset, 1941, p. 79.)

4. Daniel Halévy, *Pays...*, *op. cit.*, 1932, p. 178 (réédité dans une version un peu différente dans un texte inédit de 1938 sur l'Affaire Dreyfus, publié dans *Regards...*, pp. 251-252).

souvenirs confirment l'équivoque fondamentale de la rencontre entre un représentant des élites libérales et l'idéologie républicaine inspirant l'œuvre des U.P. : « Dans cette petite salle de la rue Paul-Bert [...] je connus enfin, par expérience et contact, ces puissantes déesses qui se nomment Justice, Vérité, Progrès. Invisibles, toujours présentes, elles habitaient où nous étions, et j'avais pour elles, jointe à beaucoup de réserves, cette considération qui est due aux dieux [1]. »

L'Enseignement mutuel

C'est, on l'a vu, dans le quartier nord de la capitale que D. Halévy avait fait ses premières expériences sociales. En dépit de son engagement en Seine-et-Oise, il n'avait jamais vraiment quitté cette partie de Paris, y compris pendant l'Affaire : c'est à celle-ci qu'il pensa naturellement à la fin de l'année 1899, lorsqu'il décida à son tour de fonder une Université populaire. Le groupe de la Villette qui se réunissait au 90 de la rue d'Allemagne, était situé dans le XIXe arrondissement. Cette rue aboutissait à la porte de Pantin, quartier des marchands de bestiaux à l'époque. Des salles où se réunissaient des groupes dreyfusards et socialistes se trouvaient non loin de la fondation du pasteur Fallot : la salle Chaynes et la salle Karcher étaient situées rue d'Allemagne. Dans ce quartier du travail, des institutions philanthropiques avaient également pris pied : une maison des sœurs de Saint-Vincent de Paul dans la rue Bouret, contiguë à la rue d'Allemagne, et au-delà, l'Armée du Salut.

Dans l'historique de l'« Enseignement mutuel » paru en 1900 et rédigé par D. Halévy, est mentionnée l'origine de cette U.P. : « En 1897, un groupe de cinq employés du centre de Paris, qui se rencontraient souvent pour causer de sujets philosophiques, pour lire ensemble quelques livres [...] eurent l'idée de rendre publiques leurs réunions [2]. » Au mois de février 1899, ces employés qui avaient donné à leurs réunions le nom d'« Enseignement mutuel » firent savoir, en publiant un appel dans le bulletin de l'Union pour l'action morale, qu'ils recherchaient des adhérents [3]. Ils s'étaient installés dans le XVIIe arrondissement, au

---

1. *Pays...*, op. cit., p. 176.
2. « L'enseignement mutuel », *Bulletin des Universités populaires*, n° 2, juin-juillet 1900, pp. 19-20.
3. « Le Bien à faire. L'éducation du peuple », *Bulletin de l'union pour l'action morale*, 1er février 1899, n° 7, pp. 323-324.

cœur du quartier des Batignolles, « dans une espèce de cave[1] » selon les termes de Dick May. Quelques étudiants les avaient rejoints mais sans leur apporter le succès attendu. A l'automne, D. Halévy avait reçu une invitation à rejoindre ce groupe en difficulté qui souhaitait se déplacer vers le quartier de Montmartre.

Daniel Halévy, aidé d'André Spire et de Maxime Leroy, trouva un nouveau lieu, dans le XVIIIe arrondissement, séparé de la rue d'Allemagne par le bassin de la Villette. « Nous signâmes un bail, nous nous installâmes, disposant sur les murs quelques photographies de Michel-Ange ou de Rembrandt, et sur la cheminée le moulage d'un buste toscan, dressant avec soin, pour tout dire, le décor rituel, fort honorable, de notre humanisme révolutionnaire[2]. » En s'installant au 41, rue de la Chapelle, ils se trouvaient dans l'ancien village de la Chapelle annexé par Paris en 1860. Là où l'on voyait jadis de célèbres jardins de roses, s'étaient implantés des usines, des gares et des magasins de chemin de fer[3]. La nouvelle localisation de l'Enseignement mutuel était située non loin de la Maison du peuple de la rue Ramey, dont il avait constaté l'échec. Le quartier était industrieux : le 41 jouxtait presque la compagnie centrale des omnibus et se situait derrière les dépôts de la gare de l'Est. Un marchand de vins, « le Petit trou » se trouvait à quelques dizaines de mètres de l'U.P., une école et une justice de paix avaient été construites sur l'emplacement de l'ancienne mairie de la Chapelle.

Cette U.P. fut donc en quelque sorte fondée une deuxième fois à la fin du mois de novembre 1899 dans un nouveau lieu, nettement plus populaire que les Batignolles. Elle fut, en même temps que l'Emancipation, la deuxième U.P. fondée à Paris, après celle de Deherme. Jean-Marie Jouandanne, dont Daniel Halévy venait de faire la connaissance en Seine-et-Oise, dressa les plans de l'U.P. qui s'installa dans une salle louée et réaménagée. Composée d'une pièce de 50 m² qui pouvait contenir 60 à 70 personnes et ouvrait sur un jardin de 300 m², l'Université populaire était d'une taille moyenne par rapport à d'autres fondations. « Une porte cochère, une cour. Au fond de la cour, une maison sans doute plus ancienne ; au rez-de-chaussée une longue pièce munie d'une profonde alcôve, cette longue pièce donnant sur un mélancolique espace que la concierge appelait un jardin[4] », se souvenait

---

1. Dick May, « Quelques réflexions sur les universités populaires », *Revue socialiste*, janvier 1901, n° 193, p. 46.
2. Daniel Halévy, *Pays...*, *op. cit.*, p. 185.
3. Alexis Martin, *Paris. Promenades dans les vingt arrondissements*, Paris, A. Hennuyer, 1890, p. 316.
4. Daniel Halévy, « Voici quelque quarante ans... », *Hommage à André Spire*, Paris, Lipschutz, 1939, pp. 29-30.

Daniel Halévy en 1939. Au groupe d'employés – Ducharne, Paulis, Paillet – qui avait fait appel à des intellectuels, s'étaient joints outre D. Halévy, Maxime Leroy et André Spire, Robert Dreyfus, Fernand Gregh, Marie Baertschi, Maurice Bouchor et Philippe Chaslin qui devinrent les collaborateurs de l'équipe de fondation. Qu'avaient-ils en commun ? « [...] nous venions dire ce que nous savions, apprendre ce que nous ne savions pas, et notre désir, c'était surtout d'apprendre, d'ajouter à notre courte expérience d'étudiants privilégiés dans la vie, l'expérience inconnue du monde ouvrier[1] », jugeait Halévy en 1932. Maxime Leroy (1873-1957), alors juriste et militant de la L.D.H.[2], était le fils de Léon Leroy, critique musical qui fut un des plus actifs défenseurs de Wagner en France. André Spire (1868-1966), était né à Nancy dans une famille juive qui avait transformé le petit atelier artisanal de chaussures en une importante usine, au sein de laquelle son père avait organisé des services sociaux d'avant-garde. Après des études de droit, André Spire devint avocat, entra à l'Ecole libre des sciences politiques puis au Conseil d'Etat en 1894, la même année que Paul Grunebaum-Ballin. Il avait fondé avec René Bazin et Philippe Chaslin la Société des visiteurs au début de l'année 1896. A l'époque de la fondation de l'Enseignement mutuel, Spire était sur le point d'être détaché à l'Office du travail auprès d'Arthur Fontaine. Il devint un ami très proche de D. Halévy et les deux hommes échangèrent une abondante correspondance. Maurice Bouchor (1855-1929), poète, dreyfusard, collaborateur de la *Revue Blanche* et de la *Revue de Paris*, faisait partie avant l'Affaire de la fondation du pasteur Fallot, la « société d'aide fraternelle et d'études sociales » dans le cadre du groupe de Vaugirard où il s'était spécialisé dans les lectures pour enfants. Il appartenait également au comité central de la L.D.H. Philippe Chaslin (1857-1923), « positiviste[3] » d'après D. Halévy, après avoir accompli des études de médecine à Paris, devint en 1887 médecin du service des aliénés, puis chef de service à l'hôpital Bicêtre. Il avait aidé Spire et Bazin pour la fondation de la Société des visiteurs et appartenait au comité de propagande de la Coopération des idées.

Daniel Halévy n'aurait pas démenti les propos de son camarade Robert Dreyfus qui qualifiait l'Enseignement mutuel (E.M.) de « fondation prudente, modeste, familiale[4] ». En effet, à l'été 1900, l'E.M. déclarait

---

[1]. Daniel Halévy, *Pays...*, *op. cit.*, p. 187.
[2]. Leroy connut sa femme, Suzanne Lévy Bing, parmi les membres de l'Enseignement Mutuel et l'épousa en 1901.
[3]. Daniel Halévy, « Voici quelque... », *op. cit.*, p. 30.
[4]. Robert Dreyfus, « La naissance et la vie des universités populaires », *La Grande Revue*, 1er décembre 1901, p. 700.

deux cents inscrits[1], effectif qu'elle ne semble jamais avoir dépassé. Le nombre était modeste dans un arrondissement où les U.P. étaient moins nombreuses que dans d'autres parties de Paris. L'éducation sociale de Montmartre créée en mars 1900 près du collège Rollin revendiquait en 1900 trois cents membres, puis en avril 1901 cinq cents adhérents[2]. La Maison commune du XIXe arrondissement rue Mathis, fondée en octobre 1900 et inaugurée par Louis Havet comptait 250 adhérents[3]. La Fondation universitaire de Belleville (F.U.B.), qui n'était pas à proprement parler une U.P. mais un essai de *Toynbee Hall* à la française avait été fondée en novembre 1899 par deux étudiants, Jacques Bardoux et Jean Schlumberger[4]. D. Halévy y avait adhéré dès la création et prononcé par la suite une conférence. L'originalité résidait dans le fait qu'étudiants et ouvriers habitaient ensemble, le « résident » faisant office d'administrateur[5]. Le projet était différent des U.P. puisqu'il s'agissait de « [...] créer un enseignement populaire universitaire, c'est-à-dire fondé sur les principes mêmes de l'Université : études méthodiques et recherches personnelles [...][6] ». Unique cas dans son genre en France, elle déclarait 773 membres en avril 1901. L'Emancipation socialiste de Grenelle prétendait disposer, un an après sa création, de 600 adhérents. Bien que ces chiffres ne doivent être considérés que comme des ordres de grandeur, ils indiquent que l'E.M. était de taille plutôt modeste, dans un environnement pourtant pauvre en U.P.

La composition sociologique de l'E.M. nous est connue par la précieuse enquête menée en 1900 par le *Bulletin des Universités populaires*. Cette enquête est très éclairante et explique en partie les différences de position de Guieysse et d'Halévy à l'égard des U.P. En premier lieu, il montre la grande diversité des métiers dans le quartier. D'autre part, l'élément le plus frappant est le faible nombre d'ouvriers par rapport à un milieu petit-bourgeois composant plus de la moitié des

---

1. « L'enseignement mutuel », *Bulletin des Universités populaires*, n° 2, juin-juillet 1900, p. 20. En l'absence de statistique officielle des U.P., nous devons nous fier aux divers chiffres avancés par les U.P. elles-mêmes.
2. Cf. Charles Guieysse, « Rapport », *Bulletin des Universités populaires*, 15 mars 1900, numéro 1, p. 13 ; « L'éducation sociale », *Bulletin des Universités populaires*, n° 2, juin-juillet 1900, pp. 18-19 ; *Les U.P. Paris-Banlieue 1900-1901*, « Cahiers de la Quinzaine », III-10, 27 février 1902, p. 24.
3. *Ibid.*, p. 26.
4. Cf. le témoignage autobiographique de Jean Schlumberger sur la F.U.B. : *Eveils*, Paris, Gallimard, 1950, pp. 129-133.
5. L'histoire en est connue par le roman autobiographique de l'un de ses résidents : Pierre Hamp, *La Peine des hommes. Il faut que vous naissiez de nouveau*, Paris, Gallimard, 1935, pp. 14-78.
6. *Les U.P. Paris-Banlieue 1900-1901*, « Cahiers de la Quinzaine », III-10, 27 février 1902, p. 26.

adhérents de l'Enseignement mutuel. A l'échelle nationale, le public des U.P. était majoritairement composé d'employés et d'artisans, de quelques ouvriers certes, mais plutôt de compagnons d'atelier que d'ouvriers de fabrique[1]. En tout état de cause, le prolétariat fréquentait peu les U.P. Daniel Halévy lui-même donnait en 1901 dans les *Essais* un ordre de grandeur pour l'ensemble du pays : la moitié d'employés, un quart de petits-bourgeois, un quart d'ouvriers[2]. A l'Enseignement mutuel, comme dans le reste des U.P. en France, la classe moyenne était donc majoritaire. A Lyon dans une U.P. fondée par la directrice du lycée de jeunes filles et dont Edouard Herriot était le secrétaire général, les ouvriers étaient presque absents du public et « exclus[3] » de la gestion de l'établissement. La Fondation universitaire de Belleville rassemblait également une majorité d'employés et d'artisans[4]. L'Emancipation de Grenelle constituait une exception avec 60 % d'ouvriers[5].

Le 22 janvier 1905, l'armée russe avait tiré sur la foule se rendant pacifiquement au Palais d'Hiver. Ce même jour, D. Halévy et Spire s'étaient rendus aux obsèques de Louise Michel. D. Halévy connut la nouvelle de Russie dès le lendemain et s'en émut. Le 24, tous deux décidaient d'organiser une réunion de soutien des universités populaires dans le quartier de la Villette, distincte de celle des socialistes au Tivoli-Vaux-Hall. D. Halévy ne put joindre Jaurès à *L'Humanité* mais il sollicita Anatole France qui accepta. La préfecture de police avait refusé à Halévy et Spire l'accès de la salle Karcher mais ils obtinrent la salle du Grand Orient de la rue Cadet pour le 1er février. D. Halévy avait rédigé le tract « Pour le peuple russe » qui indiquait laconiquement : « Vous viendrez protester avec nous contre la barbarie humaine », évitant avec soin toute dimension politique ou idéologique. *L'Humanité* en relata le déroulement : « le citoyen Daniel Halévy[6] » ouvrit la réunion en lisant une lettre de Louis Havet, puis France parla, suivi de Fournière et Rouanet, de Pierre Quillard, Struve et Lagardelle[7]. La foule était nombreuse et la diversité des intervenants provoqua des remous

---

1. Lucien Dintzer, « Le Mouvement des Universités populaires », *Le Mouvement social*, avril-juin 1961, n° 35, p. 7.
2. *Essais...*, p. 183.
3. Laurence Roulleau-Berger, « Sociographie des universités populaires : le cas de Lyon », dans Régis Bernard (dir.), *Education, fête et culture*, Lyon, Presses universitaires de Lyon, 1981, p. 117.
4. Lucien Dintzer, *op. cit.*, p. 8.
5. Lucien Mercier, *op. cit.*, p. 16.
6. « Le meeting du Grand Orient », *L'Humanité*, 2 février 1905, n° 291, p. 3.
7. Sur cet intellectuel socialiste avec qui D. Halévy fut en relation, cf. Marie-Christine Bouneau-Bouillare, *Hubert Lagardelle, un bourgeois révolutionnaire et son époque (1874-1958)*, thèse de doctorat d'histoire sous la direction du professeur Sylvie Guillaume, Université Michel de Montaigne-Bordeaux-III, 1996, 1433 p.

notamment parmi les anarchistes présents[1] que D. Halévy dut exhorter au calme afin de ne pas provoquer l'expulsion des réfugiés russes. Le régime tsariste fut condamné, l'on appela à la solidarité ouvrière internationale et la foule se dispersa après lecture d'un ordre du jour de protestation. En remerciant A. France, Halévy dut s'excuser de l'atmosphère houleuse du meeting.

Culture des élites et culture de masse

D. Halévy souhaitait que l'E.M. soit une U.P. sans administration, sans rapports de pouvoirs, au sein de laquelle ouvriers et bourgeois puissent collaborer sur un pied d'égalité. Dans la notice rédigée pour le *Bulletin*, il écrivait que l'E.M. n'avait « pour ainsi dire pas de statuts[2] ». En réalité c'était une obligation légale à laquelle les U.P. ne pouvaient se soustraire. Il est fort possible, en revanche, que les statuts de l'E.M. n'aient prévu qu'une structure très légère. Quant au fonctionnement quotidien, il aurait d'après Daniel Halévy été celui-ci : « La direction est assurée par un comité qui jusqu'à présent, s'est recruté lui-même. Il est, en fait, composé mi-partie d'ouvriers et de bourgeois. D'ailleurs y assiste qui veut[3]. » Cela était peut-être le cas à l'origine mais en 1904 au Congrès international de philosophie, dans le cadre de son intervention – dont l'optimisme surprend dans un contexte où le mouvement déclinait – D. Halévy reconnaissait : « Il se produit généralement une division du travail que les statuts, en certains cas, codifient : les "primaires" s'occupent de l'administration économique et les "secondaires" de l'administration intellectuelle, du choix des conférences[4]. » A l'E.M. comme ailleurs, les bourgeois administraient l'Université populaire. D. Halévy tenait beaucoup à présenter l'E.M. comme une structure informelle, ce qu'elle fut peut-être plus que d'autres : « Le recrutement se fit surtout par des amis amenant des amis ; il fut lent, mais toujours en progrès. Les initiateurs du groupe se déclarent satisfaits de la méthode qu'ils ont suivie. Ils lui attribuent la très grande intimité de leurs soirées, et les liens de réelle affection qui unissent beaucoup de ses membres[5]. »

---

1. Cf. l'article antisémite de Raphaël Marchand, « Le meeting du Grand-Orient », *La Libre Parole*, 2 février 1905, p. 4.
2. « L'enseignement mutuel », *Bulletin des Universités populaires*, n° 2, juin-juillet 1900, p. 21.
3. *Ibid.*, p. 21.
4. Daniel Halévy, « L'Université populaire en France », dans *Congrès international de Philosophie*, Paris, A. Colin, 1904, p. 423.
5. « L'enseignement mutuel », *op. cit.*, p. 20.

Comme dans beaucoup d'autres U.P., la venue des familles était souhaitée. L'U.P. de la rue de la Chapelle était ouverte cinq jours par semaine, les adhérents avaient à leur disposition une bibliothèque de 1 200 volumes, chiffre exceptionnellement élevé par rapport à la moyenne. Un piano permettait d'assurer des soirées musicales, un « patronage » était organisé pour les enfants et des consultations juridiques et médicales proposées grâce à un avocat et une femme médecin, Bella Gueller. Un cours d'allemand fut créé en 1902, par ailleurs des visites de musées avaient lieu souvent au Louvre[1]. Le programme des causeries était extrêmement éclectique, comme le montre celui de juin 1900 : Germain Martin, parla de « l'ouvrier au XVIIIe siècle » ; Hubert Lagardelle, du « socialisme français » ; le docteur Marcel Sée, des « microbes » ; Robert Dreyfus, de « la révolution de 1848 » ; Pierre Caron, de « l'armée sous la révolution et l'Empire » ; André Spire, du « droit d'association en France » ; Jean Raynal, des « groupements professionnels dans l'histoire » ; Daniel Halévy, de « Michel-Ange » et J. Renaud, de « la falsification des aliments ». Commentant ce programme, D. Halévy écrivait : « La méthode d'enseignement est extrêmement défectueuse : autant dire qu'elle est absente. Nous n'avons pas eu de véritable série. Nous nous attachons seulement à équilibrer chaque mois le nombre de conférences historiques, littéraires, sociales, scientifiques[2]. » La nécessité de trouver des conférenciers était un souci permanent et les bourgeois de l'E.M. étaient le plus souvent mis à contribution. De 1899 à 1906, la grande majorité des conférences fut prononcée par les intellectuels fondateurs. Le seul témoignage existant sur Daniel Halévy à l'E.M. émane de Gabriel Darquet, un militant syndicaliste et allemaniste qui fréquenta régulièrement l'U.P. : « Il arrivait dans une salle basse, serrait des mains tendues, prenait part aux conversations avec une indulgence protectrice et quelquefois même [...] daignait livrer à ses camarades ouvriers, mais sous une forme qu'il voulait leur rendre accessible, le résultat de ses réflexions[3]. » Celui d'Henri Bourillon (1876-1962) – Pierre Hamp en littérature –, ouvrier pâtissier « résident » à la Fondation universitaire de Belleville, est tout aussi éclairant pour connaître la perception d'Halévy par les membres des

---

1. Le financement de l'E.M. est mal connu. Le loyer étant très lourd, Spire et Halévy devaient parfois pallier les insuffisances des modestes cotisations, irrégulièrement payées. D'après Sandra Dab qui achève une thèse de doctorat sur Max Lazard, celui-ci assura également le financement de l'E.M. Cf. Sandra Dab, « Un jeune banquier découvre la question sociale en 1896-1897 : Max Lazard à Londres et Ménilmontant », *Vie sociale*, novembre-décembre 1991, vol. 3, pp. 181-193.
2. « L'enseignement mutuel », *op. cit.*, p. 21.
3. Ecrit sous le pseudonyme de Michel Darguenat, « Une suite à "L'Etape" », *L'Action française*, X, 214, 15 juillet 1908, p. 292.

U.P. : « A une conférence que nous fit Daniel Halévy, ses gros souliers nous indignèrent [...]. L'habit négligé de Daniel Halévy nous paraissait une insulte à notre dignité, en nous signifiant qu'il nous croyait incapables d'élégance.[...] Sa négligence affectée nous humiliait autant que l'eût fait un diamant à son doigt[1]. »

Dans le cadre de l'E.M. où des bourgeois socialisants essayaient de transmettre leur propre culture et de découvrir celle de leurs adhérents, la contestation existait pourtant. Ainsi : « c'est là que nous vîmes venir, dès nos premières soirées, venir, et bientôt revenir, quatre jeunes gens qui, assis en brochette et graves comme des juges, nous écoutaient et observaient avec une extrême attention. La chose était claire, nous passions un examen ; on voulait savoir ce que nous valions[2] ». Ceux-ci, de sensibilité anarchiste, s'étaient nommés les « idéophages », du nom d'un poème de l'un d'entre eux, Léon Bruneteaux, employé de commerce, également membre de la Société des visiteurs. Grand lecteur du Sâr Péladan et de Baudelaire, Bruneteaux écrivait dans les « idéophages » : « Marchant, mangeant, broyant avec leurs mandibules/L'essence des idées se tordant sous leurs coups ;/Et les fœtus abstraits dont ils serrent les cous ;/Ils ont l'air de démons en leurs noirs ergastules/Ils ont l'audace grande et leurs désirs sont vastes./Leur verbe retentit comme un coup de canon ;/Car ils pressent le mot et dévorent le nom,/Ils sont briseurs d'idoles, ils sont iconoclastes[3] », texte traduisant le rapport ambigu des adhérents de l'E.M. au savoir abstrait. Peu à peu, les idéophages se laissèrent approcher et l'un d'entre eux, Louis Altayrac (1880-1943), demeura jusqu'à sa mort un ami de D. Halévy. Pourtant dans l'assistance, deux anarchistes convaincus essayaient de s'opposer à l'influence de l'E.M. sur leurs camarades idéophages. L'un s'appelait Georges, l'autre Libertad (1875-1908). Ce dernier était un anarchiste individualiste et violent, qui après divers séjours en prison, avait créé en 1902 des causeries populaires anarchistes à Montmartre ainsi que rue d'Angoulême et avait fondé en 1905 l'hebdomadaire *L'Anarchie*. Evoquant Georges, Libertad et les idéophages, D. Halévy écrivait : « Eux d'une part, nous de l'autre ; pour enjeu, l'âme de six jeunes gens ; pour spectateurs, trente ou quarante auditeurs, auditrices [...] et qui avaient goût à la discussion[4]. »

Daniel Halévy a témoigné à diverses reprises de la difficulté du pro-

---

1. Pierre Hamp, *op. cit.*, pp. 54-55.
2. Daniel Halévy, « Sur une vie obscure (1880-1943) », *op. cit.*, p. 1.
3. Poème daté de mai 1900, reproduit par D. Halévy dans *Pays parisiens*, *op. cit.*, pp. 285-286.
4. *Ibid.*, p. 192. Pierre Hamp a également évoqué la contestation anarchiste à la F.U.B. (cf. Pierre Hamp, *op. cit.*, pp. 35-37.)

cessus de transmission culturelle entre bourgeois et milieux populaires. A la différence de classe s'ajoutait, selon lui, les différences de formation intellectuelle : « Il est troublant de voir avec quelle spontanéité l'intelligence populaire s'attache aux doctrines les plus absurdes, et de préférence à celles-là [...][1] », qui avaient pour conséquence de creuser l'écart entre conférenciers et auditeurs[2]. « On peut causer – difficilement sans doute – mais enfin on peut causer avec les militants du peuple[3] », pensait-il malgré cela. Dès 1901, il avait parfaitement compris que l'avenir du mouvement dépendait de la nature de la relation entre ouvriers et bourgeois : « Un bourgeois, isolé dans un groupe ouvrier, peut rendre service. Il apporte certaines qualités qui manquent, et agit comme le levain dans la pâte. Mais un groupe de bourgeois, collaborant avec un groupe d'ouvriers, ne fait pas de bonne besogne. La diversité de culture entre les deux classes est trop grande, et détermine soit une rivalité, soit un patronage[4]. » Son ami Guieysse partageait son avis mais en tirait les conséquences en s'abstenant de participer à l'E.M. Le problème fondamental restait celui du contenu de l'éducation populaire. Maurice Bouchor croyait à l'action des lectures populaires pour rendre accessibles les chefs-d'œuvre de la littérature et affirmait que seuls les « classiques[5] » devaient être lus. Daniel Halévy et Bouchor ne voulaient pas croire à cette époque que la culture classique ne puisse pas être transmise dans le cadre des U.P. Pour ces écrivains bourgeois qui s'étaient lancés de façon précoce dans le mouvement des Universités populaires et qui y avaient occupé des responsabilités importantes, le devenir des U.P. était un indicateur important de leur fonction culturelle et sociale dans la société.

Les Pages Libres, prolongement des Universités populaires

Après avoir quitté l'armée, Charles Guieysse devint directeur politique de *L'Echo de la semaine*, supplément illustré de *L'Echo de Paris*. A ce journal républicain, il fit la connaissance de Maurice Kahn (1875-1928) qui y écrivait sous le pseudonyme de Jacques Dallys. Kahn, licencié ès lettres, était secrétaire de rédaction et tenait la chronique théâtrale. Le journal comptant également Marie Baertschi parmi ses

---

1. *Essais...*, p. 196.
2. Daniel Halévy, « L'Université populaire en France », *op. cit.*, p. 424.
3. Daniel Halévy, « Charles Maurras et la Tradition », *La Grande France*, janvier 1902, n° 23, p. 47.
4. *Essais...*, p. 143.
5. Association philotechnique, *Les Lectures...*, *op. cit.*, p. 33.

collaborateurs, Guieysse parvint à convaincre D. Halévy de lui donner un article en mars 1900. Dans celui-ci l'auteur réclamait, en se référant aux délibérations des bourses du travail, une procédure systématique d'arbitrage dans les conflits du travail et terminait ainsi : « [...] il ne faut s'étonner d'aucune injustice dans une société telle que la nôtre, restée essentiellement aristocratique, construite pour la joie et le resplendissement de cent mille personnes[1]. » La collaboration de Guieysse et Kahn à ce journal ne dura pas plus d'un an. Guieysse participant alors à la Société des Universités populaires, constata rapidement que leur action était limitée à *L'Echo* : « [...] nous nous trouvions constamment arrêtés dans l'exposé de nos idées, par la nécessité de ne pas effrayer les gens d'esprit petit-bourgeois, qui formaient la masse des abonnés de *L'Echo* ; et nous avions tous deux bien envie de dire franchement et entièrement notre pensée[2]. » Tirant les leçons de l'Affaire Dreyfus et notamment du comportement de la grande presse d'information, ils souhaitaient contribuer au développement d'un périodique indépendant et non démagogue.

Guieysse, Kahn et Marie Baertschi se retirèrent de *L'Echo de la semaine* à la fin de l'année 1900 et fondèrent en janvier 1901 l'hebdomadaire *Pages Libres*. Sans aucun souci esthétique, *Pages Libres* se présentait comme un cahier de format in-octavo d'une vingtaine de pages. Cette simplicité austère, sans recherche typographique, était conforme au projet intellectuel et lui permettait d'être vendue au prix le plus bas. Le premier numéro expliquait dans une « courte déclaration » : « Nous fondons cette Revue populaire comme l'on fonde une Université populaire[3]. » La déclaration d'intention était plutôt vague : « Il faut combattre le Cléricalisme, le Militarisme, le Capitalisme en établissant la liberté de la Pensée, la Paix des Nations, la Joie et la Dignité du Travail[4] », et permettait d'attirer aussi bien des socialistes que des syndicalistes révolutionnaires. L'organisation se voulait très souple et informelle, comme à l'Enseignement mutuel : « [...] nous n'avons pas établi de Statuts.[...] Nous ne nous sommes même pas constitués en Comité de rédaction et en Conseil d'administration. Nous étant rencontrés ayant la même pensée, nous marchons d'accord, tous égaux, nous partageant la besogne selon nos aptitudes particulières[5]. » La déclaration, s'inscrivant dans le droit-fil des U.P., se terminait par : « Parmi nous

---

1. Daniel Halévy, « A Carmaux », *L'Echo de la semaine*, 25 mars 1900, p. 190.
2. Charles Guieysse et Maurice Kahn, « L'hebdomadaire, le directeur politique et le secrétaire de la rédaction », *Pages Libres*, 31 août 1901, n° 35, quatrième de couverture.
3. « Courte déclaration », *Pages Libres*, 1er semestre 1901, p. 1.
4. *Ibid.*, p. 2.
5. *Ibid.*, p. 1.

sont de ces ouvriers, parmi nous sont de ces bourgeois – et tous nous sommes camarades[1]. » En fait sur les douze signataires membres de l'équipe de fondation, un seul était ouvrier : « Edouard C... instituteur ; Colomb, docteur ès sciences ; [Edouard] Dujardin, comptable ; Fort, lithographe ; Edouard Fuster ; Marie Fuster-Baertschi, agrégée de l'Enseignement secondaire des Jeunes Filles ; Charles Guieysse, secrétaire général de la Société des Universités populaires ; Daniel Halévy ; Maurice Kahn ; Charles Michel, employé de coopérative ; [Georges] Moreau, ouvrier papetier : Sollier, employé de commerce[2]. » Le lieu choisi par Guieysse et Kahn pour installer la revue les mit en relation avec des milieux soutenant des projets semblables. Ils trouvèrent d'abord accueil au 16, rue de la Sorbonne dans l'immeuble abritant l'Ecole des hautes études sociales fondée en novembre 1900 par Théodore Funck-Brentano et Dick May[3], et se trouvaient au même étage que le bureau de la Société des U.P., voisins également des *Cahiers de la Quinzaine* fondés par Charles Péguy un an plus tôt. En octobre 1901, les *Pages Libres* déménagèrent avec Péguy au 8, rue de la Sorbonne, les *Cahiers* donnant sur la rue et les *Pages Libres* sur la cour. Les *Pages Libres* partageaient le même imprimeur suresnois que les *Cahiers* et souvent les collaborateurs des deux périodiques s'y retrouvaient pour effectuer les dernières corrections sur épreuves. En avril 1905 enfin, les *Pages Libres* quittèrent la rue de la Sorbonne et s'installèrent rue Séguier. L'équipe permanente des *Pages Libres* s'était donc constituée autour de Charles Guieysse qui en assumait la direction – sans en revendiquer le titre – assisté de Maurice Kahn pour la rédaction[4]. Georges Moreau (1853-1934), l'unique ouvrier[5] de l'équipe de fondation, qui avait travaillé dans l'industrie papetière, avait été chargé de la gérance de la revue. Un quatrième homme, Edouard Dujardin, ancien sous-officier de Guieysse, aidait Moreau[6].

Daniel Halévy complétait l'équipe en assistant Guieysse pour la rédaction de la revue. Celui-ci l'avait convaincu de s'associer étroi-

---

1. *Ibid.*, p. 2.
2. « Courte déclaration », *op. cit.*, p. 2.
3. Sur cette institution, cf. Christophe Prochasson, *Place et rôle...*, *op. cit.*, pp. 109-123 et sur Dick May, du même auteur : « Dick May et le social », dans Colette Chambelland (dir.), *Le Musée social en son temps*, Paris, Presses de l'ENS, 1998, pp. 43-58.
4. Cf. Amédée Dunois, « Maurice Kahn et *Pages Libres* », *Révolution prolétarienne*, 1er octobre 1928, pp. 259-260.
5. Monatte portait sur lui le jugement suivant : « Dans l'équipe de *Pages Libres*, certainement celui qui avait le plus le sens ouvrier » (Pierre Monatte, « Paris 1902 », *Témoins*, printemps 1955, n° 8, p. 6).
6. Cf. Charles Guieysse, « Une longue lettre de critique », *Pages Libres*, 20 juillet 1901, n° 29, p. 44. Camille Toureng devint également secrétaire de la revue, à une date indéterminée.

tement aux fondateurs. Halévy assuma jusqu'à la disparition de la revue, en 1909, la même fonction qui avait été la sienne auprès du secrétaire général de la fédération socialiste de Seine-et-Oise. D'après le témoignage de Maurice Kahn, D. Halévy, conseiller de Guieysse, fournissait la rédaction en idées d'articles et projets d'enquêtes[1]. *Pages Libres*, ainsi constituée, avait un fonctionnement intermédiaire entre *Le Mouvement socialiste*, dont l'équipe de rédaction était relativement étoffée[2] et les *Cahiers de la Quinzaine*, où Péguy régnait en maître unique[3]. D'autres rejoignirent l'équipe pour des collaborations de plus ou moins longue durée. Pierre Monatte (1881-1960), de sensibilité syndicaliste et libertaire, maître-répétiteur dans un lycée de province, après avoir démissionné en 1902 et cherchant du travail dans l'imprimerie, était venu aux *Pages Libres* auxquelles il était abonné : il fut embauché pour assister Moreau et Dujardin[4]. Il apprit dans cette revue le métier qu'il mit en pratique plus tard à *La Vie ouvrière*, prenant soin comme Guieysse de constituer un « noyau » pour diriger la revue. Guieysse lui proposa d'assurer également le secrétariat administratif de la Fédération des U.P. de Paris et de la banlieue qui se constitua en septembre 1902[5]. Les collaborateurs se recrutaient par capillarité : D. Halévy fit ainsi venir André Spire qui mit à la disposition de la revue son expérience du monde du travail acquise à l'Office du travail et au ministère de l'Agriculture. L'ancien camarade de Condorcet Robert Dreyfus collabora occasionnellement aux *Pages Libres* : docteur en droit, il était devenu conseil des Rothschild, et participait aux travaux de la Société des U.P. Au début du siècle, ce même R. Dreyfus contribua à la redécouverte de Gobineau dans le cadre d'un cours à l'Ecole des hautes études sociales, publié par Péguy aux *Cahiers* sur la recommandation de D. Halévy et de Julien Benda[6].

Le financement de la revue fut initialement assuré par les ressources personnelles de Guieysse, complétées par un petit emprunt[7]. Comparées

---

1. Maurice Kahn, « Situation administrative », *Pages Libres*, 14 septembre 1907, n° 350, pp. 2-3. Le *Journal* et les *Notes* confirment ce rôle.
2. Cf. Marion de Flers, « Le Mouvement socialiste (1899-1914) », *Cahiers Georges Sorel*, 1987, n° 5, pp. 62-63 et Marie-Christine Bouneau-Bouillare, *Hubert Lagardelle..., op. cit.*, pp. 356-390.
3. Cf. à cet égard, Simone Fraisse, « Les grandes étapes des *Cahiers de la Quinzaine* », *Charles Péguy 2 Les « Cahiers de la Quinzaine »*, Paris, Revue des lettres modernes-Minard, 1983, pp. 5-42.
4. Cf. Colette Chambelland, *Pierre Monatte, une autre voix syndicaliste*, Paris, éditions de l'Atelier, 1999, 191 p.
5. Pierre Monatte, *op. cit.*, p. 11.
6. Cf. Robert Dreyfus, *Souvenirs..., op. cit.*, p. 166 et du même auteur : *De Monsieur Thiers..., op. cit.*, p. 67.
7. Cf. Christophe Prochasson, *Place et rôle des intellectuels..., op. cit*, p. 94.

à d'autres revues comme les *Cahiers de la Quinzaine* ou *Le Mouvement socialiste*[1], les *Pages Libres* bénéficiaient pourtant d'une meilleure diffusion et d'un nombre envié d'abonnements. Comptant 1 100 abonnés en mars 1901, plus de 1 700 en octobre de la même année, 3 000 à l'automne 1906, les chiffres ne cessaient de s'élever pour atteindre 3 750 abonnés en octobre 1907. Ce chiffre était considérable par rapport aux 300 abonnés de la *Revue Socialiste*, aux 700 à 1 000 du *Mouvement socialiste*[2] et au millier fluctuant des *Cahiers de la Quinzaine*. Bien que la revue ne payât pas ses collaborateurs (à la différence du *Mouvement socialiste*), les abonnements ne suffisaient pas à maintenir l'équilibre et malgré les appels à souscription, Guieysse dut régulièrement puiser dans sa propre fortune. Conçue comme un lieu d'échange avec ses lecteurs, la revue recevait ses abonnés le vendredi et publiait très fréquemment leur courrier sous forme des « lettres d'abonnés ». Comme Péguy, Guieysse et Kahn avaient pris l'habitude de dialoguer avec les lecteurs sur les pages de couverture de la revue, précisant des points de vue ou lançant des appels pour recueillir leurs témoignages. La revue constituait un véritable milieu intellectuel par son contenu mais également par une série de services mis à la disposition de ceux qui la lisaient. Ainsi, comme la S.N.L.E. de Herr et l'Union pour l'action morale, elle éditait un catalogue, *Des livres à lire*, pour aider à la formation intellectuelle des abonnés. Guieysse et Péguy avaient proposé des abonnements couplés et le service de librairie d'ouvrages neufs et anciens des *Pages Libres* était assuré par les *Cahiers de la Quinzaine*. La revue *Pages Libres* devint également éditrice d'ouvrages : en 1908, son catalogue comptait 13 titres répartis en deux collections « histoire » et « politique extérieure ».

C'est probablement Péguy qui donna la meilleure définition du projet des *Pages Libres*, en indiquant que cette revue était un prolongement direct des U.P. : « Comme les Universités populaires, *Pages Libres* font de l'enseignement primaire en ce sens que la considération des lecteurs, la formation des élèves y passe au premier plan[3]. » Guieysse, Kahn et

---

1. Cf. Frantisek Laichter, *Péguy et ses cahiers de la quinzaine*, Paris, éditions de la MSH, 1985, 329 p. ; Géraldi Leroy, « Les cahiers de la quinzaine », *Cahiers Georges Sorel*, 1987, n° 5, pp. 77-88 et Marion Dachary de Flers, *Lagardelle et l'équipe du Mouvement socialiste*, thèse de doctorat d'histoire sous la direction de Raoul Girardet, I.E.P., 1982, 377 p.
2. Cf. Marion de Flers, « Le Mouvement socialiste (1899-1914) », *op. cit.* Dans sa thèse, Marie-Christine Bouneau-Bouillare mentionne environ 600 abonnés (cf. Marie-Christine Bouneau-Bouillare, *Hubert Lagardelle...*, *op. cit.*, pp. 376-377).
3. Charles Péguy, « Vraiment vrai », préface à : Charles Guieysse, *Les Universités populaires et le mouvement ouvrier*, « Cahiers de la Quinzaine », III-2, octobre 1901, p. 8.

Halévy avaient conçu la revue comme un organe de formation des enseignants, syndicalistes et ouvriers qui composaient en majorité son lectorat[1]. Cette tâche d'enseignement était également une partie de l'activité des *Cahiers* de Péguy[2]. La revue se voulait fondamentalement apolitique car elle se pensait syndicaliste. Pour entreprendre le travail d'éducation, la revue publiait très régulièrement des enquêtes réalisées par des collaborateurs ou recourait aux indications des abonnés. Rares étaient les articles de doctrine, que publiaient plus volontiers la *Revue socialiste* ou *Le Mouvement socialiste*. Conçue sur le modèle d'une coopérative comme les *Cahiers de la Quinzaine*, la revue définissait son contenu au terme d'une réflexion commune de Guieysse, Kahn et Halévy. Cette organisation évolua toutefois à la fin de l'année 1904 : Guieysse harassé, décida alors de se réserver la rédaction des couvertures et de confier la direction de chaque numéro à un collaborateur particulier. Ce projet connut un succès relatif, faute de collaborateurs permanents, et Guieysse dut en réalité conserver son rôle directorial. Mais lassé et à court d'argent, il se retira entièrement de la revue à la fin de l'année 1906 et en confia la direction à Maurice Kahn, qui se trouvait désormais seul avec Daniel Halévy.

Comme dans le cas des Universités populaires, Guieysse, Halévy et Kahn se trouvaient confrontés à un lectorat totalement étranger à leur formation culturelle : « Ces tendances invétérées, ce goût pour l'idéalité vague, les lecteurs des *Pages Libres* ne cessaient de les manifester tantôt par leurs questions, tantôt par leurs protestations. Charles Guieysse ne cessait de lutter contre eux[3]. » Pour lui, l'institution des *Pages Libres* était « libérale[4] ». L'état d'esprit de Guieysse, selon Halévy, était proche du sien : « Guieysse [...] aimait à concevoir avec eux une société non pas anarchiste [...] mais toute décentrée, toute réglée, non selon un code unitaire, mais selon la coutume des régions, des métiers et des groupes[5]. » Pierre Monatte, l'unique militant libertaire de l'équipe, confirmait cette tendance : « Quand je pense à ce milieu de *Pages libres*, où j'ai certainement appris le plus de choses, je suis obligé de me rendre compte que je le regardais, sinon d'un peu haut, au moins

---

1. En l'absence d'archives, le lectorat de cette revue est connu par le très abondant courrier des lecteurs publié dans chaque numéro, leur profession étant systématiquement mentionnée. Les enseignants et les syndicalistes étaient nettement plus nombreux que les abonnés ouvriers.
2. Cf. Anne Roche, « *Cahiers de la Quinzaine* "Cahiers de l'enseignement" », *Charles Péguy 2 Les « Cahiers de la Quinzaine »*, Paris, Revue des lettres modernes-Minard, 1983, pp. 61-82.
3. Daniel Halévy, « Préface », *op. cit.*, p. 8.
4. *Ibid.*, p. 5.
5. *Ibid.*, p. 15.

comme ne cadrant pas complètement avec mes propres convictions. On y avait le sens de la liberté, mais on ne s'y proclamait pas libertaire [...]. On n'était donc pas à *Pages libres* assez libertaire pour mon goût[1]. » Ce qui rassemblait les bourgeois et les employés de l'équipe était une même expérience originelle, le dreyfusisme, le sentiment fraternel de travailler en commun et des valeurs que pouvaient partager des sensibilités libérales et libertaires.

Les contributions de D. Halévy à la revue se distinguent nettement de celles de Kahn et plus encore des articles de Charles Guieysse. Les *Pages Libres* étaient particulièrement attentives aux grands débats sociaux et politiques de l'époque. Le combisme, la loi de séparation, l'hervéisme, les lois sociales et les questions d'enseignement étaient des thèmes souvent et longuement abordés. Or, D. Halévy n'a jamais pris position sur ces questions dans les *Pages Libres* : l'unique article véritablement polémique – sur la politique religieuse de Combes – qu'il envoya à Guieysse, ne parut pas et lorsqu'il prit position à l'égard d'Hervé, ce fut de façon très modérée. Gustave Hervé (1871-1944), professeur d'histoire au lycée de Sens, avait fait paraître le 20 juillet 1901, un article dans *Le Travailleur socialiste de l'Yonne*, intitulé « L'anniversaire de Wagram », signé « Sans-patrie » dans lequel il déclarait souhaiter que le colonel d'un régiment vînt planter dans le fumier le drapeau du régiment[2]. En novembre, le conseil académique lui signifia un retrait d'emploi de dix-huit mois. Guieysse reproduisit alors dans les *Pages Libres* de décembre un appel de Louis Lapicque, maître de conférences à la Sorbonne, appelant à soutenir Hervé. D. Halévy réagit immédiatement en écrivant à Guieysse une lettre protestant contre cette publication qui n'avait pas été accompagnée d'une explication[3]. Bien qu'il ne voulût pas discuter du fond mais plutôt des arguments de Lapicque, il condamnait le fait qu'Hervé, professeur de l'enseignement public, signât « Sans-Patrie » et ajoutait : « En employant si légèrement un mot si grave, Hervé, professeur, donne un mauvais exemple[4]. » D. Halévy proposa de compléter l'appel de Lapicque en lançant un appel à l'organisation d'une enquête sur la « liberté des professeurs[5] ». Cet article remarquablement modéré à l'heure où les débats autour

---

1. Pierre Monatte, *op. cit.*, p. 11.
2. Cité par Gilles Heuré, *Gustave Hervé. Itinéraire d'un provocateur*, Paris, La Découverte, « L'espace de l'histoire », 1997, p. 31.
3. Daniel Halévy, « Lettre à Charles Guieysse », *Pages Libres*, 28 décembre 1901, n° 52, pp. 539-540.
4. *Ibid.*, p. 540.
5. Elle parut dans le n° 69 du 26 avril 1902. Péguy, trois jours après la parution de l'article d'Hervé, avait fait paraître un *Cahier* intitulé *Mémoires et dossiers pour les libertés du personnel enseignant en France* (23 juillet 1901, II-15).

d'Hervé étaient d'une rare violence, est la seule contribution où il prit position à titre personnel sur un débat idéologique brûlant.

Bien éloignées de ces prises de position, qui s'inséraient dans des débats idéologiquement marqués, les publications de D. Halévy dans les *Pages Libres* furent de deux types nettement différents : d'une part, il rédigea dès 1901 une série d'articles sur le monde ouvrier et d'autre part, contribua à partir de 1904 à la revue par de nombreuses notes de lecture. D. Halévy par la régularité de ses contributions sur le monde ouvrier acquit, au sein de l'équipe de rédaction, le rôle d'enquêteur : « [...] nous avons conduit pendant dix ans, en toute liberté, un travail d'enquête sur les conditions de la vie ouvrière, sur les institutions qui l'arment et l'ennoblissent[1]. » Doué d'un certain sens de l'observation, il contribua pendant huit années à construire cette enquête permanente qui fut l'une des tâches des *Pages Libres* : « L'étude de la réalité populaire, la considération attentive de la vie même des hommes, devint dès lors la fonction propre des *Pages Libres* et leur originalité. Qui donc, hors Le Play et ses disciples, l'a jamais entreprise ? Mais l'école de Le Play étudie la réalité pour y trouver les éléments constructifs d'une doctrine préconçue[2]. » Ses articles sur le monde ouvrier relevaient de trois genres distincts. D'une part, il rédigea une série d'études sur les grandes figures du mouvement ouvrier et républicain au XIXe siècle[3] : Martin Nadaud, Jules Michelet, Edgar Quinet, Pierre Gauthier (ouvrier bijoutier qui fut l'un des fondateurs de l'Internationale en 1864), Louis Ménard, Gustave Lefrançais (instituteur communard, membre de la fédération jurassienne), Eugène Le Roy, mais aussi des étrangers comme George-Jacob Holyoake (ouvrier britannique, militant radical et coopérateur), Pierre Kropotkine ou encore Francis Place (ouvrier autodidacte, l'un des fondateurs du chartisme britannique). Daniel Halévy s'efforçait à chaque fois de rencontrer les survivants. Presque tous ces portraits sont construits sur le même modèle : ce sont des études biographiques qui soulignent la vertu des personnages, leur formation d'autodidacte, la modération de leur engagement politique alliée à la fermeté de leurs convictions. Ces portraits correspondaient aux mêmes figures imposées de personnages ouvriers utilisées par les romanciers bourgeois de l'époque[4] : Daniel Halévy participait ainsi à la construc-

---

1. Daniel Halévy, « Charles Guieysse », *Grande Revue*, 1921, t. 104, p. 57.
2. *Id.*, « Préface », *op. cit.*, p. 11.
3. Il rédigea en outre la partie consacrée aux « Mémoires et biographies d'ouvriers » dans *Des livres à lire*, brochure éditée en 1903 par les *Pages Libres*.
4. Cf. à cet égard sur les portraits ouvriers les pages très éclairantes de Nelly Wolf, *Le Peuple dans le roman français de Zola à Céline*, Paris, PUF, « Pratiques théoriques », 1990, pp. 89-94.

tion d'un stéréotype bourgeois mettant en valeur des hommes rudes et « sains », au physique rugueux et à l'intelligence « pratique ».

D'autre part, il rédigea des études sur les grands épisodes de la lutte ouvrière comme la Commune de Paris ou la constitution de la verrerie ouvrière d'Albi. Enfin, parcourant la France en chemin de fer et à pied, muni d'une liste d'abonnés, il allait à leur rencontre et grâce à eux enquêtait sur les organisations et la vie ouvrières : il rendait ainsi visite aux ouvriers d'Amiens, découvrait une U.P. en milieu rural dans le Lot, s'informait sur place de la nature des grèves dans le nord de la France. Refusant d'être considéré comme un journaliste réalisant des entretiens comme le faisait Jules Huret ou comme un enquêteur social, il se présentait lui-même aux lecteurs comme un « flâneur qui vous renseigne[1] ». L'effort des *Pages Libres* ressemblait à celui de Pelloutier, qui dans de nombreux articles rassemblés en divers ouvrages, avait poursuivi une vaste enquête sur la condition ouvrière, matérielle et juridique[2]. Cependant, le point de vue de D. Halévy était un peu différent : rares étaient les études économiques ou statistiques – dont s'occupait Francis Delaisi aux *Pages Libres* – mais beaucoup plus nombreux étaient les articles s'intéressant à l'histoire, à la culture ouvrière[3], en un mot à la condition « morale » du monde ouvrier. Ce travail commencé par Pelloutier et poursuivi à sa façon par les *Pages Libres* était, sur le versant ouvrier et syndical une exception quand, du côté conservateur et catholique se multipliaient les initiatives comme les monographies leplaysiennes, les publications du Musée social ou du côté de l'Etat, les réalisations de l'Office du travail qui entreprenait un vaste travail statistique. Seul peut-être Maxime Leroy avait entrepris un travail de même nature que celui d'Halévy pour *La Coutume ouvrière* parue en 1913[4], où l'auteur avait cherché à rédiger un « répertoire du droit prolétarien[5] ».

Autre composante de son activité aux *Pages Libres*, D. Halévy rédigea en renouant avec sa vocation d'écrivain, de très nombreuses notes de lecture consacrées à des ouvrages littéraires, souvent publiés aux *Cahiers de la Quinzaine* ou susceptibles d'intéresser les lecteurs des *Pages*

---

[1]. Daniel Halévy, « Lettres du Périgord : I. Une visite à Eugène Le Roy », *Pages Libres*, 29 décembre 1906, n° 313, p. 644.

[2]. Jacques Julliard, *Fernand Pelloutier..., op. cit.*, pp. 171-184.

[3]. Cf. Danielle Tartakovsky, « Les traditions identitaires du mouvement ouvrier français », *Historiens et géographes*, 1995, n° 350, pp. 327-334.

[4]. Maxime Leroy, *La Coutume ouvrière. Syndicats, bourses du travail, fédérations professionnelles, coopératives, doctrines et institutions*, Paris, Giard et Brière, « Bibliothèque internationale d'économie politique », 2 volumes, 1913. L'auteur ne cite D. Halévy qu'une seule fois, en note.

[5]. *Ibid.*, t. I, p. 10.

Libres. Mais les abonnés firent savoir par leur courrier qu'ils ne comprenaient pas la publication de ce type de contribution dans la revue et Daniel Halévy s'en étonnait. Il tirait de cette réaction un constat amer et regrettait que les écrivains du XIXe siècle – Hugo, Sand, Balzac, Michelet, Lamartine – ne soient pas parvenus à créer une véritable littérature populaire. Ainsi Daniel Halévy ressentait et exprimait dans les *Pages Libres* comme à l'Enseignement mutuel, la difficulté d'assurer la transmission de la littérature bourgeoise aux couches populaires.

CHAPITRE VI

La littérature aux prises avec le social

La cohabitation physique et intellectuelle des *Pages Libres* avec les *Cahiers de la Quinzaine* donna à Daniel Halévy l'occasion de faire la connaissance à la fois de Charles Péguy et de Georges Sorel. Grâce aux *Cahiers* de Péguy, il put opérer un retour à la littérature, impossible dans le cadre des *Pages Libres*. A l'heure où ses convictions avaient déjà connu l'épreuve de la réalité dans le militantisme, la confrontation de Daniel Halévy avec ces deux hommes marginaux, chacun à leur manière, fut une étape importante de son évolution intellectuelle.

Les convergences intellectuelles avec Péguy

Ecrivant *Notre cher Péguy* en 1926, Jérôme et Jean Tharaud qui avaient été des amis barbistes de Péguy écrivaient : « Daniel Halévy était un des plus anciens collaborateurs des Cahiers[1]. » Raïssa Maritain renchérissait en 1944 : « [...] Daniel Halévy, l'un des compagnons dreyfusards de Péguy, et des premiers collaborateurs [...][2] ». Cette double affirmation surprend car Daniel Halévy ne publia son premier cahier chez Péguy qu'en 1903, soit trois ans après la fondation des *Cahiers*. En fait l'ouvrage de Raïssa Maritain, *Les Grandes Amitiés*, écrit longtemps après l'aventure des *Cahiers*, avait paru pendant la Deuxième Guerre mondiale, alors que les Maritain étaient réfugiés aux Etats-Unis. D. Halévy avait participé à la conception de l'ouvrage, invitant l'épouse de Jacques Maritain à développer ses souvenirs sur les dé-

---

1. Jérôme et Jean Tharaud, *op. cit.*, t. II, pp. 151-152.
2. Raïssa Maritain, *Les Grandes Amitiés*, Paris, Desclée de Brouwer, 1949 [1re éd. : 1944], pp. 276-277.

bats intérieurs de Péguy. Quant au témoignage des Tharaud en 1926, il paraît davantage devoir à l'amitié portée à D. Halévy, qui dirigeait alors la collection des « cahiers verts » chez Bernard Grasset, qu'à un souci d'exactitude historique.

Les amis de Péguy étaient ceux d'Orléans, des lycées parisiens et de la rue d'Ulm. Parmi eux, les camarades d'Orléans, de Sainte-Barbe et de Lakanal, plus que les normaliens, furent les premiers soutiens des *Cahiers de la Quinzaine*[1]. D. Halévy fut un collaborateur à part qui, ne participant pas aux premières années de fondation, occupa aux *Cahiers* une place plutôt marginale, comme le montre son *Journal*. Comme l'a relevé Jules Isaac (1877-1963), camarade de Péguy en 1891-1892 à Lakanal : « Les amis de Péguy ne formaient pas un groupe le moins du monde cohérent et uni ; les amitiés Péguy étaient si l'on peut dire singulièrement, subtilement compartimentées, subdivisées en un certain nombre de petits groupes qui parfois s'ignoraient totalement[2]. »

La première mention de Péguy dans le *Journal* d'Halévy date de février 1900[3]. Elle indique que D. Halévy avait lu le premier des *Cahiers de la Quinzaine*, Daniel faisant partie des premiers abonnés, avec son frère Elie[4]. Le passage concernant Péguy se trouve placé à la suite d'une réflexion hostile à Jaurès dont D. Halévy estimait qu'il n'était plus dreyfusard depuis sa participation au congrès d'unité socialiste, qui avait transformé le mouvement en « Eglise » : « Il n'est plus un Dreyfusard, et pourtant il méritait de le rester[5]. » Il mentionnait dans ce passage la présence de Péguy en tant que délégué au congrès socialiste de 1899, auquel il avait lui-même participé, et reprenait certains de ses propos parus le 5 janvier 1900 dans le premier des *Cahiers* sous le titre « Lettre du Provincial ». Ce texte de Péguy était une critique en règle du socialisme de parti et l'auteur ne masquait pas sa déception à l'égard de l'attitude de Jaurès. Halévy évoquait ensuite favorablement le projet de Péguy, celui des *Cahiers* où il entendait essentiellement publier des documents[6]. Le jugement sévère de D. Halévy sur Jaurès dans ce pas-

---

1. Cf. Michel Leymarie, « Parce que c'était lui..., Le "compagnonnage-Péguy", du Collège Sainte-Barbe à la fondation des *Cahiers de la quinzaine* », dans C. Chambelland (dir.), *Le Musée social en son temps*, Paris, Presses de l'ENS, 1998, pp. 59-73.
2. Archives privées Pierre Andreu [désormais A.P.A.], texte du discours de Jules Isaac en Sorbonne le 12 janvier 1950, tenu à l'occasion du cinquantenaire des *Cahiers de la Quinzaine*.
3. Dans un dossier inédit intitulé « L'Affaire Dreyfus. Conclusion », reproduit dans : *Regards...*, pp. 173-176.
4. Cf. d'après les archives des *Cahiers de la Quinzaine*, le relevé établi par Michel Jordan, « Les abonnés de la première série 1900 », *Feuillets de l'Amitié Charles Péguy*, juillet 1969, n° 151, p. 13.
5. Daniel Halévy, « L'Affaire Dreyfus. Conclusion », *Regards...*, p. 173.
6. Dans ce premier cahier, Péguy avait également publié « Le "triomphe de la Répu-

sage du *Journal* est surprenant car on ne trouve nulle trace d'une pareille sévérité dans les évocations antérieures de Jaurès, notamment dans la *Revue de Paris* où il s'était montré plutôt favorable à l'égard du chef socialiste. Indéniablement, la lecture de la « Lettre du Provincial », avait réorienté la vision que D. Halévy avait de Jaurès.

C'est dans le milieu des universités populaires et du socialisme de Seine-et-Oise que D. Halévy avait entendu parler pour la première fois de Péguy. La liste des premiers abonnés des *Cahiers* est à ce titre éclairante : on y retrouve le nom de certains camarades socialistes de D. Halévy comme le docteur Cherechewski, ou de relations nouées aux U.P. : Marie Baertschi, Philippe Chaslin, Emile Duclaux, Charles Guieysse, André Spire. Halévy a dicté à sa secrétaire en 1959 le souvenir de sa première rencontre avec Péguy : « Notre première rencontre se fit au premier étage de l'Ecole des Sciences Sociales, au numéro 16 de la rue de la Sorbonne. J'étais venu là rencontrer mon récent ami Charles Guieysse [...]. Assis côte à côte, nous restions embarrassés par un problème de mise en page. Charles Guieysse me dit : "Charles Péguy est là, il faut le consulter", et il l'appela : "Péguy !" Alors je vis s'approcher de nous, d'un pas ferme, un petit homme, tête ronde, qui écouta attentivement la question de Guieysse, les yeux braqués sur la page imprimée. Ayant écouté, il plaça tout à coup son index sur une page, insistant par un mot : "Commencez là", et il partit[1]. »

Pendant près de dix ans leurs rencontres eurent pour cadre la boutique de la rue de la Sorbonne. De 1901 à 1905, les *Pages Libres* et les *Cahiers* cohabitant, D. Halévy avait l'occasion de voir Péguy quotidiennement. Après cette date, D. Halévy se rendait de la rue Séguier à la rue de la Sorbonne et parfois, avec Sorel et Péguy, il se rendait aux cours de Bergson au Collège de France. Leurs relations n'eurent pas toujours pour cadre le boyau de la rue de la Sorbonne où abonnés et amis emplissaient ce petit espace. Une relation plus personnelle voire intime se développa au cours des longues marches que les deux hommes effectuaient et que Péguy s'est plu à évoquer dans certains *Cahiers*[2]. En effet, Péguy s'installa en 1908 au hameau de Lozère, séparé de Jouy-en-

---

blique" », récit de l'inauguration du monument de Dalou. D. Halévy qui avait également assisté à la cérémonie avait été frappé par ce récit et avait écrit un article sur ce texte de Péguy que l'Union pour la vérité refusa de publier (cf. Daniel Halévy, *Péguy et les Cahiers..., op. cit.*, pp. 98-99).

1. Daniel Halévy, « Ma première rencontre avec Péguy » [souvenirs inédits dictés en 1959], *L'Amitié Charles Péguy*, avril-juin 1997, n° 78, p. 85. Il avait également confié ce souvenir à Jean Guitton en 1950 (cf. Jean Guitton, *Journal de ma vie. 1. Présences du passé*, Paris, DDB, 1976, p. 165).

2. Notamment dans : *De la situation faite au parti intellectuel dans le monde moderne devant les accidents de la gloire temporelle*, IX-1, 6 octobre 1907.

Josas par le plateau de Saclay que les deux hommes franchissaient et arpentaient ensemble. Péguy a évoqué avec finesse et humour le pas de D. Halévy : « [...] votre pas, qui est sensiblement plus fort que le mien, plus voulu, plus robuste, plus territorial, mais peut-être un tout petit peu plus intellectuel [...] [1]. »

Halévy, comme certains auteurs publiés par Péguy, soutint moralement et financièrement l'œuvre des *Cahiers* : il fit abonner certains de ses amis (Proust notamment), souscrivit à l'emprunt de 1902, à cinq actions de la commandite de 1905 et participa à des abonnements offerts à des bibliothèques municipales. La première collaboration d'Halévy aux *Cahiers* date de 1903. Il avait fait paraître dans *Le Temps* un article sur « Michelet et Quinet » que Péguy lui demanda pour les *Cahiers*. D. Halévy reproduisit alors l'article qu'il fit suivre d'une présentation de textes de Quinet[2]. Il préparait à la même époque un cahier dont il était le seul auteur, son *Histoire de quatre ans* publiée en décembre 1903. En juin 1904, il réédita aux *Cahiers* le *Prologue d'une révolution* de Louis Ménard (1822-1901), un récit de la révolution de février devenu introuvable. Ce texte avait paru en feuilleton dans *Le Peuple* que dirigeait Proudhon. Ménard était en 1848 un militant démocrate, ami du docteur Blanche, père de Jacques-Emile. Il est probable que D. Halévy avait rencontré Ménard grâce à Blanche[3]. A la fin de l'année 1907, il publia un second texte littéraire dont il était l'auteur, *Un épisode*, puis en avril 1909, un cahier consacré à Nietzsche, *Le Travail du Zarathoustra*. Aux *Cahiers*, Halévy trouvait un lectorat ressemblant partiellement seulement à celui des *Pages Libres* : les lecteurs des *Cahiers* étaient essentiellement des représentants des professions intellectuelles, notamment des universitaires et des « secondaires », plus que des « primaires ». A l'époque, de toutes ces revues seule *La Vie ouvrière* comptait parmi ses abonnés une majorité de militants ouvriers.

Malgré les efforts de Péguy, l'entreprise des *Cahiers* était largement déficitaire et il devait sans cesse se mettre en quête d'abonnés nouveaux pour pallier les désabonnements réguliers. En juin 1909, dans *A nos amis, à nos abonnés*, Péguy révéla à tous la crise que traversaient les *Cahiers* et évoqua son épuisement, aspirant à un succès littéraire qui, seul, pourrait sauver l'entreprise. Michel Arnauld (1871-1941), ancien collaborateur de la *Revue Blanche*, critique de la jeune *NRF*, publia un article favorable à Péguy, « Les "cahiers" de Charles Péguy », qui parut

---

1. Charles Péguy, *O.P.C.*, t. II, p. 746.
2. *Edgar Quinet*, IV-21, 21 juillet 1903.
3. Le cousin de Daniel, le diplomate Philippe Berthelot, avait publié en 1902 *Louis Ménard et son œuvre*.

le 1ᵉʳ novembre 1909[1]. D. Halévy décida alors de profiter de cette circonstance pour consacrer lui aussi un éloge aux *Cahiers* dans un quotidien national. Dans *Le Temps* du 12 décembre 1909, Halévy fit paraître une étude en reprenant le même titre que M. Arnauld et dans laquelle il célébrait Péguy, « [...] lui-même un homme de lettres de grande race[2] ». Ces deux articles de la fin de l'année 1909 furent les premières manifestations de notoriété pour Charles Péguy dans des périodiques de grande diffusion, mais la situation économique des *Cahiers* ne s'en trouva pas améliorée pour autant.

Robert Debré (1882-1978) que Lucien Herr avait adressé à Péguy, avait fondé en 1901 avec Jacques Maritain un périodique socialiste destiné aux enfants, *Jean-Pierre*, que Péguy avait accepté d'héberger rue de la Sorbonne. Il a laissé un portrait intéressant de D. Halévy que confirment certaines photographies de l'époque : « Parmi les professeurs et les étudiants modestement et simplement habillés, apparaissait un homme portant un vêtement singulier, taillé dans un velours brun à côtes, dont l'originalité nous étonnait. Autour du cou, comme les artistes de son temps, une cravate lavallière et sur l'épaule une courroie soutenant une musette[3]. » Ce célèbre costume de velours que de nombreux mémorialistes littéraires décrivirent, contrastait avec la lavallière et le ton de sa conversation. L'habitude de s'habiller « simplement » remontait à la fréquentation des Universités populaires. Pour autant, personne ne se trompait sur l'origine sociale de D. Halévy, à commencer par Péguy qui dans divers textes figea Halévy dans la figure du grand bourgeois. En 1907 dans *De la situation faite au parti intellectuel dans le monde moderne devant les accidents de la gloire temporelle*, il écrivait : « Quelques jours après l'enterrement de Berthelot je rencontrais au débouché de la gare de Sceaux l'un de nos plus dévoués collaborateurs, un de ces – dignes – héritiers de ces grandes familles et de ces grands noms des Berthelot, des Halévy, de plusieurs de ces grandes familles républicaines ou libérales qui étaient et qui sont demeurées apparentées et comme tissues ensemble comme les grandes et ensemble les hautes dynasties de la science et des lettres et du monde moderne [...][4] » et dans un texte inédit, *Un poète l'a dit*, il ajoutait : « [...] nous sommes,

---

1. Michel Arnauld, « Les "cahiers" de Charles Péguy », *N.R.F.*, 1ᵉʳ novembre 1909, n° 10, pp. 258-283.
2. Daniel Halévy, « Les cahiers de Charles Péguy », *Le Temps*, 12 décembre 1909, p. 3. Arnauld avait écrit à propos de Péguy : « il sort du peuple, non de la plèbe » (*op. cit.*, p. 259), Halévy avait repris l'expression dans son article.
3. Robert Debré, « Préface » [1977] à : Daniel Halévy, *Péguy*, Paris, Pluriel-Poche, 1979 [rééd. du *Péguy* de 1944], p. 45.
4. *O.P.C.*, t. II, p. 720.

vous et moi, de vieux républicains [...][1]. » Républicains tous deux certes, mais de deux républiques différentes, l'un étant républicain de haute lignée et l'autre d'ascendance paysanne. Péguy n'a pas manqué par la suite de rappeler ce point commun et cette différence.

Pour autant, de nombreux points communs rapprochaient les deux hommes. On retrouve un socialisme de même tonalité : tous deux l'ont découvert dans *La Revue socialiste* ; la dimension morale a joué un rôle important, kantienne chez Péguy, issue du protestantisme chez Halévy. De même, à l'origine avaient-ils une même estime pour Jaurès. Malgré ce que Halévy avait écrit en 1900 de Jaurès sous l'influence de Péguy, il semble clair – d'après les propos de Péguy – que le comportement du chef socialiste à Japy ne remit pas en question l'attachement de son « collaborateur » à Jaurès, même après le congrès d'unité de 1905[2]. Si Jaurès attirait Halévy, l'entourage du premier éloignait a priori Halévy de *L'Humanité*, mais peut-être décida-t-il aussi de ne pas poursuivre sa collaboration à ce quotidien pour ne pas gêner Péguy que la fondation du journal avait achevé d'éloigner de Jaurès. L'influence de Jaurès sur Péguy fut en tout cas bien plus forte que sur Halévy, à la mesure sans doute de la déception puis de la hargne du directeur des *Cahiers*. En outre, leur socialisme avait en commun des nuances similaires : tous deux étaient hostiles à la lutte des classes et, sur le plan de l'action sociale, à la grève générale. En fait, Halévy et Péguy avaient, presque à la même époque, ressenti la distance qui les séparait du socialisme institutionnel : Péguy s'éloigna du parti à la suite du congrès de 1899, D. Halévy peu de temps après le congrès de Wagram vers 1900-1901. En 1909, Halévy décrivant les relations de Péguy et du socialisme, parlait en fait aussi pour lui-même : « [...] Il n'était pas né pour suivre un état-major de fonctionnaires enseignant la révolution par doctrine, ni pour s'accorder avec ces masses dont il avait tant espéré, et qu'il voyait obéissantes à des guides si médiocres[3]. » Halévy enfin paraissait souscrire à la dimension libertaire du socialisme de Péguy. Dans un article de 1909 des *Pages Libres* consacré aux nouveaux aspects du socialisme, il revenait sur une conférence faite par Péguy à l'Ecole des hautes études sociales (E.H.E.S.) en janvier 1904 dans laquelle celui-ci s'était penché sur la question du pouvoir et de l'autorité : « Il avait défini deux

---

1. *O.P.C.*, t. II, p. 786.
2. A l'été 1905, Péguy écrivait dans *Heureux les systématiques* en parlant d'Halévy : « [...] un homme qui aime beaucoup Jaurès [...]. » (*O.P.C.*, t. II, p. 245) et en novembre 1905, en introduction à : Etienne Avenard, *Le 22 janvier nouveau style* : « [...] un homme qui a pour Jaurès une affection profonde [...]. » (*O.P.C.*, t. II, p. 83.)
3. Daniel Halévy, « Les Cahiers de Charles Péguy », *Le Temps*, 12 décembre 1909, p. 3.

formes de l'autorité, la forme *cratie* et la forme *archie*; celle-ci noble, celle-là dégradée. La *cratie*, disait-il, est l'autorité sans passé, sans principe et qui s'impose par la peur. L'*archie* est fondée sur des supériorités réelles, sur de longues expériences, sur des croyances, des nuances de consentement intime, des adhésions loyales [...]. Il se déclarait lui-même *acratiste*, mais *archiste*. Acceptons cette terminologie : elle a du sens, comme tout ce qu'écrit Charles Péguy[1]. » En 1943, D. Halévy revint sur cette nuance dans une lettre adressée à Charles Maurras dans laquelle il affirmait qu'il était acrate à cette époque. Au-delà de la question du socialisme, il y avait chez tous deux à l'égard du régime politique, un même scepticisme conforme à la fois à ce qu'avait dit Péguy en 1904 à l'EHES et à l'assentiment donné par Halévy. Enfin, une méfiance profonde chez Péguy pour le suffrage universel et pour le parlementarisme[2], prenant la forme d'une véritable hostilité chez Halévy, rapprochait les deux hommes. Sur la question religieuse, tous deux adoptèrent une position proche : Péguy était favorable en 1902 à la laïcisation mais hostile au combisme et au rôle de l'Etat dans la politique religieuse. D. Halévy, lui, avait fait entendre sa voix dans un projet d'article intitulé « Vive la liberté ! » envoyé à Charles Guieysse, pour les *Pages Libres*. Il regrettait l'application trop sévère de la loi sur les associations par le gouvernement Combes même si elle lui paraissait légitime sur le fond. L'enjeu lui paraissait être ailleurs et il réagissait en libéral hostile à l'emprise cléricale : il fallait contre le pouvoir de l'Eglise mener la « lutte d'idées[3] ».

L'empreinte profonde de l'école républicaine sur Péguy, nettement mise au jour par Géraldi Leroy, semble avoir nourri un certain conformisme chez lui et l'avoir empêché de basculer dans une attitude radicalement révolutionnaire. Ce fait très important mis en valeur par son biographe, faisait de lui le type même d'homme que D. Halévy aimait à fréquenter : un homme du peuple, partisan de la révolution sociale, mais ne lui sacrifiant pas le souci prioritaire de l'éducation ni celui de la culture classique. Dans *A nos amis, à nos abonnés*, Péguy

---

1. Daniel Halévy, « Les nouveaux aspects du socialisme », *Pages Libres*, 2 octobre 1909, n° 457, p. 371. La sténographie complète de cette conférence a été publiée (« Une conférence sur l'anarchisme politique », *Feuillets mensuels de l'Amitié Charles Péguy*, 15 mars-15 avril 1968, n° 139 et 140, pp. 3-36 et 2-28). Il est intéressant de relever que Péguy faisait une distinction étymologique entre le *cratos* (« autorité de puissance ») et l'*archos* (« autorité de commandement ») mais qu'il n'indiquait pas, dans cette conférence, à laquelle des deux allait sa préférence. S'en est-il ouvert à D. Halévy dans une conversation postérieure ou s'agit-il d'une présentation partiale de la part d'Halévy ?
2. Cf. Géraldi Leroy, *Péguy entre l'ordre et la révolution*, Paris, Presses de la FNSP, 1981, pp. 138-139.
3. A.P.G., Daniel Halévy, texte manuscrit intitulé « Vive la liberté ! », s.d. [1902], non publié.

rappelait l'esprit des *Cahiers* auquel Halévy devait probablement souscrire : « [...] c'est le dernier refuge, le seul refuge sérieux de tous les hommes qui ont gardé quelque attachement pour la culture dans le relâchement, dans l'abaissement général des compétences et des caractères. C'est littéralement le dernier rendez-vous des hommes de bonne compagnie[1]. »

Mis à part ces points d'entente intellectuelle entre les deux hommes, restaient les questions de caractère. Lisant l'introduction au cahier de Zangwill, *Chad Gadya!* (1904), dans laquelle Péguy attaquait en règle Renan et commençait sa dénonciation du « monde moderne », D. Halévy se voyait contraint d'exprimer des réserves : « Je redoute ce Péguy. Il m'entraîne et il me heurte, je l'admire, je maugrée, et je m'irrite de l'aimer, ce guerrier toujours en arrêt. Qu'il insulte, qu'il détruise, soit! Je comprends la besogne. Mais je ne comprends pas cette joie de l'insulte et de la destruction qui, je le crains, est essentielle en Péguy. Il se baigne, il se régénère, il se dilate à être hostile[2]. » Après la lecture de *De la situation faite au parti intellectuel dans le monde moderne*... Halévy le complimenta tout en le mettant en garde contre son absence grandissante de retenue. C'est sans doute Romain Rolland qui a le mieux mesuré l'ambiguïté de la relation entre les deux hommes : « Péguy n'était pas "gentil" [...]. Pour aucun il n'a été plus impitoyable que pour Halévy. Je n'en répéterai point tout ce qu'il m'a dit. Il ne pouvait plus supporter de faire route ensemble. [...] Il disait : – "C'est une malédiction d'être riche !" [...]. Mais cela ne diminue en rien la "bienfaisance" naturelle de Halévy à son égard. Et le "paysan" lui en avait une gratitude. Mais il rageait[3]. »

Halévy-Ulysse et la pensée sorélienne

Dans l'article du *Temps* de 1909 consacré aux *Cahiers*, D. Halévy avait évoqué la personne de Georges Sorel : « Chaque jeudi, l'inconfort aidant, on y tient jusqu'à douze. Pas une barbe grise, mais une barbe blanche : M. Georges Sorel, l'auteur des *Réflexions sur la violence*, tou-

---

1. *O.P.C.*, t. II, p. 1275.
2. Daniel Halévy, « Chad Gadya ! », *Pages Libres*, 3 décembre 1904, n° 205, p. 483. Halévy se rêve alors dictateur pour déporter Péguy à Sainte-Hélène, avec son imprimerie, pour qu'il puisse continuer à produire les *Cahiers*, mais en ermite. Prudent, Guieysse avait communiqué l'article avant publication à Péguy qui l'approuva (cf. Daniel Halévy, *Péguy et..., op. cit.*, p. 119, n. 1).
3. Lettre de Romain Rolland à Jean Guéhenno, 15 juillet 1934, reproduite dans *L'indépendance de l'esprit. Correspondance entre Jean Guéhenno et Romain Rolland 1919-1944*, Paris, Albin Michel, « Cahiers Romain Rolland » n° 23, 1975, p. 305.

jours là, sur une chaise que nul n'occuperait, assiste mais ne préside pas, cause mais n'endoctrine pas, et fait passer sur ces jeunes hommes l'intransigeance de ses colères, de ses amours, la salutaire ardeur de sa recherche inarrêtable[1]. » Celui qui était un des habitués des « jeudis » de la rue de la Sorbonne eut un rôle important dans la maturation intellectuelle de D. Halévy, dans la période qui succéda à celle du « deuxième dreyfusisme ».

Bourgeois libéral, polytechnicien et ingénieur des Ponts et Chaussées, Georges Sorel (1847-1922) avait pris sa retraite en 1891. Il se consacra alors à une réflexion sur Marx dont il fut, avec les économistes libéraux, l'un des introducteurs en France[2], en participant notamment à la création du *Devenir social* en 1895. D. Halévy a connu Sorel à une date indéterminée, entre 1900 et 1904, mais la rencontre a certainement eu lieu dans la boutique de Péguy ou encore à la Société française de philosophie dont Elie Halévy était un des animateurs et que Sorel fréquentait assidûment. Par ailleurs Sorel, dreyfusard, fut jusqu'en 1906 l'un des administrateurs de l'Ecole des hautes études sociales qui avait voisiné avec les *Pages Libres* et les *Cahiers de la Quinzaine*. Il est certain, le *Journal* l'atteste, que D. Halévy voyait régulièrement Sorel lors de ses visites hebdomadaires du jeudi. Quoi qu'il en soit, que D. Halévy l'ait fréquenté dans sa période réformiste ou syndicaliste révolutionnaire, il n'a connu en Sorel que le penseur hostile à la pensée marxiste et à sa traduction guesdiste dans le mouvement ouvrier français. Sorel collaborait étroitement avec Hubert Lagardelle (1875-1914) au *Mouvement socialiste*, comme le montrent les très précieuses correspondances de Sorel avec Lagardelle, Edouard Berth et Paul Delesalle, et possédait une solide connaissance du mouvement ouvrier. Ses relations intellectuelles avaient acquis une dimension européenne par ses contacts en Italie qui avaient favorisé ceux que Daniel Halévy avait noués de son côté. Sorel avait ainsi fait la connaissance de Benedetto Croce (1866-1952), philosophe d'origine bourgeoise qui s'était intéressé à la même époque que Sorel à Marx, avant, comme lui, de s'en éloigner. Croce suivait l'œuvre de Sorel dans sa revue *La Critica*, fondée en 1903. Lié avec des syndicalistes et des penseurs italiens, Sorel eut dans ce pays une certaine influence[3], notamment après la publication des *Réflexions*

---

1. Daniel Halévy, « Les Cahiers de Charles Péguy », *Le Temps*, 12 décembre 1909, p. 3.
2. Cf. sur ce point Shlomo Sand, *L'Illusion du politique...*, op. cit., 277 p.
3. Cf. dans le volume précité les contributions de Jean-Luc Pouthier, Bruno Somalvico et Giovani Busino ainsi qu'à Willy Gianinazzi, « Chez les "soréliens italiens" », dans Michel Charzat (dir.), *Georges Sorel Cahiers de l'Herne*, Paris, éditions de l'Herne, 1986, pp. 202-212.

sur la violence ; il contribua en retour à faire connaître en France les œuvres de Croce, Pareto et Michels.

Sorel, très attentif aux publications ouvrières, lisait les *Pages Libres* et les premières mentions de D. Halévy dans sa correspondance concernent en 1905 les projets de publications de Guieysse et Halévy[1]. Daniel Halévy, de son côté, avait assisté à plusieurs débats de la Société française de philosophie au cours desquels Sorel était intervenu. Rendant compte d'un débat sur la démocratie pour les *Pages Libres*, il présentait « [...] ce penseur ardent et singulier que l'Université n'a pas formé, qui n'a rien d'elle[2] » et résumait les divers thèmes de son intervention : Sorel s'était montré hostile à « l'égalité des conditions » que les meilleurs ne souhaitaient pas, plaçant plutôt leurs espérances dans de « grandes jouissances » qu'ils pouvaient acquérir, « au-delà du lot commun ». D'autre part, il fallait organiser le travail sans que se développe l'instinct de propriété privée et pour cela forger de nouvelles mœurs afin de promouvoir la « morale des producteurs ». Enfin Sorel terminait par une double condamnation, de la S.F.I.O. et du régime républicain : « [...] le Parti socialiste français fait en grande partie fausse route ; il est encore imbu de l'ancienne conception de la démocratie ; nous vivons en France sur des idées de plusieurs siècles ; la conception rationaliste d'une démocratie politique, étatiste et parlementaire nous poursuit[3]. » Elitisme, ouvriérisme et condamnation de la démocratie parlementaire, telles apparaissaient les idées principales de Sorel avec lesquelles, sans toutefois prendre trop ouvertement position dans cet article, D. Halévy paraissait s'accorder.

Au cours de l'année 1906, Sorel avait publié une série de réflexions sur la psychologie ouvrière dans *Le Mouvement socialiste*, que D. Halévy avait attentivement lues. En mai 1907, il proposa à Sorel de publier ces articles en volume, dans la collection d'ouvrages des *Pages Libres*. Halévy en parla également à André Spire : « J'eus l'idée de les publier en volume, je le dis à Spire, qui prit feu, voulut être de l'entreprise [...][4]. » C'est à l'occasion de cette proposition que débuta

---

1. Lettre de Georges Sorel à H. Lagardelle, 20 mai 1905, reproduite dans : « Lettere di Giorgio Sorel a Uberto Lagardelle », *Educazione fascista Rivista di politica, arte e letteratura*, giugno 1933-XI, p. 516 et lettre de G. Sorel à Edouard Berth, 21 juillet 1905, reproduite dans : *Cahiers Georges Sorel*, n° 3, 1985, p. 114.
2. Daniel Halévy, « Notes et lectures. Un entretien sur la démocratie », *Pages Libres*, 16 mai 1908, n° 385, p. 91.
3. *Ibid.*, p. 100.
4. Daniel Halévy, « Voici quelque... », *op. cit.*, p. 33. André Spire après la mort d'Halévy prétendit, à tort, être à l'origine de cette idée (André Spire, *Souvenirs à bâtons rompus*, Paris, Albin Michel, « Présences du judaïsme », 1962, p. 153).

une importante correspondance entre Sorel et Halévy[1]. Le 27 mai 1907, Sorel acceptait et proposait d'ajouter une préface[2] ; en juin Lagardelle donnait son autorisation au nom du *Mouvement socialiste*. Ce projet, à l'heure où Guieysse s'était retiré de la revue, multiplia les occasions de heurts avec Maurice Kahn, qui devait tenir compte de la mauvaise passe financière dans laquelle se trouvait la revue. Spire et Halévy financèrent chacun par moitié[3] ce projet destiné à un grand succès et qui selon Jean Variot procura un public à Sorel, le tirant des revues plutôt confidentielles dans lesquelles il avait jusque-là publié : « C'est Daniel Halévy, on peut le dire aujourd'hui, qui aida à mettre au jour la première édition des *Réflexions sur la violence*, en un temps où Sorel, connu dans certains cénacles mais à peu près inconnu des élites françaises, avait peine à trouver un éditeur [...][4]. » L'ouvrage fut mis en librairie en mai 1908, se vendit bien et dès septembre 1908 les deux éditeurs pouvaient espérer récupérer à court terme leur avance. En septembre 1909, Marcel Rivière qui devint l'éditeur attitré de Sorel, procédait à une première réédition de l'ouvrage épuisé, puis à une seconde en janvier 1910.

Dans la lettre par laquelle Sorel avait donné son accord à la publication des *Réflexions*, il avait également proposé à Halévy de collaborer au *Mouvement socialiste* de Lagardelle. Sorel participait alors pleinement au mouvement de relance du périodique et il écrivait sans fard à Lagardelle : « J'ai aussi écrit à Platon et à Daniel Halévy. J'ai demandé à ce dernier des articles de critique littéraire. S'il accepte, on aura de la très bonne copie, car il a beaucoup de talent, et je pense qu'il pourra nous amener quelques abonnés, parce qu'il a de bonnes relations. En tout cas, ce n'est pas un compagnon gênant, ni surtout encombrant[5]. » Halévy promit sa collaboration à Lagardelle et s'abonna au *Mouvement*.

---

1. Editée par Michel Prat : « Lettres de Georges Sorel à Daniel Halévy (1907-1920) », *Mil neuf cent*, n° 12, 1994, pp. 151-223. Les lettres d'Halévy n'ont pas pu être retrouvées, comme l'ensemble des papiers de Sorel.
2. Lettre de G. Sorel à D. Halévy, 27 mai 1907, reproduite dans : « Lettres de Georges Sorel à Daniel Halévy (1907-1920) », *op. cit.*, pp. 156-157. La préface parut d'abord au *Mouvement* : Georges Sorel, « Lettre à Monsieur Daniel Halévy », *Le Mouvement socialiste*, 15 août-15 septembre 1907, n° 189-190, pp. 137-165.
3. Chacun apporta 650 francs, remboursés par la vente de 600 exemplaires.
4. Jean Variot, *Propos de Georges Sorel*, Paris, Gallimard, 1935, pp. 13-14. Sur l'utilisation de cet ouvrage, les soréliens divergent : Shlomo Sand a formulé d'importantes réserves sur la possibilité de l'utiliser (Shlomo Sand, *op. cit.*, pp. 15-17), alors que Pierre Andreu a défendu l'authenticité des *Propos* de Variot (Pierre Andreu, « Lettres de G. Sorel à E. Berth. Introduction », *Cahiers Georges Sorel*, 1985, n° 3, pp. 79-80, n. 5).
5. Lettre de G. Sorel à H. Lagardelle, 28 mai 1907, reproduite dans : « Lettere di Giorgio Sorel a Uberto Lagardelle », *Educazione fascista. Rivista di politica, arte e letteratura*, ottobre 1933-XI, p. 958.

La démarche de Sorel auprès d'Halévy ne relevait pas seulement d'un échange de bons procédés. Il y avait en effet chez les deux hommes une commune sensibilité libérale. Qualifié par Shlomo Sand de « libéral égaré[1] », Sorel, qui tenait en haute estime Ludovic Halévy voyait – comme Péguy – en son fils Daniel un descendant des grandes familles libérales du siècle précédent et plaçait très haut son talent et son jugement littéraires. Tout au long de l'œuvre politique de Sorel, court le thème du dépérissement du libéralisme politique en France[2] : ce penseur paradoxal n'a pas caché l'estime qu'il portait aux aristocraties libérales et parlementaires du XIXe siècle[3], tout en contribuant à la formulation d'une théorie du syndicalisme révolutionnaire. Chez Sorel, D. Halévy appréciait ce qu'il aimait constater dans la formation intellectuelle des adhérents des U.P., c'est-à-dire des qualités d'autodidacte. Sorel s'en était expliqué dans la « Lettre à Daniel Halévy » publiée en tête des *Réflexions* : « Pendant vingt ans j'ai travaillé à me délivrer de ce que j'avais retenu de mon éducation ; j'ai promené ma curiosité à travers les livres, moins pour apprendre que pour nettoyer ma mémoire des idées qu'on lui avait imposées. Depuis une quinzaine d'années je travaille vraiment à apprendre ; mais je n'ai point trouvé de gens pour m'enseigner ce que je voulais savoir ; il m'a fallu être mon propre maître et, en quelque sorte, faire la classe pour moi-même[4]. » Mais Halévy distinguait l'homme de l'œuvre : l'attitude de D. Halévy à l'égard des *Réflexions* est emblématique de sa faculté à s'intéresser aux idées neuves, tout en les tenant à distance. Ce livre qui était un hymne à la gloire du mouvement ouvrier était également une apologie du mythe de la grève générale, un éloge de la violence prolétarienne et un des textes fondateurs de l'anti-intellectualisme : « [...] nous nous sommes bornés à reconnaître la portée historique de la notion de grève générale ; nous avons cherché à montrer qu'une culture nouvelle pourrait sortir des luttes engagées par les syndicats révolutionnaires contre le patronat et contre l'Etat ; notre originalité la plus forte consiste à avoir soutenu que le prolétariat peut s'affranchir sans avoir besoin de recourir aux enseignements des professionnels bourgeois de l'intelligence[5]. » Or, Halévy était hostile à cette idée, développée tout au long du livre de Sorel. En 1907, il avait comparé les *Réflexions* à *L'Evolution créatrice* de

---

1. Shlomo Sand, *op. cit.*, p. 219.
2. *Ibid.*, p. 214.
3. Cf. John L. Stanley, « La critique conservatrice du libéralisme », dans Michel Charzat (dir.), *op. cit.*, pp. 94-106.
4. Georges Sorel, *Réflexions sur la violence*, Paris, Librairie de Pages Libres, 1908, p. IX.
5. *Ibid.*, p. XXXIX.

Bergson[1], autant en raison du bergsonisme de Sorel que pour la valeur intrinsèque de son ouvrage. Devant celui-ci cependant, il n'abdiquait pas de son jugement critique et écrivait dans ses *Notes* qu'à l'égard de Sorel il fallait adopter la même attitude qu'Ulysse face aux chants des sirènes : l'écouter mais ne point le suivre.

Mis à part les relations nouées à l'intérieur de la boutique de la rue de la Sorbonne, le milieu des *Cahiers* donna à Daniel Halévy l'occasion de faire d'autres rencontres. Il était lu par les abonnés et, comme aux *Pages Libres*, D. Halévy nouait parfois des liens avec ses lecteurs. Ainsi Georges Guy-Grand qui, ayant lu *Un épisode* en avait fait un compte rendu dans les *Annales de la jeunesse laïque*. A la suite des appréciations favorables de Guy-Grand, D. Halévy lui avait écrit. Les deux hommes échangèrent jusqu'à la mort de Guy-Grand, une abondante correspondance, particulièrement dense dans la période 1908-1914. Georges Guy-Grand (1879-1957), né à Clairvaux dans le Jura de Proudhon, avait fait des études de philosophie à Besançon, où il avait été l'élève d'Edouard Droz, puis à Montpellier. Licencié ès lettres et en droit, il devint instituteur à Lyon puis à l'école normale d'instituteurs de Dijon. Il s'occupait des *Annales de la jeunesse laïque* qu'il dirigeait presque à lui seul et s'était abonné aux *Cahiers* en 1907. L'entente avait été rapide entre les deux hommes qui se communiquaient avis et jugements sur leurs travaux réciproques. Guy-Grand vint d'abord chercher conseil et appui auprès d'Halévy puis, à partir de 1910 tous deux s'entretenaient sur un pied d'égalité. Dès la première lettre, D. Halévy s'était ouvert de ses doutes, indiquant qu'il croyait fondées la plupart des critiques adressées à la démocratie tout en se proclamant dans l'incapacité d'accepter les solutions réactionnaires. Guy-Grand, pourtant attaché à l'école laïque et à la République, se trouvait reconnaissait-il, dans une situation identique. Les échanges portèrent rapidement sur la pensée de Sorel et D. Halévy qui avait été son éditeur dut préciser qu'il le lisait et l'écoutait mais n'était pas un de ses disciples. Guy-Grand qui publia toute une série d'articles dans les *Annales* sur la question du syndicalisme révolutionnaire (« La philosophie syndicaliste ») demanda à Halévy de se faire son intercesseur auprès de Péguy. En lui transmettant la réponse négative de Péguy, Halévy lui recommanda de transformer ses articles en livres et lui transmit quelques conseils à cet effet. Il favorisa également ses publications à la *Revue de métaphysique et de morale* et lui proposa d'écrire, à défaut des *Cahiers de la Quinzaine*, aux *Pages Libres*.

---

1. Daniel Halévy, « Lectures. Les Partis en France », *Pages Libres*, 3 août 1907, n° 344, pp. 126-127.

A la recherche d'un roman

L'Affaire Dreyfus et la collaboration aux *Pages Libres* avaient interrompu une carrière littéraire dans laquelle Daniel Halévy s'était engagé en 1897 lors des premiers travaux consacrés à Nietzsche. Pendant les années du « deuxième dreyfusisme » le travail commun avec Guieysse et Kahn, à l'Enseignement mutuel, l'avait profondément absorbé. Il se trouvait là confronté à des milieux totalement étrangers aux soucis esthétiques qui étaient les siens. Ce changement de milieu s'était traduit par l'abandon des publications à caractère littéraire qui ne reprirent qu'en 1903.

En fait, le retour à la littérature pure de D. Halévy prit la forme de réponses à des sollicitations plutôt qu'une décision délibérée de sa part. Les articles écrits dans la période 1903-1907 parurent à *La Grande France*, aux *Essais* et aux *Lettres,* trois revues dans lesquelles il comptait nombre de relations. Celles-ci avaient toutes pour point commun le fait de se tenir à distance des questions sociales et politiques au profit de préoccupations purement esthétiques.

Maxime Leroy avait demandé à D. Halévy de collaborer à *La Grande France*. D'après ses rédacteurs, Marius (1877-1955) et Ary (1880-1958) Leblond, la revue « [...] était patriotique antinationaliste. Son idéal était une France grande par sa valeur d'humanité, tutrice des peuples enfants, protectrice des nations opprimées[1] ». Les frères Leblond avaient renchéri sur la proposition de Leroy. Il y publia trois textes en 1903, puis n'y collabora plus. Le premier d'entre eux était une série de « Poèmes en prose[2] », ayant tous été écrits entre 1895 et 1897, période de dilettantisme. Le second comportait des traductions de lettres de Nietzsche à Taine, le dernier était une note de lecture consacrée aux livres des frères Rosny. Au début de l'année 1904, son jeune beau-frère Jean-Louis Vaudoyer lui demanda son appui et sa collaboration pour une nouvelle revue dont Daniel Halévy proposa le titre, *Les Essais*. Jean-Louis Vaudoyer (1883-1963)[3], après des études à l'Ecole du Louvre, avait rencontré Louis Metman, conservateur du Musée des arts décoratifs qui lui

---

1. Réponse de Marius et Ary Leblond à une enquête sur les revues d'avant-garde dans : *Belles-Lettres*, décembre 1924, n° 62-66, p. 151 [reprint Ent'revues, 1990].

2. Daniel Halévy, « Poèmes en prose », *La Grande France*, janvier 1903, n° 35, pp. 17-21.

3. Cf. Claudine Darre-Biere, *Jean-Louis Vaudoyer et son œuvre*, thèse de doctorat de lettres sous la direction du professeur Michel Raimond, Paris-IV Sorbonne, 1990, 512 p.

avait proposé de devenir attaché au Musée en 1904. Ayant du goût pour les lettres, Vaudoyer avait commencé une carrière mondaine dans le salon d'Augustine Bulteau. Il fut l'administrateur et le gérant des *Essais*[1], aidé de deux secrétaires de rédaction, Eugène Marsan et Henri Martineau. Daniel Halévy collabora peu à cette revue, mais il fit à cette époque la connaissance des amis de son beau-frère, notamment Catherine Pozzi (dont le père, Samuel Pozzi avait fréquenté le salon de Geneviève Straus) mais également d'autres écrivains avec qui il renforça ses liens dans les années 1920 : les suisses Robert et Georges de Traz, Edmond Jaloux, Henri de Régnier et Charles Du Bos. L'inspiratrice des *Essais* était une amie de Jacques-Emile Blanche, la poétesse Anna de Noailles (1876-1933), que des recueils de poèmes – *Le Cœur innombrable* en 1901, *L'Ombre des jours* en 1902 et *La Nouvelle Espérance* en 1903 – avaient fait connaître récemment. D. Halévy l'avait rencontrée à diverses reprises en 1898[2]. Esthétisme et éclectisme caractérisaient *Les Essais* dont l'inspiration devait autant à Vaudoyer qu'à Anna de Noailles. La revue était en « [...] réaction contre "l'art social"[3] » et « [...] les thèmes majeurs rejoignent ceux d'Anna de Noailles : le naturisme – le désir de conjuguer exotisme et tradition française, nietzschéisme et altruisme, paganisme dionysien et christianisme mystique[4] ». D. Halévy donna deux études, dans la ligne esthétisante de la revue, « L'histoire d'Iphigénie » dans le premier numéro, travail de critique littéraire pré-lansonien, comparant les différentes Iphigénies d'Euripide, de Racine, Goethe et Gluck et le « Secret de la Toscane », étude largement inspirée de ses articles antérieurs de *La Revue de Paris* en 1898. Sous la forme d'un récit de voyage, cet article était une méditation historique et psychologique assez convenue sur l'âme toscane. D. Halévy collabora également à la revue *les Lettres* dont Fernand Gregh, inlassable animateur de revues, était à l'initiative. Financée à moitié par son fondateur, son premier numéro parut en mars 1906. Gregh souhaitait que D. Halévy se charge de la chronique « documents[5] », mais celui-ci ne donna qu'un seul article en 1907, de facture nettement littéraire. Dans « Entretien », il mettait en scène un dialogue philosophique entre Sérénus, Polyphile et Cosinus dans une

---

1. *Ibid.*, pp. 46-55.
2. Constantin de Brancovan, frère d'Anna de Noailles, avait offert en 1903 à D. Halévy de collaborer à *La Renaissance latine* mais celui-ci n'avait pas donné suite à cette proposition.
3. Claude Mignot-Ogliastri, « Sous l'égide d'Anna de Noailles, une revue de jeunes écrivains : Les Essais (1904-1906) », *Travaux de linguistique et de littérature*, 1986, t. 14, n° 2, p. 114.
4. *Ibid.*
5. Fernand Gregh, *L'Age d'airain (Souvenirs 1905-1925)*, Paris, Grasset, 1951, p. 76.

Agora imaginaire d'une Grèce du XXᵉ siècle qui avait conservé de l'Antiquité le goût de la conversation.

Un autre projet avait vu le jour au cours de l'année 1903. D. Halévy avait entrepris un travail qu'il souhaitait faire paraître en volume, consacré à la duchesse de Broglie. En fait cette idée était plus ancienne : en 1896, il avait lu les lettres de la duchesse de Broglie publiées par son fils. Née en 1797 et décédée en 1836, Albertine de Staël était la fille de Germaine de Staël. Elle avait épousé Victor de Broglie (1785-1870), et avait donné naissance à Albert de Broglie (1821-1901), dont on sait les relations avec Ludovic Halévy. Méthodiste tandis que son mari était catholique, elle avait publié divers écrits à caractère religieux. Halévy était en sa compagnie dans un univers radicalement différent de celui des *Cahiers* et des *Pages Libres*. Il remit le manuscrit de son étude à Robert Dreyfus avant de partir à Rome pour *L'Humanité*, mais ce dernier l'ayant jugé sans intérêt, Daniel Halévy l'abandonna définitivement. Face aux diverses propositions des revues issues de milieux dont il s'était détaché au moment de l'affaire Dreyfus – sans cesser de les fréquenter tout à fait – il s'était interrogé sur ces gammes littéraires. *Les Essais*, *la Grande France* et *Les Lettres* lui ouvraient un avenir d'écrivain mondain, comme pour certains de ses proches, Fernand Gregh, Jean-Louis Vaudoyer ou Marcel Proust. Mais ces collaborations, variées, restées sans lendemain, indiquent que l'engagement de D. Halévy aux *Pages Libres* et aux *Cahiers* était plus fort. En outre, à la même époque, il avait repris ses travaux sur Nietzsche. Son engagement dans les rangs dreyfusards, s'il l'avait contraint à suspendre les débuts de sa carrière littéraire, n'avait pas diminué son intérêt pour Nietzsche. En août 1898, il avait esquissé un premier projet de biographie de Nietzsche. Sans avoir alors le temps d'y travailler, il continuait à lire les œuvres de Nietzsche qu'Elisabeth Förster-Nietzsche publiait peu à peu. Au début du siècle, les études nietzschéennes en France avaient connu d'importants développements et la situation n'était plus la même qu'à la fin des années 1890. Mis à part les articles que continuait à publier régulièrement le *Mercure de France*, un universitaire, Henri Lichtenberger, s'était emparé du sujet, publiant de nombreuses études et l'évoquant du haut de sa chaire. Des ouvrages parurent, consacrés à Nietzsche, sous la forme d'essais : ainsi Pierre Lasserre (1867-1930), agrégé de philosophie, proche de l'Action Française avait fait paraître en 1902 *La Morale de Nietzsche*, panégyrique d'un Nietzsche ennemi du romantisme. Lichtenberger l'année suivante, avait publié dans ses *Etudes sur la philosophie morale au XIXᵉ siècle*, une partie entière consacrée au penseur allemand. Jean Bourdeau (1848-1930), feuilletoniste aux *Débats*, chroniqueur à la *Revue des Deux Mondes*, traducteur de Schopenhauer et de Heine, était à l'époque l'un des meilleurs spécialistes français de la pensée allemande. Sorel qui le connaissait bien, le tenait en grande estime[1]. En 1888, Nietzsche qui s'était adressé à Taine pour la traduction de ses œuvres en France avait été renvoyé sur Bourdeau. Le critique fit paraître un recueil d'articles en 1904 intitulé *Les Maîtres de la pensée contemporaine* consacré à divers auteurs, dont Nietzsche. Emile Faguet (1847-1916), critique dramatique aux *Débats* et professeur à la Sorbonne[2], avait fait paraître en même temps que Bourdeau une courte étude, *En lisant Nietzsche*. Ainsi, indéniablement les universitaires s'intéressaient de plus en plus à Nietzsche et la bibliographie française le concernant ne cessait de croître. En 1903 d'ailleurs, Henri Albert – le traducteur rival de D. Halévy – avait fait paraître chez Sansot un *Frédéric Nietzsche, essai bibliographique*, indice de l'évolution des travaux sur Nietzsche. Mais, si les analyses de la pensée nietzschéenne s'étaient multipliées, le domaine de la biographie restait encore inexploré en France. A cette époque, le seul ouvrage faisant autorité était celui d'Elisabeth Förster-Nietzsche qui, en 1895 et 1897, avait fait paraître en Allemagne les deux premiers volumes de la vie de son frère, et en 1904 le dernier.

Le signe d'un retour de D. Halévy à son projet de 1898, celui d'écrire une vie de Nietzsche, date de décembre 1904. Ayant reçu le troisième tome de la biographie allemande, il avait repris son travail. Auparavant en 1902 et 1903, il avait régulièrement rendu compte des nouvelles publications de Nietzsche outre-Rhin et publié des fragments inédits, comme la correspondance Nietzsche-Taine[3]. A la fin de l'année 1906, il avait presque achevé de rédiger la période 1844-1869 et publiait son manuscrit à la *Revue de Paris* en mai 1907[4]. Soucieux de parfaire sa biographie et de trouver, sinon de susciter un public, il continua de procéder par pré-publications, en faisant paraître d'autres parties de son travail en 1908[5]. En tête de son article consacré aux relations Overbeck-Nietzsche, il avait émis un jugement sur la biographie de la sœur de Nietzsche : « [...] œuvre considérable, mais œuvre de femme et de sœur,

---

1. Cf. « Lettres de Georges Sorel à Jean Bourdeau. Première partie : 1906-1913 », *Mil neuf cent*, n° 14, 1996, pp. 172-222 et « Lettres de Georges Sorel à Jean Bourdeau. Deuxième partie : 1913-1921 », *Mil neuf cent*, n° 15, 1997, pp. 127-214.
2. Cf. Antoine Albalat, *Souvenirs de la vie littéraire*, Paris, Armand Colin, 1993 [1re éd. 1920], pp. 133-151.
3. Daniel Halévy, « Nietzsche, *Œuvres posthumes* », *La Grande France*, 15 mars 1902 ; « Frédéric Nietzsche (*Œuvres posthumes*) », *Le Temps*, 4 décembre 1902 ; « Faits et notices. Nietzsche et Taine », *La Grande France*, juillet 1903, n° 41.
4. Daniel Halévy, « L'enfance et la jeunesse de Nietzsche », *Revue de Paris*, 1er et 15 mai 1907.
5. Daniel Halévy, « Frédéric Nietzsche et l'empire allemand », *Revue de Paris*, 15 juillet 1908 et « Overbeck et Nietzsche », *Journal des Débats*, 30 août 1908.

qui exalte plus qu'elle ne juge, qui contredit souvent, ou, par jalousie instinctive, déprécie certains témoignages d'amis[1]. » Cette critique que bien des analystes contemporains de Nietzsche partageaient, mais n'osaient pas formuler de peur de se voir interdire l'accès aux *Nietzsche-Archiv*, posait Daniel Halévy en biographe indépendant.

Comme nous l'avons souligné en introduction, Daniel Halévy est passé à la postérité littéraire comme « essayiste, biographe et historien », caractéristiques mentionnées de façon récurrente par les différentes histoires littéraires qui l'évoquent et dans les présentations de ses ouvrages réédités dans les années 1970 et 1990. Pour certains critiques et historiens de la littérature, Halévy est même l'incarnation de l'essayiste français. Cette appréciation ne tient pas compte de la première partie de sa carrière littéraire, avant la Grande Guerre, et s'attarde plutôt sur les essais et les biographies de l'entre-deux-guerres. Or c'est au moment où il reprit ses travaux littéraires au début du siècle, que se posa à lui la question du choix d'un genre littéraire. Les gammes littéraires exécutées entre 1903 et 1907 n'étaient que des petits travaux, des articles de revues sur lesquels l'aspirant écrivain ne pouvait espérer construire une réputation littéraire. En fait, ces variations littéraires avaient été précédées d'autres projets sur les intentions desquels D. Halévy était resté silencieux. Seuls le *Journal* et les *Notes* permettent de les connaître et de les comprendre. Ces documents sont précieux car ils peuvent expliquer la voie littéraire choisie par Halévy à une époque où la production littéraire évoluait en fonction des écoles et des genres.

A l'âge où il était encore au lycée Condorcet, on discerne à quelques allusions dans son *Journal* diverses ébauches de roman. En 1896, un an avant la reprise des travaux sur Nietzsche, il peinait toujours sur son projet de roman. La période de dilettantisme n'était pas encore achevée, et la difficulté de mener à bien ce projet l'illustre. Un autre projet lui fit reprendre la plume en mars 1898 mais celui-ci ne vit pas non plus le jour. Il est intéressant de noter que ces tentatives diverses d'écrire un roman apparurent au moment d'un essor très net de la production romanesque, au cours duquel ce genre considéré alors comme mineur parvint à s'imposer dans la production littéraire par rapport à la poésie et au théâtre longtemps dominants[2].

A la fin du mois de décembre 1903, Péguy publia aux *Cahiers*,

---

1. *Ibid.*
2. Cf. les études convergentes sur ce point de Michel Raimond, *La Crise du roman des lendemains du naturalisme aux années vingt*, Paris, Corti, 1966, 539 p., Rémy Ponton, *Le Champ littéraire, op. cit.*, p. 58 et Christophe Charle, *La Crise littéraire, op. cit.*, p. 33.

l'*Histoire de quatre ans. 1997-2001* de Daniel Halévy. La forme, un roman d'anticipation, était inhabituel par rapport aux textes littéraires publiés précédemment par Péguy. L'intrigue était originale. En l'an 1997, la société européenne avait été profondément bouleversée par la découverte soixante-douze ans plus tôt de l'albumine qui servait à produire des aliments. Sous la pression des masses, l'albumine avait été distribuée gratuitement. Il s'en était suivi une transformation radicale de la vie sociale : comme il n'était plus nécessaire de travailler pour se nourrir, le travail avait quasiment disparu, la vie était devenue un loisir pour tous. La société était en train de sombrer dans la pornographie, l'euthanasie et le culte de la mort. Halévy la décrivait dans une situation paradoxale où la suppression de la misère avait aggravé les difficultés de la vie sociale : « On inventait constamment de nouveaux procédés techniques, et de jour en jour montait cette richesse fangeuse où l'humanité paraissait s'enliser[1]. » Des « socialistes libertaires », tentant de résister au flot vivaient en communautés[2] : « Ils se retrouvaient constamment dans leurs maisons du peuple, leurs universités populaires, dans les colonies industrielles ou rurales qu'ils fondèrent[3]. » Avec eux, un savant de grand renom, Vincent Tillier, successeur de Marcelin Berthelot à la direction du Collège des hautes études scientifiques, essayait de sauver la civilisation : « Il s'était toujours maintenu en bon accord non pas (cela va de soi) avec la démocratie dégradée du suffrage universel, mais avec la démocratie organisée des associations ouvrières[4]. » Le collège de Tillier était une sorte d'abbaye de Thélème, un lieu de formation où les associations productrices et les syndicats ouvriers envoyaient leurs élites : la vie y était rigoureusement réglée entre l'étude, les travaux pratiques et les loisirs. Ainsi s'ébauchait une alliance des savants et de l'élite des libertaires pour essayer de sauvegarder l'Europe soumise à la dégradation, à la suite d'une découverte scientifique détournée. Une épidémie survenait alors touchant une grande partie de l'Europe et provoquant des morts par centaines de milliers. Certains scientifiques, élèves de Tillier parmi lesquels Herdey, décidaient de s'isoler dans des « cités hygiéniques » avec quelques socialistes libertaires afin de sauver l'humanité. Tillier lui-même était touché par la mystérieuse maladie. Celle-ci favorisait l'essor des civili-

---

1. *Histoire de quatre ans. 1997-2001*, Paris, « Cahiers de la quinzaine », 1903, V-6, p. 18.
2. A propos de l'importance de la collectivité et de l'éducation dans les utopies, cf. Raymond Trousson, *Voyages aux pays de nulle part. Histoire littéraire de la pensée utopique*, Bruxelles, éditions de l'Université de Bruxelles, 1975, pp. 23-25.
3. *Histoire de quatre ans...*, *op. cit.*, p. 19.
4. *Ibid.*, p. 37.

sations russes, arabes et asiatiques contre lesquelles luttaient désespérément, tels les Croisés dans les Etats latins d'Orient, quelques détachements militaires occidentaux qui se trouvaient aux confins du continent. Tillier retrouvait peu à peu la santé et le courage en lisant dans la Bible l'histoire de Noé et commençait à penser à une réorganisation de la société sur la base des cités hygiéniques et des colonies libertaires pour y établir « [...] le principe d'une réorganisation positive et durement aristocratique[1] ». La maladie semblait alors refluer et il recevait des différents noyaux sains de l'Occident des adhésions à son projet. La discipline était restaurée, les corrupteurs poursuivis : « [...] nul ne discutait les ordres donnés parce que réellement ils correspondaient à l'ordre des êtres et des choses[2]. » L'idéal d'une société nouvelle « disciplinée en bas, en haut libertaire[3] » était en voie d'édification sur fond de Fédération européenne en cours de constitution. Le jour où les pays déclaraient un à un leur adhésion, l'Orient se soulevait, des hordes kurdes et cosaques franchissaient la frontière polonaise. Tillier était assassiné par un illuminé, ayant ces derniers mots volontaristes à l'attention de Herdey : « L'histoire est traversée, seulement traversée... mais il faut pousser, Herdey [...]. Il faut pousser toujours[4]. »

La genèse de l'*Histoire de quatre ans* est tout à fait éclairante pour la compréhension et l'interprétation du texte. L'idée en vint à Halévy à la suite d'une lecture et d'un voyage en Angleterre. C'est en lisant en 1902 *Der Will zur Macht* qu'il apprit de Nietzsche le mécanisme de naissance des aristocraties par rapport aux foules égalisées, thème abordé dans l'*Histoire de quatre ans*. A Pâques 1902, peu de temps après, il découvrit avec horreur les foules des faubourgs londoniens et songea alors à l'idée d'un « conte » évoquant une épidémie qui balaierait les masses. Encouragé par Spire, il tira de cette expérience une conférence pour l'Enseignement mutuel. Il en fit une seconde causerie à Montreuil chez les anarchistes d'Emile Méreaux qui l'incita alors à l'écrire. Robert Dreyfus et Marcel Guérin[5] relurent le texte. Mary Robinson-Duclaux, la poétesse anglaise amie des Halévy, veuve d'Emile Duclaux, conseilla à

---

1. *Ibid.*, p. 104.
2. *Ibid.*, p. 108.
3. *Ibid.*, p. 116.
4. *Ibid.*, p. 143.
5. Marcel Guérin était un cousin de D. Halévy par les Vaudoyer. Dreyfusard, il s'était préoccupé d'action sociale et après le traditionnel voyage londonien au Toynbee Hall, il avait participé au projet de Bardoux et Schlumberger à la Fondation universitaire de Belleville. Négociant dans une affaire familiale de racahout, il était surtout un collectionneur éclairé d'objets d'art. (Cf. l'autobiographie de son fils Daniel Guérin, *Autobiographie de jeunesse. D'une dissidence sexuelle au socialisme*, Paris, Pierre Belfond, 1972, p. 15.)

Halévy d'alléger son manuscrit. En mai 1903, Halévy avait achevé son roman qu'il proposa à Péguy. Ainsi les ébauches de roman de la fin des années 1890 avaient débouché en 1903 sur l'*Histoire de quatre ans*.

Les réactions à cette parution furent d'abord d'ordre privé. Elles étaient élogieuses et émanaient d'écrivains reconnus ou de personnes dont Halévy estimait le jugement. Six jours après la mise en vente, Romain Rolland écrivait à Péguy : « Le Halévy m'a beaucoup intéressé. Je serais bien étonné, si ce livre n'avait pas un gros succès de librairie. – C'est tout à fait bien[1]. » Elie Halévy apprécia le texte et félicita son frère d'être un démolisseur de dogmes. Gabriel Séailles lui fit savoir l'appréciation flatteuse d'Anatole France et ce jugement fut confirmé à Halévy lors d'un dîner chez ses parents avec le critique danois Georges Brandès. En outre, Halévy pouvait se prévaloir du jugement de Péguy, qui, optimiste, avait non seulement tiré l'*Histoire* à trois mille exemplaires mais qui, en outre, en parla régulièrement dans les *Cahiers* sur le mode dithyrambique[2].

Cependant, les réactions publiques furent quasi nulles, la presse et les revues l'ignorant presque toutes. A la fin de l'année 1903, Péguy n'en avait vendu que vingt exemplaires. Seul, l'ancien député socialiste de l'Aisne, Eugène Fournière, membre de la rédaction de la *Revue socialiste* et militant coopérateur, consacra au roman un article favorable. Kahn avait promis un article dans les *Pages Libres* qui ne vit jamais le jour. Le silence de la critique fut complet et ce n'est qu'en 1910, après la notoriété que la *Vie de Nietzsche*, parue en 1909, avait procuré à D. Halévy, que l'on reparla de l'*Histoire*. Pourtant, deux auteurs contribuèrent à tirer ce texte de l'oubli dans lequel il était immédiatement tombé. Les paroles de France ne tenaient pas seulement à son amitié pour les Halévy. Le texte lui avait plu et il s'en était inspiré pour écrire *Sur la pierre blanche* en 1905[3]. France présentait dans ce conte un voyage dans le temps, du Ier siècle de l'Empire romain jusqu'à l'an 2270, sous forme de trois récits enchâssés. Le roman avait pour cadre initial le Forum romain en 1905 : des intellectuels français discu-

---

1. Lettre de R. Rolland à C. Péguy, 28 décembre 1903, reproduite dans : *Pour l'honneur de l'esprit. Correspondance entre Charles Péguy et Romain Rolland 1898-1914*, Paris, Albin Michel, « Cahiers Romain Rolland » n° 22, 1973, p. 289.

2. A l'été 1905, dans un texte inédit, « Heureux les systématiques », Péguy écrivait : « [...] l'immortel auteur de l'*Histoire de quatre ans* [...]. » (*O.P.C.*, t. II, p. 245) ; en novembre 1905 dans le « Courrier de Russie » (*ibid.*, p. 83) ; dans un inédit de 1907 « Un Poète l'a dit », « [...] de votre admirable, de votre inoubliable *Histoire de quatre ans* [...] » (*ibid., p.* 1016) ; dans *Victor-Marie, comte Hugo* en octobre 1910, « [...] votre merveilleuse *Histoire de quatre ans* [...] » (*op. cit.*, t. III, p. 197).

3. Le hasard voulut que cette utopie de France parût en feuilleton dans les premiers numéros de *L'Humanité* auxquels Halévy collabora pour son reportage à Rome.

taient avec Giacomo Boni, directeur des fouilles, et méditaient ensemble sur le passé et l'avenir de la civilisation européenne. L'un d'entre eux racontait alors la confrontation de la civilisation gréco-romaine avec le judaïsme et le christianisme naissant, incarné par Paul de Tarse. Galion, proconsul d'Achaïe influencé par la pensée stoïcienne, amené à trancher un litige judiciaire entre les Juifs et les disciples de Saint Paul, les renvoyait à leurs querelles, incapable de comprendre qu'il avait devant lui celui qui allait profondément bouleverser l'Empire romain. Cet exemple d'aveuglement passé amena Henry Dufresne à développer une méditation sur l'avenir. Ce jeune bourgeois se retrouvait au cours d'un rêve, transporté en l'an 2270 de la fédération européenne. La société capitaliste de « l'ère close » avait été bouleversée par une révolution ouvrière qui avait instauré une société collectiviste et pacifiste en supprimant la propriété collective, tout en sauvegardant la propriété individuelle. Les villes avaient été délaissées au profit des campagnes, le mariage avait disparu, remplacé par l'union libre et la femme n'était plus dépendante de son mari. Jean Boilly-Anatole France concluait, avec scepticisme, cette discussion commencée dans les ruines romaines, sur l'incapacité de l'humanité à envisager son devenir et sur sa propre contingence. D. Halévy eut le plaisir de lire sous la plume de France dans *Sur la pierre blanche* : « Daniel Halévy ne craint pas les Marocains. Avec plus de raison, il craint les Russes. Il raconte, dans son *Histoire de quatre ans*, la fondation en 2001, des Etats-Unis d'Europe. Mais il veut surtout nous montrer que l'équilibre moral des peuples est instable et qu'il suffit peut-être d'une facilité introduite tout à coup dans les conditions de l'existence pour déchaîner sur une multitude d'hommes les pires fléaux et les plus cruelles misères[1]. » Un autre écrivain, sans aucune notoriété, collaborateur depuis 1904 des *Pages Libres*, avait également évoqué l'*Histoire* en 1909. Albert Thierry (1881-1915), était un fils de maçon entré à l'Ecole normale de Saint-Cloud, professeur de lettres à l'école primaire supérieure de Melun. Admirateur de Jean Grave et des idées de Proudhon en matière d'éducation, il écrivait dans *L'Homme en proie aux enfants* que Péguy édita en novembre 1909 : « Sans savoir un mot de pédagogie, je n'ignorais pas qu'il fallait la détruire pour en instaurer une, la vraie, qui fût anarchiste[2]. » Dans ce roman, il envisage à plusieurs reprises de lire

---

1. Anatole France, *Sur la pierre blanche*, Paris, Calmann-Lévy, 1905, p. 186.
2. Albert Thierry, *L'Homme en proie aux enfants. Roman*, Paris, « Cahiers de la quinzaine », XI-3, 2 novembre 1909, p. 48. Sur Thierry, cf. le livre de Jean-François Chanet, *L'Ecole républicaine et les petites patries*, Paris, Aubier, 1996, pp. 104-113 ; et sur ses conceptions en matière d'éducation, cf. Maurice Dommanget, *Les Grands Socialistes et l'éducation : de Platon à Lénine*, Paris, Colin, « U », 1970, pp. 389-419.

l'*Histoire de quatre ans* à ses enfants afin de provoquer en eux le souci de la réflexion et de l'action[1]. Ces allusions pouvaient certes procurer à Halévy une certaine satisfaction personnelle, le conforter dans sa carrière d'écrivain, mais ne tiraient pas l'*Histoire* de l'oubli. Près d'un demi-siècle plus tard, âgé de 89 ans, il se souvenait encore de l'échec, ainsi que l'a rapporté Jean Loisy : « [...] cette histoire qui, m'a-t-il dit, n'eut pas, ou presque pas, de lecteurs[2]. »

L'utopie décrite par D. Halévy relevait d'un genre littéraire encore peu prisé par les écrivains français contemporains. En revanche l'Angleterre connaissait à la même époque une grande vogue de l'utopie, due notamment à Herbert George Wells (1866-1946) dont les écrits rencontraient un succès important[3]. Une note de lecture d'Halévy montre d'ailleurs qu'il connaissait bien l'œuvre de cet écrivain[4]. Depuis Thomas More au XVIᵉ siècle, l'utopie permet à l'écrivain qui élabore une cité idéale ou infernale, une prise de distance chronologique très forte avec la réalité. Il peut utiliser ce voyage dans le temps de deux façons : soit construire une œuvre d'imagination pure totalement déréalisante, soit au contraire l'investir d'une fonction critique de l'époque présente.

L'œuvre d'imagination dans ce premier livre de littérature pure publié par Halévy était en fait très partielle. En l'occurrence, la distance temporelle donna l'occasion à l'auteur sans trop se découvrir, d'insérer dans les personnages du roman des éléments autobiographiques : l'*Histoire de quatre ans* est très largement un roman à clefs. Herdey, le médecin, élève de Tillier était en fait le pseudonyme utilisé par D. Halévy avec Gregh au *Banquet* et avec R. Dreyfus lors de la visite faite à Verlaine. Or, Herdey-Halévy dès les débuts de l'épidémie fonda, comme d'autres élèves de Tillier, une station hygiénique qui isolait les cas les moins susceptibles de contagion, dans la vallée de Port-Royal, c'est-à-dire à quelques kilomètres de Jouy-en-Josas où habitait D. Halévy. Le savant Vincent Tillier n'était autre qu'Emile Duclaux et D. Halévy s'était largement inspiré de certains pastoriens qui entouraient Duclaux comme Elie Metchnikoff (1845-1916) et Emile Roux (1853-1933), soit pour décrire Tillier, soit pour évoquer ses élèves. Rendant compte en 1903 des *Etudes sur la nature humaine* de Metchnikoff, Daniel Halévy avait parlé de « [...] cet audacieux savant [qui] veut

---

1. Albert Thierry, *op. cit.*, p. 125 et 186.
2. Jean Loisy dans : INA-Phonothèque, Chaîne nationale, Littérature et esthétique, émission de Jean Loisy, « Daniel Halévy. Historien et philosophe de l'histoire (1) », 17 février 1961.
3. Georges Duveau, *Sociologie de l'utopie et autres « essais »*, Paris, PUF, « Bibliothèque de sociologie contemporaine », 1961, p. 94.
4. Daniel Halévy, « Lectures. Natalité et maternité », *Pages Libres*, 15 août 1908, n° 398, pp. 177-180.

rendre les hommes heureux[1] ». Il avait très probablement trouvé dans ce livre matière à inspiration, car il ajoute : « Est-ce de la science, est-ce de l'utopie, le rêve d'un grand esprit ? De l'une sans doute et de l'autre aussi. Mais l'utopie elle-même n'est pas un simple jeu. En déterminant des buts, elle trace les voies, elle oriente les recherches[2]. » L'auteur faisait également intervenir le citoyen Jouandanne, secrétaire de l'Union coopérative de Meudon, en fait dans la réalité directeur et gérant de la coopérative « L'Union de Saint-Germain-en-Laye ». Enfin, il est facile de reconnaître dans le portrait moral de Marie Tillier, qui s'occupait d'un orphelinat, Marie Baertschi qui s'occupait avec Bella Gueller des enfants de l'Enseignement mutuel.

En outre, les préférences idéologiques de D. Halévy esquissées dans les *Essais sur le mouvement ouvrier en France* (1901) ou mises en pratique à l'Enseignement mutuel, transparaissent dans le roman au travers de l'évocation des colonies libertaires puis des stations hygiéniques, qui tenaient autant du phalanstère saint-simonien que de l'atelier proudhonien. Les noyaux les plus sains de la société dans l'*Histoire* se trouvaient d'ailleurs dans le Jura – patrie de Proudhon – et la première fédération libertaire évoquée par Halévy également. Il s'agissait en fait de la fédération jurassienne dont Halévy avait étudié le rôle important sur le mouvement libertaire et syndical dans les *Essais*[3]. Un proudhonisme diffus est nettement apparent, que Sorel fut le seul critique à relever[4]. Le socialisme libertaire pratiqué dans les colonies de petite échelle en 1997-2001 n'était nullement collectiviste et s'apparente à l'idéal civique et économique de Proudhon. En outre l'*Histoire* traduisait sur un mode assez véhément – que l'on ne retrouve chez Halévy que dans *La République des comités* (1934) – l'hostilité très forte à l'égard du suffrage universel et du parlementarisme. Présent dans l'ensemble de l'ouvrage cet état d'esprit fait dire à Tillier-Duclaux : « [...] les majorités parlementaires, je n'y crois guère : d'autres forces décident[5] », jugement partagé par Halévy[6]. En fin de compte, l'*Histoire de quatre ans* était un éloge des élites – ouvrières et scientifiques – qui permettaient la survie et l'amélioration progressive du sort de l'ensemble de la société. Ce roman traduisait assez clairement l'état des idées sociales et politiques de l'auteur à cette époque.

---

1. Daniel Halévy, « Un philosophe optimiste », *Le Temps*, 21 juillet 1903.
2. *Ibid.*
3. Daniel Halévy, *Essais...*, *op. cit.*, p. 283.
4. Georges Sorel, « Trois problèmes », *L'Indépendance*, décembre 1911, n° 20, pp. 261-279.
5. *Histoire...*, *op. cit.*, p. 49.
6. Cf. Daniel Halévy, « Lectures. Les Partis en France », *Pages Libres*, 3 août 1907, n° 344, p. 128.

Dans l'entourage proche de D. Halévy, l'*Histoire* provoqua semble-t-il quelques surprises et il confessa dans son *Journal* que certains de ses amis le suspectaient d'être devenu réactionnaire. Le pessimisme de cette utopie fut relevé quelques années plus tard par Sorel dans sa préface aux *Réflexions* : « [...] vous avez brillamment prouvé, dans votre *Histoire de quatre ans*, que vous méprisez les espoirs décevants dans lesquels se complaisent les âmes faibles[1]. » Péguy avait lui aussi relevé cet état d'esprit chez Halévy, relatant une de ses conversations avec lui : « Après quelques propos demi-tristes et qui, de sa part, voulaient être optimistes, comme toujours [...][2]. » Il avait été en outre accusé d'antisémitisme par certains lecteurs des *Cahiers* et il s'en était défendu auprès de Spire. Certes, il campait des personnages antisémites, telle Vittoria[3] à qui Tillier-Duclaux reprochait son attitude, mais délibérément l'auteur avait donné dans son récit une place importante à la famille Rodrigue-Kohnson qui produisait alcools et stupéfiants : « Dirigée par quelques familles juives, tempérantes et de bonnes mœurs, cette administration formidable était l'instrument de la dégénérescence européenne[4]. »

Un épisode : *la transmission culturelle en échec*

Persévérant dans ses idées, D. Halévy reprit la plume rapidement après l'échec de l'*Histoire* en envisageant un roman dont les universités populaires seraient le sujet. Un an plus tard, il l'avait presque achevé et put donner le manuscrit à lire autour de lui. Les réactions furent franches et négatives. Il abandonna son projet puis le reprit en 1907, élagua le texte comme pour l'*Histoire* et en tira une nouvelle qu'il apporta à Péguy. Lorsque le *Cahier* parut à la mi-décembre 1907 sous le titre *Un épisode*[5], il considérait encore qu'il s'agissait d'un roman manqué. Prudent, Péguy ne tira cette fois-ci qu'à mille trois cents exemplaires.

Un épisode avait pour cadre une Université populaire du XXᵉ arrondissement de Paris, Le Foyer. Celle-ci était fréquentée par Julien Gui-

---

[1]. Georges Sorel, *Réflexions sur la violence*, Paris, Librairie de Pages Libres, 1908, p. IX.
[2]. Dans : *De la situation faite au parti intellectuel dans le monde moderne devant les accidents de la gloire temporelle*, IX-1, 6 octobre 1907, reproduit dans *O.P.C.*, t. II, p. 720. Dans *Victor-Marie Comte Hugo* (octobre 1910), Péguy le décrivait comme « [...] un optimiste si profondément triste [...] » (*O.P.C.*, t. III, p. 197).
[3]. Qui tenait des propos assez virulents, cf. *Histoire...*, *op. cit.*, p. 90 et 93.
[4]. *Histoire...*, *op. cit.*, p. 21.
[5]. *Un épisode*, Paris, « Cahiers de la Quinzaine », 1907, IX-6, 83 p.

nou, un ancien militant anarchiste qui avait été attiré par la littérature décadente. Hypocondriaque et neurasthénique, il partait dans un sanatorium où Clément Dorsel, animateur bourgeois de l'U.P. lui avait procuré une place. Le Foyer était alors en pleine déréliction, largement déserté et dans un état de « désolation[1] », il ne rassemblait plus que les sept derniers fidèles. Ceux-ci diagnostiquaient que Guinou était la « [...] victime de nos livres[2] », ouvrages que Dorsel avait tirés pour lui de sa bibliothèque. Au sanatorium, Guinou retrouvait un moment de bonheur intense en s'enivrant de la lecture de Baudelaire. Mais son retour à Paris le plongeait dans une nouvelle crise dépressive : il refusait de reprendre le travail et décidait de se donner la mort. Envers Dorsel il était partagé entre l'admiration et la haine, refusait de lui répondre lorsque celui-ci vint le réconforter. Hésitant entre la nostalgie soudaine de sa jeunesse militante anarchiste et l'attrait de la culture bourgeoise, il faisait une dernière visite au musée du Louvre, mais le quittait rapidement, humilié par son ignorance et tant d'objets qui lui rappelaient les explications données jadis par Dorsel. Guinou se donnait alors la mort. Le roman devenu nouvelle, s'achevait sur la longue scène de l'enterrement où étaient présents les quelques membres du Foyer et une délégation anarchiste. Par-dessus la tombe de Guinou, les deux camps se regardaient. Poutre, un militant anarchiste évoquait alors la jeunesse de Guinou : « Guinou était venu à notre groupe, il y a sept ans, et nous en avions fait un révolutionnaire qui marchait bien ! Nous espérions en lui. Nous disions : c'est un bon, c'est un vrai, ce Guinou ; il est du sang des Ravachol, des Etiévant et des Henry [...][3]. » Il terminait : « Eh bien des bourgeois sont venus, des philanthropes ; ils ont attiré Guinou, ils ont fait son "é-du-ca-ti-on". Guinou était un révolutionnaire, ils en ont fait une chiffe [...]. Camarades, il n'y a pas d'art pour le prolétaire, il n'y a pas de science pour le prolétaire [...][4]. » Dorsel ne leur répondit pas.

Ce récit, dédicacé aux membres de l'Enseignement mutuel, s'inspirait assez largement de leur histoire commune. Les professions des membres du Foyer : Rudoul, employé-comptable ; Marot, bourgeois désargenté et ancien communard ; Groslay, serrurier ; Mégy, électricien ; Adeline, vendeuse dans une bijouterie, Mademoiselle Gaillon, féministe, rappellent assez le milieu de l'Enseignement mutuel. Clément Dorsel, bibliothécaire à l'Arsenal[5] et homme de lettres, n'est autre

---

1. *Un épisode, op. cit.*, p. 20.
2. *Ibid.*, p. 24.
3. *Ibid.*, pp. 68-69.
4. *Ibid.*, p. 69.
5. Ce n'est pas une allusion à Charles Nodier le bibliothécaire de l'Arsenal, mais peut-être à A. France qui fut bibliothécaire au Sénat.

qu'Halévy lui-même. Toutes les difficultés éprouvées par Dorsel face aux anarchistes dans le Foyer et dont la scène finale donne un résumé, sont exactement celles auxquelles Halévy fut confronté d'abord avec les Idéophages puis avec Georges et Libertad. La fin même de Guinou est une allusion aux suicides que connut l'U.P. En effet, une seule fois dans sa vie en 1939, D. Halévy y fit allusion dans un *Hommage à André Spire*, de diffusion plutôt confidentielle : « L'entreprise était démesurée, il y eut des désastres ; des cerveaux s'enflammèrent, s'égarèrent ; il y eut des suicides[1]. » Sorel prétendit plus tard que le véritable Guinou, vivait encore et qu'il était devenu souteneur[2]. René Johannet qui fréquentait Sorel à cette époque confirma cette idée : « [...] dans le récit le héros se tue de désespoir ; dans la réalité, afin de s'assurer les loisirs nécessaires à l'acquisition de la culture, il s'était mis à vivre de l'exploitation des filles, et Sorel pensait que ç'aurait été plus fort de respecter cette donnée [...][3] ». En fait, Halévy s'était inspiré des troubles qu'avait suscité chez certains la découverte de la littérature et les avait utilisés pour le personnage de Guinou. Le personnage de Guinou était dans la réalité Léon Bruneteaux, un des Idéophages qui était devenu adepte du Sâr Péladan puis était passé chez les Rose-Croix. Devenu peut-être souteneur comme le prétend Sorel, il se donna effectivement la mort, mais plus tard, en 1932. D'après la liste de son service de presse, D. Halévy n'avait pas envoyé *Un épisode* à Bruneteaux-Guinou alors qu'un certain nombre de membres de l'E.M. l'avaient reçu.

Œuvre d'imagination à l'origine mais en fait très proche de la réalité, *Un épisode* doit peut-être aussi une part de son inspiration à Anatole France et à Paul Bourget. En effet, en 1894, dans *Le Lys rouge,* France avait brossé la destinée tragique d'un jeune ouvrier anarchiste trop studieux[4]. D'autre part en 1902, Paul Bourget avait écrit *L'Etape*, une illustration parfaite du roman à thèse, développant notamment l'idée que l'ascension sociale trop rapide produit des « déracinés[5] » – thème mis à la mode par Barrès en 1897 dans la *Revue de Paris*. Bourget indiquait : « [...] on ne change pas de milieu et de classe sans que des troubles profonds se manifestent dans tout l'être [...][6]. » Dans *Un épisode*, la culture bourgeoise était présentée comme un moyen de trans-

---

1. Daniel Halévy, « Voici quelque... », *op. cit.*, p. 31.
2. Georges Sorel, « Trois problèmes », *L'Indépendance,* décembre 1911, n° 19, p. 239.
3. René Johannet, *Vie et mort de Péguy, op. cit.*, p. 168.
4. *Le Lys rouge* est l'unique œuvre mentionnée par Halévy lorsqu'il évoque France en 1914 dans *Quelques nouveaux maîtres*, Moulins, « Cahiers du centre », 6ᵉ série, février-mars 1914, n° 59-60, p. 4.
5. Paul Bourget, *L'Etape*, Paris, Plon-Nourrit, 1902, p. 456.
6. *Ibid.*, p. 458.

formation sociale. Pour Bourget, les U.P. étaient le lieu d'une rencontre artificielle entre bourgeois et ouvriers, qui ne servaient à rien d'autre qu'à l'exacerbation des conflits sociaux. Bourget mettait d'ailleurs en scène Salomon Crémieux-Dax, un jeune intellectuel juif, fondateur de l'Union Tolstoï, qui aurait pu être Daniel Halévy ou Paul Grunebaum-Ballin[1]. La critique des U.P. et de la transmission de la culture bourgeoise avait été engagée assez tôt et D. Halévy y contribuait par cet écrit, largement inspiré de son expérience de l'Enseignement mutuel.

D. Halévy avait préparé soigneusement la réception d'*Un épisode*. Près de 60 exemplaires de services de presse avaient été prévus, destinés aux plus importants critiques de l'époque : Henri Mazel du *Mercure*, Emile Faguet des *Débats* et de la *Revue latine*, Haussonville, Bourget et France, Mary Duclaux, critique au *Times*, Lucien Herr, les frères Leblond, André Beaunier et Gaston Deschamps du *Temps*. Le premier à réagir fut l'aimable Anatole France qui écrivit à Louise Halévy : « Votre fils Daniel a écrit sur l'éducation esthétique des ouvriers dans les universités populaires une nouvelle admirable de puissance et de vérité, pleine d'art caché, de sincérité de vie[2]. » France avait suivi les débuts de D. Halévy avec une grande bienveillance. A la suite de la lecture d'un article de D. Halévy dans *Le Temps* en 1899, il avait complimenté Ludovic : « Daniel a fait sur les socialistes un article bien ferme et bien judicieux, très solide[3] » et fit de même plus tard à propos d'une étude des *Pages Libres* : « Je lis un article de votre fils Daniel sur la Commune. C'est une suite d'idées justes et profondes, une pensée sage et forte[4]. » Ludovic Halévy et France se rencontraient souvent, comme l'a rapporté Paul Léautaud en 1921 : « Je lui [Daniel] ai dit que j'ai souvent rencontré son père flânant avec Anatole France. Il me dit que tous les deux étaient très liés[5]. » Evoquant bien plus tard cette époque de l'avant-guerre, D. Halévy n'hésitait pas à se présenter comme l'un de ses très jeunes « confrères ».

Pourtant, l'accueil fait par la critique à *Un épisode* fut presque aussi décevant que pour l'*Histoire*. D. Halévy avait envoyé un exemplaire à Proust qu'il n'avait pas vu depuis fort longtemps. Cela donna lieu à un

---

1. Comme l'a relevé Brigitte Bergmann, *Paul Grunebaum-Ballin, op. cit.*, p. 31. D. Halévy affirma à J.-E. Blanche que Bourget avait utilisé les *Essais sur le mouvement ouvrier* pour écrire *L'Etape* (Bibliothèque de l'Institut, Ms 7046, f. 31, 2 janvier 1918).
2. A.P.P.B., lettre d'Anatole France à Louise Halévy, s.d. [début 1908].
3. Bibliothèque de l'Institut, Ms 4485, f. 30, lettre d'Anatole France à Ludovic Halévy, 13 décembre 1899.
4. Bibliothèque de l'Institut, Ms 4485, f. 43, lettre d'Anatole France à Ludovic Halévy, 18 mars 1902.
5. Paul Léautaud, *Journal littéraire*, Paris, Mercure de France, 1956, t. III (1910-1921), p. 336.

échange de lettres aigres-douces et ampoulées entre les deux hommes[1]. Sous les compliments d'usage, Proust, comme déjà à l'époque du lycée Condorcet, s'était livré à une critique serrée du style de la nouvelle et des caractères de ses personnages. Ce que Proust écrivait à Halévy du personnage de Dorsel ne devait pas être le moins pénible : « Sans que tu le dises, le pauvre Dorsel apparaît d'un piteux, d'un désemparé, bien peu de chose auprès du peuple et cela aussi est très bien[2]. » Sorel en revanche, avait beaucoup apprécié l'*Episode* et l'avait recommandé à Maurras : « M. Georges Valois vous a remis le conte de M. Daniel Halévy, qui me semble de nature à vous plaire [...] c'est écrit avec une sobriété et une pureté qu'on ne trouve plus guère aujourd'hui. [...] M. Daniel Halévy est un écrivain modeste et un consciencieux artiste ; et il mériterait d'être plus connu des gens de goût[3]. » Cependant aucun des critiques importants à qui il avait envoyé l'ouvrage n'avait réagi. Quatre articles seulement parurent : Mary Duclaux en fit un éloge dans le *Times Literary Supplement*[4], Guy-Grand parla, dans les *Annales de la jeunesse laïque*, d'une « leçon salutaire[5] ». Dans les *Pages Libres*, parut un article consacré à l'*Episode*, signé Brenn[6], de son vrai nom Emile Masson (1869-1932). Celui-ci était militant anarchiste, professeur d'anglais en Bretagne au collège de Pontivy et avait publié deux ans auparavant chez Péguy *Yves Madec, professeur de collège*[7]. Collaborateur des *Pages Libres* il s'était lié avec André Spire et Daniel Halévy. Brenn, après un éloge du style d'Halévy terminait par un propos de Bakounine destiné à Dorsel : « [...] si un homme né et élevé dans un milieu bourgeois, veut devenir, sincèrement et sans phrases, l'ami [...] des ouvriers, il doit renoncer à toutes les conditions de son existence passée, toutes ses habitudes bourgeoises [...] et tournant le dos à ce monde, devenant son ennemi et lui déclarant une guerre irréconciliable, se jeter entièrement sans restriction ni réserve, dans le monde ouvrier[8] ». Enfin,

---

1. Reproduites dans *Proust...*, *op. cit.*, pp. 95-114.
2. Lettre de Marcel Proust à D. Halévy, mi-décembre 1907, reproduite dans *Proust...*, p. 102.
3. Lettre de G. Sorel à Charles Maurras, 10 janvier 1908, reproduite dans : Pierre-Jean Deschodt (éd.), *Cher Maître..., Lettres à Charles Maurras*, Paris, éditions Christian de Bartillat, 1995, p. 577. P.-J. Deschodt, comme l'a relevé Michel Prat que nous remercions, a reproduit par erreur « carte » au lieu de « conte ».
4. « Un épisode », *The Times Literary Supplement*, 23 janvier 1908, p. 28.
5. Georges Guy-Grand, « Un épisode par Daniel Halévy », *Les Annales de la jeunesse laïque*, mars 1908, n° 70, p. 314.
6. Brenn, « Un épisode de Daniel Halévy », *Pages Libres*, 22 février 1908, n° 373, pp. 217-220.
7. Cf. Didier Giraud et Marielle Giraud, *Emile Masson. Professeur de Liberté*, Chamalières, éditions Canope, 1991, 383 p.
8. Brenn, *op. cit.*, p. 220.

un article très violent, d'inspiration antisémite, parut dans la revue d'*Action française* sous la plume de Michel Darguenat[1]. L'auteur louait Halévy d'avoir montré l'échec des U.P., tout en distillant des attaques personnelles. Peu de temps après, l'auteur de l'article écrivait à D. Halévy en avouant que la vie de Julien Guinou racontait sa propre histoire. Michel Darguenat était en fait le pseudonyme de Gabriel Darquet qui avait fréquenté l'Enseignement mutuel. A la veille de faire paraître *Un épisode*, D. Halévy songeant à l'expérience de l'*Histoire*, craignait que ses amis ne l'accusent à nouveau d'être devenu réactionnaire. Maxime Leroy qui avait participé aux débuts de l'E.M. lui indiqua que l'on pouvait interpréter *Un épisode* comme un encouragement à ne plus rien faire pour l'instruction du peuple et Xavier Léon avait réagi dans le même sens.

Ainsi, d'un point de vue littéraire, les années 1903-1907 furent pour D. Halévy une période d'essais et d'esquisses. Refusant de collaborer de façon durable aux petites revues esthétisantes, il essaya de mener à bien l'élaboration d'un roman. Le premier projet avait été abandonné dans les années 1890, le second en 1903 devint en fait un conte, resté sans écho, le troisième, quatre ans plus tard fut de son propre aveu un échec qui n'eut presque aucune presse. L'utopie de 1903 et l'*Episode* de 1907 sont deux essais littéraires faisant largement appel dans le projet initial – un roman – à l'imaginaire de l'auteur. Or, ils sont très largement autobiographiques. Incontestablement, indépendamment de leur postérité ces textes montrent que D. Halévy n'était pas parvenu à devenir le romancier qu'il aurait aimé être : sans cesse, les questions sociales et politiques le ramenaient à la réalité présente qu'il essayait en vain de transposer sous une forme littéraire. D. Halévy se trouvait dans une situation paradoxale : sa valeur littéraire était reconnue par Anatole France, Romain Rolland, Péguy et Sorel, mais ne dépassait pas le cercle des relations privées, et ne pouvait contribuer à la notoriété d'homme de lettres qu'il recherchait.

Assurément l'Affaire Dreyfus ouvrit une période décisive dans la vie de Daniel Halévy tant du point de vue de son évolution idéologique que de la conduite de sa carrière littéraire. Mais à la différence de nombreux dreyfusards, son engagement ne se traduisit pas par un renforcement de son attachement au régime républicain. Des deux raisons qui expliquent sa mobilisation, le combat contre l'injustice et la lutte contre les pas-

---

1. Michel Darguenat, « Une suite à "L'Etape" », *L'Action française*, X, 15 juillet 1908, 214, pp. 290-295.

sions démagogiques, la seconde eut des effets à plus [...]
le procès de Rennes et la grâce présidentielle, s'a[...]
diciaire de l'Affaire. Mais les événements lui avai[...]
masses ignorantes étaient sensibles à la démagogie na[...]
antisémite. Ce constat eut deux conséquences apparemment para[...]
xales : d'une part, cela renforça chez lui, comme chez de nombreux intellectuels, l'élitisme et le dédain à l'égard des « foules », mais cela favorisa également le souci d'éducation populaire, envisagé comme un remède à cette situation. En outre, l'Affaire marqua la naissance au militantisme de D. Halévy qui s'engagea aux côtés des libéraux à la Ligue des droits de l'homme et à l'Union pour l'action morale. Il milita également à la fédération socialiste de Seine-et-Oise où il compléta sa découverte du monde ouvrier. La diversité de ses relations chez les socialistes, autant que ses écrits à cette époque, montrent le caractère composite de son socialisme. Sa participation officielle au congrès de Wagram marqua la fin de son bref engagement en Seine-et-Oise. Dès lors, il ne cessa de condamner le socialisme de parti et trouva chez les militants syndicalistes une forme d'action séparée de la politique qui lui convenait. En effet, les écrits de cette époque réaffirment son hostilité manifestée dès l'adolescence à l'égard du suffrage universel. Le libéralisme et la pensée syndicaliste se rejoignaient ainsi dans la condamnation du parlementarisme républicain. Le « deuxième dreyfusisme » se manifesta pour lui par la participation à la fondation des *Pages Libres* et par la création de l'Enseignement mutuel. Au sein de la revue, dans un esprit de camaraderie, il approfondit sa connaissance du monde ouvrier et essaya de relayer l'effort des universités populaires. A l'Enseignement mutuel, surmontant la contestation anarchiste, il essaya d'assurer la transmission de la culture bourgeoise. Ces années militantes avaient interrompu les travaux littéraires esquissés avant l'Affaire Dreyfus. Ayant fait la connaissance de Péguy, il devint un collaborateur des *Cahiers de la Quinzaine* dans lesquels il accomplit son retour à la littérature. L'échec de ces publications en 1903 et en 1907 qu'il avait conçues comme des romans, favorisa la reprise de son grand projet littéraire, une biographie de Nietzsche.

TROISIÈME PARTIE

Notoriété, conflits et pessimisme

CHAPITRE VII

Le tournant du post-dreyfusisme

Les années postérieures à 1905 furent pour de nombreux dreyfusards une période dominée principalement par les conséquences culturelles et politiques de la décomposition du dreyfusisme. L'exploitation politique de l'Affaire par les formations politiques fut ressentie comme un scandale notamment chez les premiers militants dreyfusards. C'est dans ce climat que Daniel Halévy amorça un virage idéologique. Le souffle qui avait porté le « deuxième dreyfusisme » se dissipant peu à peu, certains groupements auxquels Daniel Halévy était attaché disparurent et il en quitta d'autres volontairement. La disparition de ces liens qui retenaient Daniel Halévy auprès de milieux situés à gauche contribua également à accentuer son évolution.

Les mutations socio-culturelles du monde ouvrier

D'après Jacques Julliard, le syndicalisme révolutionnaire de la fin du XIXe et du début du XXe siècle, qu'il appelle « syndicalisme d'action directe » est l'« expression d'une *classe ouvrière de transition*, synthèse indissociable de l'aristocratie ouvrière et de la fraction la plus fruste, à peine sortie du monde rural, du prolétariat de l'époque [...][1] ». En effet, le monde ouvrier subit au début du siècle de profondes mutations dues en premier lieu à une évolution des conditions de travail, en raison du progrès de la mécanisation et, partant, de la diminution du travail manuel : une partie de la population ouvrière fut confrontée à une véritable déqualification[2], entraînant ce que Gérard Noiriel a appelé une « crise

---

1. Jacques Julliard, *op. cit.*, p. 259. Les italiques sont de J. Julliard.
2. Cf. Claude Willard (dir.), *La France ouvrière. Histoire de la classe ouvrière et du*

du travail ouvrier[1] », caractérisée par la disparition progressive des ouvriers de métiers, de la structure de l'atelier au profit de l'ouvrier spécialisé de grande industrie. Dans le cadre du mouvement de concentration industrielle[2], un type nouveau d'ouvrier apparut, le prolétaire, souvent très mobilisé dans les mouvements de grève.

L'idée de révolution ne cessait de faire des progrès dans les rangs du syndicalisme : au début du siècle, le mouvement ouvrier était à l'apogée de sa puissance et de sa capacité de mobilisation. C'est dans ce contexte que put éclore un messianisme ouvrier, notamment dans les rangs du syndicalisme révolutionnaire qui portait une revendication primordiale, celle de la grève générale. Certes, l'échec de la C.G.T. le 1er mai 1906 marqua le déclin de l'idée parmi les chefs syndicalistes[3] mais la soif du « grand soir » restait aussi forte qu'auparavant chez de nombreux militants. Incontestablement le temps était non plus seulement à la radicalisation des idées mais désormais à celle des mouvements sociaux. Cette atmosphère entraîna irrémédiablement une évolution des conflits sociaux : la durée des grèves augmentait, le nombre de travailleurs mobilisés également. Face à la vigueur des grèves, les patrons pratiquaient de plus en plus fréquemment le lock-out, l'Etat usant de son côté du droit de réquisition et utilisant l'armée pour briser les mouvements. Les grèves viticoles à Narbonne en juin 1907, la dure répression de la grève à Raon-l'Etape au mois de juillet, puis les événements de Draveil et de Villeneuve Saint-Georges en 1908 constituèrent les principaux événements jalonnant un climat social tendu. Après la mort de Pelloutier en 1901, l'emprise croissante de la C.G.T. (qui avait absorbé les Bourses du travail en 1902) sur le mouvement syndical, se fit de plus en plus sentir. D. Halévy était très hostile à son caractère centralisateur, au peu de souci qu'elle avait dans la pratique des questions d'éducation, à certains modes d'action qui lui répugnaient. Ses *Notes* de 1909 indiquent la distance qui le séparait de la nouvelle classe ouvrière.

Daniel Halévy dans ses enquêtes des *Pages Libres*, dans les différents portraits historiques et contemporains des grandes figures ouvrières du siècle, a toujours témoigné d'un attachement particulier – et exclusif – aux ouvriers autodidactes, soucieux de culture et d'éducation, hommes cultivant la fierté de leur métier, radicalement différents des prolétaires

---

mouvement ouvrier français, t. I : *Des origines à 1920*, Paris, Scanéditions – éditions sociales, 1993, pp. 232-234 et Gérard Noiriel, *Les Ouvriers dans la société française XIXe-XXe siècle*, Paris, Seuil, « Points-Histoire », 1986, pp. 95-99.

1. *Ibid.*, p. 98.
2. Christophe Charle, *Histoire sociale de la France au XIXe siècle*, Paris, Seuil, « Points-Histoire », 1991, pp. 276-285.
3. Cf. Jacques Julliard, *Autonomie ouvrière. Etudes sur le syndicalisme d'action directe*, Paris, Gallimard-Seuil, 1988, pp. 34-37.

dont le début du siècle voyait l'apparition. Il était attaché à une éthique du travail manuel dont il croyait entrevoir la disparition. Discutant avec Guieysse et Delaisi du livre de Taylor, *L'Organisation du travail*, il se déclarait hostile à la rationalisation du travail. Commentant *Les Nouveaux Aspects du socialisme*, écrit par le disciple de Sorel, Edouard Berth (1875-1939), Halévy marquait toute la distance qui le séparait de cette mutation socio-culturelle à laquelle Berth apportait son assentiment et il refusait l'ouvriérisme exclusif de celui-ci. Il s'opposait à l'idée de Berth selon laquelle seuls les ouvriers pouvaient être considérés comme des « producteurs » et pensait, comme Guy-Grand, que les enseignants l'étaient aussi aux côtés des ingénieurs et des techniciens[1]. Il regrettait en outre que le goût du travail ait commencé à disparaître dans la classe ouvrière, conquise par les idées de boycott et de sabotage[2]. A l'opposé de Berth, il défendait une conception humaniste du socialisme : « [...] nous estimons au contraire que le socialisme a pour origine et justification la résistance nécessaire à ce fanatisme industriel, qui si les masses assujetties et les élites morales ne veillaient, auraient tôt fait de régir impitoyablement l'humanité, de l'accabler enfin[3] ». Berth était selon lui à l'opposé de la tradition socialiste : « Il considère dans l'ouvrier, non l'homme, mais le travailleur spécialisé dans une certaine technique : le métallurgiste, le vigneron, le typographe, etc. Ceci, croyons-nous, est tout à fait contraire à l'esprit du mouvement socialiste, du plus ancien comme du plus récent, dirions-nous, mieux encore que du plus ancien. Il a pour fin la protection des valeurs humaines que l'industrialisme ignore ou néglige, et détruit en tout cas[4]. » En fait la réaction de D. Halévy face à l'évolution du monde ouvrier, son progressif détachement à son endroit à partir de 1909, montre qu'il était attaché à une réalité dépassée, dont la survivance était plus littéraire que sociologique, celle du « peuple » de Michelet, issue du XIXe siècle. Il distinguait le « peuple » de la « plèbe » dans les mêmes termes que l'historien : « Peuple et non plèbe : la cause ouvrière serait entièrement noble si la plèbe ne la gâtait. L'homme de la plèbe est un envieux et un faible. Il reproche au bourgeois son parasitisme, mais en vérité il l'admire. Il réclame des repos, des subsides, et des repos encore plus forts, et la liberté de négligemment faire le travail qu'il consent à faire[5]. » C'est dans la confusion de deux registres totalement étrangers,

---

1. Daniel Halévy, « Les nouveaux aspects du socialisme », *Pages Libres*, 2 octobre 1909, n° 457, p. 374.
2. *Ibid.*, pp. 374-375.
3. Daniel Halévy, « Les nouveaux... », *op. cit.*, p. 378.
4. *Ibid.*, p. 379.
5. Daniel Halévy, « Les Cahiers de Charles Péguy », *Le Temps*, 12 décembre 1909, p. 3.

celui de la réalité sociale et de ses représentations littéraires que réside en grande partie le malentendu de l'attitude de D. Halévy face aux classes populaires. Aux *Pages Libres*, l'enquête ouvrière lui avait donné l'occasion pendant huit ans d'opérer ce glissement du social au littéraire.

L'Affaire Dreyfus avait permis la rencontre des intellectuels et du monde ouvrier par le biais du mouvement socialiste et, marginalement, du syndicalisme. L'expérience des U.P. avait été une des entreprises communes résultant de cette rencontre. Cependant, une majorité de socialistes lui étaient hostiles et les syndicalistes se tenaient à l'écart de cet essai bourgeois d'éducation populaire. Les U.P. avaient cristallisé les critiques du monde ouvrier à l'égard des intellectuels, et les attaques redoublèrent lors de l'échec rapide du mouvement. Ainsi se forma autour de la représentation de l'intellectuel bourgeois éducateur une des figures les plus caractéristiques de l'anti-intellectualisme de gauche. Christophe Prochasson a distingué deux périodes dans l'anti-intellectualisme du mouvement ouvrier. Il fait remonter à mai 1895, date de la traduction de deux articles de Karl Kautsky dans *Le Devenir social*, les premiers questionnements sur les intellectuels dans le monde ouvrier[1]. La première période, s'étendant du milieu des années 1890 à 1903, fut caractérisée par des relations faites de méfiance et d'attirance à l'égard des intellectuels bourgeois. A cette époque, la question des intellectuels se posait en termes d'intégration des étudiants dans les groupes socialistes : les guesdistes s'y montraient hostiles[2], les suspectant de vouloir se constituer en « aristocratie intellectuelle ». Dans une autre frange du mouvement socialiste, Hubert Lagardelle se montrait plus modéré et acceptait l'intégration des étudiants-intellectuels au mouvement ouvrier[3]. Son attitude se traduisit par la première période du *Mouvement socialiste*, relativement bienveillante à l'égard des intellectuels socialistes. Jaurès développait à la même époque le thème du « prolétariat intellectuel[4] ».

L'échec des U.P. et l'exploitation politique de la mobilisation ouvrière en faveur de Dreyfus par les radicaux, précipitèrent vers 1907-1908 une évolution au cours de laquelle la méfiance céda rapidement le pas à un anti-intellectualisme vigoureux s'exprimant souvent sur le

---

1. Christophe Prochasson, *Place et rôle..., op. cit.*, pp. 21-23.
2. Yolande Cohen, « Avoir vingt ans en 1900 : à la recherche d'un nouveau socialisme », *Le Mouvement social*, juillet-septembre 1982, n° 120, pp. 11-29.
3. *Ibid.*, pp. 18-27.
4. Cf. Madeleine Rebérioux, « Classe ouvrière et intellectuels devant l'Affaire : Jaurès », dans Géraldi Leroy (dir.), *Les Ecrivains et l'Affaire Dreyfus*, Paris, PUF, « Université d'Orléans », 1983, pp. 185-195.

mode pamphlétaire. Le moindre des paradoxes de cette nouvelle attitude est que le « parasitisme » des intellectuels bourgeois à l'égard du mouvement ouvrier était dénoncé par des intellectuels, eux-mêmes d'origine bourgeoise. Il en fut ainsi de Lagardelle, qui changea d'attitude et devint de plus en plus critique à l'égard des intellectuels. Le rôle de Sorel dans cette évolution a été important : hostile de longue date, non à l'intellectualisme mais aux intellectuels bourgeois[1], il rallia à ses idées l'équipe du *Mouvement socialiste*, principal support de l'évolution anti-intellectualiste du monde ouvrier[2]. Dès 1897, il avait écrit dans *L'Avenir socialiste des syndicats* : « La véritable vocation des Intellectuels est l'exploitation de la politique [...]. Ils veulent persuader aux ouvriers [*sic*] que leur intérêt est de les porter au pouvoir et d'accepter la hiérarchie des capacités qui met les travailleurs sous la direction des hommes politiques[3]. » Dans son sillage, Edouard Berth rédigea toute une série d'articles dans le *Mouvement*, nourris de Proudhon et de Nietzsche, rassemblés en volume en 1914 sous le titre *Les Méfaits des intellectuels*, et préfacé par Sorel. Péguy s'était rallié lui aussi à un état d'esprit similaire en créant en décembre 1906, l'expression de « parti intellectuel » dans le cahier *De la situation faite au parti intellectuel dans le monde moderne*. Cependant, Géraldi Leroy a relevé que la critique de Péguy était beaucoup moins radicale que celle du *Mouvement socialiste*[4]. Le lien des intellectuels avec le pouvoir et avec la politique, analysé par Sorel et Péguy, jetait ainsi les bases d'une « trahison » sur laquelle Julien Benda s'interrogea en 1927. J. Julliard a relevé l'ambiguïté de ce mouvement anti-intellectualiste situé à gauche : « La sociologie des intellectuels a ceci de particulier qu'elle est faite par les intellectuels eux-mêmes ; qu'elle est une espèce d'autosociologie, ce qui ne manque pas de jeter sur l'entreprise une suspicion légitime[5]. »

---

1. Cf. Jacques Julliard, « Georges Sorel contre les professionnels de la pensée », *Mil neuf cent*, 1997, n° 15, pp. 13-28.
2. Christophe Prochasson, *Place et rôle..., op. cit.*, p. 38.
3. Cité par Jacques Julliard, *op. cit.*, pp. 19-20.
4. Cf. Géraldi Leroy, « Le débat sur les intellectuels dans les *Cahiers de la Quinzaine* (1900-1904) », *Charles Péguy 2 Les « Cahiers de la Quinzaine »*, Paris, Revue des lettres modernes-Minard, 1983, pp. 43-60. L'auteur fait remarquer qu'après 1907, l'amalgame créé par Péguy entre intellectuels et hommes politiques, sous le terme « Parti intellectuel », empêche d'analyser sa position à l'égard des intellectuels proprement dit.
5. Jacques Julliard, *op. cit.*, p. 19.

La mort du « deuxième dreyfusisme »

En novembre 1905, Daniel Halévy notait avec regret que l'Enseignement mutuel était en train de mourir et que Libertad, le militant anarchiste, s'en réjouissait. L'Enseignement mutuel ayant été déserté comme il le confia plus tard dans *Un épisode*, les organisateurs décidèrent alors de fermer l'établissement. La dissolution fut prononcée le 12 décembre 1906, date à laquelle les derniers membres se réunirent pour une soirée amicale autour d'un thé. Le groupe se sépara définitivement en mars 1907 après être allé assister à une représentation de Marivaux à l'Odéon. Vingt-cinq ans plus tard, il commentait avec ironie cette dernière soirée de l'U.P. : « Telle fut la rassurante conclusion de mon exploration révolutionnaire[1]. » En 1907, il constatait lui-même la fin du mouvement des universités populaires à l'échelle nationale. En effet, comme l'a indiqué Lucien Mercier, après une période de stagnation entre 1902 et 1904, le mouvement s'était rapidement éteint. Au congrès national des U.P. de 1907, il n'y avait plus que 4 établissements pour représenter Paris[2]. Plus qu'à la contestation anarchiste, l'E.M. avait succombé, comme d'autres, à la radicalisation du monde ouvrier qui ne voyait dans les U.P. que des institutions philanthropiques ou réformistes. D'autres éléments expliquent la fin de l'E.M., car elle n'avait jamais attiré une population majoritairement ouvrière. Il faut aussi considérer la lassitude des organisateurs, à commencer par celle de D. Halévy, dont le *Journal* montre qu'il se rendait nettement moins rue de la Chapelle, et peut-être aussi le moindre intérêt des adhérents, une fois retombé l'esprit de mobilisation né de l'Affaire. Sur le fond, l'échec était dû également aux modèles culturels élaborés par les bourgeois de l'U.P. dans leurs causeries, dont on a vu qu'elles n'étaient pas toujours adaptées à leur auditoire, fût-il petit-bourgeois. L'absence de programme cohérent d'enseignement et l'absence de qualités pédagogiques sont des raisons également avancées par Lucien Mercier pour expliquer la désaffection progressive à l'égard des U.P. D. Halévy, interrogé en 1930 par André Rousseaux, expliquait ainsi la fin de l'E.M. : « Nous en avons été expulsés, moi et ceux qui, comme moi, avaient pris à cœur ces conférences et ces réunions, vers 1909. Le

---

1. Daniel Halévy, *Pays...*, *op. cit.*, p. 204.
2. Cf. *L'Université populaire. Bulletin de la fédération nationale des universités populaires*, septembre 1907, n° 3, p. 1.

syndicalisme fit triompher alors les méthodes violentes ; les bourgeois que nous étions furent rejetés. Je fus alors assez désemparé[1]. » Neuf ans plus tard, il voyait de façon rétrospective dans le livre de Sorel le symbole d'une époque nouvelle : « Mais les *Réflexions sur la violence* formaient un livre menaçant, leur succès annonçait de graves changements, l'avènement d'un monde dont l'aube, très vite dramatique, fit pâlir les étoiles de notre siècle natal. *L'Enseignement Mutuel* ferma ses portes[2]. »

Après le retrait de Guieysse, Kahn et Halévy ne pouvaient continuer à faire vivre les *Pages Libres* qui n'avaient pas cessé de connaître des difficultés financières. Guieysse, en outre, n'était plus là pour arbitrer les conflits entre les deux hommes. Halévy publia « Les nouveaux aspects du socialisme » dans le numéro du 2 octobre 1909 qui fut le dernier de la revue. Dans ce même numéro un texte signé de Guieysse, Moreau et Kahn annonçait que les *Pages Libres* se fondaient désormais dans *la Grande Revue* de Jacques Rouché à laquelle Kahn devait collaborer pour la partie littéraire[3]. La *NRF* annonçait : « Les *Pages Libres* paraîtront, en effet, deux fois par mois, encartées dans *La Grande Revue* comme un fascicule distinct et dont la rédaction demeurera indépendante[4]. » En fait, *Pages Libres* disparut définitivement, Kahn étant le seul de l'ancienne équipe à collaborer occasionnellement à *La Grande Revue*. Les *Pages Libres* avaient un nombre important d'abonnés dont d'autres revues souhaitaient profiter. Pierre Monatte qui avait quitté les *Pages Libres* fit opportunément paraître le premier numéro de *La Vie ouvrière* trois jours après la fin des *Pages Libres*. Il avait en fait bénéficié de l'aide financière de la revue, Guieysse, Kahn et Moreau lui donnant près de deux mille francs pour son lancement[5] et lui fournissant la liste de leurs abonnés. Pour D. Halévy, une page se tournait définitivement comme il l'expliqua à Jacques Rouché, en lui annonçant qu'il ne souhaitait pas collaborer à *La Grande Revue*, estimant que l'esprit d'étude et de camaraderie des *Pages Libres* ne pourrait survivre à sa disparition.

En refermant en février 1900 son dossier « Justice et passion » consacré à l'Affaire Dreyfus, Daniel Halévy remarquait : « Depuis, la force des partis n'a cessé de croître aux dépens de ce qui fut le dreyfusisme.

---

1. André Rousseaux, « Un quart d'heure avec M. Daniel Halévy », *Candide*, 17 avril 1930. Les erreurs de datation sont fréquentes dans les souvenirs de D. Halévy. Le *Journal*, les *Notes* et la correspondance permettent de les corriger.
2. Daniel Halévy, « Voici quelque... », *op. cit.*, p. 33.
3. *Pages Libres*, 2 octobre 1909, n° 457, pp. 361-362.
4. « Les Revues », *Nouvelle Revue Française*, octobre 1909, n° 10, p. 337.
5. Pierre Monatte, « La fondation de la "Vie ouvrière" », *La Révolution prolétarienne*, octobre 1959, n° 443, p. 18.

Ils se sont ressaisis, et tâchent à profiter du travail qu'ils n'ont pas fait[1]. » La sortie de l'affaire Dreyfus laissa un goût amer à de nombreux dreyfusards pour des raisons judiciaires et politiques. En premier lieu, certains – très minoritaires – n'acceptèrent pas la grâce de Dreyfus en septembre 1899 car ils auraient souhaité que la procédure de recours soit entamée. D'autre part, la cassation sans renvoi devant la chambre criminelle heurtait les personnes les plus soucieuses du respect du droit qui estimaient que leur combat était ainsi entièrement dévoyé. En outre, beaucoup à gauche, notamment dans les rangs ouvriers et syndicaux, avaient été hostiles au profit politique qu'avaient tiré les radicaux de la mobilisation ouvrière en faveur de Dreyfus. La victoire du Bloc des Gauches et la formation du ministère Combes en mai 1902 était pour eux le symbole d'un détournement et d'une défaite politiques. Un certain nombre d'anciens dreyfusards devinrent ainsi les plus féroces contempteurs du dreyfusisme et devinrent même parfois antidreyfusards, quelques-uns par désillusion à l'égard de la politique dreyfusienne, d'autres par antisémitisme, d'autres encore par un attachement scrupuleux au respect du droit. En fait, ils partageaient tous la même hostilité – antérieure à l'affaire Dreyfus – à la démocratie et au parlementarisme. Cette position de départ et son évolution rapprochèrent intellectuellement certains d'entre eux du maurrassisme. Mais ce constat à l'égard des suites politiques de l'Affaire dépassait ces quelques marginaux. Certains dreyfusards ou antidreyfusards de premier plan, tels Zola ou Bourget, étaient persuadés que les intellectuels avaient été dupés par les politiciens dreyfusards[2].

Aux dissensions nées de l'exploitation politique de l'Affaire, à la lente agonie du « deuxième dreyfusisme » caractérisée par la disparition des *Pages Libres* et de l'Enseignement mutuel, s'ajoutèrent pour Halévy le retrait de la Ligue des droits de l'homme. La ligue depuis l'Affaire avait nettement évolué, manifestant une politisation croissante allant bien au-delà de la lutte originelle pour le respect du droit. En 1903, Francis de Pressensé (1853-1914), fils de pasteur, ancien chef adjoint de cabinet d'Agénor Bardoux au ministère de l'Instruction publique dans le cabinet Dufaure, puis diplomate, journaliste au *Temps* et député socialiste de Lyon (1902), devint président de la L.D.H. en remplacement de Ludovic Trarieux. Emmanuel Naquet évoque alors une « césure[3] » dans l'histoire de la Ligue. Pressensé appuya en effet lar-

---

1. Ecrit en février 1900 dans un dossier intitulé « L'Affaire Dreyfus. Conclusion » reproduit dans : *Regards...*, pp. 172-173.
2. Cf. Christophe Charle, « La lutte des classes en littérature : *L'Etape* de Paul Bourget et *Vérité* d'Emile Zola », dans Géraldi Leroy (dir.), *op. cit.*, pp. 225-233.
3. Cf. Emmanuel Naquet, « La Ligue des Droits de l'Homme au tournant du siècle »,

gement le Bloc et la politique de Combes, puis défendit celui-ci lors de l'affaire des fiches. Cette attitude heurta de nombreux libéraux, provoquant une vague de démissions au sein de la L.D.H. et des protestations de nombreuses sections[1]. Pressensé incarnait un nouvel esprit. Après la victoire du Bloc, une nouvelle vague de militants adhéra à la L.D.H. : plus politisés, moins liés à l'événement fondateur qu'avait été l'Affaire, ils contribuèrent à transformer la ligue libérale des premiers temps en une « société politique[2] ». Devenue comme Pressensé le souhaitait, la « conscience de la démocratie », la L.D.H. prit position dans de nouveaux débats : elle demanda une réforme globale de la justice, intervint en dénonçant les injustices internationales, combattit pour les fonctionnaires, demanda la réforme de l'Assistance publique... etc.

Péguy, qui n'adhérait plus à la Ligue depuis 1903, lui était devenu hostile : il décida de lui consacrer un cahier polémique en janvier 1905, *La Délation aux Droits de l'homme*, directement inspiré par l'affaire des fiches. Dans le texte précédant le dossier, il employa pour la première fois le terme de « décomposition du dreyfusisme[3] », caractérisant un nouvel état d'esprit manifesté entre autres par l'évolution de la L.D.H. Daniel Halévy réagit rapidement en lui écrivant le 1er février 1905 qu'il adhérait pleinement à ce projet[4]. La réaction de D. Halévy témoigne d'un jugement convergent avec Péguy. Hostile aux changements de la L.D.H., il quitta la Ligue, probablement au moment de l'affaire des fiches : en tout état de cause, il n'en était plus membre en 1906. Elle devint alors la cible de ses attaques, provoquant une polémique avec Maxime Leroy, un des juristes importants de la Ligue et un ancien camarade d'U.P. : « Qu'est devenue la Ligue des droits de l'homme dont Emile Duclaux fut d'abord vice-président ? La foule de ses quatre-vingts mille adhérents l'abaisse, et le plus bas travail électoral est sa besogne[5] », écrivait D. Halévy en mars 1907. Leroy protesta contre cette phrase en écrivant aussitôt à D. Halévy. Celui-ci publia alors une partie de la lettre de Leroy[6] où ce dernier défendait l'œuvre

---

dans *L'Affaire Dreyfus et le tournant du siècle, 1894-1910*, Nanterre, Musée d'histoire contemporaine-BDIC, 1994, p. 167.

1. Cf. Guy Thuillier, « Morale et politique : Péguy et l'affaire des "fiches" en 1905 », *Revue administrative*, juillet-août 1990, n° 256, pp. 310-316.

2. Cf. Emmanuel Naquet, « La ligue des droits de l'homme : une politique du droit et de la justice dans le premier vingtième siècle », *Jean Jaurès cahiers trimestriels*, juillet-septembre 1996, n° 141, p. 36.

3. *O.P.C.*, t. I, p. 1521.

4. Dans le cahier de Suarès, *La Tragédie d'Electre et d'Oreste* paru le 21 février 1905, Péguy ajouta le nom d'Halévy parmi ceux qui lui avaient envoyé leur adhésion.

5. Daniel Halévy, « Emile Duclaux (1840-1904) », *op. cit.*, p. 228.

6. « A propos de la Ligue des droits de l'homme », *Pages Libres*, 23 mars 1907, n° 325, p. 320.

accomplie par la L.D.H. et notamment l'assistance judiciaire. Mais Halévy renchérit en ajoutant à la suite : « Soit ! Je veux estimer à sa valeur le travail juridique dont Maxime Leroy indique l'importance. Mais je ne puis oublier que les mille sections de la Ligue font un travail différent dans les villes et les bourgs. J'ai constaté, je constate à nouveau cette vaste dégradation[1]. »

---

1. *Ibid.*, p. 320.

CHAPITRE VIII

Succès et notoriété littéraires

Le retour à la littérature avec l'*Histoire de quatre ans* et *Un épisode* s'était soldé pour Daniel Halévy par un double échec. Il préparait cependant une œuvre importante consacrée à Nietzsche qui fut un succès en 1909 et lui apporta une notoriété réelle. Cependant en publiant l'année suivante un essai autobiographique sur l'Affaire Dreyfus, la dimension politique était réintroduite au cœur d'une période de succès littéraires. Désormais, il fut jusqu'à la guerre et malgré lui l'enjeu de controverses et de polémiques lui échappant en grande partie.

La Vie de Frédéric Nietzsche

Ludovic Halévy s'était éteint au quai de l'Horloge le 7 mai 1908. Ce jour-là D. Halévy interrompit son *Journal* et ne le reprit qu'en décembre. D. Halévy, sa femme et ses enfants se retirèrent au cours de l'été 1908 en Italie jusqu'en avril 1909 pour une période de deuil et de retraite. Cependant, D. Halévy mit à profit son long séjour italien pour reprendre son projet sur Nietzsche, parfaire sa biographie et rencontrer d'anciens amis du penseur allemand. Il rédigea en particulier plusieurs chapitres qu'il envoya à Péguy pour publication aux *Cahiers* comme le confirme son *Journal*.

La concurrence entre les spécialistes de Nietzsche restait forte en France : en 1909, Charles Andler commença la publication de ses études sur Nietzsche dans la *Revue de métaphysique et de morale*. Elie avait averti et rassuré son frère en lui indiquant que le volume d'Andler ne devait pas paraître avant l'automne. Elie avait lu les épreuves de son article et ironisait sur la qualité du travail d'Andler. Le rythme des publications consacrées à Nietzsche ne cessait de s'accélérer. Henri Albert continuait son œuvre de publication au *Mercure* : en 1903, il avait traduit *La Volonté de puissance* et *Par-delà le Bien et le Mal*, en 1907, les *Considérations inactuelles*, et il préparait pour 1909 une traduction d'*Ecce Homo*. En 1907, un membre du *Mouvement socialiste* que D. Halévy connaissait bien, Jean-Baptiste Séverac, avait soutenu sa thèse de doctorat, consacrée à *Nietzsche et Socrate*, Pierre Lasserre avait publié *Les idées de Nietzsche sur la musique* et Gabriel Monod ses « Souvenirs sur Nietzsche » dans *La Grande Revue*. Péguy qui se préoccupait beaucoup du succès de ses auteurs écrivit en février 1909 à Halévy pour lui proposer un lancement concerté du *Travail du Zarathoustra* aux *Cahiers*, avec la biographie qui devait paraître chez Calmann-Lévy, l'éditeur de Ludovic. En Italie, Daniel relut attentivement les épreuves du *Travail...* en compagnie de Paul Lanzky, un ami de Nietzsche.

Quelques jours auparavant, Péguy relatant une discussion avec certains proches des *Cahiers*, avait proposé à Halévy de lui succéder : « [...] Si je suis leur conseil, vous seriez, Halévy, mon successeur de prédilection. [...]. Ce que je vous offrirais serait, vous le savez, la plus haute situation et position morale de Paris et un instrument admirable forgé depuis quinze ans[1]. » Péguy avait commencé une thèse de doctorat, il espérait alors se diriger vers une carrière d'universitaire et d'écrivain, pensant abandonner les *Cahiers* qui lui pesaient de plus en plus. Romain Rolland évoquant l'offre de Péguy a parlé de « l'ascendant[2] » qu'Halévy avait à cette époque sur Péguy. Halévy différa sa réponse à son retour en France. Spire lui écrivit pour appuyer l'offre du directeur des *Cahiers*. Loin de la France, Halévy hésitait en corrigeant les épreuves du *Travail du Zarathoustra*. Il ne revint en France qu'en avril 1909 pour le lancement imminent du cahier. Rapidement absorbé par sa vie de Nietzsche dont il devait relire les épreuves, il donna une réponse négative à Péguy, se cantonnant dans le soutien des *Cahiers* en écrivant l'article du *Temps*. *Le Travail du Zarathoustra* parut le 25 avril 1909 aux *Cahiers*[3]. L'accueil de la critique fut tardif et discret. Henri Guernut signala la parution dans la *Revue socialiste* au mois d'août par

---

1. D. Halévy reproduisit cette lettre en 1941 dans *Péguy et les Cahiers de la Quinzaine*, Paris, Grasset, 1941, p. 145, n. 1 mais en la datant par erreur du printemps 1908.
2. Romain Rolland, *Péguy*, Paris, Albin Michel, 1944, t. I, p. 159.
3. *Le Travail du Zarathoustra*, Paris, 1909, « Cahiers de la Quinzaine », X-12, 95 p.

quelques lignes plates[1]. Henri Ghéon pour la *NRF* parla au mois d'octobre d'une « remarquable brochure[2] », sans plus de commentaire.

A peine rentré d'Italie, Halévy avait porté le manuscrit de la biographie chez Calmann-Lévy pour une parution prévue à la fin de l'été. Ayant rencontré Ella Key, une amie de Nietzsche, il voulut utiliser son témoignage et remania son ouvrage au cours de l'été et reporta la publication au mois d'octobre. *La Vie de Frédéric Nietzsche*[3], première biographie française de Nietzsche, parut au début du mois. L'ouvrage de D. Halévy était une biographie des plus classiques, sans appareil de notes, aucune bibliographie ou indication d'archives. L'auteur commençait par une présentation de la famille de Nietzsche et terminait par sa mort, sans introduction ni conclusion. Le travail de D. Halévy s'inscrivait dans la lignée de Sainte-Beuve pour lequel l'étude de la vie permettait d'éclairer l'œuvre. Halévy à la sortie de l'ouvrage justifia auprès de Guy-Grand son choix de passer rapidement sur l'œuvre afin de pouvoir privilégier une trame biographique. Le lancement de l'ouvrage, préparé par les pré-publications des deux premiers chapitres dans la *Revue de Paris* en 1907, et du sixième chapitre[4] (*Le Travail du Zarathoustra*) dans les *Cahiers* en avril 1909, fut plus soigné encore que pour l'*Histoire de quatre ans* et *Un épisode*. D. Halévy envoya plus d'une centaine d'ouvrages à toute la critique française et italienne ainsi qu'aux principaux écrivains français. Le succès fut rapide cette fois : en un mois, trois éditions furent épuisées et au début du mois de novembre les frères Lévy procédèrent à un quatrième tirage puis à un cinquième avant la fin de l'année. De son côté la critique avait réagi positivement : l'ensemble des grands quotidiens nationaux et les revues littéraires importantes consacrèrent de longues études très favorables à l'ouvrage. Le critique du *Temps*, Gaston Deschamps parla le premier d'un « diligent et ingénieux biographe[5] ». Jean Bourdeau, dans les *Débats*, évoqua un ouvrage « [...] écrit avec autant d'exactitude que de souplesse et d'aisance [...][6] » et en parla à nouveau un mois plus tard[7]. Emile Fa-

---

1. Henri Guernut, « Daniel Halévy – *Le Travail du Zarathoustra* », *Revue socialiste*, août 1909, n° 296, p. 761.
2. Dans le cadre d'un article évoquant la traduction d'*Ecce Homo* par Henri Albert (cf. Henri Ghéon, « *Ecce Homo* ou le cas Nietzsche », *NRF*, octobre 1909, n° 9, pp. 161-173).
3. *La Vie de Frédéric Nietzsche*, Paris, Calmann-Lévy, 1909, 383 p.
4. Plus d'un tiers de l'ouvrage avait fait l'objet d'une prépublication.
5. Gaston Deschamps, « La Vie de Frédéric Nietzsche », *Le Temps*, 31 octobre 1909, p. 2.
6. Jean Bourdeau, « Frédéric Nietzsche et Richard Wagner », *Journal des Débats*, 23 novembre 1909.
7. Jean Bourdeau, « L'expérience sentimentale de Frédéric Nietzsche », *Journal des Débats*, 21 décembre 1909.

guet dans un long article de la *Revue des Deux Mondes* fit un véritable éloge du livre et de l'auteur : « Un des esprits les plus sérieux, les plus vigoureux et les plus droits de notre temps, qui porte dignement un nom illustre, M. Daniel Halévy, vient de consacrer à Frédéric Nietzsche un livre biographique sûr, solide, sobre, discret, où l'auteur s'efface, où le héros seul paraît [...] enfin un livre qui est le modèle même des études biographiques[1]. » Les préjugés idéologiques semblaient même disparaître face à l'ouvrage : Pierre Lasserre fit un éloge du livre dans *L'Action française*[2], Guy-Grand en rendit compte favorablement dans les *Annales de la Jeunesse laïque*[3], Séverac également dans le *Mouvement socialiste*[4]. Mary Duclaux y consacra une étude dans le *Times*[5]. Sorel, admirateur de Sainte-Beuve, n'hésita pas à faire un parallèle des plus élogieux : « Grâce à Daniel Halévy, nous pourrons suivre, avec une grande certitude, toutes les péripéties de cette existence atroce et les rattacher aux diverses manifestations de la pensée de Nietzsche. Je crois bien que depuis Sainte-Beuve nous n'avions pas eu à lire un ouvrage de critique littéraire conçu dans un si excellent esprit et aussi parfaitement exécuté[6]. » Sorel joua un rôle important en faisant part de ses avis à Bourdeau, quelques jours à peine après la parution : « Je viens de recevoir et de lire, tout d'une traite, le volume de Daniel Halévy : *La Vie de Frédéric Nietzsche* ; il me semble que c'est un beau livre, non seulement par la forme qui est excellente, mais encore par la perfection de la méthode. Nietzsche est un de ces hommes qui échappent à toutes les définitions scolastiques et qui ne peuvent être compris qu'en suivant les traces de Sainte-Beuve, en éclairant à tout instant leur œuvre par les préoccupations que faisaient naître en lui les relations avec son clan. Daniel Halévy me paraît avoir réussi admirablement cette liaison de la vie et de l'œuvre[7]. » Il avait également écrit à Benedetto Croce :

---

1. Emile Faguet, « La Vie de Nietzsche », *Revue des Deux Mondes*, 1er juillet 1910, p. 164 (pp. 164-173 pour l'ensemble de l'article).
2. Pierre Lasserre, « La Vie de Nietzsche », *L'Action française*, 2 novembre 1909, p. 3. Sorel observa sur cet article : « Dans l'*Action française* du 2 nov. a paru un article de p. Lasserre sur le volume d'Halévy ; il y a pas mal de bonnes observations dans cet article » (Lettre de Georges Sorel à Jean Bourdeau, 3 novembre 1909, reproduite dans : *Mil neuf cent*, n° 14, 1996, p. 184).
3. Georges Guy-Grand, « Daniel Halévy – La Vie de Frédéric Nietzsche », *Les Annales de la jeunesse laïque*, novembre 1909, n° 90, p. 189.
4. Jean-Baptiste Séverac, « Revue des Livres. La Vie de Frédéric Nietzsche », *Le Mouvement socialiste*, novembre-décembre 1909, n° 215-216, pp. 395-396.
5. « La Vie de Frédéric Nietzsche », *The Times Literary Supplement*, 18 novembre 1909, p. 433.
6. Georges Sorel, « Daniel Halévy, *La Vie de Frédéric Nietzsche* », *Bibliographie des sciences économiques, politiques et sociales*, n° 7-9, septembre-novembre 1909, p. 254.
7. Lettre de Georges Sorel à Jean Bourdeau, 10 octobre 1909, reproduite dans *Mil neuf cent*, n° 14, 1996, p. 181.

« D. Halévy serait très heureux si vous faisiez vous-même la critique de son livre dans la *Critica* : je crois que ce livre mérite, en effet, un examen sérieux [...][1]. » En dehors de la critique, D. Halévy recevait les éloges de Jérôme Tharaud et de Romain Rolland.

Elisabeth Förster-Nietzsche, depuis la publication en 1904 en Allemagne du troisième tome de la biographie de son frère, était à la recherche d'un traducteur français. Henri Lichtenberger s'était proposé, mais en 1909 l'affaire n'avait pas abouti. D. Halévy n'avait pas ménagé la biographie écrite par la sœur du penseur de Sils-Maria. Informée régulièrement par Henri Albert, Monod et Lichtenberger des publications françaises, elle réagit avec hostilité à la parution du livre de D. Halévy, comme l'atteste cette lettre que lui avait envoyée Monod : « Les lecteurs de son livre n'y verront que l'hommage rendu au génie de votre frère et ne se rendront même pas compte des passages où vous avez trouvé des appréciations défavorables sur vous et les vôtres. Cela passera inaperçu[2]. » Cette tentative d'apaisement fut sans succès car elle accusa D. Halévy dans *La Phalange* d'avril 1910 d'avoir commis de nombreuses erreurs. Lui ayant répondu sans succès, D. Halévy publia dans le numéro de mai 1910 une lettre demandant que les erreurs incriminées lui soient signalées. La revue commentait : « Nous espérons que Madame Förster-Nietzsche, déférant au désir bien naturel de M. Daniel Halévy, voudra bien préciser ses allégations pour permettre à l'auteur de *La Vie de Frédéric Nietzsche* d'y répondre, nous n'en doutons pas, victorieusement[3]. » Cette polémique ne remit pas en cause le succès de l'ouvrage, y compris à l'étranger. Dès 1911, il fut traduit en anglais et publié à Londres par Fisher Unwin, ami d'Elie Halévy, ainsi qu'à New York[4]. L'éditeur italien Bocca souhaitait traduire l'ouvrage : D. Halévy accepta et ce fut sur la recommandation de Giuseppe Prezzolini que son ami Luigi Ambrosini se chargea du travail qui parut en

---

1. Lettre de Georges Sorel à Benedetto Croce, 23 novembre 1909, reproduite dans *La Critica*, 1928, XXVI, pp. 191-192.
2. Lettre du 24 mars 1910 de G. Monod à Elisabeth Förster-Nietzsche, reproduite dans Jacques Le Rider, *op. cit.,* 1999, p. 49.
3. « Une lettre de M. Daniel Halévy », *La Phalange*, 20 mai 1910, n° 47, p. 668. La polémique continua tout au long de l'année, sans plus de succès, E.F.-Nietzsche écrivant à divers auteurs français pour leur demander de la soutenir contre Halévy. Gide fut contacté dans ce but (cf. Lettre d'André Gide à Henri Ghéon, 26 octobre 1910, *Correspondance Henri Ghéon-André Gide 1897-1903*, Paris, Gallimard, 1976, pp. 765-766).
4. Daniel Halévy, *The Life of Friedrich Nietzsche*, London, Leipsic, T.F. Unwin, 1911, 368 p. Translated by J. M. Hone with an introduction by T. M. Kettle ; *The Life of Friedrich Nietzsche*, New York, The Macmillan Company, 1911, 368 p., dans la même traduction.

1912[1]. Au printemps 1910, tirant les conclusions de la réception de son *Nietzsche*, Sorel avait écrit à Halévy : « [...] je n'ai aucune autorité en lettres, vous en avez une incontestée depuis votre livre sur Nietzsche[2]. »

Les invites de la NRF

La *Nouvelle Revue française*, dont le premier numéro avait paru en février 1909 avait aussi participé à l'élan favorable de la critique en faveur du *Nietzsche*. C'est d'ailleurs ce succès qui décida les membres de la revue à proposer à D. Halévy de collaborer à un groupe qui était alors en train de se constituer. Au sein de cette revue, André Gide (neveu de Charles Gide) occupait une place importante. D. Halévy avait fait sa connaissance en 1896 au cours d'un dîner chez Jacques-Emile Blanche. Gide habitait à Cuverville-en-Caux, non loin de chez Blanche qui résidait au Manoir du Tot à Offranville. Les deux hommes restèrent longtemps liés et entretinrent une abondante correspondance[3]. A partir de 1896, A. Gide envoya souvent ses ouvrages à Ludovic Halévy qui le remerciait régulièrement[4].

Il y eut une véritable action concertée de la part des différents membres de la *NRF*[5] en vue d'attirer D. Halévy dans la revue : mis à part Gide, Ghéon, Schlumberger, Copeau et Michel Arnauld jouèrent chacun un rôle. Henri Ghéon (1875-1944), qui en octobre 1909 avait parlé de la « remarquable brochure » qu'était le *Travail du Zarathoustra*, avait proposé Halévy à Gide comme futur collaborateur. Gide lui répondit le 29 octobre : « Daniel Halévy – oui, sans doute ; mais pas aussitôt, pour ne pas offusquer Jammes ou Claudel qui m'envoie 3 hymnes pour le prochain numéro [...]. Et jusqu'à présent pas un juif !!

---

1. Daniel Halévy, *La Vita di Federico Nietzsche*, Torino, Fratelli Bocca, « Piccola biblioteca di scienze moderne », 1912, 335 p. Versione Italiana di L. Ambrosini.
2. Lettre de Sorel à Halévy, 12 mars 1910, reproduite dans *Mil neuf cent*, n° 12, 1994, p. 182.
3. Cf. *Correspondance André Gide Jacques-Emile Blanche 1892-1939*, Paris, Gallimard, « Cahiers André Gide » n° 8, 1979, 384 p. et Jacques-Emile Blanche, *Nouvelles Lettres à André Gide (1891-1925)*, Genève, Droz, « Textes littéraires français », 1982, 165 p.
4. Bibliothèque Jacques Doucet, Alpha 582. 1 à 582. 6, 6 lettres de L. Halévy à A. Gide (1896-1904).
5. Sur cette période, cf. Auguste Anglès, *André Gide et le premier groupe de* La Nouvelle Revue Française. *La formation du groupe et les années d'apprentissage 1890-1910*, Paris, Gallimard, « Bibliothèque des idées », 1978, 474 p. et du même auteur : « Le fonctionnement de la NRF (1909-1914) », *Bulletin des amis d'André Gide*, janvier 1984, n° 61, pp. 11-29.

Halévy sera le premier; de la prudence[1]!» Quelques jours après la parution du numéro de novembre où Michel Arnauld avait publié son étude sur les «Cahiers de Charles Péguy[2]», c'est Gide qui effectua la première démarche de la *NRF* auprès d'Halévy en sollicitant un fragment inédit du *Nietzsche* pour la revue. D. Halévy ne refusa pas, promettant pour l'avenir un nouveau texte relatif à sa biographie. C'est Jean Schlumberger (1877-1968), un des créateurs de la Fondation universitaire de Belleville, protestant comme Halévy et abonné aux *Cahiers de la Quinzaine* depuis 1902, qui avait décidé de préparer une note sur *La Vie de Frédéric Nietzsche*[3]. Gide avait approuvé le manuscrit : «Excellente! votre longue note sur Nietzsche-Halévy. Excellente – et vous savez si ce sujet me tient à cœur et si je suis difficile à contenter sur ce terrain[4]!» A la fin du mois, Jacques Copeau (1879-1949) qui avait tenu la chronique théâtrale aux *Essais* en 1905, invita D. Halévy à un «dimanche», jour de réunion de la NRF[5]. Celui-ci déclina l'invitation[6]. Au début du mois de décembre, la note élogieuse de Schlumberger sur le *Nietzsche* parut à la *NRF*[7]. Le compte rendu n'était qu'un long éloge : «Le livre de Daniel Halévy appartient à cette critique que l'on pourrait appeler : juste – par opposition à la critique passionnée que l'on se plaît aujourd'hui à trouver seule féconde[8]»; il ajoutait : «C'est malgré la chaleur de l'admiration, un livre de mise au point, un livre qui résume les problèmes et cherche en face d'eux une attitude plausible [...]. Daniel Halévy n'a pas l'enthousiasme d'un disciple. Il est trop sûr de lui, ou du moins il a l'esprit trop lucide[9]» et terminait en qualifiant le livre «d'excellent[10]». Dans le même numéro,

---

1. Lettre d'André Gide à Henri Ghéon, 29 octobre 1909, reproduite dans *Correspondance Henri Ghéon-André Gide 1897-1903*, Paris, Gallimard, 1976, p. 732.
2. Cf. Michel Arnauld, «Les "cahiers" de Charles Péguy», *N.R.F.*, 1er novembre 1909, n° 10, pp. 258-283 et la mise au point de Jean Bastaire, «Le premier groupe de la NRF et Péguy», *Bulletin des amis d'André Gide*, avril 1984, n° 62, pp. 170-215.
3. «Jean S. s'empare de *Nietzsche* de Halévy [...]» (Lettre d'André Gide à Henri Ghéon, novembre 1909 reproduite dans *Correspondance Henri Ghéon..., op. cit.*, p. 733).
4. Lettre d'André Gide à Jean Schlumberger, 6 novembre 1909 reproduite dans André Gide – Jean Schlumberger, *Correspondance 1901-1950*, Paris, Gallimard, 1993 p. 224.
5. Lettre de J. Copeau à A. Gide, 28 novembre 1909 reproduite dans *Correspondance André Gide-Jacques Copeau 1902-1949*, Paris, Gallimard, «Cahiers André Gide» n° 12, 1987-1988, t. I, p. 354.
6. D'après la lettre de J. Copeau à A. Gide, 13 décembre 1909 reproduite dans *ibid.*, t. I, p. 359.
7. Jean Schlumberger, «La Vie de Frédéric Nietzsche par Daniel Halévy», *NRF*, décembre 1909, n° 11, pp. 420-423.
8. *Ibid.*, pp. 421-422.
9. *Ibid.*, p. 422.
10. *Ibid.*

Gide qui inaugurait son « Journal sans dates[1] » en prenant la défense d'Halévy contre les attaques antisémites de Lasserre dans *L'Action française* et contre le feuilleton jugé trop timide de Deschamps dans *Le Temps*, parlait d'un livre « fort bien fait[2] ». D. Halévy le remercia aussitôt et écrivit également à Schlumberger pour le complimenter de la qualité de la *NRF*.

L'équipe de la *NRF* témoigna d'une grande persévérance, Gide relançant Halévy le 8 décembre, en plein succès du *Nietzsche*. D. Halévy répondit quatre jours après dans *Le Temps* en évoquant : « [...] cette *Nouvelle revue française*, que rédige avec tant de hauteur d'esprit, tant de finesse, un groupe d'écrivains [...][3] ». A la fin du mois, Schlumberger invita Halévy à venir à la revue, rue d'Assas et deux jours plus tard il lui demanda une étude pour le numéro anniversaire du 1er février 1910. D. Halévy ne donna pas suite à cette proposition et Gide, passé chez Péguy sans avoir trouvé Halévy, lui demanda alors une étude sur Sorel. D. Halévy recula devant la proposition tout en promettant une éventuelle étude à venir sur Nietzsche. Après plusieurs refus, il se sentit probablement contraint d'accepter l'invitation de Gide à venir discuter avec les membres de la *NRF*. Cette réunion eut lieu chez Gide et Jacques Copeau l'a décrite dans son *Journal* de façon laconique : « Journée chez Gide, où se trouvent réunis Drouin, Ghéon, de Lanux, Rivière, Alain-Fournier, Ducoté, Valéry Larbaud, Ruyters, Paul Desjardins, Daniel Halévy. On cause agréablement jusqu'au soir[4]. »

Avec cette rencontre se termina le cycle des démarches opiniâtres entreprises de novembre 1909 à mars 1910 par les membres de la *NRF* auprès d'Halévy[5]. Aucun des membres de la revue ne poursuivit les propositions. On peut penser que la *NRF* se lassa. En revanche, il est très net qu'Halévy a tout fait pour retarder le moment d'une première rencontre et que son attitude, loin d'être enthousiaste, fut dilatoire. Les motifs du refus de Daniel Halévy restent obscurs car le goût de la *NRF* n'était pas très éloigné du sien. En effet, la défense d'un classicisme ouvert et accueillant aux littératures étrangères, hors de l'orbite de l'Action Française, était un projet esthétique qui entrait dans les vues d'Halévy à l'époque. Faut-il alors évoquer le refus d'intégrer une coterie purement littéraire, comme cela avait été le cas entre 1903 et 1907 ?

---

1. André Gide, « Journal sans dates », *N.R.F.*, décembre 1909, n° 11, pp. 405-415.
2. *Ibid.*, p. 408.
3. Daniel Halévy, « Les Cahiers de Charles Péguy », *Le Temps*, 12 décembre 1909, p. 3.
4. Jacques Copeau, *Journal 1901-1948*, Paris, Seghers, 1991, t. I, p. 466.
5. Au même moment, le beau-frère de D. Halévy avait été refusé très rudement par Gide à la *NRF* (cf. Claudine Darre-Biere, *op. cit.*, pp. 126-130).

Se sentait-il alors trop engagé aux *Cahiers* ? Etait-ce une question de personnes, en particulier d'hostilité à Gide pour lequel il éprouva toujours une vive répulsion ? La question de l'attitude d'Halévy reste sans réponse univoque, mais l'offre qui lui avait été faite témoigne en tout cas de la valeur qu'on lui reconnaissait alors. Indéniablement la *Vie de Nietzsche* permit à Halévy d'accéder à une notoriété publique entièrement nouvelle. L'entrée dans le champ littéraire par le biais d'une biographie à succès provoqua des échos favorables qui lui parvinrent de tous côtés. Il apprit ainsi au début de l'année 1910 par Sorel que Paul Bourget s'était enquis du jugement de D. Halévy sur la *Jeanne d'Arc* de Péguy. Dans la *Revue critique des idées et des livres*, Henry de Bruchard, loua en D. Halévy, « [...] ce philosophe qui sait écrire une bonne langue, discrète, élégante, avec de la tenue [...][1] ». Paul Desjardins, dont D. Halévy avait apprécié dans sa jeunesse les feuilletons dans les *Débats*, partageait l'avis favorable de la critique. Evoquant en 1912, les circonstances qui l'avaient amené à faire appel, à l'été 1910, à D. Halévy, Desjardins parlait de lui comme d'un « [...] écrivain en passe de se faire une gloire [...][2] », comme « [...] l'un des plus doués parmi une génération d'écrivains *par humeur* à qui le génie, au sens propre, n'a pas été aussi chichement mesuré qu'à la nôtre[3] ». Enfin Sorel continuait à se répandre en louanges sur Halévy, notamment auprès de ses correspondants italiens, comme Croce : « Daniel Halévy, qui est un excellent juge des valeurs littéraires [...][4] » ou Agostino Lanzillo : « [...] Daniel Halévy qui est un si bon juge littéraire [...][5]. »

Robert Escarpit qui s'est penché sur la question de la notoriété littéraire a relevé qu'au XXe siècle, l'âge moyen des romanciers lorsqu'ils étaient reconnus comme tels dans le champ littéraire, était de 25 à 30 ans[6]. Il est intéressant de relever que le début de la notoriété pour D. Halévy fut atteint relativement tardivement, à l'âge de 38-40 ans. Ce décalage s'explique par l'interruption des travaux littéraires entre 1898 et 1903 puis par ses échecs successifs de romancier. Le fait d'être le fils

---

1. Henry de Bruchard, « Le Cas de M. Daniel Halévy », *Revue critique des idées et des livres*, 10 septembre 1910, n° 58, p. 421.
2. Paul Desjardins, « Clôture de l'incident et de l'année », *Correspondance*, 1er-15 août 1912, n° 11, p. 692.
3. *Ibid.*, pp. 729-730.
4. Lettre de Georges Sorel à Benedetto Croce, 19 février 1911, reproduite dans *La Critica*, 1928, XXVI, p. 346.
5. Lettre de Georges Sorel à Agostino Lanzillo, 17 avril 1913, reproduite dans : « Cher camarade... Georges Sorel ad Agostino Lanzillo 1919-1921 », *Annali della Fondazione « Luigi Micheletti »*, Brescia, 1995, p. 194.
6. Robert Escarpit, « Succès et survie littéraire », dans Robert Escarpit (dir.), *Le Littéraire et le social. Eléments pour une sociologie de la littérature*, Paris, Flammarion, « Science de l'homme », 1970, p. 154.

d'un homme de lettres célèbre ne lui avait certes pas permis de connaître le succès plus tôt que d'autres.

Libéralisme et dreyfusisme : Apologie pour notre passé

Péguy avait demandé à Halévy en septembre 1907, un cahier sur l'*Histoire de l'Affaire Dreyfus* de Joseph Reinach dont le premier volume avait paru en 1903. Il avait d'abord pensé refuser puis, se ravisant, avait commencé à rédiger quelques notes. Il les reprit en octobre 1909, juste après la parution de la *Vie de Frédéric Nietzsche* mais le projet avait évolué entre-temps et il consignait désormais ses propres souvenirs de l'Affaire. En 1958, Halévy avait confié à Pierre Andreu que, tout au long de son travail de rédaction de l'*Apologie*, il avait eu des conversations particulièrement approfondies avec Péguy. Le cahier fut achevé au mois de décembre, et il put le donner à Péguy à la fin du mois de janvier 1910. En février, il lui lut le manuscrit, puis tous deux travaillèrent ensemble sur les épreuves. Halévy ne mentionne dans son *Journal* aucune observation particulière de la part de Péguy sur ce texte. Celui-ci lui avait écrit le 3 avril 1910 deux jours avant qu'il ne paraisse, pour le complimenter de son cahier, tiré à 1 500 exemplaires[1]. Peu de temps après la sortie, Halévy avait été rassuré par les premières réactions d'amis dreyfusards, Bouglé et Droz notamment.

D'après son auteur, l'*Apologie* était une « étude historique[2] », une « étude de politique et d'histoire[3] ». En fait, ces termes avaient une acception particulière pour Halévy. Il ne s'agissait pas à proprement parler d'écrire une histoire de l'Affaire, l'auteur n'entendait pas en faire un récit mais plutôt : « [...] préciser la manière dont se présentèrent à nous, aux divers instants de la crise, les doutes et les problèmes, et dont ils furent par nous soit écoutés et suspendus, soit acceptés et résolus[4]. » Pour la rédaction de cet essai, il avait utilisé deux ouvrages, l'*Histoire de l'Affaire Dreyfus* de Reinach et le *Précis de l'Affaire Dreyfus* d'Henri Dutrait-Crozon, pseudonyme du commandant Frédéric Delebecque et du colonel Georges Larpent, tous deux membres de l'Action Française qui avait édité leur ouvrage, caution pseudo-scientifique des antidrey-

---

1. *Apologie pour notre passé*, Paris, « Cahiers de la Quinzaine », XI-10, 5 avril 1910, 116 p.
2. Daniel Halévy, « Avant-propos », dans *Luttes et problèmes*, Paris, Marcel Rivière, 1911, p. 9. Ce volume comprend une réédition de l'*Apologie*. Il n'y a pas d'avant-propos dans l'édition originale de l'*Apologie*.
3. *Ibid.*, p. 10.
4. *Apologie...*, *op. cit.*, p. 25.

fusards, en 1909 à la Nouvelle Librairie Nationale. Il consulta également les brochures de Bernard-Lazare ainsi que la presse de l'époque à la Bibliothèque nationale.

Evoquant l'Affaire Dreyfus dans les premières pages, il remarquait : « C'est un sujet que nous négligeons aujourd'hui, et peut-être nous l'évitons. D'où vient cela? d'où vient qu'ayant été si heureux de notre dreyfusisme, et mieux qu'heureux, si fiers, d'où vient qu'il nous inspire aujourd'hui un mouvement si faible[1]? » Il constatait également que les vainqueurs étaient discrets alors que les vaincus désormais « parlaient haut » et achevait son *Apologie* en reprenant des propos de Zola prononcés en 1900 : « Gardons nos souvenirs, qui presque tous nous honorent [...] et *ne chantons pas d'avoir été vainqueurs*, car la mêlée était confuse[2]. »

La réplique cinglante de Péguy à Halévy trois mois plus tard dans *Notre Jeunesse* a durablement brouillé la lecture de l'*Apologie*. Celle-ci dès lors fut uniquement lue et analysée dans la perspective tracée par la réponse de Péguy. Cette inversion dans l'ordre des lectures a fait de l'auteur de l'*Apologie* un pénitent, un dreyfusard honteux. En fait, son témoignage est nettement plus nuancé que la caricature faite par Péguy dans sa réponse. A diverses reprises dans son texte, Halévy a rappelé qu'il ne regrettait aucunement son engagement et il terminait son cahier en indiquant qu'il était prêt à reprendre les « campagnes[3] » en faveur de Dreyfus. La signification donnée à son engagement dix ans plus tard n'avait pas changé : « Nous nous refusions à ratifier un verdict imposé par les foules, nous nous révoltions sous la terreur dictée par les démagogues[4]. » Au sein de la coalition des dreyfusards parmi lesquels, « nous nous trouvions soudain rangés avec les républicains, et les révolutionnaires à nos coudes[5] », il était difficile à ceux qui partageaient le combat de D. Halévy contre les passions de faire entendre leur différence[6]. Toutefois, à aucun moment il ne regrettait ce « compagnonnage », ayant conscience, encore en 1910, que cette alliance n'était pas seulement guidée par la raison mais par le partage de certaines valeurs. L'*Apologie* est non seulement une analyse de son

---

1. *Apologie..., op. cit.*, p. 7.
2. *Ibid.*, p. 115. Il avait reproduit le discours de Zola, dont il avait tiré cette phrase, dans les *Pages Libres* du 21 décembre 1907.
3. *Ibid.*, p. 115.
4. *Ibid.*, p. 50.
5. *Ibid.*, p. 49.
6. Pour certains, tel Romain Rolland, le rejet du compagnonnage avec les dreyfusards malgré des convictions dreyfusardes, fut à l'origine d'une ambiguïté, dévoilée par la genèse de l'écriture des *Loups* (1898), cf. Antoinette Blum, « Romain Rolland face à l'affaire Dreyfus », *Relations Internationales*, 1978, n° 14, p. 127-141.

engagement personnel mais également du comportement des libéraux et des orléanistes lors de l'Affaire Dreyfus. Daniel Halévy faisait dans son cahier un examen particulièrement critique de ces milieux tout en écrivant de très pertinentes pages concernant l'histoire des libéraux conservateurs dans l'Affaire Dreyfus.

Un regret transparaît de façon très nette tout au long de l'*Apologie* quant au comportement de ceux qu'il tenait pour ses « guides » naturels. « Je pense à un groupe de très sages français que nous avions l'habitude d'écouter avec attention[1]... », écrit-il. Et il évoquait Gaston Paris, Emile Faguet, le vicomte de Vogüé, Sully-Prudhomme, le comte d'Haussonville, le duc de Broglie, Emile Boutroux, Anatole Leroy-Beaulieu : « Ils continuaient assez bien parmi nous cette manière de penser qu'on appelait, voici quelque trente ans, l'orléanisme[2]. » Il regrettait qu'aucun d'entre eux n'ait fait entendre sa voix à l'époque : « Continuant une tradition si sûre, nous aurions pris garde à leurs conseils [...]. Mais ils n'en donnaient pas. De vagues propos nous laissaient deviner les dispositions humaines communes à tous, qui menaient la plupart d'entre eux jusqu'au désir d'une révision, et qui mettaient les autres dans un état pénible de doute, d'embarras [...][3]. » En fait, le camp orléaniste s'était scindé en deux à partir de la fin de l'année 1898, entre d'une part ceux qui avaient adhéré à la Ligue de la Patrie française tels Broglie, Vogüé, Haussonville, Faguet, et d'autre part ceux qui signèrent l'« appel à l'union » du *Temps*. Parmi les hommes que D. Halévy avait cités, Gaston Paris, Boutroux, Sully-Prudhomme le signèrent (ainsi que Ludovic Halévy, non mentionné dans l'*Apologie*). Le regard porté par Halévy sur ces personnalités est révélateur d'un certain malaise ressenti par lui au sein de la coalition dreyfusarde. Il exprimait ainsi le paradoxe de sa situation : « Pourquoi ne nous aidiez-vous pas, ou si peu, si mal et si loin, nous laissant insulter, nous insultant parfois, vous qui dans le fond n'étiez pas loin de nous, plus près en tout cas, infiniment plus près que tels autres qui nous aidèrent [...][4]. » Dans cette situation : « Nous suivions enfin les guides qui s'offraient : un Zola, un France, un Duclaux, un Pressensé, un Louis Havet[5]. »

L'intérêt de l'*Apologie* est de montrer en fin de compte, dans l'analyse du comportement des libéraux, les nuances de l'engagement de D. Halévy en faveur de Dreyfus. Il exprimait à la fois un attachement incontestable à la cause dreyfusarde et en même temps le profond regret

---

1. *Apologie...*, *op. cit.*, p. 54.
2. *Ibid.*, pp. 54-55.
3. *Ibid.*, p. 55.
4. *Ibid.*, p. 62.
5. *Ibid.*, p. 64.

que les orléanistes n'aient pas conservé le rôle qui était le leur : rester des « guides » pour la société libérale dont D. Halévy faisait partie. Il n'avait dès lors plus d'autre choix que celui de suivre une autre tradition : « Car l'ensemble des émotions, des solidarités républicaines constitue très exactement une tradition, la dernière qui nous reste[1]. » Ainsi Daniel Halévy était-il mal à l'aise dans le manichéisme créé par l'Affaire. L'*Apologie* montre clairement son regret de n'avoir pu défendre à la fois la cause de Dreyfus et certains principes conservateurs. Halévy rappelait qu'à la différence de nombre de ses compagnons dreyfusards, il ne ressentait aucune hostilité de principe envers l'institution militaire ou la magistrature. Son histoire des libéraux, qui constitue également à bien des égards leur procès, s'achève par un verdict sévère qui révèle toutes les ambiguïtés de sa propre position : « L'instinct conservateur a été faible en nous, soit ! Etait-ce donc à nous, libéraux par choix, tradition, goût, à l'incarner ? C'est à vous que cette tradition était commise, hommes de la droite ; vous deviez la défendre par vos actes, l'honorer par vos vies. Vous vous êtes déshonorés, vous l'avez déshonorée[2]. »

Il est intéressant de noter la façon dont il caractérisait en 1910 son propre engagement antérieur. C'est par touches successives qu'il l'évoquait, se disant à la fois libéral, « démopédiste, non démocrate[3] » et républicain, mais d'une façon très particulière : « Notre républicanisme [...] ignorait cet organisme central, l'Etat, autoritaire par nécessité, et s'intéressait uniquement aux organismes moins visibles, non moins essentiels, où l'élite des peuples s'entraîne par un exercice quotidien aux disciplines de la vie civique, et protège ses libertés[4]. » L'élitisme de son engagement était clair : « La fin que nous poursuivons, qui est, si nous ne nous trompons, la culture des qualités humaines, le maintien d'un certain goût et d'un certain honneur, n'est pas de celles où concourent les forces fondamentales[5]. » Quelles étaient en définitive les raisons du trouble ressenti dix ans plus tard ? D'une part, l'alliance avec les révolutionnaires, alliance contre nature imposée par les circonstances aux rares libéraux dreyfusards. D'autre part, l'impossibilité, dans cette situation, de défendre des principes conservateurs. Enfin, constat plus grave peut-être pour Daniel Halévy et le moins acceptable par les dreyfusards, il montrait que la victoire n'avait été qu'apparente : « Fixons notre regard, et nous reconnaîtrons ceci : nous

---

1. *Ibid.*, p. 82.
2. *Ibid.*, p. 110.
3. *Ibid.*, p. 86.
4. *Ibid.*
5. *Ibid.*, p. 101.

fûmes, étant vainqueurs, pour un instant au moins, touchés par les passions que nous avions soulevées[1]. » En définitive, il savait parfaitement que son attitude le menait vers une certaine marginalisation au sein de l'ancienne cohorte dreyfusarde : « Recommençons souvent la critique de nos amis, révisons nos traités d'alliance. Soucions-nous de notre liberté, dussions-nous être par ce souci condamnés à vivre un peu retirés, un peu confinés[2]. »

L'*Apologie* avait paru dans un contexte très particulier qui était celui de la réception du *Mystère de la Charité de Jeanne d'Arc* publié par Péguy en janvier 1910[3]. Les membres des *Cahiers* firent une « véritable opération de lancement[4] », selon Géraldi Leroy, pour appuyer l'œuvre déconcertante de Péguy. Parmi eux, D. Halévy et Sorel furent les plus actifs des « dix-sept gaillards » qui soutinrent Péguy, comme celui-ci l'écrivit à Lotte. D. Halévy fit lire le livre autour de lui, à Mary Duclaux, à Augustine Bulteau, à André Beaunier, à René Quinton et se rendit chez Eugène-Melchior de Vogüé pour le lui apporter. Sorel et Halévy convinrent également d'une démarche auprès de Bourget : le premier lui rendit visite pour lui apporter le *Mystère*, le second lui écrivit.

Le 28 février 1910, Barrès fit paraître dans *L'Echo de Paris* « Une Jeanne d'Arc en 1910 ». Comme l'a analysé Eric Cahm, « [...] Barrès crée, d'un jour à l'autre, la réputation littéraire de Péguy, qui n'était connu jusqu'alors [...] que d'un petit cercle d'universitaires et de jeunes écrivains[5] », mais c'est de ce premier article que date selon Cahm le « malentendu[6] » de Péguy avec la droite. Barrès inaugurait en effet une série d'articles dans la presse de droite présentant Péguy comme un catholique qui participait au grand mouvement de conversion religieuse et d'évolution vers la droite monarchiste de nombreux écrivains et intellectuels. Le 1er mars 1910, Criton-Maurras consacrait un article dans *L'Action française* au *Mystère*, affirmant, comme Barrès, que Péguy évoluait vers le catholicisme. Au début du mois, D. Halévy estimait que la partie était gagnée. Edouard Drumont dans *La Libre Parole* du 14 mars intitulait son article : « La Jeanne d'Arc d'un ancien dreyfusard. » Pierre Lasserre renchérissait une semaine après dans *L'Action française*, présentant Péguy comme un ancien dreyfusard et rappelant

---

1. *Ibid.*, p. 107.
2. *Ibid.*, p. 101.
3. Cf. l'étude de cette réception par Eric Cahm, *Péguy et le nationalisme français. De l'Affaire Dreyfus à la Grande Guerre*, Paris, « Cahiers de l'Amitié Charles Péguy » n° 25, 1972, pp. 47-67.
4. Géraldi Leroy, *Péguy...*, *op. cit.*, p. 214.
5. Eric Cahm, *op. cit.*, p. 55.
6. *Ibid.*, p. 47.

l'importance de *Notre Patrie,* paru en 1905. Sorel lui-même publia le 14 avril « Le réveil de l'âme française » dans *L'Action française* et dans *La Voce,* parlant de Péguy comme d'un homme de la tradition catholique française.

La parution de l'*Apologie* dans ce contexte modifiait profondément les données pour Péguy, satisfait de voir enfin une de ces œuvres reconnues et de la façon la plus éclatante, mais hostile aux déformations qu'il subissait ainsi dans la presse conservatrice. L'*Apologie,* témoignage complexe et nuancé, susceptible de nombreuses lectures différentes voire opposées, risquait en effet de faire croire après la réception droitière du *Mystère,* que le groupe des *Cahiers* n'était décidément plus composé de véritables dreyfusards. En outre, la réception de l'*Apologie* qui rencontra un accueil favorable de la critique – multipliant les comparaisons entre Péguy et Halévy – irritait le directeur des *Cahiers*. Indéniablement la recherche par Péguy d'un succès pour le *Mystère,* le souhait d'une reconnaissance littéraire et la tentative d'appropriation idéologique par l'extrême droite dont il était l'objet, malgré lui, expliquent largement son revirement à l'égard de l'*Apologie* dont *Notre jeunesse* (parue en juillet 1910) est le témoignage. Les premiers compagnons de Péguy avaient réagi aux menées de l'extrême droite et entrepris « l'œuvre de rectification[1] » : les frères Tharaud voulaient montrer dans *Le Peuple Français* qu'il n'y avait pas eu conversion de la part de Péguy[2] et Maurice Reclus dans *Gil Blas* que le *Mystère* était plus proche de Michelet que de l'inspiration d'un converti[3]. Mais ces efforts ne parvinrent pas à corriger l'impression produite après trois mois de lecture droitière.

A partir de l'été 1910, profitant à peine de sa très récente notoriété acquise avec la *Vie de Frédéric Nietzsche,* D. Halévy fut de plus en plus soumis à la politisation du champ littéraire. Sorel avait réagi le premier à l'*Apologie* par un court article paru le 1er mai 1910 dans *Il Divenire sociale*. En mettant l'accent sur la réévaluation de l'engagement dreyfusard de Daniel Halévy, il donna le ton de l'ensemble de la réception de cet ouvrage : « E' con un profondo sentimento di tristezza che l'autore intrapende a giustificare la sua partecipazione alla rivoluzione dreyfusiana, spiegando, per i suoi figli, com'egli non poteva agire diversamente[4]. » Comme pour la biographie de Nietzsche, il encouragea sa

---

1. Eric Cahm, *op. cit.*, p. 69.
2. J.J. Tharaud, « Le cas de Charles Péguy », *Le Peuple Français,* 19 avril 1910.
3. Maurice Reclus, « Autour d'une "conversion" : le cas Charles Péguy », *Gil Blas,* 23 mai 1910.
4. Georges Sorel, « Apologie pour notre passé », *Il Divenire sociale,* 1er mai 1910 p. 120.

diffusion à l'étranger en écrivant à Giuseppe Prezzolini : « Lisez le dernier *Cahier de la Quinzaine* : *Apologie pour notre passé* ; Daniel Halévy y parle de l'affaire Dreyfus avec la mélancolie avec laquelle un gentilhomme libéral de l'Ancien Régime, qui aurait fort travaillé à précipiter la Révolution, aurait pu parler vers 1796 de son passé. Ce cahier ne sera pas très bien compris, parce qu'il a trop d'intimité ; il est beau cependant comme confession sincère, d'une sincérité qui excède fort celle qu'on rencontre chez les écrivains ordinaires[1]. » Le même jour que l'article de Sorel, Halévy avait fait paraître une longue étude sur le *Mystère*, un éloge appuyé du genre littéraire et du style de Péguy[2], qui rebutait tant de lecteurs. Sous le titre « I "Cahiers de la Quinzaine" », Giuseppe Prezzolini consacra un article entier à l'*Apologie*[3]. Le directeur de *La Voce* faisait un très long éloge de ce livre, estimant – comme Sorel – qu'il aurait pu être écrit par un noble élevé dans l'esprit humaniste, libéral et encyclopédiste du XVIIIe siècle. Il se contentait à la fin d'annoncer qu'il parlerait dans une prochaine étude de Péguy mais il ne disait nul mot, malgré le titre de son article, du directeur des *Cahiers*. Quelques jours après, Dutrait-Crozon publiait dans *L'Action française* un article mettant l'accent sur le côté désenchanté du témoignage d'Halévy[4]. Après l'article de Prezzolini, celui de Guy-Grand sur le *Mystère*[5] évoquant également le cahier d'Halévy, compliqua les relations entre Péguy et Halévy. En effet, aux réserves sur le style de Péguy, au manque de simplicité qu'il lui reprochait, Guy-Grand ajoutait son étonnement que la presse républicaine n'ait pas parlé du *Mystère*. Il évoquait ensuite l'*Apologie* : « [...] désabusée, mais qui est juste, équitable, sereine, et malgré tout vaillante, qui ne regrette rien et ne rétracte rien, comme il convient[6] » et remarquait l'évolution des *Cahiers* : « [...] on a tout adoré ou tout accueilli aux *Cahiers*[7]. » La *NRF*, encore bien disposée malgré le refus de collaboration de la part d'Halévy, publia également un compte rendu favorable de l'ouvrage : « Et il n'est pas sans beauté de voir un homme mesurer avec une rigueur qui essaie

---

1. Lettre de G. Sorel à Giuseppe Prezzolini, 12 avril 1910, reproduite dans La Voce e l'Europa Il movimento fiorentino de La Voce : dall'identità culturale italiana all'identità culturale europea, Presidenza del consiglio dei ministri, p. 650.
2. Daniel Halévy, « La Jeanne d'Arc de Péguy », *Correspondance*, 1er mai 1910, n° 9, pp. 317-329.
3. Giuseppe Prezzolini, « I "Cahiers de la Quinzaine" », *La Voce*, 5 mai 1910, pp. 313-314. Nous remercions Jérôme Grévy d'avoir retrouvé pour nous cet article.
4. Henri Dutrait-Crozon, « Sur une Apologie », *L'Action française*, 11 mai 1910, n° 131, pp. 1-2.
5. Georges Guy-Grand, « Charles Péguy : Le Mystère de la Charité de Jeanne d'Arc », *Les Annales de la jeunesse laïque*, mai 1910, n° 96, pp. 376-377.
6. *Ibid.*, p. 377.
7. *Ibid.*

d'être si détachée, une route franchie jadis dans un élan si passionné[1]. » Jean Schlumberger terminait ainsi : « Il faut remercier Daniel Halévy d'avoir rendu le malentendu impossible et d'avoir préféré des positions claires à ces troubles fusions d'où l'estime ne peut être qu'absente[2]. » Sorel à la mi-juin, renouvelant ses éloges de l'*Apologie* dans un second article publié en Italie, passait à l'offensive contre les dreyfusards[3].

Ainsi, en moins de six mois, D. Halévy connut deux succès importants. Celui du *Nietzsche* avait été purement littéraire mais le second, ouvrage autobiographique, avait fait l'objet d'une lecture politique. Si le style de l'auteur était loué – concourant ainsi à sa reconnaissance littéraire – l'usage de ce texte devint rapidement polémique.

Georges Valois étant parvenu à interroger Charles Péguy, avait reproduit leur échange dans *L'Action française* du 19 juin[4]. Une mise au point de l'interprétation du *Mystère* devenait de plus en plus nécessaire : ce fut *Notre jeunesse*, paru le 17 juillet, « coup d'arrêt donné par Péguy à la tentative de récupération menée par la droite[5] » selon Géraldi Leroy. Ce texte flamboyant, défense d'un dreyfusisme sans regrets ni remords, probablement un des plus connus de Péguy, dans lequel il définissait l'opposition de la mystique à la politique[6], avait été préparé au cours du printemps. Il communiqua le manuscrit à Halévy au début du mois de juillet. Celui-ci y releva ce passage : « J'avoue que je ne me reconnais pas du tout dans le portrait que Halévy a tracé ici même du dreyfusiste. Je ne me sens nullement ce poil de chien battu. Je consens d'avoir été vainqueur, je consens [...] d'avoir été vaincu [...] je ne consens point d'avoir été battu. [...] Je ne me sens point ce poil de chien mouillé. [...] Je ne me sens aucunement l'humeur d'un pénitent[7]. »

Halévy demanda immédiatement à Péguy l'insertion d'une lettre de réponse dans le cahier suivant et quelques jours plus tard, il lui fit part de son incompréhension à l'égard de sa réaction. D. Halévy ne parvenait pas à comprendre que Péguy ait attendu la publication du cahier pour réagir alors qu'il en connaissait le contenu de longue date. Il décida alors de se retirer des *Cahiers*. René Johannet, analysant le conflit

---

1. Jean Schlumberger, « Apologie pour notre passé », *NRF*, 1er juin 1910, n° 18, p. 788.
2. *Ibid.*, pp. 788-789.
3. Georges Sorel, « Ideologie dreyfusarde », *Il resto del Carlino*, 16 juin 1910.
4. Georges Valois, « Après une conversation avec M. Charles Péguy », *L'Action française*, 19 juin 1910.
5. Géraldi Leroy, *op. cit.*, p. 227.
6. Cf. Françoise Gerbod, « La reconstruction de l'Affaire dans *Notre Jeunesse* de Charles Péguy », dans G. Leroy (dir.), *Les Ecrivains et l'Affaire Dreyfus*, Paris, PUF, « Université d'Orléans », 1983, pp. 265-273.
7. *O.P.C.*, t. III, p. 41.

à partir des impressions de Sorel, a prétendu plus tard que Péguy n'avait jamais pardonné à Halévy d'avoir refusé l'offre de diriger les *Cahiers* en 1909 : « Sorel m'assura que Péguy en avait terriblement voulu à Daniel Halévy de ce qu'il appelait sa mauvaise volonté. Il admettait difficilement que Daniel Halévy n'eût pas considéré comme son devoir de lui ménager une ligne de retraite en lui rachetant les Cahiers. Il le pouvait. Il le devait[1]. » Cette explication est peu vraisemblable : en fait *Notre jeunesse* était une triple réponse, à la droite, aux laudateurs de l'*Apologie* et à son auteur. Tout au long de l'été, Julien Benda, André Spire, Robert Dreyfus et Georges Sorel jouèrent le rôle d'intermédiaires entre Péguy et Halévy afin d'éviter une rupture définitive entre les deux hommes et pour ménager à chacun une sortie de crise honorable[2]. Halévy ayant finalement refusé de répondre à Péguy par une lettre imprimée dans les *Cahiers*, celui-ci rédigea un nouveau cahier dont il communiqua une partie du manuscrit à Halévy. Ce dernier, l'ayant lu, indiquait à la mi-août qu'il était d'accord avec le contenu et proposa à Péguy une dédicace pour le futur cahier : « Solvuntur objecta, à D.H[3]. » Le conflit manqua pourtant de rebondir avec la parution d'un article de Guy-Grand comparant l'*Apologie* et *Notre jeunesse*[4]. L'auteur commençait son article par : « On échange des coups aux *Cahiers de la Quinzaine*[5] » et poursuivait en critiquant la distinction de la politique et de la mystique, tout en louant « le pur écrivain Daniel Halévy[6] ». Il achevait cette vive critique de Péguy par : « [...] je me sens plus près [...] entre la thèse et l'antithèse également absolues [Péguy et Maurras], de la pensée inquiète, complexe, complète, synthétique, d'un Daniel Halévy[7] ».

La brouille de l'été trouva un point final avec la parution du cahier en octobre 1910, dont le titre définitif était *Victor-Marie, comte Hugo*[8]. Péguy en s'excusant, achevait la polémique : « Si j'ai offensé Halévy dans mon dernier cahier, je lui en fais, par les présentes, réparation[9] » et dans

---

1. René Johannet, *op. cit.*, p. 256.
2. Deux études ont paru sur ce différend, la seconde corrigeant les erreurs factuelles de la première : Christine Beaulieu, « Le conflit de 1910 entre Péguy et Daniel Halévy », *L'Amitié Charles Péguy Bulletin d'information et de recherches*, octobre-décembre 1980, n° 12, pp. 200-221 et Jean-Pierre Halévy, « Péguy-Halévy. Le différend et la brouille (avril-décembre 1910) », *Charles Péguy 6 Lectures de* Victor-Marie, comte Hugo, Paris, Revue des lettres modernes-Minard, 1995, pp. 29-75.
3. « Les objections disparaissent. »
4. Georges Guy-Grand, « Un épilogue », *Les Annales de la jeunesse laïque*, septembre 1910, n° 100, pp. 112-119.
5. *Ibid.*, p. 112.
6. *Ibid.*
7. *Ibid.*, p. 119.
8. Paru le 23 octobre 1910, XII-1.
9. *O.P.C.*, t. III, p. 163.

la phrase finale, ajoutait : « Je fonde le parti des hommes de quarante ans. Vous en serez, Halévy. On m'annonce de toutes parts des inscriptions. Je suis, je reste votre dévoué[1]. » Mais en réalité, au fil du texte, Péguy était revenu à la source de leur différend : « Il ne faut pas nous le dissimuler, Halévy, nous appartenons à deux classes différentes et vous m'accorderez que dans le monde moderne [...] c'est bien la plus grave, la plus grosse différence, la plus grande distance qui se puisse introduire. Quoi que vous en ayez, quoi que vous fassiez, quoi que vous y mettiez et dans le vêtement et dans tout l'*habitus*, et dans la barbe et dans le ton, et dans l'esprit et dans le cœur, quoi que vous vous en défendiez [...] vous appartenez à une des plus hautes, des plus anciennes, des plus vieilles, des plus grandes [...] une des plus nobles familles de la vieille tradition bourgeoise libérale républicaine orléaniste. [...] Vous êtes un doctrinaire, j'entends que de race vous êtes doctrinaire[2]. » Cette comparaison avec les Doctrinaires le rejetait dans les limbes du XIXe siècle, aux côtés de ces « intellectuels dans la politique[3] » évoqués par Louis Girard qui jetèrent les bases de la Monarchie de Juillet. Romain Rolland, bon observateur des relations entre les deux hommes, a noté l'ambiguïté de *Victor-Marie* : certes, Péguy s'excusait, mais en relevant leurs différences sociales de façon aussi appuyée, il augmentait leurs motifs d'éloignement[4]. Le ton n'était plus celui, amical, des précédents cahiers. Il était devenu beaucoup plus rude : « Plus outre, j'étais, absolument parlant, la seule maison de paysan qui vous fût ouverte. Voulez-vous de vos propres mains, vous la fermer. J'étais la seule maison de paysan qui vous accueillît au fond comme un autre paysan. [...]. Cette cordialité amère que nous avions, cœur à cœur, si profondément triste, si profondément nourrie de tristesse, c'était la seule fréquentation paysanne que vous ayez[5]. »

A son tour, Halévy joua, de novembre à décembre 1910, le rôle de médiateur entre Guy-Grand et Péguy. Péguy n'avait pas apprécié l'article des *Annales de la jeunesse laïque* où Guy-Grand avait comparé l'*Apologie* et *Notre jeunesse*. Dans le cahier *Une famille de républicains fouriéristes, – les Milliet*, Péguy avait écrit à propos de lui : « Et aujourd'hui j'ai le plaisir de savoir que nous avons dans la ville de Lyon un jeune homme acharné à la sacrification de nos jeunesses. [...] Il veut être, il sera un des piliers du parti intellectuel et libéral populiste. Il

---

1. *O.P.C.*, t. III, p. 345.
2. *O.P.C.*, t. III, p. 168.
3. Louis Girard, *Les Libéraux français 1814-1875*, Paris, Aubier, 1985, p. 70.
4. Romain Rolland, *op. cit.*, pp. 238-239. Il ajoute également que le qualificatif « orléaniste » n'était pas un compliment dans l'esprit de Péguy (*ibid*., t. I, p. 345, n. 44).
5. *O.P.C.*, t. III, p. 196.

a des ambitions intellectuelles inexpiables. Il sera un ennemi puissant[1]. » Guy-Grand avait écrit alors à Halévy pour qu'il transmette une lettre d'explications à Péguy. Finalement après de nombreux échanges épistolaires et oraux, la lettre de mise au point de Guy-Grand parut dans les *Cahiers*, le 18 décembre 1911, sans commentaire de Péguy[2].

La rupture avait été évitée entre Péguy et Halévy mais ce dernier s'éloigna définitivement de Péguy et quitta les *Cahiers de la Quinzaine*[3]. Halévy avait été conforté dans sa décision par l'attitude de Péguy envers Guy-Grand. Toutefois, il continua à soutenir à l'extérieur l'entreprise des *Cahiers* et l'œuvre littéraire de son directeur. Il continuait également à correspondre avec Sorel et à le rencontrer à la librairie de Paul Delesalle[4]. Le seul bénéfice littéraire qu'il retira de la publication de l'*Apologie*, mis à part l'accueil favorable de la critique, fut la diffusion de ses écrits en Italie. En septembre 1910, le directeur de *la Voce* florentine, Giuseppe Prezzolini, lui écrivit pour lui proposer la traduction de l'*Histoire de quatre ans*. Pietro Jahier, gérant de *La Voce*, traduisit l'ouvrage, intitulé en Italien *Il Castigo della democrazia*[5], c'est-à-dire « le châtiment de la démocratie ».

La situation littéraire d'Halévy était alors paradoxale : en l'espace d'un an, il avait connu un double succès, mais deux lieux prestigieux de publication lui étaient dorénavant inaccessibles : les *Cahiers de la Quinzaine* et la *NRF*. Ce qu'il avait entrevu dans l'*Apologie* en évoquant la perspective de vivre en retrait, « confiné », pour sauvegarder son indépendance, commençait à se réaliser sur le plan littéraire.

---

1. *Une famille de républicains fouriéristes, – les Milliet*, III, XII-2, 20 novembre 1910, pp. 69-70.
2. En 1911, un journaliste reproduisit des propos de Péguy : « [...] M. Guy-Grand est un délégué du Parti Intellectuel [...] » (« Charles Péguy », *Le Bulletin de la semaine*, 15 décembre 1911, p. 629). Guy-Grand envoya une lettre de désabonnement aux *Cahiers* le 7 janvier 1912 : « Je m'en vais à regret. J'aurais aimé rester » (copie dans les archives Guy-Grand).
3. Tharaud a fait une analyse juste de la rupture Péguy-Herr qui pourrait s'appliquer au différend Péguy-Halévy : « Mais quand des intellectuels se brouillent, leur rupture a toujours quelque chose de particulièrement brutal, parce qu'ils affectent de compter le sentiment pour rien » (Jérôme et Jean Tharaud, *Notre cher Péguy*, Paris, Plon, 1926, t. I, p. 194).
4. Cf. le témoignage de Daniel Halévy, « Je ne fus pas invité... », *Savez-vous*, 18 janvier 1936, n° 9, p. 1. Sur Delesalle, cf. Jean Maitron, *Paul Delesalle. Un anarchiste de la Belle Epoque*, Paris, Fayard, « Les inconnus de l'histoire », 1985, 207 p.
5. Daniele Halévy, *Il Castigo della democrazia : storia di quatro anni (1997-2001)*, Firenze, Casa editrice Italiana, « Quaderni della voce, racolti da Giuseppe Prezzolini 7 », 1911, 117 p.

CHAPITRE IX

Dans la mêlée littéraire

La position désormais établie de Daniel Halévy dans les milieux littéraires et la nature de ses écrits, prêtant à des interprétations diverses, le transformèrent malgré lui en enjeu idéologique. Sa carrière littéraire ainsi que son évolution idéologique furent en partie guidées par la réception déformante des critiques littéraires hostiles à la démocratie. Dans ce cadre, la dimension littéraire était étroitement imbriquée au politique.

La médiation déformante de Sorel

Georges Sorel qui avait déployé depuis 1907 une grande activité pour la promotion des ouvrages de D. Halévy, faisait également partie des déçus du dreyfusisme. Ayant rompu à la fin de l'année 1908 avec Lagardelle et *Le Mouvement socialiste*, il s'était éloigné du syndicalisme lui reprochant d'avoir trahi la classe ouvrière. Une des caractéristiques du post-dreyfusisme fut de favoriser la conjonction des extrêmes. Les anciens dreyfusards syndicalistes qui entreprenaient une critique radicale du régime politique trouvèrent un écho attentif chez les antidémocrates de droite, qui essayaient de mettre en valeur le thème de la monarchie syndicale. Au cours de cette période, Sorel, en marge du syndicalisme, demeura étroitement lié à Berth, Péguy et Halévy. Pour lui, la figure libérale qu'était Halévy, regrettant une part des débordements auxquels avait donné lieu l'engagement dreyfusard, pouvait devenir un allié dans son entreprise de déconstruction intellectuelle du régime. D'autre part, l'élitisme d'Halévy entrait entièrement dans les vues de Sorel qui n'avait cessé de parler pour les élites, qu'elles soient ouvrières ou intellectuelles. Les années de l'immédiat avant-guerre furent l'occasion de rapprochements intellectuels entre certains représentants marginaux du syndicalisme de l'élite libérale et de l'extrême droite monarchiste sur la base d'une pensée commune antidémocratique. Ces rencontres furent certes permises par la décomposition du dreyfusisme mais aussi parce que la période correspondait à l'offensive culturelle et politique de l'Action Française[1] dont la lecture du *Mystère de la Charité* fut une illustration. Exploitant la décomposition du dreyfusisme, l'Action Française comptait gagner à elle de nouveaux soutiens.

Sorel espérait associer plus étroitement Halévy à son milieu. En 1907, il avait essayé, sans succès, de l'attirer au *Mouvement socialiste*. Le différend avec Péguy relança ses projets à l'égard de D. Halévy. Sorel avait une position importante chez l'éditeur Marcel Rivière : celui-ci était devenu son éditeur attitré et, comme l'atteste sa correspondance, l'auteur des *Réflexions* jouait également auprès de lui le rôle de conseiller littéraire. Le 5 août 1910, à l'apogée de la crise entre Péguy et Halévy, qu'il suivait attentivement, Sorel proposa à Halévy de publier *Un épisode*, « [...] petit chef-d'œuvre [...][2] » chez Marcel Rivière. Il précisait que l'ouvrage paraîtrait dans la même collection que ses propres livres, la *Décomposition du marxisme* et la *Révolution dreyfusienne*. D. Halévy parut d'abord réticent à l'idée de publier des œuvres d'imagination dans la « Bibliothèque du mouvement socialiste » car il souhaitait avoir désormais un éditeur unique et songeait à Calmann-Lévy, l'éditeur du Nietzsche[3]. Sorel lui fit alors une seconde proposition au début de l'année 1911, en lui offrant de rééditer chez Rivière les trois cahiers, l'*Histoire de quatre ans*, *Un épisode* et l'*Apologie*[4], en un seul volume. Halévy qui venait de quitter les *Cahiers*, accepta le mois suivant. L'ouvrage parut vers le début du mois de septembre sous le titre *Luttes et Problèmes*[5]. Dans un avant-propos inédit, Halévy avait ajouté un court commentaire sur chacune des œuvres, accentuant le caractère désabusé de l'ensemble. Il expliquait que l'*Histoire* avait eu pour objectif de faire admettre au public des U.P. des notions auxquelles il était étranger « [...] le fait aristocratique et guerrier, la notion du tragique et des mœurs[6] » et commentait de la sorte le contenu d'*Un épisode* : « Le faible succès de ces petites institutions [...] fit entendre à

---

1. Cf. Eugen Weber, *L'Action française*, Paris, Fayard-Hachette, 1985, pp. 62-108.
2. Lettre de Georges Sorel à D. Halévy, 5 août 1910, reproduite dans : *Cahiers Georges Sorel*, n° 12, 1994, p. 189.
3. Cf. Lettre de Georges Sorel à D. Halévy, 26 janvier 1911, reproduite dans : *Cahiers Georges Sorel*, n° 12, 1994, p. 196.
4. *Ibid.*, p. 195.
5. *Luttes et problèmes*, Paris, Rivière, 1911, 322 p.
6. *Ibid.*, p. 9.

maint jeune homme ce que signifiait, dans nos sociétés, la séparation des classes et des cultures[1]. » Enfin, il disait de l'*Apologie* : « Ces idéologies trompeuses, ces confusions qui étaient successivement apparues, une crise redoutable en avait été l'occasion ; de cette crise même enfin une analyse fut tentée[2]. » La réédition des deux premiers cahiers redonna vie aux deux textes oubliés que constituaient l'*Histoire* et *Un épisode*. Sorel rendit compte lui-même de l'ouvrage à la fin de l'année dans deux longues études parues à *L'Indépendance*. Il faisait une lecture psychologique et historique de l'*Apologie*, reprenant et approfondissant les critiques d'Halévy concernant le comportement des libéraux lors de l'Affaire. Il estimait pourtant que « [...] Daniel Halévy demeur[ait] un pur libéral[3] ». Il se réjouissait du fait qu'*Un épisode* montrait la vanité des intellectuels dans l'élaboration des U.P. A propos de l'*Histoire*, il se livrait à la critique approfondie du genre de l'utopie, dont il estimait qu'il avait des effets néfastes dans les masses[4] – à la différence du mythe – mais il faisait une exception pour ce texte qu'il qualifiait d'ailleurs de « fable » et non « d'utopie » : « L'*Histoire de quatre ans* étant une fable médicale, l'auteur a pu exprimer les critiques les plus dures qu'on ait probablement écrites sur la démocratie (depuis Platon) sans passer pour un suppôt de la réaction[5]. »

L'attachement très rigoureux de Sorel au respect du droit[6] explique sa réaction indignée à la cassation sans renvoi du verdict de Rennes en juillet 1906, dénoncée également, mais avec nuances, par Halévy[7]. Les positions de Sorel lors de l'Affaire sont mal connues et en particulier son attitude au moment de la grâce de Dreyfus, lors du retrait du recours, mais il est probable, au vu de sa réaction de 1906, qu'il n'ait pas accepté ce marchandage. Il commença en effet à rédiger à la fin de l'année 1906 une réflexion sur les suites politiques de l'Affaire Dreyfus qui devait s'appeler initialement *Les Débuts d'une ère nouvelle*[8]. Le

---

1. *Ibid.*, pp. 9-10.
2. *Ibid.*, p. 10.
3. Georges Sorel, « Trois problèmes », *L'Indépendance*, n° 19, décembre 1911, p. 230.
4. Georges Sorel, « Trois problèmes », *L'Indépendance*, n° 20, décembre 1911, pp. 270-271.
5. *Ibid.*, p. 272.
6. Cf. Patrice Rolland, « L'enjeu du droit », dans Michel Charzat (dir.), *Georges Sorel...*, *op. cit.*, pp. 28-43.
7. Halévy en tirait un jugement plus modéré que Sorel : « Irons-nous, là-dessus, crier au scandale ? Mais l'affaire Dreyfus fut dès son premier jour vouée à l'irrégularité » (*Apologie...*, *op. cit.*, p. 103). Sur la campagne de l'Action Française contre l'article 445, cf. Eugen Weber, *L'Action française*, Paris, Fayard-Hachette, 1985, pp. 59-61.
8. Cf. l'étude de Michel Prat, « Georges Sorel et la décomposition du dreyfusisme », dans Michel Leymarie (éd.), *La Postérité de l'Affaire Dreyfus*, Lille, Presses universitaires du Septentrion, 1998, pp. 15-30.

projet fut modifié, abrégé et parut en mai 1909 chez Rivière sous le titre *La Révolution dreyfusienne*. Cette brochure était un pamphlet d'une violence rare alors dans les textes de Sorel. Celui-ci avait fait le constat que le mouvement ouvrier entre 1900 et 1906 après avoir apporté son soutien au régime lors de l'Affaire Dreyfus, avait été trahi par les politiciens bourgeois. Il attaquait vivement le régime politique issu de la « révolution » qu'avait été l'Affaire Dreyfus et commençait ainsi à formuler une critique sans concession de la démocratie non sans analogie avec celle que développait l'extrême droite.

La lecture de l'*Apologie* renforça Sorel dans ses convictions. Henry de Bruchard, observateur attentif de la décomposition du dreyfusisme, souleva en septembre 1910 dans *L'Action française* la question du lien entre le texte d'Halévy et celui de Sorel : « Mais *Apologie pour notre passé* n'est-il pas une réponse déguisée à la *Révolution dreyfusienne*[1] ? » En effet, un détail incite à penser que Daniel Halévy avait lu la *Révolution dreyfusienne* ou s'en était inspiré. Dans l'avant-propos de cet ouvrage, Sorel cite longuement Renan et tout particulièrement un passage précis : le discours de réception à l'Académie française prononcé par Renan pour Jules Claretie en 1889. Or, on retrouve la même allusion à cet événement dans l'*Apologie*[2] où Daniel Halévy fait aussi référence à ce discours. Cependant dans l'*Apologie*, rien ne répond, ni dans le ton, ni dans le contenu, aux outrances de la *Révolution dreyfusienne*. L'enthousiasme de Sorel à l'égard de l'*Apologie* se traduisit par une préface – largement consacrée au livre d'Halévy – à la deuxième édition de la *Révolution dreyfusienne* qui parut en 1911. Il utilisa certains éléments, anecdotiques, du texte d'Halévy. Celui-ci avançait prudemment la thèse d'une dénonciation d'Esterhazy par l'Allemagne[3], et Sorel en avait pris prétexte pour dénoncer un « complot germanique » émanant des services de renseignements allemands et pour évoquer la culpabilité de Dreyfus, versant ainsi dans l'antidreyfusisme. De la même façon que le *Mystère* de Péguy avait été détourné par la droite, l'*Apologie* avait fait l'objet d'appropriations soréliennes modifiant l'esprit réel de l'ouvrage. Daniel Halévy découvrait que ce que le lecteur faisait de l'œuvre n'était pas toujours conforme au projet de l'auteur[4].

---

1. Henry de Bruchard, « Le Cas de M. Daniel Halévy », *Revue critique des idées et des livres*, 10 septembre 1910, p. 436.
2. *Apologie...*, op. cit., pp. 48-49.
3. *Ibid.*, pp. 26-28.
4. Cf. « Ce que le lecteur fait de l'œuvre », numéro spécial de *Mil neuf cent*, 1994, n° 12, 255 p. et « Réception et contresens », numéro spécial de la *Revue de synthèse*, janvier-mars 1989, t. CX, n° 1, pp. 3-108.

L'Action Française et le « cas Halévy »

Dans le dispositif de combat de l'Action Française, les périodiques, véhicules des idées, occupaient une place importante. La *Revue d'Action française* fondée en août 1899 avait été le premier support de l'action des nationalistes intégraux. De nombreux périodiques royalistes tels *Le Soleil* ou *La Gazette de France* servaient à appuyer chaque jour les idées nouvelles. Mais Maurras souhaitait procurer à son mouvement un quotidien en propre, le quotidien étant une arme plus adaptée au combat politique que la revue. Le 21 mars 1908 parut le premier numéro de *L'Action française*. Moins d'un mois après, la *Revue* éponyme bimensuelle devenait mensuelle. Le mouvement d'Action Française procéda rapidement à l'absorption des lectorats des principaux périodiques royalistes et nationalistes[1], dont les ventes ne cessaient de décroître. Rapidement, *L'Action française* acquit une position hégémonique dans la presse de droite. En avril 1908, profitant de la modification de la périodicité de la *Revue d'Action française*, Jean Rivain, Pierre Gilbert, Eugène Marsan avec l'aide des maurrassiens du Cercle Joseph de Maistre, fondèrent la *Revue critique des idées et des livres* (*RCIL*). Jean Rivain (1883-1957), catholique, avait fondé en 1905 la Librairie Jean Rivain qui devint l'année suivante la Nouvelle Librairie Nationale (NLN), éditrice des publications de l'Action Française. La NLN qui éditait dès 1906 la *Revue d'Action française* fit naturellement de même pour la *RCIL*. Pierre Gilbert (1884-1914), beau-frère de Jean Rivain, était un critique dramatique, collaborateur occasionnel de la *Revue d'Action française*. Eugène Marsan (1882-1936) avait participé à l'équipe des *Essais* de Jean-Louis Vaudoyer (celui-ci donna d'ailleurs quelques articles à la *RCIL*) et devint rédacteur en chef de la *RCIL*. Le secrétaire de rédaction était Henri Clouard (1885-1972) qui occupait aussi la place de gérant. La *RCIL* qui regroupait de jeunes bourgeois[2] ayant presque tous accompli des études universitaires, défendait à

---

1. Cf. Eugen Weber, *op. cit.*, p. 68 et 102.
2. La jeunesse intellectuelle fut un des enjeux importants de l'offensive de l'Action Française. Contre ce mouvement proclamant à la veille de la guerre que la jeunesse lui était acquise, plusieurs études ont paru montrant les limites du succès de l'Action Française : cf. l'étude critique de l'enquête d'Agathon par Philippe Bénéton, « La génération de 1912-1914. Image, mythe et réalité ? », *Revue française de science politique*, octobre 1971, n° 5, pp. 981-1009 et de Jean-Jacques Becker, *Comment les Français sont entrés dans la guerre. Contribution à l'étude de l'opinion publique printemps-été 1914*, Paris, Presses de la FNSP, 1977, pp. 30-38.

l'origine les mêmes conceptions esthétiques et littéraires que Maurras, celles du néo-classicisme[1]. On pouvait lire en deuxième de couverture : « Un de nos maîtres, qui est un maître de la Pensée française, a donné à cette méthode un beau nom : l'Empirisme organisateur. C'est la formule qui nous guide dans nos travaux. » Jusqu'en 1912-1913, la *RCIL* resta dans l'orbite de l'Action Française[2]. Le mouvement d'Action Française, ainsi organisé, bénéficiait d'une remarquable structure : un quotidien et deux revues littéraires défendaient les mêmes idées politiques et esthétiques. En outre, ces périodiques étaient perméables entre eux, de nombreux critiques écrivant alternativement dans l'un ou l'autre. Le milieu nationaliste pouvait ainsi réagir à plus ou moins long terme, dans des formes variées – « brèves » polémiques, longues études, ou chroniques de l'actualité. La gamme des interventions était aussi étendue que possible et permettait au mouvement d'occuper une position de surveillance permanente du champ littéraire, d'y occuper une place de plus en plus importante, du moins sous l'angle de la critique.

Les réactions de ce milieu entre 1908 et 1914 à l'égard des publications de D. Halévy illustrent l'évolution des stratégies de l'Action française[3]. De ce point de vue, trois périodes distinctes apparaissent nettement. De la publication d'*Un épisode* (1907) à la *Vie de Frédéric Nietzsche* (1909) les réactions furent hostiles, marquées par un antisémitisme nettement moins nuancé que celui que Ludovic avait subi dans les années 1880. Malgré la lettre que Darquet avait envoyé à Halévy pour se faire reconnaître comme l'auteur de l'étude sur *Un épisode* dans la *Revue d'Action française*, les propos d'ensemble, mâtinés d'allusions antisémites, avaient été clairement hostiles. « Selon tous les moyens dont peut disposer un bourgeois riche, indépendant et diplômé, il participait de son mieux au désordre créé par de jeunes intellectuels en mal d'apostolat[4] », disait Darquet. Ces propos étaient d'autant plus rudes pour Halévy qu'ils émanaient d'un ancien membre de l'Enseignement mutuel. Henri Rouzaud publia en novembre 1908 dans la *Revue critique*

---

1. Cf. Maurice Plamondon, *La Revue critique des idées et des livres. Organe du néo-classicisme français (1908-1914)*, thèse de doctorat d'histoire sous la direction du professeur Pierre Guiral, Université de Provence, 1972, 457 p., mais surtout Thomas Roman, *La Revue critique des idées et des livres. Anatomie d'une revue de la Belle Epoque. 1908-1914*, mémoire de diplôme de l'IEP de Paris, 1999, 241 p.

2. Cf. un exposé clair de la rupture de 1914 : Maurice Plamondon, « L'empirisme organisateur de Charles Maurras et celui de la *Revue critique des idées et des livres* », *Etudes maurrassiennes*, 1980, n° 4, pp. 193-205.

3. L'affrontement exposé ci-après correspond de près aux règles du discours polémique analysée par Alain Pagès (*La Bataille littéraire. Essai sur la réception du naturalisme à l'époque de Germinal*, Paris, Librairie Séguier, 1989, pp. 137-162).

4. Michel Darguenat, « Une suite à "L'Etape" », *L'Action française*, [revue], 15 juillet 1908, X, 214, p. 291.

des idées et des livres un article antisémite extrêmement violent à l'égard d'Halévy[1]. Habilement, Rouzaud reprenait certains des propos tenus par Halévy dans les *Pages Libres* à propos de Spire et Robert Dreyfus[2], mais il en détournait le sens. Pierre Lasserre dans *L'Action française* avait certes fait un éloge du Nietzsche mais il confiait que son sentiment était mitigé à l'égard de l'auteur : « Je ne me sens jamais à l'aise avec M. Daniel Halévy, comme si sous l'ordre clair et net de ses exposés, sous la facilité de sa diction correcte et fine, il y avait quelque chose qui ne cesse de sonner faux[3] » et il terminait son article, indiquant la raison de ce sentiment en évoquant « ce jeune patricien de la cité juive[4] ». De la parution de l'*Apologie* en 1910 jusqu'à sa réédition dans *Luttes et Problèmes* en 1912, s'ouvrit une seconde période caractérisée par une double réaction : l'hostilité à l'égard du témoignage d'Halévy sur l'Affaire était nette, mais elle était nuancée par l'utilisation que les critiques d'Action Française en faisaient contre les anciens dreyfusards. L'auteur du *Précis de l'Affaire Dreyfus*, Dutrait-Crozon, relevait dans *L'Action française* la dimension désenchantée du témoignage d'Halévy[5], critiquait les erreurs factuelles et achevait son propos ainsi : « Il fallait choisir entre la France et Dreyfus ; M. Halévy a choisi Dreyfus, tel est son passé, le passé pour lequel [il] a tenté une apologie[6]. » Henry de Bruchard (1876-1914), qui avait été dreyfusard – il avait signé l'*Hommage des artistes à Picquart* le même jour qu'Halévy[7] – était passé à l'antidreyfusisme après le procès de Rennes. Critique spécialisé dans l'affaire Dreyfus à la RCIL, il consacra une longue étude à D. Halévy, « Le Cas de M. Daniel Halévy[8] ». L'ensemble était très antisémite, l'auteur reprochant notamment à D. Halévy de parler au nom

---

1. Henri Rouzaud, « Revue des revues », *Revue critique des idées et des livres*, 25 novembre 1908, n° 15, pp. 268-270.
2. Daniel Halévy, « Lectures. Deux écrivains juifs », *Pages libres*, 7 novembre 1908, n° 410, pp. 519-524.
3. Pierre Lasserre, « La Vie de Nietzsche », *L'Action française*, 2 novembre 1909, p. 3.
4. *Ibid.*
5. Henri Dutrait-Crozon, « Sur une Apologie », *L'Action française*, 11 mai 1910, n° 131, pp. 1-2.
6. *Ibid.*, p. 2.
7. D'après les souvenirs de Gregh – d'utilisation délicate – il semble même que les deux hommes se soient connus. Evoquant, une réunion au café des Variétés, le jour de l'acquittement d'Esterhazy, il écrivit : « Il y avait là Elie et Daniel Halévy, Jacques Bizet, Louis de La Salle, Henri de Bruchard (qui depuis changea sinon d'opinion, du moins de parti), Marcel Proust, un monsieur nommé Roederer que je n'ai jamais revu, Robert de Flers, peut-être Robert Proust, et Jacques Bonzon » (cf. Fernand Gregh, *L'Age d'or...*, *op. cit.*, p. 291).
8. Henry de Bruchard, « Le Cas de M. Daniel Halévy », *Revue critique des idées et des livres*, 10 septembre 1910, n° 58, pp. 423-437, reproduit dans *1896-1901. Petits mémoires du temps de la Ligue*, Paris, NLN, s.d. [*ca* 1912], pp. 1-30.

de la bourgeoisie, alors qu'il n'en représentait pour Bruchard que la « partie juive ». A la suite de *Notre jeunesse* et des articles de Guy-Grand, un auteur anonyme publia dans le quotidien trois articles intitulés « La décomposition dreyfusienne[1] ». Ceux-ci eurent pour effet d'accroître les tensions entre Péguy, Halévy et Guy-Grand. L'auteur de ces libelles changeait d'attitude par rapport à Dutrait-Crozon et utilisait l'*Apologie* comme machine de guerre contre Péguy, l'ardent dreyfusard de *Notre Jeunesse*. Il insistait par une critique très détaillée sur les dissentiments entre Péguy, Halévy et Guy-Grand. Si les allusions antisémites revenaient à nouveau, l'auteur relevait avec intérêt que D. Halévy avait protesté dans l'*Apologie* contre l'utilisation de l'article 445[2]. Pierre Gilbert dans la *RCIL* consacra à l'été 1911 un article courtois mais ferme où l'attitude de D. Halévy en tant qu'intellectuel était critiquée[3] selon les stéréotypes du discours anti-intellectualiste de droite. La parution de *Luttes et Problèmes* en 1912 donna à Pierre Lasserre l'occasion de revenir à l'*Apologie*. Le ton était plus tempéré qu'auparavant : Lasserre insistait, comme Dutrait-Crozon, sur les dissentiments des dreyfusards, mais isolait le rôle d'Halévy parmi eux : « M. Daniel Halévy appartient au groupe restreint, isolé, mais fort en vue, de ces hommes distingués qu'on pourrait appeler les Pyrrhus du dreyfusisme[4]. » Lasserre y trouvait en outre des éléments de satisfaction : « J'apprécie dans cet écrit, où quelques années de notre histoire politique sont rapidement parcourues, l'absence de pharisaïsme politique. La franchise de l'auteur jette sur les situations qu'il retrace une clarté salutaire[5]. » Il citait le passage où Halévy, regrettant que la seule tradition subsistante soit celle des républicains, interpellait les hommes de droite. Lasserre ajoutait que c'était précisément le travail de l'Action Française de construire une tradition. Les relations qui paraissaient alors en voie d'amélioration entre l'Action Française et D. Halévy furent perturbées par un article que Pierre Gilbert consacra au livre de son ami Bruchard. Gilbert dans sa note de lecture avait écrit en commentant *Notre jeunesse* : « Quant à M. Halévy, il s'est fait traiter de chien battu par un de ses meilleurs amis, sans qu'on pût dire qu'il l'eût volé le

---

1. « La décomposition dreyfusienne », *L'Action française*, 24 octobre 1910, pp. 1-2 ; 7 novembre 1910, pp. 1-2 ; 8 novembre 1910, pp. 1-2.
2. « La décomposition dreyfusienne », *L'Action française*, 24 octobre 1910, pp. 1-2.
3. Pierre Gilbert, « Aux intellectuels », *Revue critique des idées et des livres*, 25 juillet 1911, n° 79, pp. 159-175.
4. Pierre Lasserre, « Chronique des lettres. Luttes et problèmes », *L'Action française*, 3 février 1912, n° 34, p. 3.
5. *Ibid.*

moins du monde [...][1]. » D. Halévy n'eut connaissance que tardivement de cet article mais il n'hésita pas un instant et se battit en duel avec son offenseur. René de Kérallain, grand lecteur de Maurras et de *L'Action française* avait observé attentivement depuis la parution de l'*Apologie* cet étrange dialogue entre l'AF et D. Halévy. Il avait écrit avec justesse à celui-ci : « Mais ce qui est très curieux est le rôle que vous jouez dans les publications de l'Action Française. Vous y devenez une sorte de personnage mystique, apocalyptique, – représentatif de toute une façon de voir, alors que, ce me semble, la vôtre vous est plutôt personnelle[2]. »

En décembre 1911, des nationalistes d'Action Française et quelques syndicalistes créèrent le Cercle Proudhon afin de rassembler les antidémocrates de gauche et de droite autour de la figure tutélaire de Pierre-Joseph Proudhon, adepte supposé de la « monarchie syndicale ». Bien que Maurras ait été présent à la tribune lors de l'inauguration du Cercle et que la revue célébrât sans cesse Proudhon et Maurras, le Cercle et les *Cahiers du Cercle Proudhon* qui commencèrent à paraître en janvier 1912, ne souhaitaient pas afficher officiellement leurs liens avec le mouvement d'Action Française afin de ne pas compromettre les perspectives d'alliance avec l'extrême gauche. Les travaux récents parus sur le Cercle ont fait justice de cette attitude, mettant nettement au clair les liens institutionnels et personnels entre le Cercle et l'AF[3], et la fonction de captation de soutiens ouvriers confiée au Cercle. Parmi les huit fondateurs du Cercle Proudhon figuraient Gilbert Maire, Georges Valois et Albert Vincent. Gilbert Maire, venant du syndicalisme, était un fervent bergsonien qui essayait de concilier son attirance pour le philosophe avec son attachement à Maurras. Il fut responsable à partir de 1912 de la chronique philosophique de la *RCIL*. Georges Valois (1878-1945), secrétaire général de la Librairie Armand Colin au début du siècle, avait milité au premier syndicat des employés de librairie. A la suite de la parution de son ouvrage *L'Homme qui vient* en 1907, condensé des idées nationalistes et syndicalistes soréliennes, Maurras l'avait appelé à la Nouvelle Librairie Nationale, qu'il dirigea à partir de

---

1. Pierre Gilbert, « "Petits Mémoires du Temps de la Ligue" », *Revue critique des idées et des livres*, 25 août 1912, n° 105, p. 468.
2. Lettre de René de Kérallain à D. Halévy, 30 novembre 1912, reproduite dans *Correspondance de René de Kérallain 1889-1928*, t. III, Imprimerie Bargain, Quimper, 1937, p. 352.
3. Cf. notamment Georges Poumarède, *Le Cercle Proudhon : une synthèse impossible ? 1911-1914*, mémoire de maîtrise sous la direction de Lucette Levan-Lemesle, Université de Paris-I Panthéon-Sorbonne, 1992, 255 p. et Gérard Navet, *Le Cercle Proudhon, 1911-1914. Entre le syndicalisme révolutionnaire et l'Action française*, cahier n° 6 des Travaux de l'atelier Proudhon, Paris, EHESS, 1987, 21 p.

1912, éditant la *Revue d'Action française* et la *RCIL* jusqu'en 1914. Albert Vincent Jacquet dit Albert Vincent (1881-1955), était un instituteur, fils d'instituteur[1]. Dreyfusard, abonné des *Cahiers de la Quinzaine* et des *Pages Libres*, il avait enseigné dans le Rhône et en Afrique du Nord, puis dirigé l'école primaire supérieure de Valence. Ami de Péguy avec lequel il correspondait et d'Albert Thierry, ce syndicaliste déçu par la crise de la C.G.T. en 1908-1909, s'était rapproché de Sorel et de Berth. L'année de la fondation du Cercle, il publia à la NLN *Les Instituteurs et la démocratie*, dans lequel il se déclarait syndicaliste monarchiste.

La lecture que le Cercle fit des publications de D. Halévy ouvre une troisième période dans les relations de ce dernier avec le milieu d'Action Française. Après les textes des *Cahiers de la Quinzaine*, ce sont les travaux proudhoniens de D. Halévy qui furent l'objet d'une lecture critique de la part du mouvement. Halévy compta aux *Cahiers du Cercle Proudhon* un lecteur particulièrement favorable en la personne d'Albert Vincent. Dans le second numéro, celui-ci consacra un long article, « Le bilan de la démocratie » à l'*Histoire de quatre ans*[2]. Dans cet éloge sincère, il affirmait que la décadence prévue par D. Halévy pour la fin du siècle, était déjà commencée. Il prenait de nombreux exemples contemporains pour l'illustrer : le malthusianisme, la désertion des campagnes, l'augmentation des divorces et du nombre d'aliénés... etc. « Le temps presse : tout ce que prévoyait Halévy se réalise dès à présent sous nos yeux[3]. » Le remède avancé par Halévy dans son utopie, l'alliance des socialistes libertaires et des savants, c'est-à-dire pour Albert Vincent l'alliance des syndicalistes et des positivistes (d'Action Française) pouvait sauver la société. Georges Valois consacra également une longue étude à Halévy – qui venait de se lancer dans de nouveaux travaux sur Proudhon – « La direction de l'œuvre proudhonienne et le cas Halévy », parue au début de l'année 1913[4]. Dans les *Débats*, Halévy avait en effet consacré un article à Proudhon en janvier 1913, à l'occasion des diverses publications sur le Bisontin parues les années

---

1. Cf. sur Jacquet, son roman autobiographique : *Refus de parvenir. Roman-témoignage*, Blainville-sur-Mer, L'amitié par le livre, s.d. [1956], 247 p. (avec une lettre-préface de Marc Bloch) et l'étude de Jean Bastaire, « Autour du syndicalisme révolutionnaire. Un disciple de Péguy : A.V. Jacquet », *Travaux de linguistique et de littérature*, Université de Strasbourg, 1977, XV, 2, pp. 159-178.
2. Albert Vincent, « Le bilan de la démocratie », *Cahiers du Cercle Proudhon*, 2ᵉ cahier, mars-avril 1912, pp. 98-104.
3. *Ibid.*, p. 98.
4. Georges Valois, « La direction de l'œuvre proudhonienne et le cas Halévy », *Cahiers du Cercle Proudhon*, septembre-décembre 1912, n° V-VI, pp. 257-267. Un brouillon manuscrit de cet article se trouve aux A.H.C., fonds Georges Valois, VA 21. La datation de la revue est trompeuse : l'article fut écrit en janvier 1913.

précédentes[1]. Entre les lectures de droite et celles de gauche, il ne voulait pas trancher mais disait de Proudhon : « Il n'entendait rien aux architectures sociales, il lui plaisait de n'y rien entendre, il les niait brutalement. Les chercheurs que groupent les *Cahiers du Cercle Proudhon* se tromperaient donc s'ils pensaient tirer des œuvres de leur maître un système complet de restauration nationale, une théorie de l'Etat, de la monarchie héréditaire, de l'aristocratie et du peuple. Proudhon ne donnera jamais ces choses-là. Mais si tout leur dessein (et je l'entends ainsi) est de considérer d'abord, pour étudier les problèmes de l'heure, un type achevé du paysan, de l'artisan français, un héros de notre peuple, ils ne pouvaient mieux choisir [...][2]. » Valois avait reproduit intégralement l'article d'Halévy et l'avait fait suivre de commentaires révélant la difficulté d'un rapprochement : « Il ne nous déplaît pas de verser à notre dossier cette confirmation inattendue de notre thèse ; mais nous la placerons en dehors des pièces du débat, aux annexes, car, quelle que soit son importance, aussi précieuses que soient pour nous ses nobles conclusions, quelle que soit notre sincère estime pour les belles qualités morales de l'auteur et pour sa loyauté intellectuelle, nous ne pouvons pas oublier que M. Daniel Halévy appartient par ses origines à un Etat que nous combattons, l'Etat juif, et par son histoire personnelle au dreyfusisme, qu'il ne paraît pas avoir quitté[3]. » Valois avait également reproduit une lettre adressée par Sorel à Berth commentant l'article. Dans celle-ci, Sorel qui avait l'intention de mettre au jour un accord possible entre Halévy et le Cercle, voulait minimiser la remarque d'Halévy : « Il ne faudrait pas cependant prendre à la lettre la phrase dans laquelle Daniel Halévy dit que Proudhon niait brutalement les architectures sociales [...][4]. » Valois quant à lui, revenait à la fin de l'article d'Halévy et nuançait ses réserves antérieures : « La conclusion est une véritable "apologie pour le passé français" ; elle appelle vers son signataire plus que l'estime intellectuelle : elle appelle des sentiments de sympathie presque politique.[...]. Sa personnalité nous oblige à parler sans détours et à répondre très clairement au signe nationaliste qu'il a imprimé [...][5]. » Il tentait d'aller bien plus loin que Dutrait-Crozon ou Lasserre : « Il y a pour nous un cas Halévy [...]. M. Daniel Halévy, qui a été dreyfusard ardent et militant, est un homme

---

1. Daniel Halévy, « Sur l'interprétation de Proudhon », *Journal des Débats*, 2-3 janvier 1913.
2. *Ibid.*
3. Georges Valois, *op. cit.*, p. 258.
4. Lettre de Georges Sorel à Edouard Berth non datée, reproduite dans Georges Valois, *op. cit.*, p. 264.
5. *Ibid.*, p. 265.

extrêmement bien informé de tous les mouvements politiques et sociaux. Il suit avec un intérêt extraordinairement vif le mouvement auquel nous participons. Disons plus : il s'intéresse à tout ce qui nous intéresse. Cette alliance, que nous avons réalisée au Cercle Proudhon, entre catholiques, nationalistes et syndicalistes, il l'avait annoncée dans son *Histoire de quatre ans* [...]. Il admire Maurras ; il tient l'Action française pour un mouvement vigoureux et de haute valeur [...][1]. » *L'Action française* de son côté conservait une attitude plus neutre, se contentant en septembre 1913 de reproduire partiellement un second article sur Proudhon qu'Halévy venait de donner aux *Débats* en septembre 1913[2]. Toutefois le titre de l'article, « Le Proudhon conservateur se précise », et le bref commentaire déformaient partiellement le propos initial d'Halévy[3].

Paul Bourget avait confié à Sorel deux ans auparavant son appréciation favorable de *Luttes et Problèmes*. Sorel en fit part à D. Halévy : « J'ai reçu un mot de Bourget qui a été très satisfait de mon article "sur ce remarquable livre sur lequel il y aurait à discuter indéfiniment"[4]. » Attentif à ce qu'écrivait Halévy, Bourget avait opéré dans un de ses « billets de Junius » de l'*Echo de Paris* un rapprochement entre le premier article d'Halévy et le Proudhon monarchiste du Cercle[5]. Quinze jours plus tard, il renchérissait à propos du second article d'Halévy récemment paru[6]. Faisant flèche de tout bois, l'équipe des *Cahiers du Cercle Proudhon* se drapant dans l'autorité de Bourget, reproduisit les deux « billets de Junius[7] » qui abondaient dans le sens d'un Proudhon conservateur et monarchiste.

Dans les années 1912-1914, Halévy fut donc l'objet d'une tentative délicate de récupération idéologique après avoir été longtemps et durement attaqué. René Johannet (1884-1972), catholique royaliste, docteur en droit et licencié ès lettres, était un journaliste spécialisé dans les questions de politique étrangère à *La Croix*. Très proche de l'Action Française, il participait par ses écrits dans la revue *Les Lettres* au vaste

---

1. *Ibid.*, p. 266.
2. Daniel Halévy, « P.-J. Proudhon (1846-1848) », *Journal des Débats*, 12 septembre 1913.
3. « Le Proudhon conservateur se précise », *L'Action française*, 16 septembre 1913.
4. Lettre de Georges Sorel à Daniel Halévy, 29 décembre 1911, reproduite dans : *Mil neuf cent*, 1994, n° 12, p. 204.
5. « Billet de Junius », *L'Echo de Paris*, 1er septembre 1913. Bourget en est très probablement l'auteur mais certains billets de Junius après 1910 furent écrits soit par Barrès soit par Haussonville (cf. Yehoshua Mathias, « Paul Bourget, écrivain engagé », *Vingtième siècle. Revue d'histoire*, janvier-mars 1995, n° 45, p. 27, n. 1)
6. « Billet de Junius », *L'Echo de Paris*, 15 septembre 1913.
7. Reproduits respectivement dans les *Cahiers du Cercle Proudhon*, janvier-février 1914, 2e série, n° 1, pp. 1-6 et 84-85.

mouvement de renaissance littéraire catholique[1]. Dans le numéro de janvier 1914 des *Lettres*, consacré à Péguy il présentait ainsi Daniel Halévy en commentant l'*Apologie* : « Au spectacle des ravages commis par la bande dreyfusarde, M. Halévy plaide l'entraînement[2]. » Il faisait un portrait d'Halévy quasiment identique à celui brossé par Péguy dans *Victor-Marie comte Hugo* : « Ame douce et méditative, distinguée, grave, gracieuse, que nimbe une atmosphère 1825-1835, avec quelque chose en soi d'indéfinissable qui rappelle les traditions parlementaires et polies, Benjamin Constant, Royer-Collard, M. Daniel Halévy est consterné de la débâcle[3]. » Puis, il n'hésitait pas à affirmer : « Familier de Sorel qui lui adressa la fameuse lettre qui sert d'introduction aux *Réflexions sur la violence*, M. Daniel Halévy peut être considéré comme un monarchiste syndicaliste. C'est du moins vers la monarchie syndicaliste que le portent ses affinités[4]. » Ainsi s'achevait en janvier 1914 la tentative de récupération par la droite monarchiste qui avait commencé avec les attaques de Darquet en 1908.

En publiant un article aux accents nationalistes sur le *Mystère* de Péguy dans *L'Action française*, Sorel avait franchi une première étape en direction du mouvement. Valois avait proposé au cours de l'été 1910 à Berth de fonder, avec Sorel, une revue réunissant des antidémocrates de gauche et de droite. Sorel aurait accepté d'en prendre la direction à condition que Berth en fut co-directeur. Le projet associant également Pierre Gilbert et Jean Variot devait s'appeler *La Cité française*. La revue à paraître chez Rivière, édita une brochure de présentation rédigée par Sorel intitulée « L'indépendance française » : « La revue s'adresse aux hommes raisonnables qu'incommodent l'orgueil stupide de la démocratie, la sottise humanitaire, les modes venues de l'étranger[5] », annonçait-il. Les auteurs du projet qui n'étaient pas éloignés sur le fond des idées maurrassiennes, souhaitaient toutefois conserver leur indépendance à l'égard de l'Action Française. Jean Variot et Georges Valois ne parvenant pas à s'accorder sur ce point et sur l'organisation de la revue[6], *La Cité française* ne parut point.

---

1. Cf. les travaux en cours d'Hervé Serry : « Les écrivains catholiques dans les années 20 », *Actes de la recherche en sciences sociales*, septembre 1998, n° 124, pp. 80-87 et « Le mouvement de "renaissance littéraire catholique" : entre espoirs et désillusions », dans *Francis Jammes-Robert Valléry-Radot. Correspondance (1906-1934)*, Bulletin de l'association Francis Jammes n° 28, décembre 1998, pp. 11-50. Cf. également Frédéric Gugelot, *La Conversion des intellectuels au catholicisme en France 1885-1935*, Paris, éditions du CNRS, 1998, 533 p.
2. René Johannet, « Péguy et ses Cahiers », *Les Lettres*, 15 janvier 1914, n° 3, p. 138.
3. *Ibid.*, pp. 138-139.
4. *Ibid.*, p. 138, n. 1.
5. Cité par Eugen Weber, *op. cit.*, p. 94.
6. Cf. Jean Variot, *Propos de Georges Sorel*, Paris, Gallimard, 1935, p. 262.

Jean Variot (1881-1962), journaliste et écrivain, avait collaboré à *La Guerre sociale*. Fréquentant la boutique de Péguy, il avait fait la connaissance de Daniel Halévy qui lui avait présenté Sorel auquel il fut très lié dans les années précédant la guerre. Il décida à la fin de l'année 1910 de reprendre le projet de revue, organisé autour de Sorel mais désormais sans Valois. Variot qui en assurait le financement avec l'éditeur Marcel Rivière, démarcha divers auteurs dont D. Halévy. Sorel écrivit à Halévy en janvier 1911 : « Variot m'a dit hier qu'il avait causé avec vous et que vous acceptiez de collaborer à la revue qui va paraître chez Rivière [...]. Je vous remercie vivement de la marque de confiance que vous nous donnez[1]. » Halévy fut ainsi mentionné parmi les « collaborateurs » de la revue. Le premier numéro de *L'Indépendance* vit le jour en mars 1911, l'unique article de D. Halévy, « Biblia Proudhoniana » paraissant en juillet 1911[2]. La déclaration du premier numéro montrait qu'il s'agissait d'une revue à portée culturelle, de tradition classique : « *L'Indépendance* ne sera pas l'instrument d'un parti politique ou d'un groupement littéraire. [...] Si cependant la France a pu nous transmettre, en l'enrichissant, l'héritage classique de la Grèce et de Rome, c'est que durant plusieurs siècles, ses penseurs, ses poètes, tous ses artistes se sont gardés de confondre le désordre avec la liberté, l'originalité avec le manque de goût [...]. *L'Indépendance* fait donc appel à tous les hommes sages et de bonne culture, capables de lutter contre une telle aberration[3]. » Les membres du comité étaient tous des écrivains, peintres ou musiciens.

Un différend surgit assez rapidement avec la *NRF*[4]. Sorel était hostile à cette revue, estimant qu'elle n'avait pas assez soutenu le *Mystère* l'année précédente et reprochait à Gide de n'avoir pas publié un article de Berth à cette occasion. Deux autres difficultés apparurent. D'une part la *NRF* était éditée par Rivière depuis 1910, d'autre part les deux revues défendant un classicisme assez proche avaient un lectorat en partie commun. Elles luttaient ainsi l'une contre l'autre dans la recherche d'auteurs : *L'Indépendance* essaya d'attirer Claudel qui était alors à la

---

1. Lettre de Georges Sorel à D. Halévy, 26 janvier 1911, reproduite dans : *Cahiers Georges Sorel*, n° 12, 1994, pp. 194-195.
2. Daniel Halévy, « Biblia Proudhoniana », *L'Indépendance*, 1er juillet 1911, n° 9, pp. 343-363.
3. Reproduit dans : Marie-Laurence Netter, « Georges Sorel et l'*Indépendance* », *Cahiers Georges Sorel,* 1987, n° 5, p. 96.
4. Sur cet affrontement, cf. Auguste Anglès, *André Gide et le premier groupe de* La Nouvelle Revue Française. *L'âge critique 1911-1912*, Paris, Gallimard, « Bibliothèque des idées », 1986, pp. 143-151 et 304-306 et l'article de Marie-Laurence Netter précité ainsi que sa contribution « Sorel et Gide. A propos d'une querelle littéraire », dans Michel Charzat (dir.), *Georges Sorel. Cahiers de l'Herne*, Paris, éditions de l'Herne, 1986, pp. 183-191.

NRF, les Tharaud étaient au comité de rédaction de *l'Indépendance* mais publiaient à la *NRF*[1]. Les relations étaient si tendues que l'éditeur devait se justifier auprès de la *NRF* comme le montre la lettre de Schlumberger à Gide à propos de Marcel Rivière : « Il m'a dit et redit que jamais il n'a eu l'idée d'entreprendre une autre série littéraire que la nôtre. [...] Il est peu satisfait de l'*Indépendance*, qui lui coûte, et il ne sait s'il continuera l'an prochain [...]. Il s'est formellement engagé à ne publier aucun livre de littérature, demandant seulement qu'on l'excusât pour la publication de 3 *Cahiers* d'Halévy qu'il s'était engagé à publier en volume avant que nous soyons venus à lui[2]. » Dans ce contexte, Jean Variot publia en novembre 1911 une attaque contre Paul Desjardins et Pontigny[3], dirigée en fait contre la *NRF* qui avait participé à la décade littéraire de 1910[4]. Se sentant engagée, la *NRF* répliqua par la plume de Copeau[5]. Variot lui envoya ses témoins et Sorel protesta auprès de Gide. A la mi-décembre 1911, *L'Indépendance* publia le dossier de la polémique. La crise rebondit alors, engageant malgré lui D. Halévy dans la controverse. Depuis son refus l'année précédente de collaborer à la *NRF*, ses relations avec Gide semblaient s'être dégradées. Racontant à Copeau sa rencontre avec Halévy au cours d'un déjeuner chez Jacques-Emile Blanche, Gide écrivait au début de l'année 1911 : « Halévy, qui pourtant me donnait par moments la réplique, me paraissait plus grand vu à distance ; j'ai perdu quelque peu patience lorsqu'il m'a dit (la conversation était alors générale) que Dostoïevsky "l'effrayait" et qu'il n'avait jamais lu de lui que les *Souvenirs de la Maison des Morts* et que *Humiliés et Offensés* qu'il avait trouvé gâteux ; quant aux "Frères Rakamazov" [*sic*][6] il n'avait aucun désir de les lire, ces productions-là ne l'intéressant point. Ne lui ai point caché mon étonnement qu'écrivant la biographie de Nietzsche, il n'ait pas cherché à connaître ce qui avait été la grande admiration de son héros. Mais il faut hélas se convaincre que Nietzsche n'a été pour Halévy qu'un sujet d'étude, un prétexte de tra-

---

1. Cf. Michel Leymarie, *Jérôme et Jean...*, *op. cit.*, pp. 427-431.
2. Lettre de Jean Schlumberger à André Gide, 6 septembre 1911, reproduite dans André Gide-Jean Schlumberger, *op. cit., p.* 423.
3. Jean Variot, « L'abbaye laïque de Pontigny », *L'Indépendance*, 1er novembre 1911, n° 17, pp. 170-176.
4. Sur les relations de Desjardins avec la *NRF*, cf. François Chaubet, *Paul Desjardins et les décades de Pontigny*, thèse de doctorat d'histoire sous la direction de Jean-François Sirinelli, Université de Lille-III, 1996, pp. 272-345 et Auguste Anglès, *André Gide et le premier groupe de La Nouvelle Revue Française..., op. cit.*, pp. 253-255, 295-300, ainsi que le t. II, *L'âge critique 1911-1912*, pp. 373-377. Cf. le témoignage de Jean Schlumberger reconnaissant que la *NRF* s'était sentie directement concernée (*Eveils*, Paris, Gallimard, 1950, pp. 218-219).
5. Jacques Copeau, « Réponse à M. Variot », *NRF*, décembre 1911, n° 36, pp. 820-822.
6. Le [*sic*] est de Gide.

vail vers quoi ne le ruait aucun goût spécial[1]. » Il concluait : « Insuffisance flagrante des propos[2]. » A la fin du mois de décembre 1911, une rumeur courait les milieux littéraires que Sorel raconta à Berth : « [...] un quidam de l'*Action française* [...], est allé trouver de la Laurencie (le gendre de D'Indy) à la Schola Cantorum et lui a dit que l'*Indépendance* est subventionnée par Daniel Halévy [...]. Par une curieuse coïncidence, Claudel me demande s'il est vrai que Daniel Halévy soit, comme on le lui a assuré, le principal soutien de l'*Indépendance*. Il y a donc une véritable campagne organisée pour faire accepter cette fable [...]. Je suppose que c'est la *Nouvelle Revue française* qui a été à l'origine de ces bruits [...][3] ». Sorel en avertit Daniel Halévy à la fin du mois de décembre[4]. On apprit assez rapidement que Gide avait largement répandu la rumeur. La lettre que Valois, au nom de l'Action Française, adressa alors à Gide montre que l'idée était de discréditer *L'Indépendance*, en affirmant qu'elle était soutenue financièrement par quelqu'un dont on pensait qu'il était juif : « Daniel Halévy est l'ami de Sorel ; il lui a donné de nombreuses preuves d'affection ; sa participation à la vie de *L'Indépendance* pouvait donc s'expliquer par de bonnes raisons d'amitié, raisons parfaitement nobles. Mais à nos yeux (et ceci vous ne pouvez l'ignorer, je vous l'ai d'ailleurs fait remarquer), D. Halévy est d'origine juive, d'éducation protestante, de position dreyfusiste. Il a le mal de Dreyfus ; si c'était à recommencer, il recommencerait. Par ses origines, par sa formation, par ses passions, par sa volonté, il est notre ennemi. Un des plus nobles d'ailleurs et que l'on a plaisir à lire. Mais notre ennemi quand même. Le jour où nous apprenons que cet ennemi soutient une publication où sont défendues certaines forces françaises, et avec laquelle nous avons des liens moraux incontestables, nous sommes mis en grande défiance. Nous avons beau nous expliquer cela par l'amitié, nous sommes tentés d'y voir une manœuvre, la manœuvre de quelqu'un qui, à la faveur de son amitié, tenterait d'acquérir de l'influence contre nous[5]. » Le 10 janvier 1912, Halévy reçut une lettre de Jean Schlumberger qui le pressait de le recevoir. Schlumberger venait avouer qu'il était à l'origine de la rumeur.

---

1. Lettre d'A. Gide à J. Copeau, 22 janvier 1911, reproduite dans *Correspondance André Gide-Jacques Copeau 1902-1949*, Paris, Gallimard, « Cahiers André Gide » n° 12, 1987-1988, t. I, p. 444.
2. *Ibid.*
3. Lettre de Georges Sorel à Edouard Berth, 24 décembre 1911, reproduite dans : *Cahiers Georges Sorel*, 1987, n° 5, p. 167.
4. Lettre de Georges Sorel à Daniel Halévy, 29 décembre 1911, reproduite dans : *Cahiers Georges Sorel*, 1994, n° 12, pp. 203-204.
5. Lettre de Georges Valois à André Gide, 3 janvier 1912, reproduite dans : Marie-Laurence Netter, *op. cit.*, pp. 99-100.

Il est difficile de ne pas voir dans cette manœuvre de Schlumberger et Gide la conséquence ou au moins un lien avec le refus d'Halévy du printemps 1910 de collaborer à la *NRF*. Depuis ce refus, le départ contraint des *Cahiers de la Quinzaine* et la lecture ambivalente dont il avait été l'objet de la part de la mouvance d'Action Française, D. Halévy avait largement subi les rapports de force inhérents au champ intellectuel. Après avoir été écarté de ces organes de publication, le résultat de ces joutes contribuèrent à créer pour Daniel Halévy une situation d'isolement intellectuel supplémentaire. S'il ne contrôlait pas les rapports de force régnant dans le monde littéraire, il était maître de sa propre évolution idéologique qui, à ce moment-là fut amplifiée par les polémiques dont il avait été l'objet. En quittant les *Cahiers* après la disparition des *Pages Libres* et après avoir abandonné la L.D.H., il s'était séparé – en partie volontairement et en partie contraint – de milieux et de réseaux qui le maintenaient auprès de courants situés plutôt à gauche. La dernière attache qui le retenait encore était celle de l'Union pour la vérité.

Paul Desjardins, le directeur de l'Union pour la vérité, était un lecteur assidu des *Pages Libres*, comme l'indiquent ses lettres adressées à D. Halévy. Il suivait attentivement les articles d'Halévy, lui envoyant souvent remarques et conseils sur ses publications et l'encourageant à publier des études en volume. D. Halévy était resté membre de l'Union, à laquelle il appartenait dès avant l'Affaire Dreyfus. Ses études sociales et l'enquête ouvrière lui avaient procuré une certaine notoriété. Ainsi Albert Thomas, par l'intermédiaire de son frère Elie, lui avait proposé de publier ses enquêtes dans la *Revue syndicaliste*. En 1910, Charles Rolland responsable de la collection « Bibliothèque du mouvement social contemporain » chez Armand Colin lui avait demandé un *Tableau de la société contemporaine* sur le modèle du géographe Vidal de La Blache.

La disparition des *Pages Libres* en octobre 1909 n'avait pas seulement éveillé chez Pierre Monatte l'idée de lancer à ce moment *La Vie ouvrière*. Paul Desjardins avait lui aussi réagi rapidement. Au début du mois de novembre, il avait rencontré D. Halévy pour lui proposer de prendre la direction du bulletin de l'Union pour la vérité, espérant ainsi récupérer une partie des abonnés des *Pages Libres*. Daniel Halévy, membre ancien de l'Union dont il était l'un des administrateurs, s'engagea d'abord avec prudence. Ce n'est qu'au début de l'été 1910 que D. Halévy donna une réponse favorable à la demande de Desjardins. Les tâches de D. Halévy, qui succédait à titre bénévole à Pierre Hamp, étaient vastes : il s'agissait d'assurer le secrétariat de rédaction de la *Correspondance*. En outre, Halévy avait la charge de publier les *Libres Entretiens* qui paraissaient depuis 1904. Curieusement, D. Halévy semblait s'être engagé presque malgré lui, marquant ses réticences à l'égard de l'Union au moment même où il devint secrétaire du bulletin.

L'organisation de l'Union en 1910 était la suivante : Paul Desjardins en était le directeur ; Jules Escoffier, le secrétaire ; Bourillon-Hamp, le secrétaire de la *Correspondance* et Léon Letellier était le gérant de cette publication. Pierre Hamp, ancien « résident » de la Fondation universitaire de Belleville, avait publié son premier roman *Marée fraîche* dans la *Correspondance* sur la proposition de Desjardins qui, par la suite, lui avait confié le bulletin. En juin, Desjardins avait recommandé à D. Halévy de s'adjoindre deux auxiliaires, Louis Boisse et Henri Baulig. A l'été 1910, Halévy succéda donc à Hamp et en décembre Baulig remplaçait Escoffier. Henri Baulig (1877-1962), agrégé d'histoire qui s'était orienté vers la géomorphologie, avait été l'assistant de Vidal de La Blache. A son retour des Etats-Unis, alors qu'il venait d'être nommé chef de travaux à la Sorbonne, il devint secrétaire de l'Union. Mais nommé en décembre 1911 à l'Université de Rennes, Baulig dut être remplacé. D. Halévy, avec l'appui de Célestin Bouglé, proposa alors le nom de Guy-Grand. Desjardins aurait préféré choisir Albert Thierry, mais il se résolut à la suggestion d'Halévy. Le siège de l'Union, sa salle de réunion et sa bibliothèque se trouvaient alors 21, rue Visconti, non loin du quai de l'Horloge. C'est à cette adresse que se tenaient le dimanche les « Libres entretiens ». En outre, lors des « samedis de l'Union », le siège était ouvert à tous les adhérents pour des discussions et des échanges informels. En juin 1906, un dîner mensuel avait été instauré chez Jouven, à Montparnasse.

La première tâche à laquelle D. Halévy fut associé fut celle de la préparation des décades de Pontigny. Desjardins avait acheté en 1906 l'abbaye de Pontigny dans l'Yonne, devenue bien national à la Révolution. En dehors de l'Union mais dans son esprit, il avait décidé d'y organiser des rencontres au cours de l'été entre intellectuels, écrivains et enseignants. Desjardins avait mis en place pour organiser ces rencontres un « comité provisoire parisien » dont faisaient partie Joseph Bédier, Paul Desjardins, Arthur Fontaine, André Gide, Léon Letellier, Alfred Loisy, André Michel, Georges Raverat, Emile Verhaeren et Daniel Halévy. Le comité avait pour tâche de répartir les 24 places proposées en sélectionnant les invités aux décades et de fixer le budget[1]. La première rencontre, d'une durée de dix jours, s'ouvrit le 31 juillet 1910 sur le

---

1. François Chaubet, *Paul Desjardins et les décades de Pontigny...*, *op. cit.*, p. 97.

thème « Le sentiment de la justice ». Halévy fut plus étroitement associé à la quatrième (31 août – 9 septembre 1910) sur « La vie ouvrière actuelle ».

Les doutes d'Halévy sur l'opportunité de son travail à la *Correspondance* qui étaient apparus dès les débuts de sa collaboration ne s'étaient pas estompés. C'est dans cet état d'esprit qu'il fit la connaissance épistolaire d'un abonné à la *Correspondance*, René de Kérallain (1849-1928), un aristocrate breton légitimiste, descendant de Bougainville, foncièrement réactionnaire. Parent du commandant du Paty de Clam et du commandant de Bréon (juge militaire au procès de Rennes), Kérallain était resté plutôt neutre pendant l'Affaire Dreyfus. Licencié, docteur en droit, ancien collaborateur de la *Revue britannique* et de la *Réforme sociale* de Le Play, il vivait oisivement retiré sur ses terres et passait ses journées à lire de multiples périodiques auxquels il était abonné, *L'Action française* mais également la *Coopération des idées* de Deherme et la *Correspondance* de l'Union qu'il consultait attentivement[1]. Il adressa sa première lettre à D. Halévy le 16 mai 1911 et dès lors les deux hommes entretinrent une abondante correspondance qui ne s'acheva qu'avec la mort de Kérallain. Dans ses lettres interminables, Kérallain passait au crible tous les thèmes libéraux et républicains et, de façon générale, tous ceux relevant de l'idéalisme démocratique. Homme cultivé et érudit, il manifestait un anti-intellectualisme très rigoureux, particulièrement à l'égard de deux personnages, objets de ses obsessions, Paul Desjardins et Alain dont il connaissait très bien les œuvres. D. Halévy lui envoya régulièrement ses ouvrages. Dans sa première lettre, Kérallain, évoquant la position de « l'homme de droite » face à la *Correspondance*, décrivait une situation qui n'était pas tout à fait éloignée de celle de D. Halévy à l'Union : « Néanmoins cet homme de droite pourrait trouver, çà et là, dans les remarques, réflexions, observations, qui échappent aux membres de l'*Union*, tout ce qui lui est nécessaire pour se confirmer dans ses préférences conservatrices[2]. » Kérallain avait écrit à l'un de ses correspondants : « Vous vous rappelez peut-être que feu Eugène-Melchior de Vogüé classait le fondateur Paul Desjardins au nombre des "Cigognes" symboliques de l'avenir. Aussi ai-je dit à M. Halévy, que leur Union était un nid de cigognes qui font claquer leur bec, plutôt qu'une société savante. – Imaginez ma surprise

---

1. Ces renseignements biographiques sont tirés de la *Correspondance de René de Kérallain 1889-1928*, t. III, Imprimerie Bargain, Quimper, 1937, 169 p. Il s'agit d'un volume reproduisant uniquement les lettres envoyées par Kérallain.
2. Lettre de René de Kérallain à D. Halévy, 16 mai 1911, reproduite dans *Correspondance de René...*, *op. cit.*, pp. 140-141.

quand il me répond que sur la plupart des points, il est de mon avis[1] ! »
La confrontation de D. Halévy avec Desjardins se préparait insensiblement. Le contexte n'était pas propre à favoriser l'entente entre les deux hommes : les attaques de Variot et Sorel contre Desjardins et les rumeurs de financement de *L'Indépendance* par D. Halévy créaient des motifs de tension. Finalement, D. Halévy ne put s'empêcher de faire part publiquement de son sentiment en publiant « Cette Correspondance », article dans lequel il précisait sa position à l'égard de l'Union[2] en mettant en question la conception que l'Union se faisait de la vérité. « Reste à envisager le maniement direct des problèmes. Il est ici [à l'Union] très malaisé. Car voici d'une part nos statuts qui nous préviennent ; nous ne devons pas conclure. Et d'autre part, si nous nous abstenons de jamais conclure, n'allons-nous pas donner à nos lecteurs l'impression qu'une suspension perpétuelle du jugement, une sorte de dilettantisme critique, est une attitude recommandable en soi ? Ce serait détestable[3] », écrivait-il en terminant son article.

C'est dans ce contexte que survint, à l'été 1912, la polémique entre Paul Desjardins et D. Halévy qui s'acheva sur le départ de celui-ci. La reproduction par D. Halévy d'un article hostile à Baptiste Jacob en fut la cause. Baptiste Jacob (1858-1909), avait enseigné la morale et la philosophie à l'Ecole normale de Fontenay-aux-Roses et à celle de Sèvres où il s'était lié à Desjardins. A Brest, où il avait connu Bouglé, il avait fondé *Le Breton socialiste*. A sa mort, ses amis de l'Union reproduisirent une part de sa correspondance[4]. Parmi eux, Bouglé joua un rôle majeur et édita ces documents en volume à l'été 1911[5]. Jacob avait été vivement attaqué par Georges Platon – un ami de Sorel, ancien collaborateur du *Devenir social* et du *Mouvement socialiste* – dans « Direction de conscience et laïcisme », article paru dans *L'Indépendance* au début de l'année 1912. A la suite de l'article de Platon, Halévy avait publié un texte de Guy-Grand défendant Jacob (« Neutralité et laïcisme ») et rédigé lui-même un article (« Les cahiers de Félix Pécaut »), où il montrait les hésitations de Pécaut père dans son enseignement de Fontenay et dans lequel il critiquait vivement l'enseignement laïc républicain. La publication de D. Halévy n'était pas délibérée : « Il est certain qu'Halévy a manqué de tact en reproduisant l'article de Pla-

---

1. Lettre de René de Kérallain à M. de la Vallée-Poussin, 2 décembre 1911, reproduite dans : *Correspondance de René..., op. cit.*, pp. 202-203.
2. Daniel Halévy, « Cette Correspondance... », *Correspondance*, 1er février 1912, n° 5, pp. 273-280.
3. *Ibid.*, p. 280.
4. Dans la *Correspondance* du 1er octobre 1910 au 1er janvier 1911.
5. Baptiste Jacob, *Lettres d'un philosophe*, Paris, Cornély éditeur, 1911, précédées de souvenirs de Célestin Bouglé.

ton, car *L'Indépendance* par la plume de Sorel, a grossièrement injurié Desjardins, et cette réclame gratuite faite à une revue qui l'avait injurié a dû paraître amère au Directeur de l'Union. Je crois bien que c'est la raison profonde, et humaine, de son mécontentement. Mais il faut ajouter tout de suite que l'idée du numéro ne vient pas d'Halévy. Elle vient de Bouglé qui après avoir lu dans *L'Indépendance* l'article de Platon apporta à Halévy une rectification furibonde. Halévy refusa d'insérer sans mettre en regard le texte incriminé[1] », précisait Guy-Grand à Edouard Droz. Desjardins avait réagi rapidement en écrivant à D. Halévy quatre jours après la parution du numéro qu'il allait désavouer publiquement dans la prochaine livraison les attaques contre Jacob. Il entendait contrôler désormais le contenu des futurs bulletins en examinant avant publication le travail de Daniel Halévy. En fait, l'enjeu dépassa rapidement la publication de l'article de Platon. Le conseil d'administration de l'Union s'était réuni le 17 juin à la demande de Desjardins pour arbitrer le différend. Il avait été décidé qu'une note paraîtrait dans le numéro suivant, signée par le conseil, afin de clore la polémique. Dans le numéro suivant, Desjardins publia en effet une défense de la mémoire de Jacob[2] ainsi que des témoignages d'anciennes élèves de Pécaut et de Jacob. D. Halévy donna sa démission au directeur de l'Union le 8 juillet 1912. Dans le numéro d'août, l'ancien secrétaire de la *Correspondance* évoqua clairement les raisons de son différend, dans l'article « Un adieu » : « C'est pourquoi je dis que le numéro de juin a été, non la cause, mais l'occasion de mon départ. Certaines observations très générales sur la conduite de la *Correspondance*, que M. Paul Desjardins m'a présentées ensuite et que je n'ai pas acceptées, sont la véritable cause. M. Paul Desjardins m'a dit qu'il y avait certains mouvements d'opinion [...] qu'il ne convenait pas de discuter [...]. Il a prétendu tracer autour de mon travail des "cordons sanitaires" et m'indiquer des "zones de silence"[3]. » Ces zones de silence imposées par Desjardins n'étaient pas citées dans l'article d'adieu de D. Halévy, mais elles nous sont connues par une lettre adressée plus tard par Halévy à Monatte : Desjardins avait déclaré à Halévy qu'il n'était pas question pour l'Union de dialoguer avec trois hommes, Rochefort, Daudet et Sorel. Halévy partageait le jugement de Desjardins sur les deux premiers, mais pas sur l'auteur des *Réflexions* qui ne pouvait selon lui faire l'objet d'aucune exclusive. Dans la suite de son « adieu », Halévy

---

1. A.P.G. G, double d'une lettre de G. Guy-Grand à Edouard Droz, juin 1912.
2. Paul Desjardins, « Quelques mots au nom de l'"union" », *Correspondance*, 15 juillet 1912, n° 10 *bis*, pp. 569-574.
3. Daniel Halévy, « Un adieu », *Correspondance*, 1er-15 août 1912, n° 11, pp. 696-697.

expliquait qu'il était venu travailler pour la *Correspondance* dans l'esprit des *Pages Libres*, une revue où toutes les questions pouvaient être abordées[1]. La publication de l'article de Platon et le différend personnel entre Halévy et Desjardins sur l'autonomie du secrétaire de la *Correspondance* étaient accessoires dans cette polémique[2]. La liberté de dialoguer avec tous dans l'esprit des *Pages Libres*, invoquée par Halévy ne traduisait que très partiellement les habitudes de la revue de Guieysse. Elle avait été ouverte à l'expression des idées syndicales, upéistes, de celles du milieu enseignant – aucunement aux porte-parole de la droite intellectuelle tels qu'ils s'exprimaient à *L'Indépendance*. En fait ce conflit avait éclaté parce qu'il était l'aboutissement d'un processus d'évolution idéologique. Ayant rompu avec la Ligue des droits de l'homme, quitté les *Cahiers de la Quinzaine*, constaté la faillite du dreyfusisme avec la disparition de l'Enseignement mutuel et des *Pages Libres*, les idées d'Halévy avaient aussi nettement évolué pour se faire plus compréhensives à l'égard de celles de la droite, sans pour autant y adhérer pleinement. La rupture avec l'Union consacrait cette évolution. La dernière attache retenant Halévy auprès de milieux dreyfusards et libéraux-républicains s'était rompue.

---

1. Reflet de la force du conflit, le souvenir du rôle de D. Halévy à l'Union n'apparaît dans aucune publication de ses membres : ni dans Jean Dietz, *M. Paul Desjardins*, Paris, L'Artisan du Livre, « Cahiers de la quinzaine », 1930, 18ᵉ cahier de la 19ᵉ série, 69 p., ni dans la *Correspondance* de l'entre-deux-guerres reproduisant des débats auxquels Halévy avait participé, ni dans : *In memoriam Paul Desjardins (1859-1940)*, Paris, éditions de Minuit, 1949, 125 p.

2. Pour ce qui est des réactions de la *NRF*, Gide écrivait à Copeau : « Je suis avisé qu'il y a eu du grabuge à la dernière réunion de la rue Visconti et vif conflit entre Desjardins et Halévy [...]. Attendons-nous à voir *L'Indépendance* se ressaisir de la question et tous les emmerdements rappliquer [...] Nous allons nous trouver de nouveau en plein guêpier ! » (Lettre d'A. Gide à J. Copeau, 8 juillet 1912, reproduite dans *Correspondance André Gide-Jacques Copeau..., op. cit.*, p. 645.)

CHAPITRE X

Retour au réel

La dissolution des solidarités dreyfusardes et le rejet des intellectuels par les milieux ouvriers entraînaient pour Daniel Halévy une situation de profond isolement. Une reconversion lui était imposée vers de nouveaux milieux et de nouveaux thèmes, en harmonie avec l'abandon définitif des préoccupations liées au monde ouvrier.

L'apologie de la ruralité

Répondant en 1930 à André Rousseaux venu l'interroger pour *Candide*, Halévy retraçait ainsi sa situation d'avant-guerre : « Le syndicalisme fit triompher alors les méthodes violentes ; les bourgeois que nous étions furent rejetés. Je fus alors assez désemparé. Puis, pour retrouver des êtres – c'est peut-être ma préoccupation la plus vive – je me suis tourné vers la campagne. J'ai participé à la vie des champs, durant les années qui ont précédé 1914[1]. » En 1912, Halévy avait espéré en une ultime démarche, relancer les *Pages Libres* en les associant au *Mouvement socialiste* déclinant, dont Sorel s'était éloigné, et à d'autres revues. Il avait rencontré Lagardelle[2] et les responsables des *Cahiers du Centre*, ceux de *L'Effort*, notamment Jean-Richard Bloch. Mais il avait rapidement constaté que les différences étaient trop importantes, les préoccupations trop diverses pour parvenir à recréer un mouvement

---

1. André Rousseaux, « Un quart d'heure avec M. Daniel Halévy », *Candide*, 17 avril 1930.
2. Cf. Marie-Christine Bouneau-Bouillare, *Hubert Lagardelle...*, *op. cit.*, pp. 549-556. Il paraît cependant très peu probable, comme l'auteur le suggère (p. 559), que D. Halévy ait participé au financement du *Mouvement socialiste* en 1912-1913

homogène[1]. L'abandon des ouvriers et l'intérêt qu'il reporta alors sur les paysans tenait autant à des éléments extérieurs – l'échec du « deuxième dreyfusisme » et la disparition des *Pages Libres* – qu'à sa propre évolution idéologique.

La participation « à la vie des champs » évoquée par Halévy fut toute littéraire. Elle coïncida avec l'expansion d'un courant nouveau, celui de la littérature régionaliste. Le « réveil des provinces » à la fin du XIXe siècle avait annoncé ce mouvement littéraire. « La constitution d'un "contrechamp" littéraire, organisé autour d'associations et de revues transprovinciales, d'académies, de concours et de critiques spécifiques, est un résultat de cette contestation de la centralisation littéraire[2] », relève Anne-Marie Thiesse. Le mouvement avait été lancé par le Félibrige prônant le renouveau de la langue d'Oc[3], puis suivi par d'autres groupements qui souhaitaient promouvoir la littérature régionale en langue française[4]. Parmi ces écrivains de province appartenant majoritairement à la petite bourgeoisie[5], figuraient quelques hobereaux écrivant des romans ruraux ainsi que des régionalistes d'origine bourgeoise, aimant à se dire campagnards. Frédéric Mistral lui-même, le créateur du Félibrige, fils d'un propriétaire terrien, se proclamait paysan. A la veille de la Grande Guerre, la réussite du mouvement était ambiguë : la production régionaliste (littérature et revues) s'était considérablement accrue, « cependant la valorisation du régionalisme s'effectue toujours par référence à des critères qui ne sont pas d'ordre esthétique mais idéologique. Si le régionalisme conquiert une place dans le champ littéraire, et même une certaine reconnaissance, il n'est jamais légitimé que pour des considérations externes à ce champ[6] », nuance A.-M. Thiesse. Le régionalisme en tant que genre littéraire n'avait pas réussi à s'imposer à cette époque. En revanche, le mouvement avait réussi à acclimater tout un domaine sémantique (« terroir », « âme régionale », « race paysanne »... etc.) qui n'était pas seulement l'apanage des traditionalistes mais qui était aussi largement utilisé par l'école républicaine[7]. Ecrivain déjà reconnu par les ins-

---

1. Un ultime projet de revue (*L'Enquête*) en 1913 à l'initiative de Delaisi et de Guieysse, n'alla pas au-delà de la préparation d'un numéro zéro.
2. Anne-Marie Thiesse, *Ecrire la France. Le mouvement littéraire régionaliste de langue française entre la Belle Epoque et la Libération*, Paris, PUF, « Ethnologies », 1991, p. 11.
3. Cf. *ibid.*, pp. 23-26 et Stéphane Giocanti, *Charles Maurras félibre. L'itinéraire et l'œuvre d'un chantre*, Paris, Louis de Montalte éditeur, 1995, 473 p.
4. Cf. Anne-Marie Thiesse, *op. cit.*, pp. 26-37.
5. *Ibid.*, p. 152.
6. *Ibid.*, p. 100.
7. Sur le ruralisme républicain et laïc, cf. Jean-François Chanet, *L'Ecole républicaine et les petites patries*, Paris, Aubier, 1996, 426 p. ainsi que Pierre Barral, *Les Agrariens*

tances traditionnelles de consécration littéraire (salons, revues, milieux académiques), Daniel Halévy n'avait pas pour objectif de s'imposer sur la scène littéraire par ce genre nouveau, ce qui était le cas d'écrivains provinciaux d'origine sociale modeste. Mais ses ouvrages à tonalité ruraliste bénéficièrent de l'intérêt du lectorat envers ce mouvement littéraire. Nelly Wolf, étudiant la vision du peuple dans le roman français, a indiqué que c'est au XIXe siècle, grâce au roman réaliste, que s'est constituée une image sublimée du peuple. La littérature romantique puis naturaliste avait imposé l'image du peuple enfant et naïf, dont Michelet dans *Le Peuple* avait construit l'archétype. Par rapport à l'évocation moins fréquente du monde ouvrier, la surreprésentation paysanne dans la littérature fut d'autant plus forte que le roman connut une importante expansion à la fin du siècle.

Les enquêtes pour les *Pages Libres* avaient souvent mené Halévy dans les provinces mais il avait surtout visité les villes grandes et moyennes, traversant les campagnes sans s'y arrêter. D'une visite faite en 1906 à Eugène Le Roy, il tira une première étude rurale. Le Roy (1836-1907), était un autodidacte installé à Montignac-sur-Vézère dans le Périgord. Après des études sommaires, il était entré dans l'administration des contributions directes et était devenu percepteur à Montignac. Il écrivit en 1891 *Le Moulin du Frau* qui le fit connaître puis *Jacquou le croquant* en 1899, un roman historique qui rencontra un succès important. En Périgord, Halévy avait pour la première fois éprouvé un certain pessimisme face à la réalité, nouvelle pour lui, de la désertion de certaines campagnes. La personnalité de Le Roy lui inspira un portrait curieux : « J'admire cet homme qui dirige sa vie en un sens contraire à tous les courants établis, et sait réaliser en lui, dans sa famille et dans ses livres, le modèle presque achevé d'une France bien rare. Non qu'elle me soit tout à fait inconnue ; je l'ai souvent approchée. Je l'ai devinée dans les cadres de Chardin, dans la musique de Méhul ; je l'ai sentie autour de Diderot, de Mme Sand en ses vieux jours ; je l'ai connue dans la maison parisienne où Carrière travaillait, entouré et servi par ses filles ; – cette France sage et souriante, vertueuse avec facilité[1]. » Halévy créait dans cet article les structures littéraires, très souvent reprises par la suite, d'une description à la fois littéraire et historique qu'allaient lui inspirer soit les personnes, soit les situations liées à la terre.

C'est en fait dans les campagnes du centre de la France, à pied et sac

---

français de Méline à Pisani, Paris, Armand Colin, « Cahiers de la fondation nationale des sciences politiques » n° 164, 1968, 385 p.
1. Daniel Halévy, « Lettres du Périgord : I. Une visite à Eugène Le Roy », *Pages Libres*, 29 décembre 1906, n° 313, p. 645.

au dos, qu'Halévy noua des liens nouveaux : « C'est par Octave Mirbeau que j'ai connu d'abord Emile Guillaumin, voici vingt ou vingt-cinq ans. Il tenait un livre à la main, et disait avec véhémence : – Voilà un livre qui me rend optimiste[1] ! » racontait Halévy en 1923 dans un numéro des *Primaires* consacré à Guillaumin. Enthousiasmé à son tour par *La Vie d'un simple* qui venait de paraître, D. Halévy en avait fait une lecture à l'Enseignement mutuel. Puis, intrigué par ce romancier qui se déclarait paysan, D. Halévy lui rendit visite à l'improviste dans son village natal d'Ygrande en février 1905. Halévy correspondit dès lors très fréquemment avec lui et leur relation épistolaire ne s'acheva qu'à la mort de Guillaumin, en 1951.

Emile Guillaumin (1873-1951) était en effet un métayer bourbonnais[2]. Instruit, il avait publié ses premiers écrits à *La Quinzaine bourbonnaise*, bimensuel fondé par Marcelin Crépin-Leblond. Celui-ci, devenu éditeur, avait publié les *Dialogues bourbonnais* de Guillaumin en 1899 et ses *Tableaux champêtres* en 1901. Cependant Guillaumin cherchait à être reconnu en dehors des limites du Bourbonnais : il avait pris contact avec Charles Guieysse et écrit un article dans les *Pages Libres*. L'année suivante, Maurice Kahn devint son relais à Paris pour placer ses articles dans différentes revues. Guillaumin publia cette année-là *En Bourbonnais*, à la librairie des *Pages Libres*. Sur le plan littéraire, Charles-Louis Philippe, né à Cérilly à quelques kilomètres d'Ygrande, ayant connu un grand succès avec *Bubu de Montparnasse* en 1901, le fit connaître dans la capitale à Lucien Descaves, membre de l'académie Goncourt. Grâce à ce dernier, *La Vie d'un simple* fut éditée par Stock. Ayant appris par son éditeur que ce récit avait plu à Ludovic Halévy, il écrivit à l'académicien pour lui demander conseil, car il entendait concourir pour un prix[3]. Ludovic lui répondit qu'il mettrait tout en œuvre pour lui faire attribuer le prix Montyon[4], qui lui fut effectivement décerné en juin 1905. Dès lors, Ludovic puis Daniel, devinrent aussi les protecteurs de Guillaumin à Paris. Daniel se fit en vain, en 1910, son intermédiaire auprès des frères Lévy chez qui Guillaumin espérait faire paraître son récit sur le syndicalisme bourbonnais. Finalement le *Syndicat de Baugignoux*, dédié par Guillaumin à

---

1. Daniel Halévy, « Emile Guillaumin », *Les Primaires*, mars 1923, n° 3, p. 85.
2. Cf. Roger Mathé, *Emile Guillaumin, l'homme de la terre et l'homme de lettres*, Paris, A.G. Nizet, 1966, 759 p. et du même auteur, *119 lettres d'Emile Guillaumin, autour du mouvement littéraire bourbonnais*, Paris, Klincksieck, 1969, 319 p.
3. Bibliothèque de l'Institut, fonds Ludovic Halévy, Ms 4485, f. 366, lettre d'E. Guillaumin à L. Halévy, 4 décembre 1904.
4. Archives départementales de l'Allier, 47 AJ 196, 11 lettres de Ludovic Halévy à Emile Guillaumin, (1904-1907) et Bibliothèque de l'Institut, fonds Ludovic Halévy, Ms 4485, ff. 366-373, 8 lettres d'Emile Guillaumin à L. Halévy (1904-1907).

D. Halévy, parut chez Fasquelle en 1912. Par la suite, ce dernier put l'aider plus efficacement dans ses démarches parisiennes. D'autres raisons que la lecture de *La Vie d'un simple* poussèrent Halévy à se lier plus étroitement avec Guillaumin. En 1905, celui-ci avait rejoint Michel Bernard (1873-1957), qui avait fondé un an auparavant le syndicat des métayers du Bourbonnais à Bourbon-l'Archambault. Guillaumin fut jusqu'en 1911 le rédacteur en chef de l'organe du syndicat, *Le Travailleur rural*[1]. L'organisation, un des rares syndicats de métayers en France, de nature réformiste, qui comptait 1 800 adhérents en 1907, disparut pourtant quatre ans plus tard.

Halévy était revenu en mai 1907 pour accomplir une enquête sur les syndicats agricoles dans le cadre des *Pages Libres*. Il approfondit ses relations avec les paysans bourbonnais et inaugura dans son étude, « Lettres du Bourbonnais », les traits d'un genre nouveau, à mi-chemin de l'enquête sociale et du récit littéraire. Pour les *Pages Libres*, Halévy décrivait la modification des campagnes, mettant en évidence la pénétration urbaine et les transformations du mode de vie rural. Mais la dimension idéologique perçait sous l'apparente neutralité de l'enquêteur. Il montrait en effet que les paysans ignoraient leur « bonheur », parce qu'il était occulté par le mirage de la ville et celui de ses plaisirs supposés. L'enquête disparaissait alors au profit de la littérature[2], l'auteur s'essayant même à la peinture de genre, dans un tableau mettant en valeur la fixité et la lenteur de l'univers paysan : « Les hommes sont encore assis à table, devant les fromages et les litres de vin ; les femmes sont déjà levées et actives, l'une lave les écuelles, l'autre allaite un bébé de trois mois ; une autre enfin, l'aînée, tante de deux plus jeunes, mûre mais non point vieille, grasse, souriante et bien diseuse, dévide un écheveau de lin. Les poutres qui supportent le plafond bas sont énormes et noircies par les feux ; une vierge en bois colorié, statue fort ancienne, arrivée là on ne sait comme, surveille la chambrée laborieuse. Vous souvient-il de ces tableaux où les frères Le Nain dessinaient d'une main si ferme les ruraux du XVIIe siècle ? Ces hommes et ces femmes dans la salle de cette ferme me restituent un Le Nain très exact[3] ». Quelle était la signification de ces « enquêtes » auprès des paysans ? Il l'indiquait lui-même : « Aujourd'hui le paysan est jaloux de

---

1. Cf. Jean-Pierre Charveron, *Emile Guillaumin et la paysannerie bourbonnaise*, mémoire de l'IEP de Paris sous la direction de M. Yves Tavernier, 1973, 194 p.

2. Maurice Agulhon avait relevé ceci dans une préface à la réédition des *Visites* en collection de poche (1978). Ce texte a été reproduit : « Sur les pas de Daniel Halévy », *Histoire vagabonde. Idéologies et politique dans la France du XIXe siècle*, t. II, Paris, Gallimard, « Bibliothèque des histoires », 1988, pp. 132-143.

3. Daniel Halévy, « Lettres du Bourbonnais », *Pages Libres*, 31 août 1907, n° 348, p. 221.

l'ouvrier : c'est un mal. Tâchons d'établir un rapport inverse. Que le paysan soit mieux logé, mieux nourri ; qu'il retrouve un peu d'orgueil ; qu'un peuple rural fort et sain, attaché à la terre, au travail, non dénué de traditions familiales, impose au peuple urbain ses usages, ses inventions sociales [...] [1] ». Ce n'était rien de moins qu'un renversement de ses propres préoccupations sociales qui s'esquissait ainsi. Décrivant Michel Bernard[2], il le mettait d'ailleurs sur le même plan que Malbranque d'Amiens et Jouandanne de la Seine-et-Oise, ces militants ouvriers qu'il avait profondément admirés quelques années plus tôt. En la personne des paysans syndicalistes qu'étaient Guillaumin et Bernard, il conciliait son admiration ancienne pour le militant et son souci nouveau de la terre et de la ruralité.

Il revint dans le Bourbonnais en septembre 1909 et fit la connaissance, grâce à Guillaumin, de nouveaux ruraux : Charles-Louis Philippe, Elie Faure, Pierre Brizon, Jules Rougeron, Stéphane Létang. Au retour d'un quatrième séjour, effectué à la fin du mois de novembre 1910, il proposa à Guillaumin de réunir un congrès régional, rassemblant les paysans qui défendaient l'identité et l'avenir du Bourbonnais. Ce projet ne vit pas le jour mais il témoigne de l'intérêt nouveau d'Halévy pour ce monde jusqu'alors inconnu de lui. La venue de l'écrivain parisien suscitait la curiosité dans ces villages. Camille Gagnon, né en 1893, fils du notaire d'Ygrande, se souvenait de l'arrivée de D. Halévy dans le village : « Il arrivait vêtu très simplement de velours, les pieds en de gros souliers, des bandes molletières enserrant ses jambes et un énorme havresac au dos. Une silhouette aussi surprenante ne pouvait passer inaperçue dans les rues du village [...] [3] ».

Halévy publia l'année suivante dans la *Correspondance* le récit de son voyage de 1910, intitulé « Visites aux paysans du Centre[4] ». La forme de ces « Visites » était hybride comme celle des « Lettres du Bourbonnais », la seule différence résidant dans la dimension littéraire qui l'emportait nettement sur l'enquête sociale. L'étude s'ouvrait sous un double patronage littéraire et politique : George Sand qui, la première, avait œuvré en faveur de la naissance littéraire des paysans du Centre (berrichons en l'occurrence) et Louis Veuillot dont il citait un propos célèbre – « Le plus beau spectacle c'est l'homme » – tiré d'un de

---

1. *Ibid.*, p. 225.
2. Celui-ci évoqua chaleureusement l'article d'Halévy quatre ans plus tard, cf. Michel Bernard, « Le Métayage en Bourbonnais », *La Vie ouvrière*, 5 mai 1911, n° 39, pp. 540-561.
3. Camille Gagnon, *De l'étoile matutine à l'étoile vespérale. Mémoires*, Moulins, éditions des Cahiers bourbonnais, 1978, t. I, pp. 256-257.
4. Daniel Halévy, « Visites aux paysans du Centre », *Correspondance*, 1er avril 1911, n° 7, pp. 381-469.

ses voyages ruraux. Il montrait, de façon plus nette qu'en 1906 et 1907, la pénétration de l'influence urbaine et la dépopulation, décrivant ainsi une réalité sociale qui était en effet en train d'évoluer. Consultant les registres d'état civil, il constatait avec Guillaumin la baisse de la natalité depuis les quarante dernières années : « La chute est effroyable et beaucoup plus rapide, dans cette commune rurale très affinée, qu'elle ne l'est dans l'ensemble du pays[1] ». Il s'attardait longuement sur les modifications d'Ygrande. Le développement de la vie associative était mis en avant, comme les innovations introduites par la commune, la construction d'un lavoir, l'institution d'une cantine scolaire et l'éclairage par acétylène, innovations venues de la ville. Il montrait que des objets citadins nouveaux avaient fait irruption mais constatait avec regret le peu de succès que remportait la bibliothèque communale. Malgré ce constat, le ton d'ensemble restait neutre.

Le récit était construit sur la succession de portraits paysans. Il distinguait différents types de ruraux, tous membres, à divers titres, de l'élite de la société rurale : « Ygrande, c'est Guillaumin : il instruit, anime, modère les métayers en lutte. Domérat c'est Rougeron, le vaillant homme : il lutte depuis quatre ans pour sauver de la misère un village de vignerons que la mévente ruine et dépeuple. Le Chaumonteil, c'est Norre, réputé pour ses belles cultures et sa grande justice. Il n'a jamais fait tort à personne, et il n'y a pas dans toutes les campagnes du Centre une terre mieux tenue que la sienne. Lavault-Saint-Anne, c'est Létang, la bonté, la gaieté, la vaillance, l'âme même de ce terroir[2] ». A Ygrande, Daniel Halévy avait fait la connaissance de Desnoix, catholique sillonniste et camarade d'école de son hôte. Puis il rencontra Jules Rougeron (1861-1945), entrepreneur infatigable, qui habitait à Domérat dans le hameau de Prunet. Vigneron, il avait fondé une société d'éducation, d'union et de solidarité, la « Ruche viticole de Prunet » afin d'essayer de relever le vignoble, dévasté par la crise du phylloxéra. A la suite de cet échec, il avait tenté d'introduire la vannerie dans le hameau mais les habitants avaient manifesté peu d'intérêt pour cette nouvelle activité. Malgré ce nouvel échec, Halévy soulignait la confiance de Rougeron dans l'avenir, la diversité de ces projets pouvant faire renaître Prunet. Henri Norre (1859-1940), anticlérical farouche, était un paysan aisé qui vivait en autarcie, produisant lui-même tout ce qu'il consommait pour vivre et utilisait pour travailler. D'un caractère entreprenant comme Rougeron, Halévy le décrivait comme un homme connaissant la terre et l'art de la cultiver grâce à un savoir acquis par l'expérience. Stéphane

---

1. *Ibid.*, p. 419.
2. *Ibid.*, pp. 384-385.

Létang (1859-1941), était un artisan cordonnier, socialiste blanquiste qui avait été élu député de l'Allier de 1898 à 1902[1]. Devenu un artisan polyvalent, il habitait Lavault-Sainte-Anne, un lieu dégradé par l'abandon.

Mis à part la dimension ruraliste, la politique n'était pas absente de l'ouvrage. Ayant quitté Létang, objet de sa dernière visite, il songeait : « Et tous ces militants que je visite depuis six jours, quelle est leur sorte ? comment, où les comprendre ? J'essaie en vain sur eux ces formules, ces partis, qui d'ordinaire nous servent assez bien à définir les gens. » Ayant mis en valeur en chacun d'eux l'indépendance et le goût de la liberté, qu'il avait assimilé pour certains à un esprit libertaire, il ajoutait en un raccourci surprenant : « Que sont-ils ? démocrates ? C'est douteux. Et si nous désignons par là l'homme qui tient pour légitime et bonne la souveraineté des majorités, c'est inexact. Votent-ils ? Guillaumin vote [...]. Norre ? je ne sais pas [...]. Rougeron je ne le pense pas; Létang, assurément, non. » Nulle place pourtant dans son récit n'était consacrée à la « politique au village » et l'on y chercherait en vain une description de la démocratie rurale, en des terres militantes attirées pourtant vers la gauche. Décrivant contre l'évidence (dans le cas de Guillaumin et de Létang notamment) des hommes rejetant la politique, il brossait le portrait d'une ruralité vivant en vase clos, indifférente aux préoccupations politiques. En fin de compte, ce n'était pas une description sociologique de la paysannerie bourbonnaise qu'il avait souhaité faire mais au travers d'une galerie de portraits, la description d'un certain type populaire : « Ce Guillaumin, ce Norre, ce Rougeron, ce Létang, ces beaux hommes du peuple et si peu de la plèbe [...][2] ». Halévy gommait les différences pourtant fortes entre ces hommes – métayers ou propriétaires aisés, catholiques ou anticléricaux, cultivateurs ou artisans – réunis par un même attachement à la terre. Comparant le catholique et le laïc, il déclarait : « [...] Desnoix se meut dans l'ombre de Veuillot, Guillaumin dans l'ombre de Proudhon[3] », mais « ils sentent la vie de la même manière, exacte, laborieuse et noble [...][4] ». Les « Visites aux paysans du Centre » décrivaient une société unifiée et pacifique, sans conflit, certes parfois brutale comme dans les romans ruraux, mais étrangère aux projets révolutionnaires et violents des ouvriers citadins qui avaient « rejeté » les bourgeois. Par ce ruralisme littéraire mais aussi

---

1. Au congrès de Japy, auquel Halévy assistait, Létang était intervenu le 5 décembre 1899 pour se prononcer contre la participation.
2. Daniel Halévy, « Visites aux paysans du Centre », *Correspondance*, 1er avril 1911, n° 7, p. 464.
3. *Ibid.*, p. 426.
4. *Ibid.*

idéologique, Halévy se démarquait de son oncle Prévost-Paradol qui n'avait eu que mépris pour les campagnes, réfractaires aux idées libérales et appuis fidèles de l'Empire.

L'attachement à la France provinciale et pré-industrielle

Les visites dans le centre de la France firent connaître Henri Buriot-Darsiles à Halévy. Buriot-Darsiles (1875-1944)[1], avait rencontré en 1893 Jérôme Tharaud et Charles Péguy dans la khâgne de Louis-le-Grand. Il avait étudié par la suite à Halle et Munich et passé l'agrégation d'allemand. Il fut nommé au début du siècle professeur d'italien (il fut l'un des traducteurs français de Benedetto Croce) et d'allemand au lycée Théodore de Banville de Moulins. Il s'intéressa alors aux écrivains bourbonnais et reprit en 1911 *Les Cahiers nivernais et du centre* fondés par Paul Cornu. Ce dernier, né en 1881 et mort en 1914, nivernais et socialiste militant, diplômé de l'Ecole des Chartes, avait assuré en 1906-1907 le secrétariat de la *Revue d'Histoire moderne et contemporaine*, puis il avait fondé en octobre 1908 *Les Cahiers nivernais et du Centre* dans le but de promouvoir la connaissance de la région[2]. Dans cet esprit, Buriot-Darsiles, socialiste, libre penseur et pacifiste, prit la suite de Cornu. Sous sa direction, cette publication périodique qui éditait des textes littéraires sur le modèle des *Cahiers de la Quinzaine*, constitua un organe important de diffusion de la littérature régionaliste. En octobre 1910, la revue avait changé de nom, s'appelant désormais plus simplement *Cahiers du Centre*. Avec à peine 350 abonnés à cette époque, diffusée uniquement à Paris chez Delesalle, elle survivait difficilement mais comptait des collaborateurs prestigieux comme Jules Renard, Romain Rolland, Marguerite Audoux ou Charles-Louis Philippe. Guillaumin et Valéry Larbaud figuraient à son comité de rédaction. Halévy y publia d'abord *La Jeunesse de Proudhon*, tirée à 850 exemplaires, au début de l'année 1913. Il commença dans ce milieu littéraire régionaliste, éloigné des intrigues parisiennes, une collaboration interrompue précocement par la guerre. Le choix de cette nouvelle revue était pour D. Halévy la conséquence de la fermeture des espaces de publications parisiens mais aussi des attaques et des tenta-

---

1. Sur Buriot, cf. Jean Viplé, « Hommage au fondateur des "Cahiers du Centre", Henri Buriot-Darsiles », *Les Cahiers bourbonnais*, 1964, n° 32, pp. 236-243 et Jean-Paul Perrin, « Henri Buriot-Darsiles (1875-1944) : un intellectuel bourbonnais dans la tourmente », *Les Cahiers bourbonnais*, hiver 1995, n° 154, pp. 54-64.
2. Paul Cornu, « La première année des Cahiers nivernais (1908-1909) », *Les Cahiers nivernais*, septembre 1909, 12e fascicule, pp. 4-10.

tives de récupération qu'il y subissait. Ecrivant aux *Cahiers du Centre* qui soutenaient le mouvement littéraire régionaliste, D. Halévy publia des ouvrages conformes à l'esprit de cette tendance.

Proudhon avait été pour Daniel Halévy une lecture de jeunesse remontant à l'époque du lycée Condorcet. Elle avait largement influencé par la suite la forme de son socialisme. A la fin du XIXe siècle, la pensée de Proudhon restait encore largement ignorée malgré les efforts de certains penseurs, parmi lesquels Sorel, pour la faire connaître. Ce n'est qu'une dizaine d'années plus tard que l'on assista à un ample retour à Proudhon[1], favorisé par l'unité socialiste, l'évolution de la C.G.T. et les réactions hostiles à ces deux phénomènes. L'évolution de l'opinion à l'égard de Proudhon montre l'intérêt d'étudier la réception des œuvres : ce penseur paradoxal, parfois contradictoire, fut en effet l'objet de multiples lectures porteuses d'appropriations idéologiques souvent radicalement opposées. Il y eut ainsi, comme Patrice Rolland l'a montré, tout à la fois le Proudhon des radicaux, celui des socialistes réformistes, l'homme des syndicalistes et celui de l'Action Française. L'œuvre même de Proudhon, fort volumineuse, fut longtemps peu accessible en France. C'est l'éditeur belge Lacroix qui le premier édita les *Œuvres complètes* du penseur de 1865 à 1870. Flammarion se lança plus tardivement dans la réédition de certains de ses textes, puis Marcel Rivière dans le même esprit que Lacroix. En ce qui concerne les travaux sur Proudhon, quatre études biographiques avaient paru : en 1872 celle de Sainte-Beuve – que D. Halévy avait lu très tôt – puis celle de J.-A. Langlois trois ans plus tard (*P.-J. Proudhon, sa vie et son œuvre*, Lacroix), les deux volumes d'Arthur Desjardins en 1896 (*P.-J. Proudhon, sa vie, ses œuvres, sa doctrine*) et enfin l'ouvrage du compatriote bisontin de Proudhon, Edouard Droz, paru en 1909 à la librairie des *Pages Libres* (*P.-J. Proudhon [1809-1865]*). Des thèses universitaires lui avaient également été consacrées : Célestin Bouglé en 1889 (*Les idées égalitaires*), une thèse de doctorat de théologie protestante de Jean Gall (*Essai sur la pensée de Proudhon*, 1897), celle d'Aimé Berthod soutenue en Sorbonne (*P.-J. Proudhon et la propriété, un socialisme pour les paysans*, 1910) et la thèse de droit de Gaëtan Pirou soutenue la même année (*Proudhonisme et syndicalisme révolutionnaire*). Ainsi en 1913, lorsque Halévy publia la *Jeunesse de Proudhon*, quatre biographies, autant de thèses et une multitude d'articles avaient paru, notamment après 1909, date du centenaire de la naissance de Proudhon.

---

1. Cf. Patrice Rolland, « Le retour à Proudhon, 1900-1920 », *Mil neuf cent. Revue d'histoire intellectuelle*, 1992, n° 10, pp. 5-29.

D. Halévy, malgré la découverte précoce de cette œuvre, ne se lança que tardivement dans des travaux proudhoniens. Mis à part quelques allusions discrètes dans des articles des *Pages Libres*[1], il ne s'attela à l'étude de Proudhon qu'à partir de 1910. L'année précédente, Sorel lui avait suggéré d'écrire une biographie de Proudhon. L'idée l'avait intéressé mais manquait d'originalité après la vague de publications proudhoniennes de 1909. La chance d'Halévy fut à cet égard de rencontrer Catherine Henneguy (1850-1947), fille de Proudhon[2]. Celle-ci lui ouvrit les archives paternelles : D. Halévy y trouva de nombreux documents inédits et fut le premier des proudhoniens à les utiliser, ce qui conféra un intérêt tout particulier à ses études. En juillet 1911, il donna ainsi « Biblia proudhoniana[3] » à *L'Indépendance* de Sorel, une étude sur la Bible que Proudhon avait annotée, et deux ans plus tard, il publia des lettres inédites de Proudhon[4]. La démarche de D. Halévy fut, dans le cas de Proudhon comme dans celui de Nietzsche, de nature exclusivement biographique. Cependant, si dans *La Vie de Frédéric Nietzsche* il serait vain de chercher une dimension idéologique aux propos du biographe, celle-ci est manifeste dans les travaux proudhoniens de Daniel Halévy. À bien des égards, le Proudhon présenté par Halévy, relève de trois catégories dont Patrice Rolland a montré la présence dans le cadre du retour à Proudhon : une « culture politique antiautoritaire », la « réhabilitation du droit » et une dimension morale[5].

Dans sa *Jeunesse de Proudhon*, D. Halévy faisait le portrait du personnage jusqu'à l'obtention de la pension Suard, en 1838. Cette période couvrant les années antérieures aux grands textes de Proudhon, c'est l'homme qu'il étudiait et non l'œuvre, encore inexistante. Dépassant la dimension purement narrative de la biographie, Halévy faisait de Proudhon un homme-drapeau, celui d'une France d'une certaine époque et d'un milieu particulier. Proudhon était pour lui l'homme « [...] de la vieille France populaire, artisane et champêtre[6] ». En Proudhon, Halévy rédigeait certes l'éloge d'un caractère individuel, mais il en faisait également l'emblème de la France pré-industrielle, celle de l'échoppe et

---

1. Notamment : « Les idées républicaines (1830-1848) », *Pages Libres*, 4 octobre 1902, n° 92, p. 295 et « Textes. Le repos hebdomadaire ; Une lettre de Proudhon – Quelques pages de Proudhon », *Pages Libres*, 20 octobre 1906, n° 303, pp. 381-388.
2. Daniel Halévy a évoqué son souvenir en 1947 : « La fille de Proudhon », *Fédération*, juillet 1947, n° 30, pp. 8-12.
3. Daniel Halévy, « Biblia proudhoniana », *L'Indépendance*, 1er juillet 1911, n° 9, pp. 343-363.
4. Daniel Halévy, « Quatre lettres inédites de P.-J. Proudhon », *Le Mouvement socialiste*, janvier-février 1913, n° 247-248, pp. 5-12.
5. Patrice Rolland, *op. cit.*, pp. 27-28.
6. Daniel Halévy, *La Jeunesse de Proudhon*, Nevers, « Cahiers du centre », 5e série, février-mars 1913, n° 49-50, p. 3.

de l'atelier. De ce point de vue, Proudhon incarnait pour lui une transition intellectuelle entre le monde ouvrier des *Pages Libres* et les paysans du Centre. On retrouve de façon très nette dans la *Jeunesse de Proudhon* bien des stéréotypes présents dans les portraits des *Pages Libres* à commencer par la distinction entre « peuple » et « plèbe » : « Nous voici entrés avec Proudhon dans la vie populaire, dans le peuple, non dans la plèbe [...][1]. » Les traits marquants du portrait du Bisontin étaient ceux d'un homme d'origine rurale, autodidacte et soucieux de culture, n'ayant jamais renié le travail manuel même au temps de ses premiers travaux intellectuels. Halévy insistait très fortement sur la probité de l'homme et sur son attachement, dès sa jeunesse, au respect de la morale. Bourru et courtois, passant des prairies où il était vacher aux bibliothèques parisiennes, Proudhon – « [...] chaste et rude [...][2] » – tempérait la rudesse populaire par la correction de ses manières. Ni ouvrier, ni paysan, ni bourgeois, il n'était d'aucun de ces milieux, mais en possédait pourtant certaines qualités. Opposant son bon sens terrien aux abstractions des intellectuels, sa réflexion personnelle était issue d'une démarche empirique : en Proudhon, comme chez Edouard Le Roy, la pensée était tirée du réel[3]. L'ensemble de l'ouvrage était inspiré par un provincialisme très fort, opposé à l'image de la capitale centralisatrice : les différents séjours de Proudhon à Paris étaient pour l'auteur l'occasion de décrire les différences radicales entre ces deux mondes. Il y avait dans la description de Besançon et du quartier de Battant tous les traits de l'éloge de la petite patrie, décrite de façon idéalisée : « L'humeur était au contraire si bonne dans la boutique de Battant et la chaumière de Burgille [...]. Les gens vivaient là sans haine, sans envie ; personne n'y complotait ; personne n'y prenait intérêt aux luttes savantes que se livraient à Paris, très au loin, cent mille nobles et grands bourgeois associés à la monarchie. Tous travaillaient gaiement et courageusement[4]. » L'accueil fait à l'ouvrage par la critique littéraire[5] et par la presse syndicaliste[6] fut favorable. Un seul critique, Albert Thierry, releva le détournement de sens auquel Halévy s'était prêté. Thierry mettait en cause le ton parfois trop « pleurard » d'Halévy face

---

1. *Ibid.*, p. 13.
2. *Ibid.*, p. 107.
3. *Ibid.*, notamment pp. 123-131.
4. *Ibid.*, pp. 20-21.
5. Henri Mazel, « Revue de la quinzaine. Science sociale. La Jeunesse de Proudhon », *Mercure de France*, juin 1913, pp. 823-824 et Michel Arnauld, « Deux livres sur P.-J. Proudhon », *NRF*, 1er octobre 1913, n° 58, pp. 527-545.
6. Hubert Lagardelle, « La Jeunesse de Proudhon », *Le Mouvement socialiste*, mars-avril 1913, n° 249-250, pp. 259-262 ; Albert Thierry, « La jeunesse de Proudhon », *La Vie ouvrière*, n° 89-90, 5-20 juin 1913, pp. 690-699.

aux difficultés endurées par Proudhon. Il appelait le biographe à plus de rudesse, l'incitant implicitement à une vision moins éthérée et plus réaliste du personnage : « Ainsi tout aimable et compatissant, Halévy prend par la main Proudhon. Pour Dieu, qu'il parle donc en homme à un homme ! Ce que Proudhon mérite, ce n'est pas cette indulgence : c'est la bonne haine bien franche, et qui vise bien [...] ou bien c'est un ferme amour [...] ou enfin [...] l'estime et la sévérité [...][1]. »

Le Proudhon étudié par Halévy n'était pas celui des libertaires, ni celui des socialistes mais se rapprochait nettement d'une lecture de droite. Lors d'un débat organisé en 1912 par la Société française de philosophie sur « La sociologie de Proudhon », Daniel Halévy s'était longuement et fermement opposé à Célestin Bouglé qui voyait en Proudhon un penseur contractualiste. Halévy essayait de montrer au cours de la discussion que la dimension hiérarchique l'emportait, que Proudhon était un penseur de la famille et du groupe, fondés sur des principes moraux[2]. Dans les *Débats*, il avait éludé la question d'une lecture de droite ou de gauche, renvoyant dos à dos leurs interprètes respectifs. Mais en réalité dans ce même article, il présentait un Proudhon indéniablement conservateur. « Il concevait une Société de chefs de famille, chefs de domaine ou d'atelier et, à la rigueur, au-dessus d'eux, un chef suprême, dictateur ou roi, pour les mener aux guerres. Il n'entendait rien aux architectures sociales, il lui plaisait de n'y rien entendre, il les niait brutalement[3]. » Régulièrement, il revenait à la même vision du personnage, celle qui avait tant plu à Paul Bourget : « Quelle est cette France qu'il sent menacée ? C'est la libre et vieille France artisane et rurale, batelière et voiturière, jardinière et vigneronne. La grande industrie et la haute banque, les mines et les chemins de fer vont l'atteindre et la défigurer ; le monopole de l'or ruinera ce peuple qui a toute sa force dans ses familles indépendantes et laborieuses[4]. » Sorel écrivait d'ailleurs à propos de cet article à Bourdeau : « Vous devez avoir lu le feuilleton de Daniel Halévy sur Proudhon ; je ne comprends pas que Maurras ne se serve pas de tels documents [...][5]. »

---

1. Albert Thierry, « La jeunesse de Proudhon », *La Vie ouvrière*, n° 89-90, 5-20 juin 1913, p. 692.
2. « La Sociologie de Proudhon », *Bulletin de la société française de philosophie*, avril 1912, t. XII, n° 4, pp. 193-198 (pp. 169-214 pour l'ensemble des débats).
3. Daniel Halévy, « Sur l'interprétation de Proudhon », *Journal des Débats*, 2-3 janvier 1913.
4. Daniel Halévy, « P.-J. Proudhon (1846-1848) », *Journal des Débats*, 12 septembre 1913.
5. Lettre de Georges Sorel à Jean Bourdeau, 14 septembre 1913, reproduite dans : *Mil neuf cent*, n° 15, 1997, p. 129.

Ce fut en 1914 aux *Cahiers du Centre* que D. Halévy rééditait les *Mémoires d'un compagnon* d'Agricol Perdiguier[1]. L'ouvrage fut également édité chez Marcel Rivière. Les *Mémoires* que Perdiguier avait rédigés pendant son exil à Genève, à la suite du coup d'Etat de 1851, étaient devenus introuvables. Les filles de Perdiguier, « [...] ces deux vieilles ouvrières parisiennes, humbles parmi les humbles, vaillantes parmi les vaillantes, simples parmi les simples [...][2] », lui avaient procuré un exemplaire que Buriot-Darsiles puis Rivière avaient accepté de rééditer. Afin de donner plus d'ampleur au lancement, Halévy donna sa préface dans le numéro de mars 1914 de *La Vie Ouvrière* que Monatte lui avait ouvert[3]. Ce texte est très révélateur de l'analyse qu'Halévy faisait désormais du mouvement ouvrier. Présentant Perdiguier, compagnon indépendant et travailleur libre, comme le premier syndicaliste et le premier ouvrier, il le mettait à la tête d'une lignée constituant de fait à l'époque l'aristocratie des métiers manuels. En regard de Perdiguier érigé en modèle de travailleur et de probité, les travailleurs manuels de l'époque et la classe ouvrière de 1914 apparaissaient comme un prolétariat largement inférieur. Evoquant d'ailleurs la jeunesse de Perdiguier et les années de la Restauration, Halévy annonçait clairement en début d'introduction : « Ni le journal ni l'alcool n'avaient encore touché les masses, l'ancienne humanité était intacte[4]. » Le portrait moral de Perdiguier s'inscrivait dans la succession des portraits ouvriers et paysans idéalisés d'Halévy : « Il y eut toujours dans cette âme chaleureuse quelque chose de pondéré, de clair et d'expérimenté, une certaine netteté, une certaine malice populaire, un équilibre enfin et une force ennemie des chimères[5]. » Le préfacier consacrait un long passage aux relations de George Sand avec Avignonnais-la-Vertu. Peu à peu, Halévy faisait sienne la lecture de Sand : « Or, elle lut le *Livre du Compagnonnage*, et elle y trouva ce qui manquait ailleurs, la présence réelle du peuple, ses mœurs plaisantes et fines, ses violences aveugles, ses générosités qui ignorent le calcul[6]. » Si la carrière politique de Perdiguier était évoquée en deux lignes, Halévy consacrait un long passage à indiquer la résistance opposée par Perdiguier aux communards durant la révolte parisienne.

Les réactions de Monatte et des lecteurs de *La Vie ouvrière* montrè-

---

1. Agricol Perdiguier, *Mémoires d'un compagnon*, Moulins, « Cahiers du Centre », n° 47, 1914, 403 p.
2. Daniel Halévy, « Agricol Perdiguier. Préface aux "Mémoires d'un compagnon" », *La Vie ouvrière*, n° 107, 5 mars 1914, p. 298.
3. *Ibid.*, pp. 282-298.
4. *Ibid.*, p. 282.
5. *Ibid.*, p. 283.
6. *Ibid.*, p. 288.

rent les profondes différences qui séparaient effectivement en 1914 les prolétaires révolutionnaires d'Halévy-Perdiguier. Dans le numéro suivant, Monatte apportait des précisions aux lecteurs, au nom du « noyau » de la revue : « Cette sympathie pour Perdiguier luttant contre la Commune, nous ne la partageons pas, est-il besoin de le dire[1]. » « Perdiguier est un exemple vivant de la difficulté qu'éprouvent les générations successives à se comprendre. Homme de 1830, il ne devait pas comprendre les hommes qui fondaient l'Internationale en 1864, non plus que ceux qui mouraient en 1871. Militant du compagnonnage, à l'agonie de celui-ci, il s'est trouvé désemparé et n'a pas compris que les Sociétés de résistance de l'Internationale étaient une forme plus développée, meilleure, de l'organisation économique ouvrière[2] », jugeait Monatte. Dans le numéro de juin, celui-ci publiait des extraits de lettres de lecteurs jugeant inopportune la publication d'un témoignage sur Perdiguier dans la revue[3].

---

[1]. Pierre Monatte, « Parmi nos lettres Perdiguier et la Commune », *La Vie ouvrière*, 20 mars 1914, n° 108, p. 337.
[2]. *Ibid.*
[3]. « Parmi nos lettres », *La Vie ouvrière*, 5 juin 1914, n° 113, pp. 621-622.

CHAPITRE XI

Portrait d'un libéral conservateur

La montée du pessimisme

De même que la crise franco-allemande de 1905 fut à l'origine d'une évolution importante de la pensée de Péguy, elle provoqua un choc très profond sur Halévy, avant même qu'il ne lise *Notre Patrie*. Peu de temps après la première visite chez Guillaumin, il fit un voyage avec Spire dans les provinces perdues d'Alsace-Lorraine. Du 20 avril au 1er mai 1905, il se rendit à Nancy puis dans les Vosges. Il entra alors en territoire allemand : Dabo, Phalsbourg, Saverne, Strasbourg, Obernai, Sainte-Odile, Bühl, Bâle, Mulhouse jalonnèrent ce voyage. Il apprit les événements de la crise entre les deux pays alors même qu'il constatait avec tristesse le recul du souvenir de la France dans les anciens départements français. Le traumatisme fut brutal : dès le 21 avril, il notait dans son *Journal* son trouble. La conjonction de la défaite diplomatique avec le constat de la menace pesant sur la culture française, rendait l'expérience particulièrement douloureuse et son *Journal* est empli du sentiment profond de la faiblesse et de la décadence françaises. Cette impression de déclin provoquait même chez Halévy une attitude nouvelle, une complaisance dans la décadence ressemblant à une forme de masochisme. Au cours de ce voyage où il essayait de trouver des traces de connaissance de Nietzsche chez ses interlocuteurs allemands, on lui parla de Friedrich Naumann, le nouveau directeur de conscience de la jeunesse allemande. A l'Allemagne cultivée et cosmopolite dont il cherchait la trace, ses interlocuteurs lui opposaient celle de la puissance et de la force nationalistes. Avec amertume il constatait que Nietzsche était presque inconnu. Avant Daniel Halévy, ce type de voyage avait été accompli par des écrivains et des journalistes qui faisaient un pèlerinage sur les champs de bataille de 1870. François Roth a relevé que cette mode se développa particulièrement après la crise de 1905[1]. L'empreinte de ce premier séjour fut durable : en 1908, D. Halévy évoquait dans les *Débats* le symbole d'une Allemagne puissante, celle du pasteur Friedrich Naumann : « Les nations latines ont leurs problèmes, dit fièrement Naumann, ce sont des problèmes de déclin et de mort. Nous avons les nôtres : ce sont des problèmes de croissance et de vie[2]. » C'était l'âme de la France qui était en question et avec elle la faculté de la « race » à résister à la décadence. Trois ans plus tard, la méditation angoissée sur le devenir du pays revenait encore, comme une litanie dans son *Journal*.

Au mois d'octobre 1905, Péguy avait publié *Notre Patrie*, réponse à Hervé mais surtout méditation sur la crise franco-allemande. Halévy lut le cahier en novembre et pour la première fois, il mentionna à la fin de l'année 1905 la possibilité d'une guerre. Du constat de la décadence française, il était passé à la perspective de la guerre, dont il percevait la catastrophe qu'elle représenterait pour la civilisation européenne.

Pressentant les combats à venir, Halévy retourna à deux reprises dans l'est de la France, sur les lieux de la défaite. En septembre 1910, il se rendit dans les Vosges, puis à Metz et sur les champs de bataille. Partout la présence allemande l'obsédait, mais il est intéressant de noter que cela ne l'entraînait pas vers l'antigermanisme ou vers un sentiment xénophobe, mais toujours vers le constat d'un affaiblissement français. Sur les lieux de la défaite, Halévy ressentait un trouble analogue à celui que Nietzsche, ambulancier volontaire lors de la guerre avait ressenti et que lui-même avait d'ailleurs décrit[3]. Barrès avait partagé un sentiment proche de celui d'Halévy bien avant lui, lors d'un pèlerinage sur les lieux de la guerre : « Le dramatique d'un voyage à Metz, Sarrebruck, Wissembourg, Fraenckwiller, Wœrth, parmi des campagnes où chaque pas mène à une tombe, une tombe prussienne luisante et luxueuse, une tombe française chétive, inculte [...]. Le recueil des inscriptions allemandes, tant d'insultes méritées à notre pays [...][4] », écrivait Barrès à Maurras en 1896. Halévy re-

---

1. Cf. François Roth, *La Guerre de 70*, Paris, Fayard, 1990, pp. 675-679 et Hélène Barbey-Say, *Le Voyage de France en Allemagne de 1871 à 1914*, Nancy, Presses universitaires de Nancy, 1994, pp. 128-134.
2. Daniel Halévy, « Friedrich Naumann », *Journal des Débats*, 12 mars 1908.
3. Daniel Halévy, « Nietzsche et Wagner 1869-1876 » (I), *Revue de Paris*, 15 novembre 1897, pp. 302-327.
4. Lettre de Maurice Barrès à Charles Maurras, [septembre 1896] reproduite dans Maurice Barrès et Charles Maurras, *La République ou le roi, correspondance inédite (1888-1923)*, Paris, Plon, 1970, p. 131.

tourna dans les Vosges et dans les Ardennes en septembre 1911, parcourut Sedan et le charnier de Bazeilles. Ce pessimisme morbide avait été renforcé par une tragédie personnelle : le 11 mars 1910, il avait perdu brutalement son fils Antoine, âgé de six ans et demi[1].

La défense du libéralisme conservateur face à Maurras

« Pour moi, j'ai clos voici longtemps ma jeunesse révolutionnaire, depuis longtemps je me suis rendu à d'autres et pressants devoirs[2] », confiait Daniel Halévy dans *Quelques nouveaux maîtres*, texte paru aux *Cahiers du Centre* au début de l'année 1914. L'idée de ce livre avait germé en 1911 et le projet, mûri pendant trois années, avait connu de nombreuses modifications[3]. Conçu à l'origine comme une étude d'histoire de la période 1910-1914, D. Halévy avait réalisé en fait sous la forme d'un essai de critique littéraire des plus classiques, à commencer par le titre, un bilan intellectuel et politique personnel. A la génération des anciens maîtres – France et Barrès – il comparait celle des maîtres contemporains – Rolland, Suarès, Claudel, Péguy et Maurras. Chacune de ces figures littéraires incarnait pour lui un tempérament et une sensibilité différente. Rolland était pour Halévy un esprit classique, une incarnation de l'Europe libérale pré-nationaliste. Suarès, l'écrivain juif, était un auteur scrutant dans ses œuvres la question de la mort. Puis, Halévy présentait Paul Claudel comme un catholique charnel, un homme profondément romain, soumis à l'Eglise. Passant rapidement sur les personnes de Suarès et de Claudel, il se penchait plus longuement sur Rolland et davantage sur Péguy, le ton devenant dès lors nettement plus personnel. C'est avec nostalgie qu'il avait brossé le portrait d'un Romain Rolland libéral, un homme de l'Europe lisztienne. Assumant les contradictions apparentes de la pensée de Péguy, il tentait de les expliquer comme l'avaient fait en 1910 Reclus et Tharaud à propos du *Mystère*. Halévy voulait montrer que Péguy, à la différence de Claudel, n'était pas un converti : Péguy n'était pas nationaliste mais patriote et chrétien à la fois, sans rien renier de ses convictions anté-

---

1. Daniel et Marianne Halévy avaient eu trois enfants, Françoise-Hélène (née le 10 janvier 1900), Léon (né le 20 août 1902) et Antoine (né le 18 août 1903).
2. Daniel Halévy, *Quelques nouveaux maîtres*, Moulins, « Cahiers du Centre », 6e série, février-mars 1914, n° 59-60, p. 154.
3. Catherine Pozzi, le rencontrant à la Bibliothèque nationale travaillant à son projet, écrivait à la date du 22 novembre 1913 : « [...] je croise Daniel Halévy en veste de peintre, mi-ouvrier sous le velours à côtes, pensif et doux. [Il] prépare une étude sur Maurras et relit ses articles du temps de l'Affaire » (Catherine Pozzi, *Journal 1913-1934*, Paris, Seghers, « Pour mémoire », 1987, p. 55).

rieures. Il voyait en lui la synthèse de la pensée chrétienne, humaniste et humanitaire. C'est en abordant cette dimension paradoxale de Péguy qu'il en venait à analyser au fil des pages sa propre évolution à l'égard de sa « jeunesse révolutionnaire ». Daniel Halévy souhaitait montrer clairement, après la réception ambiguë dont ses textes du post-dreyfusisme avaient fait l'objet de la part de la droite, que c'était à lui seul de faire son bilan intellectuel : « Mais j'ai toujours voulu les honneurs de la guerre, et la sortie en armes, et nos chefs salués, et nos drapeaux tenus et rangés par nous seuls[1]. » Il précisait ainsi son attitude à l'égard du XIXe siècle, celui de l'espérance révolutionnaire : « Ces hommes du dernier siècle n'ont pas réussi leur effort. Est-ce manquer à leur mémoire que de le dire ? Il n'est pas honteux d'être vaincu, mais il est sot de nier sa défaite et dangereux de l'ignorer. La révolution sociale et morale qu'ils avaient essayée porte présentement des fruits secs ou mauvais[2]. » S'il affirmait que leur œuvre était à reprendre, il ne voulait pas pour autant condamner leur état d'esprit initial : « La tâche des révolutionnaires est donc à reprendre tout entière, et par la base, et dans la pensée même. Pourtant leurs intentions étaient justes et grandes, et l'heure où ils agirent fut choisie avec tant de génie qu'ils ne pourront jamais être oubliés, et que leur essai malheureux restera marqué dans l'histoire[3]. » En distinguant chez les penseurs du siècle précédent, les bonnes intentions des œuvres néfastes, D. Halévy posait les limites de toute interprétation trop droitière de son évolution.

Il semble que Maurras et Halévy aient fait connaissance relativement tôt. Celle-ci fut d'abord littéraire. Maurras avait été un des premiers et rares lecteurs de la traduction du *Cas Wagner* en 1893[4]. Halévy a affirmé avoir lu pour la première fois le nom de Maurras dans un article, « Les Murailles d'Antibes », paru d'après lui en 1893 dans le quotidien monarchiste *Le Soleil*. Il s'agissait en fait d'un article paru le 15 novembre 1894 dans *La Cocarde*[5], où son ami Lagarde avait travaillé auprès

---

1. Daniel Halévy, *Quelques...*, op. cit., p. 154.
2. *Ibid.*, p. 154.
3. *Ibid.*, pp. 154-155.
4. Maurras mentionne la lecture de cette traduction en 1893 dans une note sur « Les Serviteurs » de 1895 figurant dans *Le Chemin de Paradis*, Paris, Flammarion, 1927, p. 213, [1re éd. : 1895, Calmann-Lévy], reprise dans le *Dictionnaire politique et critique*, Paris, Fayard, 1933, t. III, p. 187.
5. Daniel Halévy, « L'opinion de Daniel Halévy », dans *Charles Maurras. Poèmes, portraits, jugements et opinions*, Nouvelle Librairie Nationale, 1919, p. 175. Il a évoqué à diverses reprises ce premier contact avec Maurras en répétant la même erreur sur le nom et la date du quotidien : *Apologie...*, op. cit., pp. 42-43 ; « Enfants d'Aphrodite et de Mars », *Revue Universelle*, 1er janvier 1937, t. 68, n° 19, pp. 77 ; « Le discours de M. Daniel Halévy », *Aspects de la France*, 22 décembre 1949.

de Barrès. Daniel Halévy avait porté, avec retenue, la première estocade. Dans un compte rendu d'*Anthinéa*, recueil paru en 1901, il se livrait à un éreintement très ironique – attitude rare dans les écrits d'Halévy – des idées de Maurras. En fait, la critique fondamentale tenait au reproche fait à Maurras, qui passait d'une esthétique classique – dont D. Halévy affirmait qu'il la partageait en partie – à une politique traditionaliste. Autant les idées esthétiques de Maurras lui semblaient peu contestables, y compris historiquement, autant il lui semblait qu'il s'aveuglait en refusant de voir la réalité contemporaine, la poussée des masses et leur accès à la culture nationale. Cependant il nuançait fortement ses premières critiques : « Quand on est habitué à entendre chaque matin, répercutée par un ou deux journaux, la stridente clameur dirigée par l'esprit révolutionnaire contre toutes les traditions nationales et religieuses, et contre quelques-unes de ces traditions intellectuelles qui se confondent avec la vie même de l'humanité, ce langage conservateur est rafraîchissant[1]. » Ainsi D. Halévy faisait, sur le fond, le même constat que l'auteur de l'*Anthinéa* : « Nous ne sommes pas si aveugles que de ne point voir ce que la culture européenne a perdu depuis 1789. L'emphase, la brutalité, l'obscénité, la sentimentalité, en toutes choses l'extrême, ont remplacé le goût pur et net de nos pères. La doctrine de tous nos maîtres, l'humanisme, traduite dans la langue du peuple, embarrassée du christianisme et de rêves apocalyptiques, est devenue cette chose grossière et vague, l'humanitarisme. La culture se dégrade, nous le savons, et comment n'en éprouverions-nous pas de la tristesse[2] ? » écrivait Halévy en 1902. Maurras était étranger aux préoccupations d'Halévy en matière d'éducation populaire : l'antidreyfusard et le dreyfusard étaient alors dans des camps opposés. La première mention de Maurras dans le *Journal* est relativement tardive, elle remonte à 1903 et concerne ses œuvres littéraires. A une date difficile à préciser, probablement vers 1903, Maurras réactualisant les attaques de Barrès et de Drumont avait parlé de Ludovic Halévy comme l'un des importants « métèques » présents en France[3].

Cependant, d'*Un épisode* (1907) à l'*Apologie* (1910), les divers textes de D. Halévy que certains membres de l'Action Française utilisaient pour illustrer la faillite du dreyfusisme, n'échappèrent pas à Maurras. L'article critique de Darquet en 1908 sur *Un épisode* avait donné lieu à

---

1. Daniel Halévy, « Charles Maurras et la Tradition », *La Grande France*, janvier 1902, n° 23, pp. 42-43.
2. *Ibid.*, p. 46.
3. Texte figurant dans un recueil d'articles (*Devant l'Allemagne éternelle*, Paris, éditions « A l'étoile », 1937, p. 64). D'après Maurras lui-même, l'article où Ludovic Halévy est mentionné date de 1903 environ.

un échange de lettres entre Halévy et l'auteur de l'étude. Darquet avait ensuite transmis à Maurras la réponse que D. Halévy lui avait faite. Maurras proposa alors à Daniel Halévy, par l'intermédiaire de Darquet une rencontre que celui-ci refusa. Comme ses collaborateurs, Maurras avait parfaitement analysé l'utilisation politique qu'il pouvait faire de l'*Apologie pour notre passé*. Dans la *Politique religieuse*, paru en 1912, il écrivait : « M. Daniel Halévy, qui fit sa partie dans l'émeute dreyfusienne, avoue qu'elle a tendu à détruire la société française[1] ». Escomptant après ce second livre de D. Halévy une meilleure disposition d'esprit à l'égard des idées de l'Action Française, Maurras lui proposa à nouveau de le rencontrer, mais Halévy refusa une nouvelle fois.

Malgré cette distance, D. Halévy selon certains de ses proches, paraissait s'intéresser de près au mouvement politique fondé par le poète de Martigues. Le témoignage de son frère Elie écrivant à Louise Halévy est très éclairant à cet égard : « *L'Action française* est le journal littéraire à la mode : vois comme il fascine ton second fils[2]. » Les dissentiments intellectuels entre les deux frères n'expliquent que partiellement ce jugement abrupt. En mars 1912, Daniel Halévy se rendit en compagnie de Guy-Grand et de Francis Delaisi à une réunion contradictoire organisée par l'Action Française. Halévy y vit pour la première fois Charles Maurras. Il fit de cette soirée un long récit dans son *Journal*, insistant sur la dimension charismatique de Maurras. Véritablement fasciné par la puissance magnétique de Maurras sur les mille cinq cents jeunes auditeurs, il montrait toute la force du mouvement, sans pour autant manifester une quelconque sympathie à son égard.

Par la suite, Halévy consacra une conférence à Maurras dont le contenu nous est connu par les notes prises à cette occasion par Henri Lagrange (1894-1915), le secrétaire des étudiants d'Action Française et l'un des fondateurs du Cercle Proudhon. Ce document est délicat à exploiter, car il s'inscrit pleinement dans l'opération de récupération de l'Action Française. Ainsi Lagrange concluait : « Il est admirable que M. Daniel Halévy, rendant hommage au génie et à l'influence de Charles Maurras, n'ait trouvé à lui opposer que des bourdes indignes de son intelligence. Ce n'est pas un des signes les moins curieux de la lutte sourde que doivent se livrer dans le cœur et dans l'esprit de M. Halévy la pensée vraie et la passion ethnique[3]. » Le fait qu'Halévy ait choisi de parler de Maurras entre 1912 et 1914 devant un public populaire té-

---

1. Charles Maurras, *La Politique religieuse*, Paris, NLN, « Les Ecrivains de la renaissance française », 1921 [1re éd. : 1912], p. 185.
2. Lettre d'Elie à Louise Halévy, 24 décembre 1910, reproduite dans Elie Halévy, *Correspondance...*, op. cit., p. 411.
3. A.P.P.B., notes d'Henri Lagrange, s.d. [entre 1912 et 1914].

moigne certes de l'intérêt qu'il lui portait, mais aucunement de l'adhésion à ses idées. Lagrange poursuit, indiquant d'ailleurs les réserves d'Halévy à l'égard du système politique maurrassien : « L'expédient monarchique est le seul raisonnable. Mais, dit M. Halévy, le Prince est un homme sans qualités personnelles. Ici, nous reconnaissons au passage une vieille calomnie bien favorable au prestige des Intellectuels : la supériorité d'un homme dont la puissance est le fruit de l'hérédité blesse et mécontente ces messieurs. Ils refusent de se soumettre à la force du sang royal[1]. »

En dépit de la double invitation de Maurras à D. Halévy et du jugement nuancé de celui-ci sur le chef de l'Action Française, la distance était encore grande entre les deux hommes. En 1912, Halévy réfléchissant à une discussion épistolaire en cours avec René de Kérallain sur la condamnation maurrassienne du libéralisme, défendait vigoureusement celui-ci, dans sa forme conservatrice. Il justifiait cette philosophie politique par son œuvre historique de lutte contre les abus royaux sous l'Ancien Régime. A Guy-Grand qui discutait les thèses de *Quelques nouveaux maîtres*, il indiquait en février 1914 qu'il ne voulait ni glorifier, ni diffamer la révolution et qu'il se tenait à distance de Maurras. De son côté, celui-ci parlait en septembre 1914 dans les colonnes de *L'Action française* de Daniel Halévy comme d'un adversaire : « [...] un critique adverse qui était son ami [Péguy] et qui n'est pas le mien, M. Daniel Halévy[2] ». Le double refus d'Halévy de rencontrer Maurras, son attachement d'ordre sentimental aux penseurs d'un XIXᵉ siècle honni par l'Action Française, et sa fidélité aux idéaux du libéralisme conservateur étaient autant de divergences profondes avec l'auteur des « murailles d'Antibes ». Celui-ci, depuis l'affaire Dreyfus, n'avait cessé de marquer son hostilité aux libéraux[3] et aux orléanistes, notamment à l'égard des proches de la famille Halévy, le duc de Broglie et le comte d'Haussonville[4].

La période qui se clôt avant la guerre est une étape décisive dans le

---

1. *Ibid.*
2. Charles Maurras, « La Politique. III. Charles Péguy », *L'Action française*, 18 septembre 1914, p. 1.
3. Cf. Jérôme Grondeux, « L'affaire Dreyfus et le surgissement de Charles Maurras dans la vie politique française », dans Michel Leymarie (éd.), *La Postérité de l'Affaire Dreyfus*, Lille, Presses universitaires du Septentrion, 1998, pp. 125-139.
4. Cf. les études de Maurras sans concessions sur le duc de Broglie (« Le duc Albert de Broglie. Esquisse du libéralisme parlementaire », *Revue hebdomadaire*, 2 février 1901) et sur Haussonville (« Le fait et l'idée démocratique », *Gazette de France*, 24 août 1902 ; « Le comte d'Haussonville et le royalisme parlementaire », *L'Action française*, 2 septembre 1924), repris en 1928 dans *Les Princes des nuées*, Paris, éditions Jules Tallandier, respectivement aux pages 19-38, 57-74, 75-80.

processus d'évolution intellectuelle de Daniel Halévy. Connaissant le succès littéraire et le début d'une réelle notoriété dans le monde des lettres, il devint malgré lui un enjeu dans le champ littéraire. Les années qui vont de 1905 à 1914 furent décisives car la mutation d'Halévy s'inscrivit dans le climat politique et idéologique des temps post-dreyfusiens. Pour Halévy, le littéraire se mêla étroitement au politique car il fut reconnu comme écrivain au moment où il amorçait une réévaluation de ses engagements idéologiques de jeunesse. Le post-dreyfusisme coïncida en outre avec l'irruption de l'Action Française porteuse d'une offensive culturelle – essentiellement dans le domaine de la critique littéraire – et politique. Désormais, des rapports de forces idéologiques se superposaient à ceux qui structuraient habituellement la vie littéraire. Dans ce contexte, Halévy prit la mesure de l'autonomie décroissante qui était la sienne. Si l'évolution de ses idées sociales et politiques relevait d'un choix personnel, les rejets et les tentatives d'appropriation dont il fut l'objet ont eu pour conséquence d'amplifier et de déformer cette mutation idéologique. Ainsi sa rupture avec l'Union pour la vérité fut-elle interprétée comme une véritable radicalisation vers la droite. Alain – grand ami d'Elie Halévy – que Daniel avait réussi à attirer en 1907 aux *Pages Libres* (où il publia des « Propos ») et qu'il avait sollicité pour la *Correspondance*, commenta ainsi la polémique de l'été 1912 avec Desjardins : « Bon *Propos* ce matin encore sur le catholicisme, suscité par la *Correspondance* qui devient fanatique par Daniel Halévy qui marche à la conversion, après Péguy, après Barrès, et il y en aura d'autres[1] ». Dans le même esprit, Pierre Hamp qui connaissait Halévy depuis le temps des U.P., écrivit à Monatte : « Daniel Halévy choisit où il veut ses amis [*i. e.* : Maurras, Daudet et Sorel] et ses idées. Il est maintenant catholique. Nous lui souhaitons le succès de cette cure d'eau bénite. Mais nous lui nions le droit, étant devenu catholique, de le cacher avec tant de précaution[2]. » Le cas de Daniel Halévy dans cette pé-

---

1. Fragment de lettre d'Alain à Marie-Monique Morre-Lambelin, 6 juin 1912, reproduite dans : Alain, *Les Propos d'un Normand de 1912*, Paris, Institut Alain, 1998, p. 207.
2. Musée social, fonds Monatte, lettre de Pierre Hamp à Pierre Monatte, 6 janvier 1913. A la suite de la reproduction par Monatte, d'un extrait d'« Un adieu » de D. Halévy dans la *Vie ouvrière* (Pierre Monatte, « A travers les revues et les journaux. Daniel Halévy et l'Union pour la Vérité », *La Vie ouvrière*, 20 décembre 1912, n° 78, pp. 413-416), Hamp prenant la défense de Desjardins, protesta auprès de Monatte et lui reprocha de n'avoir pas publié le texte de Desjardins. Cela relança la polémique de l'été 1912, Albert Thierry jouant les intermédiaires entre Halévy, Hamp et Monatte. Celui-ci annonça qu'il publierait l'ensemble du dossier (« La quinzaine prochaine », *La Vie ouvrière*, 5 février 1913, n° 81, p. 161) mais cela ne fut jamais le cas. L'ensemble de la correspondance entre les quatre hommes se trouve au Musée social dans le fonds Monatte.

riode, notamment après 1908, illustre le fait que la réception des œuvres par la critique est une médiation largement déformante, d'autant plus forte que les enjeux idéologiques sont prégnants.

Désormais, les œuvres d'Halévy avaient tendance à être appréciées à l'aune des interprétations antérieures les moins neutres. L'effet de résonance des jugements portés par l'Action Française joua alors pleinement. Ainsi fut-il confronté à un refus de publication dès lors qu'il abordait Péguy. Lors de ses entrevues en 1912 pour tenter de sauver les *Pages Libres*, D. Halévy avait fait la connaissance du directeur de *L'Effort*, Jean-Richard Bloch (1884-1947) qui était assisté à la revue par Léon Bazalgette. A la suite de la parution de la *Jeunesse de Proudhon*, Bloch avait proposé à Halévy les pages de sa revue pour la publication de l'ensemble de la biographie. Halévy qui souhaitait alors poursuivre son travail, avait donné un accord de principe. Mais tout à son essai littéraire, Halévy abandonna le projet proudhonien et c'est la pré-publication de *Quelques nouveaux maîtres* qu'il proposa à *L'Effort*. Le refus de Bazalgette après la lecture du manuscrit fut net lorsqu'il découvrit qu'Halévy abordait la personne de Péguy. Que ce soit aux *Pages Libres*, aux *Cahiers* ou à la *Correspondance*, Halévy s'était engagé sans partage dans ces entreprises intellectuelles et ne pouvait tirer profit de multiples positionnements. D'autres auteurs issus des *Cahiers de la Quinzaine*, comme les frères Tharaud, échappaient par ce moyen aux conflits entre les différentes revues et groupes du champ. Leur carrière littéraire avant la guerre montre qu'ils ont su échapper aux heurts, tout en se ménageant des espaces de publication et des appuis dans des milieux opposés[1]. Halévy, lui, était perçu dans le champ littéraire de façon moins équivoque. Bien entendu, l'étude de la réception d'une œuvre ne se suffit pas à elle-même et doit s'appuyer sur l'analyse de son contenu. Or, le contenu des publications d'Halévy dans cette période se prêtait assez naturellement à des interprétations droitières. *Un épisode* et l'*Apologie pour notre passé*, œuvres de révision de l'Affaire Dreyfus et des universités populaires, prêtaient largement le flanc à de telles lectures. La dimension idéologique, celle d'un libéralisme conservateur clairement affirmé, avait également favorisé une lecture droitière. Très peu de contemporains ont mesuré la distance qui séparait à l'époque Halévy de Maurras, ce qui a favorisé des rapprochements à la fois rapides et faux.

Le premier article de D. Halévy dans le *Journal des Débats* date du mois de mars 1908. Il n'avait alors collaboré de façon épisodique qu'à

---

1. Cf. Michel Leymarie, *Jérôme et Jean...*, op. cit., pp. 487-538.

un seul quotidien, *Le Temps*, l'ancien rival des *Débats*. L'année précédente, lors des premières difficultés auxquelles les *Pages Libres* avaient été confrontées il avait aussitôt songé à écrire dans le grand quotidien. L'année 1908 marqua le début d'une collaboration régulière à ce quotidien dont le tirage atteignait alors 26 000 exemplaires, collaboration qui ne s'acheva qu'en 1940. De 1908 jusqu'à la guerre de 1914, il donna près d'une quinzaine d'articles aux *Débats*, presque uniquement des contributions de critique littéraire. Il rejoignait ainsi le journal de son oncle Prévost-Paradol, celui d'un milieu où les Halévy avaient naguère compté d'influents amis, figurant presque tous sur le célèbre tableau de Jean Béraud représentant la salle de rédaction du journal[1]. John Lemoinne (1815-1892), ami de Paradol puis de Ludovic, en avait été le rédacteur en chef. Raymond Kœchlin (1860-1931), le cousin de son épouse, y avait eu la responsabilité du service de politique étrangère jusqu'en 1902. Daniel Halévy entrait dans un des quotidiens français les plus prestigieux, fondé en 1789 par la famille Bertin à laquelle il appartiendra longtemps. Soutien de la Monarchie de Juillet, les *Débats* avaient incarné le journalisme orléaniste puis, sous l'influence de Léon Say, s'étaient ralliés à la République conservatrice[2]. Dirigé depuis 1893 par Etienne Bandy, comte de Nalèche (1865-1947), les *Débats* où les commentaires et l'analyse primaient l'énoncé des informations, était un journal réputé pour la qualité des articles de politique étrangère et pour sa critique littéraire. L'entrée d'Halévy aux *Débats*[3] était surtout le signe manifeste d'un rattachement au libéralisme conservateur.

Son frère Elie incarnait une autre nuance de la famille libérale. Il semble que d'un commun accord, après l'Affaire Dreyfus, les deux frères aient décidé de tenir leurs engagements et prises de position respectifs à distance de leurs relations personnelles. Ils se voyaient d'ailleurs assez peu : Elie était partagé entre l'Angleterre et Sucy-en-Brie, Daniel vivant de son côté entre Jouy-en-Josas et le quai de l'Horloge. Elie est quasiment absent du *Journal* de son frère et leur correspondance traite de préoccupations familiales ou anecdotiques. C'est seulement dans les années 1930 que les livres de Daniel suscitè-

---

1. Le tableau, « Le *Journal des Débats* en 1889 » se trouve au Musée d'Orsay (R.F. 1990-5).
2. Cf. sur cette évolution, Marc Martin, *Médias et journalistes de la République*, Paris, Odile Jacob, 1992, pp. 95-96. Sur l'histoire financière du quotidien avant la guerre, cf. Jean Garrigues, *La République des hommes d'affaires (1870-1900)*, Paris, Aubier, « Histoires », 1997, 432 p. et, pour l'entre-deux-guerres, cf. Jean-Noël Jeanneney, *François de Wendel en République. L'argent et le pouvoir 1914-1940*, Paris, Seuil, « L'univers historique », 1976, 669 p.
3. Daniel Halévy a évoqué les lieux et le fonctionnement de la rédaction dans : « Immeuble à vendre », *Revue des Deux Mondes*, 15 février 1954, pp. 664-671.

rent des réactions qui furent mitigées chez le frère aîné. S'interrogeant sur les choix politiques et intellectuels d'Elie, François Furet disait qu'il était : « [...] un peu seul et un peu nulle part [...][1] ». Son isolement idéologique était patent. Elie ne fut pas touché par le socialisme normalien qui influença les générations postérieures et, retiré une grande partie de l'année en Grande-Bretagne, il se tint à l'écart du militantisme politique ou social, quand nombre de ses amis les plus proches, à l'image d'Emile Chartier ou de Célestin Bouglé, n'hésitaient pas à s'engager. « Un peu nulle part... », la remarque est vraie, tant il paraît difficile de situer Elie Halévy. Myrna Chase, confrontée à cette difficulté, a avancé l'idée que le libéralisme d'Elie ne répondait qu'à des critères anglo-saxons[2]. François Furet, de son côté, a comparé la sensibilité politique d'Elie à celle d'un libéral de gauche[3]. Elie ne cachait pas, dans l'intimité de sa correspondance, ses préférences politiques qui allaient avant la Grande Guerre au Bloc[4] puis par la suite, au Cartel des gauches[5]. Sa distance à l'égard du socialisme doctrinal transparaît dans sa vie ainsi que dans son œuvre, dans la mesure où il mit surtout en valeur ses tendances autoritaires. A la différence de son frère cadet, Elie fut un citoyen votant régulièrement. Ses propos sont toutefois peu amènes à l'égard du personnel politique de la IIIe République. « Deux fois le pays a été gouverné par d'honnêtes gens : au temps de la Restauration et au temps de l'Ordre Moral. Deux fois, par de bas et cyniques intrigants : sous Louis-Philippe et au temps de la IIIe République[6] », écrivait-il à Xavier Léon en 1918. Une partie de la correspondance d'Elie Halévy peut ainsi être rapprochée de certaines des critiques les plus fortes de Daniel à l'égard du régime parlementaire. Elie relevait d'un libéralisme de gauche et Daniel d'un libéralisme de droite, deux nuances qui avaient pour point commun un même scepticisme à l'égard de la société politique, attitude partagée par Prévost-Paradol et Ludovic Halévy, illustrant la fonction critique du libéralisme politique vis-à-vis du pouvoir[7].

---

1. François Furet, « Préface » à Elie Halévy, *Correspondance..., op. cit.,* p. 52.
2. Cf. Myrna Chase, *Elie Halévy an intellectual biography*, New York, Columbia University Press, 1980, p. 49. « It is clear that Halévy's political values cannot easily be located in a simple schematization of French political life [...] » (*ibid.*, p. 7).
3. François Furet, *op. cit.*, pp. 31-32.
4. « Mes opinions ? Tu veux dire, je pense, pour qui je vote ? Pour les candidats du bloc, ou de ce qui ressemble le plus au bloc » (Lettre d'Elie H. à Célestin Bouglé, 25 décembre 1905 reproduite dans : Elie Halévy, *Correspondance..., op. cit.*, p. 373).
5. Cf. Lettre d'Elie H. à Célestin Bouglé, 13 août 1924, *ibid.*, p. 671.
6. Lettre d'Elie H. à Xavier Léon, 16 août 1918, *ibid.*, p. 577.
7. Cf. Pierre Manent, *Histoire intellectuelle du libéralisme*, Paris, Calmann-Lévy, « Pluriel », 1987, pp. 181-197. Carl Schmitt écrivait vers 1930 : « Il n'y a pas de politique libérale *sui generis*, il n'y a qu'une critique libérale de la politique » (*ibid.*, p. 201).

En définitive, Daniel Halévy représentait une nuance du libéralisme qui, face à l'emprise grandissante de l'Action Française sur les milieux conservateurs, parvenait difficilement à affirmer son autonomie de parole. Le ralliement à la République et les divisions régnant parmi les libéraux conservateurs lors de l'Affaire Dreyfus avaient déjà très largement diminué ce courant, survivance lointaine du libéralisme notabiliaire de Guizot. Le renouveau de la cause monarchiste guidée par Maurras au début du siècle acheva de le marginaliser.

QUATRIÈME PARTIE

Le pouvoir littéraire à l'heure de la maturité

CHAPITRE XII

Voir la guerre

La fin d'un monde

C'est au Chambon de Tence, en Haute-Loire, où Daniel Halévy séjournait avec sa famille pour les vacances estivales qu'il vécut la crise de l'été 1914. Le *Journal* de cette période témoigne de la vigilance avec laquelle il regardait les événements européens[1]. Tenant une chronique détaillée de la crise et observant les réactions de la population en province, il constatait la résignation avec laquelle les premiers mobilisés partaient au front. Alors que la bataille des frontières était sur le point d'être perdue, son premier sentiment fut un profond apitoiement : « Une angoisse, une pitié immense et impersonnelle m'emplissent tout entier. Pitié pour la paix expirante, pitié pour la France, pour tant de campagnes, de villes qui vont être ensanglantées, brûlées, pitié pour l'Europe à laquelle je ne vois aucun avenir, mais d'abord l'épuisement, et un redoublement de haines ensuite. Pitié, pitié[2]. » A la fin du mois d'août, il rentra à Paris afin d'éclaircir sa situation militaire : il était alors âgé de quarante-deux ans. D. Halévy avait été versé en 1906 dans l'armée territoriale puis dans la réserve de cette catégorie exceptionnellement mobilisable[3]. Il avait demandé au mois d'août à être versé dans le corps des interprètes auprès de l'armée anglaise. En septembre, il

---

1. Le *Journal* de la période de guerre a fait l'objet d'une édition annotée : Daniel Halévy, *L'Europe brisée. Journal de guerre 1914-1918*, Paris, éditions de Fallois, 1998, 392 p. Préface de Jean-Pierre Halévy. Texte établi et annoté par Sébastien Laurent.
2. Cf. Daniel Halévy, *L'Europe brisée. Journal de guerre 1914-1918*, Paris, éditions de Fallois, 1998, p. 29 [désormais *L'Europe*...].
3. A.D. de Paris, feuillet matricule de Daniel, Pol Halévy, classe 1892 matricule 691.

avait appris que toutes les places étaient occupées. Malgré cela, il avait renouvelé sa demande, appuyée par Lucien Klotz, ministre de l'Intérieur du gouvernement Barthou. Cette nouvelle démarche fut un échec. Il décida alors de s'occuper d'œuvres d'assistance. Au début du mois de septembre pourtant, une autre solution lui avait été proposée par Max Lazard, mais il l'avait refusée : « L. [Lazard] me dit : – Je suis affecté à une division anglaise, je pars pour Marseille. Et je vous le dis avec hésitation, car nous irons au feu, je peux vous réclamer... Derrière lui je voyais ces femmes en pleurs, derrière moi, je savais d'autres femmes en pleurs. Je lui dis, et j'avais raison : – Non, ce n'est pas le moment pour moi de prendre un engagement. J'aurais mieux fait de lui dire : récrivez-moi dans un mois[1]. » A la suite des démarches de l'été, il fut convoqué devant un examinateur pour les interprètes anglais, Jean de Castellane, un ami de Jacques-Emile Blanche. Reçu à l'examen, son âge le cantonnait dans des postes sédentaires qui ne l'intéressaient pas. N'ayant toujours pas reçu d'affectation, il passa un examen de brancardier et travailla pendant un mois, à la fin de l'année 1914, à l'hôpital civil d'Amiens en compagnie de son cousin et ami, Marcel Guérin, puis en janvier 1915, il fut employé à Paris à l'hôpital du Panthéon de la rue Lhomond. Il n'était pourtant pas satisfait et il souhaitait se rapprocher du front, espérant trouver une affectation dans un hôpital militaire. De son côté, son frère Elie qui avait aidé Xavier Léon à poursuivre la publication de la *Revue de métaphysique et de morale*, trouva en 1915 une place d'infirmier à l'hôpital d'Albertville, dirigé par son cousin Alfred Fuchs. Le début de la guerre avait été marqué par les premiers deuils dans son proche entourage. Il apprit le 17 septembre la mort de Péguy par un article de Barrès dans *L'Echo de Paris*. Il se rendit aussitôt à Lozère auprès de la famille de Péguy puis organisa avec le docteur Chaslin un réseau d'anciens amis des *Cahiers* en vue d'assurer une aide à la famille de Péguy. D. Halévy reçut l'appui du pasteur Roberty et sollicita à ce propos Maurice Barrès et Joseph Reinach. Après la messe dite en mémoire de Péguy le 10 octobre à Saint-Aignan, il exprimait sa profonde tristesse : « Ce simple public dans cette simple église : quarante personnes. Une messe basse, à huit heures du matin. Pourquoi mon émotion fut-elle si violente ? Perdu, ce camarade, cet homme qui m'a fait du bien, du mal, éteint, ce magnifique esprit[2]... ». Quelques jours après Péguy, Michel Vaudoyer, le beau-frère de D. Halévy, avait également été tué à la bataille de la Marne.

---

1. Cf. *L'Europe...*, p. 51. De nombreux passages du journal de guerre sont rétrospectifs, ce qui explique le décalage entre la date indiquée par le *Journal* et celle des événements évoqués.
2. Cf. *L'Europe...*, p. 53.

Le déclenchement rapide de la guerre et les multiples déplacements qu'il avait dû faire durant l'été avaient interrompu ses projets littéraires en cours, l'incertitude de sa situation militaire ne favorisant pas la reprise de ses travaux intellectuels : le projet d'une édition italienne des lettres de Ferrari à Proudhon, la biographie de ce dernier ne virent pas le jour. Il publia trois articles seulement en 1914 et 1915, aux *Débats*. Le premier était l'annonce de la mort de Péguy, l'autre une traduction d'un récit de guerre d'un soldat anglais et le dernier, le récit d'une visite à un orphelinat. Aucune de ces courtes publications ne s'inscrivait dans le ton dominant de l'heure, cocardier et belliciste, participant de la mobilisation des esprits[1]. On n'y trouve pas d'écho des thèmes de circonstance, celui de la guerre par le droit ou celui de la défense de la civilisation contre la barbarie. Bien que les *Débats* lui soient dorénavant ouverts, il n'y publia rien de plus et observa un silence volontaire. L'évolution de sa condition militaire et la poursuite de la guerre ne modifièrent pas une attitude à laquelle il se conforma tout au long du conflit[2]. Daniel Halévy fut profondément marqué dès les premiers temps par la nature de la guerre : il avait compris qu'elle serait longue et qu'elle consacrait la fin d'une époque, la fin d'un monde. Confiant à Jacques-Emile Blanche au printemps 1915 les impressions ressenties lors des premiers mois, il écrivait : « [...] j'ai d'abord été brisé quand tout s'est brisé autour de nous, quand tous les appuis de ma vie, Paris, Sucy, les quais, m'ont soudain apparu comme un verre de Venise horriblement fragile. Et puis j'ai eu la surprise de sentir en moi, à travers l'angoisse, une alacrité singulière, une légèreté aventureuse dans cette fatalité et dans cet inconnu[3] ». Très tôt, dès le mois d'octobre 1914, sans avoir vu le front, il avait saisi que ce conflit était particulièrement meurtrier, l'évoquant dans sa correspondance en des termes très directs.

Le 11 février 1915, il apprit sa mobilisation comme interprète[4]. Il fut incorporé à la base du Havre moins d'une quinzaine de jours après. A cette époque, Le Havre était la plus importante base britannique en France et hébergeait le plus gros centre d'interprètes[5]. Mais, rapidement

---

1. Cf. Geneviève Colin et Jean-Jacques Becker, « Les écrivains, la guerre de 1914 et l'opinion publique », *Relations internationales*, n° 74, hiver 1980, pp. 425-442.
2. Si l'on excepte une étude consacrée à Péguy : « Charles Péguy », *Le Divan*, février 1916, n° 52, pp. 403-412.
3. Lettre de D. Halévy à J.-E. Blanche, 23 avril 1915, reproduite dans *L'Europe...*, p. 13.
4. Son dossier d'interprète contient ses « références » : « Paul Hervieu, de l'Académie française » et « Etienne de Nalèche, directeur du *Journal des Débats* ». (Cf. SHAT, 17 N 481, base du Havre, fiche de renseignements sur Daniel Halévy.)
5. SHAT, 17 N 481, base du Havre, état des effectifs.

déclaré inapte à une affectation dans une unité combattante pour des raisons médicales, il fut envoyé pour servir dans un hôpital militaire britannique à Rouen. Inoccupé, il fut gagné rapidement par l'ennui, car il se trouvait parmi des mobilisés nettement plus jeunes. Finalement, le 2 mai 1915, il fut affecté au service de l'intendance et du matériel d'une division écossaise dans les Flandres, ce qui le rapprocha un peu du front. Il se trouvait alors à une dizaine de kilomètres des lignes de combat et percevait dorénavant les échos des affrontements. Il parvenait enfin à accomplir ce qu'il avait souhaité dès août 1914 : voir la guerre. En dépit de ce changement d'affectation, il conservait une grande liberté qui lui permettait de continuer à lire et à se tenir informé malgré la censure.

A une époque où les diverses parties de la communauté intellectuelle donnaient des justifications politiques ou morales au conflit[1], l'attitude de D. Halévy était originale. « Un peu de conversation avec Guy-Grand. Il me parle de la philosophie de cette guerre ; de la liberté à la française opposée au mécanisme germanique, à l'utilisation, à l'organisation quasi industrielle des humains... J'écoute toujours avec doute de tels discours[2] », notait-il en janvier 1915. Pour Halévy le devoir commandait de défendre le territoire envahi : « Est-ce une idéologie républicaine qui nous soulève, nous porte ? Non, c'est beaucoup plus simple, c'est parce que Reims est bombardé, Lille occupé ; c'est pour n'être pas esclaves[3]... » La première mention dans le *Journal* d'un débat d'idées depuis la déclaration de guerre date d'avril 1915. D. Halévy avait lu dans *L'Homme enchaîné*, les lettres échangées entre le critique danois Georges Brandès et Clemenceau. Halévy se déclarait favorable aux positions de Brandès qui refusait d'admettre que l'un ou l'autre des belligérants combattait pour le droit ou pour la civilisation : « J'ai gardé cet article. Il est vrai. Il perce, il disperse ces nuées fantastiques dont chaque peuple s'entoure pour se justifier à soi-même sa guerre, pour entourer sa guerre d'idéalisme et d'auréoles. Pourquoi chercher ainsi à justifier la guerre[4] ? » Cependant, D. Halévy était hostile à la position adoptée par Romain Rolland dans ses articles intitulés « Au-dessus de la mêlée », qui avaient paru dans le *Journal de Genève* les 22 et 23 septembre 1914. Gaston Thiesson, membre du « comité d'action » de *L'Effort libre* de Jean-Richard Bloch, proche de Romain Rolland avant

---

1. Cf. Christophe Prochasson et Anne Rasmussen, *Au nom de la patrie. Les intellectuels et la première guerre mondiale (1910-1919)*, Paris, La Découverte, 1996, pp. 126-142.
2. Cf. *L'Europe...*, pp. 71-72.
3. *Ibid.*
4. Cf. *L'Europe...*, p. 90.

la guerre, avait eu l'initiative de recueillir des signatures en sa faveur. Il écrivit en août 1915 à D. Halévy pour solliciter son appui. Le *Journal* de Daniel Halévy n'évoque pas sa réaction en septembre aux articles du *Journal de Genève* mais le *Journal des années de guerre* de Rolland permet de la connaître. Malgré l'estime qu'Halévy portait à Rolland, attestée notamment par *Quelques nouveaux maîtres*, il refusa d'adhérer à la proposition de Thiesson[1]. Daniel Halévy avait condamné l'attitude de Rolland[2]. Il avait approuvé l'attitude de Brandès, citoyen d'un pays qui n'était pas engagé dans la guerre, et désapprouvé celle – pourtant proche – de Romain Rolland, intellectuel français qui aurait dû, selon lui, soutenir son pays. L'analyse que D. Halévy faisait de la guerre permet de comprendre son hostilité à la position de Rolland : la France subissait une guerre de conquête face à laquelle elle devait se défendre, sans chercher des justifications idéologiques. Ni le pacifisme neutraliste de Rolland, ni les encouragements patriotiques de Barrès, ni le bourrage de crâne des journaux n'étaient pour lui acceptables[3]. En 1918, reproduisant dans *Charles Péguy et les Cahiers de la Quinzaine* les passages élogieux consacrés à R. Rolland dans *Quelques nouveaux maîtres*, D. Halévy avait ajouté en note : « Je ne modifie pas ces lignes imprimées en mai 1914. Rolland se conduisait alors avec beaucoup de prudence, avec un très grand soin de ne jamais diffamer, diminuer, un mouvement national dont il connaissait l'utilité [...]. Il suivait une ligne exactement opposée à celle qu'il a choisie depuis[4]. » Après la guerre, écrivant à une « amie allemande », il expliqua ainsi sa position durant le conflit : « Quand mon gouvernement me dit de vous faire la guerre, je vous fais la guerre. Mais je ne lui reconnais pas tous les droits, je n'accepte, je n'exécute que ses ordres matériels. Quand il me dit que je me bats pour la civilisation, que telle guerre est la dernière des guerres, je ne l'écoute même pas, le sachant mauvais prophète, mauvais philosophe[5]. »

---

1. Rolland notait dans son journal le 11 octobre 1915 : « Ont refusé de s'associer à cette manifestation Spire et Daniel Halévy ». (Cf. Romain Rolland, *Journal des années de guerre 1914-1919*, Paris, Albin Michel, 1952, p. 539.)

2. Rolland écrivait le 22 octobre 1915 : « Thiesson reçoit de Daniel Halévy (18 septembre) et de l'éditeur G. Crès (8 octobre) des lettres qui condamnent mon attitude » (*ibid.*, p. 556).

3. « De tous les journaux français, un seul a de la tenue : les *Débats*. Tout le reste est littérature, ou vantardise, ou faible violence » (*Journal*, 18 février 1915, reproduit dans : *L'Europe...*, p. 76). Le *Journal* reproduit dans *L'Europe brisée* évoque à diverses reprises la censure et l'autocensure de la presse.

4. Daniel Halévy, *Charles Péguy et les Cahiers de la Quinzaine*, Paris, Payot, 1918, p. 140, note 1.

5. Daniel Halévy, « France. Deuxième lettre à une amie allemande... », *Revue de Genève*, août 1928, p. 1012.

Les événements de l'année 1915, l'intervention franco-britannique dans les Balkans et l'entrée en guerre de l'Italie, lui donnèrent l'occasion de réfléchir à l'avenir de l'Europe après la guerre. Il était naturellement opposé à toute domination allemande en Europe : « Ce serait la catastrophe la plus radicale de l'histoire, la fin même de l'Europe[1] ». Il pensait que la politique de l'équilibre européen ne serait plus de mise après la guerre et qu'il fallait songer à un équilibre mondial dont l'un des piliers serait « une unité de l'Europe[2] ». Au cours du printemps 1915, l'entrée en guerre de l'Italie constitua à ses yeux un événement historique très important : « [...] cette explosion italienne est une des plus surprenantes, des plus caractéristiques de l'histoire, de la nouvelle histoire, l'histoire des masses et des milliards et des machines qui se fait devant nous. L'Italie est d'aujourd'hui une grande puissance[3] », notait-il. Enthousiaste, il écrivit à Prezzolini pour le féliciter et adressa une lettre similaire à Pietro Jahier, le traducteur de l'*Histoire de quatre ans*, qui était aussi le gérant de *La Voce* : la lettre fut reproduite dans le numéro du 15 juin[4].

La société intellectuelle dans la guerre

Au terme d'une année aux côtés de l'armée britannique, D. Halévy était las de son rôle d'interprète. C'est alors qu'au début du mois de février 1916, son épouse lui apprit que Robert Dreyfus songeait à lui demander de venir le rejoindre à la Maison de la presse. Il vint en permission à Paris dans la troisième semaine de mars, en plein déclenchement de l'offensive allemande sur Verdun. Aux Affaires étrangères, il vit ses cousins Philippe et René Berthelot : « Je vois là Ph. Berthelot, il me fait le meilleur accueil; je vois René chef de bureau : il me donnera l'Italie... Nous arrangeons cela comme au lycée Condorcet nous distribuions entre nous les rubriques de nos petites revues[5]. » Par décision du 8 mars 1916 du Grand Quartier Général, il fut mis à la disposition du ministre des Affaires étrangères, Aristide Briand[6].

Au cours de la guerre, la nécessité de s'informer sur l'opinion étrangère et de l'influencer amena les autorités françaises à créer une structure de propagande auprès des pays neutres. Dès 1907, Philippe Ber-

---

1. Cf. *L'Europe...*, p. 102.
2. *Ibid.*
3. Cf. *L'Europe...*, p. 109.
4. « Daniele Halévy e la guerra italiana », *La Voce*, 15 juin 1915, n° 12, p. 758.
5. Cf. *L'Europe...*, p. 109.
6. A.D. de Paris, feuillet matricule de Daniel, Pol Halévy, classe 1892 matricule 691.

thelot avait créé un bureau des communications au quai d'Orsay, rattaché à la direction des affaires politiques[1]. A la veille de la guerre, il comprenait un rédacteur et quelques attachés d'administration qui devaient chaque jour faire une analyse générale de la presse étrangère. Berthelot qui était devenu à la fin du mois d'octobre 1915 le directeur de cabinet du nouveau président du Conseil et ministre des Affaires étrangères[2], Aristide Briand, réorganisa et développa profondément les services d'information et de propagande. Il fonda la « Maison de la presse » qui dépendait du quai d'Orsay, donnant une ampleur considérable au modeste bureau créé en 1907. La nouvelle institution, structure centralisant l'information et la propagande destinées aux pays neutres, fonctionna à partir du début de l'année 1916. Près de 300 personnes, essentiellement des civils mobilisés, en l'occurrence une grande majorité de journalistes, d'écrivains et d'essayistes de premier plan, travaillaient dans l'immeuble situé au 3, rue François-Ier. Une section de propagande, dirigée par un ami de Berthelot, Auguste Bréal, une section militaire, une section de traduction et d'analyse de la presse étrangère et une section diplomatique constituaient l'armature de cette vaste maison. Au sein de la section diplomatique, un bureau d'études « où se préparent des notes documentées sur tous les sujets du jour[3] », dirigé par le frère cadet de Philippe, le philosophe René Berthelot, comprenait une sous-section italienne au sein de laquelle D. Halévy travailla jusqu'en octobre 1917.

Les relations de Philippe Berthelot dans les milieux littéraires, avec Barrès, Paul Claudel, Alexis Léger (Saint-John Perse) et les protections qu'il apporta à des écrivains-diplomates plus jeunes comme Paul Morand et Jean Giraudoux[4], favorisèrent le recrutement de collaborateurs pour la Maison de la Presse. Ecrivains, journalistes et universitaires de générations et de milieux différents se côtoyaient dans ce lieu qui devint rapidement réputé mais aussi dénoncé pour son recrutement particulier[5]. Le service des « enquêtes de presse » de la section diplomatique était dirigé par Henry de Jouvenel (1876-1935), le rédacteur en chef du

---

1. Cf. Jean-Claude Montant, *La Propagande extérieure de la France pendant la Première Guerre mondiale : l'exemple de quelques neutres européens*, thèse pour le doctorat d'Etat sous la direction de Jean-Baptiste Duroselle, Université de Paris-I, 1988, p. 207.
2. Cf. Jean-Claude Montant, « Les services du quai d'Orsay pendant la Guerre » dans *Les Affaires étrangères et le corps diplomatique français*, t. II : *1870-1980*, Paris, éditions du CNRS, 1984, pp. 323-345.
3. SHAT, 5 N 363, brochure de présentation de la Maison de la presse, mai 1916, p. 4.
4. Sur l'entourage de Berthelot, composé de diplomates et d'hommes de lettres pendant la guerre, cf. Jean-Luc Barré, *Philippe Berthelot. Le seigneur chat, 1866-1934*, Paris, Plon, 1988, pp. 281-319.
5. Cf. des échos dans : Paul Morand, *Journal d'un attaché d'ambassade 1916-1917*, Paris, La Table Ronde, 1948, p. 39 et 58-59.

Matin. Henri Massis (1886-1970) travaillait dans ce bureau, voisin de celui de D. Halévy. Julien Cain (1887-1974) qui avait participé à la création du « Bureau de recherche de renseignements et d'étude de la presse étrangère », y resta après le conflit. Des écrivains plus connus travaillèrent également à la Maison de la Presse, comme Edmond Jaloux (1878-1949), ami très proche de J.-L. Vaudoyer, Paul Léautaud (1872-1956), secrétaire du *Mercure de France*, Francis de Miomandre (1880-1959) et Alexis Léger (1887-1975), jusqu'à son départ en Chine. Au « bureau d'études » installé au premier étage du 3, rue François-Ier, D. Halévy retrouva des personnes qu'il avait bien connues comme Léon Brunschvicg mais aussi Eugène Montfort (1877-1936), le fondateur des *Marges* qui avait brièvement participé au premier groupe de la *NRF*, Henri Clouard (1885-1972), Jean Variot (1881-1962) et Louis-Alfred Natanson, qu'il avait connu aux Langues orientales. D. Halévy, aîné de ces jeunes écrivains, y fit la connaissance du folkloriste Arnold Van Gennep (1873-1957) et de Jean Cocteau (1889-1963). Dans la section voisine de celle de D. Halévy, travaillaient Michel Beer et Othon Guerlac, ayant en charge les Etats-Unis. Son ami Robert Dreyfus avait pour tâche de lire pour ce bureau d'études la presse austro-hongroise. Maurice Martin du Gard a fait de la Maison de la Presse un portrait d'ensemble, soulignant la présence des écrivains et donnant à cette institution les traits d'un salon littéraire[1], ce que confirme le *Journal littéraire* de Léautaud et les souvenirs de certaines salonnières de l'époque[2]. D. Halévy portait un regard amusé sur ce milieu qui avait plutôt pour lui les apparences d'un cercle. A la Maison de la presse, D. Halévy fut rapidement absorbé par son travail de lecture de la presse italienne et par la rédaction de notes diverses. Il interrompit alors son *Journal* plusieurs mois, de mars à octobre 1916. Cependant, il reprit promptement ses travaux personnels abandonnés depuis deux ans. Il retourna à la Bibliothèque nationale et renoua avec son projet de biographie de Proudhon. Puis il s'intéressa, encouragé par René de Kérallain, à la période 1870-1880, lisant les écrits politiques du duc de Broglie, de Lorrain, Saint-Bonnet, Taine, Renan, Le Play et Boutmy... etc. Il lut également la correspondance de Thiers. L'année suivante, il délaissa Proudhon et ses travaux historiques pour entreprendre deux études, l'une sur Péguy, l'autre sur Woodrow Wilson. Le volume sur Péguy qui était prêt à l'été 1917 ne parut qu'en octobre 1918. Il fit d'abord paraître chez Payot, *Le Président Wilson. Etude sur la démocratie*

---

1. Cf. Maurice Martin du Gard, *Les Mémorables*, Paris, Flammarion, 1957, t. I, pp. 33-40.
2. Cf. notamment Elisabeth de Gramont, *Souvenirs du Monde de 1890 à 1940*, Paris, Grasset, 1966, p. 289.

américaine[1]. Le titre de l'ouvrage et le choix de l'éditeur semblaient annoncer une étude à caractère universitaire. Il s'agissait en fait d'un essai n'ayant pas grand-chose à voir avec le sous-titre, *Etude sur la démocratie américaine*, allusion éminemment tocquevillienne. Halévy se contentait d'étudier Wilson et aucunement le système politique américain. C'était en fait un ouvrage de circonstance, écrit afin de quitter la Maison de la presse : « J'ai eu l'idée d'écrire rapidement une biographie du Pdt Wilson et de me servir de ce travail comme d'un titre pour me faire nommer stagiaire, et repartir avec les armées américaines. L'idée était naïve ; les "titres" n'existent pas ; il n'y a présentement que les relations et les influences[2] ». D. Halévy avait écrit en cinq mois un éloge besogneux, sans chaleur, du Président américain : il s'agissait d'un travail de synthèse de deux biographies américaines non traduites en France[3], pour lequel il avait été aidé par ses collègues du bureau d'études travaillant sur les Etats-Unis et par René de Kérallain. Tout au long de son ouvrage, D. Halévy montrait que Wilson avait pensé bien avant la guerre qu'il fallait sortir le système américain d'un fonctionnement parlementariste pour lui donner un caractère présidentiel. La « révolution wilsonienne[4] » appliquée d'abord dans le New Jersey puis à la présidence des Etats-Unis – caractérisée par la restauration de l'exécutif par rapport au pouvoir législatif – aurait été l'idée majeure de Wilson. D. Halévy offrait aux lecteurs de l'époque une comparaison implicite avec Lloyd George et Clemenceau, démontrant que les démocraties en guerre pouvaient accepter un exécutif autoritaire. L'auteur allait même plus loin, évoquant sans le juger, le « pouvoir césarien[5] » de Wilson. Ecrit rapidement à partir de documents de seconde main, plus proche de l'essai que de la biographie, mais éloge du grand allié, l'ouvrage reçut un accueil très favorable de la critique. L'ouvrage étant paru au début du mois de décembre, un de ses premiers lecteurs fut Maurras qui y consacra – avant tous les autres critiques – une longue étude très favorable qui, malgré quelques réserves de détail, recommandait la lecture du « livre très beau, très riche et très net » de D. Halévy[6], auteur d'une

---

1. Daniel Halévy, *Le Président Wilson. Etude sur la démocratie américaine*, Paris, Payot, 1918, 271 p.
2. Cf. *L'Europe...*, p. 240.
3. Cf. l'avant-propos de : Daniel Halévy, op. cit., 271 p.
4. Daniel Halévy, *Le Président Wilson...*, op. cit., p. 96.
5. *Ibid.*, p. 102 et 126.
6. Charles Maurras, « La Politique », *L'Action française*, 10 décembre 1917, p. 1, repris par la suite dans un recueil d'articles consacré à Wilson : *Les Trois Aspects du président Wilson*, Paris, Nouvelle Librairie Nationale, 1920, pp. 55-59. Il mentionna à nouveau le livre l'année suivante : « La Politique.V. Deux cas à prévoir », *L'Action française*, 5 février 1918, p. 1.

« excellente et loyale étude[1] ». Maurras félicitait Halévy d'avoir décrit Wilson d'un point de vue réaliste, dissipant ainsi la vision mystique et idéaliste qui l'avait précédé sur le continent européen. Henri Clouard quant à lui, louait le « pénétrant penseur qu'est Daniel Halévy[2] », auteur d'un « grand livre ». Dans l'ensemble, la critique française portait les mêmes appréciations[3], sauf Paul Souday du *Temps* et l'historien Alphonse Aulard[4]. Souday s'opposait fermement à l'idée d'un Wilson césarien[5] et Aulard faisait à D. Halévy certains reproches d'érudition, remarquant avec justesse qu'il s'agissait plus d'un essai que d'une biographie historique. Les plus grandes plumes italiennes, Papini, Prezzolini et Lanzillo, rendirent compte de l'ouvrage avec faveur[6].

La Maison de la presse, création de Berthelot, avait déjà subi les contrecoups des critiques adressées à la politique de Briand. Tout au long de l'année 1916, les commissions parlementaires posèrent de nombreuses questions sur ses effectifs et son recrutement. A la fin de l'année 1916, une offensive concertée de plusieurs parlementaires relança la question de façon plus insistante. Le 27 octobre 1916, le député Maurice Reynaud posa une question écrite à la présidence de la Chambre, demandant de faire connaître à la représentation nationale le tableau des fonctionnaires attachés à la rue François-Ier, avec leur situation militaire. La demande fut transmise au ministère de la Guerre et aux Affaires étrangères. Au début du mois de décembre 1916, Briand fut harcelé de questions lors d'un comité secret. Face aux réponses dilatoires du président du Conseil, les attaques contre ce haut lieu « d'embusqués » ne cessèrent tout au long de l'année. La démission de Briand en mars 1917 et le retrait consécutif de Berthelot n'apaisèrent que temporairement la campagne. En novembre 1917, la commission sénatoriale de l'armée vint inspecter la Maison de la presse. Las de son

---

1. *Ibid.*
2. Henri Clouard, « Le Président Wilson », *Oui*, 7 avril 1918.
3. Cf. notamment E.G. Ledos, « Le Président Wilson... », *Polybiblion*, février 1918, p. 91 ; M.R., « Wilson », *La Vie*, avril 1918, pp. 119-120 ; Georges Guy-Grand, « Le crépuscule d'une vie », *Paris-Midi*, 12 janvier 1920. Cf. les « sources imprimées » de la bibliographie pour les références de tous les articles.
4. Alphonse Aulard, « Le président Wilson », *Révolution française*, janvier-février 1918, pp. 89-92. Sorel n'avait pas non plus apprécié l'ouvrage, cf. la lettre de Georges Sorel à Edouard Berth, 9 octobre 1918, reproduite dans : *Cahiers Georges Sorel*, 1988, n° 6, p. 116.
5. Paul Souday, « Une biographie du Président Wilson », *Le Temps*, 15 février 1918, p. 1. Souday renchérissait trois semaines plus tard dans sa critique, « Montesquieu et le président Wilson », *Le Temps*, 8 mars 1918, p. 1.
6. Giuseppe Prezzolini, « La figura di Wilson in una biografia francese », *Gazzetta dell'Emilia*, 4 février 1918 ; Agostino Lanzillo, « I Duci della quadruplice intesa. Il Presidente Wilson », *Il Popolo d'Italia*, 6 avril 1918 ; Giovanni Papini, « The President », *Il Tempo*, 27 février 1918.

travail parisien dans une maison menacée de disparaître, ayant par ailleurs achevé les deux ouvrages qui le retenaient dans la capitale, D. Halévy intervint auprès de Félix Borel (1871-1956), secrétaire général de la présidence du Conseil : « Au début de septembre, j'ai été voir Borel, puissant auprès de Painlevé, je lui ai dit mon double désir : être nommé stagiaire ; être employé dans l'armée américaine. Le 22 septembre j'apprenais ma nomination. Le 1er octobre mon affectation. C'était vite, tout cela[1] ! »

Nommé interprète à la mission militaire française près l'armée américaine, il se présenta au début du mois de novembre 1917 à l'école d'interprètes de Biesles[2]. Il fut ensuite dirigé auprès d'une unité américaine près de Neufchâteau. Ce premier contact avec les soldats américains lui inspira un mince volume qui était en réalité une brochure de propagande alliée, *Avec les boys américains*[3] parue en septembre 1918 chez l'imprimeur militaire Berger-Levrault. Il reçut une nouvelle affectation en février 1918 à la base américaine de Bordeaux. Lors de ses différentes affectations auprès de l'armée américaine, D. Halévy ne semble pas avoir ressenti les mêmes sentiments de proximité qu'à l'égard des Britanniques[4]. Il souhaitait en fait à nouveau voir le front et il demanda au mois de mars à être affecté dans une unité combattante. Il n'y parvint pas et devint alors en juillet 1918 professeur d'anglais pour les officiers d'état-major de la Xe armée, cantonnée dans la forêt de Villers-Cotterêts, où il s'occupait plus particulièrement de donner des leçons d'anglais aux officiers de la 25e division. Daniel Halévy accompagna cette unité au cours de sa progression, à la suite de l'offensive de juillet 1918. Il suivit la marche victorieuse de l'armée Mangin et entra avec elle à Nancy le 11 novembre 1918 dans une atmosphère de liesse patriotique, puis à Strasbourg, atteinte le 24 novembre. Le *Journal* et la correspondance attestent de l'émotion patriotique qui le submergea à son tour pendant quinze jours. Jamais durant toute la guerre, ses écrits les plus intimes n'avaient laissé transparaître un tel sentiment. Bien évidemment, l'atmosphère de la victoire l'avait saisi, mais il fut surtout profondément ému de retrouver des territoires de culture française. Hanté par le souvenir de ses voyages de 1905, 1910 et 1911 au cours desquels il avait constaté le recul de la langue française, il fut réelle-

---

1. Cf. *L'Europe...*, p. 241.
2. S.H.A.T., 17 N 231-232, école d'interprète de Biesles et états nominatifs.
3. *Avec les boys américains*, Paris, Berger-Levrault, « France », 1918, 60 p.
4. André Kaspi a montré la faiblesse des échanges et la relative méconnaissance entre la société française et les troupes américaines : cf. *Le Temps des Américains 1917-1918*, Paris, Publications de la Sorbonne, « série internationale » – 6, 1976, pp. 105-115, 125-132, 293-304.

ment bouleversé par toutes les marques attestant de la permanence de la culture française. A Nancy, il avait proposé de procéder à la distribution de journaux français lors de l'entrée à Metz. Donnant à la foule les quotidiens annonçant la victoire, il observait ces Messins qu'il n'avait connus que sous l'occupation allemande : « Pauvres faces ridées des vieilles femmes françaises qui avaient vu le temps français, et qui, chose incroyable, le revoyaient ! Visages de vieux bourgeois, de vieux artisans français... Les jeunes me paraissaient un peu dénationalisés, un peu raides ; les vieux étaient tout France[1]. » La cérémonie dans la cathédrale de Metz lui donna l'occasion de suivre de quelques pas le maréchal Pétain s'inclinant sur la tombe de Monseigneur Dupont des Loges. Il assista ensuite, à l'invitation de son ancien camarade de Condorcet, François de Wendel, au retour de la famille Wendel à Hayange où furent célébrés tout ensemble la France, Dieu et les propriétaires des usines. Dans les territoires alsaciens plus germanisés, il constatait avec surprise que si la langue s'était perdue, l'attachement à la France avait subsisté. L'entrée triomphale à Strasbourg couronna la marche des armées françaises. Dans la cathédrale, il eut une vision et crut voir Péguy. Sur ces journées, il écrivait au Nancéien Spire : « C'était l'extase. Quelle extase ? Je crois l'avoir analysé sans mysticisme. Plusieurs éléments, plusieurs états psychologiques, presque psychiques, contribuaient à cette extase. L'un, c'était la détente de la paix [...]. Un autre élément de cette extase, c'était la *patrie*. Non point la France, dont le génie et la substance sont loin de cette jeunesse alsacienne. Non, la *patrie* toute pure, la joie de sentir en commun, joie non éprouvée depuis cinquante ans[2]. » « Le lendemain, Te Deum. Le plus magnifique spectacle que j'ai vu, tout le Moyen Age, toute la France guerrière, et là encore l'intérieur écrasant l'extérieur[3] », poursuivait-il. L'entrée en Allemagne, à Mayence à la mi-décembre, relatée dans le *Journal*, ne laisse transparaître aucune trace de germanophobie ou même d'esprit de revanche. La guerre s'acheva pour lui le 30 décembre 1918, date à laquelle il fut mis en congé illimité de démobilisation.

Durant la guerre, Daniel Halévy n'avait pas appartenu, en raison de son âge, à la jeune génération intellectuelle qui se battit dans les tranchées, ni à celle des aînés qui insuffla l'esprit du combat en participant au concert patriotique. Hostile au pacifisme intellectuel, il avait suivi une voie médiane peu fréquentée, ne condamnant pas une guerre im-

---

1. Cf. *L'Europe...*, p. 288.
2. Cf. *L'Europe...*, pp. 306-307.
3. *Ibid.*, p. 307. Il se rendit également au temple et à la synagogue pour assister aux divers offices célébrant la victoire.

posée à la France, ne l'encourageant pas non plus. Il s'était contenté d'observer les militaires à distance sur le front et les civils à l'arrière, au cœur de « l'autre front ».

CHAPITRE XIII

La politique des lettres

Dans les rangs du Parti de l'Intelligence

Le retour à la vie civile de D. Halévy coïncida avec un surcroît de notoriété dû à ses deux derniers ouvrages. Pourtant, bien qu'ils aient été fortement appréciés par la critique, *Le Président Wilson*, ainsi que *Charles Péguy et les Cahiers de la Quinzaine*[1], étaient des ouvrages de moindre ampleur par rapport à ceux écrits auparavant. Le premier, un livre de circonstance, avait bénéficié d'un climat national particulier, favorable à toute évocation du nouvel allié américain. Dès 1919, il fut traduit en allemand, puis en italien l'année suivante[2]. Le second livre, paru à la fin de l'année 1918, était la réimpression de *Quelques nouveaux maîtres* (1914), ouvrage auquel D. Halévy avait ajouté quelques développements nouveaux. Dans l'esprit et la composition, le livre demeurait identique. Seuls Julien Benda et Georges Sorel relevèrent les fortes analogies entre les ouvrages de 1914 et de 1918[3]. Quoi qu'il en soit, le livre reçut un accueil favorable. Proust parla à R. Dreyfus d'un livre « admirable[4] » et son frère Elie l'apprécia également[5]. Abel Her-

---

1. *Charles Péguy et les Cahiers de la Quinzaine*, Paris, Payot, 1918, 250 p.
2. Daniel Halévy, *Präsident Wilson. Eine Studie über die amerikanische Demokratie*, Zürich, Rascher & Cie Verlag, 1919, 319 p. et Daniel Halévy, *Wilson e la democrazia americana*, Napoli, L'editrice Italiana, 1919, 204 p.
3. Cf. Julien Benda, « Une génération littéraire », *Le Figaro*, 23 mars 1919, p. 3 et la lettre de Georges Sorel à Edouard Berth du 9 octobre 1918, reproduite dans : *Cahiers Georges Sorel*, 1988, n° 6, p. 116.
4. Lettre de Marcel Proust à Robert Dreyfus, juillet 1919, reproduite dans : Robert Dreyfus, *Souvenirs sur Marcel Proust*, Paris, Grasset, 1926, p. 326.
5. Lettre d'Elie à Daniel Halévy, 9 octobre 1918 reproduite dans : Alain, *Correspondance avec Elie et Florence Halévy*, Paris, Gallimard, 1958, p. 581.

mant (1862-1950), critique littéraire du *Figaro*, ami de Jacques-Emile Blanche, consacra à D. Halévy une étude dithyrambique, qui se présentait comme une analyse récapitulative de son œuvre intitulée : « M. Daniel Halévy, Nietzsche, Péguy et le Président Wilson ». L'étude était un long éloge qui s'achevait par : « [...] n'omettons jamais de signaler parmi nos compatriotes, surtout les jeunes, ceux dont les hautes vertus intellectuelles peuvent mériter à la France l'honneur d'être appelée comme Mme de Maintenon "Votre Solidité". Dans cette troupe d'élite, qui est nombreuse, M. Daniel Halévy occupe une place éminente[1] ». A compter de cette époque, la recherche d'un éditeur ne fut plus un souci pour D. Halévy. Ainsi, ayant à peine achevé son volume consacré à Thiers, il fut sollicité par Plon[2]. Pourtant en 1919, D. Halévy se trouvait dans la même position que lors des années d'avant-guerre, lorsqu'il s'était écarté des *Cahiers de la Quinzaine* et de l'Union pour la vérité. Il bénéficiait certes d'une reconnaissance littéraire accrue, mais se trouvait isolé, n'appartenant plus à aucune revue. Le milieu dont il s'était rapproché vers 1912-1913, celui des *Cahiers du centre*, n'était plus porté par le même souffle. Quant à la *NRF*, elle s'enrichissait de collaborations prestigieuses y compris dans la jeune littérature, acquérant très rapidement une position dominante dans les lettres[3].

Dans un contexte marqué par l'ombre portée de la révolution bolchevique et les débats sur la démobilisation de l'intelligence, la mobilisation des intellectuels connut une nouvelle vigueur. Dans *L'Humanité* du 10 mai 1919, Henri Barbusse avait appelé à la formation du groupe « Clarté » rassemblant des intellectuels de gauche préoccupés « d'action sociale » : il devint par la suite l'embryon d'une revue révolutionnaire[4]. Romain Rolland, peu de temps après, publia la « Déclaration d'indépendance de l'esprit » dans *L'Humanité* du 26 juin 1919, appelant à un rassemblement des intellectuels de gauche. Henri Massis – auteur avant la guerre avec Alfred de Tarde de l'enquête d'Agathon sur *Les Jeunes Gens d'aujourd'hui*, puis de *L'Esprit de la Nouvelle Sorbonne*, critique littéraire au *Gil Blas*, à *L'Eclair* et à *L'Opinion* – mena, face à la mobilisation des forces progressistes et révolutionnaires, le rassemblement des écrivains et intellectuels conservateurs. Le manifeste « Pour un parti

---

1. Abel Hermant, « M. Daniel Halévy, Nietzsche, Péguy et le Président Wilson », *Le Figaro*, 29 octobre 1918.
2. Face à la dimension du volume, Plon recula au dernier moment et l'ouvrage parut chez Payot (*Le Courrier de M. Thiers*, Paris, Payot, 1921, 512 p).
3. Cf. Martyn Cornick, *The Nouvelle Revue Française under Jean Paulhan, 1925-1940*, Amsterdam, éditions Rodopi, 1995, 224 p.
4. Cf. Nicole Racine, « Du mouvement à la revue *Clarté* : jeunes intellectuels "révolutionnaires" de la guerre et de l'après-guerre 1916-1925 », *Cahiers de l'IHTP*, novembre 1987, n° 6, pp. 19-28.

de l'intelligence » parut dans *Le Figaro* du 19 juillet 1919, signé par cinquante-quatre personnalités parmi lesquelles figurait la majeure partie de la droite maurrassienne et quelques marginaux à l'égard de cette mouvance, comme Daniel Halévy et son beau-frère Jean-Louis Vaudoyer. Le texte claquait comme un drapeau au vent et répondait à celui de Rolland, autant qu'à celui de Barbusse : « Réfection de l'esprit public en France par les voies royales de l'intelligence et des méthodes classiques, fédération intellectuelle de l'Europe et du monde sous l'égide de la France victorieuse, gardienne de toute civilisation, tel est notre double dessein qui procède d'une unité supérieure[1] ». Surmontant les contradictions apparentes et renouant avec le débat de la fin du XIXe siècle sur la « littérature nationale », le texte affirmait : « Mais n'est-ce pas en se nationalisant qu'une littérature prend une signification plus universelle, un intérêt plus humainement général[2] ? » Ainsi dans l'esprit des signataires, l'effort de renforcement nationaliste de la culture française était mis au service de la défense de la culture gréco-latine. Massis, rencontrant Daniel Halévy dans les bureaux de *L'Opinion* en juin 1919 lui avait fait part de son projet de manifeste et lui en avait soumis une première version. La première réaction de celui-ci avait été défavorable car il n'y voyait que d'anciennes formules maurrassiennes qu'il avait refusées avant guerre. Néanmoins, il surmonta ses réticences une quinzaine de jours plus tard en donnant sa signature au nom de la défense de la civilisation qui s'imposait à la France. Cette démarche publique fut l'occasion pour Marcel Proust de renouer avec D. Halévy une correspondance interrompue depuis 1914 : Proust lui écrivit pour désapprouver son attitude[3], contestant l'autorité dont les intellectuels français s'investissaient eux-mêmes pour accomplir une mission d'ordre universel. Une lettre de Proust à Jacques Rivière apporte des éléments plus précis sur l'état d'esprit de D. Halévy à l'égard du manifeste : « Halévy me répondit (ceci entièrement entre nous deux, mon cher Rivière, car je ne veux pas divulguer une correspondance privée) que toutes mes objections il se les était faites et continuait à les trouver valables, mais qu'il ne pouvait refuser sa signature à des hommes dont il a éprouvé la sollicitude pour tout ce que nous aimons etc. Ceci est de l'action civique concluait-il[4] ».

---

1. Déclaration reproduite dans : Jean-François Sirinelli, *Intellectuels et passions françaises. Manifestes et pétitions au XXe siècle*, Paris, Fayard, 1990, p. 45.
2. *Ibid.*, p. 44.
3. Cf. la lettre de Marcel Proust à Daniel Halévy, *ca* 19 juillet 1919, reproduite dans : *Proust...*, *op. cit.*, pp. 138-140.
4. Cf. la lettre de Marcel Proust à Jacques Rivière, septembre 1919, *Correspondance Marcel Proust-Jacques Rivière 1914-1922*, Paris, Gallimard, 1976, pp. 63-64 (lettre reproduite également dans la *Correspondance* générale, t. XVIII, p. 387). Proust confia

Malgré ces réticences face au Parti de l'Intelligence, à l'égard de son appellation même, D. Halévy se retrouva aux côtés de ses principaux défenseurs dans les années d'immédiat après-guerre. Il signa également par la suite, aux côtés d'Henri Massis, le texte « les Intellectuels aux côtés de la Patrie » paru dans *Le Figaro* du 7 juillet 1925, réponse adressée au texte de Barbusse protestant contre la guerre du Rif. Daniel Halévy collabora dès 1920 à la *Revue Universelle* que venait de fonder Jacques Bainville – dont Daniel Halévy avait beaucoup apprécié les articles durant la guerre – avec Henri Massis comme rédacteur en chef[1]. Il collabora également à *La Minerve française* qui faisait de la défense de la culture classique son argument principal. De même, tout en continuant à écrire pour les *Débats*, il donna des articles à deux autres quotidiens, *L'Eclair* et *L'Opinion*, dans lesquels Massis était influent. Ces collaborations de 1919-1920 n'inaugurèrent pas une participation extrêmement suivie à ces périodiques, mais elles montrent qu'en situation de marginalisation en ce qui concerne les lieux de publication, D. Halévy n'avait d'autre choix que de se rapprocher de la droite maurrassienne[2]. La distance à l'égard de Maurras et de son mouvement, défendue et préservée avec difficulté entre 1908 et 1914, allait ainsi peu à peu décroître, à proportion du déclin des libéraux et de l'emprise de plus en plus ferme de l'Action Française sur la droite conservatrice[3]. L'influence de l'Action Française était d'ailleurs si puissante qu'elle avait fait vaciller en 1919-1920 la ligne éditoriale de la *NRF* d'avant-guerre, fondée sur l'autonomie de l'art à l'égard de la politique[4].

---

son indignation à Robert Dreyfus et Paul Morand (cf. lettre de Marcel Proust à Robert Dreyfus, septembre 1919, reproduite dans : Robert Dreyfus, *Souvenirs..., op. cit.,* p. 336 et la lettre de M. Proust à Paul Morand, 12 avril 1920, reproduite dans : Marcel Proust, *Correspondance,* Paris, Plon, 1984, t. XIX (1920), pp. 206-207).

1. Le manifeste fut en effet la « matrice » de la *Revue Universelle* (cf. Jean-François Sirinelli, *op. cit.,* p. 54), qui édita son programme ainsi que le manifeste en une brochure de 16 pages.

2. Florent Brayard a fait une observation analogue dans son étude sur Paul Rassinier : il a minutieusement analysé l'effet induit sur lui par la fermeture des espaces de publication et d'édition, ne laissant à Rassinier d'autre choix qu'un rapprochement avec des groupes minoritaires nettement plus radicaux, mouvement entraînant une radicalisation de ses idées (Florent Brayard, *Comment l'idée vint à M. Rassinier. Naissance du révisionnisme,* Paris, Fayard, « Pour une histoire du XXe siècle », 1996, 464 p.)

3. Sur la puissance de la droite intellectuelle sous influence maurrassienne, dans les années 1920, cf. Jean-François Sirinelli, *Intellectuels et..., op. cit.,* pp. 50-54.

4. Cf. Daniel Durosay, « La direction politique de Jacques Rivière à la "Nouvelle Revue Française" (1919-1925) », *Revue d'histoire littéraire de la France,* mars-avril 1977, n° 2, pp. 227-245.

Les mutations de la Librairie Bernard Grasset

Les années d'après-guerre furent pour Daniel Halévy une période de très fort développement de son activité littéraire. Il devint en 1920 chez l'éditeur Bernard Grasset, le directeur littéraire d'une collection nouvelle, les « cahiers verts » qu'il dirigea jusqu'en 1933, tout en se consacrant parallèlement à la critique littéraire.

Etudiant montpelliérain issu d'un milieu bourgeois, Bernard Grasset (1881-1955) était arrivé au début du siècle à Paris[1]. La légende, soigneusement entretenue par ses soins, laisse entendre qu'il avait fondé une maison d'édition presque par hasard, en 1907. La pratique du compte d'auteur, encore courante à l'époque, lui avait permis de franchir le stade d'accumulation primitive du capital avec d'autant plus de facilité que, par rapport à d'autres éditeurs, il rémunérait assez mal ses auteurs[2]. L'édition d'œuvres de critiques renommés, tels Emile Faguet et Gabriel d'Haussonville, lui avait permis d'acquérir une certaine notoriété avant 1914, mais il avait pris également des risques en publiant des œuvres d'auteurs alors inconnus, tels Jean Giraudoux ou François Mauriac dans lesquels il plaçait des espérances à plus long terme. Il avait publié à compte d'auteur Proust, refusé chez Gallimard, en éditant *Du côté de chez Swann*, le premier volume de la *Recherche*. Par ailleurs, il avait convaincu Péguy en 1909 de lui donner un volume d'*Œuvres choisies*, qui parut deux ans plus tard. Ces deux ouvrages ne se vendirent que très faiblement. Le succès commercial récompensa pourtant certains titres, notamment un recueil de pastiches littéraires, *A la manière de...* mais aussi le livre d'Alphonse de Châteaubriant, *Monsieur des Lourdines*, qui obtint en 1911 le prix Goncourt. A côté d'auteurs jeunes, encore méconnus, il publiait également des écrivains provinciaux et régionalistes, comme Charles Silvestre ou André Savignon, dont la littérature relevait d'un genre qui était à cette époque, plutôt édité dans de petites maisons, en province, ou chez des libraires-éditeurs. Dans l'ensemble, le catalogue que Bernard Grasset parvint à constituer avant la guerre était relativement traditionnel et s'adressait à un lectorat bourgeois et provincial. La littérature de recherche était

---

1. Cf. Jean Bothorel, *Bernard Grasset. Vie et passions d'un éditeur*, Paris, Grasset, 1989, 498 p.
2. Sur l'histoire de la maison avant la guerre, cf. Gabriel Boillat, *La Librairie Bernard Grasset et les lettres françaises. Première partie : 1907-1914. Les Chemins de l'édition*, Paris, Librairie Honoré Champion, 1974, 312 p.

exceptionnellement représentée, par Proust et Péguy et se vendait mal. La guerre, marquée par la mise en sommeil de l'ensemble de l'édition littéraire, ne remit pas en cause le succès naissant de ce jeune éditeur qui avait su assez rapidement acquérir un certain renom.

Le début des années 1920 fut caractérisé par l'ascension de la « Librairie Bernard Grasset » et la disparition progressive de la pratique du compte d'auteur. Comme certains de ses prédécesseurs, notamment Michel Lévy soixante-dix ans plus tôt[1], Grasset cherchait à obtenir des auteurs ce qu'il appelait le « contrat général ». Cette pratique n'était pas encore systématiquement répandue à une époque où la multi-édition restait courante pour certains écrivains attachés à leur indépendance. Le souhait de Bernard Grasset était de lier à sa maison, soit sur la base de la durée, soit pour un certain nombre d'ouvrages, les meilleurs écrivains – la contrepartie étant la mise en place d'un véritable salariat des auteurs. « Le métier d'éditeur consiste, en effet, essentiellement dans la constitution d'un fonds, c'est-à-dire dans l'acquisition par l'éditeur, pour lui et ses successeurs, du plus grand nombre de valeurs durables[2] », écrivait-il en 1929. Un des objectifs économiques du « contrat général » était de rentabiliser les dépenses occasionnées par les lancements de ces auteurs. Les années 1920 qui constituèrent la période faste de la maison Grasset, offrirent l'occasion à l'éditeur de déployer ces talents dans le lancement des ouvrages. Pour ceux dont il pressentait qu'ils allaient constituer des succès importants, Bernard Grasset mettait à la disposition des auteurs des services de presse importants, atteignant parfois plusieurs centaines d'exemplaires[3], il sollicitait lui-même les critiques des quotidiens en leur envoyant des tirages sur beau papier, n'hésitait pas à mettre des bandeaux voyants et accrocheurs sur les couvertures et consacrait des sommes importantes à la « réclame ». Par ces pratiques, il acquit une part de sa réputation d'éditeur, mais son comportement lui valut de fortes inimitiés chez certains de ses confrères. En fait, la publicité sous forme d'encartage à l'intérieur des ouvrages, de même que la recherche d'articles de complaisance, voire de critique rémunérée, s'inscrivaient dans la continuité d'une série d'innovations du même ordre chez des éditeurs de premier plan qui l'avaient précédé dans le métier, tels Calmann-Lévy ou Hachette. Toutefois, la spécificité de Grasset tient au fait qu'il systématisa ces pratiques et parvint ainsi à faire du lancement des livres une technique accomplie. Cela l'amena à revendiquer logiquement la part de l'éditeur

---

1. Cf. Jean-Yves Mollier, *Michel et Calmann Lévy..., op. cit.*, pp. 135-393.
2. Bernard Grasset, *La Chose littéraire*, Paris, Gallimard, 1929, p. 149.
3. Archives Grasset, contrats d'édition.

par rapport à l'auteur dans le succès d'un livre[1], attitude qui fut la source de nombreux conflits avec ses auteurs. Dans son testament d'éditeur paru en 1955, *Evangile de l'édition selon Péguy. Commentaires et Souvenirs*, il n'hésita pas à écrire : « [...] j'ai été bien seul [...] à persuader le nombre [...] que la part qui revient à l'éditeur, dans la création de la richesse littéraire, est, en de nombreux cas, prépondérante[2] ». L'attitude de Grasset s'inscrivait dans la continuité de Gervais Charpentier qui, soixante ans plus tôt, avait révolutionné la question de la propriété littéraire et commencé d'affirmer le rôle de l'éditeur par rapport à l'auteur[3].

Dans l'entre-deux-guerres, les structures juridiques et économiques des maisons d'édition se transformèrent profondément, notamment en raison de nouvelles dispositions juridiques en 1918 et 1925, et les sociétés anonymes s'imposèrent peu à peu[4]. L'organisation interne de certaines maisons connut aussi une évolution importante : les éditeurs recrutèrent du personnel, étoffant leurs firmes qui virent ainsi leur caractère artisanal s'estomper peu à peu. De nouveaux personnages apparurent ainsi en des lieux où le recrutement familial et la recommandation limitaient jusque-là le travail d'édition à un cercle restreint d'amis et de familiers. La « librairie Bernard Grasset » n'échappa pas à cette évolution et les effectifs augmentèrent, une vingtaine de personnes travaillant en permanence chez Grasset à partir de cette époque.

Le début des années 1920 fut surtout marqué par la redéfinition de la politique éditoriale chez Bernard Grasset. Grasset mit fin en 1919 au *Fait de la semaine*, une publication périodique qui avait démarré avant la guerre[5]; en 1920, il abandonna, au bout d'un an, *Nos loisirs*, revue littéraire destinée au grand public. Mis à part la courte expérience de

---

1. Cf. Bernard Grasset, *La Chose littéraire*, op. cit., 207 p. et Bernard Grasset, *Lettre à André Gillon sur les conditions du succès en librairie*, Paris, Grasset, « Les cahiers irréguliers » n° 1, 1951, 41 p.
2. Bernard Grasset, *Evangile de l'édition selon Péguy. Commentaires et Souvenirs*, Paris, André Bonne éditeur, 1955, p. 36.
3. Cf. Isabelle Olivero, *L'Invention de la collection. De la diffusion de la littérature et des savoirs à la formation du citoyen au XIX*[e] *siècle*, Paris, éditions de l'IMEC-éditions de la MSH, 1999, pp. 61-71.
4. Pour une mise en perspective historique de ce mouvement, cf. Jean-Yves Mollier, *L'argent et les lettres. Histoire du capitalisme d'édition 1880-1920*, Paris, Fayard, 1988, 549 p. et du même auteur : « Les mutations de l'espace éditorial français du XVIIIe au XXe siècle », *Actes de la recherche en sciences sociales*, mars 1999, n° 126-127, pp. 29-38. Grasset transforma tardivement par rapport à ses concurrents son entreprise personnelle en société anonyme : en juillet 1930, « Les éditions Bernard Grasset » se constituaient en société, au capital de 9,5 millions de francs.
5. 34 titres dont 11 anonymes étaient sortis dans cette publication périodique traitant à chaque fois en moins de 80 pages d'un thème particulier. Ces relevés ont été effectués d'après les catalogues Grasset.

Vigile (1930-1931), dirigée par Mauriac, Grasset se tint définitivement à l'écart des publications périodiques. Ses projets se recentrèrent en 1920 autour du livre et d'une ligne éditoriale nouvelle reposant sur les collections. Ce phénomène n'était pas nouveau : Gervais Charpentier (1805-1871) avait été le créateur de la « collection » au siècle précédent[1]. En 1838, il avait créé une série d'ouvrages, la « Bibliothèque Charpentier », rassemblant dans le format in-18 des ouvrages s'inscrivant dans un même projet éditorial, initiative qui « préfigure la collection moderne[2] ». Charpentier constitua ainsi, sur la base des collections, l'ensemble de son fonds de littérature. Balzac avec *La Physiologie du mariage,* et Brillat-Savarin avec *La Physiologie du goût*, ouvrages parus dans les « Ecrivains contemporains », une des séries de la « Bibliothèque Charpentier », inaugurèrent la collection. L'idée qui eut un important succès en France puis en Europe, donnait ainsi aux lecteurs le sentiment de se constituer une bibliothèque idéale conforme à leurs goûts. Les confrères de Charpentier réagirent rapidement : Michel Lévy créa en 1847 la « bibliothèque littéraire » et la « bibliothèque dramatique », puis Louis Hachette fonda de son côté la « bibliothèque des chemins de fer[3] ». A la fin du XIXe siècle, la pratique de la collection par les éditeurs dans tous les domaines, qu'il s'agisse de littérature populaire, d'écrits scientifiques ou d'édition littéraire, devint un usage courant, conférant au terme « collection » une signification nouvelle.

Grasset multiplia les collections, au nombre de vingt-deux pour la période de l'entre-deux-guerres. L'unique collection créée avant la guerre, les « Etudes contemporaines », fut abandonnée en 1921 : elle comptait 9 titres, presque tous parus avant la guerre. Bernard Grasset procéda alors à une réorganisation de l'ensemble de ses collections. Il créa d'une part la collection des « Grands ordres monastiques » (1921) qui avait pour objectif de regrouper l'ensemble des publications religieuses, à destination d'une frange importante de son lectorat ; confiée à Edouard Schneider, elle subsista jusqu'en 1957, riche de 48 titres[4]. En ce qui concerne l'édition littéraire, trois collections nettement différentes virent le jour. En 1921, ce fut « Le Roman » ainsi que les « cahiers verts » et l'année suivante, Grasset ajouta une troisième pièce à son dispositif littéraire avec « Politeia, bibliothèque de pensée et d'action politiques », regroupant les essais non littéraires. Cette collection dirigée par René Gil-

---

1. Cf. Isabelle Olivero, *L'Invention de la collection...*, op. cit., pp. 49-88.
2. *Ibid.*, p. 49.
3. Cf. Jean-Yves Mollier, *Louis Hachette*, Paris, Fayard, 1999, pp. 293-322 et 329-332.
4. Comptages effectués d'après les catalogues Grasset.

louin compta 8 titres, parus entre juin 1922 et la fin de l'année 1923. Lancée pourtant avec l'appui d'une commandite limitant les risques financiers pour l'éditeur, « Politeia » fut rapidement supprimée. « Le Roman » sous la direction d'Edmond Jaloux, rassembla 31 titres entre 1921 et 1924. Jaloux, devenu en outre le secrétaire du prix Balzac créé par Grasset, utilisa ces nouvelles fonctions pour choisir parmi les manuscrits des candidats des textes pour sa collection. Celle-ci rassemblait dans l'ensemble des romanciers de second plan, qui écrivaient dans les formes un peu démodées du roman psychologique ou bourgeois, genre dominant avant la guerre dans le catalogue de Grasset. Au total pour la période 1919-1945, la place des collections dans l'ensemble de la production de Grasset fut loin d'être négligeable. Près du quart des 2 500 ouvrages qui ont paru chez Grasset entre 1919 et 1945, l'ont été dans le cadre d'une collection[1]. En outre, ce mode de parution concernait la plus grande partie de l'édition littéraire *stricto sensu*, notamment les auteurs à succès : ainsi 17 des 23 titres publiés par François Mauriac parurent en collection, de même 16 des 23 titres de Montherlant, 6 des 9 titres de Jacques Chardonne, 16 des 26 titres d'André Maurois... etc. Les collections étaient devenues une pièce fondamentale du dispositif éditorial de Grasset.

Un accroissement des effectifs employés par la maison était devenu nécessaire du fait du nouveau dispositif éditorial. Bernard Grasset étoffa le personnel administratif et technique de son entreprise mais surtout recruta des personnalités nouvelles, dotées de compétences littéraires. Etape importante dans l'évolution de la librairie Bernard Grasset, ce changement pouvait amener à terme à poser la question de la place de l'éditeur au sein de sa propre entreprise. En premier lieu, Grasset s'attacha le service de lecteurs. Gabriel Marcel (1889-1973), agrégé de philosophie, proche du milieu de la *Revue de métaphysique et de morale*, avait fait ses débuts d'auteur dramatique en 1914 avec *Le Seuil invisible*, édité par Grasset. Il devint lecteur chez Grasset vers 1920, assumant les mêmes fonctions chez Plon. Après avoir vainement essayé d'attirer Henri Massis, Bernard Grasset se tourna vers son ami Jean de Pierrefeu (1880-1940), rédacteur en chef à *L'Opinion* et critique au *Journal des Débats*, qui devint l'un de ses conseillers littéraires. Avec le développement qu'il envisageait pour son entreprise, Grasset ne pouvait plus diriger seul les collections qu'il souhaitait créer et il décida de recruter des directeurs de collection. René Gillouin (1881-1971), né dans la Drôme, était devenu critique à la *Semaine littéraire* de Genève

---

1. Comptages d'après les catalogues Grasset (B.N., Q 10 et archives Grasset). Les collections furent interrompues pendant la durée de la Deuxième Guerre mondiale.

après être passé par la rue d'Ulm. Promoteur du bergsonisme et connaisseur reconnu de la pensée kantienne, il avait fréquenté le café Vachette avant la guerre où il a probablement fait la connaissance de Bernard Grasset. Ce dernier qui avait édité certains de ses essais, lui confia en 1922 la collection « Politeia ». Edmond Jaloux, après des débuts littéraires dans sa ville natale de Marseille, était devenu un ami de Gide et de Jean-Louis Vaudoyer. Il avait fondé la *Revue méditerranéenne* puis avait collaboré à *L'Ermitage*. Il avait reçu le prix Femina en 1909 pour son roman, *Le reste est silence* et, sans abandonner sa carrière d'écrivain et de poète, il devint chroniqueur au *Gaulois* et à *L'Opinion*. En 1920, il reçut le Grand prix de littérature de l'Académie française et l'année suivante, Grasset lui demanda de diriger la collection « Le Roman ». Il devint en 1922 l'un des critiques les plus influents des *Nouvelles Littéraires*[1]. En choisissant Gillouin et Jaloux, Grasset avait fait venir deux hommes de sa génération qui partageaient en outre avec lui une origine méridionale. Un de ses proches, Louis Brun (1884-1939), natif de Montpellier, devint à cette époque directeur général de la maison.

Les éditeurs s'appuyaient soit sur des lecteurs, soit sur un comité de lecture, structure qui demeurait exceptionnelle et n'existait pas chez Grasset. Les directeurs de collection issus des milieux littéraires, écrivains ou plus souvent critiques, qui préfiguraient la puissance des directeurs littéraires, avaient fait leur apparition chez certains éditeurs dans les années 1870[2], après le développement des collections dans les années 1850. Ces « hommes doubles[3] », selon l'expression de Christophe Charle, intermédiaires culturels dont le nombre n'avait cessé de croître avec la démocratisation culturelle, bénéficiant d'une double reconnaissance, de la part du public et de la part de l'éditeur, pouvaient ainsi se placer en position de force vis-à-vis de l'éditeur. La relation de l'éditeur et du directeur de collection s'apparentait souvent à celle établie entre l'éditeur et l'homme de lettres, le premier étant souvent réduit par le second à un rôle de créancier ou de simple technicien de l'imprimerie[4]. Or, le pouvoir de choisir ou de refuser un manuscrit qui

---

1. Cf. Jack Kolbert, *Edmond Jaloux et sa critique littéraire*, Paris-Genève, Droz-Nizet, 1962, 219 p.
2. Cf. Jean-Yves Mollier, « L'histoire de l'édition, une histoire à vocation globalisante », *Revue d'histoire moderne et contemporaine*, avril-juin 1996, n° 43-2, p. 338.
3. Christophe Charle, « Le temps des hommes doubles », *Revue d'histoire moderne et contemporaine*, janvier-mars 1992, pp. 73-85. Et du même auteur, *Paris fin-de-siècle. Culture et politique*, Paris, Seuil, « L'Univers historique », 1998, pp. 89-95.
4. Christophe Charle, « Le champ de la production littéraire », dans Roger Chartier (dir.), *Histoire de l'édition française*, t. III : *Le temps des éditeurs. Du romantisme à la Belle Epoque*, Paris, Fayard-Cercle de la Librairie, 1990, p. 147. Cf. également Elisa-

consacre apparemment le goût et l'autorité de l'éditeur, fonde d'une part sa légitimité vis-à-vis de ses employés et d'autre part la reconnaissance qu'on lui porte à l'extérieur, notamment dans le milieu éditorial et le champ littéraire. La question se pose de savoir dans quelle mesure l'autonomie longtemps absolue dont l'éditeur disposait en ses murs fut remise en question par l'apparition de personnages nouveaux, recrutés sur des critères de compétence littéraire. Cette question est d'autant plus importante que pendant longtemps, la compétence de l'éditeur fut estimée avant tout sur la base des ventes ou sur les succès aux prix littéraires.

Les « cahiers verts »

Aux yeux de Grasset, qui affirmait avoir la même conception du métier d'éditeur que Péguy[1], D. Halévy avait le mérite d'avoir été un collaborateur des *Cahiers de la Quinzaine*[2]. Grasset n'eut d'ailleurs pas besoin d'insister sur cette particularité, tant Halévy plaça d'emblée sa collection sous le signe de Péguy. Peut-être Grasset espérait-il en outre secrètement que D. Halévy réussirait à faire revenir chez lui Marcel Proust – prix Goncourt 1919 – passé de la rue des Saints-Pères à la rue Sébastien-Bottin à la faveur de la guerre.

Les circonstances de la rencontre entre Grasset et Halévy restent obscures. Ni le *Journal*, ni la correspondance, ni les archives Grasset ne permettent d'en avoir une idée sûre. Il est assuré en revanche que dès l'été 1919, Bernard Grasset et D. Halévy ont commencé à correspondre. Pourtant, il ne s'agissait pas encore du projet de collection. En juillet 1918, D. Halévy avait consacré dans la presse un article élogieux aux *Silences du colonel Bramble* d'André Maurois, auteur alors inconnu, édité par Grasset[3]. Halévy y comparait Maurois à Anatole France et les *Silences* aux *Histoires contemporaines*[4]. Grasset qui avait en vue le prix

---

beth Parinet, « L'édition littéraire, 1890-1914 », dans Roger Chartier (dir.), *Histoire de l'édition française. Le livre concurrencé 1900-1950*, op. cit., pp. 187-188.

1. Ses mémoires d'éditeur sont entièrement construites sur cette analogie, cf. Bernard Grasset, *Evangile de l'édition...*, op. cit., 363 p. Il déclarait notamment : « Halévy, c'est, en effet, – autant que moi – la survie de Péguy en ce temps. Et non seulement parce que ces "Cahiers verts", où nous nous conjuguâmes, furent créés à l'image des "Cahiers de la quinzaine", mais parce que, véritablement, nous gardons l'un et l'autre l'esprit de Péguy. Et d'abord son goût de la chose publique » (*ibid.*, p. 14).
2. Cf. André Billy, *Histoire de la vie littéraire. L'époque contemporaine (1905-1930)*, Paris, éditions Jules Tallandier, 1956, pp. 328-329.
3. Daniel Halévy, « Les silences du colonel Bramble », *Journal des Débats*, 13 juillet 1918.
4. Dans ses *Mémoires*, Maurois écrivit : « Abel Hermant, Daniel Halévy, Pierre

Goncourt pour ce livre, se mit en rapport avec Halévy et conseilla à Maurois de lui écrire également. La réponse d'Halévy à une seconde lettre de Grasset fut négative et sèche. Malgré ce premier contact infructueux entre les deux hommes, les relations évoluèrent entre l'été 1919 et l'hiver 1920. A cette date, Daniel Halévy avait accepté le principe de diriger une collection chez Grasset et celui-ci lui écrivait pour lui recommander certains manuscrits qu'il lui avait envoyés. Louis Brun relaya quelques jours plus tard l'effort de Grasset et envoya également un manuscrit à Halévy. Au mois de décembre, Grasset invita Halévy chez lui à une réunion d'auteurs : François Mauriac, les Tharaud, Jean Giraudoux, Edmond Jaloux et Louis Chadourne étaient présents[1]. La première trace d'une démarche de D. Halévy, en tant que directeur de collection, remonte au 12 décembre 1920 lorsqu'il écrivit à Barrès afin de lui demander une préface pour un cahier qu'il avait en projet. Dans les démarches qui suivirent au cours de l'hiver 1920-1921, il entra en relation avec l'historien de l'art Elie Faure, avec Paul Léautaud, Gabriel Marcel et Albert Thibaudet. Marcel Proust, sollicité également, ne refusa pas immédiatement : « Rien ne pourrait être un plus grand honneur pour moi [...] que d'écrire dans une collection [...] que tu diriges[2]. »

Malgré la rapidité avec laquelle D. Halévy s'était attelé à sa nouvelle tâche, le projet n'était pas pour autant clairement défini. Ni le projet éditorial, ni le titre, ni la question de la direction de la collection n'avaient encore été précisés. En fait, à l'origine, Grasset avait songé à la possibilité d'associer plusieurs personnes. Il comptait réunir Pierre Lasserre, Daniel Halévy et Jean de Pierrefeu pour la direction de la nouvelle collection. En mars 1921, Lasserre écrivait ainsi à Grasset : « J'ai quelques idées pour la publication périodique que vous préparez au sujet desquelles je suis convaincu de m'entendre avec D. Halévy si c'est lui qui en a la direction[3] ». Le mois suivant, D. Halévy recevait une lettre de Pierrefeu l'assurant de son enthousiasme à être son collaborateur. Halévy écarta rapidement cette idée de co-direction : au printemps 1921, lorsque le premier titre de la collection parut, il en assumait seul la direction. Halévy proposa le titre de la collection – les « cahiers verts » – à Grasset qui l'accepta et dessina la couverture[4]. Le choix de

---

Mille, Lucien Descaves, qui ne me connaissaient pas du tout, parlèrent des *Silences* avec une chaleur qui me toucha » (Paris, Flammarion, 1970, p. 134).

1. Cf. François Mauriac, *Journal d'un homme de trente ans*, Paris, Gallimard, « Bibliothèque de la Pléiade », 1990, p. 262.
2. Lettre de M. Proust à D. Halévy, 11 février 1921, reproduite dans : *Proust..., op. cit.*, p. 147.
3. Archives Grasset, lettre de Pierre Lasserre à Bernard Grasset, 10 mars 1921.
4. Bernard Grasset, « Confidences sur Maria Chapdelaine », *L'Intransigeant*, 26 août

ce titre correspondait à de multiples références : l'emploi du terme « cahiers » était une allusion aux *Cahiers de la Quinzaine*, la couleur une évocation de l'Académie française et un rappel de la *Revue verte*, revue éphémère fondée avec Proust, Robert Dreyfus et Jacques Bizet à Condorcet en 1888. Le premier cahier, *Maria Chapdelaine*, célèbre entre tous, parut à la fin du mois d'avril 1921. Il s'agissait d'un auteur alors inconnu, Louis Hémon, dont le roman avait paru pendant la guerre en feuilleton dans *Le Temps*[1]. Le texte avait été remarqué par Louise Halévy, apporté par son fils à Grasset au début de l'année 1921 et celui-ci avait aussitôt décidé de l'éditer. Grasset avait réalisé une campagne de promotion sans précédent pour ce livre qui fut un succès considérable, dont bénéficia incontestablement la première série des « cahiers verts ». Grasset voulut profiter de cet événement éditorial en annonçant des chiffres impressionnants : en janvier 1923, il affirmait ainsi avoir vendu 600 000 exemplaires. En fait, les archives Grasset indiquent qu'entre le mois d'avril 1921 et octobre 1937, 284 000 exemplaires furent réellement vendus. Le succès demeurait néanmoins important. La presse salua à la fois *Maria* et la naissance de la collection, soulignant la continuité avec les *Cahiers* de Péguy[2]. Daniel Halévy avait d'ailleurs pris soin lui-même d'éclairer les futurs lecteurs en rédigeant, à la demande de Brun, une note de présentation pour la presse qui fut encartée dans *Maria*. Le texte se terminait par : « A vrai dire, le modèle d'une telle publication, existe : les *Cahiers de la Quinzaine* de Charles Péguy, l'ont donné. Sans doute, ce que Charles Péguy faisait, nul ne peut le refaire. Mais à côté de son idée, son travail d'éditeur passionné pour les lettres subsiste. Cette idée, ce travail ne peuvent-ils être repris ? Nous l'avons cru et les appuis qui nous ont été donnés nous laissent espérer que nous pourrons éditer un ensemble de qualité certaine. » En mai 1921, soit quelques semaines après le lancement des « cahiers verts », 40 écrivains avaient répondu favorablement à la sollicitation de D. Halévy : Claude Anet, Julien Benda, Jacques Bainville, Pierre Benoît, Berson, Louis Bertrand, Jacques-Emile Blanche, Jacques Boulen-

---

1934, p. 1 et Henry Muller, *Trois pas en arrière*, Paris, La Table Ronde, 1952, p. 23 (Muller affirme à tort que Grasset avait trouvé le nom de la collection).

1. Cf. le récit fait par Grasset de la découverte et de la promotion de *Maria Chapdelaine* : Bernard Grasset, *Evangile...*, op. cit., pp. 264-278.

2. Cf. « A l'horizon littéraire », *Le Cri de Paris*, 24 avril 1921, p. 9. ; R.N., « Les Cahiers verts », *Journal des Débats*, 26 avril 1921, p. 2. ; « Cahier vert », *Le Cri de Paris*, 26 juin 1921, p. 9 ; Jean de Pierrefeu, « Daniel Halévy et les Cahiers verts », *Journal des Débats*, 31 août 1921 ; Charles Pichon, « Les Lettres. Les Cahiers verts », *Revue des jeunes*, 10 novembre 1921, n° 21, pp. 356-360 ; Guy Lavaud, « Chronique littéraire », *La Dépêche de Brest*, 18 avril 1922 ; Jean-Baptiste Séverac, « Les Cahiers verts », *Le Populaire*, 1er décembre 1922. Cf. également la lettre de Georges Sorel à Edouard Berth, 29 avril 1921, reproduite dans : *Cahiers Georges Sorel*, 1988, n° 6, p. 153.

ger, Gaston Chérau, Louis Chadourne, Pierre Drieu La Rochelle, Mary Duclaux, Edouard Estaunié, Elie Faure, Joachim Gasquet, René Gillouin, Jean Giraudoux, Emile Henriot, Edmond Jaloux, René Johannet, Paul Léautaud, François Mauriac, André Maurois, Henri Massis, Charles Maurras, Henri Ménabréa, Paul Morand, Anna de Noailles, Jean de Pierrefeu, Edmond Pilon, Marcel Proust, René Quinton, Raymond Schwab, André Spire, J.J. Tharaud, Albert Thibaudet, Paul Valéry, Valéry Larbaud, Jean-Louis Vaudoyer et Jean Variot. On mesure à ces 40 noms l'étendue des relations de Grasset et Halévy qui étaient parvenus en l'espace de six mois à obtenir un accord de principe de ces écrivains.

La régularisation juridique de la fonction de D. Halévy chez Grasset n'eut lieu que tardivement, deux ans après la création de la collection. Le 20 février 1923, Grasset, « fondateur et propriétaire de la collection dénommée "Les cahiers verts"[1] » passait un contrat avec Daniel Halévy lui réservant une importante autonomie et une confortable rémunération. L'article I stipulait en effet : « Toute liberté et initiative sont assurées à M. Daniel Halévy par l'éditeur soussigné en ce qui concerne tant le choix des auteurs et des œuvres à publier que l'ordre et le nombre des Cahiers qui paraîtront chaque année[2] ». Il était prévu que 12 à 16 cahiers paraîtraient en moyenne chaque année, la limite supérieure étant fixée à 20. L'article II précisait que D. Halévy devait « s'efforcer » d'obtenir un contrat général des auteurs qu'il publiait et l'article III indiquait que, de son côté, Grasset devait « s'efforcer » d'offrir des conditions particulièrement avantageuses aux auteurs que D. Halévy souhaitait publier. Daniel Halévy recevait un droit fixe de 500 francs par cahier et un droit de 3 % sur chaque cahier vendu à partir du 11 000ᵉ. Un an plus tard, cette clause fut revue à la hausse : désormais le droit de direction était porté à 650 francs par cahier et le droit de 3 % payé sur tous les exemplaires. Ainsi, la rémunération de D. Halévy évolua : de 1923 à 1926, il reçut 18 000 francs par an ; de 1927 à 1929, 30 000 francs par an ; et de 1930 à 1933, 40 000 francs par an[3]. Au total, entre 1923 et 1933, il reçut la somme de 322 000 francs[4]. En revanche, en ce

---

[1]. Archives Grasset, contrat passé entre Daniel Halévy et Bernard Grasset, 20 février 1923.

[2]. *Ibid.*

[3]. Archives Grasset, attestation de rémunérations de D. Halévy signée par Bernard Grasset, 1ᵉʳ décembre 1953. A partir de la transformation de la maison en société anonyme, il reçut quarante actions symboliques de la société des éditions Grasset (sur un total de 38 000).

[4]. A l'époque, un employé de Gallimard gagnait, d'après Léautaud, 800 francs par mois, une dactylo chez Payot 1 000 francs mensuels. Un cadre de l'édition gagnait 35 000 francs annuels en 1936, 40 000 francs en 1938.

qui concerne les propres ouvrages de D. Halévy édités par Grasset, le directeur de collection ne bénéficia pas de conditions avantageuses : il ne recevait pas d'avances et était rémunéré, comme un auteur débutant, avec des droits de 10 %[1].

En dépit de l'autonomie concédée par Grasset à Halévy pour la direction de la collection, le projet éditorial fut tout au long de l'histoire des « cahiers verts » l'enjeu d'une sourde lutte entre les deux hommes. A l'origine, ils avaient trouvé un accord pour publier un certain type d'écrits, dans un format particulier donnant son identité à la collection. Léautaud, rencontrant Grasset au début de l'année 1921, raconte que lors d'une conversation, l'éditeur lui avait fait part de son souhait de publier des textes courts[2]. Deux ans plus tard, Daniel Halévy répondant aux questions de Frédéric Lefèvre, affirmait vouloir se dégager de la « servitude » du « gaufrier » ancien de 350 pages et publier exclusivement des écrits de format modeste[3]. Ainsi, sur ce point, l'éditeur et le directeur de collection restèrent toujours en accord. Par ailleurs, dans les premiers mois, ils pensaient tous deux publier dans les « cahiers verts » des textes de genres variés. Halévy, dans ses premières démarches, mettait en avant la diversité de la collection en cours d'élaboration. En février 1921, il parlait à Henri Buriot-Darsiles de son projet où il pensait regrouper romans, essais et études et écrivait quelques jours plus tard à Gabriel Marcel pour l'informer que Grasset l'avait chargé de diriger dans sa maison une série de volumes divers. Le terme revenant pourtant le plus fréquemment dans sa correspondance était celui « d'essai ». A cette époque, Grasset partageait les idées de D. Halévy. Il avait rédigé pour la *Bibliographie de la France* d'avril 1921, une annonce signalant la naissance de la collection : « *Les Cahiers verts* sont bien un effort nouveau, répondant à une idée nouvelle – mais ils se rattachent néanmoins aux *Cahiers de la Quinzaine* en ceci qu'ils sont *l'œuvre collective d'une génération, présentée sous la forme de cahiers périodiques, appartenant à tous les ordres de la littérature*, chaque cahier étant l'œuvre d'un seul[4]. » Le témoignage de René Gillouin, un an plus tard, confirme que la collection verte devait être caractérisée par la diversité : « [...] dans son projet primitif, la collection

---

1. Archives Grasset, contrats de D. Halévy.
2. Paul Léautaud, *Journal littéraire*, Paris, Mercure de France, 1956, t. III (1910-1921), p. 342.
3. Frédéric Lefèvre, « Une heure avec Daniel Halévy », *Les Nouvelles Littéraires*, 27 janvier 1923, p. 2 reproduit dans : Frédéric Lefèvre, *Une heure avec...*, Paris, éditions de la NRF, « Les documents bleus – 5 », 1924, p. 166.
4. *Bibliographie de la France*. III Annonces, 29 avril 1921, n° 17, pp. 962-963. Les italiques sont de Grasset.

des *Cahiers verts* ne devait pas être exclusivement littéraire, mais, selon une formule inspirée de Charles Péguy, devait toucher de fois à autre [*sic*] aux questions politiques et sociales [...][1] ». Dans le programme des « cahiers verts » rédigé par D. Halévy et encarté dans *Maria Chapdelaine*, le directeur de la collection envisageait de publier aussi bien des romans que des essais.

Mais, en août 1921, après la parution des quatre premiers cahiers, Grasset changea d'avis et recommanda à son directeur de collection de s'orienter vers des publications strictement littéraires. Grasset souhaitait dorénavant exclure les essais des « cahiers verts » et proposait à D. Halévy pour ce genre particulier soit la collection des « études contemporaines », soit la publication en édition ordinaire. Le désaccord entre les deux hommes sur l'équilibre entre romans et essais persista jusqu'à l'interruption des « cahiers verts », en 1933. Officiellement, cependant les essais étaient désormais exclus de la collection verte et la décision de créer « Politeia » en 1922 avait pour objectif de recueillir les essais. René Gillouin dans la préface, rédigée en 1922, à l'un des ouvrages qui devait paraître initialement aux « cahiers verts », prenait acte de l'évolution de Grasset : « Tandis que se poursuivaient les conversations et négociations que je viens de brièvement évoquer, la collection des *Cahiers verts* précisait décidément sa physionomie de collection purement littéraire[2] ». Grasset l'avait clairement expliqué à Louis Brun : « Vous saviez que [...] je cherche à maintenir aux "Cahiers" et *contre Halévy* (qui est tenté de tout prendre) leur caractère *exclusivement littéraire*[3] ». Daniel Halévy, lui, ne s'y était pas résolu et, interrogé par Frédéric Lefèvre en 1923 pour les *Nouvelles Littéraires*, affirmait clairement son hostilité au roman : « L'hégémonie, la suprématie quasi exclusive du roman devient un danger[4]. » Son propre échec de romancier au début du siècle n'était probablement pas étranger à ce rejet. Le directeur de collection avançait des idées élitistes en matière littéraire, analogues à celles de Sainte-Beuve dénonçant en 1839 la « littérature industrielle[5] ». Halévy avait également déclaré : « La

---

1. Préface de René Gillouin à : Georges Guy-Grand, Gaëtan Bernoville, Albert Vincent, *Sur la Paix religieuse*, Paris, Grasset, « Politeia » n° 2, 1922, p. V.
2. Préface de René Gillouin à : *op. cit.*, p. IX.
3. Lettre de Bernard Grasset à Louis Brun, 29 avril 1922, reproduite dans Jean Bothorel, *Bernard Grasset. Vie et passions d'un éditeur*, Paris, Grasset, 1989, p. 183.
4. Frédéric Lefèvre, « Une heure avec... », *op. cit.*, p. 2 reproduit dans : Frédéric Lefèvre, *Une heure avec...*, *op. cit.*, p. 166.
5. Les articles de critique littéraire d'Henri Massis parus dans les années 1920 à la *Revue Universelle* reprenaient exactement ce point de vue. L'auteur les rassembla en 1932 dans : Henri Massis, *Dix ans après. Réflexions sur la littérature d'après-guerre*, Desclée de Brouwer, « Cahiers de la Quinzaine », 1932, 3e cahier de la 20e série, 132 p.

masse, le public-foule, incline l'homme de lettres à ne produire que des romans. Un public groupé, un public-élite, analogue à ces anciens publics [...] du XVIIIe, ne pourrait-il pas affranchir l'homme de lettres ? [...] Les œuvres ne demandent qu'à mûrir. Mais il faut les arracher à la domination du roman et du journal[1]. » Ce jugement s'inscrivait dans l'esprit des années 1920, époque où toute une partie de la critique ne cessait de déplorer le surnombre de la production romanesque en même temps que l'abaissement de sa qualité[2]. Michel Raimond a évoqué le paradoxe de ce type de propos qui dénonçaient l'« agonie d'un genre qui se porte à merveille[3] ». D. Halévy utilisait exactement les mêmes termes que ceux employés par les écrivains de la génération de 1890 pour condamner le roman naturaliste. Le dissentiment avec Grasset resurgit à l'occasion de la création du « Grand Prix Balzac » par l'éditeur au début de l'année 1922. Afin d'attirer des manuscrits chez lui, l'éditeur avait eu l'idée de créer un prix littéraire doté de 20 000 francs, récompensant une œuvre inédite et s'engageait à publier le lauréat avec un premier tirage de 10 000 exemplaires. Il envisageait en outre de consacrer un budget de 50 000 francs de publicité au lancement de l'ouvrage. Face à la contestation du syndicat des éditeurs et de la Société des gens de lettres, il modifia le projet initial en permettant à l'auteur primé de choisir son éditeur[4]. Cependant, la maison Grasset demeurait l'organisatrice du prix. Edmond Jaloux, directeur de la collection « Le roman », était le secrétaire du jury, présidé par Paul Bourget. En faisaient partie : Maurice Barrès, Henry Bidou, Gaston Chérau, Fortunat Strowski, Georges Duhamel, Elémir Bourges, Henri Béraud, Jean de Pierrefeu, Léon Lafage, Léon Daudet, René Boysleve, Henri Duvernois, Marcel Boulenger, Jean Patin ainsi que Daniel Halévy, sollicité par Bourget. A peine le prix fut-il créé que D. Halévy fit paraître un article aux *Débats* dans lequel il insistait sur le fait que le nouveau prix ne devait récompenser que de jeunes auteurs à l'exclusion des romanciers[5]. Dès le lendemain, Grasset lui adressa une lettre pour lui expliquer qu'il restait favorable à l'idée de Jaloux qui souhaitait primer

---

1. Frédéric Lefèvre, « Une heure avec... », *op. cit.*, p. 2 reproduit dans : Frédéric Lefèvre, *Une heure avec..., op. cit.*, p. 167.
2. Cf. Michel Raimond, *La Crise du roman des lendemains du naturalisme aux années vingt*, Paris, José Corti, 1966, pp. 106-178 et Pierre Abraham (dir.), *Histoire littéraire de la France 1913-1939*, t. XI, Paris, Editions sociales, 1979, pp. 329-351.
3. Michel Raimond, *op. cit.*, p. 144.
4. Cf. Gabriel Boillat, « Le grand prix Balzac 1922 », *Revue d'histoire littéraire de la France*, septembre-décembre 1983, n° 5-6, pp. 880-908 et juillet-août 1984, n° 4, pp. 576-585.
5. Daniel Halévy, « Les Prix et les Lettres », *Journal des Débats*, 13 janvier 1922, p. 1.

uniquement des romans. 400 manuscrits furent envoyés rue des Saints-Pères et le jury, délibérant le 28 octobre 1922 dans la maison de Balzac, donna le prix à Emile Baumann pour *Job le prédestiné* et à Jean Giraudoux pour *Siegfried et le Limousin*, deux auteurs publiés par Grasset avant la guerre, tous deux édités dans la collection de Jaloux[1]. Grasset, dans ses échanges avec D. Halévy, ne cessa par la suite d'insister sur la nécessité de bâtir une collection purement littéraire. En 1927, D. Halévy dressa dans une préface au 70e et dernier cahier de la première série, le bilan de son projet éditorial : « Nous voulions préserver à côté du roman (non contre lui, assurément) ces genres intellectuels qui semblaient péricliter, l'essai, la lettre, la considération politique, le dialogue, la méditation, la biographie, le voyage, enfin ces diverses manières d'exprimer la pensée qui donnent à notre littérature, depuis tant d'années qu'on ne les compte plus, l'allure, le charme et la portée d'une grande conversation incessamment nourrie et renaissante[2]. »

Les « cahiers verts » avaient été conçus, sur le modèle des *Cahiers de la Quinzaine*, comme une publication périodique, à mi-chemin du livre et de la revue. Ainsi, chaque titre des « cahiers verts » portait un chiffre s'inscrivant dans une série numérotée. Dans la mesure où D. Halévy ne publiait qu'une œuvre d'un seul auteur par volume, il avait décidé de mettre en place un système d'abonnement. Les lecteurs pouvaient s'abonner ainsi à une série de dix cahiers, vendue à un prix préférentiel. A l'origine, D. Halévy avait prévu que les volumes publiés comporteraient entre 100 et 300 pages dans le petit format in-12 de l'époque. Petit à petit, Daniel Halévy parvint à imposer la norme de cahiers de taille moyenne, compris entre 150 et 200 pages, ce qui avait pour effet de favoriser la nouvelle par rapport au roman. L'apparence de l'ouvrage était soignée, tous les exemplaires étaient numérotés afin de susciter l'intérêt des bibliophiles. La couverture était fabriquée dans un papier de couleur verte et les éditions originales de la collection étaient imprimés sur des papiers de qualité. Des éditions sur beau papier étaient imprimées pour les collectionneurs. Dans l'esprit des *Cahiers* de Péguy, Grasset et Halévy avaient ainsi apporté un grand soin à la présentation des ouvrages mais les objectifs de l'éditeur étaient bien différents de ceux du gérant des *Cahiers*. En effet, Grasset limitait les premiers tirages des ouvrages sous couverture de la collection entre 3 000 et 6 000 exemplaires, jamais au-delà, afin de créer un effet de rareté auprès des collectionneurs et des bibliophiles. Il s'agissait en fait, comme il

---

1. *Siegfried et le Limousin* fut également édité aux « cahiers verts ».
2. Préface de D. Halévy à : André Chamson, André Malraux, Jean Grenier, Henri Petit, Pierre-Jean Jouve, *Ecrits*, Paris, Grasset, « Cahiers verts » première série, n° 70, pp. VII-VIII.

l'expliqua en 1951 dans la *Lettre à André Gillon sur les conditions du succès en librairie*, de susciter un certain snobisme autour de cette collection, condition indispensable selon lui pour obtenir le succès[1]. Le coût de fabrication de tels ouvrages ainsi que les dépenses pour le lancement de certains d'entre eux et l'ampleur de certains services de presse, contraignaient l'éditeur à d'importants débours. C'est la raison pour laquelle Grasset ne pouvait espérer tirer des bénéfices que des tirages en édition ordinaire qui suivaient de près l'édition originale des « cahiers verts ». Lorsqu'il pressentait le succès, Grasset faisait même parfois imprimer les éditions ordinaires avant celle des « cahiers verts[2] » afin d'être certain de pouvoir rapidement approvisionner les libraires. Cette stratégie éditoriale ne pouvait fonctionner que si les « cahiers verts » ne publiaient que des succès. Méfiant vis-à-vis des essais et des genres littéraires mineurs qu'Halévy souhaitait valoriser, Grasset entendait s'appuyer sur le roman qui bénéficiait d'une demande forte de la part du lectorat de l'époque. Les objectifs purement littéraires de D. Halévy étaient éloignés des considérations économiques de Grasset. Il importait peu au directeur de la collection, dont le contrat de 1923 garantissait l'autonomie, que les éditions ordinaires, sur lesquelles son nom ne figurait pas, se vendent plus que les éditions originales. Cette différence d'objectifs entraîna un conflit latent entre les deux hommes.

Cent neuf titres répartis en cinq séries parurent pendant les douze années (1921-1933) que dura la collection, D. Halévy publiant 77 auteurs différents. A partir de 1928, une autre collection d'ouvrages, non mis dans le commerce, fut lancée. Au format in-quarto, Halévy publia ainsi de très courts volumes, les « amis des cahiers verts », tirés uniquement sur beau papier et offerts aux abonnés. Sur les six volumes qui parurent, il y eut un texte de Giono, un de Mauriac et l'unique volume que Paul Valéry accepta de donner à Daniel Halévy.

Les premières années furent un succès considérable pour les « cahiers verts ». Cette collection s'était imposée très rapidement, certes grâce au succès initial de *Maria Chapdelaine*, mais aussi grâce à d'autres titres : François Mauriac, *Le Baiser au lépreux, Génitrix*; Jean Giraudoux, *Siegfried et le Limousin*; André Maurois, *Ariel ou la vie de Shelley*; Edouard Estaunié, *L'Infirme aux mains de lumière*; Tolstoï, *Ma vie, récit dicté par une paysanne russe* ou encore *Colin-Maillard* de Louis Hémon. Pourtant au printemps 1924, la collection subit une crise brutale

---

[1]. Bernard Grasset, *Lettre à André Gillon sur les conditions du succès en librairie*, Paris, Grasset, « Les cahiers irréguliers » n° 1, 1951, p. 16.
[2]. Les dates des tirages figurant dans les archives Grasset confirment cette pratique courante.

marquée par le recul des ventes et la part croissante de désabonnements. D. Halévy estimait qu'il avait trop publié et que le Grand Prix Balzac, partagé en 1924 entre trois ouvrages parus chez Grasset, dont deux « cahiers verts » – ceux d'André Thérive, *Le Plus Grand Péché* et Pierre Dominique, *Notre-Dame de la sagesse* – avaient discrédité la collection. L'écho de cette crise dépassa le milieu des libraires et des éditeurs, et parvint jusqu'aux milieux littéraires. Ainsi, Francis Jammes écrivait à Mauriac : « Tout le monde sait, même en province, que les *Cahiers verts* périclitent et que ce n'est que toi qui en soutiens les derniers couplets. Sans *Le Baiser au lépreux* et *Génitrix* ils n'existeraient plus. La raison en est bien simple : il est impossible de trouver à éditer, en un an, plus de trois œuvres *possibles*[1]. » En octobre 1924, D. Halévy évoqua dans son *Journal* un effondrement et envisagea même de mettre fin à la collection. Sur la quatrième de couverture des *Dialogues sur le commandement* d'André Maurois (n° 49), paru en novembre 1924, il annonça que la collection s'achèverait avec le numéro 65. Mais le volume de Maurois fut un succès inattendu, il s'en vendit 25 000 exemplaires en un mois, de même que le livre de Lucien Romier, *Explication de notre temps*. La collection fut effectivement relancée et ne connut plus désormais de crise analogue. Grasset tira les leçons de cette reprise soudaine. Alors que la première série approchait de son terme, il publia dans le catalogue de sa maison l'annonce suivante : « La Collection des "Cahiers verts" prendra fin dans le courant de l'été 1926. Elle sera néanmoins poursuivie, à partir d'octobre 1926, sous une forme nouvelle et dans des conditions non encore définitivement arrêtées[2]. » En fait, une deuxième série sur le modèle de la précédente fut commencée en mai 1927.

L'étude conjointe du catalogue des « cahiers verts » et des archives Grasset permet d'obtenir des éléments statistiques indispensables à une analyse complète de la collection. Ainsi devient-il possible de cerner de façon plus nette la réalité du projet éditorial de cette collection et son apport à la production littéraire de l'époque. Dans l'ensemble, on constate un équilibre relatif entre les différents genres littéraires. Le roman domina dans la collection (près de 40 % des titres), selon le vœu de Grasset, et les œuvres purement littéraires représentaient presque trois quarts de l'ensemble. Cependant, plus du quart des « cahiers » ont été des essais, auxquels D. Halévy était tant attaché. Malgré l'autonomie dont disposait Halévy pour le choix des manuscrits de cette collection,

---

[1]. Bibliothèque littéraire Doucet, lettre de Francis Jammes à François Mauriac, 5 juin 1924. Référence aimablement indiquée par Hervé Serry.
[2]. B.N., département des imprimés, série Q 10, catalogue de la librairie Bernard Grasset, page 2 de couverture.

la prédominance du roman sur les essais et les genres littéraires mineurs (nouvelles, récits de voyages, etc.), est une confirmation de la domination du genre romanesque dans la production littéraire des années 1920. Il est intéressant de noter en outre que 9 titres seulement sur 109 furent des traductions : Grasset était hostile à ce type de publication parce qu'elles se vendaient mal. En ce qui concerne les ventes des « cahiers verts » entre 1921 et 1939, on constate que les chiffres annoncés par Bernard Grasset doivent être réévalués très nettement à la baisse : moins de 15 % des titres se sont vendus à plus de 30 000 exemplaires. En fait, la moitié des ouvrages de la collection s'est vendue autour de 6 000 exemplaires. Le premier tirage en « cahier vert » étant de 3 000 à 6 000 exemplaires, un nombre relativement important d'ouvrages ne s'est pas ou s'est peu vendu en édition ordinaire. On observe également que près d'un quart des titres sont le fait de sept auteurs seulement : Mauriac qui publia 6 cahiers, Maurois (5 cahiers), Giraudoux, Morand, Malraux, Chamson et D. Halévy qui donnèrent chacun trois titres à la collection. En outre, ce sont cinq de ces auteurs qui ont réalisé les ventes les plus fortes, au-delà de 30 000 exemplaires.

Indéniablement, D. Halévy était parvenu à constituer une écurie d'auteurs à succès, particulièrement productifs. Ceux-ci entraînaient l'ensemble de la collection, lui permettant ainsi d'éditer des ouvrages d'auteurs inconnus, dans des genres parfois démodés, ou de rééditer des textes oubliés. Les générations d'écrivains publiés aux « cahiers verts » étaient fort diverses. D. Halévy n'avait pas souhaité donner une cohérence d'âge à la collection. En 1927, à l'heure du premier bilan, il avait écrit à ce sujet : « Disons encore que la jeunesse de nos collaborateurs est ici rappelée comme un fait, non comme un titre, et que notre intention n'est pas du tout de grouper ce qu'on appelle, en phraséologie moderne, "les représentants d'une génération"[1] ». On remarque surtout la faible part de la jeune génération qui avait entre vingt et trente ans entre 1920 et 1930. L'effet de la guerre interdit cependant toute conclusion hâtive sur la faible précocité littéraire de cette génération. Cependant, ces indications permettent de constater aisément que le discours de Grasset proclamant au début des années 1920 qu'il était l'éditeur de la jeune génération littéraire, ne correspond pas à la réalité. Par ailleurs, aux « cahiers verts », les écrivains qui avaient entre trente et cinquante ans dans la décennie 1920-1930 étaient les plus nombreux (près de la moitié). Enfin, la génération de 1890 – à laquelle D. Halévy appartenait – était également représentée (près d'un cinquième), à part égale avec celle des aînés, qui avait eu vingt ans lors de la guerre de 1870.

---

1. Préface de D. Halévy à : André Chamson, André Malraux..., *op. cit.*, p. XII.

Le rôle de directeur de collection ne consistait pas seulement à opérer un tri parmi les manuscrits et à en susciter chez les écrivains. Daniel Halévy a réussi à faire des « cahiers verts » la collection de prestige des éditions Bernard Grasset car il a su encourager, appuyer, voire corriger les auteurs qu'il publiait. De ce point de vue, sa correspondance atteste de ses multiples efforts en ce sens, y compris auprès d'auteurs qui bénéficiaient déjà d'une certaine notoriété. Sa contribution à la production littéraire des années 1920 doit à cet égard être mentionnée.

Bernard Grasset avait édité avant la guerre un auteur alors inconnu, François Mauriac (1885-1970). L'éditeur avait publié ses deux premiers romans, *L'Enfant chargé de chaînes* (1913) et *La Robe prétexte* (1914). A la faveur de la guerre, Mauriac était passé chez Emile-Paul et c'est au début des années 1920 que D. Halévy le lut pour la première fois en découvrant *La Chair et le sang*[1]. D'après Mauriac lui-même, c'est Daniel Halévy qui fut à l'origine de son retour chez Grasset[2]. Mauriac devint ainsi un des auteurs les plus publiés aux « cahiers verts » avec six titres et un septième qui parut aux « amis des cahiers verts ». Le chiffre des ventes indique qu'il fut un des auteurs à succès de la collection, ce qui favorisa la signature d'un contrat général avec Grasset. Il apportait à la collection un prix prestigieux : *Le Désert de l'amour* reçut en 1925 le Grand Prix du Roman de l'Académie française. Mauriac fut indéniablement un des atouts de la collection. André Maurois (1885-1967) avait connu le succès avec *Les Silences du colonel Bramble* que Grasset avait édité en édition ordinaire en 1918. En mai 1921 il avait donné à Halévy le manuscrit de *L'Apprenti sorcier* apprécié par le directeur de collection, mais refusé par Grasset. Dès lors, Halévy conseilla fréquemment Maurois et édita cinq de ses ouvrages aux « cahiers verts ». Il encouragea Maurois à écrire une biographie de Shelley qui se vendit dans l'entre-deux-guerres à près de 120 000 exemplaires et lui demanda de revoir la traduction d'un livre de Garnett. Le cas d'Henry de Montherlant (1896-1972) témoigne également de l'attention que D. Halévy portait aux manuscrits : il relut scrupuleusement le texte des deux *Olympiques* qui parurent aux « cahiers verts » en 1924. A la demande de Montherlant, il corrigea également le *Chant funèbre pour les morts de Verdun* qui parut la même année chez Grasset, mais en édition ordinaire. En 1934, un an après que D. Halévy eut quitté la rue des Saints-Pères, Montherlant lui envoya pour relecture une partie du manuscrit des *Célibataires* qui reçut le Grand Prix de littérature de

---

1. Daniel Halévy, « Mauriac en route », *Revue du siècle*, juillet-août 1933, n° 4, p. 14.
2. François Mauriac, *Le Dernier Bloc-notes 1968-1970*, Paris, Flammarion, 1971, p. 227.

l'Académie française. Jamais D. Halévy ne déploya autant de ténacité que pour solliciter un manuscrit auprès de Maurras. Dès la fin du mois de décembre 1920, il lui écrivit pour lui demander des vers. Il ne cessa par la suite de le relancer, aidé de Grasset[1], se déplaçant plusieurs fois à *L'Action française* pour demander le manuscrit. *La Musique intérieure* parut finalement en 1925. Halévy sollicita à nouveau Maurras en 1927 pour une préface au livre de Joseph d'Arbaud, *La Bête du Vaccarès*.

Daniel Halévy encouragea également avec succès quelques jeunes auteurs. André Chamson (1900-1983), avait déposé en 1925 chez Grasset le manuscrit d'un roman refusé par Rieder. Moins de quinze jours plus tard, Chamson fut convoqué chez Grasset pour la signature d'un contrat[2], réservant à Grasset sa production à venir pour six ans[3]. *Roux le bandit* parut aux « cahiers verts » et se vendit à près de 10 000 exemplaires, chiffre appréciable pour le premier roman d'un auteur de vingt-cinq ans. Il devint un des jeunes auteurs favoris de D. Halévy qui fondait des espérances sur lui pour le démarrage d'une nouvelle collection. Joseph Delteil (1894-1978), poète et romancier, lié au début des années 1920 aux surréalistes, avait été édité en 1924 par Grasset. En 1925, D. Halévy avait accepté de publier sa *Jeanne d'Arc*, baroque et scandaleuse, qui heurta une opinion catholique peu de temps après la canonisation[4]. En fait, Halévy avait, avec l'accord de Delteil, considérablement élagué le texte et supprimé les mots les plus choquants. L'ouvrage qui reçut le prix Femina se vendit à près de 20 000 exemplaires. *La Tentation de l'Occident* d'André Malraux (1901-1976) parut en 1926 en édition ordinaire, faute de place dans la première série des « cahiers verts[5] ». Halévy avait apprécié la qualité de l'écrivain et publié *in extremis* un court texte de lui, « D'une jeunesse européenne », dans *Ecrits*,

---

1. Cf. lettre de B. Grasset à C. Maurras, 18 janvier 1921, reproduite dans Jean-Pierre Deschodt (éd.), *Cher Maître...*, *Lettres à Charles Maurras*, Paris, Editions Christian de Bartillat, 1995, p. 359) et lettre de Charles Maurras à Bernard Grasset, 21 janvier 1924 (Bibliothèque littéraire Jacques Doucet, Ms 22 662, indication communiquée par Bruno Goyet, que nous remercions). Henry Muller, entré en 1923 chez Grasset, raconte à ce propos que Grasset avait été dans sa jeunesse camelot du roi (cf. Henry Muller, *Trois pas en arrière*, Paris, La Table Ronde, 1952, p. 231).
2. Cf. André Chamson, *Devenir ce qu'on est*, Namur, Wesmael-Charlier, 1959, p. 53 et Lucie Mazauric, *Avec André Chamson. Ah Dieu! Que la paix est jolie*, Paris, Plon, 1972, p. 67.
3. Archives Grasset, contrat d'André Chamson.
4. Sur les réactions de l'opinion, cf. Maurice Martin du Gard, *Les Mémorables (1924-1930)*, Paris, Flammarion, 1960, t. II, p. 246 et Henry Muller, *op. cit.*, p. 18. Grasset s'excusa auprès de Maurras de cette publication (cf. lettre de Bernard Grasset à Charles Maurras, 11 mai 1925, reproduite dans : Jean-Pierre Deschodt, *Cher Maître...*, *Lettres à Charles Maurras*, Paris, éditions Christian de Bartillat, 1995, pp. 373-374).
5. Cf. la préface de D. Halévy à : André Chamson, André Malraux..., *op. cit.*, p. XI.

le dernier volume de la première série qui rassemblait des textes de Chamson, Henri Petit, Pierre-Jean Jouve et Jean Grenier (1927). Les romans suivants n'échappèrent pas au directeur des « cahiers verts ». Il publia ainsi *Les Conquérants* en 1928 (19 000 exemplaires vendus), ayant demandé au préalable à Malraux d'en revoir certains passages, puis *La Voie royale* qui reçut le prix Interallié en 1930 (près de 24 000 exemplaires vendus).

Si les réussites se jugent avant tout d'un point de vue commercial, par les chiffres de vente et les prix littéraires, certains livres réalisant des ventes plus faibles ont néanmoins constitué des succès. En effet, dans certains cas l'accueil de la critique et les débats auxquels ils donnent lieu compensent la faiblesse des ventes et contribuent à la réputation de l'auteur, de la collection et de l'éditeur. Ainsi certains thèmes au goût du jour furent à l'origine de nombreux ouvrages : la crise de la civilisation bourgeoise avait été mise à la mode par les contestations dadaïstes et surréalistes. D. Halévy avait senti les développements que pouvait connaître ce thème et il décida de publier l'essai de René Johannet, *Eloge du bourgeois français* en 1924. L'ouvrage ne se vendit qu'à 12 000 exemplaires mais l'accueil de la critique avait été favorable et d'autres publications chez d'autres éditeurs contribuèrent au renom de ce premier essai, et indirectement, de son éditeur. Bernard Grœthuysen répondit avec son étude sur les *Origines de l'esprit bourgeois*, paru chez Gallimard en 1927, puis Emmanuel Berl en 1929 avec *Mort de la pensée bourgeoise*, paru chez Grasset dans une collection également contrôlée par D. Halévy. La même année, Paul Desjardins organisa une décade à Pontigny consacrée à la bourgeoisie, autour d'Henri de Man[1]. Un autre exemple de succès d'estime fut la publication aux « cahiers verts » de *La Trahison des clercs* de Julien Benda[2] (1867-1956) en 1927. Cet ouvrage avait été rédigé chez les Halévy dans leur maison de Sucy-en-Brie[3], le manuscrit ayant été dactylographié par Louise Halévy. Depuis le début des années 1920, Benda s'y était installé et après l'échec des *Amorandes* en 1921, il avait écrit un essai, *La Croix de roses*, encouragé par Daniel Halévy qui le publia aux « cahiers verts » en 1923. D. Halévy l'incita ensuite dans son projet d'écrire un essai sur les intellectuels et l'intellectualisme. En moins de deux ans, *La Trahi-*

---

1. Cf. François Chaubet, *Paul Desjardins et les décades de Pontigny, op. cit.*, pp. 393-409.
2. Cf. Pierre Chambat, *Julien Benda (1867-1956)*, thèse de doctorat ès sciences politiques, Paris-I, 1976, 4 volumes, 1043-CLXII p.
3. Cf. Julien Benda, *Un régulier dans le siècle*, Paris, Gallimard, 1989, [1re éd. : Gallimard, 1938], p. 258 et les témoignages de Louis Guilloux, *Carnets 1921-1944*, Paris, Gallimard, 1978, p. 214 et de Catherine Pozzi, *Journal 1913-1934*, Paris, Seghers, « Pour mémoire », 1987, p. 425.

son des clercs se vendit à près de 19 000 exemplaires, chiffre élevé à l'époque pour un essai, mais faible eu égard à l'accueil qu'il reçut de la critique. Loué ou attaqué, l'ouvrage eut un écho considérable entre la fin de l'année 1927 et le début de l'année 1928, imposant définitivement Benda comme essayiste. D. Halévy en fit lui-même la critique dans la *Revue de Genève*[1] et proposa à Maurras de rééditer *L'Avenir de l'intelligence* aux « cahiers verts » avec une préface inédite qui répondrait à l'essai de Benda. Un débat sur la *Trahison...* fut organisé au début de l'année 1928 à l'Union pour la vérité et en mars à l'Ecole normale supérieure[2]. Cet ouvrage contribua sans aucun doute à la renommée de la collection.

Mis à part ces succès variés, le directeur de collection se heurta aussi à des échecs. Il sollicita Claudel en 1925 par l'entremise de Gabriel Marcel. Mais Claudel, lié par son traité avec Gallimard, ne put donner suite à la proposition de D. Halévy qui avait régulièrement loué son œuvre[3]. Il avait également sollicité Romain Rolland mais celui-ci, proche désormais d'*Europe*, avait décliné la proposition de paraître dans les « cahiers verts » qu'il appelait « *les Cahiers de la Contre-révolution*[4] ». Bergson à qui D. Halévy s'était adressé à diverses reprises avait donné des réponses dilatoires. En 1921, D. Halévy avait reçu un manuscrit, contenant les ébauches de *Sous le soleil de Satan*, de Georges Bernanos (1888-1948) et avait invité celui-ci chez lui. Quelques années plus tard, en 1926, un ami de Bernanos, Robert Valléry-Radot, que D. Halévy avait connu en Alsace à la fin de la guerre, avait adressé au directeur des « cahiers verts » le manuscrit complet de *Sous le soleil de Satan*. Comme l'atteste une lettre de 1930 de Bernanos à Louis Brun, l'auteur souhaitait paraître aux « cahiers verts[5] ». Pour une raison inconnue, l'ouvrage ne parut pas chez Grasset et Maritain l'édita chez Plon dans la collection du « roseau d'or ». Cependant, D. Halévy n'était pas favorable à la publication systématique de jeunes auteurs[6]. Certains d'entre eux se heurtèrent à ses refus. Jean

---

1. Daniel Halévy, « Deux livres sur l'apostasie des peuples : Julien Benda et Jacques Maritain », *Revue de Genève*, décembre 1927, pp. 733-750.
2. Cf. *Bulletin de l'Union pour la vérité*, janvier-février 1928, n° 1, pp. 8-48. Sur le débat de la rue d'Ulm, cf. Catherine Pozzi, *op. cit.*, pp. 424-425.
3. Cf. *Quelques nouveaux maîtres* (1914), *Charles Péguy et les cahiers de la quinzaine* (1918) et des études plus récentes de Daniel Halévy : « France. Deuxième lettre à une amie allemande... », *op. cit.*, pp. 995-1013 ; « France. Claudel à Berlin », *Revue de Genève*, août 1930, pp. 234-250.
4. Archives Grasset, lettre de R. Rolland à B. Grasset, 2 décembre 1924. C'est Rolland qui souligne.
5. Cf. la lettre de Georges Bernanos de mai 1930 à Louis Brun, reproduite dans : Georges Bernanos, *Lettres retrouvées 1904-1948*, Paris, Plon, 1983, p. 191.
6. D. Halévy croyait pourtant à la réalité des générations littéraires, cf. ses interven-

Bernier (1894-1975)[1], romancier, membre du comité directeur du groupe « Clarté », était un ami de Drieu La Rochelle. D. Halévy avait connu les deux hommes à la même époque. Il avait lu « Etat civil » de Drieu publié dans les *Ecrits nouveaux* en novembre 1921 et *La Percée*, le premier roman de Bernier, paru l'année précédente. Celui-ci, sollicité par D. Halévy lui avait adressé *Tête de mêlée*. D. Halévy fondait sur Bernier de grands espoirs mais après avoir essayé en vain de reprendre entièrement le manuscrit, il dut le repousser. *Tête de mêlée* fut publié par Clarté en 1924. Grasset qui avait reçu le manuscrit du premier roman de Raymond Radiguet (1903-1923), *Le Diable au corps*, souhaitait l'éditer aux « cahiers verts ». D. Halévy fut scandalisé par ce texte[2] et refusa de le publier. Ce rejet, célèbre à l'époque, relaté par de nombreuses personnes[3], contraignit Grasset à le publier en édition ordinaire. L'année suivante, un nouveau refus relatif à la publication du *Bal du comte d'Orgel*, fut la source d'un grief durable de Grasset contre Halévy[4].

Indépendamment du succès de la collection et de la réputation que D. Halévy en tirait dans le monde des lettres, les « cahiers verts » contribuèrent à accroître le fonds de littérature de la maison Grasset. Ainsi à la plus grande satisfaction de Bernard Grasset, un nombre important d'auteurs publiés dans la collection signèrent des contrats les liant à l'éditeur de la rue des Saints-Pères. De ce seul point de vue, D. Halévy remplissait pleinement le contrat signé en 1923. L'éditeur bénéficiait du souhait de jeunes auteurs de recevoir des revenus fixes et il se trouvait face à des écrivains qui n'avaient pas encore un souci trop marqué de leur indépendance. Ainsi en 1922, Mauriac cédait toute sa production pour les dix années à venir et la même année Montherlant acceptait de signer un contrat réservant ses trois prochains romans à Grasset[5]. En 1924, André Maurois signait un contrat réservant à

---

tions dans le *Bulletin de l'Union pour la vérité*, avril-mai 1937, n° 7-8, pp. 333-336, à l'occasion d'un débat sur l'*Histoire de la littérature* de Thibaudet.

1. Cf. Francis Marmande, « La passe de Jean Bernier », dans Anne Roche et Christian Tarting (dir.), *Des années trente : groupes et ruptures*, Paris, éditions du CNRS, 1985, pp. 165-173 et Nicole Racine, « Une revue d'intellectuels communistes dans les années vingt : Clarté (1921-1928) », *Revue française de science politique*, juin 1967, pp. 484-519.

2. L'abbé Mugnier rapporte un propos de Cocteau : « Daniel Halévy ayant lu son livre a dit : "C'est le livre d'un gredin". Il ne le publiera pas » (Abbé Mugnier, *Journal (1879-1939)*, Paris, Mercure de France, 1985, p. 389).

3. Cf. notamment Henry Muller, *Trois pas en arrière*, Paris, La Table Ronde, 1952, p. 24 ; Henri Massis, *Au long d'une vie*, Paris, Plon, 1967, p. 249 et Maurice Martin du Gard, *Les Mémorables (1924-1930)*, Paris, Flammarion, 1957, t. I, p. 295.

4. Cf. Bernard Grasset, « Confidences sur *Maria Chapdelaine* », *L'Intransigeant*, 26 août 1934, p. 1.

5. Toutes les indications qui suivent sont tirées des contrats de ces auteurs figurant dans les archives Grasset.

l'éditeur toute sa production pendant sept ans. Marthe Bibesco céda la même année l'ensemble de sa production à venir dans les dix ans. L'année suivante, André Malraux signa un contrat pour ses trois prochains écrits et André Chamson pour tous les ouvrages à paraître dans les six années. En 1929, Louis Guilloux, dont D. Halévy était sur le point de publier *Le Dossier confidentiel*, cédait ses cinq prochains écrits. La renommée de la collection était telle que certains auteurs souhaitaient paraître exclusivement aux « cahiers verts » : tels Thibaudet, pour son *Paul Valéry* ou encore Anna de Noailles pour *Exactitudes*[1]. Bernanos avait également fait part de son souhait de voir *Sous le soleil de Satan* paraître aux « cahiers verts[2] ». Elie Faure qui voulait paraître dans la collection verte reprit son manuscrit lorsqu'il apprit que D. Halévy n'envisageait une publication qu'en édition ordinaire.

Les collections n'eurent pas toutes la même importance au sein du dispositif éditorial mis en place par Grasset. Certaines séries ont été purement circonstancielles comme les « 4 M » destinées à diffuser l'idée d'un phénomène littéraire de génération entre Mauriac, Montherlant, Maurois et Morand (elle ne compta en fait que deux volumes) ou « Les grandes heures », créées après le 6 février 1934. Celles-ci n'ont été en fin de compte que de simples habillages de couverture. Sur les vingt-deux collections créées dans l'entre-deux-guerres, quelques-unes seulement aux côtés des « cahiers verts », telles « Le Roman », « Pour mon plaisir » ou « Les écrits » reposaient sur un projet éditorial réel, confié à un directeur de collection particulier.

---

1. Malgré l'insistance de la poétesse et de Grasset, l'ouvrage parut en collection ordinaire.
2. Lettre de Georges Bernanos à Louis Brun, mai 1930, reproduite dans : Georges Bernanos, *Lettres retrouvées 1904-1948*, Paris, Plon, 1983, p. 191.

CHAPITRE XIV

Une influence littéraire

Le succès d'une collection rassemblant dans la durée de nombreux auteurs et une grande diversité de genres littéraires tient à la capacité que possède son directeur d'anticiper sur la vogue, voire de la créer, comme le souhaitait Grasset. Cela supposait de la part de Daniel Halévy, à la fois une connaissance sans cesse renouvelée de l'actualité littéraire et la mobilisation de réseaux permettant de drainer des auteurs. L'influence littéraire acquise par D. Halévy transparaît nettement dans sa correspondance, son *Journal* et les chroniques littéraires de l'époque. Ces documents montrent aussi l'utilisation originale que Daniel Halévy a fait de son salon, le mettant – comme sa critique littéraire – au service de son métier de directeur de collection.

Le salon du quai de l'Horloge

Dans « Considérations », texte ouvrant le premier numéro de la *Nouvelle Revue Française*, Jean Schlumberger distinguait les « camaraderies » littéraires qui se fondent sur des « problèmes » de circonstance, des « amitiés littéraires » qui naissent à l'occasion de discussions sur les « problèmes vitaux [1] ». A côté des revues, un des lieux principaux de ces types d'échange était le salon. D'après le témoignage de ceux qui le fréquentèrent après la Grande Guerre, le salon de Daniel Halévy fut un lieu où les discussions favorisaient plutôt la naissance d'amitiés littéraires. En effet, durant près de vingt ans, D. Halévy tint chez lui un salon au 39, quai de l'Horloge, dans un immeuble du XVIIIe siècle ayant

---

1. Jean Schlumberger, « Considérations », *Nouvelle Revue Française*, n° 1, février 1909, pp. 5-6.

appartenu à la famille Breguet, donnant à la fois sur la Seine et sur la place Dauphine. Ayant fréquenté les salons dès son adolescence, il connaissait les usages nécessaires au bon fonctionnement de telles réunions. La première règle à laquelle D. Halévy se conforma fut celle d'un choix rigoureux parmi les invités. En 1959, il écrivait ainsi : « [...] Mme Duclaux n'a jamais pu avoir un salon agréable : pour avoir un tel salon, il faut de la sévérité dans le choix[1] ». A l'exemple du salon paternel, de celui de sa tante Straus, le salon du quai de l'Horloge associait souvent les proches, amis et familiers, aux écrivains invités. D. Halévy conviait ses hôtes le samedi pour le thé. Il était assez célèbre pour qu'Albert Thibaudet évoque en 1931 dans les pages de la *NRF*, le « samedi de Daniel Halévy[2] ». Comme le montre nettement le *Journal*, c'est durant les années 1920 qu'il fut le plus brillant, dominé par des écrivains. Alors qu'il était tenu moins régulièrement dans les années 1930, la place des écrivains déclina semble-t-il assez nettement, conséquence de l'arrêt de la collection des « cahiers verts ».

Différents types d'invités se retrouvaient le samedi au quai. Mis à part les amis et familiers, Fernand Gregh, Jacques-Emile Blanche, Jean-Louis Vaudoyer, Marcel Guérin, Robert Dreyfus, André Spire, Georges et Robert de Traz ainsi que Catherine Pozzi, deux types d'écrivains étaient conviés : ceux qui étaient publiés aux « cahiers verts » et ceux qui souhaitaient faire leur entrée dans la collection. Un relevé systématique des noms effectué dans le *Journal* à cette période permet de préciser la physionomie du salon. Incontestablement, les auteurs des « cahiers verts » étaient de loin les plus nombreux et venaient le plus fréquemment. Le salon servait ainsi très largement au recrutement de futurs auteurs et permettait à Daniel Halévy d'entretenir des relations régulières avec eux. On relève ainsi parmi les écrivains publiés les noms d'Albert Thibaudet, Julien Benda – invité très régulier –, François Mauriac, Henry de Montherlant, André Thérive, Drieu La Rochelle, Jacques Bainville, René Johannet, Lucien Romier, André Maurois, Edouard Estaunié, Pierre Dominique, Pierre Champion, Emmanuel Berl, Anna de Noailles, Joseph Delteil, Louis Guilloux, Pierre-Jean Jouve, Abel Bonnard, Jean Guéhenno, André Chamson, André Malraux, Jean Giraudoux et Gabriel Marcel. D'autres écrivains, dont certains sollicités en vain pour la collection, se rendaient aussi « au quai » : André Suarès, Jean Variot, les Tharaud, Jean Baruzi, Philippe Soupault, Julien Green, Bernard Grœthuysen, André Germain, Edmond Jaloux,

---

1. Daniel Halévy, *Mary Duclaux et Maurice Barrès. Lettres échangées. Précédé de Les Trois Mary par Daniel Halévy*, Paris, Grasset, 1959, p. 62, n. 1.
2. Albert Thibaudet, « D'Alexis de Tocqueville à Daniel Halévy », *NRF*, 1er août 1931, p. 319.

Georges Guy-Grand, René Guénon, Henri Massis, André Siegfried, André Chaumeix, Henri de Régnier, Charles Du Bos, Robert Garric, Henri Gouhier, Henri Moysset. Quelques invités étrangers de passage se mêlaient aux Français : le critique catalan Eugenio d'Ors, l'Espagnol Ramon Gomez de La Serna mais surtout une majorité d'Italiens dont Gaetano Salvemini, Leo Ferrero (fils de l'historien Guglielmo), Curzio Malaparte, Giuseppe Prezzolini. Ces intellectuels italiens fuyant le fascisme faisaient d'ailleurs de plus ou moins longs séjours chez les Halévy, soit à Sucy, soit au quai. Les Anglais étaient nettement moins nombreux, D.H. Lawrence que Mauriac se souvint d'avoir rencontré au quai[1], George Moore, vieil ami de Ludovic Halévy et de Degas, et Mary Duclaux, invitée régulière des réunions du samedi. Dans cette assemblée littéraire, quelques figures faisaient exception comme le colonel de Gaulle[2] qui rencontra au quai Curzio Malaparte[3] et Denis de Rougemont[4].

Lucie Mazauric, attachée au cabinet des dessins du musée du Louvre, ancienne chartiste, comme son mari André Chamson, a décrit l'atmosphère des réunions chez D. Halévy : « Une belle lumière fine, tamisée par les feuillages des grands arbres du quai y faisait régner une atmosphère douce, et comme assourdie, favorable à l'attention et à la discussion de bon ton[5] ». Le salon était presque exclusivement masculin : « Les épouses étaient conviées, mais il valait mieux qu'elles se taisent[6] », ajoute-t-elle. Présente, l'épouse de D. Halévy servait le thé et prenait rarement la parole. D. Halévy lui-même était fort discret, se contentant de donner la parole, parfois d'infléchir la discussion, toujours de valoriser ses invités : « Il aimait la conversation, les échanges littéraires de qualité. Il veillait à ce que les réunions du samedi ne soient

---

1. François Mauriac, *Le Nouveau Bloc-notes 1961-1964*, Paris, Flammarion, 1968, p. 70.
2. Daniel Halévy avait fait la connaissance du colonel de Gaulle, très probablement par Emile Mayer, beau-père de Paul Grunebaum-Ballin (cf. Henri Lerner et Jacques Schapira, *Emile Mayer. Un prophète bâillonné*, Paris, éditions Michalon, 1995, 307 p.). D. Halévy consacra un article très élogieux à *Vers l'armée de métier* : « Un livre sur l'armée de métier », *Revue des Deux Mondes*, 1er octobre 1934, t. 5, pp. 698-709. D. Halévy fit également paraître un article sur de Gaulle en Argentine : « Un escritor soldado », *La Nacion*, 4 novembre 1934. Cf. les lettres de de Gaulle à D. Halévy dans les années 1930 : *Lettres, notes et carnets. Compléments 1924-1970*, Paris, Plon, 1997, p. 17, 24-25 ; *Lettres, notes et carnets. Mai 1969-Novembre 1970. Compléments de 1908 à 1968*, Paris, Plon, 1988, p. 258, 261-262, 273 ; *Lettres, notes et carnets. Janvier 1961-Décembre 1963*, Paris, Plon, 1986, p. 202.
3. Cf. Curzio Malaparte, *Kaputt*, Paris, Denoël, 1958, pp. 140-141.
4. Cf. Denis de Rougemont, *Journal d'une époque*, Paris, Gallimard, 1968, p. 365.
5. Lucie Mazauric, *Avec André Chamson. Ah Dieu ! Que la paix est jolie*, Paris, Plon, 1972, p. 72.
6. *Ibid.*, p. 78.

pas de simples parlotes et ne se déroulent pas dans le désordre. Quand il voyait les discussions s'embourber, il appelait à la rescousse les souvenirs de jeunesse [...]. Mais, plutôt que de se raconter, il aimait interroger ses hôtes et tirer de chacun ce qui le définissait le plus précisément, ce qui lui donnait son style[1]. » Deux caractéristiques dominantes, relatées par les invités et par les observateurs contemporains, marquaient le salon et lui donnaient sa physionomie particulière. D'une part, D. Halévy réunissait des personnalités de tendances politiques souvent opposées, d'autre part, il mêlait les générations. Ainsi, Christian Sénéchal évoquait en 1931 ce « [...] lieu de rendez-vous que son salon constitue pour les idées de l'extrême gauche à l'extrême droite – un salon qui est un "champ-clos" comme l'âme même de celui qui l'anime[2] ! » Le *Charivari* commentait dans le même esprit : « Il habite un charmant hôtel, quai de l'Horloge, où l'on trouve les représentants de tous les horizons littéraires réunis en bonne intelligence, sous l'œil libéral et pénétrant du maître de maison. Devant les belles eaux de la Seine qu'on aperçoit des fenêtres du salon, M. Guéhenno et M. Gabriel Marcel se rencontrent sans acrimonie et les plus violents polémistes s'abordent avec un sourire[3]. » Daniel Halévy réalisait ainsi le rêve des salonnières du siècle précédent qui était de constituer chez elles un terrain neutre et d'y accueillir des personnalités opposées. Le Suisse Robert de Traz voyait dans la conciliation des contraires, une caractéristique propre à D. Halévy : « Dans son salon [...] M. Halévy se plaît à rassembler des hommes qui, ailleurs, sont divisés [...]. Il y a là des écrivains d'extrême gauche et des écrivains d'extrême droite, des philosophes et des savants, peut-être un ou deux sceptiques[4]. » Certains jeunes écrivains, comme André Thérive, appréciaient une occasion rare de rencontres variées : « Sauf erreur nous rencontrions là tour à tour le vieux George Moore et le jeune Malaparte, Gomez de La Serna et E.R. Curtius ; mais la diversité française s'y harmonisait aussi, car à un Julien Benda y succédait un Jean Guitton, ou Pierre Hamp à Jean de Pange, ou Drieu de [*sic*] La Rochelle à Robert Dreyfus. Le réconciliateur dont on parlera toujours, dont on ne dira jamais les mérites, ç'aura été Daniel Halévy[5]. » Mais cette attitude fut parfois critiquée par

---

1. *Ibid.*, p. 77.
2. Christian Sénéchal, « Daniel Halévy, témoin de son temps », dans *Chronique des lettres françaises. Die Neueren Sprachen*, 1931, p. 604.
3. Sygne, « M. Daniel Halévy », *Le Charivari*, 15 octobre 1932.
4. Tz [Robert de Traz], « Daniel Halévy », *Journal de Genève*, 2 mars 1937, n° 60, p. 1.
5. André Thérive, « Adieu à Daniel Halévy », *Revue des deux Mondes*, 1er mars 1962, p. 94. Thérive commet une erreur : Jean Guitton ne fréquenta le salon qu'après la Deuxième Guerre mondiale. Par ailleurs, la présence de Curtius paraît peu certaine.

d'autres écrivains, tel Benjamin Crémieux, dénonçant derrière des apparences libérales un lieu de haute bourgeoisie snob[1]. De même Benda, en 1935, au plus fort de sa querelle avec Daniel Halévy, écrivit une note de lecture acerbe dans la *NRF* faisant allusion de façon voilée à Halévy et Guéhenno : « On voit toujours de grands bourgeois accueillir avec bienveillance certains révolutionnaires (on les choisit de préférence peu dangereux) et faire croire – croire à eux-mêmes – à leur libéralisme[2]. »

Par ailleurs, la liste des invités montre à l'évidence le souhait de D. Halévy de favoriser la rencontre d'écrivains de générations différentes. Malraux se souvenait ainsi du rayonnement de Drieu La Rochelle parmi ses aînés : « Je l'ai vu au salon de Daniel Halévy, au milieu d'écrivains "posés", "arrivés", alors qu'il était, relativement, très jeune, eh bien, c'est lui qui dominait le groupe[3] ». Les réunions donnaient l'occasion aux jeunes écrivains de s'opposer à leurs devanciers. Guéhenno, en compagnie de Guilloux, Chamson, Grenier, se piquait parfois au jeu : « Nous nous amusions parfois à tenir devant les vieilles gloires des propos épouvantables[4]. » Il y avait parfois un peu de coquetterie de la part de D. Halévy à provoquer des rencontres incongrues : ainsi en février 1928, D. Halévy mit la comtesse de Noailles en présence de Louis Guilloux, André Chamson, Lucie Mazauric, Jean Guéhenno et Robert Garric. Les invités en conservèrent un souvenir mitigé[5]. « Antichambre des *Cahiers verts*[6] », selon l'épouse d'André Chamson, le salon de D. Halévy, constituait pour certains écrivains un examen de passage littéraire. Robert Garric, normalien, critique à la *Revue des jeunes*, a évoqué les « [...] soirées où les "Cahiers verts" s'élaboraient lentement[7] ». Malgré la spontanéité apparente des échanges, certains invités préparaient leurs interventions. Catherine Pozzi analysait ainsi la conversation de Malraux : « L'on m'assied devant lui, et d'un regard de biais s'assurant que j'écoute, il poursuit un parallèle de haute culture entre Bonnard et Chamfort. Il avait préparé Chamfort,

---

1. Benjamin Crémieux, « Notes. Mort de la pensée bourgeoise », *NRF*, 1er août 1930, p. 113.
2. Julien Benda, « Regards sur le monde passé », *NRF*, 1er septembre 1935, n° 264, p. 422.
3. Frederic J. Grover, *Six entretiens avec André Malraux sur les écrivains de son temps (1959-1975)*, Paris, Gallimard, « Idées », 1978, p. 28.
4. Jean Guéhenno, *La Foi difficile*, Paris, Bernard Grasset, « Les Cahiers verts », 1957, p. 93.
5. Cf. Louis Guilloux, *Carnets 1944-1974*, Paris, Gallimard, 1982, p. 211 ; Lucie Mazauric, *op. cit.*, p. 79 ; Robert Garric dans Michel Manoll, *Entretiens avec Robert Garric*, Paris, éditions de l'Epargne, 1970, pp. 78-79.
6. Lucie Mazauric, *op. cit.*, p. 80.
7. Robert Garric dans Michel Manoll, *op. cit.*, pp. 78-79.

c'est certain. Le salon, c'est un bachot, mais les intéressés y choisissent d'avance leurs topos intéressants[1] ».

Il reste que ce salon constitua une exception à son époque, non par l'atmosphère et le fonctionnement, mais par l'utilisation que D. Halévy en fit, au bénéfice de sa collection des « cahiers verts ». Le quai de l'Horloge demeurait un lieu attirant voire fascinant pour beaucoup, à l'image des souvenirs de Jean Guéhenno, probablement l'un des écrivains qui devait le plus à Daniel Halévy : « Mais la vieille maison sombre, au bord de la vieille Seine, devant le rideau des peupliers frémissants, me semblait la culture même. [...] J'y retrouvais tous mes problèmes. Elle m'était comme un symbole de tout ce que nous avions à détruire... ou à sauver[2]. »

La critique littéraire

La critique littéraire était un autre puissant relais d'influence pour le directeur de collection. Avant la guerre, il avait rédigé des articles, des notes de lecture concernant des parutions contemporaines dans les *Pages Libres*. Les ouvrages lus et analysés dans le bulletin bibliographique avaient toutefois la particularité d'être liés à la dimension sociale et éducative de la revue. Daniel Halévy, ainsi contraint, retenait sa plume et les rares œuvres proprement littéraires qu'il mentionnait étaient celles des *Cahiers de la Quinzaine*. Après la disparition des *Pages Libres* en 1909, la critique littéraire régulière de D. Halévy s'interrompit. Il n'y était revenu qu'en 1914 avec *Quelques nouveaux maîtres*, ouvrage de critique qui avait été occulté par le déclenchement de la guerre.

Une polémique littéraire qui opposa Proust – prix Goncourt 1919 pour *A l'ombre des jeunes filles en fleurs* – à Albert Thibaudet et Daniel Halévy en 1919-1920 donna l'occasion à celui-ci d'opérer un retour remarqué dans le domaine de la critique. Il est d'ailleurs probable que cet affrontement a joué un rôle important dans la décision de Grasset de confier une collection à Halévy. Il y eut, à l'origine de ce débat deux articles, l'un publié par Daniel Halévy en octobre 1919 à l'occasion du cinquantenaire de la mort de Sainte-Beuve[3], l'autre par Albert Thibau-

---

1. Catherine Pozzi, *Journal 1913-1934*, Paris, Seghers, « Pour mémoire », 1987, p. 525.
2. Jean Guéhenno, *La Foi difficile*, Paris, Bernard Grasset, « Les Cahiers verts », 1957, pp. 94-95.
3. Daniel Halévy, « La Mémoire de Sainte-Beuve 13 octobre 1869-13 octobre 1919 », *Journal des Débats*, 13 octobre 1919, p. 1.

det le mois suivant, qui portait sur Flaubert[1]. D. Halévy, dans l'article paru en première page des *Débats*, faisait un éloge très appuyé du talent de critique de Sainte-Beuve. Quant à Thibaudet, répondant à Louis de Robert et Paul Souday, il défendait le style de Flaubert, relevant toutefois les fautes de français de l'écrivain. Proust, dans une étude parue en janvier 1920 dans la *NRF*[2] répliquait sur un ton extrêmement critique à Halévy et Thibaudet. Malgré le ton amical et les compliments d'usage sur les articles des deux hommes, Proust affirmait que leurs propos étaient la démonstration du fait que « [...] nous ne savons plus lire [...][3] ». Pareil jugement revenait à mettre en cause leur capacité d'appréciation. Proust se livrait à une défense très argumentée du style de Flaubert et attaquait Sainte-Beuve en trois pages féroces[4]. Thibaudet en lui répondant[5] campait sur ses positions à l'égard de Flaubert et, dans une deuxième réponse[6], déplaçait le débat en affirmant que le rôle de la critique n'était pas, comme le prétendait Proust, de se limiter exclusivement à l'appréciation des œuvres contemporaines. De ce point de vue, il se déclarait solidaire de l'avis formulé par D. Halévy dans la *Minerve française* : en effet dans sa réponse à Proust[7], D. Halévy défendait Sainte-Beuve et se déclarait en accord avec ce dernier lorsqu'il affirmait que le rôle du critique littéraire n'était pas de promouvoir systématiquement la littérature nouvelle. Thibaudet et Halévy étaient ainsi tous deux d'accord pour reconnaître au critique une liberté de jugement aussi bien à l'égard des œuvres contemporaines que de la littérature passée. Face à Proust qui avait clairement subordonné le critique littéraire, homme aux jugements fragiles, à l'écrivain-créateur, tous deux défendaient très nettement le statut et le prestige du premier par rapport au second. La polémique ne s'acheva pas ainsi et tourna presque à la querelle personnelle, Proust multipliant les occasions, lors de notes de lecture sur Paul Morand, Baudelaire et les frères Goncourt[8],

---

1. Albert Thibaudet, « Réflexions sur la littérature. Le style de Flaubert », *NRF*, novembre 1919, pp. 942-953.
2. Marcel Proust, « A propos du "style" de Flaubert », *NRF*, janvier 1920, n° 76, pp. 72-90.
3. *Ibid.*, p. 85.
4. *Ibid.*, pp. 85-87.
5. Albert Thibaudet, « Réflexions sur la littérature. Lettre à M. Marcel Proust », *NRF*, 1920, vol. LXXVIII, pp. 426-437.
6. Albert Thibaudet, « Réflexions sur la littérature. Le roman de la destinée », *NRF*, 1920, vol. LXXVIII, pp. 567-576.
7. Daniel Halévy, « Sur la critique de Sainte-Beuve », *La Minerve française*, 1er février 1920, n° 17, pp. 291-296.
8. Marcel Proust, « Pour un ami (Remarques sur le style) », *Revue de Paris*, 15 novembre 1920, pp. 270-280 ; « A propos de Baudelaire », *NRF*, 1921, t. XVI, pp. 641-663 ; « Le Centenaire d'Edmond de Goncourt. Les Goncourt devant leurs cadets », *Le Gaulois*, 27 mai 1922, p. 4.

d'éreinter durement Sainte-Beuve et Daniel Halévy. Ni ce dernier, ni Thibaudet ne répondirent.

Pendant dix ans, D. Halévy collabora à la *Revue de Genève* de Jacques Chenevière et Robert de Traz[1]. Daniel Halévy avait connu Robert de Traz (1884-1951) qui devint un de ses amis dans l'entre-deux-guerres, par l'intermédiaire de Jean-Louis Vaudoyer, ancien condisciple au lycée Carnot du directeur de la revue suisse. Romancier, collaborateur des *Essais*, Robert de Traz, s'était installé en Suisse en 1906 où il avait été l'un des fondateurs de la Nouvelle société helvétique. D. Halévy publia aux « cahiers verts » *Dépaysements*, l'un de ses essais sur l'Europe, puis *L'Esprit de Genève* en 1929 dans la collection de Guéhenno, « Les écrits ». Selon Jean-Pierre Meylan, l'historien de la *Revue de Genève*, Robert de Traz, qui s'était vivement opposé à Romain Rolland pendant la guerre, croyait pour cette revue à l'intérêt des échanges culturels internationaux sur la base des cultures nationales : « Robert de Traz croyait que la coopération intellectuelle n'était possible qu'à partir des nationalités et de leur patrimoine spirituel et il rejetait l'égalitarisme révolutionnaire[2]. » « Portée par l'esprit de la Société des Nations, la *Revue de Genève* s'est constituée, au lendemain du Traité de Versailles, à la fois en revue littéraire et en tribune des débats internationaux, devenant ainsi le plus original des intermédiaires cosmopolites que la Suisse, pays qui se pique de son rôle de médiateur, ait produits[3] ». La revue, qui compta entre 1920 et 1930 près de 600 collaborateurs, avait une influence considérable. Elle bénéficiait d'un réseau mondial de libraires-dépositaires, l'éditeur Payot se chargeant de sa distribution à partir de 1924. A la *Revue de Genève*, D. Halévy retrouvait Albert Thibaudet, professeur de langue et littérature françaises à l'Université de Genève depuis 1924 : celui-ci était un lien très actif entre la *Revue de Genève* et la *NRF*. Par rapport à Edmond Jaloux ou Albert Thibaudet, D. Halévy fut un des collaborateurs français les plus réguliers de la *Revue de Genève*, assumant la responsabilité de la chronique française de 1920 à 1930. Il abordait dans ce cadre une multitude de questions sociales, et politiques mais surtout littéraires. S'il donna également quelques articles de critique à la *Revue Universelle* et à quelques quotidiens nationaux, c'est à la *Revue de Genève* qu'il confia la très grande majorité de ses études littéraires. Avant lui, des critiques éminents avaient écrit dans des publications helvétiques, tel Sainte-Beuve en son temps qui avait collaboré à la *Revue suisse*. D. Halévy

---

1. Cf. Jean-Pierre Meylan, *La Revue de Genève miroir des lettres européennes 1920-1930*, Genève, Librairie Droz, 1969, 524 p.
2. *Ibid.*, p. 455.
3. *Ibid.*, p. 8.

trouvait dans cette collaboration lointaine un lieu où il pouvait s'exprimer librement. De ce point de vue, le quotidien argentin *La Nacion*[1], dans lequel Daniel Halévy écrivit, joua exactement le même rôle dans les années 1930 que la *Revue de Genève* dans la décennie précédente.

Dans l'ensemble, la critique littéraire de Daniel Halévy favorisait des auteurs de la génération d'avant-guerre, distingués par les instances consacrées, ou jaugeait les nouveaux écrivains à l'aune de critères anciens. Indéniablement, D. Halévy se trouvait aux côtés du groupe des critiques qui défendaient le classicisme en littérature[2]. Face à des avant-gardes[3], minoritaires, qui contestaient radicalement la culture bourgeoise, les années d'après-guerre furent marquées par un net retour au classicisme. La caractéristique la plus frappante réside dans le fait qu'aucune étude de D. Halévy n'omet de mentionner Charles Maurras. Quel que soit le sujet de ses chroniques, son nom revenait de façon lancinante, parfois loué, souvent évoqué de façon neutre, mais jamais critiqué. Servant d'outils pour sa critique, les comparaisons de différents auteurs avec Maurras étaient fréquentes et révèlent à cet égard une attitude nouvelle de la part de D. Halévy. Brossant pour le compte de la *Minerve française* un panorama de la littérature entre 1870 et 1920, D. Halévy s'attardait sur le symbolisme qui avait éclairé son adolescence, mais faisait surtout un long éloge de Paul Bourget : « M. Paul Bourget nous permettra-t-il de lui dire que nous ne lisons jamais les pages de critique et d'histoire, de souvenirs aussi, qu'il lui arrive de donner, sans espérer que nous tiendrons un jour entre nos mains les *Souvenirs intellectuels* de l'éminent homme de lettres dont les *Essais de psychologie contemporaine* ont été l'instruction et l'une des lectures solides de notre jeunesse[4] ? » Dans la *Revue de Genève*, la majorité des auteurs régulièrement mentionnés étaient des écrivains ou penseurs proches de la droite intellectuelle : Joachim Gasquet[5] (1871-1921), ami de Maurras, poète provençal d'expression française, directeur de *La Syrinx* ; René Johannet[6] que Daniel Halévy plaçait parmi les « recons-

---

1. Ce quotidien argentin faisait souvent appel à des grandes plumes françaises : Maurras collabora ainsi à *La Nacion* dans l'entre-deux-guerres.
2. Cf. René Wellek, *Une histoire de la critique moderne. La critique française, italienne et espagnole (1900-1950)*, Paris, Corti, 1996, p. 26.
3. Cf. Jean Weisberger (dir.), *Les Avant-gardes littéraires au XXe siècle*, Budapest, Akadémiai Kaido, 1984, 2 volumes, 1216 p.
4. Daniel Halévy, « L'Histoire littéraire. Période contemporaine (1870-1920) », *La Minerve française*, 15 juin 1920, n° 25, p. 775.
5. Daniel Halévy, « France. Hiver et Printemps 1920 », *Revue de Genève*, juillet 1920, pp. 123-130.
6. Daniel Halévy, « France. Notes sur l'esprit public. Post-scriptum pour Vernon Lee », *Revue de Genève*, octobre 1921, n° 16, pp. 542-560.

tructeurs », face à ceux qui faisaient « défection » ; les frères Tharaud « prosateurs classiques[1] » ; Joseph-Henri Rosny (1856-1940)[2] écrivain d'avant-guerre, ou encore Guy de Pourtalès (1881-1941)[3]. Ces études lui valaient des réponses indignées comme celle du *Progrès civique* qui dressait un portrait d'Halévy en représentant des « milieux réactionnaires[4] ». Il consacra également une chronique entière au renouveau de la littérature provinciale, louant à ce propos Henri Pourrat (1887-1959) et Joseph de Pesquidoux (1869-1946). La littérature régionaliste n'était pas pour lui une littérature mineure, mais relevait « [...] d'une littérature forte et vraie, nourrie par des réalités locales[5] ». Henri Massis et Jacques Maritain faisaient l'objet d'appréciations plus nuancées. Ainsi, analysant les *Jugements* d'Henri Massis en 1923, il critiquait l'analyse sévère de l'auteur à l'égard de Renan, France et Barrès – les maîtres de la génération de 1890, celle de D. Halévy. Il trouvait le ton de Massis trop offensif : « Il ne considère pas pour connaître, il observe pour atteindre. Je me sens d'une autre école. [...] C'est pourquoi je lis avec résistance une œuvre dont j'apprécie d'ailleurs la tenue et la grande allure[6]. » A propos d'*Antimoderne*, D. Halévy présentait Maritain en catholique thomiste rigoureux[7], type de pensée à laquelle il se sentait totalement étranger. Ainsi, défendait-il Barrès contre les catholiques romains qui faisaient campagne contre lui en 1922[8]. Un autre aspect de sa critique littéraire avait pour objet de dénoncer le péril révolutionnaire menaçant les arts dans les années 1920. Rompant avec un de ses protecteurs et un vieil ami de la famille, il critiquait ainsi l'engagement d'Anatole France : « Il y a en cet incomparable artiste un manque de caractère intellectuel, devenu un manque de caractère tout

---

1. Daniel Halévy, « France. Einstein et l'Académie des sciences. De l'européanisme. Rabindranath Tagore à Paris. France et Allemagne », *Revue de Genève*, janvier 1922, n° 19, p. 99. Cf. également Daniel Halévy, « Marrakech de Jérôme et Jean Tharaud », *Revue Universelle*, 15 juin 1920, n° 6, pp. 742-746.
2. Daniel Halévy, « France. Hiver... », *op. cit.*, pp. 123-130.
3. Daniel Halévy, « France. Théâtres et tableaux. La bourrasque de Cannes. Economique et politique. Une observation de Joubert », *Revue de Genève*, septembre 1922, n° 27, pp. 361-380.
4. « Sur quelques lignes de la *Revue de Genève*. De l'immoralité civique chez certains réactionnaires », *Le Progrès civique*, 12 novembre 1921, p. 11.
5. Daniel Halévy, « France. De Re Provinciali », *Revue de Genève*, décembre 1926, p. 775.
6. Daniel Halévy, « France. Controverses académiques et scolaires. Les équipes sociales. Les jugements d'Henri Massis », *Revue de Genève*, septembre 1923, n° 39, p. 361.
7. Daniel Halévy, « France. Sur la question religieuse. Contraste des pensées... », *Revue de Genève*, décembre 1922, n° 30, pp. 760-762.
8. *Ibid.*, pp. 764-769.

court qui n'a cessé de le débiliter[1]. » L'ancien collaborateur du *Banquet*, Henri Barbusse, était également malmené : « Voici Barbusse, qui a fondé le groupe "Clarté". Barbusse dès qu'il s'agit de penser, est un débile [...][2]. » Quant au dadaïsme, le jugement était tout aussi sévère : « Je ne vous ai jamais parlé de nos jeunes dadaïstes. Je pense qu'il convenait de se taire sur eux, à moins qu'on ne les examine comme un cas pitoyable[3]. » La nette hostilité à l'égard de l'art révolutionnaire s'exprimait également dans le domaine de la peinture[4]. Ainsi l'une de ses chroniques fut consacrée à une étude du quatrième volume de l'*Histoire de l'art* d'Elie Faure, dans lequel l'auteur avait fait un éloge de l'art moderne ainsi que du rôle grandissant de la représentation de la technique dans l'art pictural. En opposition à Faure, Halévy critiquait le pointillisme ainsi que le cubisme, témoignage d'une « défection » supplémentaire. Il se présentait en classique, en faisant l'éloge des statues antiques, dans une phrase du plus pur classicisme : « Elles nous recommandaient silencieusement l'art des satisfactions infinies, réglées et bienfaisantes[5]. » Il dénonçait dans une autre étude les « extravagances[6] » de la jeune génération des peintres et des musiciens. Seul Picasso, « si doué[7] », échappait à la critique. Comme l'a montré Francis Haskell en étudiant la critique de l'art moderne, les propos de D. Halévy à l'égard de l'art nouveau révélaient les canons de l'art bourgeois[8]. En 1931, dans *Le Figaro* Daniel Halévy rappelait ses souvenirs d'une exposition de 1920 consacrée à une rétrospective de la peinture française. Il y avait constaté avec regret le déclin du portrait et de l'art figuratif. Il exprimait à cette occasion la nostalgie de « [...] ces années du dix-neuvième siècle où l'Europe n'était pas encore dominée par des forces, où elle était occupée par des êtres[9] ».

Révélant des goûts classiques – marqués par les écrivains de sa génération – et hostiles aux formes modernes de l'art, les jugements esthé-

---

1. Daniel Halévy, « France... », *Revue de Genève*, mars 1921, n° 9, p. 423.
2. Daniel Halévy, « France. Notes sur l'esprit public. Post-scriptum pour Vernon Lee », *Revue de Genève*, octobre 1921, n° 16, p. 554.
3. *Ibid.*, p. 556.
4. Sur la pénétration du langage politique dans la critique d'art dès le XIXe siècle, cf. Francis Haskell, « L'art et le langage de la politique », dans *De l'art et du goût. Jadis et naguère*, Paris, Gallimard, 1989, pp. 145-165.
5. Daniel Halévy, « France... », *Revue de Genève*, mars 1921, n° 9, p. 429.
6. Daniel Halévy, « France. Notes sur... », *op. cit.*, p. 556.
7. Daniel Halévy, « France. Théâtres et tableaux. La bourrasque de Cannes. Economique et politique. Une observation de Joubert », *Revue de Genève*, septembre 1922, n° 27, p. 364.
8. Cf. Francis Haskell, « Les ennemis de l'art moderne », dans *De l'art et...*, *op. cit.*, pp. 429-461.
9. Daniel Halévy, « Le déclin du portrait », *Le Figaro*, 10 juillet 1931, n° 191, p. 5.

tiques de Daniel Halévy dans les années 1920 prirent une signification politique assez nette. En 1921, il avait commencé l'une de ses chroniques par un laconique : « Défection partout[1] ». Il analysait « l'esprit public » dont il diagnostiquait un « affaissement ». Trois dominantes lui semblaient caractériser le temps présent : « L'encombrement des problèmes, la pénurie des chefs, l'anémie des pensées : trois symptômes liés, et la vie intellectuelle diminue[2] ». Il transposa ce constat en matière littéraire en 1927, développant le thème de la « littérature de fuite » qui marque une étape importante dans la montée de son pessimisme. Cette notion le faisait passer du jugement littéraire à une analyse à tonalité politique.

« Nos littérateurs abondants ces récentes années, n'ont pas été braves devant l'événement : ils l'ont fui[3] », écrivait-il en 1927. Par le terme « événement », D. Halévy faisait allusion à l'actualité politique et sociale et aux préoccupations auxquelles la communauté nationale se trouvait confrontée. En contrepoint, Halévy évoquait des auteurs auxquels il était attaché, tels Maurras, Barrès et Rolland, mais il constatait : « [...] ces humanités, armées pour les guerres ou les révolutions, ont causé trop d'ennui[4] ». En rupture avec ces écrivains ayant le souci du politique, une littérature nouvelle s'était développée : « Proust, Dostoïevsky, l'abbé Bremond, Léon Chestov, Paul Valéry, autant d'œuvres, autant d'itinéraires de fuite, tous ont été suivis[5] », jugeait-il sévèrement. Cette littérature de divertissement avait, selon lui, provoqué un déclin de l'esprit public. Si ce constat reflétait une forte inquiétude pour le pays, il impliquait également une réelle amertume à l'égard de son propre travail de directeur de collection, car il avait été un des diffuseurs de cette littérature, en publiant Bremond et Chestov notamment. Interrogé après la Deuxième Guerre mondiale, pour l'émission « Tribune de Paris » à propos de Drieu La Rochelle, il persistait dans son diagnostic de l'époque à l'égard d'une « littérature entièrement détachée de la guerre et d'aucun souci national[6] ». La parution de *Primauté du spirituel* de Maritain et de *La Trahison des clercs* de Benda lui donna l'occasion de parfaire son analyse. Dans une longue étude, très argumentée[7], sur ces deux ouvrages, il présentait Benda comme un pur intel-

---

1. Daniel Halévy, « France... », *Revue de Genève*, mars 1921, n° 9, pp. 419-429.
2. Daniel Halévy, « France. Notes sur... », *op. cit.*, p. 556.
3. Daniel Halévy, « France. A la recherche d'une Europe », *Revue de Genève*, juillet 1927, p. 75.
4. *Ibid.*
5. *Ibid.*
6. Intervention de Daniel Halévy dans : INA-Phonothèque, Tribune de Paris, « Drieu témoin et visionnaire », 15 octobre 1952.
7. Daniel Halévy, « Deux livres sur l'apostasie des peuples : Julien Benda et Jacques Maritain », *Revue de Genève*, décembre 1927, pp. 733-750.

lectuel, sans souci du social et rejetant la politique. Aux yeux d'Halévy, Benda comme Maritain incarnaient le même itinéraire de fuite[1]. Pour Halévy, les nécessités de la vie sociale imposaient à l'écrivain et à l'intellectuel, de ne pas fuir l'événement contemporain et les soucis touchant la communauté nationale. Le refus de la thébaïde prônée par Benda était net. C'est pour cette raison que Daniel Halévy, attaché à la responsabilité de l'homme de lettres, avait refusé en 1924 de signer une pétition protestant contre l'exil de Miguel de Unamuno. Le thème de la littérature de fuite fut repris quelques années plus tard par la droite maurrassienne lorsqu'elle entreprit de rechercher les causes du déclin français dans l'après-guerre et fut à nouveau remis à l'honneur après la défaite de 1940 lors de la querelle des « mauvais maîtres[2] ». Le premier à reprendre l'expression fut Jean-Pierre Maxence (1906-1956), un des représentants de la « Jeune droite » des années 1930 : dans son *Histoire de dix ans (1927-1937)* publiée en 1939, la « littérature de fuite » diagnostiquée par D. Halévy était analysée comme le prélude à la crise morale de la décennie 1930[3]. Massis fonda sur ce thème une partie de son essai *Dix ans après. Réflexions sur la littérature d'après-guerre* publié en 1932[4] et Maurras lui-même reprit l'idée à son tour en 1942 dans *De la colère à la justice. Réflexions sur un désastre*. Dans un chapitre intitulé « gens de plume et de corde », il dressait un réquisitoire sans complaisance contre les écrivains français de l'entre-deux-guerres : « Halévy voyait clairement que l'on avait provoqué et encouragé notre littérature à "fuir" *une certaine chose* et, pour mieux la fuir, à la dénigrer [...]. Or, abstention, désaffection, désintéressement, *de quoi*? Tout bonnement, de l'âme de la France, et de toutes les parties de notre âme rendues plus ou moins attentives à la tragédie des destins français[5]. » Henri Massis à nouveau, dans son essai sur Maurras publié en 1951[6], reprenait mot à mot l'expression formulée en 1927 par Daniel Halévy.

A l'époque des débuts littéraires de Daniel Halévy, la critique littéraire était encore peu développée : pour la période 1865-1905, Rémy Ponton a relevé que seulement 4,5 % des 616 écrivains étudiés étaient

---

1. *Ibid.*, p. 742.
2. Cf. Gisèle Sapiro, *La Guerre des écrivains 1940-1953*, Paris, Fayard, 1999, pp. 161-207.
3. Jean-Pierre Maxence, *Histoire de dix ans (1927-1937)*, Paris, Gallimard, 1939, p. 37.
4. Henri Massis, *Dix ans après. Réflexions sur la littérature d'après-guerre*, Desclée de Brouwer, « Cahiers de la Quinzaine », 3e cahier de la 20e série, 1932, 132 p.
5. Charles Maurras, *De la colère à la justice. Réflexions sur un désastre*, Genève, éditions du Milieu du monde, 1942, pp. 178-179. Les italiques sont de Maurras.
6. Henri Massis, *Maurras et notre temps*, Paris-Genève, La Palatine, 1951, t. I, p. 280.

des critiques[1]. Par la suite, les progrès de la démocratisation culturelle et notamment l'accroissement du lectorat expliquent l'augmentation du nombre des médiateurs culturels qu'étaient les critiques. La naissance de l'histoire littéraire à la fin du XIXe siècle avait vu l'apparition d'un nouveau type de critiques formés par l'Université, à l'image de Gustave Lanson (1857-1934). La critique littéraire universitaire qui élabora une méthode et fonda une revue, la *Revue d'histoire littéraire de la France*, relégua au second plan la critique d'auteur dans la tradition de Sainte-Beuve et de Taine, entachée de subjectivité[2]. Cependant celle-ci ne disparut pas et il semble même que le développement de la presse littéraire dans l'entre-deux-guerres lui ait donné un second souffle. La croissance de la production romanesque permit indéniablement un essor nouveau de la critique littéraire en général[3].

La collaboration de Daniel Halévy à la *Revue de Genève* lui permit d'asseoir sa réputation de critique en France. Jean de Pierrefeu, le premier, souligna dans les *Débats* ses « dons de critique remarquables[4] ». Robert Garric qui tenait lui-même la critique littéraire à la *Revue des jeunes*, plaçait Daniel Halévy aux côtés de Massis, Thibaudet, André Chevrillon et Frédéric Lefèvre, parmi les critiques de premier plan[5]. Maurice Rouzaud interrogea Daniel Halévy en 1923, dans le cadre d'une vaste enquête parue dans les *Nouvelles Littéraires* sur l'état de la critique. Halévy distinguait la critique d'auteur du XIXe siècle représentée par Baudelaire, Sainte-Beuve et Fromentin, comme la matrice de la critique contemporaine. Il se déclarait hostile à l'évolution de son temps qui rendait ses confrères sensibles à toutes les nouveautés littéraires, empêchant le jugement critique de s'exercer sereinement[6]. Les ouvrages d'histoire littéraire paraissant dans l'entre-deux-guerres – œuvres écrites le plus souvent par des critiques littéraires – mentionnaient Daniel Halévy parmi les critiques. Ainsi Eugène Montfort en 1925 dans *Vingt-cinq ans de littérature française, 1895-1920*[7]. Louis

---

1. Rémy Ponton, *Le Champ littéraire en France...*, op. cit., p. 99.
2. Cf. Gérard Delfau et Anne Roche, *Histoire littérature. Histoire et interprétation du fait littéraire*, Paris, Seuil, 1977, 314 p. ainsi qu'Antoine Compagnon, *La Troisième République des lettres, de Flaubert à Proust*, Paris, Seuil, 1983, 381 p.
3. Cf. Olivier Rony, *Les Années roman 1919-1939. Anthologie de la critique romanesque dans l'entre-deux-guerres*, Paris, Flammarion, 1997, pp. 13-29.
4. Jean de Pierrefeu, « Daniel Halévy et les Cahiers verts », *Journal des Débats*, 31 août 1921.
5. Robert Garric, « La Critique et les critiques », *Revue des jeunes*, 25 octobre 1924, n° 17, pp. 202-207.
6. Maurice Rouzaud, « Où va la critique ? », *Les Nouvelles Littéraires*, 14 juillet 1923, p. 10.
7. Eugène Montfort (dir.), *Vingt-cinq ans de littérature française, 1895-1920*, Paris, Librairie de France, s.d. [ca 1925], p. 238.

Chaigne parlait de D. Halévy en 1936 dans le chapitre « carte de la critique » de ses *Vies et œuvres d'écrivains*[1]. René Lalou évoquait en 1941 dans l'*Histoire de la littérature française contemporaine (1870 à nos jours)* sa qualité de critique[2]. Certains journalistes littéraires, comme Lucien Christophe, n'hésitaient pas à comparer Daniel Halévy à Sainte-Beuve[3]. Halévy ne refusait pas le qualificatif de « critique » qu'il avait défendu contre Proust ; ainsi il parlait dans l'une de ses correspondances d'un de ses ouvrages, *Courrier de Paris*, comme d'un volume de critique. Il indiqua par la suite dans les notices le présentant dans le *Who's who*, qu'il avait été « critique au *Journal des Débats*[4] ».

La chronique « France » de la *Revue de Genève* avait été l'occasion pour D. Halévy de solliciter, encourager, voire honorer, les auteurs qu'il publiait chez Grasset. Par le biais de la revue il instaurait ainsi un dialogue avec ses auteurs ou ceux qui allaient le devenir. Ainsi Giraudoux, qui publia trois « cahiers verts », fut-il l'objet de sa sollicitude louangeuse[5]. Alors qu'il avait sollicité Barrès et que celui-ci avait donné un accord de principe pour un « cahier », il le relançait par le biais de ses chroniques : « Je considère un chef éminent de la pensée, du sentiment français, Maurice Barrès, et je le vois qui se retire un peu, qui met entre la vie publique et lui quelque distance[6] ». D. Halévy se félicitait de cette évolution, se montrait favorable à une certaine démobilisation de l'intelligence, et déclarait à ce propos attendre de nouvelles œuvres de Barrès. De même, se livrait-il à un long éloge de Maurras[7] : constatant que le chef de l'Action Française avait repris la plume pour retourner à la poésie, Halévy le sollicitait à la même époque pour un « cahier » de poèmes. Ayant démarché Benda dès avant le lancement des « cahiers verts », il n'hésitait pas à le comparer à Paul Valéry et à évoquer « deux esprits supérieurs[8] ». Peut-être Valéry, lui aussi sollicité, ne goûta-t-il pas la comparaison. Dans l'attente des manuscrits d'Alexandre Arnoux, de François Mauriac et d'André Thérive, D. Halévy louait leurs qualités d'écrivain, les encourageait et leur préparait un public[9]. Il en fut de même pour l'abbé Bremond dont l'*Histoire littéraire du sentiment re-*

---

1. Louis Chaigne, *Vies et œuvres d'écrivains*, Paris, F. Lanore, 1936, vol. 1, p. 18.
2. René Lalou, *Histoire de la littérature française contemporaine (1870 à nos jours)*, Paris, PUF, 1941, t. I, p. 322, n. 1.
3. Lucien Christophe, « La république des ducs », *La Gazette de Bruxelles*, 14 mars 1937.
4. Notices des éditions de 1953-1954 et de 1961-1962.
5. Daniel Halévy, « France. Lettre à une amie allemande », *Revue de Genève*, juin 1921, n° 12, pp. 872-889 ; « France. Notes sur... », *op. cit.*, pp. 542-560.
6. *Ibid.*, p. 552.
7. *Ibid.*, pp. 552-553.
8. Daniel Halévy, « France. Lettre à une... », *op. cit.*, p. 878.
9. Daniel Halévy, « France. Notes sur... », *op. cit.*, pp. 542-560.

ligieux en France[1] fut l'objet de compliments en décembre 1922, alors qu'il préparait depuis l'été un « cahier vert », paru seulement en 1926. Parfois, les allusions prenaient des formes plus directes : « M. Jean Bernier, quand nous donnerez-vous cet écrit sur le sport que vous nous avez promis et que nous attendons[2] ? ».

Ne craignant pas d'être juge et partie, il faisait parfois lui-même la critique des ouvrages qu'il avait publiés. Ainsi fit-il lui-même l'éloge du « cahier » de Drieu La Rochelle, *Mesure de la France*[3], comme il fit plus tard la critique de *La Trahison des clercs*[4]. Evoquant Paul Valéry, il mentionnait au passage le « cahier » que Thibaudet lui avait consacré[5]. Dans l'étude évoquant la littérature provinciale, il louait *Beautés de la Provence*, un « cahier » de son beau-frère Vaudoyer[6]. En 1928, il parvint dans une seule étude à faire la critique de trois « cahiers[7] », *Ariel ou la vie de Shelley* de Maurois – soulignant son rôle dans la renaissance de la biographie en France, – les *Poèmes d'enfance* d'Anna de Noailles ainsi que le récent *Siegfried* de Giraudoux.

Le pouvoir éditorial : collections et manuscrits

En dépit de l'autonomie accordée par Grasset à ses directeurs de collection, les rapports étaient souvent délicats, voire tendus, car après la croissance des collections au début des années 1920, l'éditeur ne disposait plus à titre personnel que du contrôle des éditions ordinaires. Malgré les contrats passés avec ses directeurs de collection, Grasset exerçait des pressions sur eux, souvent mal tolérées. Ainsi, Edmond Jaloux démissionna de ses fonctions au début de l'année 1924, se plaignant de ne pas avoir accès aux manuscrits : « Je crois que vous ne savez pas le sens du mot *responsable*, car, moi, vous ne m'avez jamais

---

[1]. Daniel Halévy, « France. Sur la question religieuse... », *Revue de Genève*, décembre 1922, n° 30, pp. 752-759.

[2]. Daniel Halévy, « France. Einstein... », *op. cit.*, p. 101.

[3]. Daniel Halévy, « France. L'influence allemande en France. De Grimm à Renan. L'heure où nous sommes. Deux jeunes écrivains : MM. Drieu La Rochelle et Henry de Montherlant », *Revue de Genève*, avril 1923, n° 34, pp. 508-514. Il avait préparé le terrain, en signalant *Etat civil* un an plus tôt alors qu'il avait déjà sollicité Drieu (cf. Daniel Halévy, « France. Einstein... », *op. cit.*, p. 101).

[4]. Daniel Halévy, « Deux livres sur... », *op. cit.*, pp. 733-750.

[5]. Daniel Halévy, « France. Controverses académiques et scolaires. Les équipes sociales. Les jugements d'Henri Massis », *Revue de Genève*, septembre 1923, n° 39, pp. 338-361.

[6]. Daniel Halévy, « France. De Re Provinciali », *Revue de Genève*, décembre 1926, pp. 774-788.

[7]. Daniel Halévy, « France. Deuxième lettre... », *op. cit.*, pp. 995-1013.

laissé aucune responsabilité et j'ai été constamment entravé et paralysé par vous[1]. » La place éminente prise rue des Saints-Pères par D. Halévy n'était pas étrangère à cette décision : « Quand je suis entré chez vous, j'ai demandé un manuscrit à Ramuz ; aussitôt vous avez voulu avoir sur lui l'avis d'Halévy et celui-ci étant négatif, vous l'avez purement renvoyé[2] », ajoutait-il. Après trois années, la collection « Le roman » disparut. Après le départ de Jaloux, suivi de peu par celui de René Gillouin qui mettait fin à la collection « Politeia », Halévy restait le seul membre de la maison à bénéficier d'une importante légitimité littéraire. Henry Muller qui fut pendant quelques années chargé de la gestion des abonnements aux « cahiers » a rapporté que le choix des manuscrits pour la collection fut l'occasion de « nombreux froissements[3] » entre Grasset et Halévy.

Fort de son autonomie, de sa position d'écrivain et de critique reconnu, Halévy pouvait opposer des refus à Grasset. Halévy traitait avec les auteurs pour l'aspect littéraire de leurs ouvrages, leur demandant de s'adresser directement à Brun ou à Grasset pour mettre au point les modalités de leurs contrats. D'après le témoignage de Charles Du Bos, Halévy ne rencontrait Grasset qu'une fois par semaine[4]. En 1924, il refusa de faire paraître *L'Empire des vieillards*, le testament politique inédit de Robert de Jouvenel, auteur auquel Grasset tenait beaucoup, ayant édité avec succès, en 1914, sa *République des camarades*. Le rejet des deux manuscrits de Radiguet ne favorisa pas l'amélioration de leurs relations. Halévy refusa pendant longtemps de publier *La Réponse du Seigneur* de Châteaubriant qui avait offert en 1911 à Grasset son premier prix Goncourt. Lassé de l'insistance de Grasset, Halévy ne céda qu'au tout dernier moment lorsqu'il quitta la rue des Saints-Pères : il en fit son dernier « cahier vert ». Louis Guilloux a relaté la parution de son *Dossier confidentiel* en 1930[5] : Guéhenno, qui dirigeait depuis 1927 la collection « Les écrits » rue des Saints-Pères, songeait à l'éditer ainsi que Grasset pour sa collection « Pour mon plaisir ». « Je fus extrêmement surpris de voir la colère dont fut pris Daniel Halévy quand il sut les intentions de Grasset[6] », commentait Guilloux. D. Halévy s'était indigné des « *prétentions* de Grasset[7] » et il eut gain de cause. Dans d'autres cas, Grasset l'emportait de haute lutte ou demandait aux au-

---

1. Archives Grasset, lettre de démission d'Edmond Jaloux à B. Grasset, 2 janvier 1924. Souligné par Jaloux.
2. *Ibid.*
3. Henry Muller, *op. cit.*, p. 87.
4. Charles Du Bos, *Journal 1924-1925*, Paris, Editions Corrêa, 1948, p. 290.
5. Cf. Louis Guilloux, *Carnets 1944-1974*, Paris, Gallimard, 1982, p. 190-192.
6. *Ibid.*, p. 190.
7. *Ibid.*, p. 192. C'est Guilloux qui souligne.

teurs eux-mêmes de refuser les « cahiers verts. » Ainsi en 1929, Grasset télégraphia-t-il à Giono : « Trouve votre *Baumugnes* vraiment remarquable. Désirerais publier dans "Pour mon plaisir". Tâchez de vous dégager sans violence des "Cahiers verts"[1] ». *Un de Baumugnes* fut ainsi finalement édité par Grasset. Halévy évoqua avec un art consommé de la litote leurs relations dans la notice nécrologique qu'il consacra à Grasset en 1956 : « Bernard Grasset ne garda pas dans sa maison tous ceux qu'il avait d'abord accueillis. Sa forte personnalité, sa parole éclatante, parfois encombrante, heurtait les personnalités fortes, qui s'écartaient[2]. »

A la fin des années 1920, la réputation de Bernard Grasset dans le monde des lettres était plus celle d'un auteur de « coups » éditoriaux, d'un entrepreneur dynamique que celle d'un homme de goût, image cultivée avec soin par son rival Gaston Gallimard. Cette période avait été marquée pour Grasset par un désir longtemps réfréné d'écriture et de reconnaissance littéraire. En moins de deux ans, il écrivit alors des *Remarques sur l'action* (1928) et *La Chose littéraire* (1929) que Gaston Gallimard lui proposa d'éditer, ainsi qu'un ouvrage plus ambitieux, *Psychologie de l'immortalité* (1929) qui parut rue des Saints-Pères. L'avis d'Halévy sur ce qu'il estimait être une confusion des genres était sévère : « [...] la passion d'écrire grandissait en lui. Il se faisait auteur sans cesser d'être éditeur, et les deux métiers, l'un et l'autre menés avec passion, s'accordent mal[3] ». Ce jugement s'explique par l'évolution des projets de Grasset à cette époque : après avoir ajouté à son métier d'éditeur celui d'écrivain, il souhaitait également prendre la direction d'une collection personnelle. A l'image de Gervais Charpentier, créateur de la « bibliothèque Charpentier », et de Michel Lévy qui avait créé en 1856 une « Collection Michel Lévy, choix des meilleurs ouvrages contemporains[4] », il décida de créer une bibliothèque idéale sous forme d'une collection, la « Bibliothèque Bernard Grasset », dont le premier volume parut en 1927[5]. 76 titres parurent jusqu'en 1942, date de sa suppression. Toutefois, elle était composée à plus de 60 % par des rééditions[6], y compris certains titres parus aux « Cahiers verts ». Aucun

---

1. Reproduit dans la lettre de J. Giono à Lucien Jacques, 5 octobre 1929, dans : *Correspondance Jean Giono-Lucien Jacques*, Paris, Gallimard, « Cahiers Jean Giono n° 1 », 1981, p. 298.
2. Daniel Halévy, « Bernard Grasset », *Larousse mensuel*, janvier 1956, pp. 5-6.
3. *Ibid.*, pp. 5-6.
4. Jean-Yves Mollier, *Michel et Calmann Lévy...*, *op. cit.*, p. 267.
5. Dans le catalogue de 1929, l'annonce en page 2 pour la « Bibliothèque Bernard Grasset » prit la place de celle traditionnellement dévolue aux « Cahiers verts » (B.N., département des imprimés, série Q 10, catalogues de la librairie Bernard Grasset).
6. Comptages effectués d'après les catalogues Grasset.

projet éditorial réel ne caractérisait cette collection. La collection verte demeurait donc à cette époque l'unique collection littéraire rue des Saints-Pères, comme Grasset le reconnaissait lui-même dans *La Chose littéraire* : « Je n'entends pas, bien entendu, par là, condamner en bloc les collections [...]. J'aurais personnellement mauvaise grâce à en médire, puisque le rayonnement de ma maison vient en partie du goût, de la fermeté qu'apporte un Daniel Halévy à la direction des "Cahiers verts"[1]. »

Cependant, Grasset se trouvait toujours confronté à la même difficulté d'imposer ses choix à Halévy. En fait, à l'époque où il écrivait *La Chose littéraire*, l'éditeur était en train de bâtir son nouveau projet de collection littéraire. En avril 1929, *Les Varais* de Jacques Chardonne parut dans la nouvelle collection « Pour mon plaisir » dirigée par Grasset. Réservée aux « écrivains chevronnés et célèbres[2] » d'après Henry Muller, elle compta 77 titres jusqu'à sa disparition en 1938. Tous les ouvrages ainsi publiés étaient des inédits d'auteurs reconnus tels Bernanos, Montherlant, Giono, Morand, Ramuz, Nizan, Suarès... Cette série, de qualité indéniable, se trouva inévitablement en position de concurrence vis-à-vis des « cahiers verts » et amena D. Halévy à protester vivement auprès de Brun et de Grasset. L'éditeur expliqua à Daniel Halévy qu'il devait lui reconnaître la même liberté que lui-même avait accordé aux « cahiers verts ». L'argumentation de Grasset, contraint de se justifier, met en évidence la place éminente occupée par Halévy dans sa maison. Grasset proposa alors un accord amiable à Halévy en lui accordant un droit de priorité de sept manuscrits sur dix textes arrivant rue des Saints-Pères. Face au refus de D. Halévy, Grasset céda et se contenta finalement d'un droit de préemption de deux manuscrits sur dix. A cette condition, D. Halévy accepta de rester rue des Saints-Pères et de relancer l'année suivante une cinquième série. Ce nouvel accord qui consacrait son influence dura quatre ans, jusqu'à ce que D. Halévy, après douze années de collaboration avec Grasset, quittât l'édition pour se consacrer à ses travaux personnels[3].

L'influence de D. Halévy sur les projets éditoriaux de la maison Grasset ne se limita pas à la direction des « cahiers verts ». L'histoire de la collection « Les écrits » dirigée à partir de 1927 par Jean Guéhenno, tient à la fois au désir de Daniel Halévy de réunir de jeunes écrivains autour d'un projet de collection et également au souhait de donner plus

---

1. Bernard Grasset, *La Chose littéraire*, Paris, Gallimard, 1929, p. 176.
2. Henry Muller, *op. cit.*, p. 54.
3. Par la suite, Grasset et Louis Brun firent appel à lui ponctuellement pour requérir son avis sur certains manuscrits.

de place chez Grasset aux essais. Le directeur des « cahiers verts » décida en effet à partir de 1924 d'associer deux groupes, celui des écrivains « vorticistes » et celui des jeunes normaliens qui avaient fondé les équipes sociales. Ayant fait en 1923 la connaissance de Jean Guéhenno pour lequel il s'était pris d'affection, il lui proposa de rejoindre l'équipe qu'il constitua autour de ces deux pôles.

Daniel Halévy avait fait au début des années 1920 la connaissance de Jean Grenier (1898-1971). Celui-ci, natif de Saint-Brieuc, était normalien et agrégé de philosophie. Nommé de 1924 à 1926 à l'Institut français de Naples, il revint en France et après avoir été en 1927 un éphémère secrétaire de Gaston Gallimard, il devint un collaborateur régulier de la *NRF*[1]. Nommé au lycée d'Alger de 1930 à 1938, il eut parmi ses élèves Albert Camus qu'il contribua à faire connaître lors de ses débuts littéraires. Daniel Halévy édita en 1927 un de ses textes, « Interiora rerum » dans le dernier « cahier » de la première série, *Ecrits*, qui regroupait de courts essais de Malraux, Chamson, Henri Petit et Pierre-Jean Jouve. Au début des années 1920, Grenier fréquentait le groupe des « vorticistes », composé de jeunes écrivains socialisants, qui se réunissaient au Procope ou chez Louis Guilloux[2]. Grenier avait fait la connaissance en 1917 de Guilloux (1899-1980)[3], également né à Saint-Brieuc. Celui-ci était le fils d'un cordonnier de la ville, secrétaire de la section socialiste locale. Après des études secondaires interrompues avant le baccalauréat, Guilloux était venu à Paris où il travailla de 1922 à 1926 au service étranger de *L'Intransigeant*. D. Halévy fit sa connaissance, probablement par l'entremise de Jean Grenier et d'André Chamson, vers 1926. Dès lors, Daniel Halévy ne cessa de l'aider. Il confia à Guilloux des traductions anglaises[4], notamment de textes de George Moore, puis publia en 1930 *Dossier confidentiel* aux « cahiers verts ». D. Halévy était intervenu deux ans plus tôt en sa faveur auprès de Paul Valéry afin qu'il obtienne la bourse Blumenthal[5]. Halévy l'associa à ses travaux et édita avec lui en 1929 un volume de *Lettres* commentées de Proudhon, dans la collection de Guéhenno. André Chamson (1900-1983)[6] faisait partie avec Guilloux, Grenier, Henri Petit, Georges Duveau et Jean Claparède du groupe des « vorticistes ». Ces jeunes écri-

---

1. En 1929, nommé au lycée d'Albi, il habitait lors de ses séjours en région parisienne chez les Halévy à Jouy-en-Josas.
2. Cf. Lucie Mazauric, *op. cit.*, pp. 29-38.
3. Cf. Louis Guilloux, *op. cit.*, 414 p.
4. *Ibid.*, p. 39.
5. Les Halévy aidèrent Guilloux lorsqu'il connut de graves problèmes de santé vers 1927-1928, l'emmenant en Savoie puis l'accueillant à Jouy-en-Josas.
6. Cf. Cécile Duret, *André Chamson, un intellectuel dans la cité 1919-1939*, mémoire de D.E.A. d'histoire sous la direction de Michel Winock, I.E.P. de Paris, 1995, 179 p.

vains de gauche, tous d'origine provinciale, rassemblés par l'amitié plus que par la volonté de se constituer en école littéraire, s'étaient ainsi dénommés « avec un mélange d'ironie et de sérieux[1] », réalisant « une sorte de canular[2] » d'après Chamson. Ce dernier était un protestant cévenol qui, après des études à Montpellier, s'était installé à Paris où il avait fait la connaissance de Guilloux et d'Henri Petit. A l'école des Chartes, il rédigea un roman que D. Halévy édita en 1925 : *Roux le bandit* était la première publication d'un des « vorticistes ». Chamson, invité au quai, y fit alors venir ses amis. Le directeur des « cahiers verts » édita deux ans plus tard, son second roman, *Les Hommes de la route*, ainsi qu'un essai, « L'homme contre l'histoire », dans le volume *Ecrits*. Chamson reçut la bourse Blumenthal cette année-là. Les relations de D. Halévy avec ces jeunes écrivains n'étaient pas seulement professionnelles : ils étaient accueillis en famille au quai de l'Horloge et y étaient parfois hébergés. D. Halévy édita également dans le volume *Ecrits* un autre « vorticiste », Henri Petit (1900-1978), d'origine bourguignonne, qui était dans les années 1920 le secrétaire de Gustave Téry à *L'Œuvre*.

Daniel Halévy fit la connaissance de Jean Guéhenno (1890-1978) en 1923. Celui-ci avait consacré une note de lecture assez sévère dans la *Grande revue* au « cahier » de Drieu La Rochelle, *Mesure de la France*[3]. Daniel Halévy lui écrivit alors et une abondante correspondance commença entre les deux hommes. Dès le début, elle eut pour objet un sujet qui leur tenait à cœur, celui de la relation des couches populaires à la culture. Leurs échanges eurent ce sujet pour thème tout au long des années 1920. Guéhenno était breton comme Guilloux et Grenier. Son père avait été cordonnier et compagnon du tour de France. Jean Guéhenno avait dû rapidement quitter l'école, à l'âge de quatorze ans, pour entrer en tant que commis dans une usine de chaussures locale. Il prépara seul le baccalauréat, vint à Paris au lycée Louis-le-Grand et entra à la rue d'Ulm en 1911. Après la guerre faite dans les tranchées, il réussit l'agrégation de lettres et commença à publier ses premiers articles dans la *Grande Revue*. En 1922, il avait envoyé à Grasset un manuscrit, *La Jeunesse morte*, qui fut refusé par

---

1. André Chamson, *op. cit.*, p. 50.
2. *Ibid.*
3. « L'origine de mes rapports avec Daniel Halévy est curieuse. J'avais publié dans *La Grande Revue* un article très défavorable à l'un de ses *Cahiers verts* : *Mesure de la France*, de Drieu La Rochelle. Il le remarqua, demanda à me voir, m'encouragea à travailler, publia mon *Michelet*, m'aida à constituer les "Ecrits", me procura de nouveaux amis (Guilloux, Chamson, Malraux) » (Lettre de J. Guéhenno à Romain Rolland, 18 septembre 1930, reproduite dans : *L'indépendance de l'esprit. Correspondance entre Jean Guéhenno et Romain Rolland 1919-1944*, Paris, Albin Michel, « Cahiers Romain Rolland » n° 23, 1975, p. 128).

l'éditeur[1]. Il connut diverses affectations dans des lycées en province avant d'être nommé dans une classe de seconde à Louis-le-Grand en 1927[2]. Une relation particulière, rapidement amicale, s'établit entre lui et D. Halévy. Lors de sa venue à Paris, il était hébergé par les Halévy. Daniel Halévy l'aida beaucoup, tentant en vain de lui faire attribuer la bourse Blumenthal en 1925, mais surtout l'encourageant dans la rédaction de ses ouvrages, d'abord pour son essai sur Michelet, *L'Evangile éternel*, qui parut aux « cahiers verts » en 1927, puis pour les deux ouvrages suivants, *Caliban parle* (1925), dédié à D. Halévy, et *Conversion à l'humain* (1931), tous deux parus aux « écrits ».

Daniel Halévy avait fait la connaissance de Guéhenno au moment même où il découvrait les fondateurs des équipes sociales. Robert Garric, Henri Gouhier, Jean Dagens et Pierre Deffontaines, tous catholiques, constituaient un groupe bien différent de celui des « vorticistes ». Robert Garric (1896-1967)[3] était né à Aurillac dans une famille apparentée à celle d'Emile Duclaux[4]. Il avait été l'élève de Paul Desjardins au lycée Condorcet puis était entré en 1914 à l'Ecole normale supérieure où il avait connu Guéhenno. Membre du groupe « tala » à la rue d'Ulm, il y avait rencontré Jean Guitton. Catholique fervent, il avait soutenu un diplôme d'études supérieures sur Lacordaire, après une licence de lettres. Mobilisé en 1917 dans l'artillerie, il était revenu du front, persuadé de la nécessité d'agir dans le domaine social. Il fut reçu à l'agrégation de lettres en 1919 mais refusa d'entreprendre une carrière universitaire pour se consacrer aux équipes sociales, créées la même année dans le cadre d'un patronage à Reuilly[5]. Après un court passage à l'ENS comme assistant (1919-1920), il devint pensionnaire de la fondation Thiers (1921-1923) où il entreprit une thèse de doctorat sur Lacordaire tout en devenant professeur dans l'enseignement libre. Il dota les équipes sociales de statuts en 1921 et prit en 1924 avec le père

---

1. Archives Grasset, lettre de Jean Guéhenno à Bernard Grasset, 21 février 1922.
2. Cf. Michel Leymarie, *Jean Guéhenno et l'enseignement : un professeur en République*, mémoire de DEA sous la direction de Michel Winock, IEP de Paris, 1989, 165 p.
3. Cf. « Notice sur la vie et les travaux de Robert Garric par M. Jean Fourastié », reproduit dans *Amitiés Robert Garric*, 1970, cahier n° 4, pp. 53-69 ; « Hommage à Robert Garric », *Revue de la Haute-Auvergne*, janvier-juin 1968, t. 41, 221 p. ; Michel Manoll, *op. cit.*, 111 p. et « Robert Garric et son milieu intellectuel entre les deux guerres », *Vie sociale*, novembre-décembre 1997, n° 6, 116 p.
4. Gabriel Marcel a émis l'hypothèse que ce serait sur le conseil de Mary Duclaux que Garric serait allé voir Daniel Halévy (cf. « Un enfant de lumière », *Revue de la Haute-Auvergne, op. cit.*, p. 11).
5. Pierre Deffontaines, « Le mouvement des équipes sociales de Robert Garric », dans *Mélanges André Latreille*, Lyon, Presses de l'université de Lyon-II, 1972, pp. 225-232.

Barge la direction de la *Revue des jeunes* qui soutint activement le mouvement des équipes sociales. Garric avait formé autour de lui un groupe actif, composé notamment de Jean Dagens, Pierre Deffontaines et Henri Gouhier[1]. Jean Dagens (1896-1974), normalien, avait été comme Garric, pensionnaire à la fondation Thiers. Spécialiste de l'histoire de la spiritualité aux XVIe et XVIIe siècles et notamment du cardinal de Bérulle, il enseigna à partir de 1923 à l'Université d'Utrecht. Pierre Deffontaines (1894-1978), agrégé d'histoire, habitait avec Garric le quartier de Belleville où tous deux s'étaient installés afin de parfaire leur découverte du monde ouvrier. Deffontaines se tourna assez tôt vers la géographie qu'il enseigna à l'Institut de géographie des facultés catholiques de Lille. Henri Gouhier (1898-1994), d'origine auxerroise, agrégé de philosophie, pensionnaire de la fondation Thiers en 1923, était membre du comité de rédaction de la *Revue des jeunes* où il avait en charge la critique littéraire et dramatique. Il connaissait D. Halévy depuis 1922. Après sa thèse de doctorat, soutenue en 1926, il devint professeur à la faculté des lettres de Lille. Ces jeunes gens qui venaient de fonder un mouvement d'éducation populaire d'inspiration catholique avaient rencontré en 1922 le maréchal Lyautey[2] – un des fondateurs de l'Union pour l'action morale – chez Max Lazard, lié à Jean Dagens. En janvier 1923, Robert Garric et Jean Dagens se rendirent chez Daniel Halévy, accomplissant ainsi la transposition, dans le domaine social, de la « visite au grand écrivain[3] ». A la fin de sa vie, Garric déclarait : « J'ai toujours aimé en Daniel Halévy, qui est resté pour moi un très grand ami jusqu'à l'heure de sa mort, l'homme qui avait rêvé en 1900 d'organiser avec les Universités populaires une véritable promotion sociale du peuple, une promotion intellectuelle [...][4]. » D. Halévy renouait ainsi avec sa propre expérience de jeunesse, celle des universités populaires. Il fut enthousiasmé dès le premier contact. Daniel Halévy fut invité à Reuilly et accueillit alors régulièrement Garric, président des équipes sociales, Deffontaines, vice-président du mouvement, Dagens et Gouhier. La conception de Garric était d'inspiration catholique mais il ne s'agissait pas, comme dans un patronage, d'associer la dimension éducative au prosélytisme religieux. Respectueux du régime républicain, les fondateurs des équipes se tenaient à l'écart de

---

1. Sur ce groupe, cf. notre étude « La littérature aux prises avec le social », dans « Robert Garric et son milieu intellectuel entre les deux guerres », *op. cit.*, pp. 48-56.

2. Cf. Rémi Baudouï, « Le social en action : Robert Garric, Lyautey, Georges Lamirand et Raoul Dautry », dans *Vie sociale*, novembre-décembre 1997, n° 6, pp. 14-26.

3. Cf. Olivier Nora, « La visite au grand écrivain », dans Pierre Nora (dir.), *Les Lieux de mémoire*. II. *La nation*, Paris, Gallimard, « Bibliothèque illustrée des histoires », 1986, volume 3, pp. 563-687.

4. Michel Manoll, *op. cit.*, pp. 78-79.

toute dimension politique ou économique, prônant une action sociale neutre[1].

Le salon du quai de l'Horloge à partir de 1925 fut le cadre de la rencontre entre Guéhenno, les « vorticistes[2] », Garric et ses amis. Ayant favorisé ces rencontres, D. Halévy songea à fonder, à partir de ce regroupement, une collection nouvelle. Un an après sa première visite, Jean Dagens revint chez Daniel Halévy pour lui soumettre un projet de publication qui s'intitulerait « Cahiers », sur le modèle des *Cahiers de la Quinzaine*. Dès le lendemain de cette rencontre, D. Halévy évoqua le projet devant Bernard Grasset qui parut intéressé. Garric, Gouhier, Deffontaines et Dagens revinrent chez Daniel Halévy afin de l'interroger sur les *Cahiers* de Péguy et les *Pages Libres*. Au sein du groupe, Dagens et Gouhier, les plus actifs en ce début d'année 1924, décidèrent de publier exclusivement des essais. A la même époque, Bernard Grasset, dont la maison était en pleine expansion, songeait, après la disparition des deux collections « Politeia » et « Le roman », à diversifier ses publications. Il pensait lancer une revue littéraire qui s'intitulerait *Les Matinées du Luxembourg*, confiée à André Maurois[3]. Celui-ci n'ayant pas donné suite à sa proposition, Grasset pensa en donner la direction à Bertrand de Jouvenel[4]. Le projet fut rapidement abandonné au cours de l'année mais il indique que Grasset était favorable à de nouvelles initiatives. Un troisième projet vit le jour au début de l'année 1925, proposé par Maurois et Charles Du Bos[5] qui connaissaient les dispositions favorables de Grasset. Depuis l'accord de principe donné par Grasset à Daniel Halévy à propos du projet de Dagens, rien n'ayant avancé, il avait été mis en sommeil. Maurois et Du Bos, qui pensaient s'associer à

---

1. Cf. les conceptions d'Henri Gouhier, « La philosophie et l'éducation populaire aux Equipes sociales », *Revue des jeunes*, 25 août 1924, n° 14, pp. 387-405 et pour une approche historique du mouvement : Yves Palau, « Des catholiques et de la politique : les transformations doctrinales du catholicisme français (1900-1930) », *Revue française d'histoire des idées politiques*, 2ᵉ semestre 1996, n° 4, pp. 317-334.

2. Evoquant ses rencontres au quai avec Guilloux, Chamson et Malraux, Guéhenno écrivait : « La guerre m'avait enlevé ceux [les amis] de ma jeunesse. Je cessai d'être seul. J'eus désormais des amis, des camarades, des relations » (cf. lettre de J. Guéhenno à R. Rolland, 18 septembre 1930, reproduite dans *L'Indépendance de l'esprit..., op. cit.*, p. 128).

3. Lettre de B. Grasset à André Maurois, 29 septembre 1923 citée dans Gabriel Boillat, *La Librairie Bernard Grasset..., op. cit.*, vol. 2, p. 314, n. 195.

4. Archives Grasset, lettre d'Alexandre Thibaudet à B. Grasset, 6 mai 1924. Au même moment, Grasset avait refusé la proposition de Stanislas Fumet de créer un périodique nouveau, entre la collection et la revue, qui parut finalement sous forme d'une collection, le « Roseau d'or » chez Plon (cf. Philippe Chenaux, *Entre Maurras et Maritain. Une génération intellectuelle catholique (1920-1930)*, Paris, Cerf, 1999, pp. 70-71).

5. La genèse de ce projet est racontée en détail dans : Charles Du Bos, *Journal 1924-1925*, Paris, Editions Corrêa, 1948, pp. 244-404.

Ramon Fernandez, proposèrent à Grasset de créer une revue, *Textes*, qui publierait des écrits tant français qu'étrangers. A la mi-janvier un premier entretien eut lieu entre Grasset, Du Bos, Maurois et Fernandez. Grasset comprit rapidement l'intérêt qu'il y avait pour lui à faire venir Du Bos rue des Saints-Pères. En effet, Charles Du Bos (1882-1939), spécialiste reconnu de la littérature anglaise, dirigeait depuis 1922 chez Plon une « collection d'auteurs étrangers » tout en étant un collaborateur de la *NRF*. Grasset modifia le projet Maurois-Du Bos en février et leur proposa d'éditer une œuvre unique par publication. Cette transformation rapprochait *Textes* d'une formule de collection. Daniel Halévy, inquiet de ce projet, réagit très vivement auprès de Grasset[1]. Finalement, Grasset, Halévy, Maurois et Du Bos transigèrent pour la publication des manuscrits français aux « cahiers verts » et des écrits étrangers dans *Textes*. Daniel Halévy décida alors soudainement de relancer le premier projet et rencontra pour cela Gouhier et Dagens au mois de février. Il fut rassuré lorsque Grasset renouvela son accord en mars pour le projet Dagens. De même qu'il avait abandonné le projet de la revue, intitulé *Les Matinées du Luxembourg*, Grasset ne persévéra pas dans le projet *Textes* dont il ne fut plus question après l'été[2]. Au mois d'août, Gouhier prenant acte de l'irrégularité de la collaboration de Dagens, reprit avec Garric le projet initial. Il envoya ainsi à D. Halévy un programme pour la future collection : dans l'esprit des *Cahiers de la Quinzaine*, elle rassemblerait de jeunes auteurs de moins de trente ans qui ne seraient pas des hommes de lettres professionnels, selon le vœu de Gouhier. Une forte diversité d'opinions politiques, religieuses et sociales seraient représentées sous la forme d'essais politiques ou sociaux. Il était prévu que la direction soit assurée par Dagens, Guéhenno et Garric, aidés de Daniel Halévy comme conseiller permanent. Malgré le flottement du projet chez ces jeunes enseignants partagés entre Paris et la province, Jean Dagens signa un contrat avec Grasset le 1er mai 1926 pour cette nouvelle collection dont il devenait le directeur[3]. Grasset avait pris peu de risques : le contrat prévoyait la publication de dix volumes, tirés à 3 000 exemplaires et financés par une « subvention » externe de 35 000 francs. Cette pratique était courante chez Grasset : « Politeia » avait été lancée avec un financement exté-

---

1. Du Bos raconte ainsi la réaction d'Halévy : « [...] j'ai eu avec lui un entretien capital qui m'a permis de me rendre compte que la transformation de *Textes* était considérée par lui légitimement comme inadmissible et qu'il ne fallait pas moins que l'amitié qui nous unit – et aussi le sentiment de solidarité qui naît entre écrivains lorsqu'un éditeur est en question – pour que ne surgît pas entre nous une situation fort pénible » (Charles Du Bos, *Journal...*, *op. cit.*, p. 304).
2. Charles Du Bos, *Journal 1924-1925*, Paris, Editions Corrêa, 1948, p. 381.
3. Archives Grasset, contrat du 1er mai 1926 entre Jean Dagens et Bernard Grasset.

rieur de 50 000 francs et lorsque Grasset signa un contrat avec Malaparte pour la création d'une « collection des auteurs italiens », il avait demandé un apport de 15 000 francs par volume publié[1]. Dagens n'étant plus disponible pour des raisons de santé, il abandonna la direction de la collection : Daniel Halévy décida alors de la confier à Guéhenno. Le 4 octobre 1926, Guéhenno signait le contrat – dont les termes avaient été négociés par Daniel Halévy avec Louis Brun – pour une collection dont le titre était encore indéterminé[2]. Il s'agissait en fait d'un contrat identique à celui signé par Dagens, à peine modifié sur des points de détail. Les quatre financiers de la « subvention » étaient Max Lazard et son frère Jean, Léon Daum, sidérurgiste lorrain ami de Dagens et Daniel Halévy.

Le départ de Dagens et la prise en main de la collection par Jean Guéhenno fut suivi par le retrait des membres des équipes sociales. Gouhier se retira de lui-même ainsi que Dagens et Garric. Il avait été convenu qu'ils assisteraient Guéhenno de leurs conseils mais dès le début ils jouèrent un rôle tout à fait mineur, avant de se retirer complètement du projet. Garric se contenta de publier son récit, *Belleville. Scènes de la vie populaire* en 1928. En 1925, Jean Dagens avait émis le souhait d'associer à son projet deux critiques de la *NRF*, Ramon Fernandez (1894-1944) et Jean Prévost (1901-1944), ami des « vorticistes ». Fernandez, particulièrement actif à cette époque à l'Union pour la vérité, essayait de mettre sur pied une revue, *Enquêtes*, liée à l'Union pour la vérité[3], dont la vocation sociale était proche de celle de Guéhenno. Cependant, ce périodique ne vit pas le jour[4] et Guéhenno ne parvint pas à convaincre Prévost et Fernandez de le rejoindre chez Grasset. Il se trouvait désormais seul à la tête de la collection et d'après les termes du contrat, il avait la même autonomie que Daniel Halévy. Peu familier, en 1926 encore des milieux intellectuels et littéraires, il bénéficia de l'aide constante de Daniel Halévy pour trouver des manuscrits. Guéhenno avait rédigé en novembre 1926 un texte programmatique qu'il avait adressé à Daniel Halévy, destiné à présenter le projet de la collection. Ce document était en fait le brouillon, peu modifié, de la

---

1. Archives Grasset, contrat n° 1063 entre Bernard Grasset et Curzio Malaparte, administrateur délégué de la société d'éditions « La Voce ». Un seul volume de la collection parut en 1929, elle fut ensuite abandonnée.
2. Archives Grasset, contrat du 4 octobre 1926 entre Bernard Grasset et Jean Guéhenno.
3. Cf. la lettre ouverte de R. Fernandez à Georges Guy-Grand, reproduite dans le *Bulletin de l'Union pour la vérité*, décembre 1930-janvier 1931, n° 2-3, pp. 79-85.
4. Cf. Fabien Spillmann, *Ramon Fernandez. De l'antifascisme à la collaboration 1934-1944*, mémoire de DEA sous la direction de Michel Winock, I.E.P., 1996, pp. 18-19.

préface au premier texte de la collection, *La Rencontre de Cervantès et du Quichotte* de Pierre-Etienne Martel, qui parut en mai 1927. Après avoir longtemps tergiversé, Guéhenno dénomma la collection « Les écrits ». Le projet de Guéhenno, tel qu'il était présenté dans la préface à l'essai de Martel[1], demeurait proche du projet Dagens-Gouhier, la dimension confessionnelle en moins. A l'époque de la rédaction de ce document, Guéhenno comptait encore sur une direction collégiale. Il soulignait que la collection rassemblerait des auteurs, tous marqués – malgré eux – par la guerre, mais très différents : « Il y avait entre nous toutes les différences de l'âge, de l'expérience, de la culture et de la foi[2]. » Ces différences, pour Guéhenno, disparaîtraient dans un humanisme commun : « Qui dit que l'humanisme est en baisse? Il est un point en lequel tous nous nous accordons. Nous voulons tous que l'homme gagne[3]. » L'inspiration restait la même que celle qui avait guidé Dagens en 1924 : « C'est ainsi que les temps s'enchaînent, et nous croirons vraiment la paix revenue, si nous parvenons tous ensemble à rallumer la flamme inquiète qui brillait, dit-on, aux *Cahiers de la Quinzaine*, à *Pages Libres*, à l'Union pour la vérité », écrivait Guéhenno dans la première version. La préface rendait hommage de façon voilée à D. Halévy : Guéhenno y écrivait que la collection était née dans « [...] la maison la plus accueillante du monde, une très vieille maison, romantique, saint-simonienne, libérale, spirituelle, musicienne, historienne, dreyfusarde, péguyste, selon les temps, et toute pleine enfin de souvenirs, de sagesse et d'usages[4] ». Il y célébrait le « génie » du lieu, « génie des conciliations[5] » : « Le génie du XIXe siècle en a fait l'une de ses demeures, et, je pense, s'y cache encore[6]. » La physionomie de la collection était présentée de façon moins littéraire sur la quatrième de couverture du premier volume : « Ces écrits sont une collection sur la vie et la pensée contemporaines, une enquête dans le sens le plus large, où entreront notes, romans, essais, etc. Ces écrits prennent place à côté des Cahiers verts et des autres collections dirigées par Bernard Grasset, ne faisant double emploi avec aucune et formant avec elles un ensemble

---

1. Jean Guéhenno, « Préface » à : Pierre Etienne Martel, *La Rencontre de Cervantès et du Quichotte*, Paris, Grasset, « Les écrits », 1927, pp. 9-38.
2. *Ibid.*, p. 10. Contrairement à ce qu'affirme Guéhenno, les « vorticistes » et les catholiques étaient réunis par une solidarité d'âge. Seul lui, l'aîné de tous, était à part.
3. *Ibid.*, p. 24. Dans la première version il avait écrit : « Qui dit que l'humanisme est en baisse ? J'en sais parmi nous qui disent que "tout ce que les Dieux perdent, l'homme le gagne", d'autres qui affirment que "l'homme ne gagne que ce que Dieu gagne". Nous voilà d'accord en un point. Nous voulons tous que "l'homme gagne" ».
4. *Ibid.*, p. 9. Dans la première version il avait indiqué également « républicaine ».
5. *Ibid.*, p. 11.
6. *Ibid.*, p. 9.

harmonieux. Tous ces écrits révèlent, avant tout, le même souci de l'homme et des hommes. » Daniel Halévy, après la publication du second volume de la collection, le témoignage autobiographique de Guilloux, *La Maison du peuple* – dont il avait passé le manuscrit à Guéhenno – se réjouissait en octobre 1927 de l'aboutissement de ce projet de collection qu'il avait suscité.

En janvier 1928, après la parution des cinq premiers « écrits », Bernard Grasset donna son accord définitif à la dimension sociale de la collection, c'est-à-dire à la publication d'essais. En effet, le dispositif éditorial de Grasset avec d'une part les « cahiers verts », collection littéraire, et d'autre part « Les Ecrits », collection d'essais, était, comme en 1921-1922, ouvert à des genres différents, mais il était largement contrôlé par Halévy. La circulation des manuscrits à l'intérieur de la maison de la rue des Saints-Pères entre Bernard Grasset, Daniel Halévy et Jean Guéhenno le confirme. Sur les 43 auteurs parus dans la collection de Guéhenno, six proviennent du fonds Grasset, 13 sont des auteurs que D. Halévy avait édités aux « cahiers verts » ou qu'il avait sollicités pour les « écrits » et 15 relèvent du travail de Guéhenno, proportion relativement importante si l'on songe au fait que le directeur des « écrits », « boursier » plus qu'« héritier[1] », était un enseignant peu connu du milieu littéraire. A compter de 1927, la correspondance entre Halévy et Guéhenno eut presque exclusivement pour objet des échanges d'avis sur des manuscrits. D. Halévy déploya presque autant d'activité pour les « écrits » que pour les « cahiers verts » : il proposa, en vain, à son jeune collègue d'éditer un volume de lettres de Sorel, ou encore sollicita directement Maritain pour un volume. Il fut amené à proposer à Guéhenno des manuscrits qui s'inscrivaient mal avec la ligne éditoriale de sa propre collection ou ceux dont la facture ne lui convenait pas. Il lui proposa ainsi les *Rencontres avec Richard Wagner* d'Alexandre Arnoux (1927), *Sans âme* de Thérive (1927). Les textes refusés pour les « cahiers verts » et proposés par D. Halévy à Guéhenno n'étaient pas uniquement des œuvres de second ordre : ainsi en 1926 *La Maison du peuple* de Louis Guilloux que Guéhenno publia l'année suivante, la *République des professeurs* de Thibaudet (1927), *Le Tableau des partis en France* d'André Siegfried (1930), ou encore la *Technique du coup d'Etat* de Malaparte (1931). Mais Halévy usait logiquement d'un droit de priorité sur les manuscrits envoyés à la librairie Bernard Grasset. Ainsi Jean Guéhenno qui avait demandé à lire le manuscrit de Fabre-Luce, *Russie 1927*, dut-il le céder aux « cahiers verts ». Deux ans plus

---

1. Guéhenno avait édité grâce à D. Halévy *La République des professeurs* de Thibaudet en 1927.

tard, Guéhenno fut le premier à remarquer *Colline* que Giono sur le conseil de son ami Lucien Jacques, avait envoyé chez Grasset : le directeur des « écrits » tenait beaucoup à le publier mais c'est finalement D. Halévy qui le fit paraître aux « cahiers verts[1] ». Avec amusement, Giono relatait sa visite rue des Saints-Pères à Lucien Jacques : « Pour moi, je suis arrivé dans un monde où tous se sont glorifiés de m'avoir découvert[2]. » De même, Daniel Halévy refusa de céder *Dossier confidentiel* (1930) de Guilloux aux « écrits ». Jusqu'en 1936, date de l'interruption de sa collection, Guéhenno édita 43 titres et 34 auteurs pour des tirages moyens de 6 000 exemplaires et des ventes bien plus modestes que les « cahiers verts ». La répartition des genres littéraires dans la collection montre la part nettement dominante des essais (plus de trois quarts de la totalité des ouvrages). Il faut remarquer également la part importante des traductions : 11 titres sur 43, soit près d'un quart de l'ensemble.

Guéhenno n'a jamais évoqué dans ses ouvrages autobiographiques son expérience de directeur de collection[3], qui fut pourtant un tremplin pour accéder en 1929 à la direction de la revue *Europe*, où il publia Guilloux et certains « vorticistes ». En revanche, il a laissé un témoignages de l'influence d'Halévy, qu'il appelait son « patron » : « Ainsi devint-il, en ces temps-là, l'un des meilleurs prospecteurs de la République des Lettres [...]. Telle maison d'édition n'eût rien été sans lui. [...] Je n'ai guère connu – et plus tard – que mon ami Paulhan qui flairât aussi bien que lui [...][4]. » Quoi qu'il en soit, « Les écrits » constituèrent un type original de collection, une fédération de consciences centrée autour d'un projet de génération et de témoignage, dont seul peut-être le « roseau d'or » de Jacques Maritain et Stanislas Fumet chez Plon est une autre illustration[5].

Inévitablement, la recherche d'auteurs pour les « cahiers verts », amena des confrontations avec Gallimard et la *NRF*. Ainsi, certains écrivains liés par leurs traités avec Gallimard, comme Claudel ou Proust, durent décliner les offres de Daniel Halévy. Il semble d'ailleurs

---

1. Guéhenno donna à Giono une explication différente de la réalité : « J'avais donné *Colline* à Halévy, parce que c'était mieux fait pour "Les Cahiers verts" » (Lettre de J. Guéhenno à Jean Giono, 8 août 1929, reproduite dans : Jean Giono – Jean Guéhenno, *Correspondance 1928-1969*, Paris, Seghers, « Missives », 1991, p. 57).
2. Lettre de J. Giono à Lucien Jacques, 13 février 1929, reproduite dans : *Correspondance Jean Giono-Lucien Jacques*, Paris, Gallimard, « Cahiers Jean Giono » n° 1, 1981, p. 254.
3. Il ne l'a mentionnée qu'une seule fois, en quelques mots, sans indiquer ni l'éditeur, ni le nom de la collection (*La Foi difficile, op. cit.*, p. 152).
4. *Ibid.*, p. 91.
5. Cf. Philippe Chenaux, *op. cit.*, 68-78 et Frédéric Gugelot, *op. cit.*, pp. 442-456.

que celui-ci n'ait pas cherché à se faire particulièrement insistant auprès de ceux qu'il savait engagés ailleurs. Ainsi, lorsque Grasset accepta en 1924 que Maurois, l'un des auteurs clefs des « cahiers verts », donne son *Disraeli* à Gallimard en dédommagement du renoncement à diriger une collection de biographies rue Sébastien-Bottin, Daniel Halévy se contenta de protester auprès de Brun sans en faire un *casus belli*. En fait, le directeur des « cahiers verts » avait compris l'intérêt d'une collaboration avec le milieu Gallimard-*NRF*. Grasset ne disposant pas, comme Gallimard, d'une revue pour aider au lancement des livres qu'il publiait, Daniel Halévy proposa même à Jean Paulhan, directeur de la *NRF*, une pré-publication de certains « cahiers verts ». Ainsi, *La Trahison des clercs* parut dans la *NRF* en six livraisons, entre le 1er août et le 1er novembre 1927[1], puis aux « cahiers verts » à la fin du mois. *Les Hommes de la route* de Chamson parurent également à la *NRF* en quatre livraisons, du 1er septembre au 1er décembre 1927 et ensuite aux « cahiers verts ». Daniel Halévy écrivit à Paulhan pour lui proposer la parution du livre de Giono, *Colline*, à la *NRF* : Paulhan accepta de l'éditer dans *Commerce*. Celui-ci lui demanda à son tour en 1930 l'autorisation de publier des fragments du « cahier » de René Quinton à la *NRF*.

D. Halévy avait compris que Grasset ne pouvait rivaliser avec la puissante maison de la rue Sébastien-Bottin. En effet, la force de Gallimard fut de disposer d'un « milieu » constitué solidement dès l'avant-guerre par des auteurs de référence comme Claudel et Gide, engagés dans de longues carrières littéraires. En dépit de l'antériorité de la revue sur le comptoir d'éditions, c'est l'éditeur Gallimard qui tirait profit des auteurs et des thèmes littéraires mis à l'épreuve à la *NRF*. Grasset était totalement dépourvu de l'atout majeur que représentait une revue : il ne pouvait compenser cette absence que par son action de recrutement d'auteurs, par l'influence de ses directeurs de collection et par son talent commercial. Entre 1919 et 1939, Grasset remporta 7 fois un des 4 grands prix littéraires (Goncourt, Femina, Renaudot, Interallié) alors que Gallimard fut primé à 23 reprises[2]. Les « cahiers verts » reçurent 3 prix littéraires, le Grand prix du roman de l'Académie française pour *Le Désert de l'amour* de Mauriac (1925), le prix Femina pour la *Jeanne d'Arc* de Joseph Delteil (1925) et le prix Interallié qui couronna *La Voie royale* de Malraux (1930)[3]. En dépit de cette lutte avec Gallimard, in-

---

1. Cf. Martyn Cornick, *The* Nouvelle Revue Française..., *op. cit.*, pp. 47-68.
2. Pascal Fouché, « L'édition littéraire, 1914-1950 », dans Roger Chartier (dir.), *Histoire de l'édition française. Le livre concurrencé 1900-1950*, Paris, Fayard-Cercle de la Librairie, 1991, t. 4, p. 231.
3. Giono reçut également le prix Brentano pour *Colline* (1929).

égale dès le début, une grande partie des auteurs représentant le fonds de littérature générale sur lequel la maison Grasset vécut après la Deuxième Guerre mondiale, fut attirée par les « cahiers verts » dont certains sont encore aujourd'hui réédités dans la collection de poche des « cahiers rouges ». La contribution de Daniel Halévy au rayonnement de la maison Grasset fut importante : moins d'un tiers des manuscrits publiés aux « cahiers verts » sont le fait d'auteurs du fonds Grasset, les deux tiers restants (plus de 71 % en fait) furent édités grâce au travail de prospection du directeur de la collection[1]. Un hommage à cette activité fut en quelque sorte rendu par la décision de Bernard Privat, successeur de Grasset, qui relança la collection des « cahiers verts » dans les années 1950, exactement sous la même couverture et dans le même format.

Les nouveaux aspects d'une carrière littéraire

La production littéraire de Daniel Halévy ne fut pas interrompue par son métier de directeur de collection. Il semble en revanche que ses écrits aient nettement changé de forme au cours de l'entre-deux-guerres. Cette période vit certains écrivains amorcer une reconversion vers le journalisme[2], évolution favorisée par la création de nombreux hebdomadaires littéraires. Il ne s'agissait pas seulement d'écrivains devenant des critiques appointés dans de grands quotidiens comme au siècle précédent, mais d'hommes de lettres qui se transformaient en reporters et enquêteurs. De ce comportement nouveau, les frères Tharaud furent probablement le modèle le plus accompli[3]. Daniel Halévy fut également un des représentants de cette évolution. Avant la guerre, ses contributions aux quotidiens avaient été plutôt rares. Le rôle de la presse d'information lors de l'Affaire Dreyfus l'avait éloigné de ce type de publication au profit des revues. En revanche dans les années d'entre-deux-guerres, il publia dans de très nombreux quotidiens autres que les *Débats*, où il écrivait régulièrement : *L'Opinion, L'Eclair, Le Figaro, La Nacion* (quotidien argentin) accueillirent aussi les articles de Daniel Halévy. Comme ses confrères, il écrivit également dans des heb-

---

[1]. Calcul effectué sur la base de 76 auteurs à partir des multiples correspondances analysées.
[2]. Cf. Pierre Abraham (dir.), *Histoire littéraire de la France 1913-1939*, t. XI, Paris, Editions sociales, 1979, p. 123 et Marc Martin, *Médias et journalistes de la République*, Paris, Odile Jacob, 1992, p. 173, 178-180.
[3]. Cf. Michel Leymarie, *Jérôme et Jean Tharaud Ecrivains et journalistes...*, op. cit., pp. 487-538.

domadaires littéraires (*Candide*, *1933*, *1934*). Pour les quotidiens comme pour les hebdomadaires, il renouvela l'expérience de *L'Humanité* en 1904, en publiant dans les années 1920 et 1930 de nombreux récits de voyages sous une forme toutefois plus littéraire que le simple reportage.

En outre, le style de ses ouvrages fut complètement modifié par rapport à l'avant-guerre : D. Halévy écrivit désormais dans des genres très diversifiés. Il édita des recueils d'articles parus principalement dans des quotidiens : *Décadence de la liberté* (1931), *Courrier de Paris* (1932) et *Courrier d'Europe* (1933). A côté de ces ouvrages, il publia des documents : *Le Courrier de M. Thiers* en 1921, des *Lettres choisies* de Proudhon en 1929 (en collaboration avec Louis Guilloux), des *Lettres de Gambetta* en 1938 (avec Emile Pillias). Deux collations et rééditions d'études, les *Visites aux paysans du Centre* parurent en 1921 et 1934. Il publia dans les années 1930 de très courtes brochures et des pamphlets, *La République des comités* (1934), *Pour l'étude de la troisième République* (1937), *1938. Une année d'histoire* (1938), *Histoire d'une histoire...* (1939). Enfin, il fit paraître deux essais historiques presque intégralement prépubliés en revues : *La Fin des notables* (1930), *La République des ducs* (1937). Au total, sur l'ensemble des ouvrages parus entre 1920 et 1939, il écrivit trois courts livres en partie pré-publiés, dont deux biographies (*Vauban*, 1923 et *Jules Michelet*, 1929) et un livre autobiographique (*Pays parisiens*, 1929). Indéniablement, la trace de l'article de quotidien ou de revue est perceptible dans ses ouvrages alors que cela n'était pas le cas avant la guerre.

Les critiques littéraires, qui l'avaient reconnu comme l'un des leurs, analysaient la diversité de ces écrits comme une évolution relevant de l'essayisme. Dès 1914, Ernest Florian-Parmentier dans son livre *La Littérature et l'époque. Histoire de la littérature française de 1885 à nos jours*, avait classé D. Halévy parmi les auteurs d'essais[1]. En 1923, André Beaunier (1869-1925) consacra une longue étude à Halévy – la première du genre – intitulée « Un essayiste : M. Daniel Halévy » dans la *Revue des Deux Mondes*[2]. Il est intéressant de relever l'argumentation de l'auteur : dans un premier temps, il indiquait que la variété des écrits de Daniel Halévy faisait de lui un « polygraphe » : « M. Daniel Halévy mérite le nom de polygraphe ; mais je voudrais montrer que ce polygraphe est, beaucoup mieux, un essayiste, d'une façon qu'il faudra

---

1. Ernest Florian-Parmentier, *La Littérature et l'époque. Histoire de la littérature française de 1885 à nos jours*, Paris, Eugène Figuière, 1914, p. 549.
2. André Beaunier, « Un essayiste : M. Daniel Halévy », *Revue des Deux Mondes*, 1er septembre 1923, vol. 17, pp. 219-230.

définir[1] ». Sa curiosité, ajoutait-il, était dominée par un principe d'unité et la qualité de ses écrits l'éloignait de toute superficialité : « Seulement, ce polygraphe-ci a toutes les vertus, le zèle et le soin d'un spécialiste et, en fait, de plusieurs spécialistes. La diversité des sujets qu'il aborde ne le mène pas à être superficiel, se contenter d'un regard jeté ici et bientôt là, ni à se tirer d'affaire par les faciles moyens de l'éloquence, de la philosophie ou du badinage[2]. » Michel Puy évoquait sa place au sein des milieux littéraires dans *Vingt-cinq ans de littérature française, 1895-1920* : « D'autres écrivains sont connus surtout comme essayistes. Certains d'entre eux, comme Daniel Halévy, André Suarès, Elie Faure, Camille Mauclair se sont classés au nombre des personnalités les plus marquantes de la littérature contemporaine[3]. » Robert de Traz établissait une filiation remontant à l'âge classique de la littérature française : « Pour le dire en passant, ce don d'établir avec lucidité une situation intellectuelle, cet effort raisonné pour prendre conscience, je les retrouve chez des écrivains aussi variés que MM. André Siegfried, Albert Thibaudet, Lucien Romier. Avec M. Halévy, voilà une équipe de grands essayistes, perspicaces et pondérés [...]. Découvreurs de filiations, critiques des mœurs, maîtres en définitions fécondes, ils représentent un des plus beaux aspects du génie français : ce sont les successeurs des moralistes[4] ». Dans cet esprit, les ouvrages d'histoire littéraire de l'époque avaient pour point commun de distinguer le genre de l'essai comme une caractéristique littéraire spécifiquement française[5].

Les relations littéraires de Daniel Halévy dans l'entre-deux-guerres comptaient un nombre important de membres influents de la *NRF*. En marge de sa fonction de directeur de collection, il entretenait de bonnes relations et une correspondance régulière avec Jean Paulhan, Charles Du Bos et tout particulièrement avec Jean Grenier et Albert Thibaudet. La revue et ses membres dirigeants adoptèrent tout au long de la période 1920-1940 une attitude bienveillante à son égard. Les différents

---

1. *Ibid.*, p. 219.
2. *Ibid.*, p. 221.
3. Eugène Montfort (dir.), *Vingt-cinq ans de littérature française, 1895-1920*, Paris, Librairie de France, s.d. [*ca* 1925], p. 225. Cf. également André Billy, *La Littérature française contemporaine*, Paris, Colin, 1937, p. 195.
4. Robert de Traz, « Daniel Halévy », *Revue de Paris*, 1er mai 1933, t. 3, p. 88.
5. Pour la période 1865-1905, Rémy Ponton a relevé 5,8 % d'essayistes sur les 616 écrivains étudiés (cf. Rémy Ponton, *Le Champ...*, *op. cit.*, p. 102). Il semble que les années 1920 aient été une période de fort développement de l'essayisme : la thèse de Philippe Olivera sur les essais politiques dans les années 1920 (Université de Paris-I) permettra de mieux cerner l'ampleur et les contours d'un genre ainsi qu'un type d'auteurs peu connus.

critiques de la revue rendaient compte régulièrement, dans les meilleurs termes, des ouvrages de Daniel Halévy. Lorsque Benda utilisa dans les années 1930 les pages de la *NRF* pour engager polémiques sur polémiques avec Halévy, il fut désapprouvé par Paulhan et l'ensemble de la rédaction de la revue[1]. Gaston Gallimard fut particulièrement complaisant à l'égard de D. Halévy : en 1925, il lui fit part lui-même de son souhait de l'éditer. Malgré le refus de D. Halévy, Gallimard revint à la charge trois ans plus tard, se déclarant prêt à se contenter d'une réédition du premier grand succès éditorial d'Halévy, *La vie de Frédéric Nietzsche*. Finalement, ni le *Nietzsche*, ni le *Michelet* ne parurent chez Gallimard. En 1930, Jean Paulhan était revenu en vain à la charge à propos du *Nietzsche*. Cependant, conformément à son refus de 1910, Halévy ne collabora pas à la *NRF*, même après avoir quitté Grasset. Il se contenta d'y publier trois notes de lecture, deux notices biographiques et un petit texte d'hommage à Thibaudet[2].

La situation littéraire de D. Halévy fut consacrée à la fin des années 1920 lorsqu'on lui demanda de faire partie de jurys de plusieurs prix littéraires. Ainsi rejoignit-il dès sa fondation en 1929 le jury du prix de la Robertsau, créé par la marquise Agnès de Loÿs-Chandieu, cousine de Guy de Pourtalès. Aux côtés de D. Halévy, se trouvaient François Mauriac, Edmond Jaloux, Jean-Louis Vaudoyer, André Maurois, Guy de Pourtalès[3]. André Thérive lui demanda de rejoindre en 1930 le jury du prix du roman populiste qu'il avait créé avec Léon Lemonnier. Robert Bourget-Pailleron, John Charpentier, Léon Deffoux, Georges Duhamel, Edmond Jaloux, Robert Kemp, Frédéric Lefèvre, Léon Lemonnier, Gabriel Marcel, Pierre Mille et André Thérive étaient membres du jury, qui décerna son premier prix en 1931 à Eugène Dabit pour *Hôtel du Nord*. Le populisme en littérature était soutenu par des écrivains dont les thèmes d'inspiration étaient le peuple et la vie quotidienne des modestes, mouvement littéraire bourgeois bien éloigné de la littérature prolétarienne des révolutionnaires[4]. En janvier 1929, il avait été reçu à la

---

1. Cf. Paul Léautaud, *Journal...*, op. cit., p. 342.
2. D. Halévy, « Souvenirs », *NRF*, 1er juillet 1936, n° 274, pp. 138-140. D. Halévy estimait profondément Thibaudet. Il lui consacra un article dans les *Débats* : « Notre historien », *Journal des Débats*, 2 août 1936, p. 1. Le 27 février 1937, Daniel Halévy présida un débat à l'Union pour la vérité sur : « Albert Thibaudet et "l'histoire de la littérature française" », qui eut pour sujet la notion de génération dans l'histoire littéraire (cf. *Bulletin de l'Union pour la vérité*, avril-mai 1937, n° 7-8, pp. 333-336).
3. Cf. Guy de Pourtalès, *Journal II 1919-1941*, Paris, Gallimard, 1991, pp. 169-170.
4. Cf. Jean-Michel Péru, « Une crise du champ littéraire français. Le débat sur la "littérature prolétarienne" (1925-1935) », *Actes de la recherche en sciences sociales*, septembre 1991, n° 89, pp. 49-65.

Société des gens de lettres, parrainé par Jérôme Tharaud et Fernand Gregh[1].

Lorsqu'il mit un terme aux « cahiers verts » en 1933, Daniel Halévy commença à songer à une candidature à l'Académie française[2]. En effet, dès 1933 il commença à faire part de ses intentions à François Mauriac. Au début de l'année 1934, il accomplit ses premières visites auprès de Louis Madelin, Maurice Paléologue, Pierre de Nolhac, Jules Cambon, Abel Bonnard. Sa campagne dura toute l'année 1934. Le 3 décembre 1934, il assista fort opportunément au dîner offert en l'honneur du maréchal Pétain par la *Revue des Deux Mondes*, dont le directeur était René Doumic, secrétaire perpétuel de l'Académie française. Ayant décidé de se présenter au fauteuil de Raymond Poincaré, il envoya sa candidature le 18 décembre 1934[3]. Lors du vote qui eut lieu en mars 1935, trois candidats s'étaient présentés : Daniel Halévy, René Simon et Jacques Bainville. En dépit d'une campagne qui avait duré un an, Daniel Halévy pesa peu face à Bainville. Sur les 22 voix exprimées, Bainville recueillit 20 suffrages et Daniel Halévy 2 seulement[4].

Les conditions privilégiées dans lesquelles Daniel Halévy servit pendant la guerre eurent pour conséquence de ne pas marquer d'interruption dans sa carrière littéraire. N'ayant pas éprouvé, comme les écrivains combattants, la réalité de la guerre, celle-ci ne laissa aucune trace dans son œuvre. Les thèmes restèrent identiques : il reprit son activité d'écrivain en 1919 comme si rien n'avait changé depuis 1914. La réédition à peine augmentée en 1918 de *Quelques nouveaux maîtres* paru en 1914, en est une manifestation. En revanche, du point de vue de sa situation à l'égard de la droite maurrassienne, le conflit eut un effet important. Daniel Halévy qui en 1914 était un « critique adverse » de Maurras selon celui-ci, se rapprocha nettement de la droite maurrassienne regroupée sous la bannière du Parti de l'Intelligence. Le pessimisme d'avant-guerre conjugué au constat du danger que courait désormais la civilisation européenne favorisa ce rapprochement. La carrière littéraire de Daniel Halévy atteignit au cours des années 1920 son apogée : âgé d'une cinquantaine d'années, il disposait d'un pouvoir littéraire très complet. Celui-ci reposait sur trois éléments solides : une collection prestigieuse qu'il dirigea pendant treize ans, véritable vitrine

---

1. A.N., 454 AP 200, Société des gens de lettres, dossier de Daniel Halévy.
2. Son beau-frère Vaudoyer qui avait entrepris une double carrière de poète et de romancier avait reçu en 1928 le Grand prix de littérature de l'Académie française.
3. Archives de l'Académie française, dossiers et lettres de candidatures, 1B 6.
4. *Ibid.*

des éditions Grasset, un salon faisant office d'antichambre des « cahiers verts » et une autorité de critique littéraire unanimement reconnue. Ce pouvoir lui permettait d'entretenir de bonnes relations avec l'ensemble formé par Gallimard et la *NRF*, ainsi qu'avec ses principaux dirigeants. Les ambitions académiques au début des années 1930 furent la manifestation de sa notoriété. Pour autant, dès le milieu des années 1920, un glissement s'opéra à nouveau du littéraire au politique avec le thème de la « littérature de fuite ». Par ailleurs, l'écrivain confirma sa tendance grandissante à se situer sur les deux registres littéraires et politiques en se tournant vers le journalisme et en abandonnant les ouvrages de fond pour des études plus courtes, rapides, emblématiques d'une carrière d'essayiste.

CINQUIÈME PARTIE

Le temps de l'engagement politique

CHAPITRE XV

Face à l'Europe nouvelle

Jusqu'à la guerre, l'Europe avait été pour Daniel Halévy une réalité rencontrée au cours de nombreux voyages et au travers d'échanges avec des écrivains, essentiellement anglais et italiens. Il était très attaché à une conception de l'Europe libérale et cosmopolite dont l'œuvre littéraire de Romain Rolland avait incarné à ses yeux la réalité. Son comportement non belliciste au cours de la guerre, l'absence de germanophobie, sa préoccupation d'un équilibre européen manifestaient son attachement à des liens pacifiques et culturels entre les nations d'Europe.

La difficulté des relations franco-allemandes

La réflexion de Daniel Halévy sur l'Europe se poursuivit tout au long de l'entre-deux-guerres. Par goût mais aussi en raison de ses fonctions chez Grasset, il se tenait informé de l'actualité littéraire européenne. De plus, il continuait à voyager à l'étranger et séjournait en Allemagne, en Italie et en Angleterre. Paul Morand et avant lui les frères Tharaud avaient mis à la mode la figure de l'écrivain voyageur, mais le cas de Daniel Halévy n'est pas comparable. Les voyages ne constituaient pas pour lui une source d'inspiration littéraire et les pays étrangers ne furent pas davantage la matière d'enquêtes journalistiques. Certains de ses déplacements à l'étranger donnèrent lieu à des articles ou à des études mais cette activité demeura marginale au sein de l'ensemble de sa production littéraire. Dans les années 1920, ses considérations sur l'Europe parurent dans le cadre de ses chroniques de la *Revue de Genève* puis furent publiées en volume en 1932, sous le titre *Courrier de*

Paris aux éditions du Cavalier, dans une collection dirigée par Robert de Traz. Au début des années 1930, d'autres articles parus dans des quotidiens et consacrés à l'Europe furent repris dans le volume *Courrier d'Europe*, édité en 1933 dans la collection de Guéhenno.

Dans le domaine de la politique européenne, Daniel Halévy établissait un lien étroit entre l'existence de grands ensembles géographiques, reposant sur des forces politiques conservatrices, et le maintien de la paix. C'est la raison pour laquelle, dès 1919, il avait fait part de son scepticisme à l'égard du principe des nationalités sur lequel reposait la nouvelle carte de l'Europe. En effet, le maintien de puissances européennes fortes lui paraissait le meilleur moyen de garantir la paix sur le continent, afin d'éviter le danger d'une nouvelle guerre et celui de la contagion révolutionnaire[1]. De ce point de vue, il se déclarait dans la *Revue de Genève* en parfait accord avec les chroniques de Wladimir d'Ormesson (1888-1973) publiées au *Figaro*[2].

De nombreux écrivains et intellectuels, essentiellement français et allemands, qui se retrouvaient dans les institutions de la S.D.N. ou dans des milieux informels, tels que le cercle de Colpach d'Emile Mayrisch, avaient pris conscience que la survie d'une Europe intellectuelle passait par le soutien aux projets politiques européanistes. Or, il est très frappant de constater que les écrits européens de Daniel Halévy dans cette période ne font pas allusion à cette dimension. L'européanisme, terme qu'il empruntait sans lui donner la signification commune, avait pour lui une acception non politique, strictement culturelle : il s'agissait uniquement de relations individuelles entre écrivains et intellectuels. Dans ce contexte, les groupements et institutions mis en place en 1920 lui importaient peu. A cet égard, les quelques descriptions faites par lui de la S.D.N. sont éloquentes : plus que le fonctionnement de l'institution, c'est l'atmosphère qui retenait l'attention de D. Halévy. Présent en 1932 à Genève pour suivre une session consacrée au désarmement, son récit laisse transparaître un sentiment de profonde inutilité, le narrateur semblant lui-même étrangement absent de la scène à laquelle il assiste[3]. La menace orientale et les relations franco-allemandes, soucis communs à de nombreux intellectuels français, furent les deux thèmes récurrents de ses écrits européens au cours des années 1920. En 1921, lorsque l'Europe accepta à la S.D.N. la médiation du Japon sur la question silé-

---

1. Daniel Halévy, « Le principe des nationalités », *Journal des Débats*, 19 mars 1919, p. 3.
2. Le domaine d'Ormesson étant situé à proximité de Sucy-en-Brie, les deux hommes se virent relativement régulièrement dans les années 1930.
3. Daniel Halévy, *Courrier d'Europe*, Paris, Grasset, « Les écrits », 1933, pp. 129-154.

sienne[1], Daniel Halévy avait cru voir les signes avant-coureurs d'un déclin du continent face à l'Asie. L'année suivante, en lisant sous la plume de l'Allemand Ernst Robert Curtius que la jeunesse allemande se détournait de l'Occident et portait son regard vers les terres de l'Est[2], il avait fait part de son inquiétude à ses lecteurs de la *Revue de Genève*. A la même époque, il avait assisté à une conférence de l'indien Rabindranath Tagore à Paris. Hostile au charme qui avait envoûté l'assistance, il critiquait vivement Tagore, montrant que l'esprit oriental recelait une sourde hostilité à l'Europe. Il concluait son récit par un jugement laconique : « Si nous voulons travailler à restaurer quelque culture, quelque harmonie européennes, méfions-nous des Asiatiques[3]. »

En juin 1921, dans le cadre de la *Revue de Genève,* Daniel Halévy essaya de renouer avec une « amie allemande[4] ». Celle-ci – qu'il ne nommait pas – était Irène Forbes-Mosse, la petite-fille de Bettina Brentano et d'Achim von Arnim. Elle habitait à Florence chez l'écrivain anglais Vernon Lee, destinataire de cette lettre ouverte. Daniel Halévy demandait à Vernon Lee, chez qui il avait séjourné lors de ses voyages en Italie avant la guerre, de faire savoir à « l'amie allemande » qu'il souhaitait reprendre leurs conversations épistolaires d'antan. Daniel Halévy montrait l'exemple dans cette première missive en présentant un panorama de l'actualité littéraire française. Vernon Lee, devenue très germanophile, répondit au nom d'Irène Forbes-Mosse par une lettre très sceptique sur les possibilités d'un retour aux échanges d'avant-guerre[5]. Elle affirmait qu'une des causes de la guerre avait été le caractère purement esthétique de leurs discussions : les intellectuels qu'elle accueillait chez elle dans la villa du Palmerino, Paul Bourget, Mary Duclaux, Giuseppe Prezzolini, le professeur Brentano, Daniel Halévy, ne s'étaient pas – à tort, estimait-elle – préoccupés de politique et de diplomatie, n'avaient rien entrepris pour empêcher le développement d'un état d'esprit belliciste en Europe. Halévy, dans une de ses chroniques parues l'année suivante prenait acte de cette fin de non-recevoir et répondit indirectement en estimant que la reprise des relations intellectuelles franco-allemandes serait un très long processus. A l'origine, il avait

---

1. Daniel Halévy, « France. Notes sur l'esprit public. Post-scriptum pour Vernon Lee », *Revue de Genève*, octobre 1921, n° 16, p. 551.
2. Daniel Halévy, « France. Einstein et l'Académie des sciences. De l'européanisme. Rabindranath Tagore à Paris. France et Allemagne », *Revue de Genève*, janvier 1922, n° 19, pp. 92-94.
3. *Ibid.*, p. 96.
4. Daniel Halévy, « France. Lettre à une amie allemande », *Revue de Genève*, juin 1921, n° 12, pp. 872-889.
5. Vernon Lee, « En renouant la correspondance avec une amie ex-ennemie », *Revue de Genève*, août 1921, n° 14, pp. 174-180.

pourtant adopté une position favorable à un tel rapprochement lorsqu'il s'était opposé à Bourget : celui-ci avait déclaré que les relations entre les deux pays devaient dorénavant se limiter à des échanges de livres et de journaux, la guerre ayant définitivement rompu la possibilité de poursuivre des relations plus approfondies. Halévy avait marqué son désaccord et espérait dépasser des relations purement livresques afin de pouvoir renouer des relations individuelles [1]. Il indiquait en outre dans quelle perspective ces relations devaient être menées : « Il y a deux européanismes : l'un révolutionnaire qui cherche à produire ses effets par la destruction des nations, des styles différenciés ; l'autre, antique et conservateur, qui nous vient de l'humanisme grec, de la catholicité romaine, de l'ancienne Europe princière et qui ne cesse, pour notre bien de hanter nos esprits [2]. » Daniel Halévy laissa longtemps sans réponse la lettre sceptique de Vernon Lee. Ce n'est qu'en 1928 qu'il lui répondit directement dans les pages de la revue. Il refusait de songer à autre chose qu'à leurs discussions d'avant-guerre qui s'étaient limitées à la vie intellectuelle : « Et à travers les catastrophes, les seules choses qui m'importent vraiment, ce sont les constructions de l'art et de la pensée, de l'esprit [3]. » La reprise des relations avec l'Allemagne ne pouvait se faire selon lui qu'en laissant la politique de côté. Dans les années 1920, un intellectuel allemand qui avait écrit à Gide en lui proposant de renouer des relations bilatérales, fut l'objet de toutes les attentions de ceux qui, en France, souhaitaient reprendre les échanges avec l'Allemagne. Ernst Robert Curtius (1884-1956), était professeur de romanistique à Heidelberg. Après une thèse consacrée à Ferdinand Brunetière, il s'était intéressé à Barrès et avait publié en France en 1921, *Maurice Barrès et les fondements intellectuels du nationalisme français*. Daniel Halévy avait parfois mentionné, en soulignant leurs qualités, certains ouvrages de Curtius au cours des années 1920. Grâce à Gide, Curtius établit des relations avec la *NRF*, participa à certaines décades de Pontigny et fréquenta le cercle de Colpach d'Emile Mayrisch. Pontigny était devenu à cette époque un lieu de dialogue pour les intellectuels européens en favorisant très tôt la reprise des relations intellectuelles franco-allemandes [4] : ainsi, au début de l'année 1922, Desjardins avait organisé une décade consacrée à la « reprise des relations entre Français et Allemands ». Pontigny était alors proche de la S.D.N. et de l'Organisation de la Coopération Intellectuelle. Son action allait dans le sens de la

---

1. Daniel Halévy, « France. Einstein et... », *op. cit.*, pp. 88-104.
2. *Ibid.*, p. 91.
3. Daniel Halévy, « France. Deuxième lettre à une amie allemande... », *Revue de Genève*, août 1928, p. 1012.
4. Cf. François Chaubet, *Paul Desjardins...*, *op. cit.*, pp. 175-413.

« démobilisation des esprits » et de la promotion d'une « Europe des esprits ». Paul Desjardins souhaitait engager un dialogue interculturel dans le respect des différences nationales, éloigné tout autant de l'internationalisme, du cosmopolitisme que du repli national, qu'il soit poincariste ou maurrassien. Curtius publia par la suite un *Essai sur la France*, traduit en 1932 par Jacques Benoist-Méchin chez Grasset. Alors que l'ouvrage reçut en France un accueil favorable, Daniel Halévy se livra à une critique sans indulgence, très argumentée, dans un des premiers numéros d'*Esprit*[1]. Il montrait que l'auteur avait analysé une France mythique n'existant que dans son esprit. « Lorsque M. E.R. Curtius a publié son *Essai sur la France*, j'ai été frappé de l'abdication de notre presse. Ce pamphlet, rempli d'inexactitudes et de vérités mêlées, a souvent été, chez nous, accepté en bloc, sans même l'esquisse d'une réfutation[2] », répondit Daniel Halévy à Pierre-Antoine Cousteau venu l'interroger pour *Je suis partout*. Ainsi, au seuil des années 1930, la reprise des relations avec l'Allemagne avait été, en ce qui concerne D. Halévy, fort limitée. Sur les quelques traductions publiées aux « cahiers verts », une seule était un texte allemand : il s'agissait de Goethe. Il n'avait pas voulu suivre Irène Forbes-Mosse et Vernon Lee sur le terrain de la politique, et s'était attaqué en la personne de Curtius, au symbole des relations intellectuelles franco-allemandes.

L'incompréhension des régimes totalitaires

En réalité, comme avant la guerre, les relations intellectuelles de D. Halévy furent principalement tournées vers l'Italie. Certes, les rencontres du Palmerino chez Vernon Lee n'étaient plus possibles mais désormais, fuyant le fascisme, les intellectuels italiens venaient en France et certains séjournaient chez lui. Gaetano Salvemini (1873-1957) avait fait la connaissance de Daniel Halévy au début du siècle. Professeur à l'Université de Florence, il avait été proche des milieux libéraux florentins. Fondateur de *L'Unità* avant la guerre, il devint député en 1919 et s'opposa aux fascistes. Après l'assassinat de Matteoti, il dirigea la grande manifestation de protestation et fut arrêté en juin 1924. Son avocat ayant été assassiné, il quitta l'Italie et s'installa un temps à Sucy-en-Brie auprès d'Elie Halévy. Pendant sept ans il resta en France, participant aux regroupements antifascistes italiens, contribuant notamment

---

1. Daniel Halévy, « La France jugée », *Esprit*, 1er janvier 1933, n° 4, pp. 604-630.
2. p. A. Cousteau, « Un entretien avec M. Daniel Halévy, courriériste désabusé de l'Europe moderne », *Je suis partout*, 25 mars 1933, n° 122.

à la fondation en 1929 de « Giustizia e Libertà ». Salvemini était parfois l'invité du quai de l'Horloge et Daniel Halévy édita en 1932 aux « cahiers verts » son ouvrage *Mussolini diplomate*. Avec Giuseppe Prezzolini (1882-1982), les relations avant la guerre avaient été plus étroites, dans le cadre des liens entre *La Voce* et les *Cahiers de la Quinzaine*. Prezzolini s'était installé en France en 1925, avant de partir cinq ans plus tard aux Etats-Unis. Daniel Halévy fit aussi la connaissance en 1930, par le biais de Bernard Grasset, de Curzio Malaparte (1898-1957) et les deux écrivains lièrent rapidement une relation amicale. A la suite de sa disgrâce prononcée par Mussolini, il s'exila en France et s'installa dans un des appartements du quai de l'Horloge jusqu'en 1933, date de son retour en Italie et de sa déportation dans les îles Lipari. Pendant cette période d'internement, D. Halévy continua à le soutenir : « De tous mes amis de Paris, Muller a été avec Daniel Halévy, Pierre Bessand-Massenet, Henry Sabatier, Montherlant, Bedel, Guéhenno [...] un des plus fidèles, des plus affectueux, lors de mon séjour à Lipari[1] », écrivit Malaparte après la guerre. Selon Alain Grunewald, « Daniel Halévy [a été] l'artisan des succès éditoriaux de Malaparte en France[2] ». En effet, Daniel Halévy encouragea Malaparte à écrire, effectua pour lui des traductions, relut ses manuscrits et proposa à Guéhenno d'éditer dans la collection « Les écrits », la *Technique du coup d'Etat* (1931), ouvrage qui suscita la renommée européenne de Malaparte[3], puis *Le Bonhomme Lénine* en 1932. Sur cette période parisienne de la vie de Malaparte, Henry Muller désormais responsable des traductions chez Grasset a indiqué : « Il travaillait beaucoup, sortait peu et fréquentait les gens graves comme Daniel Halévy, un de ses amis français les plus chers et avec lequel il présentait un assez piquant contraste[4]. »

En novembre 1932, Daniel Halévy fut invité à Rome au *Convegno Volta* organisé par Mussolini pour célébrer les dix ans du régime fasciste et réfléchir à l'avenir de l'Europe. Assistant à diverses cérémonies fascistes, il eut l'occasion de constater ce qu'il appelait le « dressage » du peuple italien. Deux aspects le marquèrent fortement : l'importance des foules qui donnaient à l'Italie un visage nouveau et la personnalité de Mussolini en qui il discernait un comédien plus qu'un dictateur. Face

---

1. Curzio Malaparte, *Journal d'un étranger à Paris*, Paris, Denoël, 1967, p. 28.
2. Alain Grunewald, *Un Architalien à Paris : Curzio Malaparte et la France*, mémoire de DEA sous la direction de Pierre Milza, I.E.P. de Paris, 1982, p. 58.
3. Cf. Alain Grunewald, *op. cit.* François Léger, jeune camelot du roi à l'époque, écrivit à propos de ce livre : « Immédiatement nous fîmes l'achat du livre. Rien n'était plus urgent que d'être prêts pour le jour J » (François Léger, *Une jeunesse réactionnaire*, Paris, Publications François Brigneau, « L'invité des derniers cahiers », 1993, p. 79).
4. Henry Muller, *Trois pas...*, *op. cit.*, p. 175.

aux foules, D. Halévy ne cachait pas son hostilité : « Est-il rien, en effet, qui soit si déshumanisé, si inquiétant pour l'homme, qu'une foule ? L'homme ajouté à l'homme, au-delà d'un certain nombre qui très vite est atteint, cesse d'être homme[1]. » Ce n'était pas le régime fasciste en tant que tel qui était en cause, mais le fait social du nombre, l'effet produit par la masse. Dressant un constat identique en France à la même époque, il raisonnait sur une analogie entre les deux situations nationales sans relever la différence des régimes politiques. Au cours de son séjour, il fut convié à une audience de Mussolini : Halévy eut ainsi au palais de Venise un tête-à-tête avec le *Duce*, dans le cadre d'une mise en scène théâtrale. Daniel Halévy vit, à la nature des questions posées par Mussolini, que celui-ci avait lu sa *Vie de Nietzsche*, traduite en Italie en 1910[2]. Il fut également interrogé sur les ouvrages qu'il venait de publier, *La Fin des notables* et *Décadence de la liberté*. La courte conversation ne fut pas d'ordre politique et Halévy n'ajouta aucun autre commentaire qu'une description de la physionomie et des attitudes du *Duce*. Au Congrès Volta, il se trouvait en présence de délégations étrangères composées essentiellement de conservateurs, de réactionnaires et de fascistes : Alfred Rosenberg, Hermann Goering, Werner Sombart représentaient l'Allemagne. Il y avait parmi les Français Pierre Gaxotte, Louis Bertrand, Jérôme Carcopino. Un peu à l'écart de la délégation française se trouvait Hubert Lagardelle[3], invité par les autorités fascistes parce qu'il était un ancien ami de Sorel[4]. A la demande des autorités françaises, Lagardelle resta en Italie auprès de l'ambassadeur Henry de Jouvenel afin de favoriser les relations avec Mussolini. Stefan Zweig et Daniel Halévy constituaient des exceptions dans cet aréopage. Les discussions encensèrent le régime et envisagèrent l'avenir de l'Europe fasciste. L'intervention d'Halévy au cours du congrès Volta intitulée « Destin du spirituel[5] », était une vaste fresque historique des relations entre pouvoir spirituel et pouvoir temporel en Europe. Aucune

---

1. Daniel Halévy, *Courrier d'Europe*, Paris, Grasset, « Les écrits », 1933, p. 275.
2. *Ibid.*, pp. 286-289. Cette lecture est confirmée par Pierre Milza, *Mussolini*, Paris, Fayard, 1999, p. 106.
3. Cf. Hubert Lagardelle, *Mission à Rome : Mussolini*, Paris, Plon, 1955, p. 5.
4. Il est probable que les liens de Sorel avec Halévy aient été à l'origine de son invitation au congrès. De même, Lagardelle que Mussolini connaissait depuis le *Mouvement socialiste*, a-t-il peut-être favorisé la rencontre entre D. Halévy et Mussolini. L'activité de Lagardelle en Italie à cette époque auprès du *Duce* a été analysée avec précision par Marie-Christine Bouneau-Bouillare : *Hubert Lagardelle...*, *op. cit.*, pp. 751-829. C'est au cours de ce séjour que Lagardelle publia une partie de la correspondance de Sorel dans *Educazione fascista*. Peut-être Lagardelle fit-il appel aux souvenirs de D. Halévy pour établir les notes et commentaires qui accompagnent le texte.
5. Reproduite dans : *Courrier d'Europe, op. cit.*, pp. 313-315.

allusion n'était faite à la situation contemporaine, mais il se posait en défenseur de « l'ancienne culture[1] », de nature « chrétienne, individualiste, aristocratique[2] », résistant au pouvoir des machines. Sa péroraison était tout entière consacrée à sa propre attitude face au monde nouveau des masses et du progrès technique et il osait une comparaison avec Goethe : « Quant à l'essentiel, Goethe a donné l'exemple d'une sage conduite : rencontrant les temps révolutionnaires, il s'est retiré, s'est tu, s'exprimant par des récits, des allégories, et cherchant à cultiver, à fixer en lui-même quelque haute qualité humaine dont le secret commence à peine d'être percé. Ainsi, très jadis, les pythagoriciens, eux aussi amis du secret ; ainsi peut-être convient-il de faire quand prévalent les masses[3]. » Cette attitude de repli était une reconnaissance de l'impuissance de l'intellectuel dans les temps modernes. Cinq ans seulement après avoir condamné la « littérature de fuite », D. Halévy faisait un constat presque similaire à celui de Benda dans *La Trahison des clercs*, quoique motivé par des raisons différentes. Là où Benda avait défendu les valeurs de l'intellectualisme, Daniel Halévy avait annoncé la défaite de l'intellectuel face aux masses. Pour ceux qui écrivaient et pensaient, estimait Daniel Halévy, le temps était désormais à la thébaïde dont Benda avait fait l'éloge en 1927. A son retour d'Italie[4], D. Halévy avait confié à Pierre-Antoine Cousteau son hostilité aux régimes modernes : « [...] il y a dans le communisme ou le fascisme quelque chose d'absolument incompatible avec notre civilisation. Pour ma part je me refuse formellement à en accepter les principes[5] ». Cinq ans plus tard – au printemps 1937 – il était allé en Allemagne. Ce fut le seul voyage qu'il accomplit dans l'Allemagne nazie : il en revint en analysant les menaces que faisait peser le régime sur la paix mais en soulignant aussi ses réussites dans le domaine agricole[6]. Mis à part ce voyage, Daniel Halévy connaissait pourtant la situation allemande : en 1935, Gabriel Marcel lui avait présenté un écrivain juif allemand, Siegfried Kracauer (1889-1966) qui avait quitté son pays en

---

1. *Ibid.*, p. 315.
2. *Ibid.*
3. *Ibid.*
4. D. Halévy et Roger Nathan animèrent un débat sur : « Le congrès Volta. Les relations franco-italiennes » à l'Union pour la vérité le 7 janvier 1933. Le débat n'a pas été reproduit dans le *Bulletin*.
5. p. A. Cousteau, « Un entretien avec M. Daniel Halévy courriériste désabusé de l'Europe moderne », *Je suis partout*, 25 mars 1933, n° 122.
6. Daniel Halévy, « En Allemagne », *La Petite Gironde*, 20 juillet 1937, p. 1. La situation allemande avait donné lieu auparavant à des articles au ton moins grave et à des jugements plutôt décalés par rapport à la situation intérieure, comme « La cloche et la Sirène », *Gazette de Lausanne*, 16 juin 1935, n° 165, p. 1.

1933 pour s'installer à Paris[1]. D. Halévy l'invita chez lui et intervint auprès de Grasset pour qu'il publie l'un de ses livres, *Jacques Offenbach ou le secret du Second Empire*[2]. Par ailleurs il l'aida financièrement et intervint en 1939 auprès des autorités françaises pour que Kracauer soit libéré d'un camp d'internement. En septembre 1939, peu après la déclaration de guerre, Daniel Halévy commentait ainsi une description de l'Allemagne par un « ami suisse » : « Ainsi, le résultat de ce régime de force, qui a toujours exalté la violence, qui depuis des années prépare l'Allemagne au combat et a pour but essentiel de faire du peuple entier une seule armée, pour une guerre totale et pour une domination universelle [...][3]. » Cet article demeure cependant par sa gravité une exception dans ses rares écrits sur l'Allemagne contemporaine.

Après les voyages de 1932 en Italie et de 1937 en Allemagne, il ne retourna plus dans ces deux pays. Comme dans les années 1920, l'Italie avait retenu son attention davantage que l'Allemagne, mais il est intéressant de relever qu'à la différence de certains journalistes ou d'essayistes français ayant vécu la même expérience que lui, D. Halévy ne formula aucune analyse politique du phénomène fasciste et nazi. Il voyait deux pays confrontés à des « dictatures » qu'il condamnait, mais les régimes eux-mêmes ne faisaient pas l'objet d'une analyse spécifique. La dimension raciste et antisémite du nazisme était absente de ces descriptions et l'impérialisme italien était à peine évoqué. A la même époque, son frère s'était penché sur « l'ère des tyrannies[4] », formulant une des premières interprétations contemporaines des phénomènes totalitaires.

---

1. D. Halévy publia en Argentine un article sur le refuge que Paris constituait pour les Juifs exilés : Daniel Halévy, « Paris y sus hospedes », *La Nacion*, 1er octobre 1933.
2. Pour lequel D. Halévy rédigea une préface : Daniel Halévy, « L'offenbachiade », dans Siegfried Kracauer, *Jacques Offenbach ou le secret du Second Empire*, Paris, Grasset, 1937, pp. 9-13.
3. Daniel Halévy, « L'Allemagne vue de l'intérieur », *Journal des Débats*, 20 septembre 1939, p. 2.
4. Titre d'une conférence prononcée en 1936 et publiée dans le *Bulletin de la société française de philosophie*, 1936, t. XXXVI, pp. 181-253 puis publiée en volume en 1938 chez Gallimard : *L'Ere des tyrannies. Etudes sur le socialisme et la guerre*. Cf. le commentaire de Raymond Aron, « L'Ere des tyrannies d'Elie Halévy », *Revue de métaphysique et de morale*, mai 1939, n° 39, pp. 283-307. Elie avait accompli un voyage en URSS en 1932, dont le récit a été publié par Sophie Cœuré : Florence et Elie Halévy, *Six jours en URSS (septembre 1932)*, Paris, Presses de l'Ecole normale supérieure, 1998, 138 p.

CHAPITRE XVI

La critique de la démocratie parlementaire

La fin des années 1920 et le début des années 1930 furent marqués par une modification profonde des écrits de Daniel Halévy. A partir de 1930, il diminua son activité chez Grasset, se contentant de ne publier désormais que quelques « cahiers verts » par an, puis il mit un terme à la collection trois ans plus tard et quitta la rue des Saints-Pères. Si les années 1920 furent celles d'une très forte activité littéraire, la décennie suivante fut pour lui une période nouvelle au cours de laquelle il s'attela à des travaux historiques et à des écrits à caractère politique.

En fait dès le milieu des années 1920, il commença à se lancer dans des travaux d'histoire qui connurent un profond retentissement lors de la parution de *La Fin des notables* en 1930 et de *La République des ducs* en 1937. En outre, alors que Daniel Halévy avait depuis toujours négligé la politique comme champ d'étude, les années 1930 – marquées par une profonde crise intellectuelle des libéraux – suscitèrent chez lui une recrudescence d'écrits portant sur la politique. Parallèlement à cette évolution, D. Halévy achevait avec la droite maurrassienne un rapprochement intellectuel dont, précisément, la politique fut l'enjeu. L'exacerbation du désarroi des libéraux dans les années 1930 – fussent-ils libéraux conservateurs comme Halévy – est une explication de la tonalité polémique et pamphlétaire de ses écrits politiques. La nature de ses études historiques, plus proches d'essais que de travaux universitaires, lui permit de les lier étroitement à ses chroniques politiques. Les deux aspects – historique et politique – ne sont pas séparables mais étroitement liés car ses textes polémiques avaient une assise historique et les essais historiques laissaient la place fréquemment à des jugements personnels. Lui-même accentuait volontairement la confusion des genres : il répondait parfois en polémiste à la critique de ses travaux historiques et, à l'inverse, en historien aux interprétations de ses écrits politiques, afin de réfuter plus fermement les objections.

La sensibilité littéraire de D. Halévy fut la cause du glissement permanent entre les deux domaines, historique et politique. Ce type de confusion volontaire reposant sur la forme littéraire de ses travaux, qui donnait à Daniel Halévy une influence multiple, à la fois d'historien, de pamphlétaire et d'écrivain[1], comme le montre la réception de ses écrits à cette époque, caractérise d'ailleurs l'ensemble de sa vie intellectuelle. Avant la Grande Guerre déjà, sa vision littéraire de la société avait déjà été à l'origine de confusions qui s'étaient traduites par un décalage grandissant avec la réalité sociale de son époque.

Daniel Halévy avait choisi d'être écrivain. S'intéressant à des réalités éloignées du domaine purement artistique, à la société avant la guerre, à l'histoire et à la politique dans les années 1930, ces matières firent de lui un essayiste qui trouva un nouvel élan dans la littérature de combat. Cependant, cette nette évolution vers l'essai ne procédait pas seulement d'un choix délibéré de sujets nouveaux : elle était aussi une ultime conséquence d'un double échec antérieur, celui de la philosophie à Condorcet[2], celui du romancier qu'il avait voulu être au début du siècle.

Le régime républicain en accusation

« Il existe, paraît-il, aux portes de Stuttgart, un asile de demi-fous et de demi-imbéciles capables encore de voter, et dont les voix, recueillies et comptées dans l'asile même, donnent avec rapidité un renseignement qu'une très longue expérience a prouvé valable pour toute l'Allemagne[3] », écrivait Daniel Halévy en 1932. Cette description illustre le ton nouveau de ses écrits au milieu de l'entre-deux-guerres. Le système politique de la IIIe République fut l'objet de vives critiques de la part de Daniel Halévy dès le milieu des années 1920. Sur le fond, son ancienne hostilité au suffrage universel et au parlementarisme républicain demeurait inchangée, mais la caractéristique de cette période réside dans le fait qu'elle s'exprima dorénavant publiquement et sans fard.

---

1. Bruno Goyet a fait une observation analogue à propos de Maurras : en analysant ses pratiques éditoriales, il a montré qu'il parvenait à préserver son influence de polémiste et sa position d'écrivain (cf. Bruno Goyet, *Charles Maurras*, Paris, Presses de Sciences-Po, « Références-Facettes », 2 000, pp. 198-209).

2. « Si j'étais apte à répondre à vos questions, je n'écrirais pas des biographies ou des histoires, j'écrirais des livres de philosophie satisfaisant mon vrai goût, ma vraie vocation, pour laquelle la nature ne m'a pas donné l'équipement intellectuel voulu » (Daniel Halévy, « Réponse de M. Daniel Halévy », *Réaction*, avril 1930, n° 1, p. 28).

3. Daniel Halévy, *Courrier d'Europe*, op. cit., p. 184.

Jusqu'alors, ses critiques les plus fortes à l'égard du régime avaient été formulées dans le *Journal* ou dans sa correspondance, exceptionnellement dans des articles. Désormais, non seulement des articles entiers de revue concernaient la politique, mais Daniel Halévy élabora un discours de critique politique marqué par des thèmes récurrents et formant un ensemble homogène[1]. Une césure chronologique – celle du 6 février 1934 – distingue deux périodes : jusqu'à cette date, la critique fut vive mais s'exprima sur un ton relativement modéré à l'exemple des articles repris dans le volume *Décadence de la liberté* en 1931 ; après le 6 février, les articles, réédités dans *La République des comités* (1934), furent marqués par un ton différent, pamphlétaire et parfois violent. Cependant cette évolution est uniquement une question de degré : du milieu des années 1920 à la fin de la IIIe République, la critique politique antiparlementaire de Daniel Halévy a constitué un ensemble continu et cohérent, reposant sur trois éléments : la critique du suffrage universel et son corollaire l'antiparlementarisme, l'antiradicalisme et l'antimaçonnisme.

En 1931, Daniel Halévy choisit de rassembler trois articles parus dans la *Revue de Genève* entre 1924 et 1929 et un article paru dans *Les Lettres* en 1930, dans un volume publié dans la collection de Guéhenno. Le volume intitulé *Décadence de la liberté* correspondait au titre d'une des études de la *Revue de Genève* datant de septembre 1929. En fait ce titre avait été employé avant lui par Jacques Rivière dans un article de la *NRF* datant de septembre 1919[2]. Daniel Halévy en reprenant ce titre – sans toutefois en mentionner l'origine – se situait dans la même perspective que Rivière à dix ans d'écart. En 1919, Jacques Rivière avait souligné que la guerre s'était traduite par une remise en question et une diminution du libéralisme dans les pays occidentaux, thème repris par Elie Halévy quelques années plus tard dans *L'Ere des tyrannies*. Rivière voyait un « âge collectiviste[3] » s'étendre non seulement en Russie mais aussi en Occident où les usages libéraux diminuaient et le souci de la liberté individuelle disparaissait au profit d'une demande grandissante de protection et de solidarité. Selon lui, la montée des préoccupations intéressant le plus grand nombre, c'est-à-dire les revendications sociales, menaçait les libertés individuelles.

Les quatre chapitres constituant la *Décadence de la liberté*, paru au printemps 1931, correspondaient aux quatre articles réédités, légèrement modifiés pour certains. L'ouvrage débutait par l'affirmation que

---

1. Il les synthétisa dans une série de conférences prononcées en Argentine en juillet et août 1935. Cf. « La tercera republica », *La Razon*, 6 août 1935 et « Conferencias », *La Nacion*, 7 août 1935, p. 8.
2. Jacques Rivière, « Décadence de la liberté », *NRF*, septembre 1919, pp. 498-522.
3. *Ibid.*, p. 506.

l'auteur n'avait voté qu'une seule fois dans sa vie, en 1919. Après cet aveu, il se livrait à une critique du volume de Charles Seignobos, *L'Evolution de la Troisième République (1875-1914)*, paru en 1921 dans l'*Histoire de la France contemporaine* de Lavisse. Prenant le contrepied de Seignobos, il affirmait que composer une histoire du régime à partir de l'étude des scrutins ne menait à rien dans la mesure où le suffrage universel – expression d'une volonté populaire qui n'avait pas de réalité pour Daniel Halévy – n'avait débouché sur aucune décision politique importante. D. Halévy estimait en effet que la contribution des parlementaires aux grandes décisions politiques était pratiquement nulle. Il ajoutait : « Plaignons ces foules irresponsables qu'on dérange tous les quatre ans pour obtenir d'elles une réponse impossible ; plaignons davantage encore ces députés qui reçoivent la charge d'interpréter pendant quatre ans une volonté inexistante[1]. » Dans l'étude suivante, « De Re Gallica », il poursuivait l'étude critique de Seignobos : « Un corps électoral ignorant les trois quarts des problèmes, buté sur une préoccupation unique et vague d'égalité sans vues sur l'avenir ; des groupes qui intriguent, des ministres qui passent et tombent, cela ne peut être le vrai régime d'un peuple[2] », en appelant le lecteur à observer les véritables acteurs des décisions politiques qui étaient selon lui, non pas les hommes politiques, mais les fonctionnaires et certains corps de l'Etat. Les critiques de D. Halévy à l'égard du suffrage universel s'inscrivaient dans la lignée des arguments utilisés par les conservateurs et les libéraux entre 1848 et 1875[3]. Selon lui le pouvoir était assuré en France par certains hauts fonctionnaires agissant de façon neutre dans le cadre de leurs fonctions, plus que par la classe politique. Dans « Clio aux enfers », D. Halévy se penchait sur l'étude de la police en montrant le pouvoir occulte de ce corps de l'Etat et son autonomie grandissante. Il condamnait son intervention dans les affaires judiciaires, mentionnait le rôle des agents provocateurs et évoquait l'assassinat de Philippe Daudet, évoquant au passage le « violent génie d'insulte[4] » de son père. Dans un genre que Daudet affectionnait particulièrement, « Clio aux enfers » était une contribution à la légende noire de la police. La « décadence de la liberté », étudiée dans le quatrième et dernier article, trouvait son origine dans le déclin de deux

---

1. Daniel Halévy, « France. Les élections générales en France (1874-1914) », *Revue de Genève*, mai 1924, p. 625.
2. Daniel Halévy, « France. De Re Gallica », *Revue de Genève*, mars 1925, p. 342.
3. Cf. sur ce point particulier : Pierre Rosanvallon, *Le Sacre du citoyen. Histoire du suffrage universel en France*, Paris, Gallimard, « Bibliothèque des histoires », 1992, pp. 299-338.
4. Daniel Halévy, *Décadence de la liberté*, Paris, Grasset, « Les écrits », 1931, p. 179.

autorités héritées du XIXe siècle, le parlementarisme et la liberté de la presse. Constatant que le Parlement de 1875 était sociologiquement identique à celui de 1825, il brossait un tableau des changements qui avaient transformé les élus en « commissionnaires[1] ». Daniel Halévy constatait avec regret que deux usages propres au parlementarisme du siècle précédent avaient disparu. A cette époque, un homme public condamné pour des motifs politiques pouvait être gracié par l'élection, ce qui n'était plus le cas, comme l'avait montré l'exemple d'André Marty. D'autre part, l'auteur relevait le rôle important joué dans le déclin du parlementarisme par les restrictions imposées au droit d'interpellation[2]. En ce qui concerne la presse, il affirmait que la presse d'information avait tué la presse d'opinion qui ne s'était jamais remise du contrôle de l'Etat pendant la guerre[3]. Il estimait : « L'ancienne presse fournissait de réflexions et de documents une élite libérale ; la nouvelle fournit de lecture, de papier, un public qui se laisse faire[4]. » Il terminait en concluant : « Dans une large mesure, les conditions politiques et sociales d'une tyrannie sont acquises : les classes libérales sont à demi détruites, et les institutions qu'elles avaient créées tombent avec elles ; la grande industrie rassemble des foules immenses, exercées à l'obéissance par la discipline de leur travail[5]. » Le constat de Daniel Halévy rejoignait presque celui de Rivière : « Peut-être les hommes commencent-ils à trouver meilleur d'être moins libres [...]. La liberté n'aura peut-être été qu'une phase dans l'évolution de l'humanité[6]. » Mais là où Rivière distinguait des causes liées à la guerre et à la révolution bolchevique, Daniel Halévy voyait dans la décadence contemporaine des raisons strictement françaises, liées à l'essence même du système politique républicain.

Dans cet ouvrage, une tonalité particulièrement équivoque n'avait pas échappé à ceux qui connaissaient bien l'auteur. Ainsi, son frère Elie lui reprocha d'avoir brossé un tableau accablant de la situation afin de persuader le lecteur qu'il était trop tard pour essayer de la défendre. Jean Grenier formula de son côté une analyse très juste dans une lettre à Daniel Halévy où il indiqua que ses arguments contre la démocratie étaient proches de ceux de Maurras mais qu'ils avaient un effet d'autant plus fort qu'ils étaient évoqués sous une forme modérée. Albert Thibaudet

---

1. Daniel Halévy, « France. Décadence de la liberté », *Revue de Genève*, septembre 1929, p. 320.
2. *Ibid.*, pp. 325-326.
3. *Ibid.*, pp. 322-323 et 326-328.
4. *Ibid.*, p. 327.
5. *Ibid.*, p. 333.
6. Jacques Rivière, « Décadence de la liberté », *op. cit.*, p. 506.

consacra deux articles à *Décadence de la liberté*. La plus longue de toutes les études parues sur le livre de Daniel Halévy, intitulée « D'Alexis de Tocqueville à Daniel Halévy », parut à la *NRF*. Thibaudet y avait formulé les remarques les plus fortes à l'égard de ce livre : « Décadence de la liberté signifie pour M. Halévy décadence de la bourgeoisie libérale, comme il signifiait pour Tocqueville impossibilité d'un patriciat libéral. Le livre de M. Halévy, grand bourgeois de Paris, est, comme on dit dans les journaux socialistes, un livre de classe[1]. » Thibaudet distinguait dans le ton du livre des similitudes avec Tocqueville, notamment dans son ouvrage *La Démocratie en Amérique* : « Même désillusion, mêmes pressentiments, même cassandrisme, mêmes funérailles du libéralisme, même recul devant la démocratie inévitable, même attitude intelligente et désabusée, distante et craintive, du patricien normand et du bourgeois parisien[2]. » Dans *L'Européen*, Thibaudet relevait une ambiguïté importante chez Halévy : « Mais enfin, le refus du bulletin de vote, c'est déjà le refus d'une liberté, c'est une contribution à la décadence de la liberté[3]. » Georges Guy-Grand rédigea également une longue étude intitulée « M. Daniel Halévy et la Démocratie », qui témoignait d'une connaissance personnelle de l'auteur. Il récusait le parallèle fait par Thibaudet entre Tocqueville et Daniel Halévy dans la mesure où il estimait que celui-ci, à la différence du premier, n'acceptait pas le « monde moderne[4] », entendu dans le sens de Péguy. Par ailleurs il rappelait le passé de Daniel Halévy : « Au temps des explorations vers l'extrême gauche, M. Daniel Halévy ne montrait déjà pas un vif penchant pour la démocratie[5]. » Cependant, la presse fut dans sa quasi-totalité favorable à l'ouvrage, indice révélant les prémisses d'une crise morale nationale[6]. Très abondante fut la critique et nous n'en donnerons ici que les exemples les plus représentatifs. Edmond Jaloux, des *Nouvelles Littéraires*, assurait que « l'exposé de M. Daniel Halévy est d'un historien, non d'un pamphlétaire[7] » et que l'auteur qui n'était pas « antirépublicain », était « impartial ». André Thérive évoquait dans *Le Temps* « un des écrivains les plus solides de

---

1. Albert Thibaudet, « D'Alexis de Tocqueville à Daniel Halévy », *NRF*, 1er août 1931, p. 325.
2. *Ibid.*, p. 318.
3. Albert Thibaudet, « Décadence de la liberté », *L'Européen*, 17 juin 1931.
4. Georges Guy-Grand, « Remarques. M. Daniel Halévy et la Démocratie », *Grande Revue*, octobre 1931, pp. 671.
5. *Ibid.*, p. 671.
6. Cf. sur ce point Serge Berstein, « L'affrontement simulé des années 30 », *Vingtième siècle. Revue d'histoire*, janvier-mars 1985, n° 5, pp. 39-53.
7. Edmond Jaloux, « Décadence de la liberté », *Les Nouvelles Littéraires*, 1er août 1931, p. 3.

ce temps[1] ». A l'extrême droite, l'accueil fut plus favorable encore. Daudet y consacra un long article de tête, portant uniquement sur le chapitre concernant la police[2] : « M. Daniel Halévy est [...] un grand critique et qui n'admet pas les sujets interdits. Avec *La Fin des notables*, un chef-d'œuvre, et qui rejoint, par plus d'un côté, la *Grande-Peur des bien-pensants* de Bernanos, autre chef-d'œuvre, il est entré à pleines voiles dans la critique politique[3]. » Charles Maurras évoqua six ans plus tard, dans l'un de ses éditoriaux, un livre d'une « clairvoyance aiguë[4] ». Un rédacteur anonyme de *L'Action française* avait loué en 1931 l'œuvre critique de l'ouvrage mais regrettait que Daniel Halévy ne soit pas allé jusqu'au terme de sa démonstration : « Nous lui en voulons de ne pas voir mieux ce qu'il voit si bien, d'exposer en nous enlevant toute espérance, enfin de vouloir garder la République après avoir mis en évidence le péril et le ridicule[5]. » Jean de Fabrègues dans *Réaction* louait l'ouvrage et invitait également l'auteur à parachever son évolution politique[6]. D'autres critiques de gauche qui connaissaient Halévy furent plus mesurés dans leur appréciation du livre : ainsi Pierre Mille, ancien collaborateur des *Cahiers de la Quinzaine*, qui évoqua la « Décadence de la liberté ? » dans *La Dépêche de Toulouse*[7] ou le vieil ami Jean-Baptiste Séverac, secrétaire général adjoint de la S.F.I.O., qui mentionnait les forces de résistance à la décadence de la liberté dans *Le Populaire*[8]. D'autres critiques plus jeunes, peu nombreux, tout en saluant le talent de l'auteur contestaient l'ouvrage sur le fond en discutant la réalité de la perte de liberté évoquée par l'auteur[9]. Les auteurs les plus critiques furent des universitaires, tels Roger Picard dans la *Revue d'histoire économique et sociale*[10] ou Marcel Prélot, professeur à la Faculté de droit de Strasbourg, qui écrivait : « Non seulement l'interprétation des faits nous semble contestable, mais. souvent encore,

---

1. André Thérive, « Décadence de la liberté », *Le Temps*, 10 juillet 1931.
2. Léon Daudet, « Décadence de la liberté », *L'Action française*, 10 juillet 1931, p. 1.
3. *Ibid.*
4. Charles Maurras, « La politique », *L'Action française*, 17 avril 1937.
5. « M. Daniel Halévy et la liberté », *L'Action française*, 13 août 1931, p. 3.
6. J. de F. [Jean de Fabrègues], « Décadence de la liberté », *Réaction*, janvier-février 1932, n° 8-9, pp. 50-51.
7. Pierre Mille, « Décadence de la liberté ? », *Dépêche de Toulouse*, 28 octobre 1931.
8. Jean-Baptiste Séverac, « Décadence de la liberté », *Le Populaire*, 30 juillet 1931.
9. Cf. notamment Etienne Dennery, « Décadence de la liberté », *L'Europe nouvelle*, 1er août 1931, pp. 1046-1047. Le gendre de Daniel Halévy, Louis Joxe (1901-1991), fut avec Dennery le fondateur du centre d'études de politique étrangère de la Fondation Rockefeller en 1935.
10. Roger Picard, « Décadence de la liberté », *Revue d'histoire économique et sociale*, 1931, n° 3.

leur présentation et même leur exactitude[1] ». Il relevait surtout la partialité de l'essayiste : « On nous permettra, cependant, de noter qu'il est peu scientifique de crier toujours au paradoxe ou au miracle quand il s'agit des succès diplomatiques ou coloniaux, militaires ou financiers, intellectuels ou sociaux du régime, tout en inscrivant automatiquement les défaillances et les échecs au débit de nos institutions politiques[2]. »
A gauche, Daniel Halévy était qualifié de « traditionaliste[3] » dans *La Volonté*, journal proche du radicalisme, et de « réactionnaire[4] » par Jean Fréville (1895-1971), le critique littéraire de *L'Humanité*. Un des lecteurs inattendus et indirects de Daniel Halévy fut le communiste italien Antonio Gramsci (1891-1937), emprisonné depuis 1928. Ses *Cahiers de prison* indiquent qu'il n'avait pas pu lire le livre mais qu'il en avait eu connaissance par l'article d'Edmond Jaloux qui citait dans les *Nouvelles Littéraires* d'assez longs passages de *Décadence de la liberté*. La lecture de Gramsci était caractéristique de la critique marxiste à l'égard d'un texte d'inspiration libérale : il jugeait que la vision de l'Etat de Daniel Halévy était erronée car il ne s'intéressait qu'à « l'appareil représentatif[5] », alors que le pouvoir d'Etat devait englober « l'appareil "privé" d'hégémonie ou société civile[6] ». Cette vision de l'Etat était dangereuse d'après Gramsci car elle concourait à montrer que l'Etat était faible, qu'il n'intervenait pas, donnant ainsi naissance à un « courant idéologique dictatorial de droite qui veut le renforcement de l'exécutif[7] ».
L'écho de l'ouvrage fut si important que Georges Guy-Grand proposa à Daniel Halévy d'organiser en décembre 1931 un débat à l'Union pour la vérité sur *Décadence de la liberté*. Guy-Grand, secrétaire de l'Union pour la vérité depuis la rupture Desjardins-Halévy de 1912, était devenu « directeur annuel » à la suite du départ de Desjardins en juin 1930[8]. Le thème traité par Daniel Halévy correspondait à une question qui préoccupait les essayistes de l'époque : Guy-Grand proposa ensuite à Emmanuel Berl, directeur de *Marianne*, de parler de « La crise de la liberté » à l'Union en janvier 1934. Etaient invités à cette occasion Ni-

---

1. Marcel Prélot, « Crise de la démocratie et décadence de la liberté », *Vie intellectuelle*, 10 novembre 1931, p. 269.
2. *Ibid.*, p. 271.
3. « Décadence de la liberté », *La Volonté*, 28 juin 1931.
4. Jean Fréville, « Les origines de la IIIe République », *L'Humanité*, 9 août 1931.
5. Antonio Gramsci, *Cahiers de prison, 6, 7, 8, 9*, Paris, Gallimard, « Bibliothèque de philosophie », 1983 [écrit *ca* août 1931], p. 117.
6. *Ibid.*
7. *Ibid.*
8. Cf. la « Lettre à Georges Guy-Grand et aux membres de l'"Union" » de Paul Desjardins, reproduite dans le *Bulletin de l'Union pour la vérité*, octobre-novembre 1930, n° 1-2, pp. 43-62.

colas Berdiaeff, Alfred Fabre-Luce, Jean Guéhenno, Gabriel Marcel et Daniel Halévy[1]. Berl ouvrit le débat exactement dans les mêmes termes que Jacques Rivière en 1919 dans la *NRF*. Les interventions de Daniel Halévy montrent une évolution de son questionnement par rapport à *Décadence de la liberté*. Dans ce livre, il donnait au terme de liberté une acception purement politique alors que dans le débat de 1934, il diagnostiquait une décadence de la liberté, entendue désormais dans un sens philosophique[2]. Il donnait à cette occasion une définition nettement conservatrice de la liberté, comme une « tâche » et non comme une « latitude », prônant une société dont l'homme serait un « instrument de grandeur » et non une « fin » en soi[3].

En posant ainsi les bases d'une critique politique du suffrage universel et du parlementarisme, il voulait aussi montrer que la décadence du système politique créait une crise profonde du pouvoir. Il s'était interrogé dès 1922 sur la situation politique contemporaine dans une étude consacrée au « mouvement des idées politiques en France ». Il présentait les idées de réforme de l'Etat en 1919 puis indiquait trois priorités qui lui paraissaient importantes : il dénonçait le pouvoir des bureaux[4], le manque d'autorité du Président du Conseil et la quasi-indissolubilité de la Chambre. Devant cette situation, il apportait sa contribution aux idées formulées en 1919 en préconisant une réforme instaurant de véritables pouvoirs ministériels afin d'empêcher le développement des bureaucraties et favoriser au contraire leur limitation, ainsi qu'une refonte de la Constitution afin de donner plus de pouvoir au Président du Conseil. Il proposait enfin de réfléchir aux moyens pour le pouvoir exécutif de dissoudre la Chambre[5]. De façon claire, l'ensemble des modifications proposées par Daniel Halévy allait dans le sens d'une restauration de l'exécutif. Sept ans plus tard, le ton n'était plus aux propositions mais à la déploration. Dans une étude de la *Revue de Genève* de 1929 consacrée aux « hommes d'Etat dans la République », il montrait l'Etat en proie à une « milice invisible[6] » : « L'Etat

---

1. Débat reproduit dans le *Bulletin de l'Union pour la vérité*, avril-mai 1934, n° 7-8, pp. 33-56.
2. *Ibid.*, pp. 43-44.
3. Il reprit cette acception de la liberté en 1937 lors du débat sur les notables (cf. « Exposé de M. Daniel Halévy », *Bulletin de l'union pour la vérité*, décembre 1937-janvier 1938, n° 3-4, p. 86).
4. Sur un mode assez proche de Péguy, notamment dans *De la situation faite à l'histoire dans la philosophie générale du monde moderne* (1907). Cf. *O.P.C.*, t. II, pp. 691-692.
5. Daniel Halévy, « Le mouvement des idées politiques en France », *Revue de l'Amérique latine*, 1er juillet 1922, n° 6, pp. 269-276.
6. Daniel Halévy, « France. Hommes d'Etat dans la République », *Revue de Genève*, mars 1929, p. 361.

délié, livré, est l'enjeu des partis, des bandes partisanes, des chefs qui parlent pour ces bandes. [...] Tout le drame de la Troisième République est là. L'Etat est démantelé, les bandes le harcèlent [...][1]. » Les élections et l'avènement du Front populaire augmentèrent ses craintes[2]. Dans les *Débats* du 31 décembre 1938, Daniel Halévy écrivit ainsi un article de chronique politique en forme de bilan de l'année écoulée[3], publiée en une courte brochure par Grasset le jour même[4]. L'article visait à montrer les désordres, les indécisions des hommes politiques – Blum et Chautemps notamment – et surtout celle des parlementaires cédant pêle-mêle à leurs « mandataires », aux communistes et aux chantages des grévistes. Malgré la résolution de Daladier, Daniel Halévy soulignait que le Parlement n'agissait qu'en fonction de ses intérêts, gênant ainsi l'action du Président du Conseil.

Les événements du 6 février 1934[5] provoquèrent chez D. Halévy un basculement important dans la critique du régime. Le jour des événements, il se trouvait chez lui, quai de l'Horloge, revenu de Jouy-en-Josas quelques jours auparavant, car il avait senti monter l'exaspération des ligues. Il était descendu dans la rue à 6 heures, avait réussi à atteindre la place de la Concorde et n'était revenu chez lui qu'à minuit. Interrogé quelques jours plus tard sur le 6 février par André Rousseaux pour *Candide*, il lui avait confié son expérience : « J'avais traversé la place de la Concorde vers six heures : rien du tout, pas un attroupement. A dix heures, quand j'ai su ce qui se passait, j'y suis retourné. Alors j'ai vu la foule, toute la foule, cette fois, avec des ouvriers dont l'accent me rappelait celui des ouvriers boulangistes. Et une foule courageuse, une foule en colère, comme mon expérience de vieux Parisien n'en avait jamais vu[6]. » Louis Gillet écrivit à ce propos plus tard : « Et le soir du 6 février, quand M. Daniel Halévy a su qu'il y avait des coups de feu place de la Concorde, il y a couru, tout comme, s'il eût vécu en 1848, il eût couru aux barricades[7]. » Le 9 février, Daniel Halévy publia en première page des *Débats* un article d'une rare violence où il se félicitait

---

1. *Ibid.*
2. Daniel Halévy, « Perspectivas proximas », *La Nacion*, 29 avril 1936, p. 6. Cf. également sur les masses et le Front populaire : Daniel Halévy, « Commemoracion de la Révolucion francesa », *La Nacion*, 3 août 1939, p. 6.
3. Daniel Halévy, « 1938 », *Journal des Débats*, 31 décembre 1938, p. 3.
4. Daniel Halévy, *1938, une année d'histoire*, Paris, Grasset, 1938, 59 p.
5. Cf. Serge Berstein, *Le 6 février 1934*, Paris, Gallimard, « Archives », 1975, 257 p.
6. André Rousseaux, « Un quart d'heure avec M. Daniel Halévy », *Candide*, 15 février 1934, p. 3. Ce récit est corroboré par le *Journal*.
7. Fidus [Louis Gillet], « Silhouettes contemporaines : M. Daniel Halévy », *Revue des Deux Mondes*, 15 décembre 1936, vol. 6, pp. 893-894.

du départ du ministre socialiste de l'Intérieur, Eugène Frot, ainsi que de l'entourage de Daladier, composé de « Jeunes radicaux ». Parmi ces jeunes ministres, se trouvait Pierre Cot qui avait appelé à son cabinet le gendre de Daniel Halévy, Louis Joxe. Le ton de l'article était proche de celui utilisé par Léon Daudet : « L'autre, le "jeune", ce Frot, il me semble que je vois d'ici son allure et sa bande, cette troupe où il y a, avec très peu de naïfs garçons, un quarteron de rusés gaillards passés maîtres dans l'art d'orienter vers leurs poches l'or des Fonds secrets ou de la Propagande, de faire payer par l'Etat leurs salles de bain et les "gouvernantes" de leurs mioches[1]. » Il comparait Frot à Bonaparte tirant sur la foule parisienne : « Mon Frot s'excite : "A quand mes mitrailleuses ?" J'ai entendu de ces jeunes fauves parler avec ivresse des tac-tac dont ils orchestraient leur fortune. Trotzky avait montré la manière, on verrait bien[2]... ». Halévy se félicitait ensuite de la formation du nouveau cabinet Doumergue composé d'hommes plus âgés, où la droite était majoritaire avec notamment Louis Marin et André Tardieu. Benda répliqua en juin à Halévy dans la *NRF* : « *Basile*, que certains tenaient pour un historien sérieux et planant au-dessus des partis, a écrit, quarante-huit heures après la soirée du 6 février, c'est-à-dire alors que toute information un peu valable sur cette journée et les responsabilités qu'elle comporte était rigoureusement impossible, un article de bas fanatique contre le ministre Frot[3]. » L'article des *Débats* valut à Daniel Halévy une réputation définitive de réactionnaire dans certains milieux, notamment dans la jeune génération de gauche qui l'entourait encore. L'épouse d'André Chamson écrivit à ce propos : « Il était d'une violence extrême contre la légalité républicaine et d'une grande injustice contre le gouvernement.[...] Loin de s'être calmé depuis le 6, Halévy se montrait de plus en plus exalté[4]. » Elle ajoutait : « Une seule défection nous désolait : celle de Daniel Halévy [...] passé chez l'adversaire avec Abel Bonnard, le futur ministre de Pétain[5]. » Les Chamson ne revinrent plus au quai de l'Horloge. Daniel Guérin (1904-1988), neveu de Daniel Halévy, militant pivertiste à la S.F.I.O., pour qui la soirée du 6 février fut une émeute fasciste et qui prétendait avoir été un « témoin oculaire[6] » des événements donna en 1963 la description suivante de Daniel Halévy le soir du 6 février : « Sans attendre même que se soit levée l'aube, un homme surexcité capitalise déjà les morts. Je l'apercevrai

---

1. Daniel Halévy, « Jeunesses... », *Journal des Débats*, 9 février 1934, p. 1.
2. *Ibid.*
3. Julien Benda, « Eleuthériana », *NRF*, juin 1934, pp. 1040-1041
4. Lucie Mazauric, *op. cit.*, p. 42.
5. *Ibid.*, p. 36
6. Daniel Guérin, *Le Feu du sang*, Paris, Grasset, 1977, p. 42.

vers deux heures du matin, les mains derrière le dos, la barbe en pointe, parcourant seul, comme un bolide, les grands boulevards, enjambant, fort en colère, les débris qui jonchent le sol, trébuchant contre les pavés, gesticulant comme s'il criait vengeance : mon oncle Daniel Halévy, qui, hors de ses gonds, perdant toute retenue, rejetant tout masque, s'avoue publiquement d'extrême droite[1]. » Indéniablement le 6 février 1934 avait marqué profondément Daniel Halévy : à l'été 1934, il déclara à Cécile-René Delhorbe venue l'interroger pour la *Gazette de Lausanne* : « Au lendemain du 6 février, la guerre civile était là[2]. » Par la suite, il écrivit le 8 février 1935, un article commémorant « un nouveau lieu sacré[3] » – la place de la Concorde – et renouvela ses attaques à l'égard de Frot le 6 février 1936[4].

Antiradicalisme et antiparlementarisme

Après le 6 février, Daniel Halévy publia des articles à forte tonalité antiparlementaire[5] dans une atmosphère générale de vive hostilité au parti radical[6] et rassembla des éléments pour un court pamphlet, *La République des comités* qui parut au printemps 1934. La publication de ce livre avait été préparée par la parution de deux articles[7] dans un magazine de forte diffusion, *1934. Le Magazine d'aujourd'hui,* lancé par Plon et dirigé par Henri Massis, dont le projet était de s'opposer à l'influence de *Marianne*, créé par Gallimard. En outre, Daniel Halévy avait donné en mai[8] à la *Revue Universelle* de Massis et Bainville les

---

[1]. Daniel Guérin, *Front populaire révolution manquée*, Paris, René Julliard, 1963, p. 49.
[2]. Cécile-René Delhorbe, « M. Daniel Halévy nous parle de la France réelle », *Gazette de Lausanne*, 4 juillet 1934, n° 183, p. 1.
[3]. Daniel Halévy, « Un nouveau lieu sacré », *Journal des Débats*, 8 février 1935, p. 1. Cf. également : Daniel Halévy, « El aniversario del 6 de Febrero », *La Nacion*, 6 février 1935, p. 6.
[4]. Daniel Halévy, « Un texte », *Journal des Débats*, 6 février 1936, p. 1. Pierre Tuc (Henry Lasserre) reproduisit le texte le jour même dans sa revue de presse de *L'Action française.*
[5]. Notamment Daniel Halévy, « 1875-1934 », *1934*, 21 février 1934, n° 20, p. 3 et « Economique et politique », *Journal des Débats*, 11 novembre 1934, p. 1.
[6]. Cf. Serge Berstein, *Histoire du parti radical. Crise du radicalisme 1926-1939*, Paris, Presses de la FNSP, 1982, pp. 292-297.
[7]. Daniel Halévy, « Il faudra y mettre le fer », *1934*, 9 mai 1934, n° 31, p. 4 et « Quand le parti s'épure..., Notes sur un congrès », *1934*, 23 mai 1934, n° 33, récit du congrès de 1934 auquel D. Halévy avait assisté. La maison Stock lui avait proposé dès le 18 février d'éditer un *6 février.*
[8]. Daniel Halévy, « Le Parti radical-socialiste », *Revue Universelle*, 15 mai 1934, n° 4, pp. 425-439.

quarante premières pages de l'ouvrage, très peu de temps avant la sortie du livre en librairie. L'article « Il faudra y mettre le fer », donnait le ton de l'ouvrage par un diagnostic sévère : « On peut parler d'une invasion : le Parti a envahi l'Etat, l'Etat a envahi la France, qui commence de ne plus bien savoir ce qu'elle fut, ce qu'elle est, ce qu'elle peut et doit rester[1]. » La métaphore de la pieuvre servait à caractériser le parti : « Le Parti Radical n'est que l'expression saisissable, précise, d'un ensemble diffus, visqueux et résistant, d'une sorte de monstre annelé dont les tentacules coupés – Comités, Ligues, Loges, Ecoles – continueront de vivre d'une vie séparée, enveloppant le pays d'une étreinte si subtile et nombreuse, qu'il est difficile de savoir où commence la chair saine et où finit la chair malsaine[2]. » L'auteur terminait en appelant une main « dure » et « pure » pour occire le monstre. L'ouvrage portait en sous-titre : *Essai d'histoire contemporaine (1895-1934)* et Grasset avait fait imprimer une bande publicitaire pour la couverture : « Les radicaux en déroute[3] ». Daniel Halévy avait travaillé pour cet ouvrage selon ses habitudes : il avait consulté la presse et le *Journal officiel*, avait assisté au congrès radical de 1934 et constitué depuis le 6 février d'importants dossiers de travail. Trois thèmes rassemblaient l'ensemble de ces critiques. En premier lieu, il incriminait l'absence de doctrine du parti radical : « La caractéristique des radicaux du XIXe siècle, c'est que jamais ils n'inventent rien, ils relisent, répètent les discours des conventionnels, ils en composent un amalgame qui leur tient lieu de pensée. A ce point de vue, le radical moderne est bien leur descendant[4]. » En second lieu, il dénonçait la médiocrité de cette formation politique : « Sa spécialité, c'est le médiocre, une certaine ténacité dans le médiocre[5] » et résumait ainsi son activité : « Présider les fêtes, distribuer les prébendes, décorer les amis, c'est la vocation du Parti[6] ». Enfin, tout au long de l'histoire du radicalisme, il mettait en cause le rôle essentiel que ce parti avait joué dans la perversion des usages parlementaires hérités de l'orléanisme, de la Chambre de 1875. Le constat final était extrêmement sévère : « Le mal dont souffre le pays, c'est la désagrégation de l'Etat et son pillage. Or, l'agent de cette désagrégation et le bénéficiaire de ce pillage, c'est, pour une grande part, le Parti radical[7]. » Tout au long de l'ouvrage, il distillait ses jugements sur le

---

1. Daniel Halévy, « Il faudra y mettre le fer », *1934*, 9 mai 1934, n° 31, p. 4.
2. *Ibid.*
3. Cf. Albert Thibaudet, « Réflexions », *NRF*, 1er juillet 1934, p. 94.
4. Daniel Halévy, *La République des comités. Essai d'histoire contemporaine (1895-1934)*, Paris, Grasset, « La Cité française », 1934, p. 18.
5. *Ibid.*, p. 25.
6. *Ibid.*, p. 49.
7. *Ibid.*, p. 175.

contrôle permanent du ministère de l'Intérieur, les liens étroits que le parti radical entretenait avec la police – thème cher à Daudet – ainsi que sur le financement occulte du parti. La jeune génération radicale, celle des « Jeunes radicaux » dont il avait souligné non sans plaisir dans les *Débats* qu'elle était tombée avec la démission du gouvernement Daladier, n'était pas épargnée puisqu'il indiquait qu'elle avait été formée à « l'école des dictateurs[1] ». Les grandes figures du radicalisme étaient durement éreintées : Jammy-Schmidt, franc-maçon influent, Sarrien, fondamentalement opportuniste de caractère ou encore Edouard Herriot[2] qu'Halévy avait pourtant reçu chez lui au début des années 1930[3], et qui était dépeint avec une féroce ironie. Pour Halévy, reprenant les termes de Maurras, le parti radical était « l'antiFrance[4] ». Il avait également utilisé la distinction maurrassienne du pays légal et du pays réel : « L'erreur, ce serait surfaire l'importance de l'histoire politique et la confondre avec celle du peuple même, du pays. L'assimilation n'est pas légitime[5]. » Dans cet ouvrage, Daniel Halévy était également revenu – dans une profession de foi conservatrice – sur une distinction établie par Thibaudet dans *La République des professeurs* entre les droites, « groupements d'intérêts » et les gauches « groupements d'idées ». Halévy estimait que les droites, tout autant que les gauches défendaient des idées mais que les leurs étaient « fausses » par rapport à celles de la droite qui étaient « justes » : « Les gauches croient à l'égalité des êtres et à la souveraineté du nombre, les Droites croient à l'inégalité des êtres et à la souveraineté de la qualité. Les gauches s'intéressent à la liberté et au bien-être de l'individu, les droites s'intéressent aux groupes dont l'individu tire ses inspirations et ses instincts, ses croyances[6]. »

L'image du parti radical construite par Daniel Halévy montre, en dépit de ses outrances, qu'il mettait en cause l'ensemble des valeurs qui

---

1. *Ibid.*, p. 170. Pierre Andreu dans son article pionnier, « Les idées politiques de la jeunesse intellectuelle de 1927 à la guerre », *Revue des travaux de l'Académie des sciences morales et politiques*, 2ᵉ semestre 1957, pp. 17-35, a souligné que D. Halévy avait été le premier à s'intéresser au rôle des jeunes radicaux (p. 24).
2. Cf. Serge Berstein, *Edouard Herriot ou la République en personne*, Paris, Presses de la FNSP, 1985, 327 p.
3. Curzio Malaparte a relaté sa rencontre avec Herriot chez D. Halévy en présence de Pierre Bessand-Massenet, dans un mémoire en défense adressé à un magistrat italien en février 1946 (cf. Edda Ronchi Suckert, *Malaparte volume* VII *1946-1947*, Ponte alle Grazie, Città di Castello, 1993, pp. 331-332). Cette rencontre est confirmée par une lettre de p. Bessand-Massenet à Malaparte du 5 juin 1937 dans laquelle elle est évoquée (cf. *Malaparte volume* IV *1937-1939*, Ponte alle Grazie, Città di Castello, 1992, pp. 86-87).
4. Daniel Halévy, *La République...*, *op. cit.*, p. 141.
5. *Ibid.*, p. 181. Sur ce point, cf. également : Cécile-René Delhorbe, « M. Daniel Halévy nous parle de la France réelle », *Gazette de Lausanne*, 4 juillet 1934, n° 183, p. 1.
6. Daniel Halévy, *La République...*, *op. cit.*, p. 40.

faisaient de cette formation politique l'incarnation du régime républicain. *La République des comités*, dans sa dimension négative, confirme l'identification du parti radical à la République. La réception de ce pamphlet en fut d'ailleurs la confirmation : si l'ouvrage ne se vendit pas à plus de 6 000 exemplaires, il eut une presse considérable. Même le *Journal des Débats*, si pondéré et si discret d'habitude sur les travaux de ses collaborateurs, consacra une étude très favorable au livre[1]. La critique considéra, qu'elle soit favorable ou défavorable à *La République des comités*, que ce livre constituait la suite de *La Fin des notables*. Les deux ouvrages étaient mis sur le même plan, sans distinction de ton, réunis par leur caractère historique. La droite littéraire fut des plus favorables au livre. Daudet y consacra une chronique de *Candide* : « Historien et peintre de la société contemporaine, d'une vaste culture et d'un discernement égal à sa culture, M. Daniel Halévy a toujours eu son franc-parler, et il y a en lui un polémiste de grande lignée, comme le prouve son admiration pour Proudhon, le national-socialiste avant la lettre[2]. » Le même Daudet, comme Maurras[3], célébrait un « beau livre », un « remarquable bouquin » dans deux articles de *L'Action française*[4]. Jacques Peschard se félicita dans ce même quotidien de la publication d'un « livre violent[5] » ; Marie de Roux, un des grands avocats de l'Action Française, reprit à son compte le qualificatif de « totalitaire[6] » utilisé par Halévy pour caractériser l'Etat moderne. Jean-Pierre Maxence fit un éloge du livre dans *Gringoire*[7] et cinq ans plus tard, dans son *Histoire de dix ans* rappela la lucidité du constat fait par Daniel Halévy après le 6 février[8]. Interrogé par Georges Blond pour le compte de *Candide* sur les possibilités de redressement de la France après le 6 février, Daniel Halévy répondit : « [...] il y a une expression que Charles Maurras a, je crois, lancée depuis quelque temps, et qui est pleine de sens : c'est le pays réel, dont il parle pour l'opposer au pays légal ». L'auteur de *La République des comités* distinguait dans le pays réel des paysans, artisans et commerçants, une force possible de renou-

---

1. A. Albert-Petit, « Du rôle éminent des médiocres », *Journal des Débats*, 17 juin 1934.
2. Léon Daudet, « La République des comités », *Candide*, 7 juin 1934, p. 4.
3. Xavier Vallat, *Charles Maurras numéro d'écrou 8. 321*, Paris, Plon, 1953, p. 232.
4. Léon Daudet, « Le banquet médical du 7 juin », *L'Action française*, 31 mai 1934, p. 1 et « L'Affaire Chautemps », *L'Action française*, 2 juin 1934.
5. Jacques Peschard, « La République des comités », *L'Action française*, 26 mai 1934, p. 5.
6. M. [arie] de Roux, « Etat totalitaire et natalité », *L'Action française*, 20 mai 1934.
7. Jean-Pierre Maxence, « La République des comités », *Gringoire*, 1er juin 1934.
8. Jean-Pierre Maxence, *Histoire de dix ans (1927-1937)*, Paris, Gallimard, 1939, p. 296.

veau[1]. Pierre Gaxotte et André Bellessort louaient le même jour dans *Je suis partout*, les qualités de l'ouvrage[2] : « Il y a des glas que l'on aime entendre », ajoutait ce dernier. Charles Benoist, dans étude de la *Revue Universelle* consacrée à *La République des comités* concluait par : « Le comité, c'est la République tout entière, c'en est l'image en abrégé ; "la République des comités", c'est la République tout court. [...] Abattre le comité, ce serait tuer la démocratie. On ne s'en délivrera pas, sans s'être débarrassé du comité[3] ». Mis à part Gaston Maurice – incriminé nommément dans l'ouvrage – qui dénonçait « un ton de clerc en délire[4] », les quelques études hostiles relevaient attentivement les erreurs, imprécisions et approximations du pamphlet. Jean Prévost distingua dans la *NRF* le ressort principal de l'ouvrage : « [...] cette histoire moderne a cette originalité d'être fondée sur une théorie de l'influence occulte, ou mieux, du maléfice[5] ». Thibaudet évitait prudemment d'analyser l'ouvrage, se contentant dans une longue note de lecture[6] de revenir sur sa distinction entre partis de gauche et de droite critiqués par Halévy et de montrer que le livre était celui d'un Parisien hostile au poids grandissant de la politique élaborée en province par les comités radicaux. Emmanuel Berl dénonçait la « mauvaise foi[7] » de l'auteur lui reprochant de n'avoir pas compris le sens du 6 février, « dans un monde en révolution qui oscille entre le fascisme et le communisme[8] ». *Commune*, la revue de l'Association des écrivains et artistes révolutionnaires condamna fermement l'ouvrage[9]. Face à ce livre, Jean-Baptiste Séverac n'avait pu contenir ses critiques[10]. En répondant à Benda, Daniel Halévy avait défendu son ouvrage, « entre l'histoire et le pamphlet[11] », comparant son propre état d'esprit à celui de Péguy en 1905 écrivant *Notre Patrie* et à celui de Michelet rédigeant *La France devant l'Europe* en 1830. Benda persista dans des attaques qui contribuèrent à identifier de plus en plus Daniel Halévy à la droite maurrassienne : « Un docteur d'extrême droite

---

1. Georges Blond, « Dédié à M. le Ministre de l'Intérieur », *Candide*, 31 juin 1934.
2. Pierre Gaxotte, « Inexistence de M. Blum », *Je suis partout*, 26 mai 1934 et André Bellessort, « Les nouveaux notables », *Je suis partout*, 26 mai 1934.
3. Charles Benoist, « La République des comités », *Revue Universelle*, 15 juin 1934, p. 762.
4. Gaston Maurice, « Réponse à M. Halévy (Daniel) », *Notre temps*, 16 juin 1934.
5. Jean Prévost, « La République des comités », *NRF*, 1er juillet 1934, p. 132.
6. Albert Thibaudet, « Réflexions », *NRF*, 1er juillet 1934, pp. 91-99.
7. Emmanuel Berl, « Histoire et Pamphlet. M. Daniel Halévy et les radicaux », *Marianne*, 13 juin 1934, p. 4.
8. *Ibid.*
9. Jacques Bartoli, « La République des comités », *Commune*, août 1934.
10. Jean-Baptiste Séverac, « La République des comités », *Le Populaire*, 28 juin 1934.
11. Daniel Halévy, « Historien, qui es-tu ? », *1934*, 30 juin 1934, n° 37, p. 9.

publie une histoire de la république radicale[1] », écrivait-il en juillet. En novembre, il ajouta dans les pages de la *NRF* : « Au fond, ce qui hérisse les Maurras, les Daudet, les Bonnard, les Halévy contre l'esprit démocratique, c'est son manquement au sens du pittoresque, son indifférence au monde sensible [...] sa facilité à vivre d'idées abstraites[2]. »

Un autre élément de l'antirépublicanisme d'Halévy était, dans sa quête des sources « secrètes » de l'histoire du régime, un profond antimaçonnisme. Présente dès 1910 dans l'*Apologie pour notre passé*[3], la dénonciation de l'emprise maçonne sur les républicains devint un élément récurrent de ses écrits dans les années 1930. La Franc-maçonnerie, « maîtresse du régime[4] » fut dès lors régulièrement évoquée, y compris dans les ouvrages non pamphlétaires, comme *La Fin des notables* : « Derrière Gambetta et ses amis, la Franc-maçonnerie est présente, et puisqu'il faut enfin à tous les régimes une classe dirigeante, c'est elle qui se prépare à en fournir les membres et à donner à la République, par elle fondée et maintenue, son orientation, sa prudence, son esprit[5]. » Dans *Je suis partout*, il affirmait : « La France est victime d'un entreprise de dénationalisation systématiquement poursuivie depuis trente ans par la franc-maçonnerie. On s'est acharné à abattre les têtes, à frapper les "notables". Je crains fort qu'on ait réussi[6]. »

Georges Guy-Grand, dans une étude de *La Grande Revue*, avait fait le constat suivant : « Le fond de la question, c'est que M. Daniel Halévy n'aime pas les petites gens. Ou plutôt, il n'aime pas que les petites gens s'occupent de politique[7]. » Guéhenno dans un article d'*Europe* intitulé « La République des petites gens » portait le même jugement que Guy-Grand : « Vous ne les aimez pas parce que vous n'êtes pas républicain, et vous n'aimez pas la République parce qu'elle appartient aux petites gens, parce qu'elle est ou, mieux, doit être le gouvernement des petites gens[8]. » Guéhenno qui avait lu Péguy et en avait souvent discuté avec Halévy, déclara à celui-ci dans le même esprit que le directeur des *Ca-*

---

1. Julien Benda, « Le Préjugé de l'histoire », *Les Nouvelles Littéraires*, 14 juillet 1934
2. Julien Benda, « Du corporatisme », *NRF*, 1er novembre 1934, pp. 773-774.
3. Daniel Halévy, *Apologie pour notre passé*, Paris, « Cahiers de la Quinzaine », XI-10, 5 avril 1910, p. 81.
4. Daniel Halévy, « France. Hommes d'Etat dans la République », *Revue de Genève*, mars 1930, p. 359.
5. Daniel Halévy, *La Fin des notables*, Paris, Grasset, 1930, p. 122.
6. p. A. Cousteau, « Un entretien avec M. Daniel Halévy courriériste désabusé de l'Europe moderne », *Je suis partout*, 25 mars 1933, n° 122.
7. Georges Guy-Grand, « Remarques. De l'histoire au pamphlet », *La Grande Revue*, juillet 1934, p. 144.
8. Jean Guéhenno, « Notes de lectures. La République des petites gens », *Europe*, septembre 1934, XXXV, n° 189, p. 416.

hiers de la Quinzaine vingt-quatre ans plus tôt, dans *Victor-Marie comte Hugo* : « Cher Monsieur Halévy, les petites gens, – je vous surprendrai peut-être en vous le disant, mais il faut bien vous le dire, – les petites gens, vous croyez les aimer, vous ne les aimez pas. C'est ce que n'osait vous dire Péguy tout à fait clairement, ce qu'il pensait, je crois[1]... » A l'Enseignement mutuel au début du siècle, Daniel Halévy avait été confronté à la petite bourgeoisie et aux classes moyennes plutôt qu'au prolétariat ouvrier ; auprès des paysans bourbonnais, il avait fait la connaissance d'une élite paysanne bien éloignée des métayers. Le prolétariat ouvrier et agricole qu'il avait cru côtoyer n'était en réalité que l'élite des couches populaires. De même, Proudhon et Perdiguier étaient pour lui des représentations littéraires du peuple ne correspondant en rien à une réalité sociale sur laquelle il s'était leurré.

La critique conservatrice de l'école républicaine

Si Daniel Halévy se consacra largement, dès le milieu des années 1920, à la critique politique du régime républicain, c'est désormais l'ensemble de l'œuvre républicaine qui fut mise en cause. Ainsi l'école fut-elle l'objet d'une vigoureuse campagne de sa part. Halévy était allé rendre visite en 1920 à un des fondateurs du Cercle Proudhon, Albert Vincent, instituteur dans une école du Beaujolais. Celui-ci, qui publiait des études dans un périodique maurrassien, la *Revue de l'Ecole*, fit paraître en 1920 à la Nouvelle Librairie Nationale, *L'Ecole rurale de demain*. Halévy avait été frappé par son effort de mettre en place un enseignement adapté à la réalité rurale. Dans un long article des *Débats* relatant l'expérience de Vincent, il s'attaquait à l'école républicaine qui « [...] contrairement à ce qu'elle devait, a ignoré la terre ; elle ne l'a pas aimée ; elle a conspiré avec ses ennemis[2] ». La critique de l'école laïque prenait sa source à la fois dans l'idéologie des traditionalistes et dans la critique de Péguy contre la domination du « primaire[3] » : « Une idée,

---

1. *Ibid.*, p. 415.
2. Daniel Halévy, « L'Ecole rurale », *Journal des Débats*, 2 novembre 1920, p. 2. A diverses reprises, Daniel Halévy reprend à son compte dans cet article les paroles de Vincent. Dans les *Visites aux paysans du Centre* parues en 1921, relatant sa visite à Vincent, il lui restitue l'origine de ces propos (cf. Daniel Halévy, *Visites aux paysans du Centre*, Paris, Grasset, « Cahiers verts », 1921, 4e cahier de la 1re série, pp. 154-163).
3. Cf. notamment ce que Péguy disait à Halévy dans *A nos amis, à nos abonnés* en juin 1909, regrettant que la philosophie soit « [...] exposée aux dérisions, aux lacérations du primaire, [...] de la démagogie du primaire, de la domination du primaire » (cf. *O.P.C.*, t. III, p. 1278). Pour Péguy le sens de « primaire » différait un peu de l'acception d'Halévy mais celui-ci s'en inspira largement.

une idée exclusive a inspiré les réformateurs de l'école en 1880 : ils ont pensé aux écoliers de France [...] comme des êtres qu'il fallait convertir, séparer de leurs traditions [...][1]. » Halévy soulevait, après bien d'autres, le thème du déracinement[2]. Lors de ses premières rencontres en 1922 avec les fondateurs des équipes sociales, il avait parlé à Jean Dagens de l'œuvre à accomplir contre l'enseignement laïc. Dans son étude « De Re Gallica », il ne craignait pas de mettre au jour de façon extrêmement polémique les fondements protestants de l'école laïque. Il insistait sur le rôle majeur de Félix Pécaut, Ferdinand Buisson, et Jules Steeg à Saint-Cloud et Fontenay[3], et franchissant un pas supplémentaire dans la critique : « A côté du groupe scolaire on apercevrait d'autres groupes, ses alliés pour le combat, occasionnels ou permanents : le groupe maçon, le groupe juif, le groupe protestant, ce que M. Charles Maurras appelle, dans sa classification politique, les Etats confédérés[4]. » Maurras ne manqua pas d'utiliser cet article pour indiquer qu'il voyait là une confirmation de ses thèses. L'article « protestantisme » du *Dictionnaire politique et critique* de Maurras, publié en 1933, était en grande partie fondé sur l'article d'Halévy qui était cité[5]. Maurras ajoutait : « Telle est l'œuvre d'un esprit qu'il est bien difficile de séparer du protestantisme[6]. » En 1941, il célébra à nouveau la « grande page d'histoire contemporaine[7] » écrite par D. Halévy. A la tête de l'institution scolaire se trouvait Ferry contre lequel D. Halévy avait écrit un article très vif, l'accusant d'avoir déclaré une « guerre civile qui dure encore[8] ». Une seule mesure scolaire lui était apparue bénéfique en 1923, la réforme de l'enseignement de Léon Bérard qui avait restauré le rôle du grec et du latin et fait de l'enseignement secondaire un « enseignement d'élite[9] », protégé « par des examens et des exclusions[10] » de la pénétration du primaire. Plutôt modéré d'habitude dans ses articles publiés dans *La Na-*

---

1. Daniel Halévy, « L'Ecole rurale », *Journal des Débats*, 2 novembre 1920, p. 2.
2. Cf. sur ce thème, la réfutation de Jean-François Chanet, *L'Ecole républicaine et les petites patries*, Paris, Aubier, 1996, 426 p.
3. Daniel Halévy, « France. De Re Gallica », *Revue de Genève*, mars 1925, pp. 352-354.
4. *Ibid.*, p. 354. D. Halévy entretenait de bonnes relations, de longue date, avec le fils de Pécaut, Pierre-Félix Pécaut (1866-1946), directeur de l'ENS de Saint-Cloud.
5. Cf. Charles Maurras, *Dictionnaire politique et critique*, Paris, Fayard, 1933, t. IV, pp. 210-212, 216-217.
6. *Ibid.*, p. 211.
7. Charles Maurras, *La Seule France. Chronique des jours d'épreuve*, Lyon, H. Lardanchet, 1941, p. 242.
8. Daniel Halévy, « Ferry », *Journal des Débats*, 27 juin 1927, p. 3.
9. Daniel Halévy, « France. Controverses académiques et scolaires. Les équipes sociales. Les jugements d'Henri Massis », *Revue de Genève*, septembre 1923, n° 39, p. 349.
10. *Ibid.*

cion argentine, il comparait en 1934 le corps enseignant aux groupements politiques des régimes fascistes : « J'irais même jusqu'à dire [...] qu'elle [la corporation des enseignants] est comparable aux milices fascistes, hitlériennes ou soviétiques[1]. » Entre 1935 et 1939, il mena une campagne contre les manuels scolaires républicains[2] : il publia dans *Je suis partout* un article dénonçant les erreurs et les absurdités historiques et montrait « [...] le travail positif, la manière dont le Manuel enferme les esprits dans une construction mythique, le diminuant ainsi et les paralysant, les rendant inaptes à penser le réel[3] ». Dans un deuxième article, « Le peuple qui ne comprend pas[4] », dont le titre était emprunté à Gaxotte, il dénonçait l'influence « maçonnique » dans les manuels du cours supérieur. La campagne d'Halévy contre les manuels scolaires républicains fut à l'origine de l'invitation qu'il reçut du Cercle Fustel de Coulanges en 1939. Ce Cercle, de sensibilité maurrassienne fondé en 1926 par Henri Bœgner (1896-1960), frère du pasteur Marc Bœgner, avait pour objectif d'établir la « collaboration de l'école, de la famille et des grandes institutions de la vie nationale, régionale et corporative, pour le bien de l'enfant et la grandeur de la France[5] ». Daniel Halévy prononça en mai 1939 devant un auditoire nombreux une conférence reprenant les grands thèmes de sa critique de l'école républicaine et notamment celle des manuels scolaires : « Cependant, les enfants terriens forment la moitié des enfants de France. Une page pour eux, trois pour les autres : pourquoi cette inégalité ? Visiblement, la civilisation urbaine écrase la paysanne[6]. » Bien des thèmes de cette conférence furent repris dans une brochure parue au cours de l'été 1939, *Histoire d'une histoire esquissée pour le troisième cinquantenaire de la Révolution française*, qui constituait une ample critique de l'historiographie républicaine.

---

1. « Me atreveria a decir [...] que es comparable a las milicias fascistas, hitleristas o soviéticas » (Daniel Halévy, « Un regimen desqueciado », *La Nacion*, 21 janvier 1934).
2. Cf. sur ce point Pierre Nora, « Lavisse, instituteur national. Le "Petit Lavisse", évangile de la république », dans Pierre Nora (dir.), *Les Lieux de mémoire.I. La République,* Paris, Gallimard, « Bibliothèque illustrée des histoires », 1984, vol. 1, pp. 247-289.
3. Daniel Halévy, « Discours à la nation française », *Je suis partout*, 23 mars 1935, p. 4.
4. Daniel Halévy, « Le peuple qui ne comprend pas », *Je suis partout*, 8 juin 1935, p. 4.
5. Cité dans Eugen Weber, *L'Action française*, Paris, Fayard-Hachette, 1985, p. 296.
6. Daniel Halévy, « Emploi de la quatorzième année », *Cahiers du cercle Fustel de Coulanges*, juin 1939, n° 5, p. 40.

Malaise dans la civilisation : l'ère des masses

Parallèlement à la critique de la démocratie parlementaire, un autre thème affleure dans les écrits de Daniel Halévy, plus particulièrement pendant la décennie 1930. Les signes d'une grande inquiétude se manifestèrent dans des textes révélant un autre constat, de nature beaucoup plus profond, qui amena Daniel Halévy à diagnostiquer une véritable crise de civilisation. A la différence de la critique politique et des travaux historiques, cette observation ne donna pas lieu à une réflexion élaborée dans des ouvrages mais prit la forme d'articles ou de courtes études. Pour Halévy, les symptômes de cette crise étaient la place croissante des masses, le rôle de la technique et de la vitesse, manifestations différentes d'un même profond dérèglement social. Le thème de l'emprise croissante des masses dans la vie sociale et politique du pays court tout au long de l'œuvre de Daniel Halévy. Manifeste dès l'affaire Dreyfus autour de l'idée des « passions », il ne cessa de prendre une place croissante dans ses écrits, les années 1930 marquant de ce point de vue l'acmé d'une tendance déjà ancienne. L'élitisme de Daniel Halévy, réponse à la poussée des masses dès le début du siècle, s'exprima alors de façon beaucoup plus forte qu'auparavant et s'accompagna d'un vif passéisme.

En 1924, Daniel Halévy avait souscrit à la défense de la bourgeoisie de René Johannet car il voyait dans ce groupe social le dernier rempart permettant de contenir les masses[1]. La peur de la foule était en premier lieu motivé par le danger révolutionnaire : « Dira-t-on [...] que les hommes, pris en masse, ne sont accessibles qu'à des impulsions rudimentaires, qui, si elles ne sont retenues, réfrénées, mènent aux désastres[2] ? » écrivait-il en 1928. D'autre part, les masses couraient le risque d'être domestiquées par le régime républicain pour des objectifs politiques. Il laissait d'ailleurs planer le doute sur les buts réels qui pouvaient être assignés aux foules : « La masse électorale a décidément changé : ce n'est plus cette foule ahurie qui tantôt votait pour l'Empire, tantôt pour la République et tantôt pour l'Eglise ; c'est une troupe qui exécute des consignes, qui marche vers un but assigné, au-delà duquel paraissent d'autres buts qu'on ne dit pas tous[3]. » L'ère démocratique

---

1. Daniel Halévy, « Bourgeoisie », *Le Figaro*, 8 mai 1924, n° 129, p. 1.
2. Daniel Halévy, « Notes sur Taine et les "Origines de la France contemporaine" », *Revue Hebdomadaire*, 5 mai 1928, p. 14.
3. Daniel Halévy, *La Fin des notables*, Paris, Grasset, 1930, pp. 140-141.

ouverte par le suffrage universel, conjuguée à la puissance des masses, avait selon Halévy profondément perverti le système politique libéral auquel il était attaché : « La politique ancienne était l'affaire d'un petit nombre ; elle échappait à la puissance instinctive, imaginative, des masses. La Révolution française a réussi sur un point : elle a brisé la barrière qui séparait l'Etat des masses [...][1] ». Enfin, la foule annonçait le règne de la quantité alors qu'il était attaché à une civilisation de qualité. Ainsi jugeait-il que l'Europe était désormais dominée par des « forces » et non plus par des « êtres[2] ». En 1936, dans un article intitulé « Masses », il concluait avec pessimisme : « Si le destin de l'homme est de disparaître dans la masse, quel deuil[3] ! » L'ère des masses était également pour lui celle de la technique, caractérisée par la vitesse et la mécanique. Ce discours nouveau apparaît dans les années 1930, mêlé à des méditations historiques et des réflexions sur la notion de civilisation. Dans « Eschatologies terrestres », article écrit en 1932, il dressait un constat très pessimiste sur l'avenir de la civilisation européenne. Il avançait l'idée que les civilisations orientales, aux « rythmes lents » seraient peut-être plus durables que les civilisations occidentales minées par la vitesse. A moins, disait-il, que l'avenir soit aux insectes qui ont précédé l'humanité : « Il serait surprenant que leurs républiques immuables, et pour nous mystérieuses, n'assistent à l'écroulement, à l'agonie des nôtres[4]. » L'assombrissement de ces années d'avant-guerre était si profond qu'il avait écrit dans cet article : « Dans la civilisation [...], qui semble bien consister dans une primauté du cerveau sur les instincts, les sentiments, il y a un germe de mort[5]. » La vitesse et la mécanique étaient la traduction de cette morbidité. Il est intéressant de constater qu'à l'heure où de nombreux intellectuels réfléchissant sur le communisme et les fascismes, diagnostiquaient à ce propos une crise de civilisation, Daniel Halévy ne voyait pas dans la nature particulière de ces régimes la cause principale de la crise contemporaine. En 1934, dans un article consacré à Jung, il présentait ainsi la crise de l'époque : « Notre Europe couverte d'écoles où on ne sait plus enseigner que les mathématiques et la mécanique ; couverte d'usines où la main de l'homme est mise en sommeil ; cette même Europe où le marteau, la croix gammée, la flèche oblique, sollicitent l'ardeur des instincts pri-

---

1. Daniel Halévy, *Histoire d'une histoire esquissée pour le troisième cinquantenaire de la Révolution Française*, Paris, Grasset, 1939, p. 34.
2. Daniel Halévy, « Le déclin du portrait », *Le Figaro*, 10 juillet 1931, n° 191, p. 5.
3. Daniel Halévy, « Masses », *Gazette de Lausanne*, 2 décembre 1936, p. 1.
4. Daniel Halévy, « Eschatologies terrestres », *Journal des Débats*, 26 juin 1932, p. 1.
5. *Ibid.*

mitifs, oblige qui l'observe à des pronostics sévères[1]. » Ses très rares écrits sur l'Allemagne nazie et l'Italie fasciste montrent qu'il n'avait pas compris la spécificité de ces régimes. Pour lui, la crise en Europe était globale et se manifestait dans les démocraties libérales ainsi que dans les régimes totalitaires, par des symptômes identiques : âge des foules, règne de la mécanique et de la technique. Au cours d'un voyage en Hollande accompli à l'invitation de Jean Dagens, il découvrit un pays qui lui apparut comme un parfait contre-modèle de la situation française : « Une énergique sollicitude pour les sentiments et les institutions traditionnelles, pour les Eglises, pour les familles, pour les métiers, pour la monarchie incarnant l'autorité maternelle et la fécondité. [...] La Hollande n'a d'autre politique que le respect des institutions et des engagements qui ont fait la civilisation[2]. » Il voyait dans ce pays une société qui aurait pu être un nouveau modèle pour l'Europe en crise : « Aucune fatalité ne nécessite, dans nos sociétés, la destruction de la famille par le communisme de l'usine et de l'école, puisqu'en Hollande cette destruction n'existe pas[3]. »

Face au constat d'une crise politique en France et plus globalement d'une crise de civilisation en Europe, les écrits de Daniel Halévy portent la marque d'un élitisme profond ainsi qu'une certaine forme de passéisme. Interrogé en 1935 par Christian Melchior-Bonnet (1902-1995) pour l'hebdomadaire catholique *Sept*, il présentait ainsi l'unité de sa carrière d'écrivain : « Je crois pouvoir dégager aussi un certain sens de mes livres : la fin que nous poursuivons est la culture des qualités humaines, le maintien d'un certain goût, d'un certain honneur[4]. » Cette phrase qui revenait fréquemment dans ses écrits et propos de l'époque, avait été écrite en 1910 dans l'*Apologie pour notre passé* : « La fin que nous poursuivons ; qui est, si nous ne nous trompons, la culture des qualités humaines, le maintien d'un certain goût et d'un certain honneur, n'est pas de celles où concourent les forces fondamentales[5]. » « Dans *Proudhon*, j'ai vu un certain socialisme ami des groupements naturels, de la famille, de la patrie, du métier : c'était la vieille France artisanale, celle que Péguy avait connue, qu'il défendait. Mon *Vauban* voulait montrer aussi l'homme de métier, le parfait serviteur d'une besogne française. J'ai été plongé ensuite dans de longues recherches sur la noblesse du XVIIIe, que je n'ai pas utilisées, sur les aristocraties qui

---

1. Daniel Halévy, « Un médecin d'âmes », *1934*, 23 juillet 1934, n° 42, p. 3.
2. Daniel Halévy, « En Hollande », *Civilisation*, mai 1938, n° 2, p. 4.
3. *Ibid.*
4. Christian Melchior-Bonnet, « Chez Daniel Halévy », *Sept*, 1er mars 1935, p. 8.
5. Daniel Halévy, *Apologie...*, *op. cit.*, p. 101.

gouvernent, les parlements[1]. » Après avoir écrit *La République des ducs*, il avait confié à André Rousseaux son attachement aux « notables » : « Je suis attaché à la civilisation qui fut la leur, et dont les éléments sauvés sont tout ce qui nous reste de civilisation[2]. » Les proches de Daniel Halévy avaient relevé cette tendance de longue date. Ainsi son frère Elie avait écrit en 1913 à son camarade Célestin Bouglé : « Je me demande parfois avec inquiétude sur ce qui me retient d'être comtiste, ce n'est pas un vague aristocratisme, mondain ou plutôt intellectuel – à la Daniel Halévy[3]. » Robert Dreyfus, le plus ancien des amis de Condorcet, mentionnait en 1937 « [...] cette constante prédilection pour "les élites", dont M. Daniel Halévy a souvent confié à son entourage, à ses portraitistes que, depuis son plus jeune âge, elle assure l'unité de sa carrière d'écrivain[4] ». Défenseur de la civilisation libérale du XIXe siècle dont il constatait jour après jour l'effacement, Daniel Halévy marqua de plus en plus fortement son attachement à des réalités qui le rejetaient plus encore dans le passé. En 1930, il avait écrit un article dans lequel il comparait deux drames : le premier à Alsdorf où un coup de grisou avait tué trois cents hommes dans une mine et le second à Concarneau, où une tempête avait provoqué la mort de deux cents Bretons. Il s'émouvait du fait que toute l'Europe avait compati pour le drame d'Alsdorf et totalement méconnu celui de Concarneau. Il discernait là un fait de civilisation de première importance. Analysant le monde de la mine comme celui d'une création humaine et celui de la mer comme le règne de la nature, il voyait dans la différence de réaction à l'égard des deux événements un signe inquiétant, prouvant que les populations liées à la terre et à la mer étaient négligées au profit des masses travaillant dans les puits des mines. « Quel contraste toujours entre ces deux catastrophes ! L'une appartient à un monde où la résignation était une vertu, l'autre à un monde tout différent, le nôtre, où l'homme tend à confondre l'honneur et la révolte[5] », concluait-il. L'image de l'usine devint un thème récurrent de ses méditations. S'appuyant sur l'autorité de Proudhon, il croyait voir – comme avant la guerre – dans la France pré-industrielle et l'artisanat une solution au problème des masses : « L'usine mécanisée peut être assouplie, humani-

---

1. Christian Melchior-Bonnet, *op. cit.*, p. 8.
2. André Rousseaux, « Visite à M. Daniel Halévy. Quand la Troisième République faisait ses premiers pas », *Candide*, 18 février 1937.
3. Lettre d'Elie H. à Célestin Bouglé, 1er octobre 1913, reproduite dans : Elie Halévy, *Correspondance...*, *op. cit.*, p. 442.
4. Robert Dreyfus, « L'histoire et la vie. Sous la Troisième... », *Revue de France*, 15 mars 1937, p. 334.
5. Daniel Halévy, « Alsdorf et Concarneau », *Le Figaro*, 1er novembre 1930, n° 305, p. 2.

sée ; l'artisanat peut en forcer l'entrée, y installer ses mœurs, ses usages, son génie. Cette espérance existe, et ne peut être négligée[1]. » Il y avait dans ce passéisme une forte composante morale. Dans une étude intitulée « chômage et famine », il affirmait : « La seule chose certaine, c'est la responsabilité de l'homme : il a inventé ces machines qui déplacent les bras ; il a inventé cette organisation qui dirige les machines [...]. Il a tout fait [...] il doit maintenant connaître les misères nouvelles attachées à ces richesses comme leur ombre, et se préparer à rendre compte[2]. » Cet état d'esprit l'amena à renforcer son attachement à la terre et à la paysannerie.

La crise du libéralisme

A la même époque, de jeunes intellectuels faisaient un constat presque similaire à celui de Daniel Halévy : en effet, le diagnostic d'une « crise totale de civilisation[3] » était le point commun à l'ensemble des groupes non conformistes qui se manifestèrent au début des années 1930. Or, Daniel Halévy fut en relation avec des représentants de diverses tendances de cette nébuleuse, celle d'*Esprit*, de l'Ordre nouveau ainsi que celle de la Jeune droite.

Il y eut sans aucun doute une influence de D. Halévy sur cette jeune génération : que ce soit dans les rangs de la Jeune droite[4], d'Ordre nouveau[5] ou à *Esprit*, les essais et pamphlets d'Halévy écrits dans les années 1930 furent attentivement lus et unanimement approuvés. Pour ces jeunes gens, Daniel Halévy avait été l'ami de Péguy et de Sorel, deux personnalités qui constituaient des références essentielles de leur tentative de syncrétisme intellectuel. Ainsi, Mounier envoya à Daniel Halévy au début de l'année 1931 l'ouvrage sur *La Pensée de Charles Péguy* qu'il avait écrit avec Marcel Péguy et Georges Izard, avec la dédicace :

---

1. Daniel Halévy, « Masses », *Gazette de Lausanne*, 2 décembre 1936, p. 1.
2. Daniel Halévy, *Courrier d'Europe, op. cit.*, p. 122.
3. Jean-Louis Loubet Del Bayle, *Les Non-Conformistes des années 30. Une tentative de renouvellement de la pensée politique française*, Paris, Seuil, 1969, pp. 248-267.
4. Cf. J. de F. [Jean de Fabrègues], « Décadence de la liberté », *Réaction*, janvier-février 1932, n° 8-9, pp. 50-51 ; « La République des ducs », *Combat*, juillet 1937 ; « 1938. Une année d'histoire », *Civilisation*, mars 1939, pp. 20-22 et Jean-Pierre Maxence, « La République des comités », *Gringoire*, 1er juin 1934 ; « Visites aux paysans du Centre », *Gringoire*, 1er mars 1935 ; « Histoire d'une histoire », *Gringoire*, 17 août 1939 ; Thierry Maulnier, « Destin de l'Europe », *L'Action française*, 23 février 1933, pp. 3-4 ; « La tragédie paysanne », *Revue Universelle*, 1er mai 1935, pp. 371-375.
5. Daniel-Rops, « Les temps obscurs et les couches nouvelles », *La République*, 15 octobre 1930 ; Daniel-Rops, « Un maître silencieux », *Journal des Débats*, 28 août 1932 ; Daniel-Rops, « Problèmes d'Europe », *Journal des Débats*, 27 février 1933

« A monsieur Daniel Halévy, à l'ami de Charles Péguy ». D. Halévy était en outre un des rares proudhoniens de droite à l'époque. Il n'avait pas abandonné ses travaux sur Proudhon, ayant publié deux ouvrages de référence en 1929 : un volume de lettres choisies et annotées avec Louis Guilloux et surtout une édition annotée des *Confessions d'un Révolutionnaire pour servir à l'histoire de la Révolution de février* chez Rivière, dans la grande série des œuvres complètes de Proudhon, dirigée par Célestin Bouglé et Henri Moysset. D. Halévy incarnait enfin et surtout une forme de critique d'un système politique qu'ils condamnaient[1] : ainsi un certain nombre de livres de Daniel Halévy figuraient dans le « projet de bibliographie » de *La Révolution nécessaire*, publié par Robert Aron (1898-1975) et Arnaud Dandieu (1897-1933) en 1933. D. Halévy félicita avec enthousiasme Dandieu, auteur avec R. Aron de *Décadence de la Nation française*[2]. Daniel-Rops faisant en 1932 dans le chapitre « Carence » de son livre *Les Années tournantes*, le procès des intellectuels contemporains, s'appuyait sur le passage de Daniel Halévy concernant la « littérature de fuite[3] ». Il fut suivi dans ce constat par Jean-Pierre Maxence qui utilisa également *La République des comités* pour son autobiographie politique, *Histoire de dix ans*[4]. Daniel Halévy fut associé de près à la genèse de certains projets, ceux d'*Esprit* et de l'Ordre nouveau notamment. Gabriel Marcel s'était fait en 1931 l'intercesseur d'Emmanuel Mounier (1905-1950) auprès de Daniel Halévy. Mounier sollicita alors Halévy qui accepta d'appuyer le projet de revue. De même, deux ans plus tard, Robert Aron et Arnaud Dandieu firent une démarche similaire pour Ordre nouveau et Daniel Halévy accorda son patronage. Selon Robert Aron, Daniel Halévy était « un des maîtres de notre génération[5] ». Daniel Halévy était en outre en relations épistolaires avec Daniel-Rops (1901-1965) depuis 1927, et avec Denis de Rougemont (1906-1985), tous deux par ailleurs invités du quai de l'Horloge. Parmi les jeunes intellectuels, D. Halévy avait distingué particulièrement Arnaud Dandieu[6] et Thierry Maulnier (1909-1996). De

---

1. Cf. Zeev Sternhell, « Emmanuel Mounier et la contestation de la démocratie libérale », *Revue française de science politique*, décembre 1984, n° 6, vol. 34, pp. 1141-1180. Nous ne suivons pas l'auteur lorsqu'il voit dans la pensée de Mounier un préfascisme.
2. Cf. Robert Aron, *Fragments d'une vie*, Paris, Plon, 1981, p. 101.
3. Daniel-Rops, *Les Années tournantes*, Paris, éditions du Siècle, 1932, p. 174.
4. Jean-Pierre Maxence, *Histoire de dix ans (1927-1937)*, Paris, Gallimard, 1939, p. 37, 296.
5. Cf. Robert Aron, *op. cit.*, p. 113.
6. Cf. Daniel Halévy, « Arnaud Dandieu », *La Nacion*, 15 avril 1934 et deux évocations postérieures : Daniel Halévy, « Paris, la terre, les croyances », dans *La France de l'esprit 1940-1943. Enquête sur les nouveaux destins de l'intelligence française*, Paris, Sequana, 1943, p. 43 et « Quatre précurseurs : Proudhon, Sorel, Péguy, Dandieu », dans *L'Ere des fédérations*, Paris, Plon, 1958, pp. 15-17.

tous ces mouvements, il semble que D. Halévy ait été plus particulièrement proche de la Jeune droite, issue des rangs de l'Action Française[1] : il accepta de donner une profession de foi politique au premier numéro de *Réaction* et resta durablement lié à son animateur, Jean de Fabrègues, pendant et après la Deuxième Guerre mondiale. Ainsi, il suivit et patronna les activités de cette mouvance, présidant après René Dommange, René Gillouin et Abel Bonnard les dîners de la *Revue du XXe siècle*, héritière de la *Revue du siècle*, organisés par Fabrègues au café Procope. Le seul ouvrage des non-conformistes dont il rendit compte – avec faveur – fut *Demain la France*, écrit par Robert Francis, Thierry Maulnier et Jean-Pierre Maxence[2]. Cependant, l'appui d'Halévy à ces mouvements, y compris la Jeune droite, ne doit pas être surévalué. Il ne faisait pas partie des comités de rédaction et se contenta de publier cinq articles seulement dans les diverses revues non conformistes[3]. Mis à part la sympathie qu'il éprouvait fréquemment à l'égard des jeunes intellectuels, il apparaît que, sur le fond, il était éloigné de nombreux aspects de leur pensée. Ainsi, était-il sceptique à l'égard de *Décadence de la nation française* et du *Cancer américain*, publiés par Aron et Dandieu tout comme à l'égard des écrits de Rougemont. A la demande de Paulhan, Denis de Rougemont avait coordonné un numéro spécial de la *NRF* en décembre 1932 dont il avait rédigé la conclusion. Rougemont avait noté dans son journal la réaction de Daniel Halévy : « mécontent, c'est vague[4] ». En 1937, Daniel Halévy présida à l'Union pour la vérité, une séance au cours de laquelle Denis de Rougemont présenta son livre *Penser avec les mains*. Au cours du débat qui suivit, D. Halévy se montra très critique à l'égard du personnalisme[5].

---

1. Sur ce mouvement, cf. Véronique Auzepy-Chavagnac, *Jean de Fabrègues. Persistance et originalité d'une tradition catholique de droite pendant l'entre-deux-guerres*, thèse de doctorat de science politique sous la direction de René Rémond, I.E.P., 1993, 1034 p.
2. Daniel Halévy, « Demain la France », *1934*, 22 août 1934, n° 46, p. 9.
3. Daniel Halévy, « Enquête sur l'ordre. Réponse de M. Daniel Halévy », *Réaction*, avril 1930, n° 1, p. 28 ; « La France jugée », *Esprit*, janvier 1933, n° 4, pp. 604-630 ; « Mauriac en route », *Revue du siècle*, juillet-août 1933, n° 4, p. 14 dans un numéro spécial : « Hommage à François Mauriac » (la parution de ce numéro fut suivi d'un dîner en l'honneur de Mauriac auquel D. Halévy participa également) ; « Une étude de l'histoire », *Ordre nouveau*, janvier 1937, pp. 55-59 ; « En Hollande », *Civilisation*, mai 1938, n° 2, pp. 1-4. Il signa également la déclaration du comité pour la paix civile et religieuse en Espagne (*Esprit*, 1er juillet 1937, n° 58, pp. 651-652). D. Halévy faisait partie du « Conseil de direction » dont le secrétariat était assuré par Claude Bourdet, fils de Catherine Pozzi. Daniel Halévy expliqua les raisons de son adhésion à cet appel et salua les initiatives de Mauriac en faveur de l'Espagne dans : « Espagne », *Gazette de Lausanne*, 5 juin 1937, n° 155-156, p. 1.
4. Denis de Rougemont, *Journal d'une époque*, Paris, Gallimard, 1968, p. 105.
5. Cf. *Bulletin de l'Union pour la vérité*, février-mars 1937, n° 5-6, p. 244.

En fin de compte, il fut réservé à l'égard de l'ensemble du mouvement non conformiste : en 1957, à la suite d'un débat à l'Académie des sciences morales où Pierre Andreu présenta une étude sur « Les idées politiques de la jeunesse intellectuelle de 1927 à la guerre », Gabriel Marcel et Daniel Halévy intervinrent pour regretter la stérilité de l'ensemble du mouvement, auquel ce dernier opposait les réalisations des équipes sociales[1]. Daniel Halévy et les non-conformistes avaient établi un diagnostic apparemment identique de la crise morale, ce qui avait permis les premiers contacts. Cependant, ils se tenaient sur des positions bien éloignées : la jeune génération avait entrepris une critique philosophique s'opposant à l'individualisme libéral que D. Halévy de son côté ne remettait pas en cause. En revanche, la critique d'Halévy – essentiellement politique – s'adressait à une modernité incarnée dans le règne des masses alors que les non-conformistes souhaitaient une « révolution » qui tînt compte de leurs aspirations. Enfin et surtout, les non-conformistes formulaient des réponses à la crise de civilisation, alors qu'Halévy se contentait d'en faire un constat, à sa façon, sans envisager d'autres remèdes qu'un retour à un âge d'or social et politique largement révolu[2].

L'intérêt nouveau porté à l'histoire et à la politique, deux domaines entre lesquels il établissait des relations – l'essai historique soutenant l'effort de critique politique – témoigne d'évolutions importantes chez Daniel Halévy dans les années 1930. Abandonnant la littérature, il se consacra pleinement à cette activité nouvelle avec un élan d'autant plus vif que la situation politique lui imposait d'agir avec urgence. Les thèmes que D. Halévy défendait désormais, la nature pamphlétaire et le ton de ses écrits, incitent à se pencher sur ses relations avec l'extrême droite dans la perspective de l'interrogation formulée dès l'époque du post-dreyfusisme, celle de l'autonomie des intellectuels conservateurs à l'égard de la pensée et du mouvement maurrassien. Incontestablement, la crise profonde ressentie dans les années 1930 par de nombreux libéraux favorisa des rapprochements avec la pensée maurrassienne.

La première décennie du siècle avait été marquée par l'apogée du système parlementaire mais également par les premières mises en cause du régime[3]. L'expression de « crise du parlementarisme » employée dès

---

1. Cf. *Revue des travaux de l'Académie des sciences morales et politiques*, 2e semestre 1957, p. 32.
2. Ainsi Thierry Maulnier regrettait le passéisme d'Halévy dans les *Visites aux paysans du Centre*, cf. Thierry Maulnier, « La tragédie paysanne », *Revue Universelle*, 1er mai 1935, pp. 371-375.
3. Cf. Nicolas Roussellier, *Le Parlement de l'éloquence. La souveraineté de la délibération au lendemain de la Grande Guerre*, Paris, Presses de Sciences Po, 1997, pp. 15-20.

cette époque servait à désigner les dysfonctionnements mais, plus radicalement encore, l'institution parlementaire elle-même, « théâtre des divisions[1] » de la nation. Au cours des années 1920, le système politique évolua, profondément marqué par un certain déclin du pouvoir parlementaire par rapport au pouvoir gouvernemental : la réorganisation de l'agenda parlementaire, la rationalisation et la diminution du temps de parole, le vote de décrets-lois en furent les traits les plus marquants. Ainsi s'affaiblissait un système à prédominance parlementaire et délibérative, fondement du modèle républicain[2]. Parallèlement aux modifications institutionnelles, la crise du libéralisme politique en France s'alimenta du déclin électoral des forces libérales tout au long de l'entre-deux-guerres. Mais, malgré les transformations du fonctionnement parlementaire, les critiques redoublèrent, bien plus radicales dans les années 1930. Le mouvement de réforme de l'Etat soutenu entre 1926 et 1934 par des républicains modérés et par des socialistes réformistes posa désormais la question de la réforme en termes institutionnels et non plus seulement fonctionnels[3]. Ceux qui assimilaient le libéralisme à la prédominance du Parlement diagnostiquèrent la crise dès les réformes des années 1920. D'autres voyaient dans le déclin électoral des libéraux une autre manifestation de cette crise. Réelle, celle-ci atteignit son point culminant lorsque des libéraux, hommes politiques et intellectuels, se rallièrent à des situations autoritaires s'accompagnant de remises en cause profondes de la République. Alfred Fabre-Luce (1899-1983), dont Halévy avait édité *Russie 1927* aux « cahiers verts », avait été diplomate et membre de différents cabinets ministériels dans les années 1920 et s'intéressait de près aux questions de politique extérieure[4]. De formation libérale, il se rapprocha à la fin des années 1920 des « Jeunes Turcs » du parti radical. Pour lui, la guerre avait profondément déstructuré la civilisation européenne et modifié en conséquence les conditions du libéralisme[5]. Tout son effort consista à aménager le libéralisme afin d'éviter qu'il ne disparaisse : il prit position pour un aménagement du libéralisme économique en revendiquant notamment le planisme et réclama une augmentation de l'autorité de l'Etat. Il était

---

1. *Ibid.*, p. 20.
2. Cf. Serge Berstein et Odile Rudelle, *Le Modèle républicain*, Paris, PUF, 1992, 432 p.
3. Cf. Nicolas Roussellier, « La contestation du modèle républicain dans les années 30 : la réforme de l'Etat », dans Serge Berstein et Odile Rudelle, *op. cit.*, pp. 319-355.
4. Cf. sur ce point Christine Maurer, *La Pensée politique d'Alfred Fabre-Luce dans les années vingt (1922-1930) ou les paradoxes du libéralisme*, mémoire de DEA sous la direction de Serge Berstein, IEP, 1998, 123 p.
5. Cf. Klaus-Peter Sick, « Alfred Fabre-Luce et la crise du libéralisme dans l'entre-deux-guerres », *Commentaire*, automne 1989, n° 47, vol. XII, pp. 551-562.

dans l'ensemble favorable à un néo-libéralisme autoritaire face aux totalitarismes. Ainsi accepta-t-il de participer en 1937 au « Front de la Liberté » de Doriot. Joseph Barthélemy (1874-1945), appartenait à une famille de notables républicains. Avocat, professeur à l'Ecole de Droit et à l'Ecole libre des sciences politiques, il avait pris des positions très fermes au début des années 1920 sur la défense du parlementarisme. Député, président de la commission du suffrage universel à la Chambre, il retourna à la vie universitaire après un échec électoral en 1928. Alors qu'il était membre du comité technique pour la réforme de l'Etat, certaines de ses propositions furent adoptées. Libéral et conservateur, ses propositions politiques avaient pour objectif de mettre la politique à l'abri des pressions des masses autant que d'un pouvoir autoritaire[1]. L'avènement du gouvernement de Front populaire marqua un revirement profond chez Barthélemy. Se consacrant presque exclusivement désormais à son activité d'éditorialiste au *Temps*, il se fit le défenseur de valeurs conservatrices, puis, munichois, défendit vigoureusement le pacifisme. Charles Benoist (1861-1936), publiciste libéral, influencé par les doctrinaires, avait été préoccupé dès la fin des années 1880 par la limitation des effets du suffrage universel[2]. Il s'était attaqué aux radicaux dans la *Revue bleue* à partir de 1889 dans une série de portraits, les « Chroniques parlementaires ». C'est la raison pour laquelle Daniel Halévy avait salué en lui un « ancêtre[3] » dans la dédicace de *La République des comités* qu'il lui avait adressée. Chroniqueur à la *Revue des Deux Mondes*, Benoist avait été élu député de Paris en 1902. Espérant corriger le suffrage universel par une réforme du mode de scrutin, il mena une campagne pour la représentation proportionnelle[4]. En 1924, la victoire du Cartel le contraignit à quitter ses fonctions à l'ambassade de La Haye. Dès lors son hostilité aux radicaux redoubla, notamment dans ses chroniques politiques de la *Revue Universelle* reprises en 1929 dans *La Maladie de la démocratie. L'art de capter le suffrage et le pouvoir*. En 1928, il acheva son évolution vers l'extrême droite en rejoignant les rangs de l'Action Française et devint un an plus tard, le précepteur du « Dauphin », futur Comte de Paris. André Tardieu (1876-1945) illustre un autre cas de figure chez les libéraux. Normalien, diplo-

---

1. Gilles Martinez, « Joseph Barthélemy et la crise de la démocratie libérale », *Vingtième siècle. Revue d'histoire*, juillet-septembre 1998, n° 59, pp. 28-47.
2. Cf. Lionel Leforestier, *Charles Benoist. De « l'organisation de la démocratie » à l'Action française (1861-1936)*, mémoire de DEA sous la direction de Serge Berstein, IEP, 1997, 142 p.
3. Rapporté par Charles Benoist dans son compte rendu : « La République des comités », *Revue Universelle*, 15 juin 1934, p. 759.
4. D. Halévy avait consacré deux pages élogieuses à cette campagne de Charles Benoist (*La République des...*, *op. cit.*, pp. 101-102).

mate puis secrétaire de Waldeck-Rousseau, il devint député avant la guerre. Profondément libéral[1], ses trois années au pouvoir (1929-1932) furent l'occasion pour lui d'essayer de mettre en œuvre trois réformes afin de « réhabiliter la notion d'autorité dans la république[2] » : une politique de rassemblement national, un essai de personnalisation du pouvoir du Président du Conseil et l'appel au citoyen. Daniel Halévy, pourtant peu amène dans ses jugements sur les hommes au pouvoir, avait fait un éloge de Tardieu en 1929 : « M. André Tardieu, il n'en faut pas douter, est homme d'Etat[3]. » Indéniablement, il y avait des points communs entre les deux hommes : les mesures de renforcement du pouvoir exécutif proposées par Daniel Halévy en 1922 étaient au cœur du projet de Tardieu. Pour Halévy, Tardieu avait une qualité importante : « M. André Tardieu s'est formé à l'écart des partis, de la politique même[4]. » Mais celui-ci fut contraint de quitter le pouvoir sur un constat d'échec profond, persuadé dorénavant qu'une réforme politique devait être précédée d'une ample réforme intellectuelle. « C'est à la base qu'il faut redresser, sans les déraciner, les idées, sur lesquelles, depuis plus de cent ans, vit le peuple français[5] », écrivait-il en 1934 dans *L'Heure de la décision*. Dans un chapitre intitulé, « Les conditions de la remise en ordre », Tardieu faisait le bilan des errements intellectuels de la France depuis un siècle et citait Daniel Halévy parmi les auteurs qui les avaient constatés avant lui[6], mentionnant deux de ses ouvrages, *La Fin des notables* et *Décadence de la liberté*[7]. Prenant sa retraite politique, Tardieu sur lequel s'exerçait de plus en plus une « forte séduction de la tentation "réactionnaire"[8] », se mua en pamphlétaire dans *Gringoire* et publia les premiers volumes de *La Révolution à refaire*, œuvre qui resta inachevée. En 1937, Tardieu reconnaissait sa dette à l'égard de Daniel Halévy en lui écrivant qu'il était pour lui un guide.

La critique, entre 1910 et 1930, avait qualifié Halévy d'écrivain « libéral ». Cette appréciation dans les années 1930 évolua nettement, enregistrant l'évolution vers un conservatisme absolu. André Thérive campait Daniel Halévy sous les traits d'un humaniste du siècle précé-

---

1. Cf. François Monnet, *Refaire la République. André Tardieu, une dérive réactionnaire (1876-1945)*, Paris, Fayard, « Pour une histoire du XXe siècle », 1993, 638 p.
2. *Ibid.*, p. 11.
3. Daniel Halévy, « France. Hommes d'Etat dans la République », *Revue de Genève*, mars 1929, p. 369.
4. *Ibid.*
5. André Tardieu, *L'Heure de la décision*, Paris, Flammarion, 1934, p. 246.
6. Pendant l'entre-deux-guerres, D. Halévy fréquenta régulièrement Henri Moysset, proudhonien, chef de cabinet de Tardieu.
7. André Tardieu, *L'Heure...*, *op. cit.*, p. 247, n.1.
8. François Monnet, *op. cit.*, p. 15.

dent, d'un « libéralisme foncier[1] » mais de plus en plus pessimiste. Robert de Traz avait pris acte de cette évolution : « On a reproché à M. Halévy d'avoir plus ou moins abandonné les convictions de sa jeunesse, et même d'être devenu sur le tard réactionnaire[2]. » Louis Gillet révélait avec justesse la situation de Daniel Halévy : « Son esprit continue celui des penseurs en redingote qui n'avaient pas rompu avec les actes et les travaux des grands hommes en habit à la française. Seulement sa vie à lui a débouché dans le XXe siècle, où la décadence de cette vieille et belle société s'est terriblement accélérée[3]. »

Du ruralisme au traditionalisme

L'entre-deux-guerres fut également une période marquée par l'expression d'un ruralisme croissant de la part de Daniel Halévy qui publia les *Visites aux paysans du Centre* en 1921 et une réédition augmentée de cet ouvrage en 1935. Dès 1915, sur le front des Flandres, il avait formé le projet de retourner après la guerre auprès des paysans bourbonnais : « Je pense aux métayers du Centre. Au sortir de la bagarre, ma première visite sera pour eux. Je compterai les domaines sans maîtres, les cures sans curé, les écoles sans maîtres. Je prendrai la destruction pour donnée, j'écouterai les plaintes, mais je ne m'intéresserai qu'aux projets[4]. » Il repartit donc à pied et en chemin de fer au cours de l'été 1920 accomplir une troisième enquête dans le centre de la France, rendant visite aux mêmes personnages qu'en 1910, Guillaumin, Norre, Létang, et Rougeron. Malgré l'a priori optimiste en 1915, le sentiment dominant en 1920 fut pessimiste et, dès le retour à Paris, il informa Emile Guillaumin de son impression. Le récit issu du séjour de 1920 fut publié aux « cahiers verts » au cours de l'été 1921. Les *Visites aux paysans du Centre* comprenaient le récit de 1920 et celui de 1910, édité en 1911 dans le *Bulletin* de l'Union pour la vérité.

Il est frappant de constater la différence entre les deux récits, celui de 1920 et de 1910. L'apologie de la ruralité est aussi nette dix ans après les premières visites, mais c'est le thème du dépeuplement des campagnes qui l'emporte largement dans le second récit. D. Halévy se comparait à Le Play retournant à quatorze ans d'intervalle voir la famille-souche des Mélouga et constatant qu'elle s'était défaite. Comme l'a re-

---

1. André Thérive, « Les livres. Courrier d'Europe », *Le Temps*, 13 avril 1933, p. 3.
2. Robert de Traz, « Daniel Halévy », *Revue de Paris*, 1er mai 1933, t. 3, p. 82.
3. Fidus [Louis Gillet], « Silhouettes contemporaines : M. Daniel Halévy », *Revue des Deux Mondes*, 15 décembre 1936, vol. 6, p. 903.
4. 11 juillet 1915, reproduit dans : *L'Europe brisée...*, p. 148.

marqué Maurice Agulhon, Daniel Halévy faisait dans ce récit œuvre d'« ethnologue sans le savoir[1] ». Ainsi, la qualité d'observation fait des *Visites* un document pour ceux qui s'intéressaient aux sociétés rurales[2] : l'enrichissement des paysans à l'occasion de la guerre, la description de la pénétration urbaine dans les villages, le mépris des cultivateurs à l'égard des éleveurs, constituaient autant de traits caractérisant l'évolution de la paysannerie du centre de la France. En dépit de cette dimension, l'ouvrage reposait sur une construction et un style très littéraires, commençant symboliquement par une citation de Virgile et s'achevant par une évocation de Lamartine. Par rapport aux visites d'avant-guerre, le pessimisme de D. Halévy s'était nettement accru. Consultant les statistiques de la natalité et de la mortalité à la mairie d'Ygrande, il réfléchissait : « La fin de tout cela, quelle est-elle ? Je le demande. Est-ce la fin de la race française[3] ? » Ce sentiment était rendu d'autant plus aigu que Daniel Halévy rencontrait en Létang, Norre – le « colon[4] » – et Rougeron, une élite d'hommes mûrs qui envisageaient et mettaient en pratique des solutions pour sauver la terre alors que celle-ci était abandonnée par les jeunes générations. Paradoxalement, c'est avec Guillaumin qu'il avait connu le premier, que la distance semblait désormais la plus grande. Halévy ne cachait pas son hostilité aux propos de Guillaumin souhaitant que « [...] le paysan entre de plus en plus dans le courant de la vie universelle[5] ». Il commentait : « La vie universelle, idole lamentable[6] ! » L'amertume des visites de 1920 était à peine atténuée par la dernière rencontre avec Albert Vincent, l'instituteur catholique du Beaujolais. Ouvrage littéraire, les *Visites aux paysans du Centre* provoquèrent des réactions négatives chez ceux qui en avaient été la matière. Ainsi Guillaumin écrivit à Raphaël Périé, un ancien lecteur et collaborateur des *Pages Libres* : « J'ai mieux aimé la première. La façon un peu romanesque et arbitraire dont il a lié les épisodes de ses excursions de 1920, les quelques propos retenus parmi tant de paroles échangées au cours de quatre journées – en Dordogne ou ici – tout cela ne me satisfait qu'à moitié[7]. » Guillaumin rendit compte du livre

---

1. Maurice Agulhon, « Sur les pas de Daniel Halévy », *Histoire vagabonde. Idéologies et politique dans la France du XIXe siècle*, t. II, Paris, Gallimard, « Bibliothèque des histoires », 1988, p. 136.

2. Pierre Barral utilisa à de nombreuses reprises les *Visites* comme un document dans son livre : *Les Agrariens français de Méline à Pisani*, Paris, Armand Colin, « Cahiers de la fondation nationale des sciences politiques » n° 164, 1968, 385 p. Henri Mendras se servit également des *Visites* dans *La Fin des paysans*, paru en 1964.

3. *Ibid.*, p. 104.
4. *Ibid.*, p. 118.
5. *Ibid.*, p. 96.
6. *Ibid.*
7. Lettre d'E. Guillaumin à Raphaël Périé, 1er août 1921, reproduite dans le prologue

sous le titre « Les craintes de l'uniformité », en faisant part de ses réserves : « J'aime beaucoup Daniel Halévy qui me témoigne depuis quinze ans et plus une amitié dont je suis fier. Et je l'aime en dépit d'un certain parti pris contre les terriens d'aujourd'hui qu'accuse la deuxième partie de son ouvrage puissant et grave[1]. » Adolphe Hodée, secrétaire de la fédération des travailleurs de l'agriculture, estimait que D. Halévy, écrivain parisien, n'avait pas compris « l'âme paysanne[2] ». Henri Norre avait écrit à Daniel Halévy pour lui reprocher son ignorance de la vie réelle dans les campagnes. En revanche, les écrivains apprécièrent l'ouvrage à l'exemple de Du Bos, d'Henri de Régnier et de Barrès[3]. Henri de Régnier signalait dans *Le Figaro* le « danger national » qu'était le dépeuplement des campagnes et louait l'auteur sans réserve : « M. Daniel Halévy, qui est un esprit de la plus scrupuleuse indépendance et de la culture la plus variée et la plus étendue, est aussi un écrivain de valeur et un lettré délicat[4]. » Charles Du Bos notait avec justesse dans son *Journal* : « Livre intéressant surtout peut-être par la manière dont s'y définit la nature d'Halévy [...][5] ». L'ouvrage fut en réalité diversement apprécié : loué à droite et notamment dans la presse catholique[6], il fut accueilli avec réserve par le reste de la critique. Thibaudet dans une courte note de la *NRF*[7] reprochait à Daniel Halévy le ton pessimiste, que Paul Souday tournait en dérision dans *Le Temps*[8]. Robert Kemp quant à lui, s'exprimant dans *La Liberté*, dénonçait un ouvrage « réactionnaire[9] ».

L'ouvrage de 1935 qui comprenait sous le même titre la réédition des visites de 1910 et de 1920 ainsi que le récit nouveau de celles de 1934, se distinguait du précédent par une nouvelle évolution du ton et de la

---

de la réédition des *Visites aux paysans du Centre*, Paris, Le Livre de Poche, « Pluriel », 1978, pp. 45-46.

1. Emile Guillaumin, « Les craintes de l'uniformité », *L'Information*, 26 septembre 1921.
2. Adolphe Hodée, « L'Ame paysanne. Visites aux paysans du Centre », *Le Peuple*, 9 août 1921.
3. Lettre de M. Barrès à M. Duclaux, 17 août 1921, reproduite dans : Daniel Halévy, *Mary Duclaux et Maurice Barrès. Lettres échangées.* Précédé de *Les Trois Mary* par *Daniel Halévy*, Paris, Grasset, 1959, p. 59.
4. Henri de Régnier, « La vie littéraire. Visites aux paysans du Centre », *Le Figaro*, 29 août 1921.
5. Charles Du Bos, *Journal*, Paris, Editions Corrêa, t. I (1921-1923), 1946, p. 18.
6. Cf. notamment René Johannet, « Paysanneries », *La Croix*, 4 septembre 1921 ; Robert Valléry-Radot, « L'enfance, la province et autres thèmes », *La Revue des jeunes*, 1er trimestre 1922, pp. 333-343 ; « Visites aux paysans du Centre », *L'Ami du clergé*, 9 février 1922, n° 6, pp. 91-92.
7. Albert Thibaudet, « Visites aux paysans du Centre », *NRF*, 1er novembre 1921, pp. 620-621.
8. Paul Souday, « Visites aux Paysans... », *Le Temps*, 8 septembre 1921.
9. Robert Kemp, « Visites aux paysans du Centre », *La Liberté*, 6 septembre 1921.

préoccupation fondamentale qui l'avait inspiré. Avec ces nouvelles *Visites*, placées dans l'avant-propos sous l'invocation qui revenait comme une litanie « les demeures, les arbres, les hommes[1] », Daniel Halévy passait du ruralisme commun à l'ensemble de la littérature régionaliste qu'elle soit de droite ou de gauche, à une expression traditionaliste[2].

Moins accaparé qu'en 1921 par les débuts des « cahiers verts », il put préparer le lancement des *Visites* avec plus d'attention. Celles-ci parurent en plusieurs feuilletons de décembre 1934 à janvier 1935 dans *Je suis partout*. Au début du mois de mars, il fut interviewé par l'hebdomadaire catholique *Sept*[3] et le 30 mars 1935, Guy-Grand organisa un débat à l'Union pour la vérité sur les questions agricoles avec comme invités Daniel Halévy et Michel Augé-Laribé (1876-1954), économiste spécialisé dans les questions rurales, secrétaire général de la Confédération nationale des associations agricoles[4]. Les *Visites aux paysans du Centre* parurent le mois suivant.

Le thème majeur de ces nouvelles visites n'était plus une lamentation sur le dépeuplement mais une réflexion sur l'opposition culturelle entre le monde des champs et celui des villes. L'auteur avait voulu donner une cohérence a posteriori à l'ensemble des visites : sa présentation dans l'avant-propos ne correspondait pas véritablement aux thèmes dominants de 1910 et 1920. Les dernières visites aux amis paysans étaient moins nombreuses et occupaient moins de place que dans les récits précédents. La conversation avec Guillaumin paraissait encore plus difficile qu'en 1920, alors qu'il évoquait plus longuement sa visite au journaliste monarchiste de *La Croix*, René Johannet. Des évocations nouvelles apparaissaient, comme celles de la forêt qui donnait lieu à une longue apologie à l'occasion d'une visite dans la forêt de Tronçais et à son historien, Jacques Chevallier (1882-1962), le doyen de la faculté des Lettres de Grenoble. La forêt était évoquée comme un monde clos, celui du surnaturel et de la permanence, résistant aux agressions du temps et de la vitesse[5]. Dans le cadre de cette vision du monde rural, l'irruption de l'automobile et de la vitesse lui paraissait incongrue et

---

1. Daniel Halévy, *Visites aux paysans du Centre (1907-1934)*, Paris, Grasset, 1935, p. 7.
2. Cf. Pierre Barral, « La terre », dans Jean-François Sirinelli (dir.), *Histoire des droites en France. Sensibilités*, Paris, Gallimard, 1992, t. 3, pp. 49-69.
3. Christian Melchior-Bonnet, *op. cit.*, p. 8.
4. Ce débat n'a pas été reproduit dans le *Bulletin* de l'Union. Le colonel de Gaulle y assista (cf. la lettre du colonel Charles de Gaulle à Daniel Halévy, 5 juin 1935, reproduite dans Charles de Gaulle, *Lettres, notes et carnets. Mai 1969-Novembre 1970. Compléments de 1908 à 1968*, Paris, Plon, 1988, p. 258).
5. Cf. Daniel Halévy, *Visites aux paysans du Centre (1907-1934)*, op. cit., notamment aux pages 210-222 et 249-255.

dangereuse. Ainsi, discutant avec des commerçants de Nohant, il remarquait : « Ils sont d'une autre civilisation, d'un autre monde : celui de la vitesse et de l'échange, si vite celui de la spéculation[1] ». La dimension ethnologique demeurait présente, notamment lorsqu'il évoquait avec précision l'influence grandissante du communisme dans l'Allier, en particulier à Ygrande[2]. Le dernier chapitre était consacré à une visite à Gevrey-Chambertin chez l'historien et vigneron Gaston Roupnel qui lui apprit à lire l'histoire dans l'observation des paysages[3]. La leçon de Roupnel était claire : « Il faut donc refaire de l'homme, le refaire par la terre[4] ». Daniel Halévy partageait cet avis et avait ainsi déclaré à Christian Melchior-Bonnet : « Il faut reconstituer les domaines, refaire l'homme, lui redonner la discipline de ce sol façonné par des siècles. Tout cela a été étagé, harmonisé. Les hommes ont fait violence à la nature ; elle s'est pliée. Il faut rester fidèle à cette vertu de la France de ne vouloir modifier qu'en construisant[5]. » Comme en 1920, Guillaumin réagit avec réserve : « Naturellement, j'ai suivi la série des Halévy dans *Je suis partout* – et j'ai fait à l'auteur pour ce qui me concerne plusieurs objections dont j'espère qu'il tiendra compte dans l'édition en volume [...]. J'ai été un peu peiné qu'il me présente comme un désabusé total, retiré dans son coin, loin de toute action collective ou sociale [...][6]. » Dans le *Courrier de l'Allier*, les réserves de Guillaumin devenaient nettement politiques : « L'auteur, malgré son désir d'objectivité, n'est-il pas influencé quelquefois par ses certitudes présentes, traditionalistes et antidémocratiques[7] ? » L'article de Guillaumin donnait le ton de l'ensemble de la critique qui voyait dans ces *Visites* un écrit politique. Louis Gillet remarquait dans *L'Echo de Paris* que l'auteur avait « un peu le goût des apocalypses[8] ». Guy-Grand se montrait aussi très critique[9] et Thibaudet était également réservé lorsqu'il analysait l'effort de Daniel Halévy « [...] en vue d'une société sans *classes*, d'une société des *conditions* et des *métiers*[10] ». Georges Sadoul dans *Commune*, voyait en D. Halévy « l'un des représentants les plus intelligents de la

---

1. *Ibid.*, p. 183.
2. *Ibid.*, pp. 257-261 et 267-269.
3. *Ibid.*, pp. 281-288.
4. *Ibid.*, p. 282.
5. Christian Melchior-Bonnet, *op. cit.*, p. 8.
6. Lettre d'E. Guillaumin à Louis Lanoizelée, 18 février 1935, reproduite dans Roger Mathé, *Cent dix-neuf lettres d'Emile Guillaumin*, Paris, Klincksieck, 1969, p. 204.
7. Emile Guillaumin, « De l'essentiel aux féeries », *Courrier de l'Allier*, 9 avril 1935.
8. Louis Gillet, « Visites aux paysans du Centre », *L'Echo de Paris*, 14 mars 1935.
9. Georges Guy-Grand, « Remarques. Chez les ruraux », *Grande Revue*, avril 1935, pp. 329-335 et « Chez les Ruraux », *L'Ecole libératrice*, 13 juillet 1935, pp. 1114-1116.
10. Albert Thibaudet, « De Ludovic à Daniel Halévy », *1935*, 27 mars 1935.

bourgeoisie réactionnaire[1] ». Deux recensions seulement furent favorables, celle de Jean-Pierre Maxence dans *Gringoire*[2] et celle de Lucien Febvre dans une note de la *Revue de synthèse* indiquant qu'il avait apprécié le document[3].

La conversion progressive de Daniel Halévy à des idées et des thèmes traditionalistes ne fut pas seulement la traduction d'une inflexion de sa carrière littéraire à l'heure où la littérature régionaliste était à son apogée[4]. L'intérêt pour la terre et la paysannerie ne fut pas uniquement d'ordre intellectuel : en effet, en 1925 il avait acheté une modeste exploitation agricole à Ruy, dans l'Isère, pour son fils agronome. Dans les années qui suivirent, il accomplit de longs séjours à Ruy et aida son fils dans les travaux d'élevage, tout en relisant les manuscrits des « cahiers verts ». Au début des années 1930, rappelé à Paris pour ses travaux historiques, il mit un terme à son expérience paysanne. Mis à part ses visites en Bourbonnais en 1931 et 1934, il demeurait en relations étroites, ne serait-ce que par correspondance, avec un groupe de ruraux. La plupart d'entre eux étant écrivains, il les soutint dans leurs démarches auprès des revues et des éditeurs parisiens. Il aida ainsi Guillaumin dont il préfaça en 1934 la réédition de *La Vie d'un simple* chez Stock, mais aussi Henri Pourrat et Lucien Gachon[5]. Daniel Halévy s'intéressa ainsi dans les années 1930 à la littérature ruraliste et faisait partie du comité d'honneur des « Amis de Charles-Louis Philippe » fondé par Guillaumin et Henri Buriot-Darsiles en 1935. Depuis longtemps, il souhaitait favoriser les relations et les échanges entre les écrivains « terriens » : ainsi dès 1910, Daniel Halévy avait proposé à Guillaumin de réunir un congrès régional de ses amis cultivateurs et écrivains à Bourbon-l'Archambault. Celui-ci n'avait pu se tenir, mais en 1925 D. Halévy avait persisté dans son projet et était parvenu à réunir Albert Vincent et Jules Rougeron à Ruy. L'idée mûrit lentement et en 1936 il proposa à nouveau de réunir à Dijon chez Gaston Roupnel tout un groupe de ruraux, composé d'écrivains, d'enseignants et de syndicalistes. Il leur proposa de se rencontrer en mai 1936, en marge du congrès des fédérations agricoles qui se tint à Dijon. La réunion conçue comme un congrès des écrivains ruraux, eut lieu le 15 mai chez Roup-

---

1. G. [eorges] S. [adoul], « Visites aux paysans du Centre », *Commune*, avril 1935.
2. Jean-Pierre Maxence, « Visites aux paysans du Centre », *Gringoire*, 1er mars 1935.
3. Lucien Febvre, « Notes, questions et discussions. Paysages d'hommes en France », *Revue de synthèse*, décembre 1935, t. IX, n° 3, pp. 273-274.
4. Cf. Anne-Marie Thiesse, *Ecrire la France..., op. cit.*, p. 126.
5. De nombreuses allusions à l'aide apportée par D. Halévy se trouvent dans la correspondance entre Henri Pourrat et Lucien Gachon (1921-1946) publiée par Claude Dalet à la Bibliothèque municipale et interuniversitaire de Clermont-Ferrand en 1991, 1993, 1994 et 1998.

nel, à Gevrey-Chambertin[1]. Halévy avait invité Emile Guillaumin, Jules Rougeron, Henri Pourrat, Lucien Gachon, Jean Yole, Rémy Goussault, Louis Salleron, Jacques Le Roy-Ladurie, Joseph Faure, Luce Prault, Joseph de Pesquidoux, Charles Silvestre et Charles-Ferdinand Ramuz. Presque tous purent venir sauf Pesquidoux, Ramuz et Silvestre. Dans ce groupe marqué politiquement à droite, Guillaumin et Rougeron étaient les seuls paysans véritables. Il y avait deux instituteurs, Henri Pourrat et son ami Lucien Gachon. Daniel Halévy avait connu Henri Pourrat (1887-1959), fils de commerçants en 1922, après que celui-ci eut consacré un article favorable aux *Visites* de 1921. Pourrat, catholique, était instituteur à Ambert dans le Puy-de-Dôme. Son livre *Gaspard des montagnes* avait reçu le prix littéraire du *Figaro* en 1921 et dix ans plus tard le prix du roman de l'Académie française. Tout en menant son métier d'enseignant, il recueillait les contes populaires de sa région et dirigeait chez l'éditeur Arthaud « Beaux pays », une collection de guides touristiques de la France puis, aux éditions Horizons de France, la collection « Champs ». Ami de Robert Garric, il collabora à la *Revue des jeunes*. Lucien Gachon (1894-1984), fils de cantonnier, que Daniel Halévy avait connu grâce à Michel Augé-Laribé en 1926, fut instituteur dans divers établissements de l'Auvergne. Intéressé par la géographie, il était également chargé de cours à la faculté des Lettres de Clermont et commença une thèse sous la direction d'Henri Baulig. Ecrivain, un de ses romans avait été proposé en vain par Daniel Halévy à Guéhenno. Connaissant Henry Poulaille, Gachon faisait partie des comités de rédaction de revues de littérature prolétarienne comme *Nouvel Age* et *A contre-courant*. Gaston Roupnel (1871-1946), auquel D. Halévy était très attaché[2], était un agrégé d'histoire, docteur ès lettres, professeur à la Faculté de Dijon. Il avait publié dans la collection de Guéhenno une *Histoire de la campagne française* en 1932, ouvrage salué avec réserve par les tenants de l'école des *Annales*. Léopold Robert, en littérature Jean Yole (1878-1956), catholique, médecin de campagne en Vendée, était également un romancier dont les premiers ouvrages *Les Arrivants* (1909), *La Dame du Bourg* (1911), *Les Démarqués* (1914) avaient été publiés par Grasset. Il fit une carrière politique locale et fut élu sénateur de la Vendée en 1935. Avec les instituteurs-écrivains, Daniel Halévy

---

1. Cf. Daniel Halévy, « Une soirée à Dijon. Le paysan, cet inconnu », *Gazette de Lausanne*, 25 juin 1936, n° 176, p. 1.

2. Cf. Daniel Halévy, « Un Historien de la campagne française : M. Gaston Roupnel », *Revue des Deux Mondes*, 1er juillet 1933, t. 4, pp. 78-90. Jacques Copeau relatait ainsi une conversation avec D. Halévy en 1939 : « Il me parle de Dijon et de quelques hommes remarquables qu'il y connaît, notamment de Gaston Roupnel dont il fait un cas extrême, mais en déplorant qu'il soit tout à fait inconnu » (Jacques Copeau, *Journal 1901-1948*, Paris, Seghers, 1991, t. II, p. 434).

avait invité des syndicalistes agricoles de droite, membres de l'Union nationale des syndicats agricoles, groupement qui fit du corporatisme sa doctrine officielle. Ainsi, étaient venus Rémy Goussault et Louis Salleron (1905-1992), rédacteur en chef du *Courrier Royal*, théoricien du corporatisme qui avait formé en 1934 le Front paysan avec le parti agraire de Fleurant-Agricola et les comités de Dorgères. Ils étaient accompagnés du secrétaire général de l'Union nationale des syndicats agricoles, Jacques Le Roy-Ladurie (1902-1988). Joseph Faure était président de la Fédération des chambres d'agriculture dont Luce Prault était le secrétaire. Daniel Halévy poursuivit son effort de rassemblement après le congrès de Dijon : Goussault et Salleron qui souhaitaient fonder une revue consacrée aux questions paysannes, sur le modèle des *Pages Libres*, voulaient réunir un large comité de rédaction et s'étaient adressés à D. Halévy. Celui-ci sollicita alors Guillaumin et Pourrat en leur nom. Daniel Halévy fut ainsi un relais particulièrement actif dans certains milieux agrariens.

CHAPITRE XVII

Histoire contemporaine et critique politique

Le sens de l'histoire

Les premiers travaux historiques de Daniel Halévy remontent à la guerre, avant la formulation de sa critique politique qui apparut dans ses œuvres au milieu des années 1920. En effet, c'est après la parution de *Quelques nouveaux maîtres* en 1914, qu'il commença à songer à des travaux d'histoire. Il avait reçu à propos de ce livre une lettre d'Albert Thierry qui formulait certaines réserves. Réfléchissant à ses remarques et estimant qu'il avait accordé trop peu d'importance à Maurras par rapport à Claudel et Péguy, il pensa pour la première fois à l'idée d'une étude consacrée à la période 1870-1880 : « Mais en tête du livre il faudrait une étude sur la période où s'est décidée cette France contemporaine : et c'est-à-dire 1870-1878[1] ». L'affectation en 1916-1917 à la Maison de la presse offrit à Daniel Halévy l'occasion de se consacrer à l'étude des archives de Thiers. Il effectua ainsi pour ce nouveau travail toute une série de lectures portant sur la première décennie du régime républicain. « J'ai souvent pensé qu'il y aurait une belle étude à faire sur cette crise 1871-1890 dont la littérature commence assez prophétiquement vers 1868 avec la *France Contemporaine* de Paradol et les *Vues sur le gouvernement de la France* par le duc Victor de Broglie (1870)[2] », observait-il en octobre 1916. Il est intéressant de relever que les lectures mentionnées, mis à part Renouvier et Littré, ne font allusion qu'à des textes politiques relevant de la pensée conservatrice et traditionaliste : Frédéric Le Play, Hippolyte Taine, Ernest Renan, le duc de

---

1. 17 juillet 1914, reproduit dans : *L'Europe brisée...*, pp. 21-22.
2. 8 octobre 1916, *ibid.*, p. 203.

Broglie, Antoine de Saint-Bonnet, F. Lorrain. Il fut encouragé dans cette nouvelle tâche par René de Kérallain qui le conseillait longuement pour ses lectures. Dans une étude sur l'histoire de la pensée entre 1870 et 1920, il relevait à la suite d'un article de Jurius paru dans *Les Lettres* en février 1920, que l'échec de Renan, Taine et Le Play, celui de leur pensée « restauratrice », tenait essentiellement à ce qu'ils n'étaient pas parvenus à trouver des solutions nationales aux problèmes français, mais qu'ils avaient à tort regardé soit vers l'Allemagne, soit vers l'Angleterre[1]. Daniel Halévy publia alors des études préparatoires[2] au *Courrier de M. Thiers* qui parut en 1921. Il interrompit en suite pour une brève période ses travaux d'histoire contemporaine pour publier en 1923 aux « cahiers verts » un *Vauban,* courte biographie destinée à montrer que Sébastien Le Prestre de Vauban n'avait pas été un précurseur des encyclopédistes comme *La Dîme royale* l'avait parfois fait croire, mais un serviteur désintéressé de l'Etat sous l'Ancien Régime. Quelques mois après la parution de cette biographie, il revint aux travaux amorcés pendant la guerre, ayant désormais pour projet d'écrire un essai sur la IIIe République.

Daniel Halévy posa dès les années 1924-1925 les fondements intellectuels de sa réflexion historique. En premier lieu, il établit, dans le cadre des articles de la *Revue de Genève*, un lien étroit entre histoire et critique politique. A l'époque, deux publications importantes, sans rivales, abordaient le domaine de l'histoire contemporaine : d'une part, le volume de Charles Seignobos (1854-1942), *L'Evolution de la Troisième République (1875-1914)*, paru en 1921 chez Hachette dans le cadre de la grande histoire de Lavisse ; d'autre part l'ouvrage de Gabriel Hanotaux (1853-1944), *Histoire de la nation française. Histoire politique de 1804 à 1926*, paru chez Plon la même année. Dans son étude « France. Les élections générales en France (1874-1914) » de mai 1924, Daniel Halévy se livrait à une critique détaillée de l'ouvrage de Seignobos. Il constatait – en historien – que les douze consultations électorales entre 1871 et 1914 n'avaient débouché sur aucune mesure politique d'importance : « Douze appels, douze réponses dont aucune n'a marqué, n'a laissé le souvenir d'une décision : l'histoire du suffrage universel, au premier regard, c'est cela[3]. » Moins d'un an plus tard,

---

1. Daniel Halévy, « L'Histoire littéraire. Période contemporaine (1870-1920) », *La Minerve française*, 15 juin 1920, n° 25, pp. 774-775.

2. Daniel Halévy, « Lettres inédites de Béranger et de Lamartine à Thiers », *Revue d'histoire littéraire de la France*, 1917, pp. 133-143 et « Le duc d'Orléans en Algérie (avril-juin 1840) », *Journal des Débats*, 10 septembre 1917, pp. 3-4.

3. Daniel Halévy, « France. Les élections générales en France (1874-1914) », *Revue de Genève*, mai 1924, p. 615.

dans « De Re Gallica », il poursuivait la note sur le volume de Seignobos sous l'angle cette fois-ci d'une critique méthodologique. Il montrait que ce n'était pas en étudiant les résultats électoraux, les textes constitutionnels ou les décisions législatives que l'on pouvait comprendre l'histoire de la IIIe République. L'histoire de Seignobos oubliait le rôle des hommes et notamment des hauts fonctionnaires. Daniel Halévy, lui, souhaitait mettre en valeur « l'armature secrète du régime[1] » par rapport « [...] au centre, le Parlement, très en vue, abondant en discours, mais, au demeurant, moins dirigeant que dirigé, tantôt inerte et tantôt entraîné[2] ». Il multipliait les exemples : la politique sociale n'avait pas été le fait du Parlement mais de certains hauts fonctionnaires, notamment ceux de l'Office du travail ; de même estimait-il que les universités avaient été créées par des fonctionnaires (Gréard et Liard), que l'école laïque était l'œuvre de fonctionnaires protestants (Pécaut, Buisson, Steeg). La politique coloniale avait été mise en œuvre par l'action de certains militaires et publicistes ; la politique extérieure et notamment l'alliance russe grâce à l'action d'une partie de l'état-major. En fin de compte, il pensait que « [...] le meilleur travail [avait] été fait dans l'ombre, à coups de pouce, furtivement[3] ». Finalement, la volonté dans l'analyse historique de minorer l'importance du Parlement et de la représentation nationale par rapport à l'œuvre d'individus anonymes, n'était pas très éloignée de la distinction politique entre pays légal et pays réel. En second lieu, Daniel Halévy avança en 1925 l'idée que la césure chronologique décisive de l'histoire du régime remontait à 1881, date correspondant aux grandes lois républicaines : « La Restauration, peut-on dire, a duré jusqu'en 1880[4] ». Cette distinction avait été faite en 1910 par Péguy dans un cahier dont Daniel Halévy était à la fois le destinataire et l'objet, *Notre jeunesse*. Péguy y était revenu en 1913 dans *L'Argent* et dans *Clio. Dialogue de l'histoire et de l'âme païenne* où il évoquait la première décennie comme une période d'introduction à la IIIe République. L'argumentation de *La Fin des notables* et de *La République des ducs* était fondée sur cette distinction fondamentale. En 1941, Daniel Halévy reconnut sa dette à l'égard de Péguy, en relatant une conversation avec le gérant des *Cahiers* à propos de cette césure : « Mes travaux d'histoire doivent beaucoup à ces vingt mots, entendus sur un trottoir de la rue de Rennes[5] ».

---

1. Daniel Halévy, « France. De Re Gallica », *Revue de Genève*, mars 1925, p. 354.
2. *Ibid.*, p. 359.
3. *Ibid.*, p. 354.
4. *Ibid.*, p. 344.
5. Daniel Halévy, *Péguy et les Cahiers de la Quinzaine*, Paris, Grasset, 1941, p. 313.

Daniel Halévy publia ses premières études sur la Troisième République dans des articles de quotidiens et de revues, réédités et regroupés dans *La Fin des notables* (1930) et dans *La République des ducs* (1937). Le premier article, sur le seize mai, parut dans les *Débats* en 1927 où il formula la thèse centrale de ses deux essais : « Le Seize Mai n'est que l'anecdote saillante de ce bouleversement, qui termine l'ancienne France, la France des chefs et des notables, et commence une France nouvelle où l'Etat – non pas la société, ni le pays, qui, par des voies obscures et souvent efficaces, se défendent – où l'Etat, disons-nous, l'Etat, désormais sans visage, se soumet à la milice inconnue des comités provinciaux et des loges [1]. » Les deux ouvrages abordaient sur le fond un des thèmes favoris de Georges Sorel, celui du dépérissement du libéralisme. Daniel Halévy décrivait l'incapacité politique des libéraux dans la période 1870-1879 et, à propos de la disparition des notables, donnait une explication sociale et culturelle à un phénomène politique majeur. En 1929, il développa également un autre thème, celui de l'épuration républicaine : « Plus brutalement : les notables vont perdre leurs places, et la révolution qui commence, c'est la révolution des emplois, suite de cette révolution des mairies que nous avons vue agiter les villages, et qui maintenant va s'achever en haut. Quatre cent mille emplois, le butin était de taille [2]. » L'élaboration de sa réflexion historique fut accompagnée par une méditation sur le XIXe siècle, centrée sur la personne symbolique de Michelet. *L'Evangile éternel. Etude sur Michelet*, travail que Guéhenno publia aux « cahiers verts » fut en grande partie le fruit des discussions entre les deux hommes : de 1924 à 1928 la correspondance de Daniel Halévy et de Guéhenno, parallèlement à la mise en place de la collection « Les écrits », se fait largement l'écho de leurs échanges à propos de l'historien. Le débat engagé entre eux en 1923 sur la culture et l'humanisme populaire trouva dans la personnalité de Michelet un thème privilégié de discussion. A Guéhenno qui voyait en lui un historien naturellement républicain, Daniel Halévy opposait l'image d'un homme devenu républicain tardivement, par contrecoup aux événements politiques. Afin de montrer la dimension conservatrice de Michelet – fondamentale selon lui – D. Halévy s'appuyait sur les travaux que l'historien français avait consacrés à Vico : en 1827, Michelet avait traduit le grand œuvre de Giambattista Vico (1668-1744), la *Scienza nuova seconda*. En 1929, Daniel Halévy édita à son tour un

---

1. Daniel Halévy, « Un cinquantenaire. Le seize mai », *Journal des Débats*, 16 mai 1927, p. 3.
2. Daniel Halévy, « Un cinquantenaire : (Janvier 1879) La démission de Mac-Mahon. L'élection de Grévy », *Revue Hebdomadaire*, 19 janvier 1929, p. 303.

Jules Michelet chez Hachette[1]. Plus que pour d'autres biographies, Daniel Halévy s'était penché avec beaucoup d'attention sur la dimension psychologique de Michelet, comme il l'avait fait dès le premier article sur l'historien, au début du siècle[2]. Ce livre fut une des premières étapes dans les écrits d'Halévy dirigés contre l'historiographie républicaine. Halévy minorait les origines populaires de Michelet, ne voyant là qu'un élément secondaire, afin de mieux mettre en valeur le penseur. Il parlait de l'« historien conservateur[3] » pour la première partie de son œuvre, jusqu'en 1938, en s'appuyant sur l'influence de Vico chez Michelet. En même temps, il présentait un homme détaché des événements politiques de son temps. Halévy savait pertinemment que de telles affirmations allaient contre une haute figure du panthéon républicain : « Que d'hommes rassemblés sous ce vocable unique – Michelet ! L'hagiographie républicaine a simplifié son souvenir. Il suffit de quelque attention pour le retrouver tel qu'il fut, immense, étrange, à peine saisissable[4]. » Il voulait donc restituer la complexité psychologique du personnage de Michelet et l'opposer ainsi à la simplification étroite de l'imagerie républicaine. Dans ce contexte, l'engagement politique de Michelet, lorsqu'il transforma en tribune sa chaire du Collège de France, était un événement difficile à expliquer pour son biographe : « Dès lors, Michelet est transformé. Au lieu de l'historien conservateur, nous avons devant nous l'homme dont la tradition a retenu le souvenir, le militant républicain, l'annonciateur. Quelle singulière histoire ! La comprendrons-nous jamais[5] ? » La deuxième partie de la vie de Michelet était alors présentée par D. Halévy comme une période de décadence. Cette partie de l'ouvrage était une contribution supplémentaire à la critique sévère dont l'historien romantique était l'objet de la part de la droite maurrassienne[6].

La critique fut extrêmement discrète sur un livre qu'elle passa quasiment sous silence. Thibaudet évoqua un « petit livre si clairvoyant sur Michelet[7] », mais à propos de ce texte, le critique de la *NRF* s'inté-

---

1. Rappelons qu'Edmond Fouret (1867-1955), directeur général de la Librairie Hachette, était le cousin germain de Marianne Halévy.
2. Cf. Daniel Halévy, « Le Mariage de Michelet », *Revue de Paris*, 1ᵉʳ août 1902, pp. 557-579. Sur la dimension psychologique, cf. les témoignages de propos tenus par D. Halévy dans : Paul Léautaud, *Journal littéraire*, Paris, Mercure de France, 1960, t. VIII (août 1929 – mai 1931), p. 107 et l'Abbé Mugnier, *Journal (1879-1939)*, Paris, Mercure de France, 1985, p. 504.
3. C'est le titre du chapitre II du *Jules Michelet*.
4. Daniel Halévy, *Jules Michelet*, Paris, Hachette, 1928, p. 6.
5. *Ibid.*, pp. 92-93.
6. Daudet consacra une étude à ce « bel et vivant ouvrage » (Léon Daudet, « L'historien romantique », *L'Action française*, 26 septembre 1930, p. 1).
7. Albert Thibaudet, « Réflexions », *NRF*, 1ᵉʳ janvier 1929, p. 92.

ressait en fait surtout aux relations entre Barrès et Michelet. Il avait cependant finement analysé la signification de l'échange entre *L'Evangile éternel* de Guéhenno et le *Jules Michelet* de D. Halévy : « D'où un dialogue entre la culture et la nature, entre l'esprit qui nous fait bourgeois et le sang qui nous a fait et nous fait encore peuple. De ce dialogue on a le sens ou on ne l'a pas. Daniel Halévy l'a naturellement, l'a cultivé au contact de Péguy. La seule jeunesse qu'il patronne de bon cœur est celle qui vit sous le signe de ce dialogue. *L'Evangile éternel* et le *Caliban parle* de Jean Guéhenno offrent, dans l'esprit de la tradition peguio-halévienne la mise en état, sinon au point, du problème Michelet[1]. » Guéhenno n'eut pas de peine à montrer dans sa revue, *Europe*, la partialité de Daniel Halévy à qui il reprochait d'avoir fondé son étude exclusivement sur l'influence de Vico : « Ce que M. Daniel Halévy a le mieux vu dans Michelet, c'est tout ce qu'il aime[2]. » Au-delà du *Jules Michelet*, Guéhenno pointa une question bien plus fondamentale dans la réflexion de Daniel Halévy, l'ambiguïté de son attitude face au XIXe siècle : « Mais M. Daniel Halévy s'est mis dans un cas singulier : le XIXe siècle lui est suspect et il aime, il veut aimer Michelet. Difficile entreprise[3]. » Guéhenno comparait d'ailleurs Halévy à Daudet dénonçant le « stupide » XIXe siècle. Daniel Halévy répondit le mois suivant à Guéhenno dans une lettre publiée par *Europe* : « Vous observez que je me suis mis, vis-à-vis le XIXe siècle, dans un cas singulier ; il m'est suspect et je l'aime. C'est exact : je me suis mis dans ce cas, il faut que je m'y accommode. Je l'aime pour les problèmes auxquels il s'est attaché, il m'est suspect pour les solutions qu'il a proposées, hâtives, naïves, souvent déclamatoires[4]. »

Les enjeux politiques des débats historiques

Tout au long des années 1920, des travaux d'historiens – qui n'étaient pas des universitaires – parurent sur les origines de la Troisième République, s'ajoutant aux livres de Seignobos et d'Hanotaux. Ce dernier publia en 1925 chez Plon une *Histoire de la fondation de la Troisième république. Le gouvernement de M. Thiers*. En 1926, Alexandre Zévaès (1873-1953), ancien membre du conseil national du

---

1. *Ibid.*, p. 94.
2. Jean Guéhenno, « Notes de lecture – Michelet et le XIXe siècle », *Europe*, 15 mars 1929, n° 75, p. 421.
3. *Ibid.*, p. 425.
4. Daniel Halévy, « Une lettre de M. Daniel Halévy », *Europe*, 15 avril 1929, n° 76, p. 580. Il avait tenu des propos similaires en 1914 dans *Quelques nouveaux maîtres*.

Parti ouvrier français et ancien député de Grenoble, fit paraître aux éditions Georges Anquetil, une *Histoire de la Troisième République. 1870 à 1926*. Daniel Halévy édita en 1928 aux « cahiers verts » le livre de son ami Robert Dreyfus, *Monsieur Thiers, contre l'Empire, la Guerre, la Commune (1869-1871)*. L'année suivante, Maurice Reclus, ami de Péguy et soutien des *Cahiers de la Quinzaine*, publia une biographie de Thiers chez Plon, *Monsieur Thiers* dans laquelle il soulignait le « remarquable[1] » *Courrier de M. Thiers* de Daniel Halévy. La crise du régime, autant que la disparition des premiers témoins vivant à l'époque de sa fondation, entraîna un accroissement considérable des ouvrages historiques concernant la IIIe République. De plus, le nombre des collections historiques s'accrut nettement. Emile Buré (1876-1952), ancien collaborateur de Clemenceau à *L'Aurore*, puis de Lagardelle au *Mouvement socialiste* et fondateur de *L'Ordre* en 1929, dirigea une collection d'histoire « Sous la troisième » chez Gallimard. André Billy (1882-1971), qui avait été le secrétaire de Pierre-Victor Stock au début du siècle, puis était devenu journaliste à *Paris-Midi*, assurait dans l'entre-deux-guerres une chronique littéraire à l'*Œuvre*. Horace de Carbuccia, propriétaire de *Gringoire* et des éditions de France confia à Billy une collection sur la Troisième République. Grasset de son côté demanda en 1929 à Pierre Bessand-Massenet et Marcel Boulenger (1873-1932) – chroniqueur mondain successivement au *Gil Blas*, au *Figaro*, à la *Vie parisienne* et au *Gaulois* – de diriger une collection d'histoire, « Les leçons du passé[2] ». Cette collection qui publiait des historiens d'Action Française[3] n'eut que quatre titres dont l'ouvrage d'André Bellessort, *Les Intellectuels et l'avènement de la IIIe République : 1871-1875*. Grasset mit alors en place une nouvelle série, la « collection historique » qui publia 78 titres entre 1930 et 1940. Dans cet accroissement général de la production historique non universitaire favorisant une vision historique plutôt hostile au régime[4], les débuts de la IIIe République furent largement abordés : Pierre Dominique publia en 1930 chez

---

1. « Avant-propos » de Maurice Reclus, *Monsieur Thiers*, Paris, Plon, « Le roman des grandes existences », 1929 (non paginé).
2. Le catalogue de Grasset annonçait : « Sans aucun souci politique, sans autre règle que la fidélité historique, la Collection *Les Leçons du passé* formera comme une vivante galerie des "antirévolutionnaires" : les principaux hommes d'Etat, princes, écrivains ou capitaines qu'ait suscités la cause de l'ordre et de la conservation sociale » (B.N., département des imprimés, série Q 10, catalogue de septembre 1929).
3. Cf. Stephen Wilson, « Les historiens d'Action française », *Etudes maurrassiennes*, 1980, n° 4, p. 197.
4. Sur l'intervention des éditeurs dans le champ politique, cf. les remarques de Jean-Yves Mollier, « Edition et politique (XIXe-XXe siècles) », dans Serge Berstein et Pierre Milza (dir.), *Axes et méthodes de l'histoire politique*, Paris, PUF, « Politique aujourd'hui », 1998, pp. 433-445.

Grasset son ouvrage sur *La Commune*, l'année suivante Hachette édita *L'Avènement de la IIIe République 1871-1875* de Maurice Reclus et Buré édita dans sa collection chez Gallimard un nouveau volume de Robert Dreyfus, *La République de Monsieur Thiers (1871-1873)*.

La Fin des notables qui parut chez Grasset au début du mois d'août 1930 s'inscrivit dans un contexte d'expansion de la production historique. Cet ouvrage, le plus connu de Daniel Halévy, eut un succès de critique très important mais se vendit à 9 000 exemplaires seulement. Les débats auxquels ce livre donna lieu tout au long de la décennie, le fait qu'il soit mentionné plusieurs années encore après sa parution indiquent, à l'heure où les universitaires avaient délaissé l'histoire politique et l'histoire contemporaine, qu'il est rapidement devenu un livre de référence sur ce sujet. Tous les ouvrages de ce type parus par la suite le mentionneront et le citeront régulièrement. Fruit de sept années de recherches effectuées sur des sources primaires – la presse de l'époque, les mémoires ou souvenirs des acteurs politiques – à l'exclusion des archives, l'ouvrage fut salué par l'ensemble de la critique comme un livre d'histoire et non comme un essai historique. Indéniablement, les travaux concernant l'histoire politique contemporaine de la France étaient à cette époque essentiellement écrits par des écrivains et des critiques – utilisant le genre anecdotique de l'histoire académique – ou encore par des historiens de « l'école capétienne » (René Grousset)[1], plutôt que par des universitaires. Mary Duclaux qui consacra dans le supplément littéraire du *Times* un compte rendu à la fois à l'ouvrage de Robert Dreyfus et à celui de Daniel Halévy, releva avec justesse que les deux hommes étaient « critics of history rather than historians[2] ». Jean Dietz, fils de Jules Dietz, ancien administrateur, comme D. Halévy, de l'Union pour la vérité, signala dans un long portrait de l'auteur, un « ouvrage de valeur[3] ». En Italie également l'ouvrage fut apprécié : l'historien Guglielmo Ferrero (1871-1943), professeur à l'Université de Genève, remercia D. Halévy en soulignant la qualité du livre. Enrico Massa releva dans le livre l'expression chez l'auteur de « la nostalgia del suo spirito aristocratico[4] ». Le baron Ernest Seillière (1886-1955), membre de l'Institut, critique aux *Débats* et au *Figaro*, spécialiste du ro-

---

1. Cf. Stephen Wilson, *op. cit.*, pp. 195-202 et Olivier Dumoulin, « Histoire et historiens de droite », dans Jean-François Sirinelli (dir.), *Histoire des droites en France. Cultures*, Paris, Gallimard, 1992, t. 2, pp. 356-367.
2. « Monsieur Thiers », *The Times Literary Supplement*, 28 août 1930.
3. Jean Dietz, « Les débuts de la troisième République », *L'Alsace française*, 7 septembre 1930, p. 213.
4. Enrico Massa, « L'altro dopoguerra francese », *Ambrosiano*, 30 septembre 1930.

mantisme, se montra également élogieux envers l'ouvrage[1]. Daniel-Rops (1901-1965) s'attacha à en analyser le genre hybride : « On dirait volontiers qu'il s'agit à la fois d'histoire et de philosophie de l'histoire[2] ». Des essayistes qui publièrent en même temps que Daniel Halévy leurs ouvrages sur la Troisième République approuvèrent également ce livre. Ainsi, Pierre Dominique écrivait : « M. Daniel Halévy traite admirablement de tout cela. On peut assurément discuter certaines de ses conclusions de détail, mais pour ce qui est de sa thèse [...] on ne peut que l'approuver[3] » et Maurice Reclus qui achevait un *Seize mai* (paru en 1931 chez Hachette) : « M. Daniel Halévy est un historien des masses, un psychologue des idées-forces[4] ». L'accueil fut bien plus favorable encore à droite. André Bellessort (1866-1942), ancien professeur d'hypokhâgne à Louis-le-Grand, critique aux *Débats* et secrétaire général de la *Revue des Deux Mondes*, très proche de l'Action Française[5], écrivit dans la première recension de *La Fin des notables* : « M. Daniel Halévy fait excellemment tout ce qu'il fait. [...] Il est un de nos meilleurs peintres de mœurs et de caractères et un maître dans le réalisme psychologique[6] ». Paul Bourget loua dans un compte rendu de l'ouvrage paru dans le *Figaro* un « remarquable travail[7] », commentaire suivi d'une longue dénonciation du parlementarisme, elle-même accompagnée de la déploration de l'époque des notables. Jean d'Elbée (1882-1966), rédacteur en chef de la *Revue Hebdomadaire*, fit un éloge du livre dans *L'Action française*[8]. En janvier 1931, Daudet réserva à Daniel Halévy – « grand critique[9] » – un des plus forts hommages et salua un « esprit éminemment sympathique[10] » dans le quotidien de la rue de Rome. Bainville, dans son ouvrage posthume *Lectures*, loua également le livre de Daniel Halévy qu'il préférait à celui de Reclus[11]. En

---

1. Ernest Seillière, « Lendemains de guerre », *Le Figaro*, 20 octobre 1930.
2. Daniel-Rops, « Les temps obscurs et les couches nouvelles », *La République*, 15 octobre 1930.
3. Pierre Dominique, « Halévy », *Paris-Soir*, 9 septembre 1930.
4. Maurice Reclus, « La fin des notables », *Le Temps*, 4 octobre 1930.
5. Cf. sur ce personnage : Jean-François Sirinelli, « Biographie et histoire des intellectuels : le cas des "éveilleurs" et l'exemple d'André Bellessort », *Sources. Travaux historiques*, 1985, n° 3-4, pp. 61-73.
6. André Bellessort, « Deux livres d'histoire contemporaine », *Journal des Débats*, 6 août 1930. Article repris dans : *Les Intellectuels et l'avènement de la IIIe République : 1871-1875*, Paris, Grasset, « Les leçons du passé », 1931, aux pages 247-255.
7. Paul Bourget, « La Fin des notables », *Le Figaro*, 16 janvier 1931.
8. Jean d'Elbée, « La Fin des notables », *L'Action française*, 25 septembre 1930.
9. Léon Daudet, « La Fin des notables », *L'Action française*, 27 janvier 1931.
10. *Ibid.*
11. Jacques Bainville, *Lectures*, Paris, Fayard, 1937, p. 127. Le jugement sur le livre date de 1932.

1933, le marquis Marie de Roux (1878-1943)[1], hobereau poitevin, docteur en droit, bâtonnier de l'ordre des avocats, qui avait écrit en 1905 *La République de Bismarck* en collaboration avec Bainville, publia chez Grasset *Origines et fondation de la Troisième République*. Dans ce livre, il mentionnait *La Fin des notables* comme le « livre le plus pénétrant que nous ayons sur cette époque[2] ». La même année, Jean Héritier (1892-1969), critique d'Action Française et rédacteur au *Courrier royal* du Comte de Paris, avait fait paraître à la Librairie de France un livre collectif, *Histoire de la IIIᵉ République*. Cet ouvrage volumineux abordait l'histoire du régime d'un point de vue politique, mais aussi économique et social. Bien qu'Alexandre Zévaès ait été associé à la rédaction, l'ouvrage était nettement antirépublicain. Dans l'introduction, Jean Héritier utilisait les reproches adressés en 1931 par Halévy à Seignobos[3] dans *Décadence de la liberté* et évoquait à la fin du second volume le « livre magistral[4] » qu'était *La Fin des notables*. L'accueil fait à droite au livre de Daniel Halévy témoigne d'un double accord entre l'auteur et les critiques d'Action Française : d'une part sur une certaine façon – militante – de concevoir l'histoire et d'autre part sur la nostalgie d'une société guidée par l'élite des notables. Halévy était en plein accord avec Jacques Bainville : il avait intitulé le premier chapitre, « De l'origine des temps obscurs », pour caractériser la période 1879-1914, utilisant ainsi une expression formulée par Bainville. En 1935, lorsque celui-ci fit paraître chez Fayard *La Troisième République (1870-1935)*, Daniel Halévy en fit un compte rendu favorable, reprenant dans son article une célèbre citation de Tite-Live utilisée par Bainville pour comparer la déliquescence de la République romaine et le déclin de la République française[5].

La signification antirépublicaine de l'ouvrage provoqua logiquement

---

1. Cf. Maurice Mathieu, « Marie de Roux et le barreau de Poitiers. Culture et politique à la Belle Epoque », dans Gilles Le Béguec et Pascal Plas (dir.), *Barreau, politique et culture à la Belle Epoque*, Limoges, PULIM, 1998, pp. 219-239.

2. Marquis de Roux, *Origines et fondation de la Troisième République*, Paris, éditions Bernard Grasset, 1933, p. 172.

3. Jean Héritier, « Introduction à l'histoire de la Troisième République », *Histoire de la IIIᵉ République*, Paris, Librairie de France, 1933, t. I, p. V.

4. *Ibid.*, t. II, p. 507.

5. Daniel Halévy, « Une histoire de la Troisième République », *1935*, 8 mai 1935, n° 83. Cf. également André Rousseaux, « Visite à M. Daniel Halévy. Quand la Troisième République faisait ses premiers pas », *Candide*, 18 février 1937. Daniel Halévy assista aux obsèques de Jacques Bainville et écrivit deux articles nécrologiques témoignant de la grande estime en laquelle il le tenait : cf. Daniel Halévy, « Hommage à Jacques Bainville. Regret », *Revue Universelle*, 1ᵉʳ mars 1936, t. 64, pp. 579-580 (réédité dans *Le Souvenir de Jacques Bainville*, « Les Amis des beaux livres », Plon, pp. 80-81) et « Lettre sur Jacques Bainville », *Les Cahiers du plateau*, 1ᵉʳ avril 1936, pp. 9-13.

de fermes critiques à gauche[1]. Frédéric Lefèvre (1889-1949), un des grands interviewers des *Nouvelles Littéraires* fut le premier à relever la dimension très ouvertement conservatrice de *La Fin des notables*[2]. Emmanuel Berl fit dans *Monde* un compte rendu très sévère, regrettant que Daniel Halévy se pose en admirateur du duc de Broglie[3]. Le gendre d'Aulard, Albert Bayet (1880-1961), agrégé des lettres, directeur d'études d'histoire des idées morales à l'E.P.H.E., militait au parti radical-socialiste. Il consacra à l'ouvrage d'Halévy un long article qui, sous un ton vif et courtois, masquait un puissant éreintement : « Le livre est vivant, violent par endroits, paradoxal, brillant. Bref, il est dans la manière ordinaire de l'auteur. [...] Le livre ne serait dangereux que si on le prenait pour un livre d'histoire. [...] Son livre a ainsi les grâces vieillottes, mais charmantes, des ouvrages d'autrefois. Mais sur les grands phénomènes collectifs, sur les réalités sociales qui s'imposent aux individus les plus forts et conduisent les événements, le livre est muet. [...] Son livre se place dans cet ensemble de pamphlets pseudo-historiques par lesquels se sont déjà illustrés les Maurras, les Daudet, les Bainville, les Bertrand, le brillant fantaisiste Gaxotte. M. Halévy est autrement intelligent que Bainville, autrement intéressant que Bertrand, autrement sérieux que Gaxotte. Mais il est de leur bande le voulant ou non. [...] Il fait du Sennep[4]. » Thibaudet, de son côté, émit un jugement nuancé dans trois comptes rendus différents. Dans *Candide* il complimentait l'auteur sur le titre, « éminemment péguyste[5] », et sur la forme littéraire : « On y trouve les qualités ordinaires de M. Halévy : l'impartialité et la curiosité dans l'information, la finesse dans l'intelligence des causes, la vérité et la vie dans les portraits, un style nerveux, spirituel, riche en formules et dont la flamme, comme celle d'une lanterne sourde est toujours tournée vers le sujet pour l'éclairer [...][6]. » Mais il regrettait que l'auteur, laissant de côté la vie intellectuelle et économique, se soit penché uniquement sur la dimension politique « [...] plutôt à la manière académique d'Albert Sorel qu'à la manière sorbonique de Lavisse et de Seignobos[7] ». Il lui reprochait également d'avoir négligé le rôle de la

---

1. En 1931, Léon Blum, l'ancien collaborateur épisodique du *Banquet*, citait avec malice dans *Les Problèmes de la paix* une phrase de Maurras concernant la défaite de 1871, extraite de *La Fin des notables* (reproduite dans *L'Œuvre de Léon Blum [1928-1934]*, Paris, Albin Michel, 1972, p. 161).
2. Frédéric Lefèvre, « La fin des notables ou l'établissement de la IIIe République », *La République*, 12 août 1930.
3. Emmanuel Berl, « Mises au point. La fin des notables », *Monde*, 13 septembre 1930.
4. Albert Bayet, « La Fin des notables », *La Lumière*, 29 novembre 1930.
5. Albert Thibaudet, « La Fin des notables », *Candide*, 28 août 1930, n° 337.
6. *Ibid.*
7. *Ibid.*

province, privilégiant une évocation essentiellement parisienne. Thibaudet revint sur ses réserves et les développa dans une étude de la *NRF* : il regrettait que Daniel Halévy n'ait consacré qu'un seul de ses douze chapitres à la vie intellectuelle et qu'il ait quasiment passé sous silence la pensée républicaine[1]. Daniel Halévy, ne voulant pas laisser cette critique sans réponse, écrivit à Thibaudet une lettre publiée dans la *NRF* qui témoigne une fois encore du glissement de l'histoire à la critique politique[2]. En effet, Halévy citait deux lettres de Charles Renouvier à Charles Secrétan datant de juin 1871. Dans l'une d'elles, Renouvier déclarait ne pas regretter l'abaissement de la France catholique et napoléonienne. Le penseur républicain se disait prêt à risquer l'abaissement de la France en mettant en œuvre la réforme scolaire. Halévy ajoutait qu'il n'avait pas mentionné ces lettres dans *La Fin des notables* parce que cela n'aurait pas été « loyal », mais estimait dorénavant que cela devait être su. Benda intervint alors et envenima la polémique qui d'historique était devenue politique puis personnelle. Dans une note, il indiqua qu'Halévy, en citant partiellement Renouvier, déformait ses propos : en rétablissant le texte original, Benda montrait que la signification était moins forte que ne le prétendait Halévy[3]. Celui-ci indiqua qu'il n'avait rien à répondre aux « gloses[4] » de Benda qui persista et publia des études sur Renouvier, le présentant sous un jour bien différent de celui d'Halévy[5].

Entre 1930 et 1937, Daniel Halévy continua son travail, préparant le second volume de son essai historique, tout en publiant *Décadence de la liberté* et *La République des comités*. Il commença en 1933 la publication des carnets de son père dans la *Revue des Deux Mondes* : ils parurent en sept livraisons jusqu'en 1934, puis en deux volumes chez Calmann-Lévy l'année suivante. Cette publication couvrait la période 1862-1870 et incluait par conséquent les années pendant lesquelles Lu-

---

1. Albert Thibaudet, « Réflexions. L'appel au concile », *NRF*, 1er octobre 1930, pp. 542-544. Il revint sur cette dimension dans : « L'histoire politique de la IIIe République », *La Renaissance*, 8 octobre 1930.

2. Daniel Halévy, « Une lettre de M. Daniel Halévy », *NRF*, 1er novembre 1930, pp. 719-720. Cette lettre fut reproduite dans la revue de presse de *L'Action française* le 31 octobre 1930.

3. Julien Benda, « Sur un texte de Renouvier », *NRF*, 1er décembre 1930, n° 206, pp. 897-898. La comparaison des deux textes montre en effet la réalité de cette déformation. Il fut souvent reproché à D. Halévy de tronquer les citations.

4. « Correspondance : lettre de D. Halévy et réponse de Julien Benda », *NRF*, 1er février 1931, n° 209, p. 309.

5. Julien Benda, « Les idées d'un républicain en 1872 », *NRF*, 1er juillet 1931, n° 214, pp. 23-29 et 1er août 1931, n° 215, pp. 215-227. Benda faisait de Renouvier le symbole du clerc n'ayant pas « trahi ». Daniel Halévy était évoqué subtilement et indirectement dans le dernier article : « [...] Renouvier est emporté ici par sa haine du bonapartisme et par son mépris de protestant pour la France de la Belle Hélène ».

dovic avait été secrétaire des débats au corps législatif. Par ailleurs, en 1935 et 1936 parurent les premiers articles de revue[1] correspondant à certains chapitres de *La République des ducs* qui sortira des presses en 1937.

Robert Dreyfus défendait une autre interprétation des premiers temps du régime républicain, moins aristocratique et moins militante que celle de Daniel Halévy. Au début de l'année 1936, Daniel Halévy fit paraître dans les *Débats* un court article sur le mode de nomination des membres du Conseil d'Etat en 1872 et 1874[2]. Dreyfus, qui estimait son ouvrage paru en 1930 sur Thiers – *La République de Monsieur Thiers (1871-1873)* – indirectement mis en cause[3], engagea avec Daniel Halévy une discussion dans les colonnes des *Débats* sur l'interprétation du rôle de Thiers et de Mac-Mahon dans les lois de 1872 et de 1874[4]. Le débat, fort érudit, mena Dreyfus à plaider contre D. Halévy la nécessité d'un examen scrupuleux des moindres difficultés et des moindres détails afin de limiter la part d'arbitraire dans le jugement de l'historien[5]. Daniel Halévy proposa alors de poursuivre la discussion à la Société d'histoire moderne (fondée en 1901) dont tous deux étaient membres[6]. Ainsi, en mars 1936, lors d'une séance de cette société tenue sous la présidence de Georges Bourgin – en présence notamment du président de la société, Charles Seignobos[7] – Dreyfus avança des arguments très pertinents en faveur de son interprétation[8]. Daniel Halévy eut l'occasion de

---

1. Daniel Halévy, « Comment fut votée la Constitution de 1875 », *Revue des Deux Mondes*, 1er août 1935, t. 4 ; « 16 mai », *Revue de Paris*, 15 septembre et 1er octobre 1936, t. V ; « Après le 16 mai. Une année d'exposition : 1878 », *Revue Universelle*, 15 novembre 1936, n° 16, t. 67.
2. Daniel Halévy, « Sur un épisode méconnu », *Journal des Débats*, 10 janvier 1936, p. 2.
3. Le ton amical de leurs débats à l'origine devint entre 1936 et 1938 parfois assez aigre. Dreyfus s'était senti impliqué dans cet article, et le conflit ne fut résolu qu'en mars 1938 lorsque D. Halévy assura Dreyfus qu'il ne l'avait pas visé dans l'article du 10 janvier 1936. Cette dimension personnelle de leurs échanges, jamais révélée en public, explique le caractère parfois obscur de leur différend sur le Conseil d'Etat.
4. Cf. Robert Dreyfus, « A propos du Conseil d'Etat », *Journal des Débats*, 29 janvier 1936, p. 2 et Daniel Halévy, « A propos d'un épisode méconnu », *Journal des Débats*, 9 février 1936, p. 1.
5. Robert Dreyfus, « Montaigne et l'histoire », *Journal des Débats*, 12 février 1936, p. 1.
6. Cf. Daniel Halévy, « Discussion et discussion », *Journal des Débats*, 13 février 1936, p. 1 et la réponse positive de Dreyfus, « En attendant le verdict », *Journal des Débats*, 14 février 1936, p. 1.
7. *Bulletin de la Société d'histoire moderne*, mars-avril 1936, n° 10, p. 147.
8. « De la portée historique des lois de 1872 et 1875 relatives au Conseil d'Etat », reproduit dans le *Bulletin de la Société d'histoire moderne*, mars-avril 1936, n° 10, pp. 149-151. On en trouvera une version augmentée dans : Robert Dreyfus, *De Monsieur Thiers...*, *op. cit.*, pp. 141-209.

répondre le mois suivant[1], sans rien céder de son argumentation[2]. En réfléchissant aux circonstances de ce débat, Daniel Halévy fut persuadé de la nécessité qu'il y avait à organiser les travaux historiques sur la IIIe République. Ainsi, il fonda en juin 1936 avec Emile Pillias la Société d'histoire de la IIIe République, puis publia en octobre une étude intitulée « Pour l'étude de la Troisième République » dans la *Revue des Deux Mondes*[3].

Cet article que Grasset publia en brochure l'année suivante fut salué par Georges Bourgin (1879-1958). Ce dernier, spécialiste de l'Italie et de la Commune, archiviste-paléographe aux Archives nationales, avait collaboré à *L'Année sociologique*, à la *Revue de synthèse* et à la *Revue Historique* et enseignait les sciences auxiliaires de l'histoire à la Sorbonne. Bourgin avait écrit dans la *Revue Historique* : « M. Daniel Halévy a intelligemment indiqué [...] les conditions de travail qui sont faites aux historiens abordant l'examen critique de cette période de notre histoire[4]. » En 1957, René Rémond estimera qu'il s'agissait là d'« un modèle de programme de recherche[5] ». Après avoir brièvement présenté la Société d'histoire de la IIIe République, Daniel Halévy faisait un état des travaux soulignant leur pauvreté, mettant à part les travaux d'André Siegfried et d'Albert Thibaudet. Il indiquait également les « pistes à suivre », proposant d'écrire l'histoire de cette époque à partir de ce qu'il appelait les « grands corps[6] » ou encore les « cités intérieures[7] », c'est-à-dire l'armée, la diplomatie, l'université, la magistrature et le Parlement. « La théorie des cités intérieures n'est pas faite, c'est dommage : elle serait d'une grande utilité pour la connaissance de l'histoire[8] », ajoutait-il.

La République des ducs parut au mois de février 1937, peu de temps après la séance d'ouverture de la Société d'histoire de la IIIe République que Daniel Halévy consacra à la correspondance de Gambetta, dont il préparait l'édition avec Emile Pillias. L'accueil fait au second volume

---

1. *Bulletin de la Société d'histoire moderne*, mai 1936, n° 11, pp. 159-163.
2. Sur le fond du débat, Vincent Wright, le spécialiste du Conseil d'Etat, a montré que la thèse de Robert Dreyfus l'emporte sur celle de D. Halévy (cf. « La réorganisation du Conseil d'Etat en 1872 », *Etudes et documents 1972*, Paris, Conseil d'Etat, 1973, pp. 21-64).
3. Daniel Halévy, « Pour l'étude de la Troisième République », *Revue des Deux Mondes*, 15 octobre 1936, pp. 811-828.
4. Georges Bourgin, « Pour l'étude de la IIIe République », *Revue Historique*, t. CLXXIX, avril-juin 1937, p. 436.
5. René Rémond, « Plaidoyer pour une Histoire délaissée. La Fin de la IIIe République », *Revue française de science politique*, avril-juin 1957, n° 2, p. 264, n. 19.
6. Daniel Halévy, « Pour l'étude... », *op. cit.*, p. 822.
7. *Ibid.*, p. 823.
8. *Ibid.*, p. 825.

fut identique à celui de *La Fin des notables*, partagé entre la gauche et la droite, les mêmes critiques rédigeant d'ailleurs les recensions des deux ouvrages à quelques années d'intervalle. Des deux côtés, les appréciations furent toutefois exacerbées, accentuant par contrecoup le rapprochement entre Daniel Halévy et l'Action Française. Ainsi Louis Salleron (1905-1992), rédacteur en chef du *Courrier royal*, dans un double éloge du livre et de la brochure, parlait de son « [...] impartialité [qui] fait un peu penser à celle de Bainville[1] » et de l'autre bord, Pierre Paraf, animateur de la *Revue littéraire juive*, dénonça dans les colonnes de *La République* un « esprit farouchement réactionnaire[2] ». L'ouvrage fut même l'objet d'une utilisation politique : Léon Blum, dont le gouvernement était sur le point de tomber, cita *La République des ducs* dans un discours au Sénat le 8 avril 1938 pour montrer que Daniel Halévy avait mis en évidence le caractère conservateur de la Chambre haute[3]. Pour certains jeunes dissidents d'Action Française, tel Jean de Fabrègues, la leçon d'histoire proposée par Halévy était toute politique : « De sorte que l'histoire sociale de M. Halévy conduit naturellement à poser l'essentielle question de l'histoire : celle de la justification des situations sociales, des hiérarchies, de ce qui leur permet d'être, de naître, de durer, ou les fait disparaître[4]. » Benda renouvela ses attaques qui ne portaient plus sur l'approche historique de Daniel Halévy mais qui étaient désormais d'ordre personnel[5]. Certains lecteurs, séduits par le style et la puissance d'évocation de l'auteur, exprimèrent leur trouble. Ainsi, Elie reprocha à son frère d'avoir enveloppé son royalisme dans une écriture très littéraire. Maurice Reclus faisait part dans *Le Temps* d'un sentiment analogue : « Tout se passe, en un mot, comme s'il se plaçait dans la position d'un juge, et cependant il n'émet pas de jugement. Il excelle à créer l'état d'esprit le plus propre à dicter un verdict qu'il se refuse pour sa part à formuler, laissant le lecteur

---

1. Louis Salleron, « Pour l'étude de la troisième République », *Courrier royal*, 17 avril 1937. François Le Grix, directeur de la *Revue Hebdomadaire*, estimait que cet ouvrage devait constituer avec *La Troisième République* de Bainville, « une sorte de bréviaire » (cf. « Sans vision, les peuples meurent... », *Revue Hebdomadaire*, 31 juillet 1937, p. 626).
2. Pierre Paraf, « La République des ducs », *La République*, 26 avril 1937.
3. Discours de Léon Blum au Sénat le 8 avril 1938, reproduit dans : *L'Œuvre de Léon Blum (1937-1940)*, Paris, Albin Michel, 1965, p. 132.
4. J.F. [Jean de Fabrègues], « La République des ducs », *Combat*, juillet 1937. Sur cette revue et ses liens avec l'A.F., cf. Géraldi Leroy, « La revue Combat (1936-1939) », dans Anne Roche et Christian Tarting (dir.), *Des années trente : groupes et ruptures*, Paris, éditions du CNRS, 1985, pp. 123-134.
5. Julien Benda, « L'"ordre moral" », *La Dépêche de Toulouse*, 31 mai 1937, p. 1 ; « Méthode historique », *La Dépêche de Toulouse*, 18 juin 1937, p. 1 ; « A propos de l'ordre moral », *La Dépêche de Toulouse*, 21 juillet 1937, p. 1.

prolonger le débat pour son propre compte au gré de ses tendances – ou de ses rêveries[1] ». L'historien André Siegfried portait quant à lui un jugement à double tranchant : « [...] la *République des ducs* se lit comme un roman[2] ».

En 1933, Daniel Halévy avait proposé à Guy-Grand d'organiser un débat à l'Union pour la vérité sur les origines de la Troisième République. Tout à la rédaction de *La République des comités*, Daniel Halévy n'avait pu donner suite à son projet malgré la réponse favorable de Guy-Grand. Mais, en 1937 Robert Dreyfus avait lui-même encouragé la tenue d'un débat compte tenu de ses réactions à *La République des ducs*. En effet, plusieurs aspects de cet ouvrage l'avaient incité à répondre. En premier lieu, il contestait et le terme et la réalité des « notables ». D'autre part, il avait mis en doute dans une longue étude de la *Revue de France* l'approche de l'auteur : « Sur le plan historique, il s'écarte trop des prudentes méthodes qui me paraissent devoir s'imposer à l'historien [...][3] », et reprochait à l'auteur d'être un « paladin de l'Histoire militante[4] ». Les divergences ayant été rendues publiques, Guy-Grand organisa le 24 avril 1937 un débat à l'Union pour la vérité, « Sur la naissance de la IIIe République », centré sur un exposé de D. Halévy[5]. Celui-ci donna une définition du terme de « notables », absente des deux ouvrages : « Celui qu'on appelle en histoire un *notable* n'est pas une figure individuelle. C'est essentiellement le membre d'une famille dans laquelle la réussite successive de quelques générations, que la tradition fixe à trois, a fixé ces habitudes de pensée et de vie qui, pour un peuple donné, se sont montrées salutaires, heureuses. Le notable, s'il ne forfait aux siens [...] est ce qu'on appelait au XIXe siècle un *homme de bien*. [...] Les biens sont des richesses transmises, spiritualisées par une longue possession[6]. » Mais il changeait aussitôt de registre, en établissant un lien avec les thèmes de *Décadence de la liberté* : « Il existe un lien entre l'importance donnée au notable dans la cité et la pratique de la liberté[7]. » Il persistait également dans l'idée, contestée par Dreyfus, d'une « révolution des emplois ». L'épuration républicaine

---

1. Maurice Reclus, « La République des ducs », *Le Temps*, 14 juillet 1937.
2. André Siegfried, « La république des ducs », *Le Petit Havre*, 4 avril 1937, p. 1.
3. Robert Dreyfus, « L'histoire et la vie. Sous la Troisième... », *Revue de France*, 15 mars 1937, p. 341.
4. *Ibid.*, p. 332.
5. Cf. la reproduction intégrale du débat dans : *Bulletin de l'union pour la vérité*, décembre 1937-janvier 1938, n° 3-4, pp. 79-130. Cf. également sur cette séance : « Entre historiens », *Journal des Débats*, 28 avril 1937, p. 3 et Jean Guéhenno, « Sur la naissance de la IIIe République », *Vendredi*, 9 septembre 1937.
6. « Exposé de M. Daniel Halévy », *Bulletin de l'union pour la vérité*, décembre 1937-janvier 1938, n° 3-4, p. 85.
7. *Ibid.*

avait, selon lui, été réelle par sa quantité, parce qu'il y avait eu pression du suffrage universel en sa faveur, enfin parce qu'il y avait désormais une évolution dans la « qualité morale » du fonctionnaire : il ne s'agissait plus d'hommes fortunés servant le pays, mais d'hommes issus des couches nouvelles en quête d'ascension sociale. Robert Dreyfus lui répondit en avançant que les républicains victorieux n'avaient fait que répliquer aux épurations de l'Ordre moral et convenait qu'il y avait eu dans la « révolution des emplois » une dimension politique mais non pas sociale, les « notables » n'étant pas visés en tant que tels. En clôturant le débat, Daniel Halévy concéda que l'épuration n'avait pas été définitive et que la République avait passé un « concordat tacite avec les familles notables[1] ». Le débat se poursuivit en décembre 1937 sous le double patronage de la Société d'histoire de la IIIe République et de l'Union pour la vérité. Robert Dreyfus exposa à son tour sa vision sur le thème « bouleversements administratifs et municipaux (1870-1878)[2] ». Dreyfus apportait d'importantes nuances à la « théorie des notables ». Il affirmait qu'avant 1870, les maires nommés n'étaient pas tous des notables au sens où l'entendait Halévy. Il revenait ensuite en détail sur la situation entre 1870 et 1880. En 1871, la majorité monarchiste de l'Assemblée nationale était favorable, comme les gauches, à l'élection des maires par les conseillers municipaux. Ainsi les monarchistes avaient livré les mairies de village au suffrage universel, contrairement à ce que prétendait Halévy. C'était le duc de Broglie qui, constatant en 1874 qu'il y avait trop de maires républicains, était revenu au système de nominations par le pouvoir central. La Chambre républicaine n'avait partiellement rétabli le système électif qu'en 1876. Il ne fut complet qu'en 1884. En outre, les élections municipales de 1876 n'avaient pas entraîné de grands changements dans les mairies, le cabinet Dufaure avait apparemment respecté la volonté populaire en nommant des maires légitimistes là où il y avait eu de telles aspirations. Quant à l'épuration administrative, il revenait au même argument, à savoir que les républicains s'étaient contentés de répondre aux agissements de l'Ordre moral. Dans une ultime réponse écrite, Daniel Halévy reconnut la justesse des remarques de Dreyfus concernant la première période et affirmait que c'était l'honneur de la noblesse française d'avoir établi

---

1. *Ibid.*, p. 116.
2. Reproduit à la fois dans le *Bulletin de la Société d'Histoire de la Troisième République*, décembre 1937, n° 9 pp. 73-78 et dans le *Bulletin de l'union pour la vérité*, décembre 1937-janvier 1938, n° 3-4, pp. 131-185. Dreyfus publia également une édition revue et corrigée de son exposé dans : Robert Dreyfus, *De Monsieur Thiers...*, op. cit., pp. 253-326. Sur ce débat, cf. Georges Guy-Grand, « Faut-il regretter les notables ? », *Revue d'histoire politique et constitutionnelle*, octobre-décembre 1937, pp. 677-698.

l'élection des maires en 1871[1]. Il maintenait cependant l'ensemble de ses affirmations. Ce long débat centré autour de la question apparemment technique de l'épuration avait révélé une ligne de fracture très nettement politique.

Mis à part la dimension politique opposant les deux amis, il y avait entre eux une profonde différence dans la façon d'aborder l'histoire. Daniel Halévy a expliqué dans divers articles la conception du travail historique qu'il avait mis en œuvre dans ses essais. Il entendait d'abord réhabiliter le rôle de l'événement auxquels les historiens universitaires ne s'intéressaient pas : « Pour l'historien de métier, érudit paisible, la naissance de l'événement est un phénomène inconnu, le mystère lui en échappe. La grande habitude qu'il a de subir l'événement produit en lui une sorte de fatalisme, qui altère l'histoire, et trop souvent la ternit et l'éteint[2]. » Par ailleurs, constatant qu'il était possible de tirer deux conclusions différentes d'une même source, il revendiquait une part de subjectivité dans l'interprétation historique[3]. Enfin, dans sa longue querelle avec Benda, il avait estimé en 1934 que l'historien avait le droit de juger les événements auxquels il était confronté[4]. Pierre Renouvin, dans une étude parue en 1962 sur « l'orientation actuelle des études historiques en France » souligna l'apport de Daniel Halévy à l'histoire de la « psychologie collective[5] ».

Poursuivant son travail historique[6] et politique contre l'histoire républicaine, Daniel Halévy publia un essai historiographique en 1939 à l'occasion du troisième centenaire de la Révolution[7] : *Histoire d'une histoire, esquissée pour le troisième cinquantenaire de la Révolution française*. La présentation de son projet dès les premières pages indiquait clairement l'état d'esprit dans lequel il se situait : « Je me propose donc de montrer par quels détours nos aïeux du XIXe siècle, interprétant

---

1. Daniel Halévy, « Supplément au compte rendu du débat du 10 décembre 1937 sur les bouleversements administratifs et municipaux (1870-1878) », *Bulletin de la Société d'Histoire de la Troisième République*, janvier 1938, n° 10, pp. 84-88, reproduit également dans le *Bulletin de l'union pour la vérité*, décembre 1937-janvier 1938, n° 3-4, pp. 163-172.

2. Daniel Halévy, « Une journée de M. Thiers », *Le Figaro*, 9 février 1929, n° 40, p. 1.

3. Daniel Halévy, « A propos d'un épisode méconnu », *Journal des Débats*, 9 février 1936, p. 1.

4. Daniel Halévy, « Historien, qui es-tu ? », *1934*, 30 juin 1934.

5. Pierre Renouvin, « L'orientation actuelle des études historiques en France », *Revue des travaux de l'Académie des sciences morales et politiques*, 1er semestre 1962, p. 224.

6. D. Halévy avait entrepris un troisième volume sur la période suivant l'élection de Grévy qu'il avait quasiment achevé mais qui ne parut pas.

7. Cf. Pascal Ory, *Une nation pour mémoire 1889, 1939, 1989, trois jubilés révolutionnaires*, Paris, Presses de la FNSP, 1992, pp. 165-195.

la crise révolutionnaire, se sont construit un dogme et une légende qui se sont substitués aux pensées complexes et à la réalité sanglante ; deuxièmement, de montrer par quels détours ceux qui sont venus après eux ont réussi à maintenir cette légende, à la sauver des atteintes de l'expérience, à étouffer les avertissements contraires. Je me propose enfin, troisièmement, de montrer que l'obstacle fondamental à toute restauration française est le persévérant attachement du grand nombre à cette légende devenue superstition nationale[1]. » Ce n'était pas la Révolution qui était l'objet de l'ouvrage mais l'interprétation qu'en faisait l'histoire républicaine. Daniel Halévy n'a jamais renié la Révolution : les possibilités d'ascension et d'intégration offertes à ses aïeuls Lévy ont pu avoir leur part dans cette fidélité. Libéral, il est resté attaché à la phase libérale de la Révolution, distinguée nettement de 1793[2].

Dans ce court essai, Daniel Halévy distinguait deux périodes, séparées par la Révolution de 1848. Dans la première partie du siècle, l'interprétation libérale de la Révolution par Thiers et Mignet avait prévalu. Les événements de 1848 avaient créé selon lui un climat psychologique tout à fait particulier empêchant le développement de l'interprétation libérale : « Le *credo* de l'humanitarisme (son nom vient d'être trouvé) est maintenant fixé en un ensemble d'idées et de sentiments très comparables à ces constructions mentales que les psychiatres appellent des psychoses[3]. » Seuls les libéraux de 1860 – parmi lesquels figurait Prévost-Paradol – surent remettre à l'honneur les idées libérales de 1789 mais ils furent submergés par les républicains. Daniel Halévy étudiait ensuite les travaux de la période 1870-1890 et se penchait plus particulièrement sur ceux de Montégut, Taine, Le Play et Renan. L'apport de Taine avait été important parce qu'il avait mené une étude psychologique du phénomène révolutionnaire : « Taine avait beaucoup approfondi, dans son œuvre de psychologue, la notion d'hallucination et le caractère hallucinatoire des constructions de pensée. Or, il n'y a pas d'événement historique qui présente, plus que l'événement révolutionnaire français, dans son origine, dans sa péripétie et dans ses suites, le caractère d'une idée fixe, d'une hallucination collective[4]. » La contribution de Le Play avait été de montrer que ces « hallucinations » s'accompagnaient d'une fausse philosophie : « Là est le drame de la

---

1. Daniel Halévy, *Histoire d'une histoire esquissée pour le troisième cinquantenaire de la Révolution française*, Paris, Grasset, 1939, p. 8. Un condensé de cette brochure parut au même moment en Argentine : Daniel Halévy, « Commemoracion de la Revolucion francesa », *La Nacion*, 3 août 1939, p. 6.
2. *Ibid.*
3. Daniel Halévy, *Histoire d'une histoire..., op. cit.*, p. 20.
4. *Ibid.*, p. 42.

France. Elle vit appuyée sur des dogmes qui sont, comme Le Play l'avait fortement dit, de faux dogmes. Vrais ou faux ce sont des dogmes, c'est-à-dire des notions sur lesquelles l'expérience n'a pas de prise, ou très peu[1]. » L'Université était mise en accusation par Daniel Halévy car il la rendait responsable d'avoir répandu ces idées[2]. Il s'attaquait ensuite aux ouvrages des historiens « gardiens de la doctrine[3] », tels Aulard, Seignobos et Mathiez qui donnaient une vision déformée de la réalité historique, à des littéraires comme Lanson, accusé d'avoir omis certains titres de Renan[4] et de Taine, la *Réforme intellectuelle et morale* et les *Origines de la France contemporaine*, dans son *Histoire de la littérature française.* Une partie importante de cette brochure se situait très nettement dans la lignée d'un cahier de Péguy rédigé en 1907, *De la situation faite à l'histoire dans la philosophie générale du monde moderne* dans lequel l'auteur s'interrogeait longuement sur la *doxa* républicaine dans le système d'enseignement. Péguy s'était adressé dans son texte à diverses reprises à Daniel Halévy à qui il avait offert le manuscrit. Péguy mettait en cause deux historiens universitaires, Alphonse Aulard et Charles-Victor Langlois[5], dénonçant ceux « qui veulent établir un gouvernement [...] des esprits [...] ceux qui veulent enrégimenter les jeunes gens[6] », « [...] ceux qui font de la politique dans l'impolitique[7] ». Il reprochait également à Ferdinand Buisson d'être à l'origine d'une vision fausse de l'Ancien Régime[8], critique reprise par Halévy dans ses articles de *Je suis partout.* Allant au-delà d'une simple critique idéologique de l'historiographie républicaine, Daniel Halévy mettait en doute l'apport des « historiens scientifiques », c'est-à-dire les historiens universitaires évoqués par Péguy. Faisant un bilan des travaux menés par les historiens républicains, Halévy écrivait : « Monographies et documents sont venus abondants. Quelle a été la lumière ? Les historiens scientifiques, disait Péguy, ne sont bons qu'à nous promener au long des événements ; au long ou autour, indéfiniment. Ils tournent, et n'entrent jamais[9]. » Ce brûlot antirépu-

---

1. *Ibid.*, p. 62.
2. « Nous accusons ici, l'Université. Elle est le seul corps de la société française, qui doive son existence à la Révolution, et elle ne l'oublie pas » (*ibid.*, p. 63).
3. *Ibid.*, p. 79.
4. Maurras releva cette démonstration de D. Halévy (cf. Charles Maurras, *La Seule France. Chronique des jours d'épreuve*, Lyon, H. Lardanchet, 1941, p. 244).
5. Charles-Victor Langlois (1863-1929), médiéviste, avait été avec Seignobos l'auteur de *L'Introduction aux études historiques* en 1898. Il avait épousé une fille de Marcellin Berthelot et était à ce titre apparenté à Daniel Halévy.
6. Cf. *O.P.C.*, t. II, p. 698.
7. *Ibid.*
8. *Ibid.*, pp. 705-707.
9. Daniel Halévy, *Histoire..., op. cit.*, p. 79.

blicain était ambigu. En effet, s'il n'était pas tourné contre la Révolution mais contre son interprétation et son usage par les républicains, l'auteur changeait de ton à la fin de l'ouvrage et, s'adressant aux lecteurs sur le ton de la confidence, tirait une conclusion que des contre-révolutionnaires n'auraient pas reniée : « Je ne vous dis pas : rentrez dans l'ordre. Vous ne retrouveriez pas le chemin, et si vous me le demandiez, je me tromperais peut-être. Je vous dis, et c'est beaucoup plus simple : laissez l'ordre rentrer en vous. Et les mœurs. Et les croyances. Elles vous connaissent depuis des siècles, elles sauront s'y prendre[1]. »

Les réactions furent encore plus tranchées qu'auparavant. A gauche, Pierre Paraf, Georges Mongredien, et André Ulmann dénoncèrent avec force la dimension politique de l'ouvrage[2]. Jacques Ancel, professeur à la Sorbonne, écrivit au directeur de L'Ordre, pour dénoncer un livre « qui rejoint les philosophes de l'hitlérisme[3] ». L'essai d'Halévy fut accueilli par les plus grandes plumes d'extrême droite avec enthousiasme : par Daudet[4], par Maurras qui salua les « démonstrations éclatantes[5] » de Daniel Halévy, par Gaxotte qui consacra une étude à ce livre d'un « intérêt capital[6] ». L'Action française prit la défense de Daniel Halévy face aux critiques d'André Ulmann[7]. Pour Jean-Pierre Maxence dans Gringoire : « Le culte de la révolution représente un culte de mort. Le procès semble à cet égard définitivement jugé[8] » et Pierre Varillon estimait que l'Histoire d'une histoire... plaçait son auteur « au premier rang des historiens de la contre-révolution[9] ». Selon l'historien Philippe Ariès qui fit la connaissance de Daniel Halévy peu de temps après la publication du texte, celui-ci permettait de comprendre le rapprochement de l'auteur avec Maurras[10].

---

1. Ibid., p. 101.
2. Cf. Pierre Paraf, « Histoire d'une histoire », La République, 9 août 1939 ; Georges Mongredien, « Histoire d'une histoire », Les Nouvelles Littéraires, 12 août 1939 ; André Ulmann, « Un livre révélateur. M. Daniel Halévy contre la Révolution française », Lumière, 4 août 1939 ; André Ulmann, « Un cuistre : M. Daniel Halévy », Messidor, 25 août 1939.
3. « Une Histoire », L'Ordre, 25 août 1939.
4. Léon Daudet, « Histoire d'une histoire... », L'Action française, 1er août 1939.
5. Charles Maurras, « La Politique.V. Démocratie et Paix ? », L'Action française, 6 septembre 1939, p. 1.
6. Pierre Gaxotte, « La Révolution, terre de mensonge », Je suis partout, 28 juillet 1939.
7. « Revue de la presse », L'Action française, 9 août 1939, p. 5.
8. Jean-Pierre Maxence, « Histoire d'une histoire », Gringoire, 17 août 1939.
9. Pierre Varillon, « Histoire d'une histoire », L'Action française, 28 septembre 1939. Cf. également Pierre Tuc [Henry Lasserre], « Revue de la presse », L'Action française, 9 août 1939.
10. Philippe Ariès, « "Histoire d'une histoire" : laissez l'ordre rentrer en vous », La Nation française, 21 février 1962, n° 333, p. 20 et 23.

De 1936 à 1939, Daniel Halévy consacra une part importante de son activité à la Société d'histoire de la IIIe République, fondée le 19 juin 1936. Halévy avait été associé de près à sa création dont l'initiative revenait à Emile Pillias. Pillias (1905-1940) était un ancien élève de l'Ecole libre des sciences politiques, également docteur ès lettres. Attiré vers le mouvement de l'Ordre Nouveau, il y anima dans les années 1930 une cellule financière proche par ailleurs du groupe X-Crise[1] tout en écrivant dans *L'Ordre*. Il avait un emploi à la Bibliothèque nationale tout en étant secrétaire de la Société historique de Passy et d'Auteuil[2]. Il fut jusqu'à la guerre le secrétaire général de la Société d'histoire de la IIIe République. Le premier président en 1937 de cette société savante fut l'écrivain Lucien Descaves qui était assisté de deux vice-présidents, Robert Dreyfus et Daniel Halévy. L'année suivante, Daniel Halévy devint président avec Robert Dreyfus et André Siegfried comme vice-présidents. A la différence des sociétés savantes nées à la fin du XIXe siècle comme la Société d'histoire de la révolution française et la Société d'histoire de la révolution de 1848, groupements souvent très politisés[3], la Société d'histoire de la IIIe République souhaitait se situer « au-dessus de tout préjugé politique[4] ». Les noms de ses vingt et un fondateurs montrent en effet un certain éclectisme : Jules Bertaut, Georges Bourgin, Emile Buré, Julien Cain, Léon Deffoux, Paul Desachy, Lucien Descaves, Jean Dietz, Pierre Dominique, Robert Dreyfus, Daniel Halévy, Gabriel Hanotaux, Jean Héritier, Ferdinand Hérold, Henri Malo, Marcelin Pellet, Emile Pillias, Maurice Reclus, Marie de Roux, André Siegfried et Alexandre Zévaès. La caractéristique la plus frappante réside dans le fait qu'hormis André Siegfried, il n'y avait aucun universitaire parmi les fondateurs. Ceux-ci étaient des écrivains, avocats, journalistes, fonctionnaires et anciens hommes politiques ; il en allait de même pour les premiers adhérents[5]. Les historiens universitaires ignorèrent la Société, tout comme la *Revue Historique* n'avait pas rendu compte de *La Fin des notables* et de *La République des ducs*. L'histoire académique avait été marginalisée scientifiquement et politiquement par l'école méthodique et républicaine incarnée par Lavisse et Seignobos. Quant aux historiens des *Annales*, occupés à briser des lances avec l'école méthodique, ils se refusaient même à considérer l'histoire écrite

---

1. Jean-Louis Loubet Del Bayle, *op. cit.*, p. 112.
2. Ces éléments sont tirés de sa correspondance : A.H.C., fonds Emile Pillias, 2 EP 3 5, 4 EP 6-7.
3. Cf. Madeleine Rebérioux, « Histoire, historiens et dreyfusisme », *Revue historique*, avril-juin 1976, pp. 430-431.
4. Cf. *Bulletin de la Société d'histoire de la Troisième République*, janvier 1937, n° 1, p. 1.
5. A l'exception de deux universitaires : Pierre Renouvin et Elie Halévy.

par les sociétés savantes, d'autant plus lorsqu'elles s'intéressaient à l'histoire politique contemporaine. Les sociétés savantes avaient contribué au siècle précédent à la naissance de disciplines comme la préhistoire ou la géographie mais leur apport à l'histoire dans les années 1930, limité par l'érudition et le particularisme local, était négligeable[1]. Les travaux de la Société d'histoire de la IIIe République s'inscrivaient donc dans un courant très en marge d'une discipline en plein renouvellement, à l'heure où les historiens universitaires, comme l'a montré Olivier Dumoulin, occupaient une position de plus en plus affirmée dans les institutions officielles.

Les fondateurs désiraient, dans la déclaration d'intention du premier numéro du *Bulletin*, paru en janvier 1937, étudier le régime jusqu'en 1914. L'objectif principal de la société était de créer un « centre de documentation » sur la IIIe République en recueillant des archives privées. La présence parmi les fondateurs de Julien Cain, administrateur général de la Bibliothèque nationale et de Georges Bourgin, secrétaire général des archives nationales, atteste de l'importance accordée à cette activité. Les adhérents assistaient aux conférences et débats, qui avaient lieu à l'Institut International de Coopération intellectuelle et recevaient le *Bulletin* mensuel fournissant en quelques pages un résumé des principales interventions. Régulièrement, les séances étaient animées par d'anciens hommes politiques (Alexandre Zévaès, Joseph Caillaux, Ernest Judet...) qui se consacraient à l'évocation de leurs souvenirs. Les fondateurs souhaitaient également publier des documents de références : ainsi deux livres virent le jour, en 1938 un volume de lettres annotées de Gambetta publié chez Grasset par Halévy et Pillias dans une collection spécifique, « Documents », et l'année suivante, un volume de lettres d'Allain-Targé, préparé par Suzanne de la Porte. La Société interrompit son activité pendant la guerre mais elle subsista jusqu'au milieu des années 1950, Daniel Halévy continuant de participer de temps à autre à ses activités.

Le compagnonnage Halévy-Maurras

Dorénavant, Daniel Halévy faisait partie des écrivains de droite sollicités lors des collectes de signatures pour des causes nationales. Ainsi, Henri Massis lui avait proposé en 1935 de signer le « Manifeste

---

1. Cf. Jean-Pierre Chaline, *Sociabilité et érudition. Les sociétés savantes en France*, Paris, éditions du CTHS, 1995, pp. 180-195.

des intellectuels français pour la défense de l'Occident[1] », rédigé par ses soins afin de protester contre les sanctions préparées à la S.D.N. contre l'Italie. Halévy lui avait répondu négativement tout en proposant de signer un texte modifié. Il avait reporté sur le manifeste original une série de corrections lui donnant une tournure personnelle. Plus court que le manifeste de Massis, le sens restait toutefois le même : le texte de Daniel Halévy était une défense de l'Italie contre des « tribus sauvages », une condamnation de la « dangereuse fiction de l'égalité absolue de toutes les nations » et du « faux universalisme juridique » de la S.D.N.

Trois ans plus tard, à la suite de l'Anschluss, le quotidien communiste *Ce soir* avait publié le 20 mars 1938 un manifeste appelant à l'union et la fraternité « devant la menace qui pèse sur notre pays et sur l'avenir de la culture française », signé par treize écrivains dont Aragon, Bernanos, Chamson, Guéhenno, Malraux, Mauriac, Montherlant et Schlumberger. Une réplique fut organisée, notamment par deux intellectuels du Parti Populaire Français (P.P.F.), Ramon Fernandez[2] et Drieu La Rochelle. Le manifeste, « Unissons-nous pour refaire la France » fut publié le 27 mars dans plusieurs quotidiens : *L'Action Française*[3], *Le Figaro* et *L'Echo de Paris*. Face au danger international, ce texte prônait le repli sur l'unité nationale : « L'union est plus nécessaire que jamais, mais il n'y a d'union féconde que sur des principes certains [...]. Français de toutes conditions, ouvriers, paysans, classes moyennes, intellectuels, on ne doit pas vous parler d'union pour éviter de faire un effort, mais au contraire afin de le faire ensemble, entre Français et non avec les représentants d'un gouvernement étranger. » Il avait été signé par une partie notable de la droite maurrassienne : Henri Massis, André Bellessort, Léon Bérard, Abel Bonnard, André Chaumeix, Robert Brasillach, Jean de La Varende, Thierry Maulnier et Daniel Halévy, qui avait été sollicité par Drieu La Rochelle.

André Gide qui régnait sur les lettres dans l'entre-deux-guerres incarnait une figure d'écrivain et d'intellectuel particulièrement honnie à droite. Ayant rejoint publiquement le parti communiste, il fut invité en janvier 1935 par Guy-Grand à l'Union pour la vérité. Le débat « André Gide et notre temps[4] » eut un retentissement très important, au point

---

1. Sur ce manifeste, cf. Jean-François Sirinelli, *Intellectuels et...*, op. cit., pp. 92-96.
2. Cf. sur ce point : Fabien Spilmann, *Ramon Fernandez...*, op. cit., pp. 107-108
3. « Pour une véritable union nationale », *L'Action française*, 27 mars 1938, p. 1. Ce manifeste fut également reproduit dans : *Commune*, avril 1938, p. 1005.
4. Cf. *Bulletin de l'Union pour la vérité*, avril-mai 1935, n° 7-8, pp. 255-358. Ce numéro comprend le compte rendu intégral des débats ainsi que l'ensemble des articles ayant paru dans la presse à cette occasion.

que Gallimard décida de le publier en volume[1]. La petite salle de la rue Visconti connut une affluence sans précédent : plus de 200 personnes, dont la *NRF* au grand complet, étaient venues écouter Gide. Le débat, introduit par Ramon Fernandez, tourna rapidement à un affrontement entre Gide et Henri Massis, son contradicteur principal. René Gillouin, Jean Guéhenno, Daniel Halévy, Gabriel Marcel, Jacques Maritain, Thierry Maulnier et François Mauriac intervinrent également. Gide expliqua que son adhésion au communisme n'était pas intellectuelle mais sentimentale, et qu'il y avait été conduit par un désir de justice sociale. Les interventions de Gabriel Marcel, de François Mauriac et de Jacques Maritain témoignèrent d'une distance respectueuse, d'une admiration inavouable à l'égard de Gide. Pourtant le ton du débat fut extrêmement vif, la contradiction étant essentiellement portée par Massis et Daniel Halévy. Massis fit une analyse particulièrement fine, montrant en Gide un homme obsédé de morale. Les interventions de Daniel Halévy ne parvinrent pas à masquer un sentiment d'hostilité personnelle. Esquivant le débat de fond qui portait sur la dimension religieuse du communisme, il déclarait ne pas comprendre que Gide, ayant renié les dogmatismes religieux, se soit converti au communisme : « Il rallie un quatrième dogmatisme aiguisé de frais[2] ». A Gide qui lui répondit : « Je voudrais comprendre pourquoi vous ne comprenez pas[3] », Daniel Halévy répliqua : « C'est sans doute que c'est trop simple pour vous[4] ». Relatant la séance quelques jours plus tard dans *1935*, le magazine dirigé par Massis, Daniel Halévy ne cachait pas ses sentiments : « Un des inconvénients de cette sorte de rencontres, c'est la courtoisie, qui y fait des ravages[5] ». Critiquant en Gide, l'esthète raffiné se mêlant au peuple, il avait ajouté : « Je sais seulement que je répugne à cette odeur de cénacle mêlée à cette odeur de foule dont il fait aujourd'hui l'essai, et qui ne me parut jamais si entêtante que dans la petite salle de la rue Visconti[6]. »

---

1. *André Gide et notre temps*, Paris, Gallimard, 1935, 90 p.
2. *Bulletin de l'Union pour la vérité*, n° 7-8, avril-mai 1935, p. 305. Ce comportement lui valut l'hostilité définitive de Jean Schlumberger : « Une aigre intervention de M. Daniel Halévy fut la seule fausse note... » (Jean Schlumberger, « Gide rue Visconti », NRF, 1er mars 1935, n° 258, p. 483, reproduit dans le *Bulletin...*, op. cit., pp. 352-353).
3. *Bulletin de l'Union pour la vérité*, n° 7-8, avril-mai 1935, p. 306.
4. *Ibid.* « Seul, M. Daniel Halévy répétait avec une obstination désespérée : "Je ne comprends rien ! Je comprends de moins en moins !" » : (P.C.Z., « Procès d'André Gide », *Les Nouvelles Littéraires*, 2 février 1935, reproduit dans le *Bulletin...*, op. cit., p. 337).
5. Daniel Halévy, « Gide devant les juges », *1935*, 6 février 1935, n° 70, article reproduit dans le *Bulletin de l'Union pour la vérité*, n° 7-8, avril-mai 1935, p. 343.
6. *Ibid.*, p. 346.

La guerre d'Espagne fut l'occasion d'un nouveau dissentiment entre Daniel Halévy et Gide et d'une identification croissante d'Halévy avec la droite intellectuelle. Pierre Herbart (1903-1974), alerté par Aragon sur le fait que Madrid était sur le point de tomber, proposa à Gide de constituer une délégation qui irait en Espagne afin d'éviter les massacres, Léon Blum accordant des visas diplomatiques, un avion et des fonds[1]. Herbart et le père Doncœur se réunirent en vue de composer une délégation qui irait de l'extrême gauche à l'extrême droite. Daniel Halévy, contacté pour faire partie de la composante de droite, réagit négativement lorsqu'il entendit le nom de Gide, mais il se ravisa face à l'insistance du père Doncœur, acceptant de partir à la seule condition[2] qu'il soit accompagné de Robert Valléry-Radot, vice-président de l'Union antimaçonnique, collaborateur de *L'Ami du peuple* et de l'antisémite *Pays libre*. En fin de compte, malgré le soutien de l'Eglise, la délégation de droite se rétracta et Pierre Herbart partit seul.

Un engagement public avait contribué au rapprochement de D. Halévy avec l'Action Française. En 1925, Léon Daudet avait été emprisonné à la Santé dont il avait réussi à s'évader pour gagner la Belgique. Daniel Halévy tenait le critique de *L'Action française* en grande estime. Interrogé en 1923 par Maurice Rouzaud sur les grandes plumes de la critique contemporaine, il avait déclaré à propos de Daudet : « C'est un critique de grande race, et peut-être le seul qui, deux ou trois fois, ait lancé un livre en le recommandant. Mais cela ne tient pas uniquement à sa supériorité personnelle, cela tient surtout à la manière dont il fait son métier de critique, à sa guise, à son heure[3]. » En 1928, une première campagne fut organisée pour solliciter du président de la République la grâce de Daudet. Alors qu'il venait de formuler une demande d'adhésion à la Société des gens de lettres, Daniel Halévy approcha divers membres de cette institution pour signer une lettre adressée à son président afin qu'il sollicite la grâce de Daudet. En décembre il demanda un rendez-vous avec « insistance[4] » à Georges Duhamel qui a raconté la visite de D. Halévy : « Il commence par me parler d'une nouvelle affaire Dreyfus[5] ». Le visiteur parvint à convaincre Duhamel qui surmonta ses préventions à l'égard de Daudet. Sans succès, cette première campagne fut suivie d'une seconde à l'été 1929 au cours de la-

---

1. Maria van Rysselberghe, *Les Cahiers de la Petite Dame*, Paris, Gallimard, « Cahiers André Gide » n° 5, 1974, pp. 573-606.
2. *Ibid.*, pp. 588-590.
3. Maurice Rouzaud, « Où va la critique ? », *Les Nouvelles Littéraires*, 14 juillet 1923, p. 10.
4. Georges Duhamel, *Le Livre de l'amertume. Journal 1925-1956*, Paris, Mercure de France, 1983, p. 91.
5. *Ibid.*

quelle Daniel Halévy organisa à nouveau avec Fernand Vandérem (1864-1939) des démarches auprès de divers membres de la Société des gens de lettres, dont il faisait dorénavant partie. Finalement, le Président Doumergue signa sa grâce le 30 décembre 1929. Les premiers articles que Daudet consacra à Daniel Halévy datent de 1929.

Dans cette évolution, les liens personnels de Daniel Halévy avec Maurras jouèrent un rôle important. Les deux hommes entretinrent dans l'entre-deux-guerres des relations intellectuelles, lisant réciproquement leurs ouvrages et s'adressant l'un à l'autre par le biais de *L'Action française* et de la *Revue de Genève*. Un fait important fut la participation de Daniel Halévy dès 1919 à un volume d'hommages offert à Maurras, *Charles Maurras. Poèmes, portraits, jugements et opinions*, publié par la Nouvelle Librairie Nationale. Daniel Halévy rappelait qu'il avait lu très tôt la poésie de Maurras et bâtissait son article sur l'idée que Maurras était fondamentalement un écrivain, un poète, que « la difficulté des temps[1] » avait contraint à devenir polémiste. Il construisait ainsi tout son récit, sur l'évolution de Maurras depuis sa venue à Paris jusqu'à la création de l'Action Française. Il montrait les étapes de son évolution intellectuelle, guidée par « sa vocation, qui est de créer une forme, un ordre de beauté[2] » se traduisant en politique par l'élaboration de la doctrine du nationalisme intégral. Ainsi, lorsque Daniel Halévy le sollicita pour un « cahier vert », il lui demanda un cahier de poésie : *La Musique intérieure* paru en 1925, que Maurras lui dédia.

Tout au long des années 1920, les chroniques françaises de Daniel Halévy à la *Revue de Genève* ne cessèrent de mentionner le nom de Maurras sur le mode laudatif. Quel que soit le sujet, littéraire, historique ou politique, les références à Maurras revenaient régulièrement. En 1921, il se réjouissait du retour de Maurras à la poésie[3], et écrivait deux ans plus tard : « M. Charles Maurras est un de nos plus grands esprits[4] ». Entre 1920 et 1925, D. Halévy rencontra plusieurs fois Maurras, le sollicitant régulièrement pour la remise du manuscrit de *La Musique intérieure*. En 1934, il dressait un bilan intellectuel très élogieux du maurrassisme : « Nous serions pauvres, beaucoup plus pauvres que nous ne sommes si, depuis trente ans secoués dans les tempêtes, enlisés

---

1. Daniel Halévy, « L'opinion de Daniel Halévy », dans *Charles Maurras. Poèmes, portraits, jugements et opinions*, Nouvelle Librairie Nationale, 1919, p. 176.
2. *Ibid.*, p. 177.
3. Daniel Halévy, « France. Notes sur l'esprit public. Post-scriptum pour Vernon Lee », *Revue de Genève*, octobre 1921, n° 16, pp. 552-553.
4. Daniel Halévy, « France. Controverses académiques et scolaires. Les équipes sociales. Les jugements d'Henri Massis », *Revue de Genève*, septembre 1923, n° 39, p. 343. Maurras lui envoya en 1924 un exemplaire dédicacé de l'*Enquête sur la monarchie*.

dans les vases, nous n'avions eu, pour nous en distraire, ces hautes visions que Maurras et les siens, infatigables, proposent à la contemplation des esprits et à l'entretien des espérances[1]. »

Lorsque les préoccupations politiques et historiques commencèrent à l'emporter sur la littérature, Daniel Halévy se trouva immédiatement confronté à l'Action française. Pendant la période qui s'écoula entre la publication du *Vauban* (1923) et *La République des ducs* (1937), Daniel Halévy n'a cessé, dans un mouvement complémentaire, de se rapprocher de la pensée maurrassienne et de subir en même temps sa force d'attraction. A la lumière de cette évolution, il est intéressant de constater le regard qu'Halévy portait sur l'époque où Charles Maurras se situait dans un camp opposé. Le 29 octobre 1936, Charles Maurras fut incarcéré pour une durée de plusieurs mois à la Santé[2]. Dès le lendemain, Daniel Halévy écrivit un article qui parut le 1er novembre dans les *Débats*. Sans mentionner l'emprisonnement du chef de l'Action Française, Halévy prenait prétexte de la publication pendant l'été d'un essai de Maurras, *L'Amitié de Platon*, pour lui rendre hommage : il comparait en effet Platon et Maurras, deux enfants « d'Aphrodite et de Mars[3] ». Benda fit paraître alors dans *L'Aube* un article visant Halévy et contestant ceux qui admiraient en Maurras le critique littéraire et le poète, car il estimait que la poésie et la critique étaient chez lui intrinsèquement politiques[4]. Il faisait également référence à l'article de Daniel Halévy paru dans *La Grande France* en 1902, indiquant qu'à cette époque Daniel Halévy était hostile à Maurras. Le lendemain, Henry Lasserre mentionna dans sa revue de presse de *L'Action française*, l'article de « l'affreux juif Benda[5] ». Daniel Halévy réagit rapidement par une lettre ouverte que le quotidien reproduisit le 4 novembre : « L'admiration que j'ai pour Charles Maurras n'est pas récente : elle date de ce jour antérieur à notre siècle où je lus, dans le *Soleil*, une magnifique page [...]. Là-dessus, l'affaire Dreyfus jeta un trouble. Mais je me suis toujours gardé, aux heures les plus vives, d'oublier que j'avais admiré[6] », déclarait D. Halévy. Il eut la possibilité de s'expliquer plus longuement lorsque la *Revue Universelle* publia en janvier 1937 un numéro spécial d'hommage à Charles Maurras à l'occasion de

---

1. Daniel Halévy, « Demain la France », *1934*, 22 août 1934, n° 46, p. 9.
2. Cf. Eugen Weber, *L'Action française*, Paris, Fayard-Hachette, 1985, p. 427.
3. Daniel Halévy, « Enfants d'Aphrodite et de Mars », *Journal des Débats*, 1er novembre 1936, p. 1.
4. Julien Benda, « Pensée et politique », *L'Aube*, 1er novembre 1936, p. 1.
5. Pierre Tuc [Henry Lasserre], « Revue de la presse », *L'Action Française*, 2 novembre 1936, p. 5. Le lendemain celui-ci mentionna à nouveau l'article de Benda, cf. « Revue de la presse », *L'Action française*, 3 novembre 1936, p. 6.
6. Daniel Halévy, « Lettre », *L'Action française*, 4 novembre 1936, p. 5.

son jubilé littéraire. Daniel Halévy saisit l'occasion pour éclaircir la question soulevée par Benda. Tout l'article était une longue réfutation des insinuations de Benda. Daniel Halévy citait de longs passages de son article de 1902, les plus favorables à Maurras. S'il omettait les parties les plus critiques, il ne passait pas sous silence la distance qui l'avait séparé de Maurras à l'époque : « Pourtant je ne récrirais pas mon ancien article. Il y a donc un changement. Quel est-il, et qu'ai-je compris que je ne comprenais pas alors[1] ? » Il expliquait ensuite qu'il avait compris depuis que la polémique, c'est-à-dire la politique, n'était chez Maurras que le masque d'une dimension littéraire et poétique qui demeurait sous-jacente. « Je ne comprenais pleinement qu'une moitié de lui-même, c'est-à-dire que je ne le comprenais pas. Ensuite, les durs événements m'ont instruit[2] », ajoutait-il. La vision d'un Maurras pour qui la poésie était la plus haute expression de la politique était classique chez les maurrassiens[3]. En juillet 1937, quelques jours après la libération de Maurras, Daniel Halévy lui écrivit pour lui confier l'indignation qui l'avait saisi lorsqu'il avait su l'emprisonnement de l'auteur de *La Musique intérieure*. Dans ce rapprochement avec l'extrême droite, le passage opéré par Daniel Halévy de la littérature pure à la littérature de combat avait joué un rôle important. Ainsi il reconnaissait lui-même, en 1942, le compagnonnage qui avait été le sien à la fin des années 1930 avec les plus vifs polémistes de *Candide* et *Gringoire* : « [...] Gaxotte et ses amis, Béraud et les siens, formaient de remarquables équipes combattantes, auxquelles j'étais moi-même lié[4] ».

Comme avant la guerre, aux temps du post-dreyfusisme, la médiation de la critique littéraire joua un certain rôle dans l'amplification de l'évolution idéologique de Daniel Halévy. Toutefois, ses prises de positions tant politiques qu'historiques étaient dorénavant sans ambiguïtés et il ne craignait plus de se déclarer ouvertement homme d'ordre. Ainsi, affirmait-il en 1930 à la revue *Réaction* qui menait une « enquête sur l'ordre » : « Je sais seulement, par longue expérience, que je préfère cette famille d'esprits pour lesquels un ordre objectif existe, qui s'impose aux hommes ; qui est un bien pour eux, qui réalise leur être, les conduit à la fin ; un ordre dont la contrainte ne donne qu'une image morte, une caricature ; qui est par Dieu pour l'homme, non par l'homme

---

1. Daniel Halévy, « Enfants d'Aphrodite et de Mars », *Revue Universelle*, 1er janvier 1937, t. 68, n° 19, p. 79.
2. *Ibid.*
3. Cf. Bruno Goyet, *op. cit.*, p. 73.
4. Daniel Halévy, « Trentenaire de "La Vie" », *Voix françaises*, 6 novembre 1942. D. Halévy écrivit dans *Candide*, jamais dans *Gringoire*.

pour lui-même[1]. » D. Halévy s'étant désormais rapproché de la droite maurrassienne, celle-ci n'avait plus besoin comme avant la guerre de jouer alternativement de la condamnation et de la séduction pour accroître la décomposition du dreyfusisme et espérer attirer à elle certains anciens dreyfusards. L'effet d'amplification de la part de la critique d'Action Française fut donc marginal dans l'entre-deux-guerres.

En revanche, des critiques de tendances très diverses, étrangers au mouvement maurrassien, prenaient acte de l'évolution personnelle de Daniel Halévy, considérant qu'il avait rejoint les positions idéologiques de Charles Maurras. Ainsi, au *Mercure de France*, Charles-Henry Hirsch considérait que le *Vauban* était l'œuvre d'un pamphlétaire monarchiste[2]. Geneviève Bianquis, dans sa thèse consacrée à l'influence de Nietzsche en France, classait D. Halévy aux côtés de Pierre Lasserre et de Joachim Gasquet parmi les « écrivains d'action française[3] ». Benda, à l'époque où ses relations étaient encore amicales avec Daniel Halévy, n'hésitait pas à écrire dans une lettre ouverte à son éditeur : « Qui, en revanche, a fait cette organisation intellectuelle des haines sociales sinon votre maître Sorel, comme votre maître Maurras l'a fait dans l'ordre national[4] ? » Certains manuels de littérature française comme celui d'André Billy, paru en 1937, évoquaient le « traditionaliste Halévy[5] », placé entre Maurras et Barrès. Des libéraux, tel Robert de Traz, regrettaient cette évolution : « [...] la pensée de M. Halévy s'est de plus en plus assombrie et [...] il a fini par prendre figure de réactionnaire[6] ».

---

1. Daniel Halévy, « Réponse de M. Daniel Halévy », *Réaction*, avril 1930, n° 1, p. 28.
2. Charles-Henry Hirsch, « Revue de la quinzaine. Les revues », *Mercure de France*, mai 1923, pp. 769-770.
3. Geneviève Bianquis, *Nietzsche en France. L'influence de Nietzsche sur la pensée française*, Paris, Librairie Félix Alcan, 1929, p. 50.
4. Julien Benda, « Lettre de M. Julien Benda à M. Daniel Halévy », *Revue de Genève*, janvier 1928, p. 116.
5. André Billy, *La Littérature française contemporaine*, Paris, Colin, 1937, p. 195. Cf. également : Christian Sénéchal, *Les Grands Courants de la littérature française contemporaine*, Paris, Edgar Malfère, 1933, p. 417.
6. Tz [Robert de Traz], « Daniel Halévy », *Journal de Genève*, 2 mars 1937, n° 60, p. 1.

SIXIÈME PARTIE

La marginalisation

CHAPITRE XVIII

Les années sombres

Après la déclaration de guerre, Daniel Halévy interrompit ses travaux et conserva le silence entre septembre 1939 et mai 1940. Le troisième tome de *La Fin des notables* avait été abandonné mais son intérêt pour l'histoire subsistait et il prépara durant la drôle de guerre une étude sur Leibniz[1]. Le seul travail d'importance entrepris au cours de cette période fut de réécrire entièrement son ouvrage de 1918 consacré à Péguy. Une autre de ses activités à cette époque fut d'apporter son aide plusieurs matinées par semaine à la fabrication du *Journal des Débats*, moribond et à court d'argent. Il se rendait ainsi en voisin à la rue des Prêtres-Saint-Germain-l'Auxerrois et travaillait dans la salle de rédaction et au marbre du quotidien. Comme de nombreuses personnalités, en janvier 1940 il reçut le mémoire du colonel de Gaulle sur la guerre moderne[2].

Aboutissement pétainiste

Le 19 mai 1940, quelques jours après le début de l'offensive allemande, il publia un article dans les *Débats* dans lequel il proclamait son scepticisme sur la réussite du projet allemand de germanisation de la Pologne et sa confiance dans les capacités de résistance de ce pays[3]. Ce fut là l'unique article écrit pendant la campagne de France. Il resta dans

---

1. Daniel Halévy, « Leibniz et l'Europe. Histoire d'une méditation perdue 1667-1716 », *Revue des Deux Mondes*, 15 mai 1940, t. 57, pp. 258-277.
2. Cf. la lettre du colonel de Gaulle à D. Halévy, 25 janvier 1940, reproduite dans : Charles de Gaulle, *Lettres, notes et carnets. Mai 1969-Novembre 1970. Compléments de 1908 à 1968*, Paris, Plon, 1988, p. 273.
3. Daniel Halévy, « Force de la Pologne », *Journal des Débats*, 19 mai 1940, p. 3.

la capitale jusqu'au début du mois de juin. Confronté à la progression des armées allemandes vers Paris et constatant l'inquiétude de la population, il organisa des lectures de Péguy avec son beau-frère Jean-Louis Vaudoyer qui dirigeait les matinées poétiques de la Comédie-Française depuis 1936 et avec Jacques Copeau, le directeur par intérim de l'établissement : elles eurent lieu les 1er, 2 et 4 juin 1940 « sur le fond sonore des canonnades de la D.C.A.[1] », se souvint René Johannet. Devant une salle comble, Daniel Halévy présenta les lectures faites par les sociétaires de la Comédie-Française et Robert Garric, en uniforme, prononça la conclusion[2]. Le 4 juin, D. Halévy décida de partir rejoindre sa famille à Nantes. Agé de soixante-huit ans, il se lança alors, comme des millions de Français, sur les routes de l'exode. Il rejoignit à bicyclette Saumur d'où il trouva un camion qui l'emmena à Châtellerault puis à Tours, atteinte à la mi-juin. Ne parvenant pas à trouver un moyen de locomotion pour rallier Nantes, il se dirigea vers le sud-ouest. A Bordeaux, il retrouva Jérôme Tharaud et Fernand Gregh, ainsi que Garric qui lui proposa de gagner l'Auvergne à bord d'un véhicule du Secours national. C'est ainsi qu'il trouva refuge dans le centre de la France, comme à l'été 1914.

La défaite et l'exode n'avaient pas modifié son discours à l'égard de l'école républicaine qui se mua alors en volonté réformatrice : du Mont-Dore, Daniel Halévy écrivit une lettre ouverte au ministre de l'Instruction publique, Emile Mireaux, parue le 14 juillet dans les *Débats* réfugiés à Clermont-Ferrand. Il reprenait les principaux thèmes de sa campagne contre l'école laïque et demandait une série de réformes profondes. Le nouveau ministre avait le projet de faire disparaître les écoles normales départementales et de former les instituteurs au lycée. Halévy se réjouissait du projet de suppression de l'ancien système des écoles normales mais prônait son remplacement par un enseignement attaché à la terre[3], et incitait le ministre à se mettre à l'écoute des ruraux, tels Pourrat, Gachon, Roupnel et Guillaumin. En terminant son article,

---

1. René Johannet, *Vie et mort de Péguy*, Paris, Flammarion, 1950, p. 464.
2. La dernière séance fut annulée. Cf. Daniel Halévy, « Au théâtre français (juin 1940-mars 1944) », *Le Divan*, juin 1944, pp. 286-287. Cf. sur cet événement : Jean Bastaire, « Histoire des péguysmes. En juin 1940, l'hommage à Péguy de la Comédie-Française », *L'Amitié Charles Péguy. Bulletin d'information et de recherches*, octobre-décembre 1982, n° 20, pp. 184-188. Auguste Martin qui assistait à la soirée décida, devant l'ampleur du succès, de créer un rassemblement autour de Péguy qui se traduisit par la création de l'Amitié Charles Péguy en 1942 (d'après Jean Bastaire, « Hommage à Auguste Martin », *L'Amitié Charles Péguy. Bulletin d'information et de recherches*, octobre-décembre 1996, n° 6, p. 212).
3. Daniel Halévy, « Idées sur la réforme de l'enseignement », *Journal des Débats*, 14 juillet 1940, pp. 1-2. Il critiquait par ailleurs la volonté de faire passer le baccalauréat aux maîtres de l'école primaire.

largement inspiré par ses discussions avec Pourrat et Gachon[1], il recommandait au ministre de fonder une « institution régionale et rurale » en concluant à propos de l'école nouvelle sur le ton qui sera celui de la Révolution nationale : « Le malheur la baptisera, la rendra forte ; car le sel des pleurs, mêlé d'espérance et de foi, fait lever les moissons[2] ». Il rédigea un second article, critique à l'égard du projet du ministre, mais la censure l'empêcha de paraître[3]. Les réformes demandées par Daniel Halévy étaient très proches de celles dont Maurras, se référant à D. Halévy, dressait le programme exactement à la même époque[4]. Le 18 septembre 1940 les écoles normales étaient supprimées.

En Auvergne, il avait retrouvé certains amis repliés comme Guéhenno[5] et fait la connaissance de l'équipe du Secours national[6], parmi lesquels Georges Lamirand dont il salua plus tard l'effort en faveur de la jeunesse[7]. Séparé de sa famille, Halévy avait formé le projet de s'installer à la campagne et de mener une vie de paysan. Il avait demandé à Guillaumin si celui-ci pouvait lui procurer dans le Bourbonnais une petite exploitation où il envisageait de s'installer avec son épouse[8]. A la même époque, il célébrait et rapprochait dans un article du *Temps*[9] deux figures de la province française, Péguy et Mistral, ce dernier devenant le symbole du provincialisme tel que l'envisageait le régime de

---

1. « Et tu sais bien que son article, je l'avais pour beaucoup inspiré en pensant justement à la *nature des choses* » : lettre de Lucien Gachon à Henri Pourrat, 18 septembre 1941, reproduite dans : *Correspondance Henri Pourrat-Lucien Gachon du 1er janvier 1940 au 18 septembre 1942*, op. cit., p. 186. Sur les relations d'H. Pourrat avec la Révolution Nationale, cf. Gisèle Sapiro, op. cit., pp. 352-356.
2. Daniel Halévy, « Idées sur la réforme de l'enseignement », *Journal des Débats*, 14 juillet 1940, p. 2.
3. Un an plus tard, il dira son regret que les écoles normales de Saint-Cloud et de Fontenay n'aient pas été supprimées en même temps que les écoles normales départementales (cf. Daniel Halévy, *Trois Epreuves. 1814-1871-1940*, Paris, Plon, « L'Abeille », n° 3, 1941, p. 177).
4. Cf. « La réforme de l'enseignement » dans : Charles Maurras, *La Seule France. Chronique des jours d'épreuve*, Lyon, H. Lardanchet, 1941, pp. 236-267. Ce chapitre, comme l'indique l'auteur, fut rédigé en juillet et septembre 1940.
5. Cf. Jean Guéhenno, *Journal des années noires (1940-1944)*, Paris, Gallimard, 1947, p. 19.
6. Cf. sur le réseau des réformateurs sociaux de Garric : Rémi Baudouï, « Le social en action : Robert Garric, Lyautey, Georges Lamirand et Raoul Dautry », op. cit., pp. 14-26.
7. Cf. Daniel Halévy, *Trois Epreuves...*, op. cit., p. 145.
8. Les lettres de D. Halévy à Guillaumin dans cette période contredisent l'ampleur des projets tels que Guéhenno les rapportait à Jean Grenier : « Guéhenno, lui, qui avait vu au moment de l'armistice Halévy en Auvergne où il cherchait à acheter une propriété allant de 600 000 francs à un million, ne veut plus revoir Halévy [...] » (Jean Grenier, *Sous l'Occupation*, Paris, éditions Claire Paulhan, 1997, p. 134).
9. Daniel Halévy, « Anniversaires d'automne », *Le Temps*, 10 septembre 1940.

Vichy[1]. Finalement, malgré ses nombreuses relations paysannes dans le centre de la France, il décida à la fin du mois de septembre, après deux mois passés en Auvergne, de revenir à Paris. Il se partagea alors tout au long de l'Occupation entre le quai de l'Horloge et la vallée de la Bièvre. Son logis de Jouy-en-Josas étant occupé par des soldats allemands, il fut contraint de louer une petite maison à côté de la propriété[2].

Daniel Halévy publia peu sous l'Occupation[3] : il écrivit trois ouvrages et moins de dix articles et études par an : il écrivit un peu moins pendant ces quatre années que lors de la seule année 1936. Il délaissa également son *Journal*, tenu très irrégulièrement depuis le début des années 1930. La critique politique des années 1930 n'avait plus de raison d'être sous le nouveau régime. Après les deux premières années d'Occupation pendant lesquelles il appuya le gouvernement, la politique céda la place à la littérature. Il revint pendant la période 1942-1944 à des sujets purement littéraires, dans un contexte de forte diminution de sa production. La disparition de la politique n'est pas la seule explication de cette évolution quantitative. De nombreuses revues et quotidiens auxquels il était attaché avaient disparu, soit sous l'effet de la censure, soit de leur propre volonté[4]. D'autres encore modifièrent leur ligne éditoriale. Ce fut le cas du *Journal des Débats* : François de Wendel quitta le journal en décembre 1940, contraignant Nalèche à faire vivre le quotidien du financement de l'Etat. Le *Journal des Débats* devint alors « très collaborationniste[5] » et Daniel Halévy ne put continuer dans ces conditions sa participation commencée en 1908. Pendant la guerre, il écrivit uniquement dans des journaux et dans une seule revue. Il collabora ainsi aux *Voix françaises*, hebdomadaire catholique de Bordeaux soutenant sans réserve le maréchal Pétain, et dirigé alors par le chanoine Peuch assisté de deux rédacteurs en chef, Paul Lesourd et Louis-Georges Planes. Il donna également en 1943 et 1944 quelques articles au *Petit Journal*, organe du parti social français depuis l'été 1937, de ligne à la fois maréchaliste et anti-allemande[6]. Lors des deux der-

---

1. Cf. Christian Faure, *Le Projet culturel de Vichy. Folklore et Révolution nationale 1940-1944*, Lyon, Presses universitaires de Lyon-éditions du CNRS, 1989, 335 p.
2. Jean Grenier, *op. cit.*, p. 129.
3. Sur la littérature sous l'Occupation, cf. l'importante thèse de Gisèle Sapiro, récemment publiée : Gisèle Sapiro, *La Guerre des écrivains 1940-1953*, Paris, Fayard, 1999, 807 p.
4. Cf. Claude Lévy et Dominique Veillon, « La presse », dans : Laurent Gervereau et Denis Peschanski (dir.), *La Propagande sous Vichy 1940-1944*, Paris, éditions de la BDIC, 1990, pp. 164-171 et Claude Bellanger (dir.), *Histoire générale de la presse française*, t. IV, Paris, PUF, 1975, pp. 7-93.
5. Jean-Noël Jeanneney, *François de Wendel...*, *op. cit.*, p. 599.
6. Cf. Jacques Nobécourt, *Le Colonel de La Rocque 1885-1946 ou les pièges du nationalisme chrétien*, Paris, Fayard, « Pour une histoire du XXe siècle », pp. 818-820.

nières années de la guerre, il écrivit également dans *Candide* des contributions purement littéraires, sans aucune allusion à la situation politique nationale ou internationale. Il participa aussi à *Hier et demain*, publication à mi-chemin de l'ouvrage et de la collection, éditée par la maison Sequana de l'éditeur René Julliard. *Hier et demain* était animée par une équipe catholique composée de François Le Grix, ancien directeur de la *Revue Hebdomadaire*, Jean Soulairol, Jean Daujat, Pierre Lafue et Emmanuel Beau de Loménie. L'unique revue à laquelle il s'associa pendant la guerre fut la *Revue Universelle* de Massis, repliée à Vichy. Il y assura la pré-publication d'une nouvelle biographie de Nietzsche, délaissant la *Revue des Deux Mondes* qu'André Chaumeix tenait pourtant à sa disposition.

De retour à Paris en septembre 1940, Daniel Halévy, tout en achevant la révision de son ouvrage consacré à Péguy, soutint le gouvernement du maréchal Pétain. Ecrivant dans des journaux de province en zone occupée, dans laquelle la presse de Vichy était moins influente qu'en zone libre, Daniel Halévy à l'instar d'autres anciens libéraux, devint un relais du pétainisme. Ainsi consacra-t-il le 24 novembre 1940 un article intitulé « Ligne de... conduite », au discours du 30 octobre dans lequel le maréchal Pétain s'était expliqué, avec fermeté, en « Père » et « Chef » sur la rencontre de Montoire et sur le principe d'une collaboration politique avec l'Allemagne. Les propos de Daniel Halévy reflétaient la force du mythe Pétain[1], y compris auprès des non-combattants de la Grande Guerre : « Le maréchal nous connaît comme il connaissait en 1917, cette armée à demi mutinée dont il sut refaire, en peu de mois, une armée solide, unie et combative[2] ». Pour Daniel Halévy les paroles du maréchal étaient à méditer et à suivre[3]. La « ligne de conduite » était nette : « La seule réponse qui soit digne du courage exemplaire qui nous est montré en haut, c'est l'obéissance[4] ». L'évolution idéologique de D. Halévy dans les années 1930 l'avait mis en relation avec des conservateurs et des traditionalistes qui figuraient dans le proche entourage du chef de l'Etat. Lucien Romier (1885-1944), ancien directeur du *Figaro*,

---

1. Cf. sur ce point les analyses de Pierre Servent, *Le Mythe Pétain. Verdun ou les tranchées de la mémoire*, Paris, Payot, 1992, 282 p.
2. Daniel Halévy, « Ligne de..., conduite », *La Petite Gironde*, 24 novembre 1940, p. 2.
3. Dans ce court message, le maréchal Pétain s'expliquait sur son geste : « C'est librement que je me suis rendu à l'invitation du Führer. Je n'ai subi, de sa part, aucun "diktat", aucune pression. Une collaboration a été envisagée entre nos deux pays. J'en ai accepté le principe.[...]. C'est dans l'honneur et pour maintenir l'unité française [...] que j'entre aujourd'hui dans la voie de la collaboration » (Maréchal Pétain, *La France nouvelle. Principes de la communauté suivis des appels et messages. Juin 1940-17 juin 1941*, Paris, Fasquelle, 1941, pp. 87-89).
4. Daniel Halévy, « Ligne de..., conduite », *op. cit.*, p. 2.

et René Gillouin (1881-1971), qui avait dirigé « Politeia » chez Grasset, étaient auprès du maréchal. Gillouin à qui l'on avait songé un moment pour le secrétariat général de l'Instruction publique, était une des plumes du maréchal[1]. Certes, ces hommes ne faisaient pas partie des proches de Daniel Halévy, mais les relations de celui-ci se limitaient de plus en plus aux familiers de la sensibilité idéologique qu'ils représentaient. D. Halévy continuait par ailleurs ses activités au Cercle Fustel de Coulanges dont il présida une réunion en 1941 dans le grand amphithéâtre de la Sorbonne[2].

Outre le soutien individuel au maréchal et aux idées de la Révolution nationale, Daniel Halévy – qui avoua à Jean Paulhan en août 1941 qu'il se serait senti honoré d'avoir été nommé au Conseil national – participa aussi à son niveau littéraire à l'effort de propagande. Ainsi en 1942, le secrétariat d'Etat à l'Information publia un album illustré en couleurs, *Nouveaux Destins de l'intelligence française*, dont les textes avaient été rassemblés par Henri Massis et publiés par l'Union bibliophile de France dirigée par le graveur Maximilien Vox[3]. L'ouvrage s'ouvrait sur une introduction de Paul Marion, secrétaire général adjoint à la vice-présidence du Conseil, chargé de l'Information et de la Propagande, placé à Vichy sous le contrôle direct de deux personnes que D. Halévy connaissait, Lucien Romier et Henri Moysset. Daniel Halévy qui avait reçu la charge d'évoquer le renouveau de la « pensée », écrivit finalement un texte sur les lettres, intitulé « Paris et son arène[4] ». Comparant la situation de la littérature à Paris et en province, il saluait le réveil catholique dans les provinces exprimé par des écrivains ruraux, et terminait par un éloge de Gustave Thibon et de son ouvrage *Diagnostics*, très apprécié dans l'entourage traditionaliste du maréchal. Le premier chapitre, « Avenir de l'intelligence française », avait été confié à Maurras. Albert Rivaud, Gustave Thibon, Marcel Arland, Thierry Maulnier, Mario Meunier, Louis Madelin, Octave Aubry, Pierre Lafue, Bernard Faÿ, Henri Gouhier, le docteur Alexis Carrel, le duc de Broglie, Charles Dufraisse, Maurice Caullery, Pierre Pruvot, Jacques Copeau,

---

1. Cf. René Gillouin, *J'étais l'ami du Maréchal Pétain*, Paris, Plon, 1966, 315 p.
2. Cf. Philippe Ariès, « Daniel Halévy », *La Nation française*, 7 février 1962, n° 331, p. 1, reproduit dans : Philippe Ariès, *Le Présent quotidien 1955-1966*, Paris, Seuil, 1997, p. 277 et également du même auteur, *Un historien du dimanche*, Paris, Seuil, 1980, p. 87.
3. M. Vox, qui travaillait dans l'entre-deux-guerres pour Grasset, était le fils du pasteur Wilfred Monod (1867-1943), que Daniel Halévy avait connu au début des années 1890. Monod avait été un disciple du pasteur Fallot et un des représentants de la seconde génération du christianisme social.
4. Daniel Halévy, « Paris et son arène », *Nouveaux Destins de l'intelligence française*, Paris, Union Bibliophile de France, 1942, pp. 30-32.

Alfred Cortot, Pierre du Colombier, Albert Laprade, Maximilien Vox et René Benjamin avaient collaboré à ce livre de propagande. Il fut réédité l'année suivante en édition ordinaire chez Sequana sous le titre : *La France de l'esprit 1940-1943. Enquête sur les nouveaux destins de l'intelligence française*. René Julliard (1900-1962) avait fondé Sequana en 1940, reprenant le nom du club du livre qu'il animait depuis les années 1920. Il commença par publier les premiers textes officiels de l'Etat français et les documents du secrétariat général à l'Information[1], ainsi qu'*Hier et demain*, collection à laquelle D. Halévy participa. Les textes du premier volume avaient été réédités : celui de Daniel Halévy, non modifié, s'intitulait désormais « Paris, la terre, les croyances[2] », et inaugurait le chapitre consacré aux lettres françaises. A partir de 1943, D. Halévy ne consacra plus d'écrits au maréchal Pétain ou aux réformes en cours, retournant à la littérature et aux méditations historiques[3]. Cependant, incidemment, l'assentiment à la Révolution nationale affleurait parfois dans des textes a priori totalement étrangers à la politique. Ainsi, en mai 1943 dans l'article nécrologique consacré au vieux camarade de l'Enseignement mutuel, Louis Altayrac (1880-1943), il écrivait : « [...] mais peut-être avons-nous contribué, par la seule force de la confiance et de l'amitié, à faire de quelques-uns d'entre nos libertaires de bons serviteurs du pays ; peut-être avons-nous réussi à faire avec une avance d'une quarantaine d'années, sans l'avoir prémédité ni prêchée, cette Révolution nationale qu'on réclame aujourd'hui[4] ».

La défaite lui offrit la matière d'un essai historique, une étude comparée des grandes défaites militaires de la France et des tentatives de relèvement qui avaient suivi. La perspective était toutefois différente des écrits antérieurs puisque cet ouvrage était mis au service de l'effort entrepris par le gouvernement du maréchal Pétain. Il commença à songer à ce travail au début de l'année 1941 en publiant « A travers les épreuves », une étude comparée des défaites de 1871 et de 1940, dans *La Petite Gironde*[5]. Les deux grands thèmes de l'ouvrage qui parut à la fin de l'année – la restauration de l'agriculture et de la maternité –

---

1. Cf. Pascal Fouché, *L'Edition française sous l'occupation 1940-1944*, Paris, Bibliothèque de littérature française contemporaine de l'Université Paris-VII, « L'édition contemporaine », 1987, t. I, p. 80, 174, 271, 283.
2. Daniel Halévy, « Paris, la terre, les croyances », *La France de l'esprit 1940-1943. Enquête sur les nouveaux destins de l'intelligence française*, Paris, Sequana, 1943, pp. 42-45.
3. Daniel Halévy indiqua dans les années 1950 qu'il estimait qu'après 1943, le gouvernement du maréchal n'avait plus d'existence. Il était en outre très hostile à Laval (cf. « Robert Aron, historien de Vichy », *J'ai Lu*, décembre 1954-janvier 1955, n° 6, nouvelle série, pp. 38-42).
4. Daniel Halévy, « Sur une vie obscure (1880-1943) », *Le Petit Journal*, 17 mai 1943, p. 3.
5. Daniel Halévy, « A travers les épreuves », *La Petite Gironde*, 12 janvier 1941.

étaient au cœur de cet article qui s'achevait dans le ton à la fois doloriste et chargé d'espérance de l'époque : « Car il y a une puissance cachée dans les contraintes d'une épreuve. Puissions-nous la saisir[1] ». L'ouvrage, presque achevé au printemps 1941, donna lieu à une publication partielle dans l'hebdomadaire catholique *Voix françaises* en deux pleines pages intérieures, le texte encadrant un portrait du maréchal surmonté de la légende, le « sauveur de 1940[2] ».

L'ouvrage *Trois Epreuves 1815-1871-1940*[3] parut chez Plon en septembre 1941 dans une collection dirigée par François Le Grix. L'auteur s'intéressait aux efforts de relèvement après trois défaites, celles de 1814, de 1871 et de 1940[4]. Dans cet essai, il reprenait les thèmes principaux de sa critique politique, le déclin des notables, la dégénérescence du parlementarisme, le sectarisme laïc dans l'enseignement[5]. Il présentait tout d'abord la France de 1815 sous les traits d'un pays en pleine vitalité qui s'était rapidement remis de l'épreuve. Il distinguait ensuite trois domaines dans lesquels un effort de relèvement avait été entrepris en 1871 : l'armée, l'enseignement et l'Etat. La réforme de l'armée avait été efficace, permise par l'unité nationale que cet effort avait suscitée. Dans le domaine de l'enseignement, l'esprit laïc avait dénaturé les projets de nombreux réformateurs. La mise en place d'un nouvel Etat républicain enfin, avait permis de trouver une stabilité mais « au niveau le plus bas[6] ». L'ouvrage, prêt en mai 1941, avait été remanié par Daniel Halévy au cours de l'été 1941[7] et ne parut qu'en septembre, après le discours du « vent mauvais ». Ce contexte explique le ton très particulier des pages de la troisième partie, étude du relèvement après 1940, où Daniel Halévy cherchait à persuader le lecteur que la fidélité au chef de l'Etat était plus que jamais nécessaire. Les improvisations, le manque d'efficacité des premières mesures, la difficulté éprouvée par Pétain à trouver des serviteurs du nouvel Etat étaient dus, selon Halévy

---

1. *Ibid.*
2. Daniel Halévy, « Les Trois épreuves 1815-1871-1940 », *Voix françaises*, 2 mai 1941, pp. 6-7.
3. Le titre rappelle celui du testament politique de François Guizot : *Trois Générations : 1789, 1814, 1848*, Paris, Michel Lévy, 1863.
4. Ce type d'ouvrage comparant les changements de régime eut une abondante postérité polémique à la Libération lorsque la littérature de droite utilisa le genre pour dénoncer l'épuration. Cf. Anne Simonin, « 1815 en 1945 : les formes littéraires de la défaite », *Vingtième siècle. Revue d'histoire*, juillet-septembre 1998, n° 59, pp. 48-61.
5. Il donna une version plus développée encore de cette partie du livre dans : Daniel Halévy, « Le Problème de l'Education Nationale », *Revue Universelle*, 10 septembre 1941, n° 17, pp. 297-308.
6. Daniel Halévy, *Trois Epreuves..., op. cit.*, p. 107.
7. *Ibid.*, p. 136. Ainsi, la date de mai 1941 que D. Halévy mentionne à la fin de l'ouvrage ne correspond pas à la rédaction définitive de l'ensemble du livre.

au fait que Pétain était étranger à la politique et à son milieu propre. Commentant le discours du 17 juin 1940, il indiquait : « Ce n'était pas la voix habile, avantageuse, du politique professionnel, la trop connue, les trop connues ! C'était la voix d'un père en même temps que d'un chef[1]. » En premier lieu, l'auteur encourageait la politique du repli national. Il regrettait que les Français aient, malgré la défaite, « l'obsession » des questions extérieures, attitude qui les détournait de l'effort à entreprendre dans le pays : « Tenons-nous donc fermement au cadre intérieur, qui seul dépend vraiment de nous, de qui seul nous dépendons vraiment, et considérons avec une inflexible attention le spectacle que nous offrent nos propres équilibres[2]. » Il fallait notamment tourner le dos à l'alliance avec l'Angleterre, « défaillante » pendant la bataille de France et qui n'avait pas respecté les engagements pris en 1918-1919[3]. En second lieu, il montrait que parmi toutes les tâches nécessaires au relèvement, celles de la terre et de la maternité étaient les plus urgentes. Il rappelait que des principes nouveaux de politique intérieure et extérieure avaient été définis par le maréchal dans le discours du 11 octobre 1940, « texte capital[4] », dont il citait des extraits. A ses lecteurs qui avaient entendu les paroles du maréchal à la radio, Daniel Halévy ne précisait pas que ce discours avait pour objet une ouverture en direction du Reich, peu de temps avant la rencontre de Montoire. En ce qui concerne la politique nouvelle, le maréchal avait défini des directives sur la place de la religion, sur l'enseignement, sur la politique familiale, sur l'économie industrielle et rurale, autant de mesures que l'auteur approuvait pleinement[5]. Fait nouveau sur lequel il ne revint plus par la suite, une discrète xénophobie se manifestait lorsqu'il évoquait la situation de la population française « [...] désaccordée par l'afflux des allogènes qu'attirent en France ses vides intérieurs[6] ». Même la paysannerie, selon lui, avait été meurtrie par l'immigration italienne et polonaise[7]. L'ouvrage constituait un appui très net à la politique du maréchal Pétain à la fin de l'année 1941, au moment même où l'opinion, comme l'a montré Pierre Laborie, commençait à s'en détacher[8].

---

1. *Ibid.*, p. 133.
2. *Ibid.*, p. 141.
3. *Ibid.*, pp. 148-149.
4. *Ibid.*, p. 142.
5. En politique extérieure, le maréchal Pétain annonçait le principe de la collaboration d'Etat ; en politique intérieure, « un régime hiérarchique et social » et une « économie coordonnée » (Maréchal Pétain, *op. cit.*, pp. 73-85).
6. *Ibid.*, p. 166.
7. *Ibid.*, p. 130.
8. Pierre Laborie, *L'Opinion française sous Vichy*, Paris, Seuil, « L'univers historique », 1990, 405 p.

Le livre n'eut pas un succès considérable : plutôt discrète et modérée, la critique passa systématiquement sous silence le troisième chapitre qui avait trait aux événements contemporains[1]. Seul Pierre Lafue, dans le chapitre des *Nouveaux Destins de l'intelligence française* consacré aux historiens, vantait les *Trois Epreuves*[2]. L'éditeur fut contraint de pilonner l'ouvrage. Mauriac dans une lettre – non envoyée – à Daniel Halévy, marquait sa distance avec l'auteur : « Ah ! Cher Daniel Halévy, il nous reste une passion à assouvir et pour moi j'y plonge jusqu'au-dessus de la bouche : ce n'est pas la haine ; c'est le mépris[3]. » L'ouvrage fut édité en novembre 1942 à Montréal, ce qui donna l'occasion à certains Français réfugiés en Angleterre de le lire. Parmi eux, figurait Raymond Aron qui, dans une étude de *La France libre* parue en 1943, consacrée aux ouvrages de Daniel Halévy, de Massis (*Les idées restent*) et de Maulnier (*La France, la guerre et la paix*), critiquait sans complaisance les *Trois Epreuves*, œuvre d'un « réactionnaire invétéré[4] ». « Le livre de Daniel Halévy [...] peut nous servir d'exemple de ce que ne doit pas être la pensée conservatrice en France, de ce qu'elle a trop souvent tendance à devenir : à savoir une sorte de remâchage morose des déceptions et de l'abaissement français[5] », ajoutait-il.

Vis-à-vis de l'occupant allemand, la position de Daniel Halévy exprimée dans *Trois Epreuves*[6] était celle adoptée par Pétain dans son message du 11 octobre 1940 : la loi du vainqueur s'imposait. Dans ce contexte, quand de nombreux écrivains adoptaient une réserve prudente, D. Halévy ne craignait pas d'accomplir des démarches pour aider certains auteurs qu'il estimait. Ainsi, ayant découvert avec enthousiasme, sur l'indication de Jean Grenier, le *Portrait de Monsieur Pouget* de Jean Guitton (publié en 1941), D. Halévy crut pouvoir arracher à Otto Abetz

---

1. Georges Bourgin, l'un des membres fondateurs avec Halévy de la Société d'histoire de la Troisième République critiqua fortement cet ouvrage lors d'une séance du Comité des travaux historiques en 1941 (cf. Olivier Dumoulin, « L'histoire et les historiens 1937-1947 », dans : Jean-Pierre Rioux (dir.), *La Vie culturelle sous Vichy*, Bruxelles, Complexe, 1990, p. 253).
2. Cf. Pierre Lafue, « Nos historiens... », *Nouveaux Destins de l'intelligence française,* Paris, UBF, 1942, p. 58.
3. Lettre de F. Mauriac à D. Halévy, 11 octobre 1941, reproduite dans : François Mauriac, *Nouvelles Lettres d'une vie*, Paris, Grasset, 1989, p. 212.
4. Raymond Aron, « Remarques sur quelques préjugés politiques », *La France libre*, 1943, t. VI, n° 36, p. 431. Raymond Aron avait connu Elie Halévy tardivement, vers 1933. Après la mort de celui-ci en 1937, Aron aida son épouse et ses anciens élèves à la mise en forme de son cours de la rue Saint-Guillaume sur le socialisme européen qui parut en 1948 (*Histoire du socialisme européen*, Paris, Gallimard).
5. Raymond Aron, *op. cit.*, p. 430. D. Halévy et R. Aron s'étaient connus, probablement par l'intermédiaire d'Elie, au milieu des années 1930. Les quelques lettres retrouvées témoignent de relations distantes entre les deux hommes.
6. Daniel Halévy, *op. cit.*, p. 142.

la promesse d'une libération rapide de l'auteur, prisonnier en Allemagne[1]. Au début de l'année 1941, il relut et corrigea les épreuves d'une brochure de Drieu La Rochelle, *Ne plus attendre*, parue chez Grasset. La façon dont D. Halévy envisageait l'avenir en 1942 est marquée par l'absence de germanophobie, comme au cours de la Grande Guerre. Ainsi que l'écrivait Jean Grenier en mai-juin 1942 : « Daniel Halévy ne croit plus à la victoire allemande et dit : "J'ose dire que je ne l'espère plus" – a peur en effet du communisme. Comment l'Allemagne pourrait-elle vaincre le bloc anglo-américain ? On ne voit plus comment la guerre peut finir [...]. Croit à un retournement possible et à l'alliance Angleterre, Amérique, Allemagne contre Japon[2] ». A la différence cependant de ses réactions lors de la Grande Guerre, D. Halévy apparaissait incapable d'évaluer la situation militaire allemande. Son neveu Daniel Guérin, pivertiste exclu de la S.F.I.O. en 1938, qui avait fondé un groupuscule trotskiste, le parti socialiste ouvrier et paysan, avait échappé à la police française en s'exilant au début de la guerre en Norvège d'où les Allemands le laissèrent revenir en France en mars 1942. Il a relaté ainsi une conversation de D. Halévy avec son père qui corrobore ce qu'écrivait Grenier en 1942 : « [...] mon oncle Daniel Halévy, s'est rangé aux côtés de Charles Maurras et d'Henri Béraud. Il confie au printemps 1944 à mon père que *"Hitler est l'homme fort avec lequel il faut traiter"*[3] ».

La littérature occupée

L'ouvrage intitulé *Péguy et les Cahiers de la Quinzaine* parut à l'été 1941 avant les *Trois Epreuves*. Le retour à Charles Péguy avait en fait été amorcé en 1938 lorsque Daniel Halévy avait pris l'initiative d'organiser une cérémonie qui eut lieu le 25 janvier 1939[4] pour l'inauguration d'une plaque commémorative sur la boutique des *Cahiers*. Il avait mobilisé à cet effet les Tharaud ainsi que Copeau, Maritain, Pesloüan, Reclus, André Bourgeois, Bergson et Suarès. En 1940, Halévy avait également institué avec Charles Lucas de Pesloüan et Auguste Martin un pèlerinage annuel qui avait lieu au mois de septembre

---

1. Entretien avec M. Jean Guitton, 12 mai 1995. Guitton, qui faisait dans son *Oflag* des conférences sur Bergson, ne fut pas libéré.
2. Jean Grenier, *op. cit.*, p. 292.
3. Daniel Guérin, *Le Feu du sang*, Paris, Grasset, 1977, pp. 106-107. Les italiques sont de l'auteur.
4. Sur cet événement, cf. Emmanuel Mounier, « Péguy prophète du temporel », *Esprit*, 1er février 1939, pp. 627-628 et L. Dx., « Le souvenir de Charles Péguy et des "cahiers de la Quinzaine" », *L'Œuvre*, 26 janvier 1939.

sur le lieu de la mort de Péguy, près de Villeroy et ils avaient fait apposer une plaque sur la chapelle de Montmélian[1]. L'œuvre de 1941 consacrée à Péguy était largement étoffée par rapport à l'ouvrage paru en 1918 : elle comprenait trois chapitres supplémentaires tout en reprenant les grandes divisions du livre précédent, des parties entières étant réédités à l'identique. Le ton neutre de l'essai de 1918 avait changé et l'auteur de la biographie cédait en quelques occasions le pas à l'ancien collaborateur des *Cahiers* qui citait parfois quelques extraits de son *Journal*, évoquant brièvement et discrètement ses propres contributions[2]. Mis à part ses archives personnelles, il utilisait les témoignages écrits existant à l'époque, ceux des Tharaud, de Geneviève Favre et de Joseph Lotte.

Après les écrits pétainistes de 1940-1942, Daniel Halévy abandonna toute prise de position publique en faveur du régime. Au cours des deux années qui suivirent, il entreprit la refonte complète de sa *Vie de Frédéric Nietzsche*. Cinquante ans après ses premières traductions de Nietzsche, il revenait à un sujet qui lui avait valu en 1909 son premier succès littéraire. Après ce livre, D. Halévy avait entièrement abandonné Nietzsche dans l'entre-deux-guerres, période pendant laquelle Charles Andler acheva son importante œuvre en six volumes, *Nietzsche, sa vie et sa pensée*. Le travail de D. Halévy pendant les deux dernières années de la guerre consista donc à approfondir son ouvrage antérieur, afin de construire un nouveau livre dont les premiers chapitres parurent en 1943 et 1944 dans *Hier et demain* et dans la *Revue Universelle*. Mis à part un livre de Jean-Edouard Spenlé, *Nietzsche et le problème européen* s'inscrivant dans la propagande raciste et européaniste allemande, les publications françaises sur Nietzsche, assimilé à l'occupant, furent peu nombreuses[3]. Comme dans le cas de l'ouvrage consacré à Péguy, la comparaison entre le *Nietzsche* de 1944-1945[4] et *La Vie de Frédéric Nietzsche* de 1909 apporte un éclairage sur les méthodes de travail de D. Halévy. L'ouvrage de 1944-1945 est une biographie classique avec

---

1. Daniel Halévy, « Charles Péguy et ses deux pèlerinages », *Revue des Deux Mondes*, 15 juin 1951, pp. 690-691.
2. Notamment les origines de la rédaction de l'*Apologie pour notre passé* (cf. D. Halévy, *Péguy et les Cahiers de la Quinzaine*, Paris, Grasset, 1941, pp. 189-192).
3. Cf. Angelika Schober, *Nietzsche et la France...*, op. cit., pp. 200-231 et surtout Jacques Le Rider, *Nietzsche en France...*, op. cit., pp. 149-151.
4. Quatre éditions de l'ouvrage parurent entre 1944 et 1945 : les deux premières (édition en collection et édition ordinaire) furent détruites par le bombardement allié de Mayenne le 9 juin 1944, quelques exemplaires seulement échappant à l'incendie. Une double édition (collection et ordinaire) fut publiée au printemps 1945, D. Halévy apportant quelques retouches dans l'intervalle. Nous remercions le professeur de Dampierre d'avoir, à l'aide de ses archives familiales, recomposé à notre intention la publication compliquée de cet ouvrage.

les mêmes caractéristiques qu'en 1909 : D. Halévy s'intéresse essentiellement à la vie du penseur et à la genèse de ses écrits, délaissant l'analyse de la pensée. Par ailleurs, de nombreux passages du premier ouvrage sont repris *in extenso*. Sur le fond, un trait pourtant apparaissait plus nettement qu'en 1909, l'éloge en Nietzsche de l'intellectuel solitaire se retirant du monde. En outre, l'auteur réaffirme dans les dernières pages du livre[1] sa position de 1937 sur l'impossibilité de réduire le nazisme à l'influence de Nietzsche[2]. Les deux ouvrages consacrés à Péguy et à Nietzsche sont le fruit d'un approfondissement de sujets anciens de la part d'un auteur septuagénaire qui revient à des rencontres et des confrontations de la jeunesse et de la maturité. Ces deux livres indiquent également que Daniel Halévy, après l'investissement littéraire des années 1920, puis la période historique et politique des années 1930, peine à trouver de nouveaux objets de réflexion et à renouveler son inspiration.

Daniel Halévy resta tout au long de la guerre en région parisienne malgré la menace que ses origines juives faisaient peser sur lui. Bernard Grasset qui avait négocié avec Vichy puis auprès des occupants un nouveau statut pour l'édition[3], écrivit à Mauriac à propos d'André Maurois et de Daniel Halévy, au début du mois de septembre 1940 : « J'ai obtenu qu'aucun de mes auteurs français ne serait l'objet d'un veto de l'occupant à titre personnel. Notamment pour la question "raciste". Tu devines à qui je pense[4] ». D. Halévy, peu de temps après son retour à Paris ne s'était d'ailleurs pas inquiété de la première mesure allemande, prise le 27 septembre 1940 en zone occupée au sujet du recensement des Juifs[5]. Il fut pourtant directement inquiété une première fois en 1943. Le 10 mai 1943 le commandement militaire allemand publia la troisième liste Otto recensant les ouvrages français interdits, à la suite

---

1. Daniel Halévy, *Nietzsche*, Paris, Grasset, 1944 [1945], pp. 539-540.
2. Au printemps 1937, G. Guy-Grand avait organisé un débat à l'Union pour la vérité sur « Nietzsche et la crise de l'esprit contemporain », avec un exposé du germaniste Edmond Vermeil suivi d'une réponse de D. Halévy. Le *Bulletin* ne reproduisit pas le débat mais Halévy publia son intervention dans le *Nietzsche* (*op. cit.*, pp. 543-546). Benda avait contesté l'approche de Nietzsche par D. Halévy (« Lettre de Julien Benda : à propos de Nietzsche et la crise de l'esprit contemporain », *Bulletin de l'Union pour la vérité*, octobre-novembre 1937, n° 1-2, pp. 45-50).
3. Cf. Pascal Fouché, *op. cit.*, t. I, pp. 45-49.
4. Lettre de B. Grasset à F. Mauriac, 5 septembre 1940, citée par : Gabriel Boillat, « Les éditions Bernard Grasset 1930-1939 », dans : Hans-Manfred Bock *et alii* (dir.), *Entre Locarno...*, *op. cit.*, p. 610, n. 17. G. Boillat qui a étudié la correspondance entre Mauriac et Grasset a établi qu'il s'agissait effectivement de Maurois et d'Halévy.
5. Cf. Michael Robert Marrus et Robert O. Paxton, *Vichy et les Juifs*, Paris, Calmann-Lévy, 1981, p. 20. Cette ordonnance ne concernait en fait que le recensement des personnes dont deux grands-parents étaient reconnus comme Juifs pratiquants, ce qui n'était pas le cas de D. Halévy.

de laquelle figurait en appendice la liste des « écrivains juifs de langue française », dont toutes les œuvres étaient désormais interdites de publication. Sur celle-ci, les autorités allemandes avaient mentionné le nom de Daniel Halévy, ainsi que celui de son frère[1]. Daniel Halévy fit savoir au syndicat des éditeurs qu'il n'était pas juif. La *Propaganda Abteilung* à qui l'information avait été transmise, inséra dans la *Bibliographie de la France* à l'été 1943 un avis rectificatif[2]. Il fut inquiété une nouvelle fois en juillet 1944 lorsqu'il fut convoqué au Commissariat général aux questions juives où il apprit qu'un dossier allait être ouvert à son nom[3]. Pourtant, au terme de la législation de Vichy (loi du 2 juin 1941), qui considérait comme juif, tout individu ayant trois grands-parents juifs (ou deux seulement si le conjoint était juif), D. Halévy ne l'était pas. Quoi qu'il en soit, la libération de Paris le mois suivant interrompit la procédure.

---

1. Liste reproduite dans : Pascal Fouché, *op. cit.*, t. I, pp. 341-347. On notera que l'unique nom d'éditeur mentionné était Hachette, de même que pour André Maurois le nom de Grasset n'était pas indiqué sur la liste. Les garanties offertes à Grasset par les occupants en septembre 1940 étaient ainsi purement symboliques.
2. Reproduit dans : Gérard Loiseaux, *La Littérature de la défaite et de la collaboration*, Paris, Publications de la Sorbonne, 1984, pp. 74-75.
3. Cf. Daniel Halévy, *Note concernant deux passages du Journal des années noires de Jean Guéhenno*, s.d. [1947], p. 16. Nous voudrions remercier ici le service des archives nationales en particulier M. Jean Pouëssel, qui a fait, à deux reprises (janvier et mars 1994), des recherches dans la série AJ 38 (dossiers individuels, courrier de la section d'enquête et de contrôle, courrier de la direction du statut des personnes pour les trois mois de juin à août 1944). Aucun dossier au nom de Daniel Halévy, aucune trace de son passage n'y figure. Rien ne permet d'expliquer la raison de cette convocation. Joseph Billig a indiqué que le CGQJ fut actif jusqu'à l'été 1944 (*Le Commissariat général aux questions juives (1941-1944)*, Paris, éditions du CDJC, 1960, pp. 302-309).

CHAPITRE XIX

Un aîné fraternel

Une sortie de guerre douloureuse

Les proscriptions de la Libération n'épargnèrent pas Daniel Halévy. Le contrôle militaire des informations, dépendant du ministère de la Guerre, publia en 1945 dans la *Bibliographie de la France* quatre listes d'ouvrages à retirer de la vente, « d'esprit collaborationniste », interdisant au total 198 titres[1]. La première liste parut en janvier, puis une deuxième liste fut publiée le 15 mars 1945, mentionnant les *Trois Epreuves*[2]. Halévy y figurait parmi les écrivains d'« esprit collaborationniste » à côté de collaborateurs réels comme Georges Suarez, Henri Coston, Céline, Doriot ou Francis Delaisi. Pétainiste, mais sans aucune trace de germanophilie, cet ouvrage de D. Halévy ne s'inscrivait pourtant pas dans une perspective collaborationniste. Le contrôle militaire des informations estima peut-être que l'appui de D. Halévy au discours du 11 octobre 1940 – dans lequel la politique de collaboration d'Etat était annoncée – en constituait une marque indubitable. Cependant, malgré cette accusation l'interdiction ne portait que sur un seul ouvrage. En outre, Daniel Halévy ne figurait pas sur la « liste noire » établie à l'automne 1944 par le Comité national des écrivains (C.N.E.) (organisme dont faisait partie son ami Gabriel Marcel) et aucune procé-

---

1. Pascal Fouché, *op. cit.*, t. II, pp. 193-195. Aucune trace du « contrôle militaire des informations » n'a pu être trouvée dans les archives du Service historique de l'armée de terre (séries P et R).
2. *Ibid.*, pp. 337-338.

dure du Comité d'épuration des gens de lettres n'avait été engagée contre lui[1].

Le climat passionnel de la Libération et de l'épuration favorisa des règlements de différends privés dont certains furent rendus publics. Il en fut ainsi du différend entre Jean Guéhenno et Daniel Halévy. Ainsi, lorsque Jean Guéhenno publia en 1947 son *Journal des années noires*, à deux reprises il évoqua Daniel Halévy, non nommé mais désigné sous la lettre « X... » Rien dans l'ouvrage ne permettait au lecteur non averti de reconnaître Daniel Halévy. Les graves incriminations de Guéhenno témoignent de l'intensité de leur rupture idéologique remontant aux années 1930. A la date du 10 juillet 1940, il écrivait : « C'est la France d'aujourd'hui qu'il faudrait aimer. Il la hait. Naturellement il acquiesce à tout ce qui s'est fait depuis quinze jours. Lui-même déclare que ce gouvernement Pétain ne peut être qu'un gouvernement Hacha. Mais il se soumet, il adhère, il jubile, il se venge. La république a perdu et est perdue. C'est tout ce qui lui importe[2]. » De retour à Paris, Guéhenno rencontra à nouveau D. Halévy et relatait ainsi leur discussion : « Il a parlé de la paix prochaine, de ses conditions, comme d'un "bonheur inespéré". Le "statut des Juifs" n'émeut pas ce Juif honteux[3]. » Daniel Halévy à qui Guéhenno avait envoyé son ouvrage, réagit aussitôt en publiant une *Note concernant deux passages du Journal des années noires de Jean Guéhenno* de 16 pages et en demandant à l'éditeur de l'encarter dans les volumes non encore vendus[4]. D. Halévy envoya également la *Note...* où il faisait savoir que l'abréviation « X... » le désignait[5], aux critiques et écrivains susceptibles d'avoir reçu ou lu l'ouvrage. Par cette réponse, c'est en fait D. Halévy qui, en toute franchise, rendait publiques les attaques de Guéhenno. D. Halévy ne réfutait pas dans la *Note...* les propos sur le gouvernement Pétain et sur le statut des Juifs que Guéhenno lui avait prêtés. L'ensemble de cette brochure, fort digne, avait pour objet de montrer qu'il n'était pas Juif mais qu'il avait toujours respecté les influences juives, protestantes et catholiques des diverses composantes de sa famille. Il terminait en évoquant sa convocation de juillet 1944 au commissariat général aux questions juives.

---

1. La série F21 (F21 8114-8126) des archives du comité national d'épuration des gens de lettres, ne contient pas de dossier au nom de Daniel Halévy.
2. Jean Guéhenno, *Journal des années noires (1940-1944)*, Paris, Gallimard, 1947, p. 19.
3. *Ibid.*, p. 53.
4. Nous remercions Jean-Pierre Dauphin des éditions Gallimard d'avoir effectué une recherche dans les archives de la rue Sébastien-Bottin à ce sujet : il n'a pas été trouvé trace de la *Note...*, et de la demande afférente.
5. Daniel Halévy, *Note concernant deux passages du Journal des années noires de Jean Guéhenno*, s.d. [1947], p. 6.

La décision d'interdiction de mars 1945 n'entrava pas le succès de son *Nietzsche* et ce, malgré la perception de Nietzsche, courante à l'époque, comme un penseur pré-nazi : Daniel Halévy vendit, de mars à septembre 1945, 7 500 exemplaires de cet ouvrage. Il reste que le différend avec Guéhenno dans l'atmosphère de la Libération créait un climat pesant. Evoquant en 1958 cette période, Daniel Halévy, alors âgé de 85 ans, écrivait : « Mais je sens que je dois dire à ceux qui ce soir m'écoutent, qu'au temps que je vais évoquer, nous respirions mal. Les tribunaux de la Libération avaient frappé durement tous ceux qui avaient servi le Maréchal. La prison du grand Soldat était une ingratitude dont nous restons affectés. L'imprimé nous était interdit[1]. » Il n'avait pas manqué de faire part de son malaise face au nouveau climat politique et culturel. Ainsi, interrogé en 1951 sur le « Mal du siècle » par la revue *La Nef*, il évoquait « l'étouffement brutal, [...] l'écrasement, par une contre-Inquisition, de l'école politique française[2] » et ajoutait : « En 1945, les jeunes Français ont été livrés, sous menace, au nihilisme de Sartre[3] ». Un an plus tard, dans d'autres circonstances, il en appelait à la justice : « En notre temps et notre pays même, elle crie au ciel par la voix des cent mille familles que frappent, depuis huit ans, les exécutions sommaires et les verdicts des tribunaux politiques institués en 1944[4] ». Le chiffre de 100 000 personnes victimes de l'épuration circulait alors dans les milieux qui l'avaient subi ou qui y étaient hostiles. Jean Paulhan avait indiqué un ordre de grandeur similaire dans sa *Lettre aux directeurs de la résistance*, parue à la même époque[5]. Selon Bernard Grasset, D. Halévy était, encore en 1955, « suspect aux gens en place, ceux-là ne pouvant lui pardonner d'avoir dit – en un temps où il fallait du courage pour le dire – que Pétain, au pouvoir, fit tout ce qu'il put et qu'il reste l'homme de Verdun[6] ».

---

1. Lettre de Daniel Halévy à Louis Rousseau, 18 décembre 1958, reproduite dans : Louis Rousseau, *A l'origine des amitiés françaises*, Paris, chez l'auteur, 1989, p. 88.
2. Daniel Halévy, « Mal du siècle : interviews », *La Nef*, juin-juillet 1951, n° 577-578, p. 201.
3. *Ibid.*, p. 202.
4. Daniel Halévy, « Sur un nouveau Péguysme (II) », *La France catholique*, 27 juin 1952, n° 293, p. 2.
5. Cf. Anne Simonin, « La *Lettre aux directeurs de la résistance* de Jean Paulhan », dans *Les Ecrivains face à l'histoire*, Paris, BPI centre Georges-Pompidou, 1998, pp. 75-94.
6. Bernard Grasset, *Evangile de l'édition...*, *op. cit.*, p. 14.

Au cœur des sociabilités néo-maurrassiennes

Selon Eliane Broïda qui fut la secrétaire de Daniel Halévy de 1955 à 1962, celui-ci a souffert après la guerre « d'une grande solitude intellectuelle[1] ». Ses plus anciens condisciples et amis, ceux-là mêmes qui étaient liés à l'époque de Condorcet et de Dieppe, avaient disparu un à un : Jacques Bizet en 1922, Robert Dreyfus en 1939 et Jacques-Emile Blanche en 1942. Son frère Elie était décédé en 1937. Seul vivait encore Fernand Gregh qu'Halévy ne voyait plus beaucoup. Avec ces disparitions, s'évanouissait tout un passé dont il ne restait plus que des souvenirs, des livres et des lettres que D. Halévy relisait de temps à autre[2]. La société des années d'après-guerre n'avait plus rien à voir avec celle de la Belle Epoque. Avec mélancolie, Daniel Halévy confiait en 1947 à Giuseppe Prezzolini son sentiment d'exil intérieur.

L'engagement politique de D. Halévy dans les années 1930 s'était traduit par la rupture avec la plupart des jeunes intellectuels qui l'entouraient. Un seul lien datant de cette époque avait subsisté, celui des équipes sociales : D. Halévy restait en relation avec Henri Gouhier mais surtout avec Robert Garric. Au cours de la guerre, D. Halévy avait eu l'occasion de faire la connaissance de jeunes intellectuels de droite, âgés d'une trentaine d'années, qui l'entourèrent jusqu'à son décès en 1962. Parmi eux, se trouvaient Pierre Boutang qu'il connut en 1939 lors d'une séance du Cercle Fustel de Coulanges, Philippe Ariès, rencontré en 1941 dans les mêmes circonstances et Pierre Andreu qui vint interroger Daniel Halévy à propos de Sorel en 1945. Halévy fut incontestablement pour eux un « aîné fraternel[3] ».

Pierre Boutang (1916-1998), normalien et agrégé de philosophie, avait adhéré assez tôt à l'Action Française[4]. Il était l'un des organi-

---

1. Entretien avec Mlle Eliane Broïda, 27 décembre 1996.
2. *Ibid.*
3. Expression employée par Brasillach à propos de Bainville. Sur la question de l'influence des éveilleurs, cf. Jean-François Sirinelli, « Biographie et histoire des intellectuels : le cas des "éveilleurs" et l'exemple d'André Bellessort », *Sources. Travaux historiques*, 1985, n° 3-4, pp. 61-73 et du même auteur « Alain et les siens. Sociabilité du milieu intellectuel et responsabilité du clerc », *Revue française de science politique*, avril 1988, n° 2, vol. XXXVIII, pp. 272-283. L'influence des enseignants qu'étaient Alain et Bellessort sur leurs élèves de khâgne fut probablement de nature différente de celle de D. Halévy qui s'exprimait dans le cadre d'un salon et par ses écrits.
4. Sur l'itinéraire intellectuel de Boutang, cf. « Entretien avec Pierre Boutang », *Réaction*, automne 1991, pp. 83-90 et son essai sur Maurras, très largement autobiographique : *Maurras. La destinée et l'œuvre*, Paris, Plon, 1984, 710 p.

sateurs du Cercle Fustel de Coulanges de 1939 à laquelle D. Halévy avait participé. Enseignant au Maroc pendant la guerre, il avait soutenu le général Giraud, ce qui favorisa son exclusion de l'enseignement public. Philippe Ariès (1914-1984)[1], issu d'une famille monarchiste et catholique, fit des études d'histoire à la Sorbonne et milita à l'Action Française étudiante où il connut Pierre Boutang. En 1941, au cours d'une séance du Cercle Fustel de Coulanges présidée par Daniel Halévy, Ariès avait fait ses débuts de conférencier. Deux ans plus tard, Ariès fit paraître un recueil d'analyses sociales, annonçant ses futurs travaux historiques, *Les Traditions sociales dans le pays de France*, ouvrage que D. Halévy avait remarqué. Il demanda à l'auteur de venir le voir et Ariès devint à partir de cette époque un habitué du quai de l'Horloge. Pierre Andreu (1909-1987)[2], avait été à l'époque du lycée adhérent de la Ligue d'action universitaire républicaine et socialiste. Il devint ensuite le secrétaire d'un journaliste s'occupant de la rubrique sociale au *Petit Journal*, avant son rachat par le colonel de La Rocque. Au cours des années 1930, il fut attiré un moment par le parti communiste mais adhéra finalement en 1936 pendant six mois au P.P.F. Mobilisé, il ne revint de captivité qu'en 1943. Ayant beaucoup lu Sorel avant la guerre, et ayant formé le projet de lui consacrer une étude, il vint consulter D. Halévy à ce sujet en 1945. Celui-ci l'aida dans ses travaux sur Sorel ainsi que sur Drieu La Rochelle et rédigea deux préfaces à ses ouvrages : *Drieu, témoin et visionnaire*, et *Notre maître M. Sorel*, deux livres qui parurent chez Grasset en 1952 et 1953.

Daniel Halévy accompagna l'équipe formée par Ariès et Boutang dans nombre de leurs projets. En 1946, tous deux hostiles à l'épuration, ils entrèrent à l'hebdomadaire *Paroles Françaises*. Sous-titré *Hebdomadaire de la rénovation nationale, politique, littéraire et satirique*, le journal fondé par le député André Mutter, un ancien résistant, était l'organe du parti républicain de la liberté (P.R.L.). La ligne politique était centrée autour de l'anticommunisme et de la dénonciation des excès de l'épuration. Ariès et Boutang prirent rapidement la tête de la

---

1. Sur Ariès, cf. un livre d'entretiens avec Michel Winock, Philippe Ariès, *Un historien du dimanche*, Paris, Seuil, 1980, 219 p. ; un recueil d'articles de Philippe Ariès, *Le Présent quotidien 1955-1966*, Paris, Seuil, 1997, 543 p., présenté par Jeannine Verdès-Leroux ainsi que l'étude de Guillaume Gros, *Philippe Ariès, un réactionnaire authentique : itinéraire d'un maurrassien non conformiste de l'*Etudiant français *à la* Nation française, mémoire de DEA sous la direction d'Alain-Gérard Slama, IEP de Paris, 1994, 171 p.
2. Cf. un article en forme d'autobiographie intellectuelle : Pierre Andreu, « Cinquante ans avec Sorel », *Cahiers Georges Sorel*, 1983, n° 1, pp. 52-67 ainsi que Pierre Andreu, *Le Rouge et le Blanc, 1928-1944*, Paris, La Table Ronde, 1977, 241 p.

rédaction[1]. Daniel Halévy, apportant son soutien moral à *Paroles Françaises*, y donna quelques articles. « Quand, après la guerre, nous reprîmes une activité politique avec l'hebdomadaire *Paroles Françaises* [...], il nous aida de toutes les manières. Il venait nous voir dans les bureaux crasseux de l'imprimerie – les mêmes où Ch. Maurras rédigeait son article. Il nous fit connaître les Polonais exilés qui nous apportèrent une documentation encore inédite en France, sur les fosses de Katyn[2] », écrivait Ariès à la mort de Daniel Halévy. François Léger[3], camarade d'Ariès avant la guerre, avait rejoint ce journal et fait alors la connaissance d'Halévy. Après des études de lettres à la Sorbonne dans les années 1930, Léger qui écrivait dans *L'Etudiant français*, l'un des journaux du mouvement maurrassien, avait succédé à Henry Lasserre en 1938 pour tenir la revue de presse de *L'Action française*. Daniel Halévy qui estimait beaucoup Boutang l'aida à plusieurs reprises. Celui-ci lancé à l'époque de *Paroles Françaises* dans un autre projet, *La Dernière Lanterne*, un périodique pamphlétaire clandestin paraissant de 1946 à 1948 qu'il dirigeait avec Antoine Blondin et François Brigneau reçut le soutien, vraisemblablement financier, de Daniel Halévy[4]. Ariès et Boutang quittèrent rapidement *Paroles Françaises* pour *Aspects de la France*[5] qui parut à partir de 1947. Boutang y rédigeait l'article de tête, intitulé « La vie politique » sur le modèle du « politique » de Maurras à *L'Action française*. Boutang travailla sept ans dans ce journal, successeur de *L'Action française* puis, hostile à l'orthodoxie d'Action Française qui y régnait, il le quitta en 1954 pour fonder l'année suivante *La Nation française*. Daniel Halévy continua d'appuyer Boutang : « Il assista P. Boutang aux moments difficiles de cette période de transition qui aboutit à la fondation de la *NF*. Bien entendu, il était parfaitement étranger et indifférent aux querelles intestines entre les épigones de la vieille Action Française. Mais il avait deviné chez P. Boutang une force, il tenait à veiller sur elle. Déjà presque aveugle, il vint en personne à toutes les réunions où P. Boutang expliqua sa conduite, ses projets[6] », raconte Ariès. Le nouvel hebdomadaire dont Boutang était le

---

1. Cf. Guillaume Gros, *op. cit.*, pp. 58-82.
2. Philippe Ariès, « Daniel Halévy », *La Nation française*, 7 février 1962, n° 331, p. 11, article reproduit dans : Philippe Ariès, *Le Présent...*, *op. cit.*, p. 278.
3. Cf. son autobiographie : François Léger, *Une jeunesse réactionnaire*, Paris, Publications François Brigneau, « L'invité des derniers cahiers », 1993, 183 p.
4. Philippe Ariès, « Daniel Halévy », *op. cit.*, p. 11, reproduit dans : Philippe Ariès, *Le Présent...*, *op. cit.*, p. 278.
5. Sur la recomposition de ce journal avec d'anciens éléments de *L'Action française*, cf. Patrick Louis, *Histoire des royalistes. De la Libération à nos jours*, Paris, éditions Jacques Grancher, 1994, pp. 47-73.
6. Philippe Ariès, « Daniel Halévy », *op. cit.*, p. 11, reproduit dans : Philippe Ariès, *Le Présent...*, *op. cit.*, p. 278. Cf. sur ce point Philippe Ariès, « Sagesse de J. Czapski »,

« directeur politique » prônait une idée de la monarchie nouvelle, moderne, débarrassée de l'antisémitisme de l'Action Française[1]. Le journal qui tirait à 20 000 exemplaires, tout en restant maurrassien d'inspiration, défendait des idées différentes de celles d'*Aspects de la France* et il n'empiétait donc pas sur son lectorat[2]. Daniel Halévy accueillait souvent l'équipe de *La Nation française* dans son salon et il fut selon Pierre Boutang le « modérateur » de l'équipe : « Je veux dire que certaines tentations, et certaines simplifications, devenaient ici impossibles, certaines injustices aussi, parce que nous savions son regard sur nous[3] ». Selon sa secrétaire, D. Halévy avait « encore une petite cour[4] » faite pour l'essentiel des fondateurs de *La Nation française*. Il présida quelques dîners de l'hebdomadaire et appuya certaines de leurs initiatives comme la pétition réclamant le ralliement à de Gaulle, le « fédérateur nécessaire », parue dans *La Nation française* du 18 mai 1958 et qu'il signa lui-même. Il fit venir au journal en 1956 Pierre Andreu[5], qui y écrivit désormais sous le pseudonyme de Gilles Dubourg aux côtés d'autres connaissances de D. Halévy : Louis Salleron, René Gillouin, Jean de La Varende, Lucien Gachon et Philippe Ariès.

Un autre intellectuel que D. Halévy rencontrait souvent à cette époque était Jean Guitton. A son retour de captivité, D. Halévy lui avait proposé de s'installer dans un des appartements du quai de l'Horloge où il habita pendant près de deux années[6]. Après avoir quitté le quai, Guitton revint souvent dans le salon de D. Halévy. Celui-ci fit également la connaissance de Jean Loisy, un ami de Jean de Fabrègues. Jean Loisy, né en 1901, devint journaliste après des études de droit. Monarchiste, il écrivit avant la guerre au *Courrier royal* et dans les publications de la Jeune droite, la *Revue du XXᵉ siècle*, *Réaction*, *L'Insurgé*, *Civilisation*. Il se lia ainsi avec Jean de Fabrègues. Pendant l'Occupation, il fut membre du « conseil général », organe directeur du « Centre français de Synthèse » siégeant à Vichy et dont le rôle était de diffuser le corporatisme. Il y siégeait avec Hubert Lagardelle, Lucien Romier, Jean de Fabrègues, René Gillouin, Alfred Sauvy et Gustave Thibon. Après la

---

La Nation française, 1ᵉʳ mars 1961, article reproduit dans : Philippe Ariès, *Le Présent...*, *op. cit.*, p. 212.

1. Cf. Patrick Louis, *op. cit.*, pp. 75-140.
2. Cf. l'étude comparée des tirages des deux périodiques par Damien Gaucherand, La Nation française *devant la décolonisation*, mémoire de DEA d'histoire sous la direction de Raoul Girardet, IEP, 1988, annexe n° 1.
3. Pierre Boutang, « La Politique », *La Nation Française*, 7 février 1962, n° 331, p. 1.
4. Entretien avec Mlle Eliane Broïda, 27 décembre 1996.
5. Cf. Pierre Andreu, « Cinquante ans avec Sorel », *op. cit.*, p. 65.
6. Entretien avec M. Jean Guitton, 12 mai 1995.

guerre, il continua son activité de journaliste en écrivant dans l'organe du comte de Paris, *Ici France*, puis devint en 1947 membre du comité de direction du *Bulletin d'information des comités monarchistes*[1]. Il fut un collaborateur régulier de *La Nation française*, unique périodique à consacrer un numéro spécial d'hommage à D. Halévy le 21 février 1962, peu de temps après sa mort.

Mis à part *La Nation française* dont il ne faisait pas statutairement partie, D. Halévy s'était lié auparavant au comité de rédaction de deux organes de presse bien différents de nature. Il fit partie de *J'ai Lu*, une revue mensuelle de bibliographie destinée à faire connaître à l'étranger la littérature française : cette revue parut de 1946 à 1948 et reprit sa parution en 1954. Il y retrouvait Philippe Ariès et un certain nombre de connaissances, en majorité des intellectuels catholiques. D. Halévy reprit dans cette modeste revue de très petit format, une activité de critique littéraire. *J'ai Lu* « rédigé en équipe » comptait dans ses rangs Gaëtan Bernoville, Louis Chaigne, Henri Clouard, Daniel-Rops, Jean-Pierre Dubois-Dumée, Henri Gouhier, Robert d'Harcourt, Gabriel Marcel, Humbert Michaud, Camille Mayran, Jean Guitton, Jean de Fabrègues, André George, Monique C. et André Varagnac. Selon Louis Chaigne, D. Halévy participait activement à la revue : « Halévy, très assidu, parlait peu, écoutait beaucoup, puis intervenait après tous les autres pour signaler un maître-livre, oublié, volontairement ou non, par la grande presse[2] ». D'autre part, D. Halévy fit partie dès 1947 du comité de rédaction de *Fédération. Revue de l'ordre vivant*, publication mensuelle du Mouvement fédéraliste français qui tirait à 9 000 exemplaires[3]. Le rédacteur en chef en était Louis Salleron et le comité de rédaction était composé de Gabriel Marcel, Robert Aron, Hyacinthe Dubreuil – un ouvrier mécanicien que D. Halévy connaissait depuis l'époque des *Pages Libres* – Bertrand de Jouvenel, Maxime Leroy – l'ancien camarade de l'Enseignement mutuel – Thierry Maulnier, Paul Sérant (auteur des *Inciviques*[4], frère de Louis Salleron), Georges Vedel et André Voisin. D'après le directeur de la revue, Max Richard : « [...] il fut des tout premiers à accorder son prestigieux patronage à notre chère revue "Fédération", dont il présidait le comité de rédaction [...]. Jamais il ne nous a refusé de participer à une réunion, de présider

---

1. Patrick Louis, *op. cit.*, p. 39.
2. Louis Chaigne, « De l'homme d'action au critique littéraire », *Revue de la Haute-Auvergne*, janvier-juin 1968, t. 41, p. 18.
3. Cf. Alain Greilsamer, *Les Fédéralistes européens, en France depuis 1945*, thèse de doctorat de science politique sous la direction de Pierre Gerbet, IEP, 1972, p. 248.
4. Cf. Daniel Halévy, « Les inciviques », *J'ai Lu*, septembre–octobre 1955, n° 11, pp. 18-21.

un cercle de jeunes [...]¹ ». La revue qui reposait sur le constat d'une « crise de civilisation² » dans un sens très proche du bilan fait quinze ans plus tôt par les non-conformistes³, reposait essentiellement sur Robert Aron et Alexandre Marc. Elle était engagée dans une vision critique de la démocratie en s'attaquant au suffrage universel et au parlementarisme⁴. Elle prônait par ailleurs un fédéralisme européen d'essence proudhonienne reposant sur la commune et l'atelier et s'inspirait de l'anti-étatisme sorélien⁵. Daniel Halévy y publia des articles centrés essentiellement sur Proudhon et Sorel. Il écrivit également après la guerre à la *Revue des Deux Mondes* et dans *Arts*, à l'époque où Jacques Laurent y avait pris la succession de Louis Pauwels. Cette revue qui tirait entre 60 000 et 70 000 exemplaires⁶ était devenue un périodique littéraire de combat, s'opposant à la littérature engagée et à ses grandes figures, Sartre, Camus et Mauriac⁷.

Daniel Halévy trouva également un autre lieu d'accueil à la boutique des Amitiés françaises que tenait Suzanne Rousseau rue Mazarine, à proximité du quai de l'Horloge. Cette librairie, fondée en 1948 et placée sous le patronage de Maurice Barrès⁸, était également un cercle et un salon regroupant surtout des écrivains marginalisés depuis la Libération. Le président de cette société était Henri Massis et la présidence d'honneur avait été confiée à Philippe Barrès. Les récitals de musique alternaient avec des lectures de poésie et des conférences mensuelles organisées au domicile des Rousseau ou dans la librairie de la rue Mazarine⁹. Lors des séances, les intervenants étaient en majorité d'anciens soutiens du régime : les conférences furent prononcées par Marcel Jouhandeau, Louis Salleron, Louis Rougier, Michel de Saint-Pierre,

---

1. Max Richard, « Notre bon maître », *Le XXᵉ siècle fédéraliste*, 9 février 1962, n° 289, p. 13.
2. Cf. Alain Greilsamer, *op. cit.*, pp. 53-55.
3. Sur les liens de certains non-conformistes notamment Robert Aron et Alexandre Marc avec le fédéralisme, cf. Jean-Louis Loubet Del Bayle, *Les Non-Conformistes...*, *op. cit.*, pp. 422-426.
4. Cf. Alain Greilsamer, *op. cit.*, pp. 28-35.
5. *Ibid.*, pp. 100-105 et 112-113.
6. Cf. Sabrina Rozet, *L'hebdomadaire* Arts *dans la vie culturelle des années cinquante*, mémoire de DEA d'histoire sous la direction de Michel Winock, IEP, 1991, p. 32.
7. *Ibid.*, pp. 41-99.
8. Barrès avait écrit en 1903 pour son fils Philippe *Les Amitiés françaises, notes sur l'acquisition par un petit Lorrain des sentiments qui donnent un prix à la vie.*
9. Cf. Louis Rousseau, *A l'origine des amitiés françaises*, Paris, chez l'auteur, 1989, 140 p. Ce document nous a été communiqué par Jacques et Nicole Maurras que nous remercions. François Léger a évoqué pour nous le déroulement et l'atmosphère de ces séances (entretien du 28 avril 1995).

René Gillouin[1]. Daniel Halévy y participa activement, selon Suzanne Rousseau, en organisant chaque semaine à la librairie des séances de « critique parlée[2] ».

A l'image du nouveau milieu intellectuel qui s'était créé autour de D. Halévy, le salon du quai de l'Horloge connut après la guerre une nouvelle vie. A la différence des années 1920, D. Halévy ne recevait plus seulement le samedi, accueillant désormais tous ceux qui le souhaitaient plusieurs après-midi par semaine[3]. Pierre Boutang, Philippe Ariès, Jean Guitton, Gabriel Marcel venaient régulièrement chez lui mais d'autres aussi comme l'Amiral Auphan, Jean de Fabrègues, Gilbert Maire, Jean Bernier, le peintre Joseph Czapski, Jean Loisy, Louis Chevallier ou Pierre Guiral[4]. D'après les *Journaux* de Jean Guitton[5], les conversations portaient sur la littérature et l'art, sur la religion, jamais directement sur la politique. Les relations de D. Halévy avec ses amis ruraux perdurèrent après la guerre. Il continuait de correspondre avec Henri Pourrat et Emile Guillaumin, se tenant informé de l'état de leurs villages et de leurs proches. Malgré son âge avancé, il leur rendit plusieurs fois visite : ainsi, il revint à Ygrande en 1949 pour le quarantième anniversaire de la mort de Charles-Louis Philippe[6]. Deux ans plus tard, il se rendit en Auvergne chez Gachon et Pourrat, s'arrêtant au retour chez Guillaumin, peu de temps avant que celui-ci ne disparaisse. Daniel Halévy fit également un voyage dans la Creuse chez Jean Guitton à la même époque[7]. Il retourna en 1951 en Périgord où il avait fait la connaissance d'Edouard Le Roy en 1906 lors de sa première visite paysanne. Daniel Halévy participa enfin en 1953 à l'inauguration du buste de Guillaumin dans son village natal.

Daniel Halévy n'avait jamais écrit dans *L'Action française*. Après la guerre, il fut amené à collaborer à *Aspects de la France* dans le cadre de

---

1. Louis Rousseau, *op. cit.*, pp. 135-136.
2. Témoignage de Suzanne Rousseau, reproduit dans Louis Rousseau, *op. cit.*, p. 90.
3. Entretien avec M. Paul Beauvais, 25 juillet 1995.
4. Ces informations nous ont été communiquées par Mlle Eliane Broïda (entretien du 27 décembre 1996). P. Guiral venait aussi consulter les archives de Prévost-Paradol pour sa thèse de doctorat.
5. Les différents *Journaux* et souvenirs publiés par J. Guitton sont très précieux pour connaître ces séances. On en trouvera la liste détaillée avec les indications de page en bibliographie.
6. Cf. lettre d'E. Guillaumin à Charles Bruneau, 8 août 1949, reproduite dans : Roger Mathé, *Cent...*, *op. cit.*, p. 280.
7. « Il [D.H.] contempla, il parcourut, il écouta ; et se tut longuement. Il voulut réunir tous les habitants du petit village sous un tilleul : pendant des heures, il les interrogea sur leur existence. Ils pesaient leurs réponses. On eut dit Yahveh consultant les Sept sages » (Jean Guitton, *Une mère dans sa vallée*, Paris, Aubier, 1961, p. 233).

la campagne lancée par le journal en faveur de Maurras, interné à Clairvaux. En avril 1948 il publia un article dans le numéro spécial « Justice pour Maurras ». Certains académiciens avaient accepté de donner leurs témoignages sur Maurras, évitant toute allusion politique mais critiquant les circonstances du procès de 1945. Dans son article[1], Daniel Halévy reprenait presque mot à mot les pages du texte qu'il avait donné en 1919 au volume d'hommage à Maurras, où il avait célébré le défilé de Jeanne d'Arc de 1914[2]. Ensuite, comme dans la plupart de ses écrits sur Maurras des années 1930, il louait en Maurras le poète[3] et l'auteur des *Tombeaux*, évitant toute allusion au Maurras polémiste ainsi qu'au procès de la Libération. Pierre Gaxotte, Jean de La Varende, Henri Pourrat et Jean Paulhan collaborèrent également à ce numéro. Daniel Halévy fut mobilisé un an plus tard au service de cette cause par Boutang qui organisa[4] le 20 décembre 1949 la première réunion en faveur de la révision du procès de Maurras à la salle des sociétés savantes. D. Halévy accepta de présider la séance qui se tint devant une salle comble[5] et il parla le premier. Comme en 1936, il rappela qu'il avait d'abord découvert en Maurras un poète et que le chef de l'Action Française n'avait jamais cessé, selon lui, d'être écrivain[6]. Il célébrait ensuite dans la personne du prisonnier de Clairvaux un tempérament d'infatigable combattant en faveur de la cause nationale. Il n'omettait pas d'indiquer que l'Affaire Dreyfus les avait opposés indirectement tout en atténuant la teneur de ce conflit : « Des années vinrent où il m'arriva de militer dans le camp où Maurras n'était pas. La mêlée fut parfois atroce et les coups portés bas. Mais je n'oubliais jamais que là où se trouvait Maurras, planait au-dessus du combat la vision des murailles d'Antibes, une haute flamme et un dévorant amour[7]. » La mention de son combat passé en faveur de la révision du procès de Dreyfus ne donnait que plus d'importance à sa contribution en faveur de la ré-

---

1. Daniel Halévy, « Maurras : aussitôt... », *Aspects de la France*, 25 avril 1948, n° 8, p. 9.
2. Cf. Daniel Halévy, « L'opinion de Daniel Halévy », dans *Charles Maurras. Poèmes, portraits, jugements et opinions*, Nouvelle Librairie Nationale, 1919, aux pages 184-185.
3. Dans l'entretien qu'il nous a accordé, M. Jean Guitton nous a indiqué que D. Halévy connaissait bien la poésie de Maurras dont il citait parfois de mémoire des strophes entières (entretien avec M. Jean Guitton, 12 mai 1995).
4. Cf. sur ce point le témoignage du colonel Rémy : Rémy, *Dix ans avec de Gaulle 1940-1950*, Paris, Presses Pocket, 1972, p. 347.
5. « Un meeting en faveur de la révision du procès Maurras », *Le Monde*, 22 décembre 1949, n° 8, p. 9.
6. Daniel Halévy, « Le discours de M. Daniel Halévy », *Aspects de la France*, 22 décembre 1949, n° 71, p. 1 et 6.
7. *Ibid.*, p. 6.

vision de celui de Maurras. Malgré les combats passés, D. Halévy apportait son appui à l'objectif de cette réunion : « Je ne m'attarderai pas à formuler mes réserves sur un octogénaire prisonnier. La seule chose qui soit à faire, c'est de le secourir[1] ». Après lui, parlèrent Rémy, Henri Massis et Henri Bœgner[2]. Gabriel Marcel prenant la parole à leur suite, indiqua – avec plus de netteté que D. Halévy – ce qui le séparait de Maurras : il rappela qu'il n'avait pas adhéré à la doctrine maurrassienne et qu'il n'avait jamais admis l'attitude prise par le polémiste sous l'Occupation. Il considérait cependant que Maurras avait été condamné pour un crime qu'il n'avait pas commis. A la mort de Maurras, Daniel Halévy demanda dans *Aspects de la France* « Une minute de silence[3] » aux Français. Enfin, après sa participation au volume d'hommages de 1919, au numéro spécial de la *Revue Universelle* pour le jubilé littéraire de 1937, il écrivit une dernière étude dans le volume d'hommages posthumes qui parut en 1953[4]. Daniel Halévy ne craignait pas d'adopter des prises de position publiques qui ne pouvaient que l'isoler encore davantage. L'Association de défense du Maréchal Pétain (A.D.M.P.), fondée en 1951, organisa des cérémonies à l'occasion du centenaire de la naissance de Pétain en 1956. D. Halévy ne fut pas membre de l'A.D.M.P., mais un comité d'honneur présidé par le général Weygand fut constitué et il accepta d'en faire partie[5] aux côtés notamment de Léon Bérard, de Jean Borotra, de Jean de La Varende et du docteur Schweitzer. Y figurait également Jacques Isorni, le petit-fils de l'architecte Louis Feine que D. Halévy avait connu soixante ans plus tôt et qu'il avait encouragé à signer la protestation de *L'Aurore* de janvier 1898.

La fin d'une carrière littéraire

L'Occupation avait été marquée par un ralentissement très net de sa production littéraire. Le poids de l'âge, la disparition en 1940 des re-

---

1. *Ibid. Le Monde* donna une version un peu différente du discours de D. Halévy : « Le premier M. Daniel Halévy créa l'ambiance. Je ne m'attarderai pas, dit-il, à faire des réserves sur les doctrines d'un octogénaire prisonnier ; la seule chose à faire est de le secourir » (*op. cit.*, p. 9). D. Halévy a vraisemblablement supprimé le mot « doctrine » dans le texte qu'il donna à *Aspects de la France*.
2. Cf. *Aspects de la France*, 22 décembre 1949, n° 72, p. 1 et 5.
3. Daniel Halévy, « Une minute de silence », *Aspects de la France*, 21 novembre 1952, n° 218, p. 3.
4. Daniel Halévy, « Sur un vers de Charles Maurras », dans *Charles Maurras 1868-1952*, Paris, Plon, 1953, pp. 83-89.
5. Cf. Henry Coston, *Partis, journaux et hommes politiques d'hier et d'aujourd'hui*, Paris, Publications H. C., 1960, p. 194.

vues et journaux qu'il affectionnait, les difficultés rencontrées à la sortie de la guerre ne permirent pas à Daniel Halévy de retrouver le niveau d'activité antérieur. C'est en effet l'entre-deux-guerres qui fut incontestablement la période de plus grande créativité dans la carrière littéraire de Daniel Halévy. De 1945 jusqu'à sa mort en 1962, il publia moins d'une dizaine d'articles par an. En fait, D. Halévy à cette époque lisait plus qu'il n'écrivait : de très nombreux articles sont en fait de courtes notes de lecture. Comme d'autres écrivains de son âge, il était sollicité pour écrire des préfaces à des essais très divers, émanant souvent de jeunes auteurs encore inconnus. L'époque où ses essais paraissaient tous les deux ou trois ans était définitivement révolue. Sur les quatre livres parus entre 1948 et 1960, deux seulement peuvent être considérés comme des productions nouvelles. *La Vie de Proudhon* parue en 1948 chez Stock n'était que la réédition, très légèrement modifiée, du volume *La Jeunesse de Proudhon* édité en 1913 aux *Cahiers du Centre*. Il avait ajouté dans le volume de 1938, avec ses propres annotations, le *P.-J. Proudhon* de Sainte-Beuve, livre grâce auquel il avait découvert le penseur dans sa jeunesse. Son dernier livre *Degas parle*, paru en 1960, était l'édition de fragments de son *Journal* et de quelques lettres adressées par le peintre à la famille Halévy. Ainsi à part ces ouvrages, fruits de diverses rééditions et collations, il ne publia qu'un court *Essai sur l'accélération de l'histoire* en 1948 et sept ans plus tard *Le Mariage de Proudhon*, ces deux livres étant ses seules productions originales d'après-guerre. Avec Proudhon, il renouait avec la forme biographique. *L'Essai sur l'accélération de l'histoire* qui popularisa une expression nouvelle, avait une autre ambition : dans ce livre, Daniel Halévy livrait, à la suite de Michelet, sa réflexion sur le cours du temps qui ne cessait de « doubler le pas ». L'auteur observait avec pessimisme la part croissante prise par la technique dans l'histoire des civilisations, depuis les premières machines jusqu'à Hiroshima[1]. En 1959, Daniel Halévy signa d'ailleurs un appel de la Fédération française contre l'armement atomique, très appuyé par le Mouvement de la paix, demandant au gouvernement de renoncer à toute explosion nucléaire[2].

Le terme de polygraphe peut caractériser assez justement ce que fut à cette époque son activité littéraire. Bien qu'il se soit un peu intéressé à la nouvelle littérature, au sein de laquelle il distinguait notamment *L'Homme révolté* de Camus et *Le Grand d'Espagne* de Roger Nimier, mais critiquait les écrits de Sartre, l'essentiel de sa critique littéraire

---

1. Ce livre donna lieu à un débat radiophonique inédit que nous avons retrouvé dans les archives de l'INA, organisé par Albert Bayet le 5 octobre 1948 entre Daniel Halévy, Raymond Aron et Mgr Daniélou.
2. *L'Humanité*, 2 décembre 1959, p. 4.

renvoyait aux débats d'avant-guerre. Ainsi éreintait-il le *Journal de guerre* de Gide, déclarant son hostilité au parisianisme des lettres et opposant à l'auteur de *L'Immoraliste* Henri Pourrat et la littérature provincialiste[1]. Dans les dernières années de sa vie, l'éloge de la littérature terrienne prit une importance accrue[2]. La défense d'une certaine idée de Péguy fut aussi l'un de ses combats au début des années 1950. Il discerna dans l'hommage officiel rendu à Péguy à la Sorbonne en janvier 1950, à l'occasion du cinquantenaire des *Cahiers de la Quinzaine*, une tentative de récupération de l'ancien gérant des *Cahiers*. Il s'opposa alors à Auguste Martin et Albert Béguin au cours d'un vif conflit qui anima l'Amitié Charles Péguy[3] pendant près de trois ans. D. Halévy critiquait fortement leur interprétation dont il estimait qu'elle dénaturait Péguy en faisant du rebelle aux autorités constituées – l'Université, le parti socialiste –, un homme de gauche[4]. Dans un tout autre domaine, Daniel Halévy mena une autre « bataille littéraire ». A son retour en France en 1947, Curzio Malaparte s'installa à Jouy-en-Josas chez Daniel Halévy qui le soutint activement dans ses tentatives d'implanter son théâtre en France[5]. D. Halévy traduisit *Les femmes aussi ont perdu la guerre* en 1958.

Les quelques écrits consacrés alors à l'histoire s'inscrivaient dans la ligne directe des années 1930. A l'occasion du centenaire de la révolution de 1848, il reprit[6] l'ensemble des critiques émises dans l'*Histoire d'une histoire...* en 1939. Une étude parue sur « Michelet et la "Bible de l'humanité" » en 1948[7] développait un passage de son *Jules Michelet* paru en 1929. Malgré la rencontre avec Roupnel, la lecture des essais de

---

1. Daniel Halévy, « André Gide : Journal 1939-1942 », *J'ai Lu*, 1946, n° 7, pp. 8-11.
2. Cf. notamment « Adieu à Jean Yole », *La Nation française*, 16 janvier 1957 ; « L'homme d'un grand lieu », *La Revue du Bas-Poitou*, mai-juillet 1957, n° 68 ; « Notre centre, sol littéraire fécond », *Cahiers bourbonnais et du Centre*, 1958, n° 7, pp. 233-235 ; « Riche province », *Cahiers bourbonnais et du Centre*, 1960, n° 13, pp. 37-38.
3. D. Halévy avait été l'un de ses fondateurs en 1942, il était membre de son Comité d'honneur ainsi que du conseil de direction, aux côtés d'Albert Béguin. Il était à cette époque l'un des derniers survivants des *Cahiers*. A. Martin écrivait à P. Andreu : « Il n'y a pas de querelle *Amitié*-Halévy. Il y a une querelle qu'*Halévy* et sa clique maurrassienne veulent entretenir contre l'Amitié » (A.P.A., lettre d'Auguste Martin à Pierre Andreu, 1er novembre 1952).
4. Cf. Daniel Halévy, « Sur un nouveau Péguysme », *La France catholique*, 20 juin 1952, n° 292, pp. 1-2 et « Sur un nouveau Péguysme (II) », *La France catholique*, 27 juin 1952, n° 293, pp. 1-2.
5. Daniel Halévy, « La cabale contre Malaparte », *L'Epoque*, 17 février 1949.
6. Daniel Halévy, « Sur le centenaire de la révolution de 1848 », *Ecrits de Paris*, mars 1948, pp. 20-27. Cf. également ses échanges avec Georges Lefebvre dans les *Actes du congrès historique du centenaire de la Révolution de 1848*, 1948, pp. 21-29.
7. Daniel Halévy, « Michelet et la "Bible de l'humanité" », *Revue des Deux Mondes*, 15 mai 1948, pp. 221-244.

Toynbee[1] et les discussions avec Philippe Ariès, il campait sur des positions d'histoire traditionnelle. Ainsi, rendant compte du *Temps de l'histoire* d'Ariès, il soulignait l'intérêt de la nouvelle histoire s'intéressant aux mouvements profonds des civilisations, mais ajoutait : « Les nouveaux historiens ont découvert la valeur de l'inconscient dans l'histoire. C'est une belle découverte, mais la volonté de l'homme dans l'histoire n'en est pas dévaluée[2]. » « Aucune sorte d'histoire n'est périmée[3] », ajoutait-il à propos de l'histoire événementielle à laquelle il demeurait attaché.

Agé de soixante-quinze ans, D. Halévy fut élu à l'Académie des sciences morales et politiques le 13 juin 1949 au fauteuil d'Augustin Bernard. Voisin du quai Conti, il participa régulièrement aux séances en présentant divers ouvrages ou rédigeant des rapports pour certains prix de l'Institut. Il présenta ainsi *Le Temps de l'histoire* de Philippe Ariès au prix Chaix d'Est d'Ange en 1954, l'ouvrage de François Léger, *Les Influences occidentales dans la révolution de l'Orient. Inde, Malaisie, Chine, 1850-1950* au prix Paul-Michel Perret en 1957 ou encore celui d'Emile Léonard, *Les Armées du XVIIIe siècle* en 1959 à nouveau pour le prix Chaix d'Est d'Ange. Par ailleurs, il fut désigné avec Lucien Febvre en 1951 comme l'un des deux « commissaires responsables » chargé de la publication du *Journal* de Michelet que Gabriel Monod avait déposé à l'Institut à sa mort[4].

L'élection de Daniel Halévy aux sciences morales et politiques n'avait pas atténué son profond désir d'entrer à l'Académie française, manifesté une première fois en 1934. Il se présenta ainsi en mars 1953 au fauteuil de Jérôme Tharaud. Cette candidature intervenait dans un contexte un peu particulier. En effet, son beau-frère Jean-Louis Vaudoyer qui s'était présenté à l'Académie en mai 1946 avait subi une contre-campagne particulièrement vive de François Mauriac[5]. Mauriac s'était opposé à cette candidature arguant du fait que Jean-Louis Vaudoyer avait fait appel à Robert Brasillach pour présenter Corneille aux matinées poétiques de la Comédie-Française en juin 1941. *Le Figaro* relayait Mauriac et écrivait : « Pour la première fois, un collaborateur no-

---

1. Cf. Daniel Halévy, « Une étude de l'histoire », *Ordre Nouveau*, janvier 1937, n° 37, pp. 55-59 et « Toynbee et son "étude de l'histoire" », *Revue des Deux Mondes*, 1er septembre 1950, pp. 38-42.
2. Daniel Halévy, « Les vicissitudes de l'histoire », *J'ai Lu*, novembre 1954, n° 5, nouvelle série, p. 6.
3. *Ibid.*, p. 7.
4. Les deux éditeurs du texte qui parut chez Gallimard à partir de 1959, furent Paul Viallaneix et Claude Digeon.
5. Sur cette querelle, cf. la mise au point de Gisèle Sapiro, *op. cit.*, pp. 651-653.

toire ose y poser sa candidature[1] ». F. Mauriac parvint à convaincre également le Conseil national des écrivains qui menaça de condamner les académiciens qui apporteraient leurs suffrages à J.-L. Vaudoyer. Ce dernier fut absous en juin 1946 par un jury d'honneur – composé de Paul Grunebaum-Ballin, Jean-Jacques Bernard, Alexandre Arnoux, Jean Cassou et André Chamson – qui répondit négativement aux accusations lancées par Mauriac[2]. Vaudoyer fut élu quatre ans plus tard au fauteuil de son ami Edmond Jaloux, malgré l'hostilité persistante de Mauriac[3]. Aux yeux de Mauriac, comme l'a montré Gisèle Sapiro, l'élection de Vaudoyer marquait un retour en force du maurrassisme et de Vichy. Au début de l'année 1953, Pierre Gaxotte avait été élu au fauteuil de René Grousset et le duc Antoine de Lévis-Mirepoix au fauteuil de Maurras. L'inquiétude de Mauriac, qui s'était érigé en juge et arbitre des élections académiques, grandissait au fur et à mesure que l'on s'éloignait de la guerre.

D. Halévy pouvait compter sur deux soutiens fermes pour appuyer sa campagne, son beau-frère Vaudoyer et Fernand Gregh, élu en janvier 1953 au fauteuil de Charles de Chambrun. Lors du premier scrutin le 12 novembre 1953, D. Halévy n'avait en face de lui qu'un candidat sérieux, Daniel-Rops. Le nombre de votants ce jour-là étant de 34, la majorité était à 18. Au premier tour, Daniel-Rops recueillit 14 voix et D. Halévy 13, au second tour une voix les séparait toujours et au dernier tour, D. Halévy prit l'avantage avec 16 voix sur son concurrent qui en avait 15[4]. La majorité n'ayant pas été atteinte, l'élection fut remise au 6 mai 1954, Daniel Halévy se trouvant alors confronté à Jean de La Varende dans un scrutin à cinq candidats. La majorité était à 17 voix. Daniel Halévy obtint 12 voix au premier tour et J. de La Varende 9. Il y eut cinq tours, D. Halévy ne dépassant pas 14 voix et le dernier tour s'achevant avec 7 bulletins blancs[5]. Daniel Halévy retira sa candidature le 12 mai. L'explication de cet échec réside dans la campagne faite par François Mauriac pour persuader les académiciens de ne pas voter pour lui. Le lendemain du retrait de la candidature d'Halévy, Claude Mauriac relatait ainsi les propos de son père : « Comme je ne voulais à aucun prix de Daniel Halévy à l'Académie (il a écrit dans *Aspects de la France*, il a trahi, car après avoir été du camp de Péguy il passa dans

---

1. Cité par Marie-Agnès Joubert, *La Comédie-Française sous l'Occupation*, Paris, Tallandier, 1998, p. 365.
2. Cf. Marie-Agnès Joubert, *La Comédie-Française...*, op. cit., p. 368 et Claudine Darre-Biere, op. cit., p. 370, n. 5.
3. Claudine Darre-Biere, op. cit., p. 376.
4. Archives de l'Académie française, 1B 7, scrutin du 12 novembre 1953.
5. *Ibid.*

celui de Maurras), comme d'autre part je n'aime pas voter blanc, j'ai sans cesse, jeudi, écrit sur mon bulletin le nom d'Helsey [dont je ne savais rien][1] ». En 1954, se dénouait ainsi le dernier épisode de l'engagement politique de D. Halévy. Cocteau fut élu au fauteuil de Jérôme Tharaud. Daniel Halévy publia néanmoins l'éloge qu'il avait préparé pour Tharaud, intitulé *Eloge de Jérôme Tharaud. Pages écrites par Daniel Halévy pour un discours qui ne sera pas prononcé*. Avant lui, Jules Janin (1804-1874), le grand critique du *Journal des Débats*, battu par Prévost-Paradol, avait publié en 1865 un *Discours de réception à la porte de l'Académie française*. La fin de la vie de Daniel Halévy fut marquée par des honneurs bien en deçà de ses ambitions. Lui, dont les ouvrages n'avaient jamais été couronnés par un seul prix littéraire reçut, appuyé par Gabriel Marcel, le Grand prix littéraire de la Ville de Paris en janvier 1960 pour l'ensemble de son œuvre. L'année suivante, Jean Loisy consacrait quatre émissions radiophoniques à D. Halévy[2]. Jean Guéhenno fut élu à l'Académie française le 25 janvier 1962 au fauteuil d'Emile Henriot[3], deux semaines avant la mort de D. Halévy à 89 ans.

---

1. Claude Mauriac, *Le Temps immobile*, Paris, Grasset, 1974, t. I, p. 22.
2. INA-Phonothèque, Chaîne nationale, Littérature et esthétique, émission de Jean Loisy, « Daniel Halévy. Historien et philosophe de l'histoire (1) », 17 février 1961 ; « Daniel Halévy. Historien et philosophe de l'histoire (2) », 24 février 1961 ; Littérature et esthétique, émission de Jean Loisy, « Daniel Halévy », 3 mars 1961 ; Littérature et esthétique, émission de Jean Loisy, « Dialogue avec Daniel Halévy », 10 mars 1961.
3. *Rivarol* avait relancé au début de l'année 1967 la polémique de 1947 en publiant intégralement la *Note concernant deux passages...*, de D. Halévy avec le titre « Daniel Halévy démasque l'imposteur Guéhenno » (*Rivarol*, 4 janvier 1962, n° 573, pp. 14-15). Interviewé sur la chaîne nationale, Guéhenno répondit : « Je n'ai que du dégoût à en parler [...]. Je mets qui que ce soit au défi de trouver le nom de Monsieur Daniel Halévy dans mon livre. Cela suffit à régler toute l'affaire » (INA-Phonothèque, Interview de Jean Guéhenno, « Inter-actualités de 13 h 15 », 25 janvier 1962).

Conclusion

« Et à travers les catastrophes, les seules choses qui m'importent vraiment, ce sont les constructions de l'art et de la pensée, de l'esprit[1] », écrivait Daniel Halévy à Irène Forbes-Mosse en 1928. A-t-il été comme il l'a ainsi prétendu, un représentant de « l'art pour l'art », un écrivain uniquement préoccupé de questions esthétiques ? Il nous a semblé au contraire qu'après l'Affaire Dreyfus, la politique n'a cessé d'occuper une place grandissante dans ses écrits, dans sa réflexion et dans ses engagements, accompagnant désormais sa vie d'écrivain. Pour un homme refusant d'utiliser le bulletin de vote comme moyen d'expression et condamnant le suffrage universel – à l'image d'autres écrivains de son époque – peut-être ne restait-il d'autre possibilité que la manifestation d'une parole politique par la littérature ?

C'est dans le climat particulier du post-dreyfusisme au début du siècle qu'il publia un premier bilan politique de son action, à l'heure où le monde ouvrier avait rejeté les intellectuels bourgeois. Le contexte politique et culturel du post-dreyfusisme se conjuguant avec les mutations de sa pensée et de sa carrière d'écrivain, il en résulta l'établissement durable d'un lien étroit entre les dimensions littéraire et politique de ses travaux. Après les deux échecs que furent *Un épisode* et l'*Histoire de quatre ans*, le genre romanesque ne lui ayant pas été favorable, il trouva dans l'essai une forme nouvelle d'écriture et s'éloigna définitivement de la littérature pure. Le caractère nuancé, souvent subtil de ses écrits, susceptibles de multiples interprétations, fit de lui dans les années 1905-1914, à la fois un enjeu et un instrument des luttes littéraires et politiques. A cette époque, la critique littéraire amplifia fortement une évolution idéologique au cours de laquelle la dimension conservatrice et la tonalité pessimiste de son libéralisme l'emportèrent

---

1. Daniel Halévy, « France. Deuxième lettre à une amie allemande... », *Revue de Genève*, août 1928, p. 1012.

de plus en plus, sans pour autant le pousser vers Maurras qui, en 1914, évoquait le « critique adverse » qu'était Daniel Halévy.

La vision littéraire de la société chez Daniel Halévy est à l'origine d'un décalage avec la réalité sociale, décalage qui ne cessa d'aller croissant. Chez les ouvriers comme auprès des paysans, il était à la recherche d'un certain type populaire que Michelet avait créé : le « peuple » et non la « plèbe ». Son contemporain Louis Gillet analysait avec finesse l'origine du charme se dégageant des essais de Daniel Halévy ainsi que leur caractère contestable par rapport à la réalité : « [...] il a fait le plus souvent le rêve littéraire de retrouver un état social dont les conditions politiques ont disparu[1] ».

Dès le milieu des années 1920, le thème de la « littérature de fuite », sur lequel s'appuya désormais la critique littéraire de Daniel Halévy, indique qu'il aborda désormais la littérature au travers d'un prisme politique. La reprise de cette notion par Maurras et Massis montre une convergence importante de la pensée de Daniel Halévy avec celle de la droite maurrassienne à propos des relations de la littérature avec la politique. Son tempérament militant, forgé dans l'engagement dreyfusard, resurgit trente ans après l'Affaire en pleine période de désarroi pour les libéraux. C'est alors la plume qui devint son arme de combat. L'écrivain lia désormais étroitement la critique politique à l'histoire contemporaine, mêlant souvent les deux registres. Ses écrits révèlent des emprunts sémantiques et conceptuels à l'extrême droite, à la fois dans les pamphlets où apparaissent certains termes de Maurras et aussi dans les essais historiques où des expressions forgées par Pierre Gaxotte et Jacques Bainville sont reprises. En outre, ses relations avec Maurras avaient largement évolué depuis 1914, Daniel Halévy affirmant désormais son estime, aux côtés de nombreux écrivains non maurrassiens, pour le poète et le polémiste. Le ruralisme des premières visites paysannes de 1910 céda progressivement la place au milieu des années 1930 à une apologie passéiste de la terre, de nature traditionaliste. Diagnostiquant une crise de civilisation, il pensa trouver dans un monde rural largement mythifié un remède aux manifestations techniques de la modernité. A la même époque, Daniel Halévy évoquait dans ses essais historiques un idéal social et politique émergeant d'une société dominée par des notables essayant de contenir le mouvement démocratique. L'apologie de la terre et celle du pouvoir social des élites expliquent les positions adoptées en 1940-1941 vis-à-vis du maréchal Pétain et de l'idéologie de la Révolution nationale.

---

1. Fidus [Louis Gillet], « Silhouettes contemporaines : M. Daniel Halévy », *Revue des Deux Mondes*, 15 décembre 1936, vol. 6, p. 905.

Avec l'étude de l'œuvre et de la personnalité de Daniel Halévy, nous avons soulevé la question de la survivance et de l'autonomie d'un courant idéologique, celui du libéralisme conservateur, de l'Affaire Dreyfus au début des années 1960. La sensibilité politique familiale d'Anatole Prévost-Paradol et de Ludovic Halévy reçue en héritage par Daniel Halévy s'incarna non pas dans une doctrine mais dans un mode de vie, dans l'apprentissage d'usages, dans la fréquentation d'une certaine société porteuse de valeurs libérales et élitistes. A la Ligue des droits de l'homme, à l'Union pour l'action morale, à la Société des Universités populaires et d'une certaine façon aux *Pages Libres*, il retrouvait un même milieu libéral. A cette époque, il fut certes amené comme il l'écrivit en 1910 dans l'*Apologie pour notre passé* à des « compagnonnages », qui étaient sources d'ambiguïtés pour ceux qui le lisaient et l'observaient, mais qui n'ont pas remis en cause son attachement au libéralisme intellectuel. Dans ce milieu homogène socialement et idéologiquement, la particularité de Daniel Halévy tient à ce qu'il sut se nourrir d'influences diverses dès l'adolescence. Le caractère syncrétique de sa pensée sociale montre qu'il sut opérer la synthèse d'influences libérales, protestantes, socialistes et syndicalistes. Cette disposition fit de lui avant la Grande Guerre, intellectuellement parlant, un marginal, échappant aux catégories usuelles de la vie intellectuelle.

Le libéralisme conservateur, né chez les Doctrinaires, avait été affaibli par le ralliement à la République puis par les divisions des libéraux au moment de l'Affaire. Ce libéralisme était très minoritaire au début du siècle à la fois comme force politique et comme idéologie, lorsque l'Action Française décida de rallier à elle l'ensemble des forces conservatrices. Le rapprochement de Daniel Halévy avec la droite maurrassienne en 1919-1920, lorsqu'il rejoignit les rangs du Parti de l'Intelligence, illustre une nouvelle étape de la disparition de ce courant idéologique. A la formation libérale familiale, se sont superposées au début du siècle les influences de Proudhon, de Sorel et de Péguy, figures totalement étrangères au nationalisme maurrassien, sinon sous une forme dénaturée. Le cas de Daniel Halévy, jusqu'en 1940, illustre le fait qu'il a existé une pensée antidémocratique qui n'a pas été nécessairement antilibérale[1] et qui s'est incarnée en l'occurrence un temps dans un courant marginalisé du libéralisme. En 1940 lorsque, avec de nombreux autres libéraux, Daniel Halévy appuya la Révolution nationale, il s'éloigna définitivement des rives du libéralisme.

---

1. Alors que certains auteurs postulent, tel Zeev Sternhell, que toute pensée antidémocratique est par nature antilibérale : Zeev Sternhell (dir.), *L'éternel retour. Contre la démocratie, l'idéologie de la décadence*, Paris, Presses de la FNSP, 1994, 253 p.

Le contenu de la pensée de Daniel Halévy a été masquée aux yeux de ses contemporains, et aujourd'hui encore, par les aspects brillants de son expression littéraire : l'on peut ainsi ne pas percevoir les nuances et les débats contradictoires internes qui sont inclus dans son discours. Un grand témoin d'une grande richesse de pensée ayant joué un rôle éminent dans la découverte des talents, doublé d'un militant parfois naïf dans ses enthousiasmes et éclectique dans ses engagements, tel apparaît l'homme de lettres. Un auteur paradoxal dont les convictions restent fidèles à une certaine idée de son pays, fixées sur des atouts culturels et des positions élitistes, quitte à courir des dangers de dérive droitière opposée à ses initiatives de jeunesse, tel fut le critique et l'historien. En définitive, s'il y a un principe d'unité chez cet écrivain éclectique, il ne réside pas dans un ou plusieurs thèmes inspirant l'ensemble de ses ouvrages mais dans un certain ton. A la fois critique littéraire et critique politique, Daniel Halévy a incarné et exercé dans les lettres comme dans la vie de la cité, la fonction essentiellement critique du libéralisme intellectuel.

INDEX

ABETZ (Otto) : 444.
ACKERMANN (abbé) : 109.
AGOULT (Marie) : 39.
ALAIN. *Voir* CHARTIER (Emile).
ALAIN-FOURNIER : 208.
ALBERT (Henri) : 78; 79; 80; 173; 202; 205.
ALLEMANE (Jean) : 113; 127.
ALLIER (Raoul) : 89; 109.
ALTAYRAC (Louis) : 146; 441.
AMBROSINI (Luigi) : 205.
ANCEL (Jacques) : 423.
ANDLER (Charles) : 201.
ANDREU (Pierre) : 210; 390; 452; 453; 455.
ARAGON (Louis) : 426; 428.
ARBAUD (Joseph d') : 309.
ARCONATI-VISCONTI (marquise) : 42.
ARENBERG (prince d') : 43.
ARIÈS (Philippe) : 423; 452; 453; 455; 456; 458; 463.
ARMAN DE CAILLAVET (Gaston) : 73.
ARMAN DE CAILLAVET (Mme) : 71.
ARNAULD (Michel) : 160; 206; 207.
ARNIM (Achim von) : 355.
ARNOUX (Alexandre) : 329; 342; 464.
ARON (Raymond) : 444.
ARON (Robert) : 388; 389; 456; 457.
AUBERNON (Lydie) : 60; 71.
AUDOUX (Marguerite) : 251.
AUGÉ-LARIBÉ (Michel) : 397; 400.
AULARD (Alphonse) : 282; 413; 422.
AUMALE (duc d') : 43.
AUPHAN (amiral) : 458.

BAERTSCHI (Marie) : 116; 134; 138; 141; 147; 148; 149; 159; 180.
BAIGNIÈRES (Jacques) : 55.
BAIGNIÈRES (Mme Arthur) : 50; 71.
BAINVILLE (Jacques) : 119; 290; 316; 349; 374; 411; 412; 413; 417.
BAJU (Anatole) : 55.
BALZAC (Honoré de) : 156; 294.
BARBEY d'Aurevilly (Jules-Amédée) : 76.

BARBUSSE (Henri) : 73; 288; 289; 290; 325.
BARDOUX (Agénor) : 198.
BARDOUX (Jacques) : 142.
BARRÈS (Maurice) : 45; 49; 60; 84; 86; 87; 183; 214; 260; 261; 263; 266; 274; 277; 279; 298; 303; 324; 326; 329; 356; 396; 408; 432; 457.
BARRÈS (Philippe) : 457.
BARTHÉLEMY (Joseph) : 392.
BARTHOU (Louis) : 274.
BARUZI (Jean) : 316.
BASHKIRTSEFF (Marie) : 54.
BAUDELAIRE (Charles) : 31; 54; 56; 146; 182; 328.
BAULIG (Henri) : 238; 400.
BAUMANN (Emile) : 304.
BAUMGARTNER (Marie) : 76.
BAYET (Albert) : 413.
BAZALGETTE (Léon) : 267.
BAZIN (René) : 141.
BEAU DE LOMÉNIE (Emmanuel) : 439.
BEAUNIER (André) : 184; 214; 346.
BEDEL (Maurice) : 358.
BÉDIER (Joseph) : 238.
BEER (Michel) : 280.
BÉGUIN (Albert) : 462.
BELLESSORT (André) : 378; 409; 411; 426.
BENDA (Julien) : 195; 218; 287; 310; 316; 318; 319; 326; 329; 348; 360; 373; 378; 414; 417; 420; 430; 431; 432.
BENJAMIN (René) : 441.
BENOIST (Charles) : 378; 392.
BENOIST-MÉCHIN (Jacques) : 357.
BÉRARD (Léon) : 381; 426; 460.
BÉRAUD (Henri) : 303; 431; 445.
BERDIAEFF (Nicolas) : 371.
BÉRENGER (Henry) : 134.
Bergson (Henri) : 169; 311; 445.
BERL (Emmanuel) : 310; 316; 370; 371; 378; 413.
BERNANOS (Georges) : 311; 313; 333; 369; 426.

BERNARD (Augustin) : 463.
BERNARD (Jean-Jacques) : 464.
BERNARD (Michel) : 247; 248.
BERNARD-LAZARE : 211.
BERNIER (Jean) : 312; 330; 458.
BERNOVILLE (Gaëtan) : 456.
Bernstein (Edouard) : 124.
BERNSTEIN (Henry) : 60.
BERTH (Edouard) : 165; 193; 195; 221; 230; 231; 233; 234.
BERTHELOT (Marcelin) : 44; 48; 70; 161; 175.
BERTHELOT (Philippe) : 278; 279; 282.
BERTHELOT (René) : 73; 103; 278.
BERTHOD (Aimé) : 252.
BERTRAND (Louis) : 359; 413.
BESSAND-MASSENET (Pierre) : 358; 409.
BIANQUIS (Geneviève) : 432.
BIBESCO (Marthe) : 313.
BIDOU (Henry) : 303.
BILLOT (général) : 96; 100.
BILLY (André) : 409; 432.
BIXIO (Alexandre) : 43.
BIZET (Georges) : 34; 48; 60; 78.
BIZET (Jacques) : 30; 53; 54; 60; 73; 95; 101; 102; 103; 299; 452.
BLANC (Louis) : 68.
BLANCHE (Alfred) : 33; 34; 48.
BLANCHE (Antoine) : 160.
BLANCHE (Antoine-Emile) : 48.
BLANCHE (Jacques-Emile) : 48; 49; 50; 51; 53; 55; 56; 60; 160; 171; 206; 235; 274; 275; 288; 316; 452.
BLOCH (Jean-Richard) : 243; 267; 276.
BLOND (Georges) : 377.
BLONDIN (Antoine) : 454.
BLUM (Léon) : 73; 84; 103; 116; 119; 372; 417; 428.
BOCHER (Edouard) : 37.
BŒGNER (Henri) : 382; 460.
BŒGNER (Marc) : 382.
BOISJOLIN (Jacques de) : 126; 127.
BOISSE (Louis) : 111; 238.
BONDOUX : 117.
BONNARD (Abel) : 316; 319; 349; 373; 379; 389; 426.

BOREL (Félix) : 283.
BOROTRA (Jean) : 460.
BOUCHOR (Maurice) : 112; 116; 134; 141; 147.
BOUGLÉ (Célestin) : 58; 210; 238; 240; 241; 252; 255; 269; 386; 388.
BOULANGER (général) : 52.
BOULANGER-CAVÉ (Albert) : 49; 97.
BOULENGER (Marcel) : 303; 409.
BOURDEAU (Jean) : 76; 172; 203; 204; 255.
BOURGEOIS (André) : 445.
BOURGES (Elémir) : 303.
BOURGET (Paul) : 44; 54; 60; 71; 84; 101; 183; 184; 198; 209; 214; 232; 255; 303; 323; 355; 411.
BOURGET-PAILLERON (Robert) : 348.
BOURGIN (Georges) : 415; 416; 425.
BOURGIN (Hubert) : 119.
BOURILLON (Henri). Voir Hamp (Pierre): 145.
BOUTANG (Pierre) : 452; 453; 454; 458; 459.
BOUTMY (Emile) : 99; 280.
BOUTROUX (Emile) : 212.
BOYSLEVE (René) : 303.
BOYVE (Edouard de) : 89.
BRACKE (Alexandre) : 118.
BRANDÈS (Georges) : 177; 276; 277.
BRASILLACH (Robert) : 426; 463.
BRÉAL (Auguste) : 279.
BREGUET (Louis) : 35.
BREGUET (Louise) : 35; 49; 53.
BREMOND (Henri) : 326; 329.
BRENTANO (Bettina) : 355.
BRENTANO (Franz) : 355.
BRÉTON (Geneviève) : 95.
BRIAND (Aristide) : 278; 279; 282.
BRIÈRE : 108.
BRIGNEAU (François) : 454.
BRIZON (Pierre) : 248.
BROGLIE (Achille Victor de) : 403.
BROGLIE (Albert de) : 39; 40; 43; 44; 98; 172; 212; 265; 280; 404; 413; 419.
BROGLIE (Albertine de) : 172.
BROGLIE (Victor de) : 172.
BROÏDA (Eliane) : 452.

Index

BROUSSE (Jeanne) : 86.
BROUSSE (Paul) : 86; 113; 125; 127.
BRUCHARD (Henry de) : 209; 224; 227; 228.
BRUN (Louis) : 296; 298; 299; 302; 311; 331; 333; 340.
BRUNETEAUX (Léon) : 146; 183.
BRUNETIÈRE (Ferdinand) : 356.
BRUNSCHVICG (Léon) : 58; 68; 70; 72; 92; 280.
BUISSON (Ferdinand) : 381; 405; 422.
BULTEAU (Augustine) : 71; 171; 214.
BURÉ (Emile) : 409; 410.
BURIOT-DARSILES (Henri) : 251; 256; 301; 399.
BURNET (Etienne) : 138.

CAHEN (Isidore) : 45.
CAHEN (Samuel) : 26; 45.
CAILLAUX (Joseph) : 425.
CAIN (Julien) : 280; 425.
CALMANN-LÉVY (éditions) : 202; 203; 222; 246; 414.
CALMANN-LÉVY (Georges) : 83.
CALMANN-LÉVY (Paul) : 83.
CAMBON (Jules) : 349.
CAMUS (Albert) : 334; 457; 461.
CARBUCCIA (Horace de) : 409.
CARCOPINO (Jérôme) : 359.
CARO (Edme) : 80.
CARON (Pierre) : 145.
CARRIÈRE (Eugène) : 102.
CASSOU (Jean) : 464.
CASTELLANE (Jean de) : 274.
CHADOURNE (Louis) : 298.
CHAIGNE (Louis) : 329; 456.
CHAIX (Alban) : 83.
CHAMBRUN (Charles de) : 464.
CHAMFORT (Nicolas) : 319.
CHAMPION (Pierre) : 316.
CHAMSON (André) : 307; 309; 310; 313; 316; 317; 319; 334; 335; 344; 426; 464.
CHARDONNE (Jacques) : 295; 333.
CHARPENTIER (Gervais) : 293; 294; 332.
CHARPENTIER (John) : 348.
CHARTIER (Emile) : 58; 239; 269.

CHASLIN (Philippe) : 134; 141; 159; 274.
CHÂTEAUBRIANT (Alphonse de) : 291; 331.
CHAUMEIX (André) : 317; 426; 439.
CHAUTEMPS (Camille) : 372.
CHENEVIÈRE (Jacques) : 322.
CHÉRADAME (L.) : 113.
CHÉRAU (Gaston) : 303.
CHERECHEWSKI (Jacques) : 117; 159.
CHERUBINI (Salvador) : 29.
CHESTOV (Léon) : 326.
CHEVALLIER (Jacques) : 397.
CHEVALLIER (Louis) : 458.
CHEVRILLON (André) : 328.
CHRISTOPHE (Lucien) : 329.
CLAPARÈDE (Jean) : 334.
CLARETIE (Jules) : 44; 97; 99; 224.
CLAUDEL (Paul) : 206; 234; 236; 261; 279; 311; 343; 344; 403.
CLEMENCEAU (Georges) : 101; 276; 281; 409.
CLOUARD (Henri) : 225; 280; 282; 456.
COBDEN (Richard) : 50.
COCTEAU (Jean) : 280; 465.
COMBES (Emile) : 153; 163; 199.
CONSIDÉRANT (Victor) : 86.
CONSTANT (Benjamin) : 39; 54; 233.
COPEAU (Jacques) : 206; 207; 208; 235; 436; 445.
COPPÉE (François) : 107.
CORNU (Paul) : 251.
COSTON (Henri) : 449.
COT (Pierre) : 373.
COUSTEAU (Pierre-Antoine) : 357; 360.
CRÉMIEUX (Benjamin) : 319.
CRÉPIN-LEBLOND (Marcelin) : 246.
CROCE (Benedetto) : 165; 204; 209; 251.
CURTIUS (Ernst Robert) : 318; 355; 356; 357.
CZAPSKI (Joseph) : 458.

DABIT (Eugène) : 348.
DAGENS (Jean) : 336; 337; 338; 339; 340; 341; 381.
DALADIER (Edouard) : 372; 373; 376.

Dalou (Jules) : 138.
Dandieu (Arnaud) : 388; 389.
Daniel-Rops : 388; 411; 456; 464.
Darlu (Alphonse) : 58; 72; 92; 103.
Darmesteter (James) : 83.
Darmesteter (Mary) : 81; 101; 108.
Darquet (Gabriel) : 145; 186; 226; 233; 264.
Daudet (Léon) : 241; 303; 366; 369; 373; 376; 377; 379; 408; 411; 413; 423; 428.
Daudet (Philippe) : 366.
Daujat (Jean) : 439.
Daum (Léon) : 340.
Dausset (Louis) : 107.
Debré (Robert) : 161.
Decazes (duc) : 83.
Deffontaines (Pierre) : 336; 337; 338.
Deffoux (Léon) : 348.
Degas (Edgar) : 47; 48; 50; 51; 97; 317.
Deherme (Georges) : 112; 123; 132; 133; 134; 239.
Delaisi (Francis) : 137; 155; 193; 264; 449.
Delebecque (Frédéric) : 210.
Delesalle (Paul) : 165; 220; 251.
Delhorbe (Cécile-René) : 374.
Delteil (Joseph) : 309; 316; 344.
Demange (Edgar) : 96.
Derenbourg (Hartwig) : 70.
Descaves (Lucien) : 246; 424.
Deschamps (Gaston) : 82; 184; 203; 208.
Desjardins (Abel) : 109.
Desjardins (Arthur) : 65; 252.
Desjardins (Paul) : 99; 109; 110; 111; 112; 133; 134; 138; 208; 209; 235; 237; 238; 239; 240; 241; 242; 266; 310; 336; 356; 370.
Desnoix : 249; 250.
Dhors : 103.
Diderot (Denis) : 245.
Dietz (Jean) : 410.
Dietz (Jules) : 410.
Dominique (Pierre) : 306; 316; 409; 411.

Dommange (René) : 389.
Doriot (Jacques) : 392; 449.
Dostoïevski (Fédor) : 235; 326.
Doumergue (Gaston) : 373; 429.
Doumic (René) : 349.
Dreyfus (Alfred) : 31; 96; 100; 131.
Dreyfus (Robert) : 51; 54; 55; 57; 58; 71; 72; 73; 78; 79; 91; 101; 134; 141; 145; 150; 172; 176; 179; 218; 227; 278; 280; 287; 299; 316; 318; 386; 409; 410; 415; 418; 419; 424; 452.
Drieu La Rochelle (Pierre) : 312; 316; 318; 319; 326; 330; 335; 426; 445; 453.
Drouin (Marcel). *Voir* Arnauld (Michel).
Droz (Edouard) : 169; 210; 241; 252.
Drumont (Edouard) : 45; 97; 214; 263.
Du Bos (Charles) : 171; 317; 331; 338; 339; 347; 396.
Dubois (Marcel) : 107.
Dubois-Dumée (Jean-Pierre) : 456.
Dubreuil (Hyacinthe) : 456.
Ducharne : 141.
Duclaux (Emile) : 106; 108; 112; 134; 159; 176; 179; 180; 199; 212; 336.
Duclaux (Mary) : 184; 185; 204; 214; 316; 317; 355; 410.
Ducoté (Edouard) : 208.
Dufaure (Jules) : 198; 419.
Dufeuille (Eugène) : 37; 40.
Duhamel (Georges) : 303; 348; 428.
Dujardin (Edouard) : 51; 55; 56.
Dujardin (Edouard) 2 : 149; 150.
Dumas (Alexandre) : 43.
Dupont des Loges (Paul) : 284.
Dutrait-Crozon (Henri) : 210; 216; 227; 228.
Duveau (Georges) : 334.
Duvernois (Henri) : 303.

Eichtal (Eugène d') : 119.
Eichtal (Gustave d') : 26.
Elbée (Jean d') : 411.
Enfantin (Prosper) : 26.

Index 477

ESCOFFIER (Jules) : 238.
ESTAUNIÉ (Edouard) : 305; 316.
ESTERHAZY (Walsin) : 102; 224.

FABRE (Auguste) : 89.
FABRÈGUES (Jean de) : 369; 389; 417; 455; 456; 458.
FABRE-LUCE (Alfred) : 342; 371; 391.
FAGUET (Emile) : 173; 184; 204; 212; 291.
FALLOT (Tommy) : 88; 89; 90; 109; 139.
FASQUELLE (éditions) : 247.
FAURE (Elie) : 248; 298; 313; 325; 347.
FAURE (Joseph) : 400; 401.
FAVRE (Geneviève) : 446.
FEBVRE (Lucien) : 399; 463.
FEINE (Louis) : 102; 460.
FÉNÉON (Félix) : 55.
FERNANDEZ (Ramon) : 339; 340; 426; 427.
FERRERO (Guglielmo) : 123; 317; 410.
FERRERO (Leo) : 317.
FERRY (Jules) : 381.
FINALY (Horace) : 73.
FLAUBERT (Gustave) : 31; 321.
FLERS (Robert de) : 73; 102.
FLORIAN-PARMENTIER (Ernest) : 346.
FONTAINE (Arthur) : 141; 238.
FORAIN (Jean-Louis) : 60.
FORBES-MOSSE (Irène) : 355; 357.
FÖRSTER-NIETZSCHE (Elisabeth) : 78; 172; 173; 205.
FOURNIÈRE (Eugène) : 86; 143; 177.
FRANCE (Anatole) : 44; 82; 96; 97; 101; 143; 144; 177; 183; 184; 186; 212; 261; 297; 324.
FRANCIS (Robert) : 389.
FRÉVILLE (Jean) : 370.
FREYCINET (Charles de) : 38.
FROMENTIN (Eugène) : 47; 48; 49; 328.
FROT (Eugène) : 373; 374.
FUCHS (Alfred) : 274.
FUMET (Stanislas) : 343.

FUNCK-BRENTANO (Théodore) : 149.

GACHON (Lucien) : 399; 400; 436; 455; 458.
GAGNON (Camille) : 248.
GALL (Jean) : 252.
GALLIFFET (général de) : 43.
GALLIMARD (Gaston) : 332; 344; 348; 374.
GAMBETTA (Léon) : 38; 379.
GANDERAX (Etienne) : 60.
GANDERAX (Louis) : 60; 83.
GARRIC (Robert) : 317; 319; 328; 336; 337; 338; 339; 340; 400; 436; 452.
GASQUET (Joachim) : 323; 432.
GAULLE (Charles de) : 317; 435; 455.
GAUTHIER (Pierre) : 154.
GAXOTTE (Pierre) : 359; 378; 382; 413; 423; 431; 459; 464.
GEORGE (André) : 456.
GEORGES : 146; 183.
GÉRAULT-RICHARD (Alfred) : 121.
GERMAIN (André) : 316.
GÉRÔME : 43.
GHÉON (Henri) : 203; 206; 208.
GIDE (André) : 60; 206; 208; 209; 234; 235; 236; 238; 296; 344; 356; 426; 427; 462.
GIDE (Charles) : 90; 112; 121; 125; 134.
GILBERT (Pierre) : 225; 228; 233.
GILLET (Louis) : 372; 394; 398.
GILLOUIN (René) : 295; 301; 302; 331; 389; 427; 440; 455; 458.
GIONO (Jean) : 305; 332; 333; 343; 344.
GIRAUD (Henri) : 453.
GIRAUDOUX (Jean) : 279; 291; 298; 304; 305; 307; 316; 329; 330.
GIRY (Arthur) : 106.
GOERING (Hermann) : 359.
GOMEZ DE LA SERNA (Ramon) : 317; 318.
GONCOURT (frères) : 321.
GOUHIER (Henri) : 317; 336; 337; 338; 339; 341; 440; 452; 456.
GOUNELLE (Elie) : 88.

GOUSSAULT (Rémy) : 400; 401.
GRAMSCI (Antonio) : 370.
GRASSET (Bernard) : 158; 291; 292; 293; 294; 295; 296; 297; 298; 299; 300; 301; 302; 303; 304; 305; 306; 307; 308; 309; 311; 312; 315; 320; 330; 331; 333; 338; 339; 340; 342; 344; 358; 409; 447; 451.
GRAVE (Jean) : 178.
GRÉARD (Octave) : 405.
GREEN (Julien) : 316.
GREGH (Fernand) : 54; 56; 58; 71; 72; 73; 74; 75; 77; 82; 95; 101; 141; 171; 172; 179; 316; 349; 436; 452; 464.
GRENIER (Jean) : 310; 319; 334; 335; 347; 444; 445.
GRIMAUX (Edouard) : 106.
GRŒTHUYSEN (Bernard) : 310; 316.
GROUSSET (René) : 464.
GRUNEBAUM-BALLIN (Paul) : 138; 141; 184; 464.
GSELL (Paul) : 45.
GUÉHENNO (Jean) : 316; 318; 319; 320; 322; 331; 333; 334; 335; 336; 338; 339; 340; 341; 342; 343; 354; 358; 365; 371; 379; 400; 408; 426; 427; 437; 450; 451; 465.
GUELLER (Bella) : 145; 180.
GUÉNON (René) : 317.
GUÉRIN (Daniel) : 373; 445.
GUÉRIN (Marcel) : 176; 274; 316.
GUERLAC (Othon) : 280.
GUERNUT (Henri) : 202.
GUESDE (Jules) : 118.
GUIEYSSE (Charles) : 134; 135; 136; 137; 142; 147; 148; 149; 150; 151; 152; 153; 159; 163; 167; 170; 193; 197; 242; 246.
GUIEYSSE (Paul) : 135.
GUILLAUMIN (Emile) : 246; 247; 248; 249; 250; 251; 259; 394; 395; 397; 398; 399; 400; 436; 458.
GUILLOUX (Louis) : 313; 316; 319; 331; 334; 335; 342; 343; 346; 388.
GUIRAL (Pierre) : 458.

GUITTON (Jean) : 70; 318; 336; 444; 455; 456; 458.
GUIZOT (François) : 39; 41; 270.
GUY-GRAND (Georges) : 169; 193; 203; 204; 216; 218; 220; 228; 238; 240; 241; 264; 265; 276; 317; 368; 370; 379; 397; 398; 418; 426.
GUYOT (Yves) : 106.

HACHETTE (Louis) : 39; 294.
HALÉVY (Elie) : 30; 48; 52; 53; 57; 58; 69; 72; 73; 75; 96; 101; 102; 103; 106; 119; 158; 165; 177; 205; 237; 264; 266; 268; 269; 274; 287; 357; 367; 417; 452.
HALÉVY (Elie) 1 : 25; 26.
HALÉVY (Fromental) : 25; 29; 33; 43; 48; 49; 92.
HALÉVY (Léon) : 25; 26; 27; 29; 30; 33; 37; 38; 48; 53; 91.
HALÉVY (Louise) : 97; 184; 264; 299; 310.
HALÉVY (Ludovic) : 28; 30; 32; 33; 34; 35; 36; 37; 38; 39; 41; 42; 43; 44; 45; 47; 48; 49; 51; 60; 65; 70; 71; 78; 83; 92; 96; 97; 98; 99; 108; 168; 184; 201; 212; 226; 246; 263; 269; 317; 415.
HAMP (Pierre) : 145; 238; 266; 318.
HANOTAUX (Gabriel) : 404; 408.
HARCOURT (Robert d') : 456.
HAUSSONVILLE (Gabriel Paul d') : 96; 98; 184; 212; 291.
HAUSSONVILLE (Joseph Othenin d') : 37; 40; 44; 265.
HAVET (Louis) : 106; 108; 142; 212.
HÉBERT (Emile) : 113.
HELLEU : 51.
HELSEY (Edouard) : 465.
HÉMON (Louis) : 299; 305.
HENNEGUY (Catherine) : 253.
HENRIOT (Emile) : 465.
HERBART (Pierre) : 428.
HÉRICOURT (docteur) : 106.
HÉRITIER (Jean) : 412.
HERMANT (Abel) : 60; 288.
HERR (Lucien) : 96; 100; 101; 103; 104; 119; 121; 125; 127; 151; 161; 184.

Index

HERRIOT (Edouard) : 143; 376.
HERVÉ (Gustave) : 153; 260.
HERVIEU (Paul) : 60; 102.
HIRSCH (Charles-Henry) : 432.
HODÉE (Adolphe) : 396.
HOLYOAKE (George-Jacob) : 154.
HOWLAND (Hortense) : 49; 97.
HUGO (Victor) : 156.
HURET (Jules) : 155.
HUYSMANS (Joris-Karl) : 54; 56.

IBSEN (Henrik) : 75.
ISAAC (Jules) : 158.
ISORNI (Jacques) : 460.
IZARD (Georges) : 387.

JACOB (Baptiste) : 240.
JACQUES (Lucien) : 343.
JAHIER (Pietro) : 220; 278.
JALOUX (Edmond) : 171; 280; 295; 296; 298; 304; 316; 322; 330; 331; 348; 368; 370; 464.
JAMMES (Francis) : 206; 306.
JAMMY-SCHMIDT : 376.
JANIN (Jules) : 465.
JAURÈS (Jean) : 121; 123; 125; 127; 143; 158; 162; 194.
JOHANNET (René) : 183; 217; 232; 310; 316; 323; 383; 397.
JOUANDANNE (Jean-Marie) : 113; 115; 117; 118; 140.
JOUHANDEAU (Marcel) : 457.
JOUVE (Pierre-Jean) : 310; 316; 334.
JOUVENEL (Bertrand de) : 338; 456.
JOUVENEL (Henry de) : 279; 359.
JOUVENEL (Robert de) : 331.
JOXE (Louis) : 373.
JUDET (Ernest) : 425.
JULLIARD (René) : 439; 441.

KAHN (Maurice) : 134; 147; 148; 149; 150; 151; 152; 153; 167; 170; 177; 197; 246.
KAUTSKY (Karl) : 194.
KEMP (Robert) : 348; 396.
KÉRALLAIN (René de) : 229; 239; 265; 280; 281; 404.
KÉROHANT (Hervé de) : 107.
KEY (Ella) : 203.

KLOTZ (Lucien) : 274.
KŒCHLIN (Raymond) : 102; 268.
KRACAUER (Siegfried) : 360.
KROPOTKINE (Pierre) : 154.

LA ROCQUE (colonel de) : 453.
LA SALLE (Louis de) : 71; 72; 102.
LA VARENDE (Jean de) : 426; 455; 459; 460; 464.
LABEYRIE (Emile) : 138.
LACROIX (éditeur) : 252.
LAFAGE (Léon) : 303.
LAFUE (Pierre) : 439; 444.
LAGARDE (Paul) : 85; 86; 88; 102; 109; 113; 125; 262.
LAGARDELLE (Hubert) : 143; 145; 165; 167; 194; 221; 243; 359; 409; 455.
LAGNEAU (Jules) : 109; 110.
LAGRANGE (Henri) : 264; 265.
LALOU (René) : 329.
LAMARTINE (Alphonse de) : 156.
LAMIRAND (Georges) : 437.
LANGLOIS (Charles-Victor) : 422.
LANSON (Gustave) : 328; 422.
LANUX (Pierre de) : 208.
LANZILLO (Agostino) : 209; 282.
LANZKY (Paul) : 202.
LAPICQUE (Louis) : 153.
LARBAUD (Valéry) : 208; 251.
LARPENT (Georges) : 210.
LASSALLE (Ferdinand) : 67.
LASSERRE (Henry) : 430; 454.
LASSERRE (Pierre) : 172; 202; 204; 208; 214; 227; 228; 298; 432.
LAU (marquis du) : 97.
LAURENT (Jacques) : 457.
LAVISSE (Ernest) : 44; 83; 99; 101; 366; 404; 413; 424.
LAWRENCE (D.H.) : 317.
LAZARD (Jean) : 340.
LAZARD (Max) : 274; 337; 340.
LE BAS (Alexandrine) : 27; 30.
LE BAS (Hippolyte) : 27; 32; 47.
LE GRIX (François) : 439; 442.
LE PLAY (Frédéric) : 154; 239; 280; 394; 403; 404; 421.
LE ROY (Edouard) : 254; 458.
LE ROY (Eugène) : 154; 245.

LÉAUTAUD (Paul) : 184; 280; 298; 301.
LEBLOND (Marius et Ary) : 170.
LECLERC (Max) : 109.
LEE (Vernon) : 355; 356; 357.
LEFÈVRE (Frédéric) : 301; 302; 328; 348; 413.
LEFRANÇAIS (Gustave) : 154.
LÉGER (Alexis) : 279; 280.
LÉGER (François) : 454; 463.
LEMAÎTRE (Jules) : 107.
LEMOINNE (Catherine) : 49.
LEMOINNE (John) : 40; 43; 49; 268.
LEMOINNE (Marie) : 49.
LEMOINNE (Rose) : 49.
LEMONNIER (Léon) : 348.
LÉON (Xavier) : 58; 72; 186; 269; 274.
LÉONARD (Emile) : 463.
LEROY (Léon) : 141.
LEROY (Maxime) : 140; 141; 155; 170; 186; 199; 200; 456.
LEROY-BEAULIEU (Anatole) : 212.
LEROY-LADURIE (Jacques) : 400; 401.
LESOURD (Paul) : 438.
LÉTANG (Stéphane) : 248; 249; 250; 394; 395.
LETELLIER (Léon) : 238.
LÉVI (Elie) : 23; 29.
LÉVI (Jaakov) : 23.
LÉVIS-MIREPOIX (Antoine de) : 464.
LÉVY (Calmann) : 31; 42; 43; 44.
LÉVY (Michel) : 31; 34; 40; 42; 65; 292; 294; 332.
LÉVY (Simon) : 30; 31.
LIARD (Louis) : 405.
LIBERTAD : 146; 183.
LICHTENBERGER (Henri) : 80; 172; 205.
LITTRÉ (Emile) : 403.
LLOYD GEORGE (David) : 281.
LOISY (Alfred) : 238.
LOISY (Jean) : 179; 455; 458.
LORRAIN (F.) : 280; 404.
LOTTE (Joseph) : 214; 446.
LOVENJOUL (vicomte de) : 83.
LOYNES (comtesse de) : 42.
LOŸS-CHANDIEU (Agnès de) : 348.

LUCAS (Marius) : 115.
LYAUTEY (Hubert) : 109.
LYAUTEY (Louis) : 337.

MAC-MAHON (maréchal de) : 415.
MADELIN (Louis) : 349.
MAIRE (Gilbert) : 229; 458.
MALAPARTE (Curzio) : 317; 318; 340; 342; 358; 462.
MALBRANQUE (Jules) : 248.
MALLARMÉ (Stéphane) : 53; 54; 55; 56; 57.
MALON (Benoît) : 67; 68; 86; 88; 90; 124; 125.
MALRAUX (André) : 307; 309; 310; 313; 316; 319; 334; 344; 426.
MAN (Henri de) : 310.
MANGIN (Charles) : 283.
MANTOUX (Paul) : 138.
MARC (Alexandre) : 457.
MARCEL (Gabriel) : 295; 298; 301; 311; 316; 318; 348; 360; 371; 388; 390; 427; 449; 456; 458; 460; 465.
MARIN (Louis) : 373.
MARION (Paul) : 440.
MARITAIN (Jacques) : 161; 311; 324; 326; 342; 343; 427; 445.
MARITAIN (Raïssa) : 157.
MARSAN (Eugène) : 171; 225.
MARTEL (Pierre-Etienne) : 341.
MARTIN (Auguste) : 445; 462.
MARTIN (Germain) : 145.
MARTIN DU GARD (Maurice) : 280.
MARTINEAU (Henri) : 171.
MARTY (André) : 367.
MARX (Karl) : 165.
MASSA (Enrico) : 410.
MASSIS (Henri) : 280; 288; 289; 290; 295; 317; 324; 327; 328; 374; 425; 426; 427; 439; 440; 444; 457; 460.
MASSON (Emile) : 185.
MATHIEZ (Albert) : 422.
MAUCLAIR (Camille) : 347.
MAULNIER (Thierry) : 388; 389; 426; 427; 444; 456.
MAURIAC (Claude) : 464.
MAURIAC (François) : 291; 294; 295;

298; 305; 306; 307; 308; 312; 313; 316; 317; 329; 344; 348; 349; 426; 427; 444; 447; 457; 463; 464.
MAURICE (Gaston) : 378.
MAUROIS (André) : 295; 297; 305; 306; 307; 308; 312; 313; 316; 330; 338; 339; 344; 348; 447.
MAURRAS (Charles) : 87; 163; 185; 214; 225; 229; 232; 255; 261; 262; 263; 264; 265; 270; 281; 309; 311; 323; 326; 327; 349; 369; 376; 377; 379; 381; 403; 413; 423; 429; 430; 431; 432; 437; 440; 445; 454; 459; 460; 464; 465.
MAXENCE (Jean-Pierre) : 327; 377; 388; 389; 399; 423.
MAY (Dick) : 140; 149.
MAYER DALMBERT (Simon) : 25.
Mayran (Camille) : 456.
MAYRISCH (Emile) : 354; 356.
MAZAURIC (Lucie) : 317; 319; 373.
MAZEL (Henri) : 119; 184.
MÉHUL (Etienne-Nicolas) : 245.
MEILHAC (Henri) : 34; 43; 44; 60; 78; 83.
MELCHIOR-BONNET (Christian) : 385; 398.
MÉNARD (Louis) : 154; 160.
MENDELSSOHN (Moses) : 24.
MÉREAUX (Emile) : 132; 135; 176.
METCHNIKOFF (Elie) : 179.
METMAN (Louis) : 170.
MEYER (Julie) : 24.
MEYER (Paul) : 106.
MEYSENBUG (Malwida von) : 79; 81; 100.
MICHAUD (Humbert) : 456.
MICHEL (André) : 238.
MICHEL (Louise) : 143.
MICHELET (Jules) : 154; 156; 193; 215; 245; 378; 406; 407; 408; 461; 463.
MICHELS (Roberto) : 166.
MIGNET (François) : 421.
MILLE (Pierre) : 348; 369.
MILLERAND (Alexandre) : 118.
MIOMANDRE (Francis de) : 280.

MIRBEAU (Octave) : 246.
MIREAUX (Emile) : 436.
MISTRAL (Frédéric) : 244; 437.
MONATTE (Pierre) : 150; 152; 197; 237; 241; 256.
MONGREDIEN (Georges) : 423.
MONOD (Gabriel) : 109; 202; 205; 463.
MONOD (Wilfred) : 88.
MONTALEMBERT (Charles de) : 39.
MONTÉGUT (Emile) : 421.
MONTFORT (Eugène) : 280; 328.
MONTHERLANT (Henry de) : 295; 308; 312; 313; 316; 333; 358; 426.
MOORE (George) : 50; 317; 318; 334.
MORAND (Paul) : 279; 307; 313; 321; 333; 353.
MORÉAS (Jean) : 54; 73.
MOREAU (Georges) : 149; 150; 197.
MOREAU (Gustave) : 48; 49.
MORNY (duc de) : 34; 36.
MOUNIER (Emmanuel) : 387; 388.
MOYSSET (Henri) : 317; 388; 440.
MULLER (Henry) : 331; 333; 358.
MUSSET (Alfred de) : 95.
MUSSOLINI (Benito) : 358; 359.
MUTTER (André) : 453.

NADAUD (Martin) : 154.
NALÈCHE (Etienne de) : 268; 438.
NATANSON (Louis-Alfred) : 72; 280.
NATANSON (Thadée) : 72.
NAUMANN (Friedrich) : 259; 260.
NÉMÉTHY (Emmy de) : 76.
NIETZSCHE (Friedrich) : 75; 76; 77; 78; 80; 81; 82; 83; 84; 92; 160; 170; 172; 173; 176; 187; 195; 201; 202; 204; 208; 217; 235; 253; 259; 260; 432; 439; 447.
NIMIER (Roger) : 461.
NIZAN (Paul) : 333.
NOAILLES (Anna de) : 171; 313; 316; 319; 330.
NOLHAC (Pierre de) : 349.
NORRE (Henri) : 249; 250; 394; 395; 396.

OFFENBACH (Jacques) : 33; 34.
OLLIVIER (Emile) : 41.
ORMESSON (Wladimir d') : 354.
ORS (Eugénio d') : 317.

PAILLERON (Edouard) : 44.
PAILLET : 141.
PAINLEVÉ (Paul) : 283.
PALÉOLOGUE (Maurice) : 349.
PANGE (Jean de) : 318.
PAPINI (Giovanni) : 282.
PARADOL (Lucinde) : 38.
PARAF (Pierre) : 417; 423.
PARETO (Vilfredo) : 166.
PARIS (Comte de) : 37.
PARIS (Gaston) : 99; 212.
PARODI (Dominique) : 58.
PATIN (Jean) : 303.
PAUL (Panayotis Argyriadès) : 87.
PAULHAN (Jean) : 343; 344; 347; 348; 389; 451; 459.
PAULIS : 141.
PAUWELS (Louis) : 457.
PÉCAUT (Félix) : 241; 381; 405.
PÉGUY (Charles) : 116; 118; 119; 135; 149; 151; 157; 158; 159; 160; 161; 162; 164; 165; 168; 169; 174; 177; 178; 181; 185; 186; 187; 195; 199; 201; 202; 208; 209; 211; 214; 215; 216; 217; 218; 220; 221; 224; 228; 233; 251; 259; 260; 261; 266; 274; 280; 284; 291; 292; 299; 302; 304; 338; 378; 380; 385; 387; 403; 405; 408; 409; 422; 435; 437; 439; 445; 446; 462; 464.
PÉGUY (Marcel) : 387.
PELLIEUX (général de) : 101.
PELLOUTIER (Ferdinand) : 128; 129; 155; 192.
PERDIGUIER (Agricol) : 256; 380.
PEREIRE (Emile) : 26.
PEREIRE (Isaac) : 26.
PÉRIÉ (Raphaël) : 395.
PESCHARD (Jacques) : 377.
PESLOÜAN (Charles Lucas de) : 445.
PESQUIDOUX (Joseph de) : 324; 400.
PÉTAIN (Philippe) : 284; 349; 373;
438; 439; 441; 442; 443; 444; 450; 451.
PETIT (Henri) : 310; 334; 335.
PEUCH : 438.
PHILIPPE (Charles-Louis) : 246; 248; 251; 399; 458.
PICARD (Roger) : 369.
PICASSO (Pablo) : 325.
PICQUART (Georges) : 99; 101; 103; 107.
PIERREFEU (Jean de) : 295; 298; 303; 328.
PILLIAS (Emile) : 346; 416; 424; 425.
PIROU (Gaëtan) : 252.
PLACE (Francis) : 154.
PLANES (Louis-Georges) : 438.
PLATON (Georges) : 167; 240; 241; 242.
POE (Edgar) : 54.
POINCARÉ (Raymond) : 349.
PORTE (Suzanne de La) : 425.
PORTO-RICHE (Georges de) : 60; 101.
POULAILLE (Henry) : 400.
POURRAT (Henri) : 324; 399; 400; 436; 458; 459; 462.
POURTALÈS (Guy de) : 324; 348.
POZZI (Catherine) : 171; 316; 319.
POZZI (Samuel) : 171.
PRAULT (Luce) : 400; 401.
PRÉLOT (Marcel) : 369.
PRESSENSÉ (Francis de) : 103; 114; 198; 199; 212.
PRÉVOST (François) : 38.
PRÉVOST (Jean) : 340; 378.
PRÉVOST-PARADOL (Anatole) : 28; 30; 37; 38; 40; 41; 49; 251; 268; 269; 403; 421; 465.
PREZZOLINI (Giuseppe) : 205; 216; 220; 278; 282; 317; 355; 358; 452.
PRIVAT (Bernard) : 345.
PROUDHON (P.-J.) : 64; 65; 66; 67; 68; 126; 128; 132; 160; 169; 180; 195; 229; 231; 232; 250; 252; 253; 254; 255; 275; 280; 334; 377; 380; 386; 388; 457.
PROUST (Marcel) : 51; 54; 56; 57; 58;

60; 61; 71; 74; 75; 82; 101; 102; 172; 184; 287; 289; 291; 292; 297; 298; 299; 320; 321; 326; 329; 343.
PSICHARI (Jean) : 106.
PUVIS de Chavannes (Pierre) : 48.
PUY (Michel) : 347.

QUILLARD (Pierre) : 143.
QUINET (Edgar) : 134; 154.
QUINTON (René) : 214; 344.

RABAUD (Henri) : 54; 73.
RADIGUET (Raymond) : 312; 331.
RAMUZ (Charles-Ferdinand) : 331; 333; 400.
RAVERAT (Georges) : 238.
RAYNAL (Jean) : 145.
READ (Louise) : 76.
REBELL (Hugues) : 79; 80.
RECLUS (Maurice) : 215; 409; 410; 411; 417; 445.
RÉGNIER (Henri de) : 60; 171; 317; 396.
REINACH (Joseph) : 96; 106; 108; 210; 274.
RÉMY : 460.
RENAN (Ernest) : 31; 43; 70; 71; 84; 164; 224; 280; 324; 403; 404; 421; 422.
RENARD (Jules) : 251.
RENAUD (J.) : 145.
RENOUVIER (Charles) : 403; 414.
RENOUVIN (Pierre) : 420.
REYNAUD (Maurice) : 282.
RICHARD (Max) : 456.
RIGAULT (Hippolyte) : 40.
RIVAIN (Jean) : 225.
RIVIÈRE (Jacques) : 208; 289; 365; 367; 371.
RIVIÈRE (Marcel) : 167; 222; 224; 233; 234; 235; 252; 256; 388.
ROBERT (Louis de) : 321.
ROBERTY (Eugène de) : 76.
ROBERTY (Jules-Emile) : 274.
ROBINSON (Mary) : 176.
ROCHEFORT (Henri) : 241.
RODRIGUÈS (Olinde) : 26.
RODRIGUÈS-HENRIQUES (Léonie) : 29; 49.

ROEDERER (Paul) : 85; 86; 88; 91; 102; 109; 113; 118.
ROLLAND (Charles) : 237.
ROLLAND (Romain) : 79; 81; 100; 164; 177; 186; 202; 219; 251; 261; 276; 277; 288; 289; 311; 322; 326; 353.
ROMIER (Lucien) : 306; 316; 347; 439; 440; 455.
ROQUES (Mario) : 119; 138.
ROSENBERG (Alfred) : 359.
ROSNY (Joseph-Henry) : 324.
ROTHSCHILD (Edmond de) : 60.
ROTHSCHILD (famille) : 42; 150.
ROUANET (Gustave) : 86; 143.
ROUCHÉ (Jacques) : 197.
ROUGEMONT (Denis de) : 317; 388.
ROUGERON (Jules) : 248; 249; 250; 394; 395; 399; 400.
ROUGIER (Louis) : 457.
ROUPNEL (Gaston) : 398; 399; 400; 436; 462.
ROUQUÈS (Amédée) : 73; 102.
ROUSSEAU (Suzanne) : 457; 458.
ROUSSEAUX (André) : 196; 243; 372; 386.
ROUX (Emile) : 179.
ROUX (Marie de) : 377; 412.
ROUZAUD (Henri) : 226.
ROUZAUD (Maurice) : 328; 428.
ROYER-COLLARD (Pierre-Paul) : 233.
RUSKIN (John) : 105; 131.
RUYTERS (André) : 208.

SABATIER (Henry) : 358.
SADOUL (Georges) : 398.
SAINT-BONNET (Antoine Joseph de) : 280; 404.
SAINTE-BEUVE (Charles-Augustin) : 26; 43; 56; 65; 203; 204; 302; 320; 321; 322; 328; 329; 461.
SAINT-PIERRE (Michel de) : 457.
SAINT-SIMON : 26.
SalleRon (Louis) : 400; 401; 417; 455; 456; 457.
SALVEMINI (Gaetano) : 317; 357.
SAND (George) : 31; 156; 245; 248; 256.
SARDOU (Victorien) : 43; 99.

SARRIEN (G.) : 376.
SARTRE (Jean-Paul) : 451; 457; 461.
SAUVY (Alfred) : 455.
SAVIGNON (André) : 291.
SAY (Léon) : 268.
SCHAEFFLE (Albert) : 67.
SCHEURER-KESTNER (Auguste) : 96; 100; 105.
SCHLUMBERGER (Jean) : 142; 206; 207; 208; 217; 235; 236; 315; 426.
SCHNEIDER (Edouard) : 294.
SCHWEITZER (Albert) : 460.
SCRIBE (Eugène) : 34.
SÉAILLES (Gabriel) : 112; 132; 134; 177.
SECRÉTAN (Charles) : 66; 67; 68; 90; 120; 125; 414.
SÉE (Marcel) : 145.
SEIGNOBOS (Charles) : 366; 404; 405; 408; 412; 413; 415; 422; 424.
SEILLIÈRE (Ernest) : 410.
SÉNÉCHAL (Christian) : 318.
SENNEP : 413.
SÉRANT (Paul) : 456.
SÉVERAC (Jean-Baptiste) : 202; 204; 369; 378.
SHELLEY (Percy) : 54; 75.
SICKERT (Walter) : 50; 51.
SIEGFRIED (André) : 317; 342; 347; 416; 418; 424.
SILVESTRE (Charles) : 291; 400.
SIMIAND (François) : 119; 138.
SIMON (Jules) : 38.
SIMON (René) : 349.
SOMBART (Werner) : 359.
SOREL (Albert) : 413.
SOREL (Georges) : 36; 65; 157; 164; 165; 166; 167; 168; 169; 173; 180; 181; 183; 185; 186; 195; 197; 204; 206; 208; 209; 214; 215; 216; 217; 218; 220; 221; 222; 223; 224; 230; 231; 233; 234; 235; 236; 240; 241; 252; 253; 255; 287; 342; 359; 387; 406; 432; 452; 453; 457.
SOUDAY (Paul) : 282; 321; 396.
SOULAIROL (Jean) : 439.

SOUPAULT (Philippe) : 316.
SPENCER (Herbert) : 67.
SPIRE (André) : 140; 141; 143; 145; 150; 159; 166; 185; 218; 227; 259; 284; 316.
STEEG (Jules) : 381; 405.
STENDHAL : 54; 84.
STOCK (Pierre-Victor) : 246; 409.
STRAUS (Emile) : 60.
STRAUS (Geneviève) : 30; 42; 50; 60; 83; 96; 101; 171; 316.
STROWSKI (Fortunat) : 303.
STRUVE : 143.
SUARÈS (André) : 261; 316; 333; 347; 445.
SUAREZ (Georges) : 449.
SULLY-PRUDHOMME : 99; 212.
SYVETON (Gabriel) : 107.

TAGORE (Rabindranath) : 355.
TAINE (Hippolyte) : 84; 170; 173; 280; 328; 403; 404; 421; 422.
TARDE (Alfred de) : 288.
TARDIEU (André) : 373; 392; 393.
TAYLOR (Frederick) : 193.
TÉRY (Gustave) : 335.
THARAUD (J.J.) : 157; 215; 235; 267; 298; 316; 324; 345; 353; 445; 446.
THARAUD (Jérôme) : 251; 349; 436; 463; 465.
THÉRIVE (André) : 306; 316; 318; 329; 342; 348; 368; 393.
THIBAUDET (Albert) : 298; 313; 316; 320; 321; 322; 328; 330; 342; 347; 348; 367; 368; 376; 378; 396; 398; 407; 413; 414; 416.
THIBON (Gustave) : 440; 455.
THIERRY (Albert) : 178; 230; 238; 403.
THIERS (Adolphe) : 40; 280; 288; 403; 409; 415; 421.
THIESSON (Gaston) : 276.
THOMAS (Albert) : 237.
TOCQUEVILLE (Alexis de) : 368.
TOLSTOÏ (Léon) : 305.
TOYNBEE (Arnold J.) : 463.
TRARIEUX (Gabriel) : 73; 102; 108.
TRARIEUX (Ludovic) : 105; 108; 198.

Index

TRAZ (Georges de) : 171 ; 316.
TRAZ (Robert de) : 171 ; 316 ; 318 ; 322 ; 347 ; 354 ; 394 ; 432.

ULMANN (André) : 423.
UNAMUNO (Miguel de) : 327.
UNWIN (Fisher) : 205.

VALÉRY (Paul) : 305 ; 326 ; 329 ; 330 ; 334.
VALETTE (Alfred) : 72.
VALLÉRY-RADOT (Robert) : 311 ; 428.
VALLOTTON (Félix) : 79.
VALOIS (Georges) : 185 ; 217 ; 229 ; 230 ; 231 ; 233 ; 236.
VAN GENNEP (Arnold) : 280.
VANDÉREM (Fernand) : 429.
VANDERVELDE (Emile) : 121 ; 123.
VARAGNAC (André) : 456.
VARAGNAC (Monique C.) : 456.
VARILLON (Pierre) : 423.
VARIOT (Jean) : 36 ; 167 ; 233 ; 235 ; 240 ; 280 ; 316.
VAUDOYER (Alfred) : 95.
VAUDOYER (famille) : 95 ; 113.
VAUDOYER (Jean-Louis) : 170 ; 171 ; 172 ; 225 ; 280 ; 289 ; 296 ; 316 ; 322 ; 330 ; 348 ; 436 ; 463 ; 464.
VAUDOYER (Marianne) : 95 ; 98 ; 103.
VAUDOYER (Michel) : 274.
VAUGEOIS (Henri) : 107.
VEBER (Adrien) : 86.
VEDEL (Georges) : 456.
VERHAEREN (Emile) : 238.

VERLAINE (Paul) : 54 ; 55 ; 56 ; 57 ; 179.
VEUILLOT (Louis) : 248 ; 250.
VICO (Giambattista) : 406.
VIDAL DE LA BLACHE (Paul) : 237 ; 238.
VINCENT (Albert) : 229 ; 230 ; 380 ; 395 ; 399.
VIOLLET (Paul) : 106.
VOGÜÉ (Eugène-Melchior de) : 43 ; 212 ; 214 ; 239.
VOISIN (André) : 456.
VOX (Maximilien) : 440.

WAGNER (Charles) : 46 ; 89 ; 109 ; 112 ; 133 ; 134.
WAGNER (Richard) : 54 ; 56 ; 79 ; 81 ; 82 ; 141.
WALDECK-Rousseau (R.) : 393.
WARÉE (Gabriel) : 117.
WELLS (Herbert George) : 179.
WENDEL (François de) : 284 ; 438.
WEYGAND (général) : 460.
WHISTLER (James) : 50.
WILSON (Woodrow) : 280 ; 281.
WYZEWA (Teodor de) : 76 ; 77.

YOLE (Jean) : 400.

ZANGWILL (Israël) : 164.
ZÉVAÈS (Alexandre) : 408 ; 412 ; 425.
ZOLA (Emile) : 97 ; 98 ; 99 ; 101 ; 102 ; 103 ; 104 ; 198 ; 211 ; 212.
ZWEIG (Stefan) : 359.

LISTE DES ABRÉVIATIONS
DES RÉFÉRENCES BIBLIOGRAPHIQUES

— A.P.A. : Archives privées Andreu.
— A.P.G. : Archives privées Guieysse.
— A.P.G.G. : Archives privées Guy-Grand.
— A.P.P.B. : Archives privées Paul Beauvais.
— *L'Europe...* : Daniel Halévy, *L'Europe brisée. Journal de guerre 1914-1918*, Paris, éditions de Fallois, 1998.
— *O.P. C* : Charles Péguy, *Œuvres en prose complètes*, Paris, Gallimard, « Bibliothèque de la Pléiade », 1987-1992, 3 tomes.
— *Proust...* : Marcel Proust, *Correspondance avec Daniel Halévy*, Paris, éditions de Fallois, 1992.
— *Regards...* : Daniel Halévy, *Regards sur l'affaire Dreyfus*, Paris, éditions de Fallois, 1994, 291 p.
— Elie Halévy, *Correspondance...* : Elie Halévy, *Correspondance (1891-1937)*, Paris, Editions de Fallois, 1996.

LA BIOGRAPHIE INTELLECTUELLE ET SES SOURCES :
NOTE MÉTHODOLOGIQUE

Comment l'historien d'aujourd'hui peut-il écrire la biographie intellectuelle d'un écrivain ? La question mérite d'être posée tant le genre biographique a été déconsidéré en France. La biographie a en effet longtemps été perçue comme un genre littéraire, les biographes étant souvent des écrivains et des essayistes qui privilégiaient la dimension psychologique de leur sujet dans la mesure où ils s'attachaient à l'interprétation des œuvres. A l'image d'André Maurois en 1930, dans *Aspects de la biographie*, ils pensaient que la biographie, même « scientifique », devait rester une œuvre d'art [1]. Certains historiens, souvent en marge de l'Université, s'y sont parfois consacrés en adoptant ce postulat, mais ces représentants de l'histoire académique furent l'objet des plus vives critiques de la part de l'école naissante des *Annales*. La biographie était en fait critiquée par les historiens en raison même de sa forme littéraire, qui occultait selon eux toute dimension analytique. Comme l'a souligné Philippe Levillain, « [...] la biographie littéraire trouva en général son unité par le style qui consiste à mettre en harmonie l'essentiel et l'accessoire selon un discours où les effets déterminent la construction du sens [2] ». Cette confusion entre l'approche biographique et le projet littéraire provoqua un discrédit du genre à une époque de renouvellement des sciences sociales. Dans l'esprit des historiens des *Annales*, la biographie offrait autant d'éléments informatifs que peu d'analyses explicatives. Ils en apportaient la démonstration par des ouvrages dont l'individu était étrangement absent : Rabelais n'était qu'un prétexte aux yeux de Lucien Febvre pour étudier en 1947 un « problème », celui de l'incroyance au XVIe siècle et, deux ans plus tard, Fernand Braudel mettait en avant les « destins collectifs » et les « mouvements d'ensemble » en étudiant la Méditerranée sous le règne de Philippe II, souverain étrangement absent de cet ample panorama historique. Après le discrédit jeté sur ce genre par l'histoire nouvelle, la biographie fut également confrontée aux critiques des représentants des sciences sociales et de la théorie littéraire. L'apport des sciences sociales à la théorie littéraire dans les années 1960 permettait de dépasser l'analyse dialectique écrivain/œuvre, mais réduisait l'auteur à n'être qu'une main écrivante, un « scripteur », dépourvu de toute identité autre que celle du groupe social dont il était censé n'être qu'un simple reflet. Roland Barthes traçant en 1960 dans les *Annales* le programme d'une ap-

---

1. André Maurois, *Aspects de la biographie*, Paris, Grasset, 1930, 260 p. Cet ouvrage, très critiqué aujourd'hui comme une apologie de la biographie littéraire et psychologisante, comprend un chapitre très intéressant : « De la biographie considérée comme science » (pp. 105-147).
2. Philippe Levillain, « Les protagonistes : de la biographie », dans *Pour une histoire politique*, Paris, Seuil, « L'univers historique », 1988, p. 133.

proche entièrement nouvelle de la littérature, rompant avec l'histoire littéraire lansonienne, s'attaquait, entre autres, à la biographie [1].

Depuis une vingtaine d'années, on assiste à ce que Claude Arnaud appelle la fin du « système antibiographique », marqué par un retour de la biographie dans les sciences sociales, notamment en histoire et en sociologie [2]. A une importante réflexion théorique sur la biographie et le « récit de vie » en sociologie, a fait écho une abondante production éditoriale dans le domaine historique. Des collections spécifiques sont apparues chez certains éditeurs qui ont demandé à des historiens de composer des biographies. Toutefois, il semble aux yeux des promoteurs de la nouvelle histoire que ceux-là mêmes qui se sont convertis à la biographie n'ont pas toujours tiré les enseignements du discrédit passé. Observant le retour à la biographie auquel il participait lui-même en préparant un *Saint Louis* (publié en 1996), Jacques Le Goff remarquait avec ironie il y a dix ans : « Ce qui me désole dans l'actuelle prolifération des biographies, c'est que beaucoup sont de purs et simples retours à la biographie traditionnelle superficielle, anecdotique, platement chronologique, sacrifiant à une psychologie désuète, incapable de montrer la signification historique générale d'une vie individuelle. C'est le retour des émigrés après la Révolution française et l'Empire qui "n'avaient rien appris et rien oublié" [3]. »

De toutes les critiques dont le genre biographique a fait l'objet, celles des sociologues qui ont poussé le plus loin la réflexion théorique sont peut-être aujourd'hui les plus utiles à la démarche de l'historien. Ils ont formulé deux types de réserves à l'égard des présupposés implicites de la biographie classique. En évoquant « l'illusion biographique [4] », Pierre Bourdieu s'attaque à l'idée selon laquelle la succession des jours, le temps écoulé, la chronologie en somme, crée un ordre du temps, une cohérence implicite qui rend inutile une construction du sujet. En tant que sociologue, il déplore l'« ordre chronologique qui est aussi un ordre logique [5] » : ainsi le biographe, enfermé dans la linéarité du temps ne peut, selon Bourdieu, s'interroger sur la question du sens. Autre trait caractéristique de la biographie classique, « l'utopie biographique [6] », selon Jean-Claude Passeron, consiste à croire que tout événement est « signifiant ». Cet auteur critique la méthode du biographe qui intègre systématiquement tous les éléments d'une vie dans un système explicatif, sans les hiérarchiser. Contre cette tendance de la biographie prétendant à l'exhaustivité, Passeron défend implicitement l'idée d'une biographie épurée, resserrée sur le choix d'événements « signifiants ». Pour l'historien, ces re-

---

1. Roland Barthes, « Histoire et littérature : à propos de Racine », *Annales ESC*, n° 3, mai-juin 1960, pp. 524-537. Cf. également Gérard Delfau et Anne Roche, *Histoire littéraire. Histoire et interprétation du fait littéraire*, Paris, Seuil, 1977, 314 p.

2. Sur les causes de cette évolution et sur ses limites, cf. une analyse particulièrement pénétrante : Claude Arnaud, « Le retour de la biographie : d'un tabou à l'autre », *Le Débat*, n° 54, mars-avril 1989, pp. 40-47 et pour un bilan : Charlotte Heinritz et Angela Rammstedt, « L'approche biographique en France », *Cahiers internationaux de sociologie*, XCI, 1991, pp. 331-370.

3. Jacques Le Goff, « Comment écrire une biographie historique aujourd'hui ? », *Le Débat*, n° 54, mars-avril 1989, p. 50.

4. Pierre Bourdieu, « L'illusion biographique », *Actes de la recherche en sciences sociales*, n° 62-63, juin 1986, pp. 69-72.

5. *Ibid.*, p. 69.

6. Jean-Claude Passeron, « Biographies, flux, itinéraires, trajectoires », *Revue française de sociologie*, XXXI, n° 1, janvier-mars 1990, p. 5. (pp. 3-22 pour l'ensemble de l'article.)

marques théoriques comportent deux types d'enseignements différents, l'un sur la signification du temps dans la réflexion historique, l'autre sur les choix nécessaires auxquels le biographe est confronté. Si l'on laisse de côté la dimension hypercritique de la pensée de Bourdieu à l'égard de la discipline historique, il reste qu'il soulève une objection intéressante sur la place à accorder au déroulement chronologique et aux divers rythmes d'une vie. Par ailleurs, les remarques de Jean-Claude Passeron justifient les choix inévitables du biographe qui doit surmonter l'illusion de l'exhaustivité pour ne prendre en compte que les faits lui apparaissant les plus importants à l'échelle d'une vie.

Comme tout travailleur, qu'il soit manuel ou intellectuel, l'historien est largement tributaire de son matériau de départ dans l'élaboration de son travail. En l'occurrence, la nature des sources que nous avons pu consulter, composées principalement d'un volumineux *Journal* inédit et d'une abondante correspondance, nous a posé des problèmes de méthode particuliers. Il a fallu dans un premier temps reconstituer le réseau des correspondants de Daniel Halévy en recherchant dans les fonds publics ou auprès de personnes privées, de familles et de collectionneurs, que ce soit en France, en Suisse ou en Italie, les lettres envoyées par D. Halévy. Ces premières recherches ont permis de mieux appréhender la géographie de ses relations amicales et littéraires. Au total, nous avons pu consulter plus de 3 700 lettres tirées de sa correspondance active et passive. Le *Journal* de Daniel Halévy que nous avons pu utiliser s'étend de 1886 à 1940 mais il a été rédigé d'une manière discontinue. Au cours d'une première partie de sa vie, jusqu'à la fin de la Grande Guerre, il fut tenu assez régulièrement, presque sans interruption, sur des supports différents, cahiers et carnets de divers formats. Après la guerre, il fut tenu moins régulièrement et connut d'importantes interruptions entre 1930 et 1940, période au cours de laquelle Daniel Halévy l'abandonna des années durant. Il n'écrivait pas quotidiennement et certains passages du *Journal* ont été rédigés rétrospectivement, évoquant une semaine, parfois un mois de sa vie. En revanche, son auteur ne le corrigeait pas : il le relisait parfois et ajoutait des commentaires en marge mais ne réécrivait rien. Daniel Halévy n'a jamais pensé, semble-t-il, à sa publication : n'étant pas destiné au public, ce document relève avant tout du for intérieur. Commencé dès l'époque du lycée – à l'âge de quatorze ans – le *Journal* fut lu et annoté lors des premières années par certains camarades du lycée Condorcet, mais cette habitude disparut assez rapidement et il n'eut dès lors que son auteur pour unique lecteur. Le contenu forme un ensemble homogène jusqu'en 1940 : ce journal intime laisse place naturellement à l'introspection, mais celle-ci n'est pas dominante. D. Halévy y consignait assez rarement les événements familiaux, évoquant plutôt ses considérations sur la vie littéraire et politique ou faisant état de ses méditations. Dans l'ensemble, ces sources offrent de Daniel Halévy l'image d'un individu autonome et isolé. Il mentionne exceptionnellement dans le *Journal* les appréciations dont il fait l'objet et les motivations qui le poussent à écrire. Il donne l'impression d'être totalement étranger aux relations entre écrivains et ignorant du poids des influences qui s'exercent sur lui. Les papiers privés mettent souvent en valeur la singularité du personnage et tendent à montrer *in fine* qu'il est autonome dans sa pensée et indépendant dans son action par rapport aux groupes sociaux, qu'ils soient réduits – parentèle et amis – ou globaux – la société dans son ensemble. Cet aspect propre à la nature des sources est renforcé par la personnalité de Daniel Halévy, telle qu'elle ressort du *Journal* et de la correspondance : on y découvre en effet un personnage faisant preuve d'un individualisme affirmé.

Afin d'étudier la relation entre Daniel Halévy et la société à une époque où s'engage la démocratisation politique et culturelle, afin d'essayer plus particulièrement de comprendre dans quelle mesure il a pu et voulu faire preuve d'autonomie à l'égard des divers et multiples groupements, associations et réseaux auxquels il a appartenu, nous avons dû prendre le contre-pied des documents privés. De ce point de vue, nous avons fait l'expérience de ce que Jacques Le Goff a constaté lors de l'écriture de son *Saint Louis* : « L'individu n'existe que dans un réseau de relations sociales diversifiées et cette diversité lui permet aussi de développer son jeu. La connaissance de la société est nécessaire pour voir s'y constituer et y vivre un personnage individuel [1]. » Nous avons voulu considérer Daniel Halévy et la société qui l'environne, de la même façon que le peintre joue du personnage qu'il met au premier plan et de ce qui constitue le fond de la toile, au second plan. La société n'est pas seulement un arrière-plan figé, un décor de théâtre immobile mais un environnement fluctuant qui confère réalité à l'individu, qui lui permet de se penser comme tel, c'est un cadre qui permet de comprendre ses choix et de leur donner une signification. Refusant d'adopter comme base de travail la vision que D. Halévy avait livrée de lui-même, nous avons pensé qu'il était nécessaire de la soumettre à une sorte de contre-épreuve, passant en premier lieu par la consultation de sources complémentaires. Nous avons souhaité dégager Daniel Halévy de l'image donnée par son *Journal* et de l'abondante littérature hagiographique dont il a fait l'objet après sa mort, afin de pouvoir le restituer à l'histoire. Dans cette optique, il devenait possible de préciser la place réelle qu'il avait occupée en son temps dans les milieux littéraires et dans les débats intellectuels.

Le croisement de ces autres sources avec les écrits publiés de ses confrères a permis également d'entreprendre l'analyse des œuvres de Daniel Halévy dans leur contexte. L'histoire des objets littéraires, œuvres et auteurs, gagne à incorporer l'histoire des lectures successives des textes et doit donc également intégrer l'étude des réceptions afin d'identifier « ce que le lecteur fait de l'œuvre [2] ». De ce point de vue, les manifestations d'incompréhension vis-à-vis des positions prises par Daniel Halévy, les contresens sur ses intentions réelles n'ont pas manqué et constituent aussi une part de la réalité historique. En effet, les engagements de Daniel Halévy tout comme ses écrits imprimés ont suscité de la part de ses contemporains des analyses partielles et partiales, souvent des polémiques, alimentant « batailles » littéraires [3] et controverses idéologiques. Peu à peu s'est ainsi élaborée dans différents milieux une image de Daniel Halévy l'incitant à produire d'autres écrits et à s'engager par d'autres actes pour la corriger ou l'infléchir. Il arrive que des querelles personnelles suscitent de véritables conflits et débouchent sur des évolutions idéologiques, la marginalisation de certains individus lors de polémiques, ne leur laissant dans certains cas d'autre choix qu'un rapprochement avec d'autres tendances littéraires ou idéologiques qui leur étaient restées jusque-là étrangères : c'est uniquement dans cette perspective que nous nous sommes intéressés à ces phéno-

---

1. Jacques Le Goff, « Introduction », *Saint Louis*, Paris, Gallimard, « Bibliothèque des histoires », 1996, pp. 21-22.
2. Cf. « Ce que le lecteur fait de l'œuvre », numéro spécial de *Mil neuf cent. Revue d'histoire intellectuelle*, n° 12, 1994, 255 p. et également : « Réception et contresens », numéro spécial de la *Revue de synthèse*, t. CX, n° 1, janvier-mars 1989, pp. 3-108.
3. Cf. Alain Pagès, *La Bataille littéraire. Essai sur la réception du naturalisme à l'époque de Germinal*, Paris, Librairie Séguier, 1989, 273 p.

mènes d'osmose [1]. L'examen des réceptions, des échanges et des controverses nous a ainsi permis de prendre progressivement la mesure de l'autonomie revendiquée par Daniel Halévy et de retracer les grandes étapes de sa carrière littéraire.

L'étude biographique d'un écrivain, et plus généralement d'un artiste, procède d'un questionnement spécifique, dans la mesure où les productions littéraires doivent faire l'objet d'une analyse pourvue de ses propres règles. Inévitablement, on touche alors à la question fondamentale du lien entre l'œuvre et celui qui la crée, c'est-à-dire au fond, au vieux débat de critique qui opposa Proust à Sainte-Beuve. Celui-ci dans ses *Lundis* a élaboré une méthode de critique littéraire en recherchant dans la vie des éléments de compréhension de l'œuvre. Proust dans *Contre Sainte-Beuve* déclare à l'inverse qu'il y a séparation radicale entre la vie et l'œuvre : l'œuvre est, selon la formule désormais classique, « [...] le produit d'un autre *moi* que celui que nous manifestons dans nos habitudes, dans la société [...] [2] ». Il est encore plus clair en affirmant : « [...] le moi de l'écrivain ne se montre que dans ses livres, et [...] il ne montre aux hommes du monde [...] qu'un homme du monde [3] ». Cette conception proustienne de l'œuvre, irréductible à son auteur, a même alimenté chez Roland Barthes une forme de doute hypercritique à l'égard de l'écrivain : « Et pourtant, si l'œuvre était précisément ce que l'auteur ne connaît pas, ce qu'il ne vit pas ? [4] » avance-t-il à propos de Racine.

Nous avons choisi de nous situer sans a priori, dans une position intermédiaire entre ces deux extrêmes, de ne pas postuler que les clefs de compréhension de l'œuvre ne pouvaient être trouvées que dans la vie de l'auteur et pas davantage que ses écrits littéraires lui étaient radicalement étrangers. Pour expliquer la relation de l'œuvre de Daniel Halévy avec sa vie, nous avons pensé qu'il ne convenait pas de se limiter à l'évocation de sa vie publique d'écrivain et d'intellectuel et qu'il fallait parfois regarder en direction de sa vie privée [5]. Ceci revenait donc à admettre la perméabilité entre les deux niveaux, public et privé. Toutefois si certains aspects de la vie publique de Daniel Halévy ont été liés à sa vie privée, nous n'avons voulu évoquer celle-ci que dans la mesure où elle apportait des éléments importants d'explication à son activité d'écrivain et d'intellectuel.

---

1. A cet égard, la description de la marginalisation et de la radicalisation de Paul Rassinier par Florent Brayard est apparue très éclairante : *Comment l'idée vint à M. Rassinier. Naissance du révisionnisme*, Paris, Fayard, « Pour une histoire du XXe siècle », 1996, 464 p.
2. Marcel Proust, *Contre Sainte-Beuve*, Paris, Gallimard, 1954, p. 137. Les italiques sont de Proust.
3. *Ibid.*, p. 143.
4. Roland Barthes, *op. cit.*, p. 535.
5. C'est ce qu'a tenté Paul Johnson dans un essai intéressant mais rendu totalement inutilisable par son caractère outrancier, véritable pamphlet anti-intellectualiste (*Le Grand Mensonge des intellectuels. Vices privés et vertus publiques*, Paris, Robert Laffont, 1993, 361 p).

SOURCES ET BIBLIOGRAPHIE

A. Sources manuscrites
— Archives publiques
— Archives privées

B. Sources audiovisuelles
— Radio
— Télévision

C. Sources imprimées
— Liste des ouvrages publiés par Daniel Halévy
— Bibliographie de la réception de Daniel Halévy
— Sources publiées

D. Bibliographie
— Instruments de travail
— Livres et travaux universitaires
— Articles

A. SOURCES MANUSCRITES

ARCHIVES PUBLIQUES

— Archives de l'Académie française
1B 6 (1934-1935) et 1B 7 (1953-1954) : dossiers et lettres de candidatures.

— Archives départementales de l'Allier
47 AJ 189 :
— Lettres de Daniel Halévy à Emile Guillaumin (1905-1951) : 128 lettres.

47 AJ 196 :
— Lettres de Ludovic Halévy à Emile Guillaumin (1904-1907) : 11 l.
— Lettres de Maurice Kahn à Emile Guillaumin (1902-1909) : 18 l.
— Documents relatifs aux *Pages Libres*.

— Archives d'Histoire contemporaine (A.H.C.)

* Fonds Paul Grunebaum-Ballin :
PGB 1 : documentation et archives personnelles sur les universités populaires.

* Fonds Daniel Halévy :
DH 1 : documentation imprimée de travail concernant les universités populaires.
DH 2 : documentation imprimée de travail concernant les universités populaires et le 6 février 1934.

* Fonds Lucien Herr :
LH 2 : listes d'intellectuels à contacter.
LH 3 : lettres d'Elie Halévy à Lucien Herr (1910-1926) : 8 l.
  L. Herr à Elie Halévy (*ca* 1910-1912) : 2 l.
  L. Herr à Xavier Léon (1898-*ca* 1918) : 37 l.
  L. Herr à Mario Roques (s.d.) : 99 l.
  L. Herr à Célestin Bouglé (1898-*ca* 1904) : 26 l.
  C. Bouglé à L. Herr (1898-1901) : 8 l.
  C. Bouglé à Elie Halévy (1898) : 1 l.
  G. Bréton à L. Herr (1914-s.d.) : 5 l.

* Fonds Emile Pillias :

2 EP 3 : correspondance Pillias-D. Halévy.
2 EP 4 : correspondance Pillias-D. Halévy.
2 EP 5 : correspondance Pillias-D. Halévy.
4 EP 6 : correspondance Pillias-D. Halévy et notes de travail de Pillias.
4 EP 7 : correspondance Pillias-D. Halévy et notes de travail de Pillias.
4 EP 9 : Société d'Histoire de la IIIe République : *Bulletins* et correspondance.
4 EP 10 : Société d'Histoire de la IIIe République : *Bulletins* et correspondance.
4 EP 11 : Société d'Histoire de la IIIe République : *Bulletins* et correspondance.

* Fonds Georges Valois :

VA 21 : Brouillon manuscrit d'article : « La direction de l'œuvre proudhonienne et le cas Halévy » [paru dans les *Cahiers du cercle Proudhon*, 1913, n° V-VI, pp. 257 – 267].

— **Archives de l'Inalco. Ecole des langues orientales**

(Version microfilmée, les archives originales existent sous la même cote aux AN. Cf. *infra*.)
62 AJ 24, Registres des élèves inscrits par année.

— **Archives de l'Institut Pasteur**

Lettres du docteur Emile Roux à Mary Robinson (1902-1913) : 98 l. et (1929-1932) : 3 l.
Lettres du docteur Emile Roux à Mabel Robinson (1912-1922) : 4 l.

— **Archives Nationales (C.A.R.A.N.)**

* Archives de l'Ecole des langues orientales vivantes :
62AJ 9 : rapports sur les cours adressés au ministre.
62AJ 22* :
— 62AJ 21 : registre des auditeurs libres, liste par année et par cours (1874-1911).
— 62AJ 22 : registre des élèves diplômés, liste alphabétique (1874-1911).
— 62AJ 23 : registre des élèves diplômés, liste par cours (1874-1911).
62AJ 38 : état des diplômes (1874-1911).
62AJ 70 : affiches des cours (1854-1922).
62AJ 140* : registres de présence des élèves, cours d'arabe littéral.
F17 4 062 : relevés trimestriels des inscriptions des élèves (1884-1911).

* Archives du ministère de l'Intérieur :
F7 12 374 : coopération des idées.
F7 12 487 : Ligue des droits de l'homme.
F7 12 494 : congrès national-socialiste, Paris (1897-1900).
F7 12 502 : agissements socialistes (1900-1908), Seine-et-Oise.
F7 12 522 : congrès divers.
F7 12 523 : agitation révolutionnaire, Seine-et-Oise.
F7 12 723 : agitation révolutionnaire.
F7 12 734 : agitation sociale, Seine-et-Oise.

* Archives du ministère de l'Instruction publique :
F17 23692 : dossier de Marie Fuster.

Sources et bibliographie

* Archives de la grande chancellerie de la légion d'honneur :
Dossier de Daniel Halévy, n° 47598 D.

* Fonds privés :
355 AP 4 : lettre de D. Halévy à Louis Madelin (1934).
576 AP : lettres de D. Halévy à Charles Maurras (1921-1927) : 7 l.
75 AP 284, dossier 3 : lettres de D. Halévy au Maréchal Lyautey (1929-1931) : 7 l.

* Archives de la Société des gens de lettres
454 AP 200 : dossier de Daniel Halévy.

* Société nouvelle de librairie et d'édition
40 AQ 1 : documents financiers.
40 AQ 2 : correspondance.

— **Archives de la Préfecture de police de Paris**
BA 935, dossier de Paul Panagiotys Argyriadès.

— **Bibliothèque administrative de la ville de Paris**
Ms. 984, f. 57 : lettre de D. Halévy au directeur (1903).

— **Bibliothèque de l'Ecole normale supérieure**

* Fonds Elie Halévy :
Dossier 8 : lettres de Daniel H. à Elie (1893-*ca* 1896) : 7 l.
Dossier 21 : lettre de Daniel H. à Elie (1891).
Dossier 22 : lettre de Daniel H. à Elie (1892).
Dossier 23 : lettres de Elie H. à Daniel (1892) : 4 l.
Dossier 24 : lettres de Elie H. à Daniel (1893) : 4 l.

— **Bibliothèque de la Société d'émulation du Bourbonnais (Moulins)**
Lettres de D. Halévy à Camille Gagnon (1934-1959) : 15 l.

— **Bibliothèque Nationale. Département des manuscrits**

* Lettres adressées par Daniel Halévy à :
Maurice Barrès (1906-1923) : 15 l. (fonds Maurice Barrès)
Jean-Richard Bloch (1910-1924) : 6 l. (fonds Jean-Richard Bloch)
Mme Bulteau (1904-1921) : 4 l. (nafr. 17 543, ff. 565-570)
Gabriel Faure (1933) : 1 l. (nafr. 16 422, f. 43)
Jean Giraudoux (1928) : 1 l. (nafr. 25 418, ff. 169-170)
Jean Grenier (1921-1959) : 67 l. (fonds Jean Grenier)
Daniel Guérin (1942) : 1 l. (nafr. 25 547, f. 82)
Marcel et Juliette Guérin (1910-1941) : 48 l. (nafr. 14 826, ff. 12-25, 30-31, nafr. 25 547, ff. 1-81, nafr. 24 839, ff. 336-338)
Louis Havet (*ca* 1898-1910) : 2 l. (nafr. 24 495, ff. 232-234)
Albert Houtin (1907-1911) : 5 l. (nafr. 15 738, ff. 3-13.)
Gabriel Marcel (1921-1960) : 41 l. (fonds Gabriel Marcel, carton 19)

Robert de Montesquiou (1919) : 1 l. (nafr. 15 194, f. 78)
Jean de Pierrefeu (1921) : 6 l. (nafr. 14 688, ff. 330-337)
Joseph Reinach (1901-1919) : 5 l. (nafr. 24 879, ff. 3-17)
Romain Rolland (1914-1928) : 4 l. (fonds Romain Rolland)
Jacques Rouché (*ca* 1909-1914) : 3 l. (nafr. 17 586, ff. 164-167)
François Salvat (1931-1960) : 8 l. (nafr. 18 525, ff. 209-218)
Charles Silvestre (1936) : 1 l. (nafr. 17 343, ff. 72-73)
Jacques Suffel (1959) : 1 l. (nafr. 14 827, f. 92)
Paul Valéry (1920-1934) : 12 l. (nafr. 19 176, ff. 202-219)
Fernand Vandérem (1929) : 2 l. (nafr. 16 872, ff. 252-253)
Jean-Louis Vaudoyer (1913-1952) : 9 l. (fonds Vaudoyer, correspondance, t. X, ff. 169-182)

* Lettres adressées à Daniel Halévy par :

Michel Augé-Laribé (1941) : 1 l. (fonds Célestin Bouglé)
Henri Bergson (1939) : 1 l. (nafr. 14 827, ff. 93-95)
Charles Péguy (1914) : 1 l. (nafr. 14 827, ff. 96-97)
Marcel Proust : 1 l. (nafr. 19 772, ff. 265-266)

* Divers :

Lettres de Robert Dreyfus à Marcel Proust et de Proust à Dreyfus (1888-1920) : (nafr. 19 772)
Lettre de Jean Guéhenno à Célestin Bouglé (1931) : 1 l. (fonds Célestin Bouglé)
Lettres d'Emile Guillaumin à Jean-Richard Bloch (1910-1922) : 13 l. (fonds Jean-Richard Bloch)
Lettres de Georges Guy-Grand à Célestin Bouglé (1909-1916) : 3 l. (fonds Célestin Bouglé)
Lettres de Paul Lagarde à Maurice Barrès (1895-1898) : 18 l. (fonds Maurice Barrès)
Lettre de Paul Lagarde à Raoul Narsy : (nafr. 16 806, f. 110)
Lettres de Romain Rolland à Jacques Bizet (1905-1908) : 3 l. : (nafr. 14 383)
Lettres de Jacques Bizet à Geneviève Straus (1880-1882) : 23 l. (nafr. 14 383)
Lettres de Célestin Bouglé à Elie Halévy (1910-1912) : 59 l. (fonds Célestin Bouglé)
Lettres du général de Galliffet à Geneviève Straus (1890-1899) : 10 l. (nafr. 14 383)
Lettres d'Elie Halévy à Célestin Bouglé (1892-1916) : 19 l. (fonds Célestin Bouglé)
Lettres d'Elie Halévy à Louis Havet : (nafr. 24 495, ff. 235-252)
Lettre de Florence Halévy à Jean-Louis Vaudoyer (1956) : 1 l. (fonds Jean-Louis Vaudoyer)
Lettres de Françoise Joxe-Halévy à Gabriel Marcel (1963-1971) : 2 l. (fonds Gabriel Marcel)
Lettres de Léon Halévy à Gabriel Marcel (1962-1971) : 12 l. (fonds Gabriel Marcel)
Lettre de Léon Halévy à Jean-Louis Vaudoyer (1919) : 1 l. (fonds Jean-Louis Vaudoyer)
Lettres de Ludovic Halévy à Maurice Barrès (1899-1906) : 7 l. (fonds Maurice Barrès)
Lettres de Ludovic Halévy à Louis Havet (1890-1902) : 5 l. (nafr. 24 495, ff. 254-260)
Lettres de Ludovic Halévy à Joseph Reinach (1883-1907) : 27 l. (nafr. 24 879)
Lettres de Ludovic Halévy à Fernand Vandérem : (nafr. 16 872, ff. 254-260)
Lettres de Marianne Halévy à Jean Grenier (1927-1933) : 44 l. (fonds Jean Grenier)

Lettres de Marianne Halévy à Jean-Louis Vaudoyer (1898-1956) : 75 l. (fonds Jean-Louis Vaudoyer, ff. 187-334)
Lettre de Geneviève et Emile Straus à Mathieu Dreyfus (1898) : (nafr. 17 386)
Lettres de Jean-Louis Vaudoyer à Jean Giraudoux (1914-1920) : (nafr. 25 418, ff. 323-335)
Lettres d'Emile Zola à Ludovic Halévy (1876-1892) : 3 l. (nafr. 19908, ff. 159-184)
Lettres de Fernand Gregh à Henri Barbusse (1910-1926) : 4 l. (nafr. 16 534, ff. 135-138)
Lettres de Jean Jaurès à Joseph Reinach : 5 l. : (nafr. 24 879)
Carnet de notes de Mathieu Dreyfus sur diverses personnalités : (nafr. 14 380)
Lettres de Louis Havet à Mathieu Dreyfus (1901) : (nafr. 14 381, ff. 54-59)
Lettres de Lucien Herr à Joseph Reinach (ca 1898-1903) : 5 l. : (nafr. 24 879)
Fonds Geneviève Bréton, Carnet 1900-1903.
Tapuscrit de l'*Histoire de quatre ans* (1904) : (nafr. 19 999)
Testament olographe de Léonie Halévy née Rodriguès-Henriques, (22 août 1876, avec codicilles de 1882, 1883) : (nafr. 14 383)

— Bibliothèque de l'Institut

* Lettres adressées par Daniel Halévy à :

Jacques-Emile Blanche (1907-1942) : 76 l. (Ms 7046, ff. 5-158)
Jérôme Carcopino (1933-1954) : 8 l. (Ms 7149)
Hartwig Derenbourg (1900) : 1 l. (Ms 3379, f. 4)
Gérard d'Houville (1936) : 1 l. (Ms 5695, f. 50)
Anna de Noailles (s.d.-1933) : 5 l. (Ms 7228, ff. 330-337)

* Lettres adressées à Ludovic Halévy par :

Ms 4479, ff. 111-125 (1904-1907) : 17 l., par la marquise Arconati-Visconti.
Ms 4479, f. 211 (1900) : 1 l., par Marie Fuster.
Ms 4479, ff. 232-236 (1905-1906) : 5 l., par Maurice Barrès.
Ms 4480, ff. 4-5 (s.d.) : 2 l., par André Beaunier.
Ms 4480, f. 49 (1901) : 1 l., par Henri Bergson.
Ms 4480, ff. 286-299 bis (1894-1904) : 14 l., par Célestin Bouglé.
Ms 4480, ff. 309-330 (1883-1899) : 17 l., par Paul Bourget.
Ms 4480, ff. 332-335 (1900-1907) : 4 l., par Emile Boutroux.
Ms 4481, ff. 58-59 (1883-1888) : 2 l., par le duc Albert de Broglie.
Ms 4481, ff. 97-115 (1883-1900) : 18 l., par Ferdinand Brunetière.
Ms 4481, ff. 116-131 (1891-1903) : 16 l., par Léon Brunschvicg.
Ms 4484, ff. 29-36 (1894-1905) : 8 l., par Maurice Donnay.
Ms 4484, ff. 52-53 (1901-1906) : 2 l., par Alfred Dreyfus.
Ms 4484, ff. 54-58 (1901-1906) : 5 l., par Robert Dreyfus.
Ms 4484, ff. 113-116 (1900-1901) : 4 l., par Emile Duclaux.
Ms 4484, ff. 126-147 (1870-1899) : 22 l., par Eugène Dufeuille.
Ms 4484, ff. 316-327 (1887-1904) : 12 l., par Emile Faguet.
Ms 4485, ff. 1-49 (1887-1904) : 48 l., par Anatole France.
Ms 4485, ff. 85-112 (1898-1906) : 28 l., par Général de Galliffet.
Ms 4485, ff. 337-354 (1900-s.d.) : 18 l., par Fernand Gregh.
Ms 4485, ff. 366-373 (1904-1907) : 8 l., par Emile Guillaumin.
Ms 4486, ff. 54-71 (1888-1904) : 18 l., par le comte Othenin d'Haussonville.
Ms 4486, ff. 91-97 (1872-1892) : 7 l., par Adrien Hébrard.

Ms 4486, f. 115 (1904) : 1 l., par Lucien Herr.
Ms 4486, ff. 363-383 (1890-1906) : 20 l., par Ernest Lavisse.
Ms 4487, ff. 165-166 (1883) : 2 l., par Stéphane Mallarmé.
Ms 4488, ff. 142-149 (1883-1892) : 8 l., par Philippe d'Orléans.
Ms 4488, ff. 202-204 (1899-1900) : 3 l., par Georges Picquart.
Ms 4488, ff. 376-381 (s.d. –1906) : 6 l., par Joseph Reinach.
Ms 4489, f. 4 (1883) : 1 l., par Ernest Renan.

* Lettres adressées par Ludovic Halévy à :
Hartwig Derenbourg (1897) : 2 l. (ms. 3379, ff. 5-6.)
Anna de Noailles (1904-1907) : 2 l. (ms. 7228, ff. 338-341.)
Madame Henri de Régnier (1905) : 1 l. (ms. 5695, ff. 51-52.)

* Divers :
Lettres de Fernand Gregh à Anna de Noailles (1913-*ca* 1920) : (ms. 7228, ff. 258-277.)
Lettres de Pierre Hepp à Anna de Noailles (1905-*ca* 1920) : (ms. 7228, ff. 414-539.)
Ms 4491, ff. 1-229, compte des scrutins à l'Académie française tenu par Ludovic Halévy (1803-1907).

— Bibliothèque littéraire Jacques Doucet

* Lettres adressées à Daniel Halévy par :
Henri Bergson (1939) : 1 l. (BGN 640)
Charles Du Bos (1926-1938) : 6 l. (Ms 38. 052.)
Paul Léautaud (1922) : 1 l. (Ms 8430. 147)

* Lettres adressés par Daniel Halévy à :
Auguste Anglès (1954) : 1 l. (Ms. 33. 591 alpha.)
Henri Bergson (1938-1939) : 6 l. (BGN 768-773.)
Charles du Bos (1920-1929) : 24 l. (Ms 26 347 et Ms 32. 087 4-5)
André Chevrillon (1932-1952) : 2 l. (Ms 23 356)
Nathalie Clifford Barney (1932) : 1 l. (NCB.C.2. 2676)
André Gide (1909-1913) : 6 l. (Alpha 581. 1 à 581. 6)
Henri Hoppenot (1939) : 1 l. (Ms. 13. 761. Série Ms.)
Paul Léautaud (1922) : 1 l. (Ms 3139)
Hélène Gilbert-Maire (1960) : 1 l. (BGN 2963)
François Mauriac (1933-1951) : 9 l. (Ms 40 260)
Adrienne Monnier (1939-1941) : 3 l. (Ms 8150 à 8152)
Samuel de Sacy (1955) : 1 l. (A VI 73 Ms 4849)
André Suarès (1938) : 1 l. (série Ms-Ms 24649.)

* Divers :
Lettres d'Elie Halévy à Charles Du Bos (1923-1924) : 4 l. (Ms 26 438, ff. 1 à 10.)
Lettres de Ludovic Halévy à André Gide (1896-1904) : 6 l. (Alpha 582. 1 à 582. 6.)
Lettres de Marianne Halévy à Mme Charles Du Bos (1919-1920) : 3 l. (Ms 26 439, ff. 1-3.)

— **Bibliothèque de la Sorbonne**

Lettre de Daniel Halévy à la marquise Arconati-Visconti (1908) : 1 l. (Ms 278, f. 3754.)

Lettres de Ludovic Halévy à la marquise Arconati-Visconti (*ca* 1890-1908) : 18 l. (Ms 278, ff. 3731-3753.)

— **Institut français d'histoire sociale (CARAN)**

Lettre de D. Halévy à Eugène Fournière (1904) : 1 l. (14 AS 181 (2), pièce 718)

— **Médiathèque municipale de Vichy**

   * Fonds Valéry Larbaud :

Lettres de Valéry Larbaud à D. Halévy (1912-1930) : 10 l. (Lar 1973, 1976 à 1984.)

— **Bibliothèque du Cedias-Musée social**

Dossier « Universités populaires » : tracts, programmes, circulaires.

   * Fonds Robert Garric :
— Lettres adressées à R. Garric par :
Charles Du Bos (1932-1935) : 4 l.
Pierre Drieu La Rochelle (*ca* 1920) : 1 l.
Henri Gouhier (1923-1953) : 27 l.
Jean Guéhenno (1927-1929) : 9 l.
Louis Guilloux (1928-1929) : 5 l.
Daniel Halévy (1923-1955) : 50 l.
Maréchal Lyautey (1922-1934) : 56 l.
François Mauriac (1928) : 2 l.
Henry de Montherlant (>1924-1928) : 10 l.
Emmanuel Mounier (1931) : 7 l.
Wladimir d'Ormesson (*ca* 193 ?-1948) : 7 l.
Henry Poulaille (1925-1928) : 4 l.
Henri Pourrat (1926-1951) : 25 l.
Daniel-Rops (*ca* 192 ?-1955) : 17 l.
J.J. Tharaud (1926-1946) : 5 l.
— Lettres adressées par R. Garric :
Au maréchal Lyautey (1922-1934) : 13 l.

   * Fonds Pierre Monatte :

Dossier « Affaire Halévy-Desjardins » :
Lettres de Pierre Hamp à Pierre Monatte (1913) : 5 l.
Lettres d'Albert Thierry à Pierre Monatte (1913) : 2 l.
Lettres de Daniel Halévy à Pierre Monatte (1913) : 2 l.
Lettre de Daniel Halévy (1930) : 1 l.

— **Service historique de l'armée de terre (S.H.A.T.)**

   * Bureau spécial franco-américain :

7 N 855 : candidatures pour l'armée américaine.

7 N 2 280-2 282 : candidatures aux missions militaires près l'armée américaine.

* Mission militaire auprès de l'armée américaine :
17 N 231-232 : école d'interprète de Biesles et états nominatifs.
17 N 233-236 : carnets de notes des interprètes.

* Grand quartier général :
16 N 509 : interprètes : directives.

* Mission militaire auprès de l'armée britannique :
17 N 447 : listes nominatives des interprètes et correspondance au sujet des interprètes.
17 N 463-464 : fiches individuelles de renseignements sur les interprètes.
17 N 471-472 : carnets de notes des interprètes.
17 N 481 : interprètes du Havre : fiches de renseignements.
17 N 482 bis : listes nominatives des interprètes.

ARCHIVES PRIVÉES

— Archives Pierre Andreu
Lettres de D. Halévy à P. Andreu (1945-1960) : 20 l.
Dossier Daniel Halévy-Auguste Martin.

— Archives Jacques Bainville
Dédicace du *Courrier de M. Thiers* à Jacques Bainville.

— Archives Gallimard
Lettre de Gaston Gallimard à D. Halévy (1925) : 1 l.
Lettre de D. Halévy à G. Gallimard (1928) : 1 l.

— Fondation Giacomo Brodolini (Milan)
Fonds Hubert Lagardelle : lettres de D. Halévy à H. Lagardelle (1907-1913) : 3 l.

— Archives Grasset
Attestation de rémunération de D. Halévy chez Grasset (1953).
Contrats de Daniel Halévy (y compris les contrats de direction).
Contrats des auteurs des « Cahiers verts ».
Contrats de direction de la collection « Les Ecrits ».
Dossiers de presse de Daniel Halévy.
Dossiers de presse de Jean Guéhenno.
Manuscrit de la préface à : Pierre Andreu, *Drieu, témoin et visionnaire*, Paris, Grasset, 1952.
Registres des bons à tirer.

* Correspondance des auteurs avec la maison Grasset :
Lettre de Pierre Andreu (1952) : 1 l.
Lettres de Joseph d'Arbaud (1924-1928) : 9 l.
Lettres d'Alexandre Arnoux (1924) : 3 l.
Lettre de Jacques Bainville (1929) : 1 l.
Lettres de Julien Benda (s.d.-1946) : 3 l.
Lettre d'Emmanuel Berl (s.d.) : 1 l.
Lettres de Louis Bertrand (1919-1935) : 16 l.
Lettres de la Princesse Bibesco (1924-1929) : 34 l.
Lettre de l'abbé Bremond (s.d.) : 1 l.
Lettre de Louis Brun (1935) : 1 l.
Lettres de Pierre Champion (1925-1928) : 4 l.

Lettres d'André Chamson (1925-1949) : 9 l.
Lettres de Pierre Drieu La Rochelle (1925-1936) : 4 l.
Lettres de Mary Duclaux (s.d.) : 3 l.
Lettres d'Edouard Estaunié (s.d.-1932) : 2 l.
Lettres de David Garnett (1923-1924) : 3 l.
Lettres de Robert Garric (s.d.) : 3 l.
Lettres de Fernand Gregh à Eugène Fasquelle/maison Grasset (*ca* 1900-1958) : 22 l.
Lettres de Jean Guéhenno (1922-1977) : 90 l.
Lettres d'Emile Guillaumin à B. Grasset (1940) : 2 l.
Lettres de Louis Guilloux (1927-1932) : 7 l.
Lettres de Georges Guy-Grand (1925-1932) : 3 l.
Lettre de Louise Halévy (1924) : 1 l.
Lettre de Marianne Halévy (1924) : 1 l.
Lettres de Mlle Hémon (1921-1932) : 102 l.
Lettres d'Edmond Jaloux (1920-1924) : 3 l.
Lettres de René Johannet (1913-1949) : 39 l.
Lettres de Pierre Lasserre (1912-1926) : 6 l.
Lettres de Maxime Leroy (1925-1929) : 3 l.
Lettres de Curzio Malaparte (1931-1936) : 8 l.
Lettres d'André Malraux (1926-1953) : 14 l.
Lettres de Gabriel Marcel (1914-1931) : 12 l.
Lettres de Pierre-Etienne Martel (1927) : 12 l.
Lettres de François Mauriac (1913-1931) : 16 l.
Lettres d'André Maurois (1917-1931) : 44 l.
Lettres de Charles Maurras (1918-1925) : 5 l.
Lettres de Camille Mayran (1926-1943) : 6 l.
Lettres d'Henry de Montherlant (1924-1926) : 7 l.
Lettres de George Moore (1920-1932) : 5 l.
Lettres de G. Jean-Aubry (1920-1932) : 7 l.
Lettres de Paul Morand (1928-1929) : 4 l.
Lettres d'Anna de Noailles (1924-s.d.) : 6 l.
Lettres d'Armen Ohanian (1925-1928) : 8 l.
Lettres de Robert Perroud de Poccadaz (1956-1962) : 93 l.
Lettre de Lucien Romier (1925) : 1 l.
Lettres de Gaston Roupnel (1912-1946) : 11 l.
Lettres de Gaetano Salvemini (1932) : 2 l.
Lettres de Raymond Schwab (1921-1926) : 6 l.
Lettres de René Schwob (s.d.-1928) : 4 l.
Lettres d'André Siegfried (1930-1958) : 49 l.
Lettre de Georges Soulié de Morant (1925) : 1 l.
Lettres d'André Spire (1924-1925) : 5 l.
Lettres d'Alexandre Thibaudet (*ca* 1924) : 7 l.
Lettres de Robert de Traz (1923-1929) : 35 l.
Lettres de Paul Valéry (1928-1937) : 4 l.
Lettres de Jean-Louis Vaudoyer (1926) : 4 l.

* Lettres adressées à D. Halévy par :
Maurice Chapelan (1960) : 1 l.
Jean-Claude Fasquelle (1960-1961) : 2 l.
David Garnett (1923) : 1 l.

Bernard Grasset (1949) : 2 l.
Henry Poulaille (1946-1952) : 2 l.
Bernard Privat (1955-1958) : 4 l.

* Lettres adressées par D. Halévy à :
Louis Brun (1922-1939) : 40 l.
André Fraigneau (1939) : 1 l.
Bernard Grasset (1919-1954) : 19 l.
Bernard Privat (1958-1960) : 6 l.
Pierre Tisné (192 ?-1928) : 3 l.

— **Archives Charles Guieysse**
Lettres de D. Halévy à Charles Guieysse (1902) : 4 l.
Manuscrit d'article non publié de D. Halévy, « Vive la liberté ! »

— **Centre Charles Péguy (Orléans)**
CORCQ-IV-39, inv. 02211 à 02256 :
D. Halévy à C. Péguy (1901-1912) : 41 l.
D. Halévy à C. Péguy (1912-1914) : 2 l.

— **Archives de l'Institut Catholique de Paris**
Fonds Haubtmann, carton XVIII, lettres de D. Halévy à l'abbé Haubtmann (1943) : 3 l.

— **Archives privées Jean-Pierre Halévy**
Nous avons pu consulter dans ces très riches archives le *Journal* de Daniel Halévy entre 1886 et 1940, rédigé sur 25 carnets et cahiers ainsi que plusieurs cahiers de *Notes*. Par ailleurs, nous avons consulté plusieurs centaines de lettres dont le détail figure dans la liste des sources de notre thèse de doctorat.

— **Archives privées succession Françoise Joxe-Halévy**
Agenda de 1933.
Journal de 1947-1952.
Dossier de travail « Franc-maçonnerie ».
Dossier de travail « Gambetta ».
Dossiers de travail sur la IIIe République.
Photographies de la décade de 1910 à Pontigny.

Correspondance :

* Adressée à Daniel Halévy par :

Sibilla Aleramo (1910) : 2 l.
Antoine Albalat (s.d.) : 1 l.
Louis Altayrac (1915) : 2 l.
Luigi Ambrosini (1910) : 1 l.
Baudouin (1915) : 1 l.
Louis Blaringhem (1915) : 1 l.
Jacques-Emile Blanche (1939-1942) : 22 l.
Jean-Richard Bloch (1910) : 1 l.
Maurice Bouchor (1915) : 1 l.
Célestin Bouglé (*ca* 1910-1911) : 2 l.
Henri Bourillon (1910) : 1 l.
Henri Brisson (1910) : 1 l.
Léon Brunschvicg (1910) : 1 l.
Philippe Chaslin (1910-1915) : 2 l.
André Chevrillon (s.d.) : 1 l.

Joseph Czapski (1932) : 1 l.
Gabriel Darquet (1910) : 1 l.
Paul Desjardins (1910) : 2 l.
Robert Dreyfus (1910-1918) : 6 l.
Edouard Droz (1910) : 6 l.
Mary Duclaux (1907-1915) : 9 l.
Pierre Ducrot (1944) : 1 l.
J. Durand (1910) : 3 l.
Alfred Fabre-Luce (s.d.) : 1 l.
Louis Feine (1910-1915) : 2 l.
André Fontaine (1918) : 2 l.
Irène Forbes-Mose (1910) : 1 l.
Lucien Gachon (1957) : 1 l.
Fernand Gregh (1907-1918) : 4 l.
Marcel Guérin (1915) : 6 l.
Emile Guillaumin (1910-1918) : 5 l.
Marie Guillaumin (1915) : 1 l.
Louis Guilloux (1930) : 3 l.
Georges Guy-Grand (1910-1915) : 5 l.
Elie Halévy (1890-1893) : 5 l.
Elie Halévy (1894-1895) : 9 l.
Elie Halévy (1896-1898) : 22 l.
Elie Halévy (1899-1900) : 13 l.
Elie Halévy (1901-1907) : 28 l.
Elie Halévy (1908-1909) : 15 l.
Elie Halévy (1910-1912) : 14 l.
Elie Halévy (1914-1918) : 19 l.
Elie Halévy (1919-1923) : 9 l.
Elie Halévy (1925-1937) : 36 l.
Louise Halévy (1910) : 1 l.
Madame Jacob (1910) : 1 l.
Ch. Jacquinot (1910) : 1 l.
René de Kérallain (1915-1918) : 2 l.

Louis Lanoizelée (1957) : 1 l.
Jean Lazard (1915) : 1 l.
Hyacinthe Loyson (1910) : 1 l.
Curzio Malaparte (1949) : 3 l.
Jean Mathieu (1910) : 1 l.
Alphonse Merrheim (1910) : 1 l.
A. Meyendorff (1939) : 1 l.
Pierre Monatte (1910) : 1 l.
George Moore (1912-1932) : 55 l.
Paul Oudinot (1910) : 1 l.
Violet Paget (1910) : 3 l.
Raphaël Périé (1910) : 5 l.
François Porché (1910) : 2 l.
Giuseppe Prezzolini (1910) : 3 l.
Claudius Raynoud (1910) : 2 l.
Rémusat (1918) : 2 l.
Jean Richard [Bloch] (1910) : 1 l.
Paul Roederer (1910) : 1 l.
Charles Rolland (1910) : 2 l.
Gaetano Salvemini (1909-1923) : 3 l.
Gabriel Sarrazin (1910) : 3 l.
Jean Schlumberger (1912) : 1 l.
Elizabeth Sergeant (s.d.) : 3 l.
André Spire (1907-1915) : 19 l.
Geneviève Straus (1915) : 1 l.
Gaston Thiesson (1915) : 1 l.
Jules Troubat (1910) : 2 l.
Albert Vincent (1915) : 1 l.

* Adressée par Daniel Halévy à :
Edouard Estaunié (1921-1940) : 4 l.
Jean Guitton (1946-1953) : 13 l.
Elie Halévy (1904-1906) : 6 l.
Jean Lazard (1920-1939) : 11 l.

* Adressée à Marianne Halévy par :
Julien Benda (1918-1923) : 4 l.
Jean Grenier (1928) : 2 l.
Marie Guillaumin (1946) : 1 l.
Louis Guilloux (1928-1933) : 4 l.
Curzio Malaparte (1932-1956) : 9 l.
Jean-Baptiste Séverac (1950) : 1 l.
André Spire (1915-1936) : 2 l.

* Divers :
Elie Halévy à Xavier Léon (1918) : 4 l.

— **Archives privées Henriette Guy-Loé (A.P.G.L.)**
Albums de photographies.

* Lettres de Daniel à Elie Halévy :
(1892-1893) : 7 l.
(1907-1909) : 11 l.
(1914-1918) : 30 l
(1918-1928) : 19 l.
(1931-1937) : 41 l.

* Lettres d'Elie à Daniel Halévy :
(1936) : 5 l.

— **Archives privées Robert Naquet (A.P.R.N.)**
Lettres de D. Halévy à Anatole France (*ca* 1903-1905) : 2 l.
Lettres de D. Halévy à André Maurois (1921-1934) : 25 l.

— **Archives privées Paul Beauvais (A.P.P.B.)**
Bon à tirer de l'« Apologie pour notre passé ».
Manuscrit des « Visites aux paysans du Centre » (1911)

Correspondance :

* Adressée à Daniel Halévy par :
Raymond Aron (1936-1949) : 3 l.
Jacques Bainville (1921-1935) : 7 l.
Maurice Barrès (1909-1923) : 8 l.
Alfred Berl (1934) : 1 l.
Emmanuel Berl (*ca* 1924-1959) : 11 l.
Jean Bernier (1921-1923) : 4 l.
Pierre Bessand-Massenet (1929-1931) : 2 l.

Abbé Henri Bremond (1922-1929) : 23 l.
Louis Brun (1929) : 1 l.
Jacques Copeau (1923-1940) : 5 l.
Daniel-Rops (1927-1945) : 12 l.
Hélène et Marcel Déat (1938-1939) : 3 l.
Joseph Delteil (1925-1926) : 7 l.
Tristan Derème (1921-1939) : 3 l.
Gaston Doumergue (1931) : 1 l.
Pierre Drieu La Rochelle (1921-*ca* 1935) : 20 l.
Elie Faure (1919-1923) : 13 l.
Gaston Gallimard (1928) : 1 l.
André Gide (1909-1910) : 4 l.
Lettre de Reynaldo Hahn (1923) : 1 l.
Franz Hellens (1927) : 1 l.
Pierre de Lanux (1910) : 1 l.
Maréchal Lyautey (1923-1934) : 25 l.
André Maurois (1918-1931) : 25 l.
Charles Maurras (*ca* 1920-1925) : 1 l.
Alexandre Millerand (1931-1934) : 3 l.
Henry de Montherlant (1923-1934) : 23 l.
Emmanuel Mounier (1931-1940) : 9 l.
Abbé Arthur Mugnier (1925-1931) : 3 l.
Anna de Noailles (1914-1929) : 8 l.
Jean Paulhan (1926-1958) : 35 l.
Lettre de Lugné-Poe (1930) : 1 l.
Raymond Poincaré (1930) : 1 l.
Romain Rolland (1909-1918) : 8 l.
Denis de Rougemont (1929-1939) : 3 l.
Jean Schlumberger (1909-1911) : 3 l.
André Thérive (1921-1948) : 12 l.
Albert Thibaudet (1921-*ca* 1935) : 26 l.
Paul Valéry (1920-1922) : 2 l.
Francis Viélé-Griffin (1921) : 1 l.
Charles Vildrac (1926) : 1 l.
Général Maxime Weygand (1956-1962) : 3 l.

* Adressée par Daniel Halévy à :

Jacques Benoist-Méchin (1956) : 1 l.
Pierre Bessand-Massenet (1935-1939) : 3 l.
Abel Bonnard (1925-1934) : 8 l.
Jacques Boulenger (1921) : 1 l.
Louis Brun (1924-1932) : 7 l.
Buriot-Darsiles (1914-1921) : 3 l.
Elie Faure (1923) : 1 l.
Charles Maurras (1920-1943) : 5 l.
Henry de Montherlant (1923-1933) : 3 l.
Maurice Muret (1932) : 1 l.
Jean Schlumberger (1909-1912) : 2 l.

Lettre d'Anatole France à Louise Halévy (1908) : 1 l.

— Archives de l'ordre des avocats
Dossier administratif de Paul Lagarde.
Dossier administratif de Paul Panagiotys Argyriadès.

— Archives privées Eric de Dampierre
Lettre de Daniel Halévy à Anne-Marie de Dampierre (1945) : 1 l.

— Archives privées Henri Gouhier
Lettres de Daniel Halévy à Henri Gouhier (1925-1933) : 20 l.
Lettre d'Elie Halévy à H. Gouhier (1933) : 1 l.
Notes d'H. Gouhier prises à l'occasion d'un débat à l'Union pour la vérité (19 janvier 1929).
Lettres de Jean Guéhenno à H. Gouhier (1927-1931) : 8 l.
Projet de préface rédigée par H. Gouhier pour le *Nietzsche* de D. Halévy (1977).

— Archives privées Georges Guy-Grand (A.P.G.G.)
Lettres de D. Halévy à G. Guy-Grand (1908-1956) : 62 l.
Doubles de lettres de G. Guy-Grand à D. Halévy (1937-1948) : 2 l.
Lettre d'Edouard Droz à G. Guy-Grand (1899-1922) : 5 l.
Notes de lectures de G. Guy-Grand.
Dossier « affaire Platon-Jacob ».
Dossier « controverse Halévy-Dreyfus » :
    dont lettres de Robert Dreyfus à G. Guy-Grand (1937-1938) : 15 l.
Dossier « controverse Halévy-Benda ».

— Archives privées Henri Massis
Dossier Daniel Halévy :
dont 2 lettres à Henri Massis (1935-1957)

— Archives privées Charles Maurras
Lettres de D. Halévy à Charles Maurras (1921-1927) : 9 l.

— Archives privées André d'Ormesson
Lettres de D. Halévy à Wladimir d'Ormesson (1923-1957) : 18 l.

— Biblioteca cantonale de Lugano (Suisse)
Lettres de D. Halévy à Giuseppe Prezzolini (1910-1960) : 29 l.

— Centre Henri Pourrat (Clermont-Ferrand)
Lettres de D. Halévy à Henri Pourrat (1922-1959) : 37 l.

— Cercle d'études Jacques et Raïssa Maritain (Kolbsheim)
Lettres de D. Halévy à Jacques Maritain (1928-1939) : 5 l.

— Institut Mémoires de l'Edition Contemporaine (I.M.E.C.)
Lettres de D. Halévy à Jean Paulhan (1926-1941) : 24 l.

B. SOURCES AUDIOVISUELLES

* Radio (INA-Phonothèque)

Interventions de Daniel Halévy dans :
— Tribune de Paris, « L'histoire va-t-elle plus vite ? », 5 octobre 1948.
— Tribune de Paris, « Péguy et les Cahiers de la Quinzaine », 12 janvier 1950.
— « Péguy », 10 septembre 1950.
— Tribune de Paris, « Drieu témoin et visionnaire », 15 octobre 1952.
— Belles lettres, « Jardins et paradis intérieurs », 1er décembre 1952.
— « La vie des lettres », 3 février 1953.
— Tribune de Paris, « La personnalité et l'œuvre de Georges Sorel », 5 janvier 1954.
— France 4 Haute-fidélité, Les grands mensonges, « Mentir pour être vrai. Louis II de Bavière », 10 février 1957.
— Chaîne nationale, La revue des arts, « Renaissance d'un musée : musée Jacquemart André », 29 mai 1957.
— Chaîne nationale, « L'art et la vie : magazine des arts », 16 juin 1960.

Série d'émissions de Jean Loisy sur Daniel Halévy :
— Chaîne nationale, Littérature et esthétique, « Daniel Halévy. Historien et philosophe de l'histoire (1) », 17 février 1961.
— Chaîne nationale, Littérature et esthétique, « Daniel Halévy. Historien et philosophe de l'histoire (2) », 24 février 1961.
— Chaîne nationale, Littérature et esthétique, « Daniel Halévy », 3 mars 1961.
— Chaîne nationale, Littérature et esthétique, « Dialogue avec Daniel Halévy », 10 mars 1961.

— Chaîne parisienne, Les voix chères qui se sont tues, « Les disparus de l'année 1962 », 1er novembre 1962.
— Chaîne parisienne, « Avant-premières », 16 septembre 1962.
— « Inter-actualités de 13 h 15 », 25 janvier 1962.
— « Inter-actualités de 12 h 30 », 4 février 1962.
— « Inter-actualités de 19 h 15 », 4 février 1962.

— INA-Phonothèque, France-Culture, Michel Manoll : entretiens avec Robert Garric, 10 août 1964.

— France-Culture : « Euphonia : la famille Halévy », 6 juin 1996.
— France-Culture : « Radio archives : Léautaud-Benda, la rencontre (1950) », 1993. [Enregistrement fait le 5 septembre 1950 à l'insu des deux auteurs.]

— France-Culture : « Profils perdus : Bernard Grasset », janvier 1994. Témoignages de : Bernard Privat, Jeannette Privat, Jacques Laurent, Robert Laffont, Hervé Bazin, Jean Bothorel, Dominique Lapierre.

   * Télévision (INA-Phonothèque)
— O.R.T.F., Journal télévisé de la nuit, « Grand prix littéraire de la Ville de Paris à Daniel Halévy », 19 janvier 1960.
— O.R.T.F., Journal télévisé de 20 heures, « Daniel Halévy est mort », 6 février 1962.
— O.R.T.F., Journal télévisé de 20 heures, « Obsèques de Daniel Halévy », 7 février 1962.
— Emission de Roger Stéphane : « Portrait-souvenir : Marcel Proust » (FR3, 1962), avec des témoignages de Daniel Halévy, Emmanuel Berl, Jean Cocteau, Paul Morand, François Mauriac...

Entretiens

Avec M. Paul Beauvais, 25 juillet 1995.
Avec M. Claude Bourdet, 21 décembre 1994.
Avec Mlle Eliane Broïda (secrétaire de Daniel Halévy de 1955 à 1962), 27 décembre 1996.
Avec M. le professeur Eric de Dampierre, 18 février 1996.
Avec Mme Ariane Ducrot, 7 janvier 1996.
Avec M. Jean-Emile Guillaumin, 7 janvier 1998.
Avec M. Jean Guitton, 12 mai 1995.
Avec M. François Léger, 28 avril 1995.
Avec M. Jacques Maurras et Madame Hélène Maurras, 3 janvier 1995.
Avec M. le professeur René Rémond, 30 avril 1997.

C. SOURCES IMPRIMÉES

Daniel Halévy a écrit plusieurs centaines d'articles dont les références ne pouvaient toutes figurer ici. Nous renvoyons à notre thèse où figure un tableau chronologique.

LISTE DES OUVRAGES PUBLIÉS PAR D. HALÉVY

Livres de D. Halévy
Classés par ordre alphabétique :
— *Apologie pour notre passé*, « Cahiers de la Quinzaine », XI-10, 5 avril 1910, 116 p.
— *Avec les boys américains*, Paris, Berger-Levrault, « France », 1918, 60 p.
— *Charles Péguy et les Cahiers de la Quinzaine*, Paris, Payot, 1918, 250 p.
— *Clemenceau*, Abbeville, Imprimerie Frédéric Paillart, « Les Amis d'Edouard », n° 149, 1930, 55 p.
— *Courrier d'Europe*, Paris, Grasset, « Les Ecrits », n° 7, 1933, 319 p.
— *Le Courrier de M. Thiers*, Paris, Payot, 1921, 512 p.
— *Courrier de Paris*, Paris, éditions du Cavalier, « Les Mœurs et l'esprit des nations », 1932, 315 p., rééd., Paris, éditions du Cavalier, 1937, 316 p.
— *Décadence de la liberté*, Paris, Grasset, « Les Ecrits », 10e volume de la 2e série, 1931, 249 p.
— *Degas parle*, Paris-Genève, La Palatine, 1960, 187 p.
— *Eloge de J. Tharaud. Pages écrites par Daniel Halévy pour un discours qui ne sera jamais prononcé*, Paris, Grasset, 1954, 80 p.
— *Essai sur l'accélération de l'histoire*, Paris, Editions Self, 1948, 168 p.
— *Essais sur le mouvement ouvrier en France*, Paris, Société nouvelle de librairie et d'édition (librairie Georges Bellais), 1901, 300 p.
— *La Fin des notables*, Paris, Grasset, « Cahiers verts », 5e série, 3e cahier, 1930, 301 p.
— *Histoire d'une histoire, esquissée pour le Troisième cinquantenaire de la Révolution Française*, Paris, Grasset, 1939, 115 p.
— *Histoire de quatre ans. 1997-2001*, « Cahiers de la quinzaine », V-6, 22 décembre 1903, 143 p.
— *La Jeunesse de Proudhon*, Nevers, « Cahiers du centre », 5e série, février-mars 1913, n° 49-50, 152 p.
— *Jules Michelet*, Paris, Hachette, « Les romantiques », 1928, 190 p.
— *Lettres du Périgord*, Paris, Société de la gravure sur bois originale, 1930, 35 p.
— *Luttes et problèmes*, Paris, Rivière, 1911, 322 p.
  Réédition de trois textes, *Histoire de quatre ans. 1997-2001* (1903), *Un épisode* (1907), *Apologie pour notre passé* (1910) parus aux *Cahiers de la Quinzaine*.

— *Le Mariage de Proudhon*, Paris, Delamain et Boutelleau, 1955, 317 p.
— *Michelet et Quinet*, « Cahiers de la Quinzaine », IV-21, 1903, pp. 35-51 [ce cahier intitulé « Edgar Quinet » comprend des contributions d'Henry Michel, « Edgar Quinet », et de Gabriel Trarieux, « Edgar Quinet ». Le choix de textes de Quinet qui suit les trois contributions, est de Daniel Halévy].
— *1938, une année d'histoire*, Paris, Grasset, 1938, 59 p.
— *Nietzsche*, Paris, Grasset, 1944, 548 p.
— *Note concernant deux passages du Journal des années noires de Jean Guéhenno*, s.d. [1947] 16 p.
— *Notice biographique sur Louis Ménard. Prologue d'une révolution. (Février-juin 1848)*, « Cahiers de la Quinzaine », V-18, 1904.
— *Notice sur la vie et les travaux de M. Augustin Bernard*, Paris, Firmin-Didot, 1951, 7 p.
— *Nouveau discours sur l'histoire universelle*, Paris, éd. de la Table Ronde, 1945, 231 p.
— *Pays parisiens*, Paris, Emile-Paul, « Portrait de la France », n° 27, 3e livre de la 3e série, 1929, 131 p., rééd. 1932, Grasset, 291 p.
— *Péguy et les Cahiers de la Quinzaine*, Paris, Grasset, 1941, 397 p.
— *Pour l'étude de la Troisième République*, Paris, Grasset, 1937, 48 p.
— *Le Président Wilson. Etude sur la Démocratie américaine*, Paris, Payot, 1918, 271 p.
— *Proudhon d'après ses carnets inédits (1843-1847)*, Paris, Sequana, « Hier et demain », n° 9, 1944, 187 p.
— *Quelques nouveaux maîtres*, Moulins, « Cahiers du centre », 6e série, février-mars 1914, n° 59-60, 184 p. Ce texte a paru à Paris également chez Rivière en 1914.
— *La République des comités*. Essai d'histoire contemporaine (1895-1934), Paris, Grasset, « La Cité française », 1934, 197 p.
— *La République des ducs*, Paris, Grasset, 1937, 415 p.
— *Le Travail du Zarathoustra*, Paris, 1909, « Cahiers de la Quinzaine », X-12, 95 p.
— *Trois Epreuves. 1814-1871-1940*, Paris, Plon, « L'Abeille », n° 3, 1941, 183 p.
— *Mary Duclaux et Maurice Barrès Lettres échangées*. Précédé de *Les Trois Mary* par Daniel Halévy, Paris, Grasset, 1959, 85 p.
— *Un épisode*, « Cahiers de la Quinzaine », IX-6, 10 décembre 1907, 83 p.
— *Vauban*, Paris, Grasset, « Cahiers verts », 1re série 21e cahier, 1923, 207 p.
— *La Vie de Frédéric Nietzsche*, Paris, Calmann-Lévy, 1909, 383 p.
— *La Vie de Proudhon*, Paris, Editions Stock, Delamain et Boutelleau, 1948, 449 p. Comprend : 1. Daniel Halévy, *La Jeunesse de Proudhon* (1913). 2. Sainte-Beuve, *P.-J. Proudhon 1837-1848*. 3. Daniel Halévy, Appendices et commentaires.
— *Visites aux paysans du Centre*, Paris, Grasset, « Cahiers verts », 4e cahier de la 1re série, n° 4, 1921, 173 p.
— *Visites aux paysans du Centre (1907-1934)*, Paris, Grasset, 1935, 353 p.

Préfaces et postfaces

— Pierre Andreu, *Drieu, témoin et visionnaire*, Paris, Grasset, « Cahiers verts », nouvelle série n° 11, 1952, 223 p.
— Pierre Andreu, *Notre maître, M. Sorel*, Paris, Grasset, 1953, 339 p.
— Abel Boyer, *Le Tour de France d'un compagnon du devoir*, 1957, Paris, Imprimerie du Compagnonnage, 253 p.
— Thomas Browne, *Religio medici*, Paris, Delamain et Boutelleau, 1947, 196 p.

— *Catalogue de la Bibliothèque de M. Léopold Kahn*, Paris, G. Andrieux, 1935.
— Mina Curtiss, *Bizet et son temps*, Genève-Paris, La Palatine, 1961, 399 p.
— Joseph Czapski, *Terre inhumaine*, Paris, Ed. Self, 1949, 292 p. Traduit du polonais par M.A. Bohomolec.
— Degas, *Lettres recueillies et annotées par Marcel Guérin*, Paris, Grasset, « Cahiers verts », n° 7, 1931, 253 p.
— Pierre Dournes, *Nietzsche vivant*, Paris, Bloud et Gay, 1948, 117 p.
— Drieu La Rochelle, *Mesure de la France*, Paris, Grasset, 1922, 167 p.
— Heyward du Bose, *Porgy*, Paris, Calmann-Lévy, « Le Prisme », 199 p. Traduction de Denyse Clairouin.
— Eugène Exman, *Le Monde d'Albert Schweitzer*, Paris, A. Michel, 1955, 134 p.
— *Exposition Degas*, Paris, éd. des galeries Georges Petit, 1924, 122 p.
— Ferdinand Fried, *La Fin du capitalisme*, Paris, Grasset, « Les Ecrits », n° 4, 1932, 311 p. Traduit de l'allemand par Jean Brunnen
— Jean Giraudoux, *Siegfried*, Paris, Grasset, « Cahiers verts », 2ᵉ cahier de la 3ᵉ série, 1928, 221 p. rééd. 1949, 253 p.
— Charles Guieysse, *Pages libres. Extraits*, Hennebout, Impr. J. Méhat, 1927, 236 p.
— Emile Guillaumin, *Mon compatriote Charles-Louis Philippe*, Paris, Grasset, 1942, 254 p.
— Emile Guillaumin, *Paysans par eux-mêmes*, Paris, Delamain et Boutelleau, 1953, 311 p.
— Emile Guillaumin, *La Vie d'un simple*, Paris, Delamain et Boutelleau, 1932, 313 p.
— Günther Gründel, *La Mission de la jeune génération*, Paris, Plon, 1933, 431 p.
— Marcel-Henri Jaspar, *Ernest Renan et sa république*, Paris, Edit. Albert, 1934.
— Siegfried Kracauer, *Jacques Offenbach ou le secret du Second Empire*, Paris, Grasset, 1937, 399 p.
— Louis Lanoizelée, *Les Bouquinistes des quais de Paris*, Paris, L'auteur-Imprimerie du Cantal, 1956, 302 p.
— Curzio Malaparte, *Les femmes aussi ont perdu la guerre*, Paris, La Palatine, 1958, 223 p.
— Curzio Malaparte, *Le Soleil est aveugle*, 1958, 221 p.
— François Mauriac, *Le Baiser au lépreux*, Paris, Grasset, « Cahiers verts », n° 8, 1922.
— Jules Michelet, *Tableau de la France*, Paris, Féquet et Baudier, 1936, 119 p.
— Frédéric Nietzsche, *Au-delà du Bien et du Mal*, Paris, Bordas, « Les grands maîtres », 1948, 247 p. Traduit par André Meyer et René Guast. Edition illustrée, annotée par André Meyer.
— Péguy, *Lettre à Franklin-Bouillon*, Paris, Labeyrie, « L'Amitié », 1948, 56 p.
— Agricol Perdiguier, *Mémoires d'un compagnon*, Moulins, « Cahiers du centre », n° 47, 1914, 403 p. et Paris, Rivière, 1914, préface des deux éditions.
— Henri Pitaud, *Les Français au Paraguay*, Bordeaux, Bière, 1955, 221 p.
— Pierre-Joseph Proudhon, *Carnets*, Paris, Rivière, 1960. Notes et appareil critique de Pierre Haubtmann, présentation de Suzanne Henneguy et Jeanne Fauré-Frémiet.
— J.H. Rosny aîné, *La Mort de la terre*, Paris, Denoël, 1958, 221 p.

Introduction et annotations
— *Degas parle*, Paris-Genève, La Palatine, 1960, 189 p.
— Léon Gambetta, *Lettres 1868-1882 recueillies et annotées par Daniel Halévy et Emile Pillias*, Paris, Grasset, 1938, 665 p.

Ouvrage paru dans la série : « Documents » publiée sous la direction de la Société d'histoire de la IIIe République, n° 1.
— Ludovic Halévy, *Carnets*, Paris, Calmann-Lévy, 1935, t. 1 : 1862-1869, 230 p. et t. 2 : 1869-1870, 224 p.
— Ludovic Halévy, *Trois dîners avec Gambetta*, Paris, Grasset, « Les amis des cahiers verts », n° 4, 1929.
— Pierre-Joseph Proudhon, *Lettres choisies et annotées par Daniel Halévy et Louis Guilloux*, Paris, Grasset, « Les Ecrits », 1929, 364 p.
— Pierre-Joseph Proudhon, *Les Confessions d'un Révolutionnaire pour servir à l'Histoire de la Révolution de Février*, Paris, Rivière, 1929, 443 p. Paru dans la série des *Œuvres Complètes*. Edition publiée sous la direction de Célestin Bouglé et Henri Moysset.
— Vicomte Eugène-Melchior de Voguë, *Journal. Paris-Saint-Pétersbourg (1877-1883)*, Paris, Grasset, « Cahiers verts » n° 9, 1932, 352 p.

Ouvrages traduits par D. Halévy

— *Le Cas Wagner. Un problème musical de Nietzsche*, Paris, Librairie Schulz, 1893, 79 p. Traduit par D.H. et Robert Dreyfus.
— George Moore, *Esther*, Paris, Ed. du siècle, « Les Maîtres étrangers », 1933, 420 p. Traduction de D.H. et Mlle Laparra.
— Curzio Malaparte, *Les Femmes aussi ont perdu la guerre*, Paris, La Palatine, 1958, 223 p. Préface et traduction de D.H.

Traductions d'ouvrages de D. Halévy

Daniele HALÉVY, *Il Castigo della democrazia : storia di quatro anni (1997-2001)*, Firenze, Casa editrice Italiana, « Quaderni della voce, racolti da Giuseppe Prezzolini 7 », 1911, 117 p. Traduzione di Pietro Jahier.
— *The Life of Friedrich Nietzsche*, London, Leipsic, T.F. Unwin, 1911, 368 p. Translated by J. M. Hone with an introduction by T. M. Kettle.
— *The Life of Friedrich Nietzsche*, New York, The Macmillan Company, 1911, 368 p. Translated by J. M. Hone with an introduction by T. M. Kettle.
— *La Vita di Federico Nietzsche*, Torino, Fratelli Boca, « Piccola biblioteca di scienze moderne », 1912, 335 p. Versione Italiana di L. Ambrosini.
— *The Life of Friedrich Nietzsche*, London, Leipsic, T.F. Unwin, 1914, 368 p. Translated by J. M. Hone with an introduction by T. M. Kettle.
— *The Life of Friedrich Nietzsche*, New York, The Macmillan Company, 1914, 368 p. Translated by J. M. Hone with an introduction by T. M. Kettle.
— *Präsident Wilson. Eine studie über die amerikanische Demokratie*, Zürich, Rascher & Cie Verlag, 1919, 319 p.
— *Wilson e la democrazia americana*, Napoli, L'editrice Italiana, 1919, 204 p.
— *Vauban, builder of fortresses*, London, G. Bles, 1924, 256 p. Translated with notes by Major C.J.C. Street.
— *Vauban, builder of fortresses*, New York, Dial Press, 1925, 256 p. Translated with notes by C.J.C. Street.
— *Vauban, builder of fortresses*, New York, Lincoln Mac Veagh, 1925, 256 p. Translated with notes by C.J.C. Street.
— *Nietzsche*, Madrid, Ediciones « La Nave », 1942, 428 p.
— *La Vida de Federico Nietzsche*, Buenos Aires, Emece editores s.a., 1943, 447 p. Traduccion de Ricardo Baeza y Jorge Zalamea.
— *Péguy and Les cahiers de la quinzaine*, London, D. Dobson Ltd, 1946, 232 p. Translated by Ruth Bethell.

— *Péguy and Les cahiers de la quinzaine*, New York, Longmans, Green, 1947, 232 p. Translated by Ruth Bethell.
— *President Wilson*, New York, John Lane Company, London, John Lane, 1947, 232 p. Translated from the French by Hugh Stokes.
— *La Fine dei notabili*, Milano, L. Longanesi, « La buona societa », 1948, 316 p. Traduzione dal francese di Gianna Tornabuoni.
— *La Fine dei notabili*, Milano, L. Longanesi, « Piccola biblioteca Longanesi », 1954, 315 p. Traduzione dal francese di Gianna Tornabuoni.
— *The Life of Friedrich Nietzsche*, Toronto, Briggs [s.d.], 368 p.
— *Charles Péguy. Leben und Werk*, München, Pustet, 1960, 352 p.

BIBLIOGRAPHIE DE LA RÉCEPTION DE DANIEL HALÉVY

I. Daniel Halévy et le monde des lettres
I.1. Histoires littéraires et critiques littéraires
I.2. Journaux, mémoires, souvenirs et autobiographies
I.3. Correspondances
I.4. Essais
I.5. Romans
I.6. Discours

II. La critique et Daniel Halévy
II.1. (1892-1918)
II.2. (1919-1940)
II.3. (1940-1945)
II.4. (1946-1962)

III. Articles posthumes

Les pages indiquées correspondent aux passages concernant Daniel Halévy.

I. Daniel Halévy et le monde des lettres

I.1. Histoires littéraires et critiques littéraires

André BELLESSORT, *Les Intellectuels et l'avènement de la IIIe République : 1871-1875*, Paris, Grasset, « Les leçons du passé », 1931, pp. 247-255. [Reproduction de l'article « Deux livres d'histoire contemporaine », *Journal des Débats*, 6 août 1930.]

Geneviève BIANQUIS, *Nietzsche en France. L'influence de Nietzsche sur la pensée française*, Paris, Librairie Félix Alcan, 1929, p. 32, 50, 119, 122, 126.

André BILLY, *La Littérature française contemporaine*, Paris, Colin, 1937, p. 195.

— *L'Epoque 1900 1885-1905*, Paris, Editions Jules Tallandier, « Histoire de la vie littéraire », 1951, p. 9, 119, 382, 464.

— *L'époque contemporaine (1905-1930)*, Paris, Editions Jules Tallandier, « Histoire de la vie littéraire », 1956, pp. 14-17, 328-329.

Pierre de BOISDEFFRE, *Une histoire vivante de la littérature d'aujourd'hui 1938-1958*, Paris, Le livre contemporain, 1958, p. 119, 181, 208.

— *Histoire de la littérature de langue française des années 1930 aux années 1980*, t. I, Paris, Librairie académique Perrin, 1980, p. 47, 332, 369.

Louis CHAIGNE, « Un grand témoin... Quelque peu prophète : Daniel Halévy » dans J. Calvet (dir.), *Histoire de la littérature française*, Paris, Del Duca, 1964, pp. 500-505.

— *Itinéraires d'une espérance*, Paris-Fontenay-le-Comte, Beauchesne, 1970, pp. 241-253.

— *Vies et œuvres d'écrivains*, F. Lanore, 1936, vol. 1, p. 18.

Jacques CHASTENET, *Histoire de la Troisième République. Jours inquiets et jours sanglants 1906-1918*, Paris, Hachette, 1957, p. 137, 388.

Henri CLOUARD, *Histoire de la littérature française. Du symbolisme à nos jours*, Paris, Albin Michel, 1947, vol. 1 : p. 343, 359, 368, 374 et 1949, vol. 2 : 125, 131-134, 163, 541, 656. [Passage reproduit dans Henri Clouard, « Daniel Halévy », *La Gazette des lettres*, 30 avril 1949, n° 87.]

Ernest FLORIAN-PARMENTIER, *La Littérature et l'époque. Histoire de la littérature française de 1885 à nos jours*, Paris, Eugène Figuière, 1914, p. 549.

Pierre GILBERT, *La Forêt des Cippes*, Champion, 1918, pp. 306-308. [Reproduction d'un article « Aux intellectuels », *Revue critique des idées et des livres*, 25 juillet 1911, n° 79, pp. 159-175.]

René GROOS et Gonzague TRUC, *Les Lettres*, Paris, Denoël-Stock, 1934, pp. 142-143.

Kléber HAEDENS, *Une histoire de la littérature française*, Paris, Grasset, « Les Cahiers rouges », 1970, p. 351. [Réédité : Genève, Editions Famot, 1979, p. 297.]

Abel HERMANT, *La Vie littéraire*, Paris, Ernest Flammarion, 1928, vol. 2, pp. 73-78. [Reproduction de l'article « M. Daniel Halévy, Nietzsche, Péguy et le Président Wilson » paru dans *Le Figaro*, le 29 octobre 1918.]

René LALOU, *Histoire de la littérature française contemporaine (1870 à nos jours)*, Paris, PUF, 1941, t. I : p. 281, 319, 322, 333 et t. II : pp. 557-558.

Frédéric LEFÈVRE, *Une heure avec...* Paris, Editions de la NRF, « Les documents bleus – 5 », 1924, pp. 161-167. [Reproduction de l'article « Une heure avec Daniel Halévy », *Les Nouvelles Littéraires*, 27 janvier 1923.]

Charles LE GOFFIC, *La Littérature française au XIXe siècle*, t. II, Paris, Larousse, 1919, p. 208

Claude MAURIAC, *Le Temps immobile*, Paris, Grasset, 1974, t. I, p. 22, 468.

— *Le Temps immobile. Les Espaces imaginaires*, Paris, Grasset, 1975, t. II, p. 229.

— *Le Temps immobile. Bergère ô tour Eiffel*, Paris, Grasset, t. VIII, p. 34, 335.

François MAURIAC, *Le Nouveau bloc-notes 1958-1960*, Paris, Flammarion, 1961, pp. 317 et 339-340.

— *Le Nouveau bloc-notes 1961-1964*, Paris, Flammarion, 1968, pp. 70 et pp. 109-110.

— *Le Nouveau bloc-notes 1965-1967*, Paris, Flammarion, 1970, pp. 361-363.

— *Le Dernier bloc-notes 1968-1970*, Paris, Flammarion, 1971, pp. 226-227.

Eugène MONTFORT (dir.), *Vingt-cinq ans de littérature française, 1885-1920*, Paris, Librairie de France, s.d. [ca 1925], t. I : pp. 225, 237-239 et t. II : pp. 135, 140, 152, 160.

Henry POULAILLE, *Nouvel Age littéraire*, Paris, Librairie Valois, 1930, p. 83, 236, 294, 401.

Pierre MOREAU, *La Critique littéraire en France*, Paris, Armand Colin, 1960, p. 175.

Joseph REINACH, *Histoire de l'Affaire Dreyfus*, Paris, Fasquelle, 1911, t. III, p. 244, note 3.

Jacques ROBICHEZ (dir.), *Précis de la littérature française du XXe siècle*, Paris, PUF, 1985, p. 106.

Maurice ROUZAUD, *Où va la critique ? Reportage*, Paris, Editions Saint-Michel, 1931, pp. 69-75. [Reproduction de : « Où va la critique ? », *Les Nouvelles Littéraires*, 14 juillet 1923, p. 10.]

Alphonse SÉCHÉ, *Dans la mêlée littéraire (1900-1930)*, Paris, Société Française d'éditions littéraires et techniques, E. Malfère, 1935, pp. 49-52.

Christian SÉNÉCHAL, « Daniel Halévy, témoin de son temps », dans *Die neueren Sprachen*, 1931, pp. 603-605.

— *Les Grands Courants de la littérature française contemporaine*, Paris, Edgar Malfère, 1933, p. 3, 10, 13, 16, 18, 21-23, 25, 27, 57-58, 76-77, 135, 186, 225, 265, 281, 412-414, 417.

Pierre-Henri SIMON, *Histoire de la littérature française au XXe siècle 1900-1950*, Paris, Colin, 1956, t. I, p. 89, 216, t. II, p. 22, 95.

Albert THIBAUDET, *Histoire de la littérature française de 1789 à nos jours*, Paris, Stock, 1936, p. 471.

Paul TRUFFAU, *Histoire de la littérature française*, Paris, Librairie Hachette, 1951, p. 1308. [Ce volume est la version augmentée du manuel de Gustave Lanson paru sous le même titre, Paul Truffau a remanié ce qui concerne la période 1850-1950.]

Paolo VITA-FINZI, *Le Delusioni della libertà*, Firenze, Vallecchi editore, 1961, p. 7-8, 15, 20, 25, 43-51, 84. [Reproduction d'un article : « Il Duemila di Halévy » paru *dans Il Mondo*, 6 septembre 1955.]

Sources et bibliographie 521

I.2. Journaux, mémoires, souvenirs et autobiographies

Philippe ARIÈS, *Un historien du dimanche*, Paris, Seuil, 1980, p. 87, 101.
Robert ARON, *Fragments d'une vie*, Paris, Plon, 1981, p. 101, 113.
Jacques BAINVILLE, *Lectures*, Paris, Fayard, 1937, pp. 127, 156-157, 197. Préface de Charles Maurras.
Maurice BARRÈS, *Mes cahiers*, Paris, Plon, 1950, t. XIII [1920-1921], p. 53.
Gérard BAUER, *Chroniques III (1965-1967) et quelques proses*, Paris, Gallimard, 1967, p. 192.
Julien BENDA, *Un régulier dans le siècle*, Paris, Gallimard, 1938, [rééd. Gallimard, 1989], p. 153, 258. [Livre paru auparavant sous formes d'articles « Un régulier dans le siècle (III) », *NRF*, 1er janvier 1938, n° 292, pp. 74-96.]
Jacques-Emile BLANCHE, *Mes Modèles*, Paris, Librairie Stock, 1928, pp. V-VI.
— *La Pêche aux souvenirs*, Paris, Flammarion, 1949, p. 99, 108, 131, 152, 169. [Une partie de ses souvenirs a été publiée sous le titre « Tableaux d'une existence », *Revue de Paris*, n° 18, 15 septembre 1931, pp. 281-317.]
Léon BLUM, *Souvenirs sur l'Affaire*, Paris, Gallimard, « Folio-Histoire », 1981 [1re éd. : 1935], p. 91.
Claude BOURDET, *L'Aventure incertaine. De la Résistance à la Restauration*, Paris, éditions du Félin, 1998, [1re éd. : Stock, 1975] p. 72.
André CHAMSON, *Devenir ce qu'on est*, Namur, Wesmael-Charlier, 1959, p. 53.
Jean COCTEAU, *Journal 1942-1945*, Paris, Gallimard, 1989, p. 177.
Jacques COPEAU, *Journal 1901-1948*, Paris, Seghers, 1991, t. I : p. 466, 596, 601, t. II : p. 293, 433, 434.
Léon DAUDET, *Souvenirs des milieux littéraires, politiques, artistiques et médicaux. L'Entre-deux-guerres*, Paris, Robert Laffont, « Bouquins », 1992, p. 343. [1re éd. : Paris, Nouvelle librairie nationale, 1915.]
Marcel DÉAT, *Mémoires politiques*, Paris, Denoël, 1989, p. 140.
Robert DEBRÉ, *L'Honneur de vivre*, Paris, Hermann-Stock, 1974, p. 71.
— « Préface » à : Daniel Halévy, *Péguy*, Paris, Pluriel-Poche, 1979 [rééd. du *Péguy* de 1944], pp. 15-56 [Préface rédigée en 1977].
Louis DIMIER, *Vingt ans d'Action française et autres souvenirs*, Paris, NLN, 1926, p. 82.
Robert DREYFUS, *Souvenirs sur Marcel Proust*, Paris, Grasset, 1926, p. 31, 33, 36-39, 47-49, 69-72, 78-81, 83, 112, 128, 150, 161, 174, 202, 236, 326, 336-338.
— *De Monsieur Thiers à Marcel Proust*, Paris, Plon, 1939, p. 5, 16, 46, 61, 66-67, 141, 253.
Pierre DRIEU LA ROCHELLE, *Journal 1939-1945*, Paris, Gallimard, 1992, p. 364.
Charles DU BOS, *Journal 1921-1923*, Paris, Editions Corrêa, 1946, p. 7, 18, 38, 234.
— *Journal 1924-1925*, Paris, Editions Corrêa, 1948, p. 21, 290, 303-304, 306.
— *Journal V (1929)*, Paris, La Colombe – Editions du Vieux Colombier, 1954, p. 37, 40-41.
Georges DUHAMEL, *Le Livre de l'amertume. Journal 1925-1956*, Paris, Mercure de France, 1983, pp. 91-92.
Jean GALTIER-BOISSIÈRE, *Mémoires d'un Parisien*, t. II, Paris, La Table Ronde, 1961, p. 108, 216.
Elisabeth DE GRAMONT, *Souvenirs du Monde de 1890 à 1940*, Paris, Grasset, 1966, p. 157, 408.
Antonio GRAMSCI, *Cahiers de prison, 6, 7, 8, 9*, Paris, Gallimard, « Bibliothèque de philosophie », 1983, [écrits en 1930-1931], p. 39, 117-118.
— *Cahiers de prison, 10, 11, 12, 13*, Paris, Gallimard, « Bibliothèque de philosophie », 1978 [écrits en 1932], p. 291, 293.

Fernand GREGH, *L'Age d'or. Souvenirs d'enfance et de jeunesse*, Paris, Grasset, 1947, p. 7, 9, 136, 137, 142, n. 1, 148-149, 152, n. 1, 242, 259, 282, 290.
— *L'Age d'airain (Souvenirs 1905-1925)*, Paris, Grasset, 1951, p. 11-13, 170, 254, 256, 263.
— *L'Age de fer (Souvenirs 1925-1955)*, Paris, Grasset, 1956, p. 150
— *Mon amitié avec Marcel Proust. Souvenirs et lettres*, Paris, Grasset, 1958, p. 23, 26, 27, 29, 44, 150, 153.
Jean GRENIER, *Sous l'Occupation*, Paris, Editions Claire Paulhan, 1997, pp. 53-54, 97, 129-130, 132-134, 137, 271, 291-292, 331, 353.
Jean GUÉHENNO, *La Foi difficile*, Paris, Bernard Grasset, « Les Cahiers verts », 1957, pp. 89-97.
— *Journal d'une Révolution (1937-1938)*, Paris, Grasset, 1939, pp. 69-76. [Reproduction du compte rendu de l'Union pour la vérité.]
Daniel GUÉRIN, *Front populaire révolution manquée*, Paris, René Julliard, 1963, p. 49.
— *Autobiographie de jeunesse. D'une dissidence sexuelle au socialisme*, Paris, Pierre Belfond, 1972, p. 109-111, 123, 134, 157. [L'ouvrage avait déjà paru chez Julliard en 1965, sous le titre *Un jeune homme excentrique*. *L'Autobiographie...* est une version légèrement augmentée.]
— *Le Feu du sang*, Paris, Grasset, 1977, pp. 106-107.
Louis GUILLOUX, *Carnets 1921-1944*, Paris, Gallimard, 1978, p. 42, 44, 48, 50, 210, 214.
— *Carnets 1944-1974*, Paris, Gallimard, 1982, p. 187, 190-192, 211, 233, 242, 251, 504.
— *L'Herbe d'oubli*, Paris, Gallimard, 1984, p. 350.
Jean GUITTON, *Journal. Etudes et rencontres 1952-1955*, Paris, Plon, 1959, t. 1, pp. 161-163.
— *Une mère dans sa vallée*, Paris, Aubier, 1961, p. 233.
— *Journal 1955-1964*, Paris, Plon, 1968, t. 2, pp. 123-125, 191-199.
— *Journal de ma vie. 1. Présences du passé*, Paris, DDB, 1976, p. 159, 163-166, 170-175, 183-185, 190-191, 196-197, 201-203, 211-213, 218-22, 237-238, 251, 262-265, 271-272, 286.
— *Journal de ma vie. 2. Avenir du présent*, Paris, DDB, 1976, p. 80, 86, 305.
— *Le Temps d'une vie*, Retz centurion, 1980, pp. 147-151.
[La majeure partie des témoignages de Jean Guitton cités ci-dessus ont été reproduits dans : Jean Guitton, « Rencontres avec Daniel Halévy », *Contrepoint*, 1976, pp. 107-114.]
Pierre HAMP, *La Peine des hommes. Il faut que vous naissiez de nouveau*, Paris, Gallimard, 1935, pp. 54-55.
Edmond JALOUX, *Les Saisons littéraires 1896-1903*, Fribourg, éditions de la librairie de l'Université, 1942, t. 1, p. 126.
— *Les Saisons littéraires 1904-1914*, Fribourg-Paris, éditions de la librairie de l'Université-Plon, 1950, t. 2, p. 35.
Paul LÉAUTAUD, *Journal littéraire*, Paris, Mercure de France, 1956, t. III (1910-1921) : p. 312, 335-336, 341 , 1957, t. IV (1922-1924), p. 80 , 1958, t. V (janvier 1925-juin 1927), p. 232 , 1959, t. VI (juillet 1927-juin 1928) : p. 47 , 1960, t. VIII (août 1929-mai 1931) : p. 107, 342 , 1960, t. IX (mai 1931-octobre 1932) : p. 193.
Curzio MALAPARTE, *Journal d'un étranger à Paris*, Paris, Denoël, 1967, p. 28, 80, 89, 176-177, 232, 234. [1947-1948.]
Raïssa MARITAIN, *Les Grandes Amitiés*, Paris, Desclée de Brouwer, 1949 [1re éd. : 1944], pp. 276-279.

Michel MANOLL, *Entretiens avec Robert Garric*, Paris, Les Editions de l'épargne, 1970, p. 65, 78-79. [Ces entretiens sont la reproduction fidèle d'enregistrements radiophoniques : INA-Phonothèque, France-Culture, Michel Manoll : entretiens avec Robert Garric, 10 août 1964.]
Maurice MARTIN DU GARD, *Les Libéraux. De Renan à Chardonne*, Paris, Plon, 1967, pp. 63-68. [Ce passage a été reproduit sous le titre « Un libéral », dans *Contrepoint*, 1976, p. 196.]
— *Les Mémorables (1924-1930)*, Paris, Flammarion, 1957, t. I, p. 77, 295, 1960, t. II, p. 31, 34, 105-119, 172, 215, 373, 395, 425. [Le passage des pp. 105-119 intitulé : « Le goûter du Palais-Royal » est la reproduction à peine modifiée d'un article paru sous le même titre dans la *Revue des Deux Mondes*, 15 janvier 1957, pp. 293-307.]
Roger MARTIN DU GARD, *Journal*, t. III : 1937-1949, Paris, Gallimard, 1993, p. 417.
Henri MASSIS, *Evocations. Souvenirs : 1905-1911*, Paris, Plon, 1931, p. 175, 273.
— *Au long d'une vie*, Paris, Plon, 1967, p. 21, 161, 249.
François MAURIAC, *Journal d'un homme de trente ans*, Paris, Gallimard, « Bibliothèque de la Pléiade », 1990, [11 décembre 1920] p. 262.
— *Mémoires intérieurs*, Paris, Gallimard, « Bibliothèque de la Pléiade », 1990, p. 454.
André MAUROIS, *Mémoires*, Paris, Flammarion, 1970, p. 134.
Lucie MAZAURIC, *Avec André Chamson. Ah Dieu! Que la paix est jolie*, Paris, Plon, 1972, p. 67, 72-80, 83, 98-99, 205, 231, 245.
— *Avec André Chamson. 1934-1939. Vive le Front populaire*, Paris, Plon, 1976, p. 28, 36, 42, 214.
— *Avec André Chamson. Le Louvre en voyage 1939-1945*, Paris, Plon, 1978 [1re éd. : 1967], p. 124.
Pierre MONATTE, « Paris 1902 », *Témoins*, printemps 1955, n° 8, p. 14.
Abbé MUGNIER, *Journal (1879-1939)*, Paris, Mercure de France, 1985, p. 389, 475, 504.
Henry MULLER, *Trois pas en arrière*, Paris, La Table Ronde, 1952, p. 24, 87, 175.
Guy de POURTALÈS, *Journal II 1919-1941*, Paris, Gallimard, 1991, p. 139, 169-170, 217.
Catherine POZZI, *Journal 1913-1934*, Paris, Seghers, « Pour mémoire », 1987, p. 46, 55-56, 149, 195, 416, 425-427, 431, 434, 444, 446, 467, 474, 491, 500-501, 508, 516, 525, 527, 529, 533-534, 536, 538, 543, 549, 558-559, 573-574.
Maurice RECLUS, *Le Péguy que j'ai connu. Avec 100 lettres de Charles Péguy 1905-1914*, Paris, Hachette, 1951, p. 18, 20, 55, 68, 147.
RÉMY, *Dix ans avec de Gaulle 1940-1950*, Paris, Presses Pocket, 1972, p. 347.
Romain ROLLAND, *Journal des années de guerre 1914-1919*, Paris, Albin Michel, 1952, p. 539, 556, 1720.
[Les ouvrages qui suivent comprennent des extraits du *Journal* de Malaparte]
Edda RONCHI SUCKERT, *Malaparte volume II 1927-1931*, Ponte alle Grazie, Città di Castello, 1992, p. 721, 726.
— *Malaparte volume III 1932-1936*, Ponte alle Grazie, Città di Castello, 1992, p. 160.
— *Malaparte volume IV 1937-1939*, Ponte alle Grazie, Città di Castello, 1992, p. 347, 476.
— *Malaparte volume VI 1942-1945*, Ponte alle Grazie, Città di Castello, 1993, p. 686, 700, 737, 754, 756.
— *Malaparte volume VII 1946-1947*, Ponte alle Grazie, Città di Castello, 1993, p. 55, 116, 286, 317, 331, 334-335, 661.

Denis DE ROUGEMONT, *Journal d'une époque*, Paris, Gallimard, 1968, p. 105, 365.
Jean SCHLUMBERGER, *Notes sur la vie littéraire 1902-1968*, Paris, Gallimard, « Les cahiers de la NRF », 1999, p. 92.
Pierre-Victor STOCK, *Mémorandum d'un éditeur*, Paris, Stock, 1936, t. I, p. 211, 251, 253-254, 258.
Xavier VALLAT, *Charles Maurras numéro d'écrou 8. 321*, Paris, Plon, 1953, p. 87, 232.
Jean VARIOT, « Daniel Halévy », dans *Propos de Georges Sorel*, Paris, Gallimard, 1935, pp. 10, 14, 163-167, 254, 257, 263-264.
Léon WERTH, *Déposition. Journal 1940-1944*, Paris, Viviane Hamy, 1992, pp. 613-614.
Marcel WIRIATH, « Daniel Halévy », dans *Silhouettes*, Paris, Editions Self, 1949, pp. 36-37.
Alexandre ZÉVAÈS, *Histoire de la Troisième République. 1870 à 1926*, Paris, éditions Georges Anquetil, 1926, p. 387.

I.3. Correspondances

Alain, *Correspondance avec Elie et Florence Halévy*, Paris, Gallimard, 1958, p. 48, 117.
— *Les Propos d'un Normand de 1912*, Paris, Institut Alain, 1998, p. 207. [Fragment de lettre d'Alain à Marie-Monique Morre-Lambelin, 6 juin 1912]
Correspondance Jacques-Emile Blanche-Maurice Denis (1901-1939), Genève, Droz, « Textes littéraires français », 1989, p. 74, 76, 172.
Jacques-Emile BLANCHE, *Nouvelles lettres à André Gide (1891-1925)*, Genève, Droz, « Textes littéraires français », 1982, p. 86, 150.
Deux hommes se rencontrent. Correspondance entre Jean-Richard Bloch et Romain Rolland, Paris, Albin Michel, « Cahiers Romain Rolland » n° 15, 1964, p. 39, 144, 176, 178.
Correspondance Jean-Richard Bloch-Marcel Martinet (1911-1935), Tokyo, Editions de l'Université Chuô, 1994, p. 27.
Jacques CHARDONNE et Jean PAULHAN, *Correspondance (1928-1962)*, Paris, Stock, 1999, p. 122.
Correspondance Paul Claudel-Jacques Rivière 1907-1924, Paris, Gallimard, « Cahiers Paul Claudel » n° 12, 1984, p. 262.
Correspondance Jacques Copeau-Roger Martin du Gard 1913-1949, Paris, Gallimard, 1972, t. I : p. 307.
Benedetto CROCE-Giuseppe PREZZOLINI, *Carteggio I 1904-1910*, Roma, Edizioni di storia e letteratura, p. 257, 259, 288.
— *Carteggio II 1911-1945*, Roma, Edizioni di storia e letteratura, pp. 489-490.
Charles DE GAULLE, *Lettres, notes et carnets. Janvier 1961-Décembre 1963*, Paris, Plon, 1986, p. 202.
— *Lettres, notes et carnets. Mai 1969-Novembre 1970 Compléments de 1908 à 1968*, Paris, Plon, 1988, p. 258, 261-262, 273.
— *Lettres, notes et carnets. Compléments 1924-1970*, Paris, Plon, 1997, p. 17, 24-25.
Correspondance Henri Ghéon-André Gide 1897-1903, Paris, Gallimard, 1976, p. 732, 733, 758, 765-767, 853.
Correspondance André Gide-Jacques-Emile Blanche 1892-1939, Paris, Gallimard, « Cahiers André Gide » n° 8, 1979, p. 303.
Correspondance André Gide-Jacques Copeau 1902-1949, Paris, Gallimard, « Cahiers André Gide » n° 12, 1987-1988, t. I, p. 354, 359, 402, 444, 645, 650.

Correspondance entre Louis Gillet et Romain Rolland, Paris, Albin Michel, « Cahiers Romain Rolland » n° 2, 1949, p. 278.

Correspondance Jean Giono-Lucien Jacques, Paris, Gallimard, « Cahiers Jean Giono n° 1 », 1981, p. 217, 241, 253-255, 298.

— Paris, Gallimard, « Cahiers Jean Giono n° 3 », 1983, p. 24.

L'indépendance de l'esprit. Correspondance entre Jean Guéhenno et Romain Rolland 1919-1944, Paris, Albin Michel, « Cahiers Romain Rolland » n° 23, 1975, p. 39, 58, 126, 128, 305.

Elie HALÉVY, *Correspondance 1891-1937*, Paris, éditions de Fallois, 1996, p. 60, 68, 79, 83, 93, 207, 217, 230, 231, 234-235, 238-239, 249, 312, 319, 411, 443, 459, 482, 707, 734.

[Les ouvrages qui suivent comprennent les lettres de Malaparte à D. Halévy]

Edda RONCHI SUCKERT, *Malaparte volume II 1927-1931*, Ponte alle Grazie, Città di Castello, 1992, [lettres de Malaparte à D. Halévy] p. 686-687, 731-732, 747, 755, 761-762, 765-766, 768, 796-797, 852, 860.

— *Malaparte volume III 1932-1936*, Ponte alle Grazie, Città di Castello, 1992, [lettres de Malaparte à D. Halévy] p. 16-18, 22, 44, 66-67, 82, 124-125, 175-176, 190-191, 225-226, 534-536, 572-574, 590-591, 602, 620-621.

— *Malaparte volume VII 1946-1947*, Ponte alle Grazie, Città di Castello, 1993, [lettres de Malaparte à D. Halévy] p. 72-73.

Stéphane MALLARMÉ, *Correspondance*, t. III : 1886-1889, Paris, Gallimard, 1969, p. 396.

Correspondance François Mauriac-Jacques-Emile Blanche 1916-1942, Paris, Grasset, 1976, p. 18, 122, 124, 168, 173, 194, 208.

Jean-Pierre DESCHODT (éd.), *Cher Maître... Lettres à Charles Maurras*, Paris, éditions Christian de Bartillat, 1995, p. 359, 373-374, 577.

Jean PAULHAN, *Choix de lettres, t. I : 1917-1936. La Littérature est une fête*, Paris, Gallimard, 1986, p. 194, 282.

— *Choix de lettres, t. II : 1937-1945. Traité des jours sombres*, Paris, Gallimard, 1992, p. 175.

Charles PÉGUY et Romain ROLLAND, *Une amitié française. Correspondance*, Paris, Albin Michel, 1955, p. 273.

Pour l'honneur de l'esprit. Correspondance entre Charles Péguy et Romain Rolland 1898-1914, Paris, Albin Michel, « Cahiers Romain Rolland » n° 22, 1973, p. 92, 289.

« Charles Péguy et Georges Sorel-Correspondance », *L'Amitié Charles Péguy*, octobre-décembre 1981, n° 16, p. 264.

Correspondance Henri Pourrat-Lucien Gachon du 31 janvier 1921 au 25 décembre 1927, « Cahiers Henri Pourrat » n° 9, Clermont-Ferrand, Bibliothèque municipale et interuniversitaire de Clermont-Ferrand, 1991, p. 53, 56, 60, 137, 182.

Correspondance Henri Pourrat-Lucien Gachon du 18 janvier 1928 au 29 décembre 1933, « Cahiers Henri Pourrat » n° 11, Clermont-Ferrand, Bibliothèque municipale et interuniversitaire de Clermont-Ferrand, 1993, p. 16, 24.

Correspondance Henri Pourrat-Lucien Gachon du 21 janvier 1934 au 15 décembre 1939, « Cahiers Henri Pourrat » n° 12, Clermont-Ferrand, Bibliothèque municipale et interuniversitaire de Clermont-Ferrand, 1994, p. 79-81, 85, 108, 128, 131, 165-166, 187.

Correspondance Henri Pourrat-Lucien Gachon du 1er janvier 1940 au 18 septembre 1942, « Cahiers Henri Pourrat » n° 13, Clermont-Ferrand, Bibliothèque municipale et interuniversitaire de Clermont-Ferrand, 1996, p. 7, 29, 91, 33-34, 43, 66, 107, 117, 131, 136, 138, 185-186.

Correspondance Henri Pourrat-Lucien Gachon du 23 septembre 1942 au 29 décembre 1946, « Cahiers Henri Pourrat » n° 14, Clermont-Ferrand, Bibliothèque municipale et interuniversitaire de Clermont-Ferrand, 1998, p. 52, 62, 88, 90, 137, 191.

Catherine POZZI et Jean PAULHAN, *Correspondance 1926-1934*, Paris, éditions Claire Paulhan, « Pour mémoire », 1999, p. 58, 61, 69, 72, 80, 81, 84, 99.

Marcel PROUST, *Correspondance*, Paris, Plon, 1970, t. I (1880-1895), p. 105, 112-114, 116-117, 165, 1976, t. III (1902-1903), p. 232, 1980, t. VI (1906), p. 116, 189, 1981, t. VII (1907), p. 320, 1981, t. VIII (1908), p. 39, 116-117, 1983, t. X (1910-1911), p. 96, 1984, t. XI (1912), p. 213, 1985, t. XIII (1914), p. 336, 358, 1989, t. XVII (1918), p. 42, 272, 494, 1990, t. XVIII (1919), p. 172, 312, 353, 387, 463, 1991, t. XIX (1920), p. 108-109, 176, 206-207, 271, 1992, t. XX (1921), p. 47, 191, 598, 600, 1993, t. XXI (1922), p. 435, 439, 445, 454.

Correspondance Marcel Proust-Gaston Gallimard 1912-1922, Paris, Gallimard, 1989, p. 138, 445.

Correspondance Marcel Proust-Jacques Rivière 1914-1922, Paris, Gallimard, 1976, p. 43, 64, 241-244.

« Jules Riby. Lettres à Joseph Lotte », *L'Amitié Charles Péguy. Feuillets mensuels*, 23 avril 1964, n° 106, pp. 34-39.

« Jules Riby. Lettres à Joseph Lotte », *L'Amitié Charles Péguy. Feuillets mensuels*, 25 juillet 1964, n° 108, pp. 8-10, 31, 33-34.

Correspondance Jacques Rivière-Gaston Gallimard 1911-1924, Paris, Gallimard, 1994, p. 218.

Choix de lettres à Malwida von Meysenbug, Paris, Albin Michel, « Cahiers Romain Rolland » n° 1, 1948, p. 211.

Georges SOREL, *Lettres à Paul Delesalle 1914-1921*, Paris, Grasset, 1947, p. 189, 233-234.

« Lettere di Giorgio Sorel a Uberto Lagardelle », *Educazione fascista. Rivista di politica, arte e letteratura*, giugno 1933-XI, p. 516, ottobre 1933-XI, pp. 958-960.

« Georges Sorel à Joseph Lotte », *L'Amitié Charles Péguy. Feuillets mensuels*, juillet 1953, n° 34, p. 6-7, 9, 11, 13.

« Lettres de G. Sorel à Mario Missiroli » reproduites dans Georges Sorel, « *Da Proudhon a Lenin* » e « *l'Europa sotto la tormenta* », Roma, Edizioni di storia e letteratura, 1973, p. 439-441, 455, 496-97, 500, 634.

« Lettres de G. Sorel à Giuseppe Prezzolini » reproduites dans La Voce e *l'Europa Il movimento fiorentino de* La Voce : *dall'identità culturale italiana all'identità culturale europea*, Presidenza del consiglio dei ministri, p. 650, 742.

« Lettres de Georges Sorel à Edouard Berth-Première partie : 1904-1908 », *Cahiers Georges Sorel*, n° 3, 1985, p. 114, 128, 132-133.

« Lettres de Georges Sorel à Edouard Berth-Deuxième partie : 1909-1910 », *Cahiers Georges Sorel*, n° 4, 1986, p. 96, 100, 106, 115-116, 118-119, 123.

« Lettres de Georges Sorel à Edouard Berth-Troisième partie : 1911-1917 », *Cahiers Georges Sorel*, n° 5, 1987, p. 156, 158, 165-169, 172, 180, 186.

« Lettres de Georges Sorel à Edouard Berth-Quatrième partie : 1918-1922 », *Cahiers Georges Sorel*, n° 6, 1988, p. 116, 124, 136, 153, 159.

« Correspondance de Georges Sorel et Edouard Berth avec Edouard Droz », *Mil neuf cent*, n° 10, 1992, p. 156, 158.

« Lettres de Georges Sorel à Jean Bourdeau-Première partie : 1906-1913 », *Mil neuf cent*, n° 14, 1996, p. 181, 184.

« Lettres de Georges Sorel à Jean Bourdeau-Première partie : 1906-1913 », *Mil neuf cent*, n° 14, 1996, p. 129, 146-147, 159, 161, 192

I.4. Essais

Philippe ARIÈS, « Une civilisation à construire », dans *Ecrits pour une renaissance*, Paris, Plon, « Tribune libre », 1958, pp. 203-222 [Reproduit dans : Philippe Ariès, *Le Présent quotidien 1955-1966*, Paris, Seuil, 1997, pp. 435-439].

Félicien CHALLAYE, *Péguy socialiste*, Paris, Amiot-Dumont, 1954, p. 11, 33, 35, 37, 48, 109, 159, 162, 175-176, 178-181.

L'Œuvre de Léon Blum (1928-1934), Paris, Albin Michel, 1972, p. 161 [Reproduction d'un passage de : *Les Problèmes de la paix*, Paris, Stock, 1931].

L'Œuvre de Léon Blum (1937-1940), Paris, Albin Michel, 1965, p. 132, 546 [Reproduction d'un discours le 8 avril 1938 au sénat et des *Souvenirs sur l'Affaire*].

L'Œuvre de Léon Blum (1940-1945), Paris, Albin Michel, 1955, p. 180 [Reproduction d'une lettre de L. Blum à Marx Dormoy du 16 juillet 1941].

DANIEL-ROPS, *Les Années tournantes*, Paris, éditions du Siècle, 1932, p. 174, 206.

Bernard GRASSET, *Evangile de l'édition selon Péguy. Commentaires et Souvenirs*, Paris, André Bonne éditeur, 1955, p. 13-17, 87, 93, 151, 264-265.

— *La Chose littéraire*, Paris, Gallimard, 1929, p. 176.

Georges GUY-GRAND, *Le Procès de la démocratie*, Paris, Colin, « Le mouvement social contemporain », 1911, p. 112, 118 [Recueil d'articles parus dans la *Revue de métaphysique et de morale* de janvier à septembre 1911].

René JOHANNET, *Vie et mort de Péguy*, Paris, Flammarion, 1950, p. 10, 57, 78, 98, 103, 115, 127, 142, 167-170, 182, 186, 199, 201, 222, 254-258, 262, 266-270, 275, 285, 313, 317, 320, 323-324, 328, 343, 355, 361, 363, 405.

Maxime LEROY, *La Coutume ouvrière. Syndicats, bourses du travail, fédérations professionnelles, coopératives, doctrines et institutions*, Paris, Giard et Brière, « Bibliothèque internationale d'économie politique », 1913, t. I, p. 9, n. 1.

— *Histoire des idées sociales en France. De Babeuf à Tocqueville*, t. II, Paris, Gallimard, « Bibliothèque des idées », 1950, p. 50, 463, 465-466.

Henri MASSIS, *Maurras et notre temps*, Paris-Genève, La Palatine, 1951, t. I : p. 280, t. II : p. 193, 198-199.

Charles MAURRAS, *La Politique religieuse*, Paris, Nouvelle librairie nationale, 1912. [Réédité avec d'autres œuvres sous le titre : *La Politique religieuse*, Paris, NLN, « Les Ecrivains de la renaissance française », 1921, p. 185.]

— *Les Trois Aspects du président Wilson*, Paris, Nouvelle librairie nationale, 1920, pp. 55-59.

— *Dictionnaire politique et critique*, Paris, Fayard, 1933, t. IV, p. 210-212, 216-217.

— *La Seule France. Chronique des jours d'épreuve*, Lyon, H. Lardanchet, 1941, p. 242, 244.

— *De la colère à la justice. Réflexions sur un désastre*, Genève, éditions du Milieu du monde, 1942, p. 178

— *La Contre-révolution spontanée*, Lyon, H. Lardanchet, 1943, p. 153.

Jean-Pierre MAXENCE, *Histoire de dix ans (1927-1937)*, Paris, Gallimard, 1939, p. 37, 296.

Emmanuel MOUNIER, Marcel PÉGUY, Georges IZARD, *La Pensée de Charles Péguy*, Paris, Plon, « Le Roseau d'or », 1931, p. 9, 183.

Charles PÉGUY, *De la situation faite au parti intellectuel dans le monde moderne devant les accidents de la gloire temporelle*, IX-1, 6 octobre 1907, pp. 720-721, 735, 746, 749, 774 [réédition dans les *Œuvres en prose complètes*, t. II, Paris, Gallimard, « Bibliothèque de la Pléiade », 1988].

— *Notre jeunesse*, XI-12, 17 juillet 1910, p. 9, 24, 41, 43-45, 149, 161-165. [Rééd. dans les *Œuvres en prose complètes*, t. III, Paris, Gallimard, « Bibliothèque de la Pléiade », 1992.]

— *Victor-Marie, comte Hugo*, XII-1, 23 octobre 1910, p. 168-170, 177, 179, 182-183, 185, 191-192, 194-200, 202, 208, 215, 226, 230, 232, 250-251, 288, 312, 314, 317, 323-326, 329, 331, 333-334, 339, 345. [Rééd. dans les *Œuvres en prose complètes*, t. III, Paris, Gallimard, « Bibliothèque de la Pléiade », 1992.]

— *L'argent suite*, XIV-9, 27 avril 1913, p. 985. [Rééd. dans les *Œuvres en prose complètes*, t. III, Paris, Gallimard, « Bibliothèque de la Pléiade », 1992.]

André MAUROIS, *A la recherche de Marcel Proust*, Paris, Hachette, 1949, p. 5, 28, 31, 36-37, 43, 66-67, 94, 190.

Romain ROLLAND, *Péguy*, Paris, Albin Michel, 1944, t. I : p. 42, 61, 71-72, 82, 84, 159-161, 222-226, 237-239, 241, 244-245, 267, 314, 326, 328, 331-332, 340-342, 344-345, t. II : p. 10, 17, 52-53, 94, 102, 106-107, 115, 122, 127, 129, 134, 146, 180-181, 191, 198, 251, 258, 276, 282, 291, 298, 306, 310, 313, 316, 322.

Marquis DE ROUX, *Origines et fondation de la Troisième République*, Paris, Grasset, 1933, p. 1, 140, 172, 364.

Georges SOREL, *Réflexions sur la violence*, Paris, Librairie de Pages Libres, 1908, pp. VII-XLIII. [Reproduction en préface de : Georges SOREL, « Lettre à Monsieur Daniel Halévy », *Le Mouvement socialiste*, 15 août-15 septembre 1907, n° 189-190, pp. 137-165.]

— *Matériaux pour une théorie du prolétariat*, Paris, Marcel Rivière, « Etudes sur le devenir social » n° XV, 1929 [1re éd. : 1919], pp. 242, 243, 246-247, 394.

André TARDIEU, *L'Heure de la décision*, Paris, Flammarion, 1934, pp. 246-247.

Jérôme et Jean THARAUD, *Notre cher Péguy*, Paris, Plon, 1926, t. II, pp. 150-156, 211.

— *Pour les fidèles de Péguy*, Paris, L'artisan du livre, « Cahiers de la quinzaine », XVIII-12, 1927, pp. 32-35 [Reproduction d'une lettre de D. Halévy aux Tharaud].

Albert VINCENT, *L'Ecole rurale de demain*, Paris, Nouvelle librairie nationale, 1920, p. VIII.

I.5. Romans

Anatole FRANCE, *Sur la pierre blanche*, Paris, Calmann-Lévy, 1905, p. 186.

Curzio MALAPARTE, *Kaputt*, Paris, Denoël, 1958, pp. 140-141.

Albert THIERRY, *L'Homme en proie aux enfants Roman*, Paris, « Cahiers de la quinzaine », XI-3, 2 novembre 1909, p. 125, 186.

I.6. Discours

Réponse de M. Léon Bérard au discours de M. Jacques Chastenet, Paris, Institut de France, 1957, p. 33.

II. La critique et Daniel Halévy

II.1. (1892-1918)

Henri ALBERT, « Revue de la quinzaine. Lettres allemandes. La Vie de Frédéric Nietzsche », *Mercure de France*, novembre 1909, pp. 170-171.

Michel ARNAULD [Marcel Drouin], « Notre jeunesse, par Charles Péguy », *NRF*, 1er septembre 1910, n° 21, pp. 342-345.

— « Deux livres sur P.J. Proudhon », *NRF*, 1er octobre 1913, n° 58, pp. 527-545.

Jacques BAINVILLE, « L'intelligence française en danger », *La Gazette de France*, 8 novembre 1901.

Maurice BARRÈS, « Une Jeanne d'Arc en 1910 », *L'Echo de Paris*, 28 février 1910.

— « Sur la galère capitane », *L'Echo de Paris*, 23 octobre 1912, p. 1. [Reproduit dans le *Revue critique des idées et des livres*, n° 111, 25 novembre 1912, pp. 476-481.]

Henry BÉRENGER, « L'équivoque », *La Raison*, 19 octobre 1902.
Michel BERNARD, « Le Métayage en Bourbonnais », *La Vie ouvrière*, 5 mai 1911, n° 39, pp. 540-561.
« Billet de Junius », *L'Echo de Paris*, 1er septembre 1913. [Reproduit dans : « Un billet de Junius », *Cahiers du Cercle Proudhon*, 2e série, n° 1, janvier-février 1914, pp. 1-6.]
« Billet de Junius », *L'Echo de Paris*, 15 septembre 1913. [Reproduit dans : Georges Valois, « De quelques tentatives d'agression contre le Cercle Proudhon », *Cahiers du Cercle Proudhon*, 2e série, n° 1, janvier-février 1914, pp. 84-85.]
Jean-Richard BLOCH, « Nous avons reçu... », *L'Effort*, 1er octobre 1911, pp. 27-28.
Jean BOURDEAU, « Frédéric Nietzsche et Richard Wagner », *Journal des Débats*, 23 novembre 1909.
— « L'expérience sentimentale de Frédéric Nietzsche », *Journal des Débats*, 21 décembre 1909.
BRENN [Emile Masson], « Un épisode de Daniel Halévy », *Pages Libres*, 22 février 1908, n° 373, pp. 217-220.
Henry DE BRUCHARD, « Le Cas de M. Daniel Halévy », *Revue critique des idées et des livres*, 10 septembre 1910, n° 58, pp. 423-437. [Repris aux pages 1 à 30 dans Henry de Bruchard, *1896-1901 Petits mémoires du temps de la Ligue*, Paris, NLN, s.d., [ca 1912].]
Michel DARGUENAT [Gabriel DARQUET], « Une suite à "L'Etape" », *L'Action française*, X [revue], 214, 15 juillet 1908, pp. 290-295.
« La décomposition dreyfusienne », *L'Action française*, 24 octobre 1910, pp. 1-2, 7 novembre 1910, pp. 1-2, 8 novembre 1910, pp. 1-2.
Maurice DEMAISON, « Une université populaire », *Journal des Débats*, 8 octobre 1899.
« Dénouement de comédie », *Le Temps*, 8 décembre 1899, p. 1.
Gaston DESCHAMPS, « La Vie de Frédéric Nietzsche », *Le Temps*, 31 octobre 1909, p. 2.
Albert DULAC, « Une enquête sur les Universités populaires », *Le Siècle*, 13 mars 1910.
Henri DUTRAIT-CROZON, « Sur une Apologie », *L'Action française*, 11 mai 1910, n° 131, pp. 1-2.
Geneviève DARDEL, « En écoutant M. Daniel Halévy », *Journal des Débats*, 14 février 1937, p. 2.
Amédée DUNOIS, « Un épisode », *L'Action directe*, 26 février 1908, n° 7, p. 3.
Emile FAGUET, « La Vie de Nietzsche », *Revue des Deux Mondes*, 1er juillet 1910, pp. 164-173.
Jean FLORENCE, « Daniel Halévy et l'Aristocratie d'information », *Rubriques nouvelles*, octobre 1911, pp. 139-151.
Henri GHÉON, « *Ecce Homo* ou le cas Nietzsche », *NRF*, 1er octobre 1909, n° 9, pp. 161-173,
— « Victor-Marie, comte Hugo », *NRF*, 1er décembre 1910, n° 24, pp. 795-798.
— « Luttes et problèmes, par Daniel Halévy », *NRF*, 1er février 1912, n° 38, pp. 298-300.
André GIDE, « Journal sans dates », *N.R.F.*, 1er décembre 1909, n° 11, pp. 405-415.
Pierre GILBERT, « Aux intellectuels », *Revue critique des idées et des livres*, 25 juillet 1911, n° 79, pp. 159-175. [Reproduit dans Pierre Gilbert, *La Forêt des Cippes*, Paris, Librairie Honoré Champion, 1918, aux pages 306-308.]
— « "Petits Mémoires du Temps de la Ligue" », *Revue critique des idées et des livres*, 25 août 1912, n° 105, pp. 468-473.

Carl GRÜNBERG, « Essais sur le mouvement ouvrier en France », *Jahrbücher für Nationalökonomie und Statistik*, III folge, vol. 24, 1902, pp. 849-851.

Henri GUERNUT, « Daniel Halévy – *Le Travail du Zarathoustra* », *Revue socialiste*, août 1909, n° 296, p. 761.

Georges GUY-GRAND, « Un épisode par Daniel Halévy », *Les Annales de la jeunesse laïque*, mars 1908, n° 70, p. 314.

— « La Philosophie syndicaliste », *Les Annales de la jeunesse laïque*, avril 1908, n° 71, p. 333-343.

— « La Philosophie syndicaliste », *Les Annales de la jeunesse laïque*, mai 1908, n° 72, pp. 368-375.

— « Daniel Halévy – La Vie de Frédéric Nietzsche », *Les Annales de la jeunesse laïque*, novembre 1909, n° 90, p. 189.

— « Charles Péguy : Le Mystère de la Charité de Jeanne d'Arc », *Les Annales de la jeunesse laïque*, mai 1910, n° 96, pp. 376-377.

— « Un épilogue », *Les Annales de la jeunesse laïque*, septembre 1910, n° 100, pp. 112-119.

— « Rectification », *Les Annales de la jeunesse laïque*, octobre 1910, n° 101, p. 143.

Charles-Henry HIRSCH, « Revue de la quinzaine. Les revues », *Mercure de France*, 15 juin 1907, pp. 724-725.

— « Revue de la quinzaine. Les revues. Biblia proudhoniana », *Mercure de France*, août 1911, pp. 608-611.

René JOHANNET, « Péguy et ses Cahiers », *Les Lettres*, 15 janvier 1914, n° 3, pp. 137-139, 142.

A.L., « Paroles de Républicain », *L'Action*, 29 août 1910.

Hubert LAGARDELLE, « La Jeunesse de Proudhon », *Le Mouvement socialiste*, mars-avril 1913, n° 249-250, pp. 259-262.

Pierre LASSERRE, « La Vie de Nietzsche », *L'Action française*, 2 novembre 1909, p. 3.

— « Chronique des lettres. Luttes et problèmes », *L'Action française*, 3 février 1912, n° 34, p. 3.

André LEBEY, « Des intellectuels », *Revue socialiste*, décembre 1910, n° 312, pp. 534-545.

François LE GRIX, « Les Livres. Charles Péguy : le Mystère de la Charité de Jeanne d'Arc », *La Revue hebdomadaire*, 17 juin 1911.

Raphaël MARCHAND, « Le meeting du Grand-Orient », *La Libre Parole*, 2 février 1905, p. 4. Henri MASSIS, « Les idées sociales de M. Georges Sorel », *Mercure de France*, 16 février 1910, n° 83, pp. 610-621.

Charles MAURRAS, « La Politique. III. Charles Péguy », *L'Action française*, 18 septembre 1914, p. 1.

— « La Politique », *L'Action française*, 10 décembre 1917, p. 1. [Article repris et augmenté dans : Charles Maurras, *Les Trois Aspects du président Wilson*, Paris, Nouvelle librairie nationale, 1920, pp. 55-59.]

Henri MAZEL, « Revue de la quinzaine. Science sociale. Essais sur le mouvement ouvrier en France », *Mercure de France*, janvier 1902, p. 198.

— « Revue de la quinzaine. Science sociale. Luttes et problèmes », *Mercure de France*, mars 1912, p. 390.

— « Revue de la quinzaine. Science sociale. Apologie pour notre passé », *Mercure de France*, septembre 1911, pp. 393-394.

— « Revue de la quinzaine. Science sociale. La Jeunesse de Proudhon », *Mercure de France*, juin 1913, pp. 823-824.

« Le meeting du Grand Orient », *L'Humanité*, 2 février 1905, n° 291, p. 3.

Pierre MONATTE, « A travers les revues et les journaux. Daniel Halévy et l'Union pour la Vérité », *La Vie ouvrière*, 20 décembre 1912, n° 78, pp. 413-416.
— « La quinzaine prochaine », *La Vie ouvrière*, 5 février 1913, n° 81, p. 161.
— « Parmi nos lettres », *La Vie ouvrière*, 20 mars 1914, n° 108, pp. 336-338.
— « Parmi nos lettres », *La Vie ouvrière*, 5 juin 1914, n° 113, pp. 621-622.
Giuseppe PREZZOLINI, « I "Cahiers de la Quinzaine" », *La Voce*, 5 mai 1910, pp. 313-314.
« Le Proudhon conservateur se précise », *L'Action française*, 16 septembre 1913.
Marcel PROUST, « Bibliographie : John Ruskin. Les Pierres de Venise », *La Chronique des arts et de la curiosité*, XI, n° 18, 5 mai 1906, pp. 146-147.
« La quinzaine prochaine », *La Vie ouvrière*, 5 février 1913, n° 81, p. 161.
Jules RAVATÉ, « Luttes et problèmes », *La Coopération des idées*, 16 mai 1912, n° 10, pp. 317-319.
Maurice RECLUS, « Autour d'une "conversion" : le cas Charles Péguy », *Gil Blas*, 23 mai 1910.
Henri ROUZAUD, « Revue des revues », *Revue critique des idées et des livres*, 25 novembre 1908, n° 15, pp. 268-270.
Jean SCHLUMBERGER, « La Vie de Frédéric Nietzsche par Daniel Halévy », *NRF*, 1er décembre 1909, n° 11, pp. 420-423.
— « Apologie pour notre passé », *NRF*, 1er juin 1910, n° 18, pp. 787-789.
Jean-Baptiste SÉVERAC, « Revue des Livres. La vie de Frédéric Nietzsche », *Le Mouvement socialiste*, novembre-décembre 1909, n° 215-216, pp. 395-396.
Georges SOREL, « Lettre à Monsieur Daniel Halévy », *Le Mouvement socialiste*, 15 août-15 septembre 1907, n° 189-190, pp. 137-165.
— « Daniel Halévy, *La Vie de Frédéric Nietzsche* », *Bibliographie des sciences économiques, politiques et sociales*, n° 7-9, septembre-novembre 1909, pp. 253-254.
— « Apologie pour notre passé », *Il Divenire sociale*, 1er mai 1910, p. 120
— « Ideologie dreyfusarde », *Il resto del Carlino*, 16 juin 1910.
— « Trois problèmes », *L'Indépendance*, n° 19, 1er décembre 1911, pp. 221-240 et n° 20, 15 décembre, pp. 261-279.
— « Aux temps dreyfusiens », *L'Indépendance*, septembre-octobre 1912, pp. 29-56.
J.J. THARAUD, « Un Cloître laïque », *Paris-Journal*, 2 août 1910.
Albert THIERRY, « La discipline critique en France et Paul Desjardins », *La Vie*, 22 mars 1913, n° 12, pp. 641-643.
— « La discipline critique en France et Paul Desjardins », *La Vie*, 29 mars 1913, n° 13, pp. 673-676.
— « La jeunesse de Proudhon », *La Vie ouvrière*, n° 89-90, 5-20 juin 1913, pp. 690-699.
« Un billet de Junius », *Cahiers du Cercle Proudhon*, 2e série, n° 1, janvier-février 1914, pp. 1-6. [Reproduction d'un article de Junius paru dans *L'Echo de Paris*, 1er septembre 1913.]
« Une enquête. Les dix meilleurs livres », *La Vie ouvrière*, 2 janvier 1910.
Georges VALOIS, « La direction de l'œuvre proudhonienne et le cas Halévy », *Cahiers du Cercle Proudhon*, cinquième et sixième cahiers, septembre-décembre 1912, pp. 257-267.
— « Notre deuxième année », *Cahiers du Cercle Proudhon*, cinquième et sixième cahiers, septembre-décembre 1912, pp. 268-272.
— « De quelques tentatives d'agression contre le Cercle Proudhon », *Cahiers du Cercle Proudhon*, 2e série, n° 1, janvier-février 1914, pp. 72-94.
Albert VINCENT, « Le bilan de la démocratie », *Cahiers du Cercle Proudhon*, 2e cahier, mars-avril 1912, pp. 98-104.

Docteur Paul VOIVENEL, « Le chant du cygne. Nietzsche, Rousseau, Schumann, Maupassant », *Mercure de France*, septembre 1912, p. 266.

II.2. (1919-1940)

Léon ABENSOUR, « Vauban », *Larousse Mensuel*, janvier 1924, n° 203, pp. 359-360.

— « Le Courrier de Monsieur Thiers », *Larousse Mensuel*, juin 1922, n° 184, pp. 828-830.

« Alan Sœger. Poète américain, soldat de France », *Salut public*, 8 juillet 1918.

A. ALBERT-PETIT, « Paris vu par un Parisien », *Journal des Débats*, 1 juillet 1932.

— « Du rôle éminent des médiocres », *Journal des Débats*, 17 juin 1934.

Jeanne ALEXANDRE, « Lettres de P.J. Proudhon », *Libres propos*, 20 mai 1929, pp. 242-243.

« A l'horizon littéraire », *Le Cri de Paris*, 24 avril 1921, p. 9.

Georges ALTMAN, « La vie ardente et brève de Léon Gambetta », *La Lumière*, 8 avril 1938.

Fréd.-Ph. AMIGUET, « Vauban », *Tribune de Lausanne*, 8 juillet 1923.

Gille ANTHELME, « Echos », *Meuse*, 21 juillet 1939.

Pierre AUDIAT, « La Fin des notables », *L'Européen*, 20 août 1930.

Michel AUGÉ-LARIBÉ, « Visites aux paysans du Centre », *La France paysanne*, 7 août 1921.

Alphonse AULARD, « Le président Wilson », *Révolution française*, janvier-février 1918, pp. 89-92.

AURIANT, « Décadence de la liberté », *Esprit français*, 10 septembre 1931.

Henri BACHELIN, « Vauban et M. Daniel Halévy », *Le Monde nouveau*, 1-15 septembre 1923, pp. 43-56.

Paul BALLAGUY, « La fin des notables », *La Revue universelle*, 15 octobre 1930.

Claude BARJAC, « Le Courrier de Monsieur Thiers », *Larousse Mensuel*, mars 1921, n° 169, pp. 396-397.

— « Thiers », *Larousse Mensuel*, avril 1930, n° 278, pp. 389.

— « ... de la République », *L'Ordre*, 1930.

Edmond BARTHÉLEMY, « Revue de la quinzaine. Histoire. Le Courrier de M. Thiers », *Mercure de France*, juillet 1921, pp. 457-460.

— « Revue de la quinzaine. Histoire. Vauban », *Mercure de France*, mai 1924, pp. 754-756.

Jacques BARTOLI, « La République des comités », *Commune*, août 1934.

Gérard BAUER, « Vauban », *Echo de Paris*, 21 juin 1921.

— « Avons-nous perdu nos libertés ? », *Echo de Paris*, 16 juillet 1931.

Albert BAYET, « La Fin des notables », *La Lumière*, 29 novembre 1930.

Emmanuel BEAU DE LOMÉNIE, « La correspondance de Gambetta », *Jeunesse*, 19 mai 1938.

André BEAUNIER, « Un essayiste : M. Daniel Halévy », *Revue des Deux Mondes*, 1er septembre 1923, vol. 17, pp. 219-230.

André BELLESSORT, « Deux livres d'histoire contemporaine », *Journal des Débats*, 6 août 1930. [Reproduit dans André Bellessort, *Les Intellectuels et l'avènement de la IIIe République : 1871-1875*, Paris, Grasset, « Les leçons du passé », 1931, aux pages 247-255.]

— « Les nouveaux notables », *Je suis partout*, 26 mai 1934.

Julien BENDA, « Une génération littéraire », *Le Figaro*, 23 mars 1919, pp. 3-4.

— « Lettre de M. Julien Benda à M. Daniel Halévy et réponse de M. Daniel Halévy à M. Julien Benda », *Revue de Genève*, janvier 1928, pp. 115-118.

— « Un régulier dans le siècle (III) », *NRF*, 1er janvier 1938, n° 292, pp. 74-96.

Sources et bibliographie

— « Un régulier dans le siècle (fin) », *NRF*, 1er février 1938, n° 293, pp. 221-247. [Articles reproduits dans : *Un régulier dans le siècle*, Paris, Gallimard, 1938, rééd. Gallimard, 1989, particulièrement p. 153, 258.]
— « Deux amis du peuple », *Les Nouvelles Littéraires*, 2 février 1929.
— « Sur un texte de Renouvier », *NRF*, 1er décembre 1930, n° 206, pp. 897-898.
— « Correspondance : lettre de D. Halévy et réponse de Julien Benda », *NRF*, 1er février 1931, n° 209, pp. 309-312.
— « Les idées d'un républicain en 1872 », *NRF*, 1er juillet 1931, n° 214, pp. 23-29.
— « Les idées d'un républicain en 1872 », *NRF*, 1er août 1931, n° 215, pp. 215-227.
— « Eleuthériana », *NRF*, 1er juin 1934, pp. 1040-1042.
— « Le Préjugé de l'histoire », *Les Nouvelles Littéraires*, 14 juillet 1934.
— « Du corporatisme », *NRF*, 1er novembre 1934, pp. 769-774.
— « Regards sur le monde passé », *NRF*, 1er septembre 1935, n° 264, pp. 413-424.
— « L'"ordre moral" », *La Dépêche de Toulouse*, 31 mai 1937.
— « Méthode historique », *La Dépêche de Toulouse*, 18 juin 1937.
— « A propos de l'ordre moral », *La Dépêche de Toulouse*, 21 juillet 1937, p. 1.
— « Pensée et politique », *L'Aube*, 1er novembre 1936, p. 1.
— « Elie Halévy », *NRF*, 1er novembre 1937, n° 290, pp. 840-843.
« Lettre de Julien Benda : à propos de Nietzsche et la crise de l'esprit contemporain », *Bulletin de l'Union pour la vérité*, octobre-novembre 1937, n° 1-2, pp. 45-50.
Charles BENOIST, « La République des comités », *La Revue universelle*, 15 juin 1934, pp. 759-762.
Georges BERGNER, « Les Cahiers verts... », *L'Alsace française*, 27 août 1921.
— « Les Paysans de France », *L'Alsace française*, 27 août 1921, pp. 553-554.
Emmanuel BERL, « Mises au point. La fin des notables », *Monde*, 13 septembre 1930.
— « Histoire et Pamphlet. M. Daniel Halévy et les radicaux », *Marianne*, 13 juin 1934, p. 4.
Jacques BERTILLON, « L'âme du paysan », *La Femme et l'enfant*, 15 octobre 1921.
Henry BIDOU, « Carnets de Ludovic Halévy », *Journal des Débats*, 25 mai 1935.
— « Revue littéraire. Visites aux paysans du Centre », *Journal des Débats*, 1er mars 1935.
André BILLY, « Pays parisiens », *La Femme de France*, 24 juillet 1932.
A.-L. BITTARD, « Septembre républicain », *L'Homme libre*, 17 septembre 1930.
Jacques-Emile BLANCHE, « Tableaux d'une existence », *Revue de Paris*, n° 18, 15 septembre 1931, pp. 281-317. [Reproduit en partie dans : Jacques-Emile Blanche, *La Pêche aux souvenirs*, Paris, Flammarion, 1949, p. 99, 108, 131, 152, 169.]
Georges BLOND, « Dédié à M. le Ministre de l'Intérieur », *Candide*, 31 juin 1934.
Henri BLUTTE, « La Fin des notables », *Peuple*, 5 octobre 1930.
Gabriel BOISSY, « La Fin des notables », *Comœdia*, 5 août 1930.
Jacques BOULENGER, « Les Cahiers verts », *L'Opinion*, 23 avril 1921.
— « Aux champs », *L'Opinion*, 13 août 1921, pp. 174-175.
Paul BOURGET, « La Fin des notables », *Le Figaro*, 16 janvier 1931.
Robert BOURGET-PAILLERON, « La décadence au goût du jour », *L'Opinion*, 1er août 1931.
— « Tonnelier », *La Presse*, 24 février 1935.
Francis BOURGIN, « Décadence de la liberté », *Le Progrès civique*, 1931, n° 627, pp. 1239-1240.

Georges BOURGIN, « Pour l'étude de la IIIe République », *Revue historique*, t. CLXXIX, avril-juin 1937, p. 436.
M. BOYRE, « Vauban et Riquet », *La Petite Gironde*, 7 août 1923.
Dominique BRAGA, « Le Courrier de Paris. Les lettres », *L'Europe nouvelle*, 28 mai 1921, n° 2, pp. 695-696.
Robert BRASILLACH, « Pays parisiens », *L'Action française*, 23 juin 1932, p. 3.
— « Cinquantenaire poétique », *La Revue universelle*, 15 mars 1933.
— « Le souvenir de Péguy », *La Revue universelle*, juin 1933.
D. BRELINGARD, « 1938. Une série d'histoire », *La Flèche de Paris*, 7 avril 1939.
Yves DE LA BRIÈRE, « Lettres de Gambetta », *études*, 20 août 1938.
A.-CHARLES BRUN, « Les maîtres de l'histoire. Daniel Halévy », *Le Petit Parisien*, 30 mars 1937.
Emile BURÉ, « Radicaux d'hier et d'aujourd'hui », *L'Ordre*, 11 mai 1934.
— « La leçon d'un anniversaire », *L'Ordre*, 9 juin 1934.
L.C., « Visites aux paysans du Centre », *Le Petit Cévenol*, 13 juillet 1935.
C.S.C., « Et surtout que M. Daniel Halévy poursuive ! », *Semaine de Paris*, 14 novembre 1930.
« Cahier vert », *Le Cri de Paris*, 26 juin 1921, p. 9.
Albéric CAHUET, « L'ingénieur du grand roi », *L'Illustration*, 22 septembre 1923, n° 4203, p. 270.
— « L'histoire des temps obscurs », *L'Illustration*, 27 septembre 1930.
Arrigo CAJUMI, « Lo strano caso di Giovanni Cena », *L'Italia letteraria*, 24 novembre 1929.
— « La preoccupazioni di Daniel Halévy », *La cultura*, t. X, 1931, pp. 230-238.
Les cannibales, « Sur Gustave Flaubert », *Internationale*, 15 décembre 1921.
Edgar CAPELIN, « Quelques remarques au sujet des "Nouvelles visites aux paysans du Centre" 1907 à 1934, par Daniel Halévy », *Bulletin de la société d'émulation du Bourbonnais*, 1935, pp. 357-360.
« Chez les paysans du Centre », *Coopérateur de France*, 8 juin 1935.
Georges CHARENSOL, « Daniel Halévy », *Les Nouvelles Littéraires*, 15 juillet 1933.
Gilbert CHARLES, « Eloge de la paresse », *Le Figaro*, 24 juin 1932.
« Charles Péguy », *L'Ami du clergé*, 1920, p. 81 et sq.
« Charles Péguy et les cahiers de la quinzaine », *Nouvelles de France*, 31 octobre 1918.
« Charles Péguy et les cahiers de la quinzaine », *Les Cahiers idéalistes français*, octobre-novembre 1918.
« Charles Péguy et les cahiers de la quinzaine », *L'Action nationale*, décembre 1919.
CHATEAUVERT, « La fin des notables », *Le Professionnel*, 1er novembre 1930.
René DE CHAVAGNES, « Le Président Wilson et la démocratie américaine », *Le Pays*, 8 mai 1918.
Gabriel CHEVALLIER, « Décadence de la liberté », *Lyon républicain*, 19 août 1931.
Raymond CHRISTOFLOUR, « L'heure du Paysan », *Oran-Matin*, 29 mars 1935.
Lucien CHRISTOPHE, « Décadence de la liberté », *La Gazette de Bruxelles*, 13 juillet 1931.
— « Visites aux paysans du Centre », *La Gazette de Bruxelles*, 21 avril 1935.
— « La république des ducs », *La Gazette de Bruxelles*, 14 mars 1937.
— « Histoire d'une histoire... », *La Gazette de Bruxelles*, 23 juillet 1939.
— « Décadence de la liberté », *Gazette de Bruxelles*, 13 juillet 1931.
CLAUZEL, « Visites aux paysans du Centre », *Eve*, 6 novembre 1921.
Henri CLOUARD, « Le Président Wilson », *Oui*, 7 avril 1918.

Sources et bibliographie 535

— « Daniel Halévy, mémorialiste et historien », *Les Nouvelles Littéraires*, 27 septembre 1930, p. 4.
— « Gambetta d'après sa correspondance », *Le Jour. Echo de Paris*, 8 mai 1938.
— « Histoire d'une histoire », *Le Jour. Echo de Paris*, 20 août 1939.
Jean DES COGNETS, « Une lecture utile. La République des comités », *Le Mémorial*, 6 juin 1934.
Robert COIPLET, « Les années parallèles », *Etapes*, 20 février 1937.
« Les collections littéraires. Les écrits », *Monde*, 27 avril 1929, n° 47, p. 4.
Joseph CONRARDY, « La Fin des notables », *La Métropole*, 5 octobre 1930.
G. COURBET, « Visites aux paysans du Centre », *Le Roussillon*, 26 mai 1922.
« Le courrier de M. Thiers », *Mercure de France*, 15 juillet 1921, pp. 457-460.
Maurice COURTOIS-SUFFIT, « Décadence de la liberté », *Revue nouvelle*, 15 octobre 1931.
Charles COUSIN, « Marginalia. Notes sur la poésie symboliste », *Rythme et synthèse*, mai 1920, n° 7, pp. 165-170.
P.A. COUSTEAU, « Un entretien avec M. Daniel Halévy courriériste désabusé de l'Europe moderne », *Je suis partout*, 25 mars 1933, n° 122.
Benjamin CRÉMIEUX, « Vauban », *Les Nouvelles Littéraires*, 14 juillet 1923, n° 39.
— « Pays parisiens », *Annales*, 15 janvier 1930.
— « Notes. Mort de la pensée bourgeoise », *NRF*, 1er août 1930, pp. 112-115.
François CRUCY, « Naissance et premier âge de la Troisième République », *L'Ecole libératrice*, 19 mai 1937.
« Daniel Halévy... », *Corriere della sera*, 23 février 1918.
« Daniel Halévy », *Eclair*, 30 août 1923.
« Daniel Halévy », *Comœdia*, 14 mars 1935.
« Daniel Halévy », *Carnet de la semaine*, 18 septembre 1932.
« De quelques tristes, mais authentiques gredins... », *Liberté du Sud-Ouest*, 25 juin 1934.
F.D. « Dénouement à Genève ? », *Le Rappel*, 5 mars 1933.
« M. Daniel Halévy et la liberté », *L'Action française*, 13 août 1931, p. 3.
DANIEL-ROPS, « Les temps obscurs et les couches nouvelles », *La République*, 15 octobre 1930.
— « Un maître silencieux », *Journal des Débats*, 28 août 1932.
— « Problèmes d'Europe », *Journal des Débats*, 27 février 1933.
Adrien DANSETTE, « La complexité du régime rebute-t-elle les historiens ? », *Je suis partout*, 3 décembre 1937, n° 367, p. 8.
Louis DARMONT, « Lettres de Gambetta », *Lutte syndicale*, 14 mai 1938.
Léon DAUDET, « Lettres de Proudhon », *L'Action française*, 17 avril 1929.
— « L'amitié chez Proudhon », *L'Action française*, 22 avril 1929.
— « Deux livres à lire », *L'Action française*, 27 janvier 1930, p. 1.
— « L'historien romantique », *L'Action française*, 26 septembre 1930, p. 1.
— « La Fin des notables », *L'Action française*, 27 janvier 1931.
— « Flétrissure ! », *L'Action française*, 16 février 1931.
— « Décadence de la liberté », *L'Action française*, 10 juillet 1931, p. 1.
— « Le Napoléon de Bainville », *L'Action française*, 28 octobre 1931.
— « Le banquet médical du 7 juin », *L'Action française*, 31 mai 1934, p. 1.
— « L'Affaire Chautemps », *L'Action française*, 2 juin 1934.
— « La République des comités », *Candide*, 7 juin 1934, p. 4.
— « Histoire d'une histoire... », *L'Action française*, 1er août 1939.
« Décadence de la liberté », *La Volonté*, 28 juin 1931.
« Décadence de la liberté », *La Tribune de Genève*, 6 octobre 1931.

« Décadence de la liberté », *Courrier du centre*, 16 octobre 1931.
« Décadence de la liberté », *La Vie*, 1er novembre 1931.
« Décadence de la liberté », *L'Instituteur syndicaliste*, avril 1932.
« The decline of Liberty », *The Times Literary Supplement*, 10 septembre 1931.
Pierre DEFFRENNES, « La Fin des notables », *Etudes*, 5 février 1931.
Robert DELAVIGNETTE, « Visites aux paysans du Centre », *Nouvelle Dépêche*, 20 février 1935.
Cécile-René DELHORBE, « M. Daniel Halévy nous parle de la France réelle », *Gazette de Lausanne*, 4 juillet 1934, n° 183, p. 1.
— « La République des ducs », *Gazette de Lausanne*, 19 mai 1937, p. 1 et 5.
S. DELHORBE, « La fin des notables », *Gazette de Lausanne*, 4 janvier 1932.
Pierre DEMAGNY, « Courrier d'Europe », *Le Petit Démocrate*, 6 septembre 1939.
Etienne DENNERY, « Décadence de la liberté », *L'Europe nouvelle*, 1er août 1931, pp. 1046-1047.
Louis DES BRANDES, « Charles Péguy raconté par un témoin de sa vie », *Etudes*, 5 mars 1919, pp. 513-534.
Lucien DESCAVES, « Enquêtes et visites », *Le Courrier du centre*, 21 septembre 1921.
— « Les voix françaises dans la "Mélodie du Monde" », *L'Avenir*, 17 février 1932.
— « Opinions et souvenirs », *Le Journal*, septembre 1937.
Pierre DESCAVES, « La République des comités », *L'Avenir*, 3 juillet 1934.
— « La Vie d'un simple », *L'Avenir*, 23 mars 1935.
— « Opinions et souvenirs. Autour de Gambetta », *Le Journal*, 22 mai 1938.
Pierre DESLANDES, « Lettres du milieu du Monde », *Gazette de Lausanne*, 23 octobre 1921.
Jean DIETZ, « Les débuts de la Troisième République », *L'Alsace française*, 7 septembre 1930, pp. 210-213.
— « L'Actualité de Proudhon », *L'Alsace française*, 5 et 12 octobre 1930, pp. 297-303.
— « La République des ducs », *Journal des Débats*, 7 avril 1937.
Pierre DOMINIQUE, « L'amour platonique dans quelques livres de l'année », *Mercure de France*, novembre 1923, pp. 650-651.
— « Halévy », *Paris-Soir*, 9 septembre 1930.
— « La République des ducs », *Les Nouvelles Littéraires*, 27 août 1937.
André DEVAUX, « Trois dîners avec Gambetta », *L'Action*, 22 février 1930.
Robert DREYFUS, « A propos du Conseil d'Etat », *Journal des Débats*, 29 janvier 1936, p. 2.
— « Montaigne et l'histoire », *Journal des Débats*, 12 février 1936, p. 1.
— « En attendant le verdict », *Journal des Débats*, 14 février 1936, p. 1.
— « L'histoire et la vie. Sous la Troisième... », *Revue de France*, 15 mars 1937, pp. 330-351.
— « Saint-Valry ou le conservateur hérétique », *Revue de Paris*, 15 novembre 1937, pp. 1-24.
Pierre DRIEU LA ROCHELLE, « Vauban », NRF, 1er octobre 1923, pp. 484-486.
« Les "Ducs" et le Seize mai. » Lettre de Robert David », *Le Temps*, 5 août 1937.
DUBOIS, « La fin des notables », *Quinzaine critique*, 10 novembre 1930.
L. DUMONT-WILDEN, « Commémorations révolutionnaires », *Nation Belge*, 14 juillet 1939.
— « Histoire d'une histoire », *L'Ordre*, 22 août 1939.
Georges DUVEAU, « La République des ducs », *Revue bibliographique et critique*, février 1937, n° 47-48, fiche n° 1399.

L. Dx., « Le souvenir de Charles Péguy et des "cahiers de la Quinzaine" », *L'Œuvre*, 26 janvier 1939.
V.E., « La République des ducs », *Beaux-arts*, 11 juin 1937.
Eugène D'EICHTAL, « Le Président Wilson », *Revue critique d'histoire et de littérature*, 1918, pp. 89-90.
Jean D'ELBÉE, « La Fin des notables », *L'Action française*, 25 septembre 1930.
« Entre historiens », *Journal des Débats*, 28 avril 1937, p. 3.
J. ERNEST-CHARLES, « Charles Péguy et les cahiers de la quinzaine », *Le Pays*, 3 novembre 1918.
— « Pays parisiens », *L'Opinion*, 11 mars 1933.
F. ERVAL, « L'allure du temps », *Combat*, 20 août 1948.
Raymond ESCHOLIER, « Vauban », *Petit Journal*, 2 octobre 1923.
Bernard ESDRAS-GOSSE, « Courrier d'Europe », *Le Réveil normand*, 7 mars 1933.
Pierre D'ESPEZEL, « M. Thiers », *L'Action française*, 27 décembre 1920.
Lucien FABRE, « Au sujet du Valéry d'Albert Thibaudet », *NRF*, décembre 1923, n° 123, pp. 662-676.
Jean de FABRÈGUES, « Décadence de la liberté », *Réaction*, janvier-février 1932, n° 8-9, pp. 50-51.
— « La République des ducs », *Combat*, juillet 1937.
— « 1938. Une année d'histoire », *Civilisation*, mars 1939, p. 20-22.
FAURE DE CERIS, « Le Maréchal de Vauban », *Dépêche algérienne*, 10 septembre 1923.
Lucien FEBVRE, « Un choix de lettres de P.J. Proudhon », *Annales d'histoire économique et sociale*, 1930, n° 8, p. 632.
— « Notes, questions et discussions. Paysages d'hommes en France », *Revue de synthèse*, décembre 1935, t. IX, n° 3, pp. 273-274.
Camille FERDY, « 1873-1879 », *Le Petit Provençal*, 19 mai 1937.
— « 1871-1873 », *Le Petit Provençal*, 27 avril 1937.
Ramon FERNANDEZ, « Courrier d'Europe », *Marianne*, 15 mars 1933.
FIDUS [Louis GILLET], « Silhouettes contemporaines : M. Daniel Halévy », *Revue des Deux Mondes*, 15 décembre 1936, vol. 6, pp. 890-905.
« La Fin des notables », *Revue des Deux Mondes*, 1er septembre 1930.
Adolfo FRANCI, « Daniele Halevy e i contadini del centro », *Le Spettatore*, mars 1922, pp. 264-268.
Jean FRETEVAL, « Trois dîners avec Gambetta », *Le Figaro*, 12 février 1930.
Jean FRÉVILLE, « Les origines de la IIIe République », *L'Humanité*, 9 août 1931.
— « Les débuts de la IIIe République », *Bouquiniste français*, 24 octobre 1931.
Stanislas FUMET, « Paul Valéry et la "chose" poétique », *Les Lettres*, 1er août 1921, pp. 271-277.
M.G., « Décadence de la liberté », *A la page*, 22 octobre 1931.
J. GAHIER, « Charles Péguy », *Nouvelliste de Bretagne*, 21 avril 1919.
René GARMY, « Paysans d'autrefois et d'aujourd'hui », *L'Humanité*, 22 avril 1935.
Robert GARRIC, « La Critique et les Critiques », *Revue des jeunes*, 25 octobre 1924, n° 17, pp. 202-207.
Robert GARRIC, « A propos de Françoise au Calvaire, de Pierre Champion », *Revue des jeunes*, 10 novembre 1924, n° 18, pp. 337-340.
Ernest GAUBERT, « Histoire d'une histoire », *Journal du département de l'Indre*, 27 juillet 1939.
Henry GAUTHIER-VILLARS, « La nouvelle poésie gréco-païenne », *Mercure de France*, 15 février 1922, t. CLIV, pp. 289-318.
Pierre GAXOTTE, « Inexistence de M. Blum », *Je suis partout*, 26 mai 1934 [Reproduit dans *Tunisie française*, 31 mai 1934].

— « La Révolution, terre de mensonge », *Je suis partout*, 28 juillet 1939. [Repris sous le même titre dans *Liberté*, 30 juillet 1939.]
Gustave GEFFROY, « Vauban le précurseur », *Dépêche*, 29 juin 1921.
André GEORGE, « La Fin des notables », *Vie intellectuelle*, 10 octobre 1930.
Pierre GILLES-VEBER, « Gambetta entre la poire et le fromage », *Le Matin*, 19 janvier 1930.
Louis GILLET, « Visites aux paysans du Centre », *L'Echo de Paris*, 14 mars 1935.
Paul GINISTY, « Trois dîners avec Gambetta », *L'Etoile belge*, 20 janvier 1930.
Francis GÉRARD, « Vauban », *Paris-Journal*, 30 juin 1921.
— « Vauban », *Les Nouvelles Littéraires*, 29 avril 1933.
— « Et Gambetta ? », *Le Figaro*, 11 juin 1938.
Roger GIRON, « Une expérience au faubourg Saint-Antoine », *Le Faubourien*, 12 février 1935.
Edmund GOSSE, « Vauban », *The Sunday Times*, 24 juin 1921.
Henri GOUHIER, « La philosophie et l'éducation populaire aux équipes sociales », *Revue des jeunes*, 25 août 1924, n° 14, pp. 387-405.
Ernest GOUJON, « Compréhension des Paysans », *Tribune de l'Oise*, 12 mars 1935.
Remy DE GOURMONT, « Littérature », *Mercure de France*, 1er mars 1919, pp. 103-104.
Georges GOYAU, « Le courrier de M. Thiers », *Libre Belgique*, 1-2 janvier 1921.
Bernard GRASSET, « Confidences sur Maria Chapdelaine », *L'Intransigeant*, 26 août 1934, pp. 1-2.
Jean GRENIER, « Courrier d'Europe », *NRF*, 1er mai 1933, p. 845.
Jean GUÉHENNO, « Culture et bourgeoisie », *Les Nouvelles Littéraires*, 16 février 1929.
— « Notes de lecture – Michelet et le XIXe siècle », *Europe*, n° 75, 15 mars 1929, pp. 421-426.
— « Notes de lecture – La République des petites gens. A propos de la République des comités de Daniel Halévy », *Europe*, XXXV, n° 189, septembre 1934, pp. 412-418.
— « Sur la naissance de la IIIe République », *Vendredi*, 9 septembre 1937. [Texte de l'intervention de J.G. à l'Union pour la vérité, le 24 avril 1937.]
Emile GUILLAUMIN, « Les craintes de l'uniformité », *L'Information*, 26 septembre 1921.
— « De l'essentiel aux féeries », *Courrier de l'Allier*, 9 avril 1935.
Georges GUY-GRAND, « Le conflit des croyances et les mœurs littéraires dans la France d'avant-guerre », *Mercure de France*, juillet 1919, pp. 212-215.
— « Le crépuscule d'une vie », *Paris-Midi*, 12 janvier 1920.
— « Vauban ou le patriote », *Paris-Midi*, 30 juin 1923.
— « Remarques. M. Daniel Halévy et la Démocratie », *Grande Revue*, octobre 1931, pp. 670-678.
— « Remarques. De l'histoire au pamphlet », *Grande Revue*, juillet 1934, pp. 141-147.
— « Remarques. Chez les ruraux », *Grande Revue*, avril 1935, pp. 329-335.
— « Chez les Ruraux », *L'Ecole libératrice*, 13 juillet 1935, pp. 1114-1116. [Reproduction de l'article paru en mai 1935 dans la *Grande Revue*.]
— « Faut-il regretter les notables ? », *Revue d'histoire politique et constitutionnelle*, octobre-décembre 1937, pp. 677-698 [reproduit dans le *Bulletin de l'Union pour la vérité*, décembre 1937-janvier 1938, n° 3-4, pp. 97-105].
R.H., « La Fin des notables », *Nation belge*, 4 septembre 1930.
Augustin HABARU, « Eugène Dabit prix du roman populiste », *Monde*, 23 mai 1931, n° 155, p. 4.

« M. Halévy on Mr. Wilson », *The Times Literary Supplement*, 14 february 1918, p. 76.
« Daniel Halévy », *Comœdia*, 14 mars 1935.
Edmond HARAUCOURT, « La Genèse d'une République », *La Dépêche*, 25 février 1937.
Robert HAVARD DE LA MONTAGNE, « M. Daniel Halévy a publié... », *L'Action française*, 9 septembre 1921.
Franz HELLENS, « Visites aux paysans du Centre », *L'Etoile Belge*, 25 mars 1935.
— « Lettres de Gambetta », *L'Etoile Belge*, 16 octobre 1938.
M. HENON, « Décadence de la liberté », *La Collaboration pédagogique*, 10 octobre 1931.
Emile HENRIOT, « La Révolution française de Michelet », *Le Temps*, 15 août 1939.
Jean HÉRITIER, « Sur Michelet », *Latinité*, février 1929, pp. 227-229.
— « La République des ducs », *Courrier royal*, 10 avril 1937.
Abel HERMANT, « M. Daniel Halévy, Nietzsche, Péguy et le Président Wilson », *Le Figaro*, 29 octobre 1918, p. 3. [Reproduit ultérieurement dans Abel Hermant, *La Vie littéraire*, Paris, Ernest Flammarion, 1928, volume 2, pp. 73-78.]
Lieutenant-Colonel HILPERT, « Vauban », *Le Livre français*, août 1923.
Charles-Henry HIRSCH, « Revue de la quinzaine. Les revues », *Mercure de France*, août 1918, pp. 511-512.
— « Revue de la quinzaine. Les revues », *Mercure de France*, décembre 1919, pp. 520-521.
— « Revue de la quinzaine. Les revues », *Mercure de France*, mai 1923, pp. 769-770.
« Histoire d'une histoire... », *Lutte syndicale*, 12 août 1939.
Adolphe HODÉE, « L'Ame paysanne. Visites aux paysans du Centre », *Le Peuple*, 9 août 1921.
— « L'opposition au progrès », *Le Peuple*, 12 septembre 1921.
Georges HOURDIN, « La correspondance de Gambetta », *Le Petit Démocrate*, 1er mai 1938.
— « Gambetta », *Aube*, 6 septembre 1938.
Maurice HUGOT, « Pays parisiens », *Le Cahier*, septembre 1932.
Albert VINCENT, « Lettres sur l'Ecole primaire I », *Journal des Débats*, 6 août 1922, p. 3.
Edmond JALOUX, « Décadence de la liberté », *Les Nouvelles Littéraires*, 1er août 1931, p. 3.
— « Courrier de Paris », *Excelsior*, 6 avril 1932.
— « Pays parisiens », *Excelsior*, 20 juillet 1932.
Nelly JEAN-LAMEERE, « Pays parisiens », *Nation belge*, 24 octobre 1932.
Marcel JEANNEL, « Le passé vivant : la petite enfance de la IIIe République », *Vendémiaire*, 24 mars 1937.
JEAN-PIERRE, « Vauban », *L'Ami du Livre*, 15 juillet 1923.
René JOHANNET, « Les enchantements de Daniel Halévy », *Minerve française*, 15 avril 1920, pp. 168-193.
— « Paysanneries », *La Croix*, 4 septembre 1921.
— « Intrigues... », *Dépêche algérienne*, 17 juin 1934.
— « Intellectuels et universitaires. Daniel Halévy », *Le Temps*, 4 juin 1936, p. 4.
Robert KEMP, « Vauban », *La Liberté*, 29 juin 1921.
— « Visites aux paysans du Centre », *La Liberté*, 6 septembre 1921.
— « Trois dîners avec Gambetta », *La Liberté*,
— « Pays parisiens », *Bravo*, octobre 1932.

— « Courrier d'Europe », *La Liberté*, 13 mars 1933.
— « La République des comités », *La Liberté*, 2 juillet 1934.
— « Paysans du Centre », *La Liberté*, 25 février 1935.
A.L., « Courrier de Paris », *Le Correspondant*, 26 avril 1932.
P.L., « La République des comités », *Revue du XXe siècle*, novembre 1934.
A.A.L., « Lettres de Gambetta », *Bulletin des Lettres*, 25 juin 1938.
E. LACOSTE, « La République des ducs », *Le Courrier médical*, 2 mai 1937.
Louis LACCROCQ, « A propos d'un cahier vert », *Courrier du centre*, 17 octobre 1921.
— « Visites aux paysans du Centre », *Limousin de Paris*, 28 avril 1935.
Emile LALOY, « La République des ducs », *Mercure de France*, 15 avril 1937, pp. 365-366.
de la MONNERAYE, « Pays parisiens », *Polybiblion*, janvier 1933.
Eugène LANGEVIN, « La Fin des notables », *Revue française*, 21 septembre 1930, p. 268.
Pierre de LANUX, « Vauban », *The Bookman*, octobre 1923, n° 77.
Agostino LANZILLO, « I Duci della quadruplice intesa. Il Presidente Wilson », *Il Popolo d'Italia*, 6 aprile 1918.
LA PIE BORGNE, « "J'ai peur de l'Index..." déclare André Gide », *Vendémiaire*, 13 février 1935. [Reproduit dans le *Bulletin de l'Union pour la vérité*, n° 7-8, avril-mai 1935, pp. 348-351.]
Claude LARCHER, « Visites aux paysans du Centre (I) », *Croix de l'Allier*, 24 mars 1935.
— « Visites aux paysans du Centre (II) », *Croix de l'Allier*, 31 mars 1935.
Sébastien-Charles LECONTE, « Vauban », *La Victoire*, 1er août 1923.
Léo LARGUIER, « Lettres de Gambetta », *Eve*, 5 juin 1938.
Pierre LASSERRE, « Les chapelles littéraires Charles Péguy », *La Minerve française*, 15 juin 1920, n° 25, pp. 682-709.
A. LATREILLE, « Au berceau de la "Troisième" : La République des ducs », *Bulletin des lettres*, 25 février 1937, pp. 57-59.
Guy LAVAUD, « Chronique littéraire », *La Dépêche de Brest*, 18 avril 1922.
André LEBEY, « Réflexions sur la France », *La France libre*, 6 octobre 1921.
E.G. LEDOS, « Le Président Wilson... », *Polybiblion*, février 1918, p. 91.
Frédéric LEFEVRE, « Une heure avec M. Daniel Halévy », *Les Nouvelles Littéraires*, 27 janvier 1923, p. 2. [Reproduit dans *Une heure avec...* Paris, Editions de la NRF, « Les documents bleus – 5 », 1924, pp. 161-167.]
— « La fin des notables ou l'établissement de la IIIe République », *La République*, 12 août 1930.
François LE GRIX, « Chronique. Sans vision, les peuples meurent... », *Revue Hebdomadaire*, 31 juillet 1937, pp. 626-634.
LEGUAY, « Le Courrier de M. Thiers », *Marges*, 15 février 1921.
« Le Notable », *Panurge*, 2 septembre 1930.
« Le 4e numéro des Cahiers verts... », *Avenir syndical*, 15 septembre 1921.
Camille LE SENNE, « Sébastien Vauban », *La France*, 22 juin 1923.
André LICHTENBERGER, « Un "Républicain" », *Victoire*, 5 juin 1921.
« Littérature et paysans », *Sept*, 15 février 1935.
Pierre LOEWEL, « La Fin des notables », *L'Ordre*, 12 novembre 1930.
— « Décadence de la liberté », *L'Ordre*, 15 juillet 1931.
— « La République des ducs », *L'Ordre*, 19 avril 1937.
LOUIS-GEORGES, « La République des ducs », *Journal du Loiret*, 6 juin 1937.
R.H.M., « Les idées de M. Wilson », *L'Action française*, 16 février 1918.

V.M., « La République des comités », *Rex*, 27 juillet 1934.
Jacques MADAULE, « Courrier de Paris », *Vie intellectuelle*, 10 juin 1932
Louis MADELIN, « La République des ducs », *L'Echo de Paris*, 7 avril 1937, p. 1 et 6. [Reproduit partiellement dans *Le Correspondant* du 11 avril 1937.]
Gilbert MAIRE, « Un aristocrate des lettres. Daniel Halévy », *Dépêche tunisienne*, 31 janvier 1931.
Curzio MALAPARTE, « Il surrealismo e l'Italia », *Corriere della Sera*, 12 ottobre 1937.
« Mallarmé, professeur d'Anglais », *Le Midi socialiste*, 23 juillet 1932.
Gabriel MARCEL, « Pays parisiens », *L'Europe nouvelle*, 13 août 1932, pp. 978-979.
Eugène MARSAN, « Visites aux paysans. Ludovic Halévy : Carnets », *Comœdia*, 19 février 1935.
— « Visites aux paysans », *Revue bibliographique et critique*, 25 février 1935.
Maurice MARTIN DU GARD, « Le Goûter du Palais-Royal », *Revue des Deux Mondes*, 15 janvier 1957, pp. 293-307. [Cet article datant d'octobre 1924 a été reproduit, légèrement modifié, dans Maurice Martin du Gard, *Les Mémorables (1924-1930)*, Paris, Flammarion, 1960, t. II, pp. 105-119.]
Henri MARTINEAU, « Les écrivains et la guerre », *Le Divan*, décembre 1918, pp. 733-734.
— « La Fin des notables », *Le Divan*, 1er septembre 1930.
— « Décadence de la liberté », *Le Divan*, 1er octobre 1931.
— « Pays parisiens », *Le Divan*, juin-août 1932, n° 178, pp. 181-182.
— « Courrier d'Europe », *Le Divan*, avril-mai 1933
— « La République des comités », *Le Divan*, avril-juin 1934, p. 163.
— « La République des ducs », *Le Divan*, avril 1937.
— « 1938 une année d'histoire », *Le Divan*, mars 1939, p. 88.
— « Histoire d'une histoire », *Le Divan*, décembre 1939
Marcel MARTINET, « Ce qu'il ne faut pas faire », *L'Humanité*, 2 octobre 1921.
— « Revue des revues », *L'Humanité*, 2 novembre 1921.
Charles MARUANI, « La Fin des notables », *Petit Matin*, 9 janvier 1931.
Enrico MASSA, « L'altro dopoguerra francese », *Ambrosiano*, 30 septembre 1930.
Paul MATHIEX, « La République des comités », *Le Petit Oranais*, 11 juin 1934.
— « La République des comités », *Express du Midi*, 15 juin 1934.
Ariel MAUDET, « Daniel Halévy ou l'historien passionné », *Courrier de la Plata*, 12 juillet 1935.
Thierry MAULNIER, « Destin de l'Europe », *L'Action française*, 23 février 1933, pp. 3-4.
— « La tragédie paysanne », *La Revue universelle*, 1er mai 1935, pp. 371-375.
François MAURIAC, « Lawrence au jardin », *Le Figaro*, 14 mai 1935.
Gaston MAURICE, « Décadence de la liberté », *Notre temps*, 28 juin 1931, p. 346.
— « Réponse à M. Halévy (Daniel) », *Notre temps*, 16 juin 1934.
Charles MAURRAS, « La Politique. V. Deux cas à prévoir », *L'Action française*, 5 février 1918, p. 1.
— « La Politique. IV. Le travail dans l'ancienne France », *L'Action française*, 27 septembre 1921, p. 1.
— « La Politique. III. La doctrine antifrançaise de la République », *L'Action française*, 31 octobre 1930, p. 1. [Reproduit dans : Charles Maurras, *Dictionnaire politique et critique*, Paris, Fayard, 1933, t. IV, p. 211.]
— « La Politique. I. Les cadres primitifs de la démocratie », *L'Action française*, 27 octobre 1936, p. 1.
— « La Politique. La politique des équipes », *L'Action française*, 17 avril 1937, p. 1.

— « La Politique. V. Démocratie et Paix ? », *L'Action française*, 6 septembre 1939, p. 1.
Jean-Pierre MAXENCE, « La République des comités », *Gringoire*, 1er juin 1934.
— « Visites aux paysans du Centre », *Gringoire*, 1er mars 1935.
— « Histoire d'une histoire », *Gringoire*, 17 août 1939.
Henri MAZEL, « Revue de la quinzaine. Science sociale. Le Président Wilson », *Mercure de France*, mars 1918, p. 306.
— « La République des comités », *Mercure de France*, 15 août 1934, pp. 207-209.
Christian MELCHIOR-BONNET, « Chez Daniel Halévy », *Sept*, 1er mars 1935, p. 8.
Charles MERKI, « Revue de la quinzaine. Ouvrages sur la guerre actuelle. Avec les boys américains », *Mercure de France*, décembre 1918, pp. 701-702.
— « Revue de la quinzaine. Visites aux paysans du Centre », *Mercure de France*, juin 1923, pp. 762-763.
Pierre MILLE, « Le grand danger », *Le Petit Marseillais*, 15 septembre 1921.
— « Décadence de la liberté ? », *Dépêche de Toulouse*, 28 octobre 1931.
— « Pourquoi il y eut la République », *Dépêche de Toulouse*, 5 mars 1937.
— « Empire colonial et Franc-maçonnerie », *Dépêche de Toulouse*, 17 mai 1937.
Jean MIRANDE, « Pays parisiens, Courrier d'Europe » [Texte de l'intervention au « Quart d'heure littéraire » du poste d'Etat de la Radio-diffusion des Alpes, lundi 3 avril 1933].
Carl MISCH, « Aus den Anfangen der Dritten Republik », *Pariser Tageszeitung*, 16 juin 1937.
Michel MISSOFFE, « Histoire de quarante ans », *Liberté*, 24 mai 1934.
Louis de MONDADON, « Vauban », *Etudes*, 30 juin 1924.
Georges MONGRÉDIEN, « Histoire d'une histoire », *Les Nouvelles Littéraires*, 12 août 1939.
« Monsieur Thiers », *The Times Literary Supplement*, 28 août 1930, p. 675.
A. de MONTGON, « Le tricentenaire de Vauban », *Petit Bleu*, janvier 1933.
Victor MOREMANS, « Pays parisiens. Courrier de Paris », *Gazette de Liège*, 11 janvier 1933.
Jean MORIENVAL, « Une introduction à Péguy », *La Libre Parole*, 15 mars 1919.
— « M. Daniel Halévy et ses enquêtes sociales », *L'Aube*, 19 mars 1935.
Emmanuel MOUNIER, « Péguy prophète du temporel », *Esprit*, 1er février 1939, pp. 627-628.
R.N., « Les Cahiers verts », *Journal des Débats*, 26 avril 1921, p. 2.
Fernand NOËL, « Léon Gambetta en Provence aux élections de Février 1876 », *La Tribune provençale*, 22 avril 1938.
ORION, « Vauban », *L'Action française*, 13 août 1923.
— « Paysans du Centre », *L'Action française*, 26 avril 1935.
[Pseudonyme utilisé par Eugène Marsan, André Rousseaux et René Brécy]
ORLAND, « Visites aux paysans », *Revue du XXe siècle*, mars-avril 1935.
Wladimir D'ORMESSON, « Tribune libre. Il y avait la France », *Le Temps*, 6 mars 1937, pp. 1-2.
P., « Pays parisiens », *Le Bien public*, 12 juillet 1932.
Giovanni PAPINI, « The President », *Il Tempo*, 27 février 1918.
Pierre PARAF, « Courrier d'Europe », *La République*, 9 mars 1933.
— « Visite aux paysans du Centre », *La République*, 3 mars 1935.
— « La République des ducs », *La République*, 26 avril 1937.
— « Lettres de Gambetta », *La République*, 15 avril 1938.
— « Histoire d'une histoire », *La République*, 9 août 1939.
Alphonse DE PARVILLEZ, « Visites aux paysans du Centre », *Etudes*, 20 mai 1935.

« Paysans français », *Bulletin de l'association française pour la lutte contre le chômage et pour l'organisation du marché du travail*, décembre 1921, n° 56, p. 32.
Jacques PESCHARD, « La République des comités », *L'Action française*, 26 mai 1934, p. 5.
François PEYREY, « Vauban », *Echo d'Alger*, 4 août 1923.
Roger PICARD, « Décadence de la liberté », *Revue d'histoire économique et sociale*, 1931, n° 3.
Charles PICHON, « Les Lettres. Les Cahiers verts », *Revue des jeunes*, 10 novembre 1921, n° 21, pp. 356-360.
Jean de PIERREFEU, « Daniel Halévy et les Cahiers verts », *Journal des Débats*, 31 août 1921.
« La Politique et l'exposition », *Journal de Rouen*, 22 avril 1937.
Edmond PILON, « Vauban », *Le Divan*, septembre-octobre 1923.
François PORCHE, « Visites aux paysans du Centre », *Le Jour. Echo de Paris*, 7 mars 1935.
— « Daniel Halévy et la République des comités », *Le Jour. Echo de Paris*, 8 juin 1934.
— « Chronique », *Le Jour. Echo de Paris*, 22 février et 15 mars 1937.
Henri POTEZ, « Vauban », *Echo du Nord*, 31 août 1923.
Henri POURRAT, « Pays parisiens », *NRF*, 1er octobre 1932, pp. 635-636.
— « Fidélité de la France », *Le Jour. Echo de Paris*, 23 septembre 1939.
— « Visite à Lucien Gachon paysan, romancier, et géographe, en sa vigne de Chamalières », *Les Nouvelles Littéraires*, 7 octobre 1939.
— « Les Français et leur espérance. L'œuvre de Michelet », *Indépendance Roumaine*, 16 octobre 1939.
Marcel PRÉLOT, « Décadence de la liberté », *Les Publications*, 1er octobre 1931.
— « Crise de la démocratie et décadence de la liberté », *Vie intellectuelle*, 10 novembre 1931, pp. 265-271.
« Le Président Wilson... », *Réforme sociale*, 6 ou 8 février 1918, pp. 135-137.
Jean PRÉVOST, « La République des comités », *NRF*, 1er juillet 1934, pp. 131-134.
Giuseppe PREZZOLINI, « La figura di Wilson in una biografia francese », *Gazzetta dell'Emilia*, 4 février 1918.
Jean-L. PRIM, « Du coin de l'œil... », *L'Ordre*, 3 mai 1937.
« Proudhon d'après sa correspondance. – Une polémique », *Libres Propos*, 20 juillet 1929, pp. 342-349.
Marcel PROUST, « A propos du "style" de Flaubert », *NRF*, 1er janvier 1920, n° 76, pp. 72-90.
— « Pour un ami (Remarques sur le style) », *Revue de Paris*, 15 novembre 1920, pp. 270-280.
— « A propos de Baudelaire », *NRF*, 1921, t. XVI, pp. 641-663.
— « Le Centenaire d'Edmond de Goncourt. Les Goncourt devant leurs cadets », *Le Gaulois*, 27 mai 1922, p. 4.
« Quelle aimable et spirituelle figure... », *Métropole*, 23 février 1930.
M.R., « Wilson », *La Vie*, avril 1918, pp. 119-120.
Henri RAMBAUD, « La République des ducs », *La Revue universelle*, 15 avril 1937, pp. 226-230.
Maurice RECLUS, « La fin des notables », *Le Temps*, 4 octobre 1930.
— « La République des ducs », *Le Temps*, 14 juillet 1937.
Charles REGISMANSET, « Grands hommes d'autrefois », *La Dépêche coloniale*, 7 septembre 1923.
Henri de RÉGNIER, « La vie littéraire. Visites aux paysans du Centre », *Le Figaro*, 29 août 1921.

— « Vauban », *Le Figaro*, 10 juillet 1923
— « Pays parisiens », *Le Figaro*, 26 juillet 1932.
Joseph REINACH, « Le courrier de M. Thiers », *L'Eclair*, 16 décembre 1920.
Georges RENCY, « La Fin des notables », *L'Indépendance belge*, 9 octobre 1930.
« La République des comités », *Der Elsasser*, 3 juillet 1934.
« La République des comités », *Le Journal*, 20 juillet 1934.
« Une définition et une histoire. La République des comités », *Le Journal de Rouen*, 7 août 1934.
« La République des comités », *Mercure de France*, 15 août 1934
« La République des ducs », *Le Livre français*, juin 1937, pp. 119-120.
« La révolution », *Oran-matin*, 14 août 1939.
Jacques ROBERTFRANCE, « Visites aux paysans du Centre », *L'Ere nouvelle*, 12 août 1921.
— « Visites aux paysans du Centre », *Le Rappel*, 12 août 1921.
Jacques ROCAFORT, « La crise du radicalisme », *L'Indépendant*, 27 septembre 1934.
André ROUSSEAUX, « Un quart d'heure avec M. Daniel Halévy », *Candide*, 17 avril 1930.
— « Un Parisien : M. Daniel Halévy », *Candide*, 21 juillet 1932.
— « Un quart d'heure avec M. Daniel Halévy », *Candide*, 15 février 1934, p. 3.
— « Visite à M. Daniel Halévy. Quand la Troisième République faisait ses premiers pas », *Candide*, 18 février 1937.
— « La République des ducs. Pour l'étude de la Troisième République », *Le Figaro littéraire*, 13 mars 1937. [Reproduit dans *Le Figaro*, 19 mars 1937 et dans le *Courrier de la Plata*, 21 mars 1937.]
François de ROUX, « Lettres de Gambetta », *L'Intransigeant*, 8 juin 1938.
M. [arie] de ROUX, « Etat totalitaire et natalité », *L'Action française*, 20 mai 1934.
Maurice ROUZAUD, « Où va la critique ? », *Les Nouvelles Littéraires*, 14 juillet 1928, p. 10. [Reproduit dans Maurice Rouzaud, *Où va la critique ? Reportage*, Paris, Editions Saint-Michel, 1931, pp. 69-75.]
Jean de ROVERA, « La République des comités », *Comœdia*, 19 juin 1934.
G. RUDLER, « Décadence de la liberté », *Gazette de la Grande-Bretagne*, 1er août 1931.
— « La Fin des notables », *Gazette de la Grande-Bretagne*, 25 octobre 1931.
F.S., « La République des comités », *Quotidien*, 29 juin 1934.
G. [eorges] S. [adoul], « Visites aux paysans du Centre », *Commune*, avril 1935.
R.S., « Courrier de Paris », *Les Fiches du mois*, juin 1932.
Noël SABORD, « Front paysan », *Paris-Midi*, 27 février 1935.
Eugène SAILLARD, « La République des ducs », *L'Echo du Nord*, 12 avril 1937.
Robert de SAINT-JEAN, « Pays parisiens », *Revue Hebdomadaire*, 10 septembre 1932, pp. 235-236.
SAINT-QUIXE, « La République des comités », *Le Lorrain*, 30 juin 1934.
Louis SALLERON, « Pour l'étude de la Troisième République », *Courrier royal*, 17 avril 1937.
René SALOMÉ, « A propos d'un livre de M. Daniel Halévy », *Revue des jeunes*, 10 novembre 1919, n° 21, pp. 335-343.
— « Littérature sentimentale », *Revue des jeunes*, 10 janvier 1920, n° 1, pp. 102-107.
— « Itinéraires d'Intellectuels, par René Johannet », *Revue des jeunes*, 25 avril 1921, n° 21, pp. 229-230.
César SANTELLI, « Les Paysans et la guerre », *La Dépêche de Strasbourg*, 13 novembre 1921.

— « Pays parisiens », *La Dépêche de Strasbourg*, 9 octobre 1932.
— « Courrier d'Europe », *La Dépêche de Strasbourg*, 2 avril 1933.
— « Lettres de Gambetta », *La Dépêche de Strasbourg*, 22 mai 1938.
Gaëtan SANVOISIN, « L'action des décrets-lois sur la structure française », *Bulletin des Halles*, 30-31 juillet 1939.
Justin SAUVENIER, « Courrier », *Neptune*, 8 mai 1932.
Léon SAVARY, « Pays parisiens », *Tribune de Genève*, 23 juillet 1932.
Ludmila SAVITZKY, « Vauban », *La Revue européenne*, 1er août 1923, n° 6.
Jean SCHLUMBERGER, « Gide rue Visconti », *NRF*, 1er mars 1935, n° 258, pp. 482-484. [Reproduit dans le *Bulletin de l'Union pour la vérité*, n° 7-8, avril-mai 1935, pp. 352-354 et dans *André Gide et notre temps*, Paris, Gallimard, 1935, pp. 83-85]
« Scrittori italiana a Parigi », *Italia Letteraria*, 13 novembre 1927.
Robert SÉBASTIEN, « Les intellectuels et l'avènement de la IIIe République », *Nouvelle Revue des jeunes*, 15 juillet 1931, n° 7, pp. 256-257.
— « Décadence de la Liberté », *Nouvelle Revue des jeunes*, 15 août 1931, n° 8, pp. 295-296.
Alphonse SÉCHÉ, « M. D. Halévy... », *Armée coloniale*, 28 septembre 1921.
Ernest SEILLIÈRE, « Lendemains de guerre », *Le Figaro*, 20 octobre 1930.
— « A propos d'un cinquantenaire », *Journal des Débats*, 24 août 1939.
Paul SEIPPEL, « Vauban », *Journal de Genève*, 30 juillet 1923.
Roger SEMICHON, « Décadence de la liberté », *Prospérité nationale*, 5 juillet 1931.
Christian SÉNÉCHAL, « Daniel Halévy, témoin de son temps », dans *Chronique des lettres françaises*, *Die Neueren Sprachen*, 1931, pp. 603-605.
Jean-Baptiste SÉVERAC, « Les Cahiers verts », *Le Populaire*, 1er décembre 1922.
— « Vauban et le "Projet de Dixme royale" », *Le Populaire*, 25 juillet 1923.
— « La Fin des notables », *Le Populaire*, 9 octobre 1930, p. 4.
— « Décadence de la liberté », *Le Populaire*, 30 juillet 1931.
— « Pays parisiens », *Le Populaire*, 14 juillet 1932.
— « Pays parisiens », *Le Midi socialiste*, 17 juillet 1932.
— « La République des comités », *Le Populaire*, 28 juin 1934.
André SIEGFRIED, « La République des ducs », *Le Petit Havre*, 4 avril 1937, pp. 1-2.
Philippe SIMON, « Décadence de la liberté », *Revue économique*, 14 décembre 1931.
Yves SIMON, « Les Lettres de Proudhon », *Vie intellectuelle*, 10 mai 1930, pp. 242-250.
Georges SOREL, « La corrispondenza di Thiers », *La Ronda*, II, 12 décembre 1920, pp. 765-778.
« Le souci civique », *L'Alsace française*, 10 juin 1934. pp. 415-416.
Paul SOUDAY, « Une biographie du Président Wilson », *Le Temps*, 15 février 1918, p. 1.
— « Quelques vues de Montesquieu », *Le Temps*, 4 mars 1918.
— « Montesquieu et le président Wilson », *Le Temps*, 8 mars 1918, p. 1.
— « Visites aux Paysans... », *Le Temps*, 8 septembre 1921.
— « Les Livres. Vauban », *Le Temps*, 8 novembre 1923, p. 3.
Jean SOULAIROL, « Des "Visites aux paysans du Centre" », *Causeries*, 15 mai 1922, pp. 165-168.
— « Daniel Halévy », *Petit démocratique*, 21 décembre 1930.
— « Actualité sociale de Vauban », *L'Aube*, 1er juin 1933.
Winifred STEPHENS, « Essai sur Charles Péguy et les cahiers de la quinzaine », *The anglo-french review*, mai 1919, pp. 372-374.

Fortunat STROWSKI, « La République des comités », *Quotidien*, 29 mai 1934.
— « Visites aux paysans... », *Quotidien*, 5 mars 1935.
René SUDRE, « Charles Péguy », *Oui*, 7 novembre 1918.
« Sur quelques lignes de la *Revue de Genève*. De l'immoralité civique chez certains réactionnaires », *Le Progrès civique*, 12 novembre 1921, pp. 10-11.
SYGNE, « M. Daniel Halévy », *Le Charivari*, 15 octobre 1932.
R.T., « Vauban », *Revue de Genève*, 1er janvier 1924.
J.J. THARAUD, « Un serviteur du Grand roi », *Le Gaulois*, 3 juillet 1923.
— « Il y a 25 ans... le puits du lieutenant Péguy », *Le Petit Journal*, 24 septembre 1939.
« The Dukes' Republic. France after Sedan », *The Times Literary Supplement*, 22 mai 1937.
André THÉRIVE, « Les romans véritables », *L'Opinion*, 20 juillet 1923.
— « Pays parisiens », *Quinzaine critique*, 25 décembre 1929.
— « Décadence de la liberté », *Le Temps*, 10 juillet 1931.
— « Les livres. Courrier de Paris », *Le Temps*, 2 juin 1932, p. 3.
— « Pays parisiens », *Le Temps*, 1er septembre 1932.
— « Les livres. Courrier d'Europe », *Le Temps*, 13 avril 1933, p. 3.
— « Visites aux paysans... », *Le Temps*, 22 août 1935.
Albert THIBAUDET, « Réflexions sur la littérature. Lettre à M. Marcel Proust », *NRF*, 1920, vol. LXXVIII, pp. 426-437.
— « Réflexions sur la littérature. Le roman de la destinée », *NRF*, 1920, vol. LXXVIII, pp. 567-576.
— « Visites aux paysans du Centre », *NRF*, 1er novembre 1921, pp. 620-621.
— « Le quartier des philosophes », *NRF*, 1er juin 1927, pp. 797-804.
— « Réflexions », *NRF*, 1er janvier 1929, pp. 92-99.
— « La Fin des notables », *Candide*, 28 août 1930, n° 337.
— « L'histoire politique de la IIIe République », *La Renaissance*, 8 octobre 1930.
— « Réflexions. L'appel au concile », *NRF*, 1er octobre 1930, pp. 542-554.
— « Décadence de la liberté », *L'Européen*, 17 juin 1931.
— « D'Alexis de Tocqueville à Daniel Halévy », *NRF*, 1er août 1931, pp. 317-326.
— « Paris-Genève », *Journal de Genève*, 30 mars 1932.
— « Pays parisiens », *Candide*, 14 juillet 1932.
— « Réflexions », *NRF*, 1er juillet 1934, pp. 91-99.
— « De Ludovic à Daniel Halévy », *1935*, 27 mars 1935.
« Three french stylistes. Visites aux paysans du Centre », *The Times Literary Supplement*, 18 août 1921.
Robert de TRAZ, « Un beau livre sur Charles Péguy », *Journal de Genève*, 3 février 1919.
— « Daniel Halévy », *Revue de Paris*, 1er mai 1933, t. 3, pp. 76-95.
Tz [Robert de Traz], « Daniel Halévy », *Journal de Genève*, 2 mars 1937, n° 60, p. 1.
— « La République des ducs », *Le Jour*, 7 octobre 1937.
Léon TREICH, « Courrier d'Europe », *Bulletin des lettres*, 25 février 1933.
— « Silhouettes : Daniel Halévy », *Toute l'édition*, 23 décembre 1933.
— « La République des comités », *Bulletin des lettres*, 25 mai 1934.
— « La République des comités », *Le Petit Journal*, 29 juin 1934.
— « Visites aux paysans du Centre », *Bulletin des lettres*, 25 février 1935.
— « Si le nez de Cléopâtre... », *Le Soir de Bruxelles*, 1er mars 1937.
— « La République des ducs », *Gringoire*, 2 avril 1937.
Les TREIZE [Léon BAILBY], « Courrier d'Europe », *L'Intransigeant*, 4 mars 1933.

Tuc [Henry Lasserre], « Le scandale Frot », *L'Action française*, 6 février 1936.
Pierre Tuc [Henry Lasserre], « Revue de la presse », *L'Action française*, 2 novembre 1936, p. 5.
— « Revue de la presse », *L'Action française*, 3 novembre 1936, p. 6.
« Revue de la presse », *L'Action française*, 9 août 1939, p. 5.
« Une belle lettre de Gambetta », *Radical*, 17 avril 1938.
Firmin van den Bosch, « Pays parisiens », *Revue bibliographique*, août 1932.
« Visites aux paysans du Centre », *Le Gaulois*, 1er octobre 1921.
« Visites aux paysans du Centre », *Bulletin des lettres*, 25 février 1935.
André Ulmann, « Un cuistre : M. Daniel Halévy », *Messidor*, 25 août 1939.
— « Un livre révélateur. M. Daniel Halévy contre la Révolution française », *Lumière*, 4 août 1939.
Miguel de Unamuno, « Hommage à Bazalgette », *Monde*, 26 janvier 1929, n° 34, p. 4.
Ursus, « Dans ses visites... », *Eve*, 4 novembre 1921.
F.V., « Visites aux paysans du Centre », *La Libre Parole*, 12 janvier 1922.
Robert Valléry-Radot, « L'enfance, la province et autres thèmes », *La Revue des jeunes*, 1er trimestre 1922, pp. 333-343.
Gaston Valran, « Le risque roumain », *Le Sémaphore*, 17-18 février 1918.
— « La maîtrise du caoutchouc », *Le Sémaphore*, 22 février 1918.
Guy Vanhor, « Visites aux paysans du Centre », *Journal du département de l'Indre*, 8 février 1922.
Pierre Varillon, « La Troisième République », *L'Action française*, 6 mars 1937.
— « Histoire d'une histoire », *L'Action française*, 28 septembre 1939.
Jean Variot, « Un serviteur du peuple », *Les Dernières Nouvelles de Strasbourg*, 3 septembre 1923.
« Vauban », *Mercure de France*, 1er mai 1924, pp. 754-756.
G. Verdeil, « La République des ducs », *Les Humanités*, mai 1937.
Jean Vignaud, « Décadence de la liberté », *Le Petit Parisien*, 7 juillet 1931.
— « Visites aux paysans du Centre », *Le Petit Parisien*,11 juin 1935.
F. de Villermont, « La République des ducs et la restauration manquée », *Ordre social chrétien*, juillet-septembre 1937, pp. 24-42.
José Vincent, « Lettres de Gambetta », *La Croix*, 27 juin 1938.
— « Vauban », *L'Ane d'or*, septembre-octobre 1923, pp. 263-271.
« Visconti, Gide, Mauriac, etc... », *Marianne*, 6 février [reproduit dans le *Bulletin de l'Union pour la vérité*, n° 7-8, avril-mai 1935, pp. 341-342].
« Visites aux paysans du Centre », *Bulletin des professeurs catholiques*, 15 août 1921.
« Visites aux paysans du Centre », *L'Ami du clergé*, 9 février 1922, n° 6, pp. 91-92.
XXX, « La vraie doctrine du président Wilson », *Mercure de France*, janvier 1919, pp. 194-195, 203.
Maxime Vuillaume, « Quelques souvenirs sur Charles Péguy », *L'Eclair*, 6 septembre 1921.
O.W., « La République des comités », *Les Vivants*, septembre 1934.
W., « Vauban », *Revue franco-belge*, novembre 1923.
Wing, « Pour honorer nos morts », *Les Ailes*, 18 janvier 1934.
P Ch. W. « Histoire d'une histoire... », *Foi et vie*, février 1940.
C.Z., « Procès d'André Gide », *Les Nouvelles Littéraires*, 2 février 1935 [Reproduit dans le *Bulletin de l'Union pour la vérité*, n° 7-8, avril-mai 1935, pp. 336-338].
Zadig, « De Lamartine au syndicat », *L'Aube*, 20 mars 1935.
Alexandre Zévaès, « Lettres inédites de Gambetta », *L'Œuvre*, 8 février 1938.

II.3. (1940-1945)

Raymond ARON, « Remarques sur quelques préjugés politiques », *La France libre*, 1943, t. VI, n° 36, pp. 430-437.
Claude AVELINE, « Anatole France sous l'Occupation », *Les Lettres françaises*, 9 décembre 1944, n° 3, p. 1 et 5.
M. Bl., « La solitude de Péguy », *Journal des Débats*, 18 juin 1941.
G. Bn [Georges BOURGIN], « Daniel Halévy. Péguy et les Cahiers de la quinzaine », *Revue historique*, n° 4, octobre-décembre 1942-1943, pp. 345-347.
Henri BURIOT-DARSILES, « Une humble vie héroïque », *Cahiers du Centre*, mai 1941.
Jacques CARTON, « Trois épreuves 1814-1871-1940 », *Le Petit Marseillais*, 27 novembre 1941.
« Daniel Halévy, Nietzsche », *Revue de synthèse*, 1940-1945.
« Daniel Halévy, Nietzsche », *Livre français*, novembre 1945, p. 32.
« Daniel Halévy, Nietzsche », *Le Parisien libéré*, 19 novembre 1945.
« Daniel Halévy, Nietzsche sa vie et sa pensée », *La Nuova Europa*, 2 décembre 1945.
L.F., « Nietzsche », *Clartés*, 14 septembre 1945.
Ramon FERNANDEZ, « Charles Péguy », *NRF*, 1er juin 1941, pp. 860-869.
— « Nietzsche », *Revue du Monde*, août 1944, pp. 919-923.
Luc-Olivier FROSSARD, « Elle seule est sans prix... », *Le Mot d'ordre*, 20 mai 1942.
P.G., « Péguy et les cahiers de la quinzaine », *Echo de Savoie*, 23 juin 1941.
Ernest GAUBERT, « Péguy », *Le Département*, 7 juillet 1941.
René GÉRIN, « Daniel Halévy : "Nietzsche" », *L'Œuvre*, 22 juillet 1944.
Henri GOUHIER, « Anniversaire de Nietzsche », *Réforme*, 10 novembre 1945.
Jean HÉRITIER, « Mémoire de Péguy », *Voix françaises*, 30 mai 1941.
Armand HOOG, « "Nietzsche" de Daniel Halévy », *Carrefour*, 28 octobre 1944.
— « Péguy et la grâce », *Carrefour*, 11 novembre 1944.
Robert KEMP, « Le Nietzsche de Daniel Halévy », *Les Nouvelles Littéraires*, 23 août 1945, n° 942.
Benoît LAURENT, « M. Daniel Halévy et les cahiers de la quinzaine », *Les Amitiés*, 27 septembre 1941.
Louise LEFRANÇOIS-PILLION, « Courrier littéraire », *Journal d'Amiens*, 10 octobre 1941.
Claude LEHEC, « Daniel Halévy, Nietzsche », *Revue Montalembert*, novembre 1945, n° 266, p. 279.
LE HURON, « Innocents propos », *Le Peuple*, 23 février 1946.
Yves LÉVY, « Nietzsche à la recherche de l'homme », *Volontés*, 20 décembre 1944.
Thierry MAULNIER, « Daniel Halévy. Péguy et les Cahiers de la quinzaine », *L'Action française*, 5 juin 1941.
Henri MARTINEAU, « Péguy », *Le Divan*, avril-juin 1941.
— « Nietzsche », *Le Divan*, octobre 1944.
Jean-Pierre MAXENCE, « Le devoir de l'unité », *Aujourd'hui*, 23 mai 1941.
M.N., « Destin de Romain Rolland », *Le Figaro*, 18 juillet 1941.
« Nietzsche, par Daniel Halévy », *Ici Paris*, 11 décembre 1945.
R.P., « Philosophie. Nietzsche », *Tribune des Nations*, 10 novembre 1945.
« Péguy », *Nouveaux Temps*, 16 mai 1941.
Louis-Georges PLANES, « L'actualité de Péguy », *Voix françaises*, 18 avril 1941, p. 2.
H.R., « Péguy et les cahiers de la quinzaine », *Nouvelles de Lyon*, 29 juin 1941.
Simone RATEL, « Nietzsche, par Daniel Halévy », *France-Presse*, 20 août 1945.

André ROUSSEAUX, « Péguy en marche », *Le Figaro*, 7 juin 1941.
S., « Charles Péguy et les cahiers de la quinzaine », *Gazette de Biarritz*, 15 avril 1941.
César SANTELLI, « Nietzsche, de Daniel Halévy », *La Voix de Paris*, 16 septembre 1945.
Jean SOULAIROL, « Le "Nietzsche" de Daniel Halévy » », *Hier et demain*, juillet 1945, n° 11, pp. 136-147.
H.T., « Les épreuves nationales », *L'Atlantique*, 19 octobre 1941.
Gonzague TRUC, « La leçon de Péguy », *La Gerbe*, 25 mai 1941.
Emile VAAST, « Péguy et les cahiers de la quinzaine », *Moniteur agricole de la Seine Inférieure*, 14 juin 1941.
P. de Z., « L'isolé », *Sud-ouest républicain*, 29 avril 1941.

II.4. (1946-1962)

Pierre ANDREU, « Les idées politiques de la jeunesse intellectuelle de 1927 à la guerre », *Revue des travaux de l'Académie des sciences morales et politiques*, 2e semestre 1957, pp. 17-35.
Philippe ARIÈS, « Les méditations de Daniel Halévy sur l'histoire », *Revue française de l'élite*, 25 juillet 1948, n° 10, pp. 108-109.
— « André Siegfried », *La Nation française*, 15 avril 1959 [Reproduit dans : Philippe Ariès, *Le Présent quotidien 1955-1966*, Paris, Seuil, 1997, pp. 160-161].
— « Sagesse de J. Czapski », *La Nation française*, 1er mars 1961 [Reproduit dans : Philippe Ariès, *Le Présent quotidien 1955-1966*, Paris, Seuil, 1997, pp. 211-214].
Robert ARON, « Les pages mystiques de Nietzsche », *Réforme*, 23 mars 1946.
« Au Philosophe et historien Daniel Halévy le grand prix littéraire de la ville de Paris », *Le Courrier*, 20 janvier 1960.
Emmanuel BEAU DE LOMÉNIE, « En allant à pied, Daniel Halévy est arrivé à l'Institut », *Paroles françaises*, 24 juin 1949.
Jean BÉCARUD, « L'évolution de M. Daniel Halévy », *Critique*, septembre 1949, n° 40, pp. 812-822.
Gaëtan BERNOVILLE, « Proudhon et l'idée religieuse », *L'Epoque*, 19 janvier 1949.
Pierre BOUTANG, « Les demeures, les arbres et les êtres », *Aspects de la France*, 12 juin 1953.
— « L'avenir », *Aspects de la France*, 19 juin 1953.
— « La politique », *La Nation française*, 3 juillet 1957, n° 31, pp. 1-2.
— « La politique », *La Nation française*, 12 novembre 1958, n° 162, pp. 1-2.
Frantz BRUNET, « Quelques pages d'un éminent écrivain : Daniel Halévy », *Les Cahiers bourbonnais et du Centre*, 1960, n° 15, pp. 74-79.
Louis CHAIGNE, « L'éloge de Jérôme Tharaud... », *Courrier français*, 23 décembre 1954.
— « Daniel Halévy André Maurois », *Résistance de l'Ouest*, 27 janvier 1960.
Joseph CHENU, « Daniel Halévy. Nietzsche », *La Nef*, février 1946, n° 15, pp. 136-137.
Henri CLOUARD, « Daniel Halévy », *Beaux-Arts*, 29 janvier 1960.
« Daniel Halévy a reçu... », *Paris Soir*, 20 janvier 1960.
« Daniel Halévy démasque l'imposteur Guéhenno », *Rivarol*, 4 janvier 1962, pp. 14-15.
« Daniel Halévy Grand Prix littéraire de la ville de Paris », *Liberté*, 20 janvier 1960.

« Daniel Halévy Grand Prix littéraire de la ville de Paris », *L'Union*, 20 janvier 1960.
« Daniel Halévy Grand Prix littéraire de la ville de Paris », *Oise-Matin*, 20 janvier 1960.
« Daniel Halévy Grand Prix littéraire de la ville de Paris », *Le Nouveau Rhin français*, 22 janvier 1960.
« Daniel Halévy. Mary Duclaux et Maurice Barrès », *Le Soir*, 13 janvier 1960.
Emmanuel BERL, « Les Trois Mary », *La Table Ronde*, avril 1960.
H.B. [œgner], « Daniel Halévy », *Cahiers du Cercle Fustel de Coulanges*, décembre 1959, n° 3 et 4, pp. 113-117.
Henri BŒGNER, « Daniel Halévy », *Aspects de la France*, 28 janvier 1960.
Louis CHAIGNE, « Louis Chaigne présente : L'éloge de Jérôme Tharaud, par Daniel Halévy », *Courrier Français*, 25 décembre 1954.
— « Essences », *La Résistance de l'Ouest*, 27 novembre 1959.
Joseph CZAPSKI, « Degas, Daniel et Daniel Halévy », *Preuves*, octobre 1960, pp. 101-104.
P.D. « Délicieux ouvrage... », *Le Peuple*, 5 janvier 1960.
V.-H.D., « L'Eloge de Jérôme Tharaud », *Bulletin des lettres*, 15 décembre 1954.
« Daniel Halévy, Nietzsche », *Books abroad*, spring 1948.
« Daniel Halévy et l'Académie », *Combat*, 4 octobre 1954.
Henri CLOUARD, « Daniel Halévy », *La Gazette des lettres*, 30 avril 1949, n° 87.
Robert COIPLET, « La Jeunesse de Proudhon », *Le Monde*, 20 août 1948.
— « Le Mariage de Proudhon », *Le Monde*, 24 septembre 1955.
— « Agricol Perdiguier et Proudhon », *Le Monde*, 1er octobre 1955.
Marcel DEFOSSE, « L'Essai sur l'accélération de l'histoire de Daniel Halévy », *Le Soir*, 2 mars 1961.
Cécile-René DELHORBE, « Les trois Mary », *Gazette de Lausanne*, 19-20 décembre 1959.
J.F., « Une élection à l'Académie française sans résultat. Eloges de Daniel-Rops et de Daniel Halévy », *La France catholique*, 20 novembre 1953.
« L'élection de M. Jean Guéhenno à l'Académie française. Note concernant deux passages du "Journal des années noires" de Jean Guéhenno », *Le Figaro*, 2 février 1962, p. 3.
« Eloge de Jérôme Tharaud », *Officiel de la Librairie*, décembre 1954.
« Eloge de Jérôme Tharaud », *L'Aurore*, 28 décembre 1954.
Lucien FEBVRE, « Un Proudhon, deux proudhons », *Annales E.S.C.*, janvier-mars 1951, n° 1, pp. 135-139.
L.G., « Daniel Halévy. Le mariage de Proudhon », *La Bourgogne républicaine*, 20 novembre 1955.
Lucien GACHON, « Daniel Halévy, biographe de Mary Robinson », *La Nation française*, 11 novembre 1959.
Georges GAUDY, « Jérôme Tharaud vu par M. Daniel Halévy », *Aspects de la France*, 14 janvier 1955.
Willy GILSON, « Eloge de Jérôme Tharaud », *Le Journal d'Esch*, 17 décembre 1954.
Albert GUERARD sr, « The Rebel as catholic », *The Nation*, april 24 1948, pp. 445-446.
Jean GUITTON, « Les trois Mary », *Le Figaro littéraire*, 19 décembre 1959.
Paul GUTH, « Daniel Halévy », *Revue de Paris*, LXI, janvier 1954, pp. 139-146.
— « Un rendez-vous de Paul Guth... Daniel Halévy », *La République du Centre*, 9 mars 1954.
Jean HANSE, « Daniel Halévy (88 ans) grand Prix littéraire... », *Combat*, 20 janvier 1960.

« Grand prix littéraire de la Ville de Paris... », *Paris-Normandie Rouen*, 20 janvier 1960.
Franz HELLENS, « Eloge de Jérôme Tharaud », *Dernière heure*, 20 novembre 1954.
« Il y a dans le si bel Eloge... », *Rivarol*, 2 décembre 1954.
« Le journal de Michelet a été mutilé », *Le Monde*, 17 mai 1950, p. 7.
J. LASNE DESVAREILLES, « Un moment de... Daniel Halévy », *Paroles françaises*, 8 octobre 1948.
« Le grand prix littéraire de la Ville de Paris à Daniel Halévy », *Le Berry républicain*, 20 janvier 1960.
« Le grand prix littéraire de la Ville de Paris à Daniel Halévy », *Le Libre Poitou*, 20 janvier 1960.
« Le grand prix littéraire de la Ville de Paris à Daniel Halévy », *Nouvelle République*, 20 janvier 1960.
« Le grand prix littéraire de la Ville de Paris à été attribué à M. Daniel Halévy... », *Aspects de la France*, 21 janvier 1960.
« Le grand prix littéraire de la Ville de Paris à M. Daniel Halévy », *Le Havre*, 20 janvier 1960.
« Le grand prix littéraire de la Ville de Paris à M. Daniel Halévy », *Libération*, 20 janvier 1960.
« Le grand prix littéraire de la Ville de Paris à M. Daniel Halévy », *Marseillaise*, 20 janvier 1960.
« Le grand prix littéraire de la Ville de Paris à M. Daniel Halévy », *Nice-Matin*, 20 janvier 1960.
« Le grand prix littéraire de la Ville de Paris à M. Daniel Halévy », *Ouest-France*, 20 janvier 1960.
« Le grand prix littéraire de la Ville de Paris à M. Daniel Halévy », *L'Yonne républicaine*, 20 janvier 1960.
« Le grand prix littéraire de la Ville de Paris... », *Le Parisien*, 20 janvier 1960.
« Le grand prix littéraire de la Ville de Paris... », *Les Nouvelles Littéraires*, 21 janvier 1960.
Auguste MARTIN, « Le discours de M. Daniel Halévy », *L'Amitié Charles Péguy Feuillets mensuels*, octobre 1950, n° 16, pp. 15-18.
— « A propos de Péguy », *La France catholique*, 11 juillet 1952.
Henri MARTINEAU, « Le Mariage de Proudhon », *Le Divan*, 1948.
— « Eloge de Jérôme Tharaud... », *Le Divan*, janvier 1955, p. 68.
« Mary Duclaux », *Ecrits de Paris*, février 1960.
« Mary Duclaux et Maurice Barrès », *Le Monde*, 30 juillet 1960.
Henri MASSIS, « Un chœur à deux voix. Péguy et Maurras », *Aspects de la France*, 26 janvier 1950.
François MAURIAC, « Sur un mot de Proudhon », *Le Figaro*, 6 août 1948.
« M. Daniel Halévy... », *L'Aurore*, 20 janvier 1960.
« M. Daniel Halévy est élu membre de l'Institut », *Le Monde*, 14 juin 1950, p. 8.
« M. Daniel Halévy Grand prix littéraire de la ville de Paris », *Est-Eclair*, 20 janvier 1960.
« M. Daniel Halévy Grand prix littéraire de la ville de Paris », *Le Méridional*, 20 janvier 1960.
« M. Daniel Halévy Grand prix littéraire de la ville de Paris », *Résistance de l'Ouest*, 20 janvier 1960.
« M. Daniel Halévy... », *France-Soir*, 20 janvier 1960.
« M. Daniel Halévy... », *La Croix*, 21 janvier 1960.
« M. Daniel Halévy publie chez Grasset... », *Le Monde*, 21 novembre 1959.

« M. Daniel Halévy à l'Académie des sciences morales et politiques », *Nation Belge*, 15 juin 1949.
« Degas et Daniel Halévy », *Revue de Synthèse*, avril-décembre 1961, n° 22-24, p. 326.
« Portrait-express Daniel Halévy », *Carrefour-Paris*, 29 juin 1949.
« Prix », *Le Monde*, 16 janvier 1960.
« Les prix littéraires », *Le Phare*, 31 janvier 1960.
« Les Trois Mary », *Le Livre français*, octobre-décembre 1959.
« Suzanne Marandon », Daniel Halévy. Mary Duclaux et Maurice Barrès », *Langues Modernes*, mai-juin 1960, n° 3, p. 76.
Robert MARGERIT, « Daniel Halévy avait posé... », *Le Populaire du centre*, 2 décembre 1954.
« Le mariage de Proudhon », *Livres de France*, novembre 1955.
Jean MARTEAU, « Un témoignage d'amitié », *La Tribune de Genève*, 13 novembre 1954.
« Mary Duclaux et Maurice Barrès », *Le Monde*, 30 juillet 1960.
Maurice MARTIN DU GARD, « Daniel Halévy l'homme qui a tout lu... », *Arts*, 3-9 février 1960, n° 760, p. 5.
« Un meeting en faveur de la révision du procès Maurras », *Le Monde*, 22 décembre 1949, p. 8.
Georges MONGRÉDIEN, « Les livres d'histoire », *Les Nouvelles Littéraires*, 18 novembre 1948, n° 1107, p. 5.
« Le même numéro... », *Le Rappel*, 10 octobre 1954.
Jean NERMY, « La succession académique de Jérôme Tharaud... », *L'Indépendant de l'Aube*, 22 janvier 1955.
Annette P., « Eloge de Jérôme Tharaud », *La Montagne*, 22 février 1955.
Charles PASQUIER, « Pour l'ensemble de son œuvre Daniel Halévy... », *Le Figaro*, 20 janvier 1960.
Roberte PEY, « La succession de Jérôme Tharaud à l'Académie française. Dans quatre jours, l'un de ces cinq hommes deviendra Immortel », *Le Journal du Dimanche*, 8 novembre 1953.
Bernard PIVOT, « A Daniel Halévy, Paris a donné son grand prix littéraire », *Le Figaro Littéraire*, 23 janvier 1960, p. 4.
Giuseppe PREZZOLINI, « Diario d'un viaggio in Europa », *Il Borghese*, 7 luglio 1960, p. 12.
Théodore QUONIAM, « Quelques nouveaux maîtres », *Bulletin des bibliophiles de Guyenne*, janvier-juin 1968, n° 87, pp. 76-78.
Pierre QUEMENEUR, « Eloge de Jérôme Tharaud par Daniel Halévy », *La Table Ronde*, janvier 1955, pp. 153-154.
André ROUSSEAUX, « La vie de Proudhon », *Le Figaro littéraire*, 23 octobre 1948.
— « Le mariage de Proudhon », *Le Figaro littéraire*, 26 novembre 1955.
« S'il est une tradition... », *Synthèses*, février 1955, pp. 385-386.
Patrice SYLVAIN, « Election blanche : l'Académie ne s'est pas décidée à faire un choix entre Daniel Halévy et Daniel-Rops », *L'Aurore*, 13 novembre 1953.
André THÉRIVE, « Essai sur l'accélération de l'histoire », *Paroles françaises*, 17 décembre 1948.
— « Le mariage de Proudhon », *Rivarol*, 17 novembre 1955.
Silvano TOSI, « Il conservatore illuminato », *La Nazione Italiana*, 29 mars 1955.
Léon TREICH, « Daniel Halévy, grand prix de Paris », *Le Soir*, 24-25 janvier 1960.
« Un discours académique qui ne sera pas prononcé... », *La Croix du Nord*, 3 décembre 1958.

G. VALENTINI, « La fine dei notabili », *Letture*, mars 1949.
Paolo VITA FINZI, « Il Duemila di Halévy », *Il Mondo*, 6 septembre 1955. [Reproduit en 1961 dans : Paolo Vita-Finzi, *Le Delusioni della libertà*, Firenze, Vallecchi editore.]
Bernard VOYENNE, « Essai sur l'accélération de l'histoire », *Combat*, 22 novembre 1948.
Michel VIVIER, « Visite à Daniel Halévy », *La Nation française*, 27 janvier 1960.
« Y a-t-il une accélération de l'histoire ? », *Gazette de Lausanne*, 25 juin 1949.

III. Articles posthumes

Pierre ANDREU, « Daniel Halévy, l'européen », *Défense de l'Occident*, février 1962, nouvelle série, n° 20, pp. 47-53.
— « Le témoin de Péguy », *La Nation française*, 21 février 1962, n° 333, p. 17 et 19.
— « Lettres de Daniel Halévy recueillies par P. Andreu », *La Nation française*, 6 février 1963, n° 383, p. 11.
— « La bombe contre la patrie », *Le Monde*, 24 novembre 1977, p. 11.
— « Cinquante ans avec Sorel », *Cahiers Georges Sorel*, 1983, n° 1, pp. 52-67.
Philippe ARIÈS, « Daniel Halévy », *La Nation française*, 7 février 1962, n° 331, p. 1 et 11 [Reproduit dans : Philippe Ariès, *Le Présent quotidien 1955-1966*, Paris, Seuil, 1997, pp. 277-279].
— « "Histoire d'une histoire" : laissez l'ordre rentrer en vous », *La Nation française*, 21 février 1962, n° 333, p. 20 et 23 [Reproduit dans : Philippe Ariès, *Le Présent quotidien 1955-1966*, Paris, Seuil, 1997, pp. 282-285].
— « Ces citoyens perdus, nos frères », *La Nation française*, 18 avril 1962 [Reproduit dans : Philippe Ariès, *Le Présent quotidien 1955-1966*, Paris, Seuil, 1997, pp. 293-296].
— « Thierry Vernet », *La Nation française*, 16 janvier 1963 [Reproduit dans : Philippe Ariès, *Le Présent quotidien 1955-1966*, Paris, Seuil, 1997, p. 352].
— « La droite, cette inconnue », *La Nation française*, 15 janvier 1964 [Reproduit dans : Philippe Ariès, *Le Présent quotidien 1955-1966*, Paris, Seuil, 1997, pp. 384-386].
Emmanuel BEAU DE LOMÉNIE, « Quelques souvenirs sur Daniel Halévy », *Ecrits de Paris*, avril 1962, n° 203, p. 65-70.
Emmanuel BERL, « Daniel Halévy », *Preuves*, avril 1962, n° 134, pp. 41-43.
Princesse BIBESCO, « Trois adieux... », *Revue de Paris*, août 1962, pp. 1-14.
Pierre de BOISDEFFRE, « Portrait de Monsieur Pascal », *Les Nouvelles Littéraires*, 7 mai 1962.
Luc BOISNARD, « Daniel Halévy et l'Ancien Régime », *La Science historique*, 1987, n° 15, pp. 35-41.
Pierre BOUTANG, « La politique », *La Nation française*, 7 février 1962, n° 331, pp. 1-2.
— « Ce qui est acquis pour toujours », *La Nation française*, 21 février 1962, n° 333, p. 19.
« C'est à Daniel Halévy que Maurras... », *Aspects de la France*, 8 février 1962.
René CASSIN, « Allocution à la mémoire de Daniel Halévy », *Revue des travaux de l'Académie des sciences morales et politiques*, 1er semestre 1962, pp. 318-319.
Louis CHAIGNE, « Un grand témoin... quelque peu prophète... », *La France catholique*, 9 février 1962, p. 2.
Michel CHRESTIEN, « Daniel fils de Ludovic », *La Nation française*, 21 février 1962, n° 333, p. 20.
Louis CHAIGNE, « Triptyque. D. Halévy... », *L'Enseignement chrétien*, mai 1962, p. 285-287.

Pierre COLCOMBET, « Nouvelle visite aux paysans du Centre », *Les Nouvelles Littéraires*, 5 août 1978.
Pierre COMBE, « Quel secret détenait-il pour que notre jeunesse s'émeuve ? », *La Nation française*, 21 février 1962, n° 333, p. 21.
Mina CURTISS, « In memory of Daniel Halévy », *Massachusetts review*, vol. III, summer 1962, p. 798-804.
« Daniel Halévy », *Aspects de la France*, 15 février 1962.
« Daniel Halévy est mort », *Le Parisien libéré*, 6 février 1962.
« Daniel Halévy est mort », *Combat*, 6 février 1962.
Pierre DEBRAY, « Adieu à Daniel Halévy », *Aspects de la France*, 8 février 1962, n° 700, p. 7.
Cécile-René DELHORBE, « Daniel Halévy de Péguy à Degas », *Gazette de Lausanne*, 17-18 mars 1962.
Hyacinthe DUBREUIL, « Daniel Halévy », *Compagnonnage*, février 1962.
— « Leçon d'une vie », *Le XXe siècle fédéraliste*, 9 février 1962.
Norbert DUFOURCQ, « Halévy, Ibert, Kreisler », *La Nation française*, 21 février 1962, n° 333, p. 15.
« E morto l'academico... », *SCIA*, février 1962.
« Entretien avec Pierre Boutang », *Réaction*, automne 1991, pp. 83-90.
G.G., « Daniel Halévy, patriarche des lettres, est mort hier à l'âge de 90 ans », *Aurore*, 7 février 1962.
Lucien GACHON, « Pour nous autres provinciaux... », *La Nation française*, 21 février 1962, n° 333, p. 22.
Camille GAGNON, « Daniel Halévy », *Les Amis de Charles-Louis Philippe*, 1962, n° 20, p. 466
Giuseppe GALASSO, « Utopie di fine millenio », *Il Sole – 24 Ore*, 6 luglio 1997, n° 184, p. 27.
Robert GARRIC, « Un esprit d'une inlassable curiosité, Daniel Halévy », *Le Monde*, 7 février 1962, p. 10.
Roger GIRON, « Un écrivain du peuple : Henry Poulaille », *La Voix du Nord*, 14 juin 1980.
Théo GRINEVALD, « Péguy : "Halévy et moi, nous sommes amis..." », *Journal de Genève*, 24-25 févr. 1962.
Pierre GUIRAL, « Daniel Halévy », *Feuillets de l'Amitié Charles Péguy*, mars 1962, n° 92, pp. 12-14. [Lettre de Daniel Halévy à P.G.]
— « Daniel Halévy, esquisse d'un itinéraire », *Contrepoint*, 1976, pp. 79-95.
Jean GUITTON, « Le secret du visage », *Le Figaro*, 3 août 1982.
— « Chronique : Degas », *Le Figaro Littéraire*, 22 février 1988, n° 13. 524
— « Daniel Halévy », *Le Figaro Littéraire*, 10 février 1962, n° 825, p. 4
HARMEL, « Un grand témoin », *Le XXe siècle fédéraliste*, 9 février 1962.
« Il est mort hier. Daniel halévy... », *Paris-Presse. L'intransigeant*, 6 février 1962.
James JOLL, « The heritage of Dreyfus », *The Listener*, 30 mars 1967, n° 1983, LXXVII.
Antoine LACROIX, « Deux grands esprits fraternels : Emile Guillaumin – Daniel Halévy », *Le Centenaire d'Emile Guillaumin*, Paris, Klincksieck, 1975, pp. 129-138.
Giuseppe LA FERLA, « Daniel Halévy e il suo tempo », *Nuova Antologia di lettere, arti e scienze*, 1962, vol. 486, fasc. 1944, p. 453-474.
Pierre LAFUE, « Daniel Halévy », *L'Echo*, 8 février 1962.
— « Daniel Halévy », *Le Phare Dimanche*, 11 février 1962.
— « Daniel Halévy », *Le Bien Public*, 14 février 1962.

Sources et bibliographie

Jean LOISY, « Le guetteur : il surveille le cours du monde », *La Nation française*, 21 février 1962, n° 333, p. 18 et 23.
Mc CARTHY, « Visites aux paysans du Centre », *Les Amis de Charles-Louis Philippe*, décembre 1978, n° 6, pp. 72-75.
Gilbert MAIRE, « Daniel Halévy », *Ecrits de Paris*, septembre 1975, pp. 111-117.
— « Sur Daniel Halévy », *Ecrits de Paris*, février 1976, pp. 96-106.
Edmond MARC et Claude MARCHEIX, « Daniel Halévy (1872-1962) », *Tendances*, juin 1962, n° 17, pp. 427-429.
Gabriel MARCEL, *Discours prononcé aux funérailles de Daniel Halévy au Temple de l'Oratoire le 7 février 1962*, Paris, Institut de France, Firmin-Didot, 1962, 6 p.
— « Un homme libre », *La Nation française*, 21 février 1962, n° 333, p. 17 et 22.
— « Un homme libre », *Les Nouvelles Littéraires*, 8 février 1962, n° 1797, p. 1 et 7.
— « Hommage à Daniel Halévy », *Anthinéa*, août-septembre 1975, n° 8, pp. 53-54.
Henri MASSIS, « Comment Daniel Halévy défendit en Péguy l'honneur et le caractère », *La France catholique*, 25 mai 1962, p. 2.
Camille MAYRAN, « Histoire de quatre ans », *Contrepoint*, 1976, pp. 97-105.
Jean-Marc MONTGUERRE, « Daniel Halévy est mort », *Réforme*, 10-17 févr. 1962, p. 14.
« Mort à 90 ans de M. Daniel Halévy », *Le Courrier de l'Ouest*, 6 février 1962.
« Mort de Daniel Halévy », *La Croix*, 6 février 1962.
« Mort de Daniel Halévy », *Le Figaro*, 6 février 1962.
« Mort de Daniel Halévy », *Rivarol*, 8 février 1962.
« Mort de Daniel Halévy », *Livres choisis*, mars 1962.
« Mort de M. Daniel Halévy », *Centre-Matin*, 6 février 1962.
« Mort de M. Daniel Halévy », *Presse-Océan*, 6 février 1962.
« Mort de M. Daniel Halévy », *Paris-Normandie*, 6 février 1962.
« Mort de l'historien Daniel Halévy », *Le Bien public*, 6 février 1962.
Henry MULLER, « Daniel Halévy, un homme qui marchait à pied », *Arts*, 7-13 février 1962, n° 855.
« Notable turned Novordnik », *The London Times Literary Supplement*, 16 février 1967, n° 3390.
« Obsèques de l'historien Daniel Halévy, mercredi », *France-Soir*, 6 février 1962.
J.P., « Historien du mouvement social et de la IIIe République Daniel Halévy est mort », *Le Monde,* 6 février 1962.
R.P., « Mort de Daniel Halévy », *Rivarol*, 9 février 1962.
PIATIER, « Daniel Halévy », *Le Monde*, 6 février 1962.
PRESTON, « A genius came to dinner », *The New York Times book review*, 27 décembre 1964, p. 5.
Jean-Louis PRÉVOST, « Daniel Halévy esprit libre et fidèle », *Livres et lectures*, novembre 1962, pp. 615-620.
Théodore QUONIAM, « Quelques nouveaux maîtres », *Bulletin de la société des bibliophiles de Guyenne*, janvier-juin 1968, n° 87, pp. 76-78.
B.R., « A l'Académie des sciences morales et politiques. Hommage à Daniel Halévy », *Le Monde*, 15 décembre 1972, p. 23.
Pierre RENOUVIN, « L'orientation actuelle des études historiques en France », *Revue des travaux de l'Académie des sciences morales et politiques*, 1er semestre 1962, pp. 220-234.
Max RICHARD, « Notre bon maître », *Le XXe siècle fédéraliste*, 9 février 1962.
Béatrice SABRAN, « Conversation avec Daniel Halévy », *L'Ordre français*, mars 1962, n° 61, pp. 46-48.

Camille SAUTET, « Un esprit éminent et un homme libre », *La Liberté de l'Yonne*, 4 mars 1962.

J.S.-C., « Dans l'amitié de Daniel Halévy », *La Nation française*, 7 novembre 1962, n° 370, p. 13.

Paul SÉRANT, « Trois quarts de siècle consacrés à la vie des idées : Daniel Halévy », *Carrefour*, 17 février 1968, n° 908, p. 23.

Jacques SOREL, « Une belle et noble figure disparaît. Hommage à Daniel Halévy », *Beaux-Arts*, 23 février 1962.

Suzanne SOUCHON-GUILLAUMIN, « 1925 à Ygrande », *Les Cahiers Bourbonnais...*, 3e trimestre 1964, p. 193-200.

— « La Longue marche de Daniel Halévy », *Les Nouvelles Littéraires*, 10 août 1978, n° 2648, p. 16.

« Un avertissement de Daniel Halévy », *Aujourd'hui. La Croix de l'est*, 18 février 1962.

« Une famille d'académiciens », *Aux écoutes du monde*, 9 février 1962.

Victor-Lucien TAPIÉ, *Notice sur la vie et les travaux de Daniel Halévy (1872-1962) lue dans la séance du 25 novembre 1963*, Paris, Institut de France, 1963, 20 p.

— « Actualité de Daniel Halévy », *Revue politique et parlementaire*, mai 1964, n° 745, pp. 13-19.

André THÉRIVE, « Adieu à Daniel Halévy », *Revue des Deux Mondes*, 1er mars 1962, n° 5, p. 91-97.

Michel TODA, « Portrait de Daniel Halévy », *Réaction*, été 1992, n° 6, pp. 86-93.

Gilbert TOURNIER, « In memoriam. Daniel Halévy, l'histoire et Péguy », *Le Bulletin des lettres*, 15 décembre 1972, n° 345, pp. 361-365.

SOURCES PUBLIÉES

ALAIN, *Correspondance avec Elie et Florence Halévy*, Paris, Gallimard, 1958, 467 p. Préface et notes par Jeanne-Michel Alexandre.
Henri ALBERT, « Friedrich Nietzsche (I) », *Le Mercure de France*, janvier 1893, pp. 47-64.
— « Friedrich Nietzsche (II) », *Le Mercure de France*, février 1893, pp. 163-173.
Pierre ANDREU, « Cinquante ans avec Sorel », *Cahiers Georges Sorel,* 1983, n° 1, pp. 52-67.
Philippe ARIÈS, *Un historien du dimanche*, Paris, Seuil, 1980, 219 p.
— *Le Présent quotidien 1955-1966*, Paris, Seuil, 1997, 543 p.
Maurice BARRÈS, « M. Ludovic Halévy à l'Académie », *Revue contemporaine*, t. IV, février 1886, pp. 236-241.
Maurice BARRÈS et Charles MAURRAS, *La République ou le roi. Correspondance inédite (1888-1923)*, Paris, Plon, 1970, 706 p.
Julien BENDA, « Elie Halévy », *NRF*, 1er novembre 1937, n° 290, pp. 840-843.
Correspondance André Gide-Jacques-Emile Blanche 1892-1939, Paris, Gallimard, « Cahiers André Gide » n° 8, 1979, 384 p.
Correspondance Jacques-Emile Blanche-Maurice Denis (1901-1939), Genève, Droz, 1989
Jacques-Emile BLANCHE, *Nouvelles lettres à André Gide (1891-1925)*, Genève, Droz, « Textes littéraires français », 1982, 165 p.
Correspondance François Mauriac-Jacques-Emile Blanche 1916-1942, Paris, Grasset, 1976
Jacques-Emile BLANCHE, *Dieppe*, Paris, Emile-Paul, « Portrait de la France », 1927, 112 p.
— *La Pêche aux souvenirs*, Paris, Flammarion, 1949, 457 p.
Jacques-Emile Blanche, peintre (1861-1942), catalogue de l'exposition du musée des Beaux-Arts de Rouen, Paris, éditions de la Réunion des musées nationaux, 1998, 271 p.
Marc BLOCH, *Ecrits de guerre 1914-1918*, Paris, Armand Colin, « Références Histoire », 1997, 195 p.
Paul BOURGET, *L'Etape*, Paris, Plon-Nourrit, 1902, 516 p.
BRACKE, *Leur Congrès. A la salle Wagram*, Paris, Librairie G. Jacques, « Bibliothèque du parti ouvrier français », 1901, 62 p.
Léon BRUNSCHVICG, *L'Œuvre de l'université populaire*, Rouen, La Coopération des idées, 1900, 14 p.
— *L'Agenda retrouvé*, Paris, éditions de Minuit, 1948, 247 p.
Geneviève BRÉTON, *Journal 1867-1871*, Paris, Editions Ramsay, 1985, 268 p.
Isidore CAHEN, « Grands noms du judaïsme français : I. Les Halévy, II. Les Pereire », *Archives Israélites de France*, 25 février 1886, n° 8, pp. 57-58.
André CHAMSON, *Devenir ce qu'on est*, Namur, Wesmael-Charlier, 1959, 208 p.

Maurice CHARNAY, *Les Allemanistes*, Paris, Marcel Rivière, « Histoire des partis socialistes en France », 1912, 112 p.
Jules CLARETIE, *Souvenirs du dîner Bixio*, Paris, E. Fasquelle, 1924, 229 p.
Congrès des U.P. 1904, « Cahiers de la quinzaine », V-20, 13 septembre 1904, 153 p.
Lucien CORPECHOT, *Souvenirs d'un journaliste*, Paris, Plon, 1936, 254 p.
Robert DEBRÉ, *L'Honneur de vivre*, Paris, Hermann-Stock, 1974, 462 p.
Jacques DEBÛ-BRIDEL (éd.), *La Résistance intellectuelle*, Paris, René Julliard, 1970, 263 p.
Catalogue de l'exposition Degas, Paris, éditions de la Réunion des musées nationaux, 1988, 635 p.
Edgar Degas photographe, Paris, Bibliothèque Nationale de France, 1999, 143 p. Edité par Malcolm Daniel, Eugenia Parry, Theodore Reff.
Jean DIETZ, *M. Paul Desjardins*, Paris, L'Artisan du Livre, « Cahiers de la quinzaine », 18e cahier de la 19e série, 1930, 69 p.
Robert DREYFUS, « La naissance et la vie des universités populaires », *La Grande Revue*, 1er décembre 1901, pp. 683-708.
— *Souvenirs sur Marcel Proust*, Paris, Grasset, 1926, 341 p.
— « Elie Halévy », *Revue de Paris*, 1er octobre 1937, pp. 678-685.
— *De Monsieur Thiers à Marcel Proust*, Paris, Plon, 1939, 326 p.
L'Ecole des hautes études sociales 1900-1910, Paris, Félix Alcan, 1911, 190 p.
« Enquête sur les revues d'avant-garde », *Belles-Lettres*, décembre 1924, n° 62-66, p. 151,
Léon-Paul FARGUE, « La classe de Mallarmé », *NRF*, 1er mai 1941, pp. 641-649.
Anatole FRANCE, *Sur la pierre blanche*, Paris, Calmann-Lévy, 1905, 320 p.
Charles GIDE et Jacques BARDOUX, *La Fondation universitaire de Belleville*, Paris, Alcan, 1901, 88 p.
René GILLOUIN, *J'étais l'ami du Maréchal Pétain*, Paris, Plon, 1966, 315 p.
Bernard GRASSET, *Lettre à André Gillon sur les conditions du succès en librairie*, Paris, Grasset, « Les cahiers irréguliers » n° 1, 1951, 41 p.
— *Evangile de l'édition selon Péguy. Commentaires et Souvenirs*, Paris, André Bonne éditeur, 1955, 363 p.
Fernand GREGH, *Mon amitié avec Marcel Proust. Souvenirs et lettres*, Paris, Grasset, 1958, 159 p.
— *L'Age d'or. Souvenirs d'enfance et de jeunesse*, Paris, Grasset, 1947, 334 p.
— *L'Age d'airain (Souvenirs 1905-1925)*, Paris, Grasset, 1951, 272 p.
— *L'Age de fer (Souvenirs 1925-1955)*, Paris, Grasset, 1956, 293 p.
Jean GUÉHENNO, *La Foi difficile*, Paris, Grasset, « Les Cahiers verts », 1957, 253 p.
— *Journal d'une Révolution (1937-1938)*, Paris, Grasset, 1939, 268 p.
— *Journal des années noires (1940-1944)*, Paris, Gallimard, 1947, 344 p.
Daniel GUÉRIN, *Autobiographie de jeunesse. D'une dissidence sexuelle au socialisme*, Paris, Pierre Belfond, 1972, 248 p.
— *Le Feu du sang*, Paris, Grasset, 1977, 286 p.
Jean GRENIER, *Sous l'Occupation*, Paris, éditions Claire Paulhan, 1997, 419 p.
Charles GUIEYSSE, *Les Universités populaires et le mouvement ouvrier*, « Cahiers de la Quinzaine », III-2, octobre 1901, 72 p.
119 lettres d'Emile Guillaumin, autour du Mouvement littéraire bourbonnais, Paris, Klincksieck, 1969, 319 p. Editées par Roger Mathé.
Louis GUILLOUX, *Carnets 1921-1944*, Paris, Gallimard, 1978, 414 p.
— *Carnets 1944-1974*, Paris, Gallimard, 1982, 624 p.
Georges GUY-GRAND, *Le Procès de la démocratie*, Paris, Colin, « Le mouvement social contemporain », 1911, 326 p.

Elie HALÉVY, *Correspondance (1891-1937)*, Paris, Editions de Fallois, 1996, 803 p. Edition annotée par Monique Canto-Sperber, Vincent Duclert, Henriette Guy-Loë. Préface de François Furet.

Florence et Elie HALÉVY, *Six jours en URSS (septembre 1932)*, Paris, Presses de l'Ecole normale supérieure, 1998, 138 p. Edition présentée par Sophie Cœuré.

Ludovic HALÉVY, *Notes et souvenirs 1871-1872*, Paris, Calmann-Lévy, 1889, 280 p.

— *Carnets*, Paris, Calmann-Lévy, 1935, t. 1 : 1862-1869, 230 p. Introduction et notes de D. Halévy.

— *Carnets*, Paris, Calmann-Lévy, 1935, t. 2 : 1869-1870, 224 p. Notes de D. Halévy.

— *Trois dîners avec Gambetta*, Paris, Grasset, « Les amis des cahiers verts » n° 4, 1929, 104 p.

— « Les Carnets de Ludovic Halévy (1862-1866) », *Revue des Deux Mondes*, 15 décembre 1933, pp. 764-800.

— « Les Carnets de Ludovic Halévy (II) (1865-1867) », *Revue des Deux Mondes*, 1er janvier 1934, pp. 50-87.

— « Les Carnets de Ludovic Halévy (III) De l'opérette à l'émeute », *Revue des Deux Mondes*, 1er février 1934, pp. 535-567.

— « Les Carnets de Ludovic Halévy (IV) Théâtre et politique », *Revue des Deux Mondes*, 15 février 1934, pp. 779-813.

— « Les Carnets de Ludovic Halévy (V) De Froufrou à Mme Cardinal », *Revue des Deux Mondes*, 15 mars 1934, pp. 363-388.

— « Les Carnets de Ludovic Halévy (VI) A la veille de la guerre », *Revue des Deux Mondes*, 1er avril 1934, pp. 555-579.

— « Les Carnets de Ludovic Halévy (VII) La guerre », *Revue des Deux Mondes*, 15 avril 1934, pp. 786-819.

— « Les Carnets de Ludovic Halévy (I) », *Revue des Deux Mondes*, 15 janvier 1937, pp. 296-323 [1872-1873].

— « Les Carnets de Ludovic Halévy (II) », *Revue des Deux Mondes*, 1er février 1937, pp. 540-565 [1873-1874].

— « Les Carnets de Ludovic Halévy (III) », *Revue des Deux Mondes*, 15 février 1937, pp. 817-843 [1874-1876].

— « Les Carnets de Ludovic Halévy (I) 1878-1879 », *Revue des Deux Mondes*, 15 décembre 1937, pp. 810-843.

— « Les Carnets de Ludovic Halévy (II) 1879-1880 », *Revue des Deux Mondes*, 1er janvier 1938, pp. 95-126.

— « Les Carnets de Ludovic Halévy (III) 1880-1882 », *Revue des Deux Mondes*, 15 janvier 1938, pp. 375-403.

— « Les Carnets de Ludovic Halévy (IV) 1882-1883 », *Revue des Deux Mondes*, 1er février 1938, pp. 375-403.

— « Carnets de Ludovic Halévy (1883-1885) », *Revue des Deux Mondes*, 1er décembre 1941, pp. 276-295.

Discours prononcés dans la séance publique tenue par l'Académie française pour la réception de M. Halévy le jeudi 4 février 1886, Paris, Firmin-Didot, 1886, 48 p.

Albert-Vincent JACQUET, *Refus de parvenir. Roman-témoignage*, Blainville-sur-Mer, L'amitié par le livre, s.d. [1956], 247 p.

Emile KAHN, *La Question des Universités populaires*, Paris, La Revue socialiste, 1902, 15 p.

François LÉGER, *Une jeunesse réactionnaire*, Paris, Publications François Brigneau, « L'invité des derniers cahiers », 1993, 183 p.

« Xavier Léon/Elie Halévy Correspondance (1891-1898) », *Revue de métaphysique et de morale*, 1993, n° 1-2, pp. 10-58.

« Hommage à Robert Garric », *Revue de la Haute-Auvergne*, janvier-juin 1968, t. 41, 221 p.

Sylvain HUMBERT, *Les Possibilistes*, Paris, Marcel Rivière, « Histoire des partis socialistes en France », 1911, 88 p.

In memoriam Paul Desjardins (1859-1940), Paris, éditions de Minuit, 1949, 125 p.

Le Livre du centenaire du Journal des Débats 1789-1889, Paris, Librairie Plon, 1889, 626 p.

Curzio MALAPARTE, *Journal d'un étranger à Paris*, Paris, Denoël, 1967, 302 p.

Michel MANOLL, *Entretiens avec Robert Garric*, Paris, Les éditions de l'Epargne, « De qui s'agit-il ? », 1970, 111 p.

Thérèse MARIX-SPIRE, « Autour d'André Spire, de Péguy, et de Daniel Halévy. Lettres et billets inédits », *Feuillets de l'amitié Charles Péguy*, 29 juillet 1967, n° 132, pp. 37-47.

Maurice MARTIN DU GARD, *Les Mémorables (1918-1923)*, Paris, Flammarion, 1960, t. I, 361 p.

— *Les Mémorables (1924-1930)*, Paris, Flammarion, 1960, t. II, 460 p.

Henri MASSIS, *Au long d'une vie*, Paris, Plon, 1967, 276 p.

André MAUROIS, *A la recherche de Marcel Proust*, Paris, Hachette, 1949, 348 p.

Charles MAURRAS, *Au signe de Flore. La fondation de l'Action Française 1898-1900*, Paris, Bernard Grasset, 1933, 304 p.

— *Dictionnaire politique et critique*, Paris, Fayard, 5 vol., 1932-1934. Edition établie par Pierre Chardon.

Cher Maître... Lettres à Charles Maurras, Paris, Editions Christian de Bartillat, 1995, 624 p. Edité par Jean-Pierre Deschodt.

Lucie MAZAURIC, *Avec André Chamson. Ah Dieu! Que la paix est jolie*, Paris, Plon, 1972, 273 p.

— *Avec André Chamson. 1934-1939. Vive le front populaire*, Paris, Plon, 1976, 219 p.

Lucie MAZAURIC, *Avec André Chamson. Le Louvre en voyage 1939-1945*, Paris, Plon, 1978 [1re éd. : 1967], 213 p.

Dick MAY, « Quelques réflexions sur les universités populaires », *Revue socialiste*, janvier 1901, n° 193, pp. 32-49 et février 1901, n° 194, pp. 165-184.

Pierre MONATTE, « La fondation de la "Vie ouvrière" », *La Révolution prolétarienne*, octobre 1959, n° 443, pp. 15-21, novembre 1959, n° 444, pp. 5-11, décembre 1959, n° 445, pp. 19-21, janvier 1960, n° 446, pp. 9-16.

Paul MORAND, *Journal d'un attaché d'ambassade 1916-1917*, Paris, La Table Ronde, 1948, 328 p.

Henry MULLER, *Trois pas en arrière*, Paris, La Table Ronde, 1952, 245 p.

Jean DE NÉTHY, « Nietzsche-Zarathustra », *La Revue Blanche*, 25 avril 1892, t. II, n° 7, pp. 206-212.

Jacques OFFENBACH, *Lettres à Henri Meilhac et Ludovic Halévy*, Paris, Séguier, 1994, 288 p. Edition établie par Philippe Goninet.

Maurice PALÉOLOGUE, *Journal de l'Affaire Dreyfus 1894-1899. L'Affaire Dreyfus et le quai d'Orsay*, Paris, Plon, 1955.

Le Parlement et l'affaire Dreyfus 1894-1906. Douze années pour la vérité, Jean-Jaurès-Assemblée nationale, 1998, 306 p.

Alfred PEREIRE, *Le Journal des Débats politiques et littéraires 1814-1914*, Paris, Champion, 1924, 257 p.

Edouard PETIT, *Rapport sur l'éducation populaire en 1898-1899*, Paris, Imprimerie nationale, 1899, 89 p.

Correspondance Henri Pourrat-Lucien Gachon du 31 janvier 1921 au 25 décembre 1927, « Cahiers Henri Pourrat » n° 9, Clermont-Ferrand, Bibliothèque municipale et interuniversitaire de Clermont-Ferrand, 1991, 335 p. Edition établie par Claude Dalet.
Correspondance Henri Pourrat-Lucien Gachon du 18 janvier 1928 au 29 décembre 1933, « Cahiers Henri Pourrat » n° 11, Clermont-Ferrand, Bibliothèque municipale et interuniversitaire de Clermont-Ferrand, 1993, 192 p. Edition établie par Claude Dalet.
Correspondance Henri Pourrat-Lucien Gachon du 21 janvier 1934 au 15 décembre 1939, « Cahiers Henri Pourrat » n° 12, Clermont-Ferrand, Bibliothèque municipale et interuniversitaire de Clermont-Ferrand, 1994, 199 p. Edition établie par Claude Dalet.
Correspondance Henri Pourrat-Lucien Gachon du 23 septembre 1942 au 29 décembre 1946, « Cahiers Henri Pourrat » n° 14, Clermont-Ferrand, Bibliothèque municipale et interuniversitaire de Clermont-Ferrand, 1998, 335 p.
Catherine POZZI, *Journal : 1913-1934*, Paris, Seghers, 1990, 678 p.
Catherine POZZI et Jean PAULHAN, *Correspondance 1926-1934*, Paris, éditions Claire Paulhan, « Pour mémoire », 1999, 216 p.
Marcel PROUST, *Ecrits de jeunesse 1887-1895*, Combray, Institut Marcel Proust International, 1991, 297 p. Textes annotés par Anne Borel.
Hugues REBELL, « Sur une traduction collective des œuvres de Nietzsche », *Mercure de France*, janvier 1895, t. XIII, pp. 98-102.
Auguste SCHEURER-KESTNER, *Mémoires d'un sénateur dreyfusard*, Strasbourg, Bueb et Reumaux, 1988, 316 p.
Jean SCHLUMBERGER, *Eveils*, Paris, Gallimard, 1950, 250 p.
Gabriel SÉAILLES, *Education et révolution*, Paris, La Coopération des idées, 1899, 12 p.
Charles SECRÉTAN, *Etudes sociales*, Lausanne, F. Payot éditeur, 1889, 338 p.
André SPIRE, *Souvenirs à bâtons rompus*, Paris, Albin Michel, « Présences du judaïsme », 1962, 305 p.
André TARDIEU, *L'Heure de la décision*, Paris, Flammarion, 1934, 281 p.
Les U.P. Paris-Banlieue 1900-1901, « Cahiers de la quinzaine », III-10, 27 février 1902, 47 p.

Sur Péguy :

« Jules Riby. Lettres à Joseph Lotte », *L'Amitié Charles Péguy. Feuillets mensuels*, 23 avril 1964, n° 106, pp. 21-39. Edition établie par Auguste Martin.
« Jules Riby. Lettres à Joseph Lotte », *L'Amitié Charles Péguy. Feuillets mensuels*, 25 juillet 1964, n° 108, pp. 5-40. Edition établie par Auguste Martin.
« Correspondance Péguy-Jacques Maritain », *Feuillets de l'Amitié Charles Péguy*, avril 1972, n° 176, pp. 3-39. Edition établie par Auguste Martin.
« Correspondance Péguy-Maritain », *Feuillets de l'Amitié Charles Péguy*, 15 mai 1972, n° 177, pp. 1-28. Edition établie par Auguste Martin.
« Correspondance Bergson-Péguy », *Feuillets de l'Amitié Charles Péguy*, janvier 1970, n° 155, pp. 7-57. Edition établie par Auguste Martin.
« Charles Péguy et Georges Sorel. Correspondance », *L'Amitié Charles Péguy*, octobre-décembre 1981, n° 16, pp. 250-273. Présentée et annotée par Géraldi Leroy.
« Péguy et André Spire. Correspondance », *L'Amitié Charles Péguy. Feuillets mensuels*, 29 juillet 1967, n° 132, pp. 13-36.
Charles PÉGUY et Romain ROLLAND, *Une amitié française. Correspondance,* Paris, Albin Michel-Cahiers de l'Amitié Charles Péguy, 1955, 356 p. Présentée par Alfred Saffrey.

« Une conférence sur l'anarchisme politique », *Feuillets mensuels de l'Amitié Charles Péguy*, 15 mars-15 avril 1968, n° 139 et 140, pp. 3-36 et 2-28.

Félicien CHALLAYE, *Péguy socialiste*, Paris, Amiot-Dumont, 1954, 335 p.
Geneviève FAVRE, « Souvenirs sur Péguy (1903-1914) », *Europe*, 15 février 1938, n° 182, pp. 145-169, 15 mars 1938, pp. 319-344, 15 avril 1938, pp. 475-503.
René JOHANNET, « Péguy et ses Cahiers », *Les Lettres*, 15 janvier 1914, n° 3, 76 p.
— *Vie et mort de Péguy*, Paris, Flammarion, 1950, 476 p.
Maurice RECLUS, *Le Péguy que j'ai connu. Avec 100 lettres de Charles Péguy 1905-1914*, Paris, Hachette, 1951, 191 p.
Romain ROLLAND, *Péguy*, Paris, Albin Michel, 1944, 2 vol., 355 et 331 p.
Jérôme et Jean THARAUD, *Notre cher Péguy*, Paris, Plon, 1926, 2 vol., 273 p. et 255 p.

Sur Sorel :

« Georges Sorel à Joseph Lotte », *L'Amitié Charles Péguy. Feuillets mensuels*, mai 1953, n° 33, pp. 9-17. Présentées par Pierre Andreu.
« Georges Sorel à Joseph Lotte », *L'Amitié Charles Péguy. Feuillets mensuels*, juillet 1953, n° 34, pp. 6-16. Présentées par Pierre Andreu.
« Lettere di Giorgio Sorel a Uberto Lagardelle », *Educazione fascista. Rivista di politica, arte e letteratura*, marzo 1933-XI, pp. 229-243, aprile 1933-XI, 320-334, giugno 1933-XI, 506-518, agosto-settembre 1933-XI, 760-783, ottobre 1933-XI, 956-975.
« Lettres de Georges Sorel à Edouard Berth. Première partie : 1904-1908 », *Cahiers Georges Sorel*, n° 3, 1985, pp. 101-151. Edition préparée par Pierre Andreu et Michel Prat.
« Lettres de Georges Sorel à Edouard Berth. Deuxième partie : 1909-1910 », *Cahiers Georges Sorel*, n° 4, 1986, pp. 79-134. Edition préparée par Pierre Andreu et Michel Prat.
« Lettres de Georges Sorel à Edouard Berth. Troisième partie : 1911-1917 », *Cahiers Georges Sorel*, n° 5, 1987, pp. 143-201. Edition préparée par Pierre Andreu, Marie-Laurence Netter, Michel Prat.
« Lettres de Georges Sorel à Edouard Berth. Quatrième partie : 1918-1922 », *Cahiers Georges Sorel*, n° 6, 1988, pp. 101-162. Edition préparée par Pierre Andreu, Michel Prat, Willy Gianinazzi.
« Correspondance de Georges Sorel et Edouard Berth avec Edouard Droz », *Mil neuf cent*, n° 10, 1992, pp. 140-163. Edition établie par Gaston Bordet.
« Lettres de Georges Sorel à Jean Bourdeau. Première partie : 1906-1913 », *Mil neuf cent*, n° 14, 1996, pp. 172-222. Edition établie par Marie-Laurence Netter, Willy Gianinazzi, Michel Prat, Patrice Rolland.
« Lettres de Georges Sorel à Jean Bourdeau. Deuxième partie : 1913-1921 », *Mil neuf cent*, n° 15, 1997, pp. 127-214. Edition établie par Marie-Laurence Netter, Willy Gianinazzi, Michel Prat, Patrice Rolland.
« Lettres de Georges Sorel à Luigi Einaudi, Edouard Rod et Roberto Michels », *Cahiers Georges Sorel*, 1983, n° 1, pp. 71-95.
« Lettres de Georges Sorel à Joseph Bloch 1897-1899 », *Cahiers Georges Sorel*, 1984, n° 2, pp. 116-130.
« Quatre lettres inédites de Bergson à Sorel », *Cahiers Georges Sorel*, 1983, n° 1, pp. 117-123.

Georges SOREL, *Lettres à Paul Delesalle 1914-1921*, Paris, Grasset, 1947, 238 p.
Jean VARIOT, *Propos de Georges Sorel*, Paris, Gallimard, 1935, 273 p.

Correspondances de D. Halévy publiées :

— *Correspondance de René de Kérallain 1889-1928*, t. III, Imprimerie Bargain, Quimper, 1937, 169 p. [lettres de R. de Kérallain à D. Halévy.]
— « Siegfried Kracauers Briefe an Daniel Halévy », dans Michael Kessler et Thomas Y. Levin, *Siegfried Kracauer. Neue Interpretationen*, Tübingen, Stauffenburg Verlag, 1990, pp. 347-417.
— Marcel Proust, *Correspondance avec Daniel Halévy*, Paris, éditions de Fallois, 1992, 249 p. Edition établie par Anne Borel et Jean-Pierre Halévy.
— « Lettres de Georges Sorel à Daniel Halévy (1907-1920) », *Mil neuf cent*, 1994, n° 12, pp. 151-223. Edition établie par Michel Prat.

Périodiques dépouillés :

Les dates correspondent aux dates de dépouillement.

— *L'Action française* (1910).
— *Le Banquet* (1892-1893).
— *Bulletin de la Société d'histoire de la Troisième République* (1937-1939).
— *Bulletin de l'Union pour la vérité* (1899-1914 et 1921-1939).
— *Bulletin des Universités populaires* (1900).
— *Bulletin officiel de la Ligue des Droits de l'Homme* (1900-1915).
— *Les Cahiers de l'Université populaire* (1906-1907).
— *Cahiers du cercle Proudhon* (1912-1914).
— *Entretien des non-combattants* (1914-1918).
— *Libres entretiens* (1904-1919).
— *Nouvelle Revue Française* (1909-1914).
— *Pages Libres* (1901-1909).
— *Revue Blanche* (1897-1901).
— *Revue critique des idées et des livres* (1908-1914).
— *Revue de Paris* (1897-1914).
— *Revue des jeunes* (1919-1939).
— *Revue des travaux de l'Académie des sciences morales et politiques et comptes rendus de ses séances* (1947-1962).
— *Revue du christianisme social* (1896-1898).
— *Revue socialiste* (1889-1914).
— *L'Université populaire. Bulletin de la fédération nationale des universités populaires* (1905-1910).
— *La Vie ouvrière* (1909-1914).

D. BIBLIOGRAPHIE

INSTRUMENTS DE TRAVAIL

Hector TALVART et Joseph PLACE, *Bibliographie des auteurs modernes de langue française*, Paris, éd. de la Chronique des lettres françaises, 1928-1976, 22 vol.
Hugo P. THIEME, *Bibliographie de la littérature française de 1800 à 1930*, Paris, Librairie E. Droz, 1933, 2 vol.
S. DREHER et M. ROLLI, *Bibliographie de la littérature française 1930-1939*, Lille-Genève, Giard-Droz, 1948.
Marguerite L. DREVET, *Bibliographie de la littérature française 1940-1949*, Lille-Genève, Giard-Droz, 1954.
French XX. *Bibliography critical and biographical References for the study of French literature since 1885*, New York, French Institute, 1942-1997, 59 vol.
Otto KLAPP, *Bibliographie der Französischer Literaturwissenschaft*, Frankfurt am Main, Vittorio Klostermann, 1956-1997, 35 vol.
René RANCŒUR puis Maria PERNOO-BÉCACHE, *Bibliographie de la littérature française*, Paris, Colin, 1956-1997, 37 vol.
B. BEUGNOT et J.-M. MOUREAUX, *Manuel bibliographique des études littéraires*, Paris, Nathan, 1982.
Charles B. OSBURN, *Research and reference Guide to french studies*, London, The Scarecrow Press, 1981.

Otto LORENZ [puis D. JORDELL], *Catalogue général de la Librairie française*, Paris, Librairie Nilsson [puis D. Jordell], 1891-1925, 20 vol.
British Museum general catalog of printed books
The National Union catalog

Dictionnaire des lettres françaises. Le XIXe siècle, Paris, Fayard, 1972, 2 vol.
Dictionnaire des lettres françaises. Le XXe siècle, Paris, Le Livre de poche, 1998.
LAFFONT-BOMPIANI, *Dictionnaire des œuvres*, Paris, Robert Laffont, « Bouquins », 1986, 6 vol.
Alain NICOLLIER (dir.), *Dictionnaire des écrivains suisses d'expression française*, Genève, éditions GVA SA, 1994, 2 vol.

Richard. L. ADMUSSEN, *Les Petites Revues littéraires 1914-1939. Répertoire descriptif*, Paris/New York, Nizet/Washington University Press, 1970, 158 p.
Roméo ARBOUR, *Les Revues littéraires éphémères paraissant à Paris entre 1900 et 1914. Répertoire descriptif*, Paris, Librairie José Corti, 1956.
Les Petites Revues. Essai de bibliographie, Paris, Mercure de France, 1900, 34 p. Préface d'Henry de Gourmont. [Reprint ent'revues 1992.]

Jean-Michel PLACE et André VASSEUR, *Bibliographie des revues et journaux littéraires des XIX*^{e} *et XX*^{e} *siècles*, Paris, éditions de la Chronique des lettres françaises-éditions Jean-Michel Place, 1973-1977, 3 vol.

A. JAMES ARNOLD, *Paul Valéry and his critics. A bibliography. French-language criticism 1890-1927*, the University Press of Virginia, 1970.
Raymond ARON, *Bibliographie*, t. I : *Livres et articles de revue*, Paris, Julliard, 1986. Edité par Perrine Simon.
Michel DEHAYE, *Les Nouvelles Littéraires (1925). Tables*, Université catholique de Louvain, 1970.
Keith GOESCH, *François Mauriac. Essai de bibliographie chronologique 1908-1960*, Paris, Nizet, 1965.
Roger JOSEPH et Jean FORGES, *Nouvelle bibliographie de Charles Maurras*, Aix-en-Provence, L'Art de voir, 1980, 2 vol.
Jean-Yves LACROIX, *Bibliographie 1903-1905 des écrits de Jean Paulhan*, Paris, Imec éditions, 1995.
Jean LÉONARD, *Tables de l'hebdomadaire : Les Nouvelles Littéraires (1922-1924)*, Université catholique de Louvain, 1969.
Tables du journal Le Temps (1868-1900).
Claude MARTIN, *La Nouvelle Revue Française de 1919 à 1943*, Lyon, Centre d'études gidiennes, 1975-1981, 5 vol.
Mercure de France. Tables 1890-1924, Paris, Mercure de France, 1897-1933, 5 vol.
Jean RELINGER, *Recensement analytique des articles de critique littéraire dans Monde (1928-1933)*, Presses universitaires de Reims, 1984-1990, 6 vol.
Yvonne STOKART, *Tables de la revue Europe (1923-1932)*, Université catholique de Louvain, 1967.
The Times Literary Supplement. Index 1902-1980, 1978-1986, 6 vol.
Alphonse ZARACH, *Bibliographie barrésienne 1881-1948*, Paris, PUF, 1951, 358 p.

Dictionnaires et répertoires biographiques :

Henry COSTON, *Partis, journaux et hommes politiques d'hier et d'aujourd'hui*, Paris, Publications H. C, 1960, 620 p. [Reprint 1990.]
— *Dictionnaire de la politique française*, Paris, Librairie française, 1967-1997, 5 vol.
Pierre-Marie DIOUDONNAT, *Les 700 rédacteurs de* Je suis partout *1930-1944*, Paris, Sedopols, 1993.
André ENCREVÉ (dir.), *Dictionnaire du monde religieux dans la France contemporaine 5. Les Protestants*, Paris, Beauchesne, 1993.
Bertrand JOLY, *Dictionnaire biogéographique et géographique du nationalisme français (1880-1900) : boulangisme, ligue des patriotes, mouvements antidreyfusards, comités antisémites*, Paris, Champion, « Dictionnaires et références », 1998.
Jacques JULLIARD et Michel WINOCK (dir.), *Dictionnaire des intellectuels français*, Paris, Seuil, 1996.
Pierre LAROUSSE, *Grand Dictionnaire universel du XIX*^{e} *siècle*, Paris, Grand dictionnaire universel, 1865-1890, 17 vol.
Jean MAITRON (éd.), *Dictionnaire biographique du mouvement ouvrier français*, Paris, Editions ouvrières/éditions de l'Atelier, 1967-1997, 44 vol.
Thierry MARICOURT, *Dictionnaire des auteurs prolétariens de langue française, de la Révolution à nos jours*, Amiens, Encrage, 1994.
Jean-Marie MAYEUR et Alain CORBIN (dir.), *Les Immortels du Sénat 1875-1918*.

Les cent seize inamovibles de la Troisième République, Paris, Publications de la Sorbonne, 1995.

Philippe ROBRIEUX, *Histoire intérieure du parti communiste*, t. IV : *biographies, chronologie, bibliographie*, Paris, Fayard, 1984.

Jean-François SIRINELLI (dir.), *Dictionnaire historique de la vie politique française au XXe siècle*, Paris, PUF, 1995.

Dictionnaire biographique des militants XIXe-XXe siècles. De l'éducation populaire à l'action culturelle, Paris, L'Harmattan, 1996.

Dictionnaire de biographie française, Paris, Letouzey, 1932-1998, 19 vol.

Benoît YVERT (dir.), *Dictionnaire des ministres (1789-1989)*, Paris, Perrin, 1990.

LIVRES ET TRAVAUX UNIVERSITAIRES

Pierre ABRAHAM (dir.), *Histoire littéraire de la France 1913-1939*, t. XI, Paris, Editions sociales, 1979, 493 p.

« Actes du colloque Marcelin Berthelot : une vie, une époque, un mythe », *Cahier d'histoire et de philosophie des sciences*, 1992, n° 41, 213 p.

Pierre ALBERT (dir.), *Histoire générale de la presse française. De 1871 à 1940*, t. III, Paris, PUF, 1972, 686 p.

Pierre ANDREU, *Révoltes de l'esprit. Les revues des années trente*, Paris, Kimé, 1991, 276 p.

Marc ANGENOT, *Le Roman populaire. Recherches en paralittérature*, Montréal, Presses de l'Université du Québec, 1975, 145 p.

— *La Parole pamphlétaire. Contribution à une typologie des discours modernes*, Paris, Payot, 1982, 425 p.

Auguste ANGLÈS, *André Gide et le premier groupe de* La Nouvelle Revue Française. *La formation du groupe et les années d'apprentissage 1890-1910*, Paris, Gallimard, « Bibliothèque des idées », 1978, 474 p.

— *André Gide et le premier groupe de* La Nouvelle Revue Française. *L'âge critique 1911-1912*, Paris, Gallimard, « Bibliothèque des idées », 1986, 620 p.

— *André Gide et le premier groupe de* La Nouvelle Revue Française. *Une inquiète maturité 1913-1914*, Paris, Gallimard, « Bibliothèque des idées », 1986, 576 p.

Pierre AUBERY, *Milieux Juifs dans la France contemporaine à travers leurs écrivains*, Paris, Plon, 1957, 401 p.

Véronique AUZEPY-CHAVAGNAC, *Jean de Fabrègues. Persistance et originalité d'une tradition catholique de droite pendant l'entre-deux-guerres*, thèse de doctorat de science politique de l'IEP de Paris sous la direction de René Rémond, 1993, 2 vol., 1034 p.

Jean-Pierre AZÉMA et François BÉDARIDA (dir.), *Vichy et les Français*, Paris, Fayard, « Pour une histoire du XXe siècle », 1992, 788 p.

Ursula BÄHLER, *Gaston Paris dreyfusard. Le savant dans la cité*, Paris, CNRS éditions, 1999, 226 p. Préface de Michel Zink.

Marie-Claire BANCQUART, *Anatole France un sceptique passionné*, Paris, Calmann-Lévy, 1984, 436 p.

Hélène BARBEY-SAY, *Le Voyage de France en Allemagne de 1871 à 1914*, Nancy, Presses universitaires de Nancy, 1994, 312 p.

Pierre BARRAL, *Les Agrariens français de Méline à Pisani*, Paris, Armand Colin, « cahiers de la fondation nationale des sciences politiques » n° 164, 1968, 385 p.

Jean-Luc BARRÉ, *Philippe Berthelot. Le seigneur chat, 1866-1934*, Paris, Plon, 1988, 433 p.

Olivier BARROT et Pascal ORY (dir.), *Entre-deux-guerres. La création française entre 1919 et 1939*, Paris, éditions François Bourin, 1990, 631 p.

Olivier BARROT et Pascal ORY, *La Revue Blanche. Histoire, anthologie, portraits*, Paris, éditions 10/18, 1994, 345 p.

Philippe BAUDORRE, *Barbusse*, Paris, Flammarion, 1995, 427 p.

Jean-Jacques BECKER, *Comment les Français sont entrés dans la guerre. Contribution à l'étude de l'opinion publique printemps-été 1914*, Paris, Presses de la FNSP, 1977, 635 p.

Claude BELLANGER (dir.), *Histoire générale de la presse française*, t. IV, Paris, PUF, 1975, 484 p.

Paul BÉNICHOU, *Le Sacre de l'écrivain 1750-1830. Essai sur l'avènement d'un pouvoir spirituel laïque dans la France moderne*, Paris, Libraire José Corti, 1973, 492 p.

Paul BÉNICHOU, *Le Temps des prophètes. Doctrines de l'âge romantique*, Paris, Gallimard, « Bibliothèque des histoires », 1977, 589 p.

Robert J. BERG, *La Querelle des critiques en France à la fin du XIXe siècle*, New York, Peter Lang, « American University studies » n° 151, 1990, 200 p.

Brigitte BERGMANN, *Paul GRUNEBAUM-BALLIN 1871-1969. Un siècle au service de la République*, mémoire de DEA sous la direction de Pascal Ory, IEP, 1988, 232 p.

Georges BERNIER, *La Revue Blanche ses amis, ses artistes*, Paris, Hazan, 1991, 328 p.

Serge BERSTEIN, *Le 6 février 1934*, Paris, Gallimard, « Archives », 1975, 257 p.

— *Histoire du parti radical. La recherche de l'âge d'or 1919-1926*, Paris, Presses de la FNSP, 1980, 487 p.

— *Histoire du parti radical. Crise du radicalisme 1926-1939*, Paris, Presses de la FNSP, 1982, 666 p.

— *Edouard Herriot ou la République en personne*, Paris, Presses de la FNSP, 1985, 327 p.

Serge BERSTEIN et Odile RUDELLE, *Le Modèle républicain*, Paris, PUF, 1992, 432 p.

Serge BERSTEIN et Pierre MILZA (dir.), *Axes et méthodes de l'histoire politique*, Paris, PUF, « Politique aujourd'hui », 1998, 448 p.

Serge BERSTEIN (dir.), *La Démocratie libérale*, Paris, PUF, « Histoire générale des systèmes politiques », 1998, 950 p.

— *Les Cultures politiques en France*, Paris, Seuil, « L'univers historique », 1999, 412 p.

Laurence BERTRAND-DORLÉAC, *L'Art de la défaite 1940-1944*, Paris, Seuil, 1993, 481 p.

Albrecht BETZ, *Exil et engagement. Les intellectuels allemands et la France 1930-1940*, Paris, Gallimard, « Bibliothèque des idées », 1991, 409 p.

Geneviève BIANQUIS, *Nietzsche en France. L'influence de Nietzsche sur la pensée française*, Paris, Librairie Félix Alcan, 1929, 126 p.

Pierre BIRNBAUM (dir.), *Histoire politique des Juifs de France. Entre universalisme et particularisme*, Paris, Presses de la FNSP, 1990, 310 p.

— *La France de l'affaire Dreyfus*, Paris, Gallimard, « Bibliothèque des histoires », 1994, 598 p.

Berhnard BLUMENKRANZ (dir.), *Histoire des Juifs en France*, Toulouse, Privat, 1972, 479 p.

— *Bibliographie des Juifs en France*, Toulouse, Privat, 1974, 349 p.

— *Les Juifs et la Révolution française*, Toulouse, Privat, 1976, 231 p.

Hans-Manfred BOCK *et alii* (dir.), *Entre Locarno et Vichy. Les relations culturelles franco-allemandes dans les années 1930*, Paris, CNRS éditions, 1993, 2 vol., 891 p.

Marc BŒGNER, *Tommy Fallot. L'homme et l'œuvre*, Paris, Editions « Je sers », 1931, 264 p.

Gabriel BOILLAT, *La Librairie Bernard Grasset et les lettres françaises. Première partie : 1907-1914. Les Chemins de l'édition*, Paris, Librairie Honoré Champion, 1974, 312 p.
— *La Librairie Bernard Grasset et les lettres françaises. Deuxième partie. Le temps des incertitudes (1914-1919). Les Chemins de l'édition*, Paris, Librairie Honoré Champion, 1988, 352 p.
— *La Librairie Bernard Grasset et les lettres françaises. Troisième partie. La foire sur la place (1919-1926). Les Chemins de l'édition*, Paris, Librairie Honoré Champion, 1988, 404 p.
Michèle BO BRAMSEN, *Contribution à une biographie intellectuelle d'Elie Halévy*, thèse de doctorat en sciences politiques sous la direction de Jean Touchard, Paris, IEP, 1971, 485 p.
Danielle BONNAUD-LAMOTTE et Jean-Luc RISPAIL (dir.), *Intellectuel(s) des années trente entre le rêve et l'action*, Paris, éditions du CNRS, 1989, 280 p.
Jean BOTHOREL, *Bernard Grasset. Vie et passions d'un éditeur*, Paris, Grasset, 1989, 498 p.
Pierre BOUDOT, *Nietzsche et l'au-delà de la liberté. Nietzsche et les écrivains français de 1930 à 1960*, Paris, Aubier-Montaigne, 1970, 154 p.
Marie-Christine BOUNEAU-BOUILLARE, *Hubert Lagardelle, un bourgeois révolutionnaire et son époque (1874-1958)*, thèse de doctorat d'histoire sous la direction du professeur Sylvie Guillaume, Université Michel de Montaigne-Bordeaux III, 1996, 4 vol., 1433 p.
Pierre BOURDIEU, *Les Règles de l'art. Genèse et structure du champ littéraire*, Paris, Seuil, 1992, 567 p.
Pierre BOUTANG, *Maurras. La destinée et l'œuvre*, Paris, Plon, 1984, 710 p.
Florent BRAYARD, *Comment l'idée vint à M. Rassinier. Naissance du révisionnisme*, Paris, Fayard, « Pour une histoire du XXe siècle », 1996, 464 p.
Robert BRÉCY, *Le Mouvement syndical en France 1871-1921. Essai bibliographique*, Gif-sur-Yvette, Editions du signe, 1982 [1re éd. : 1963], 217 p.
Gabriel DE BROGLIE, *Histoire politique de la* Revue des Deux Mondes *de 1829 à 1979*, Paris, Perrin, 1979, 380 p.
— *L'Orléanisme. La ressource libérale de la France*, Paris, Perrin, 1981, 415 p.
Robert BURAC, *Charles Péguy. La révolution et la grâce*, Paris, Robert Laffont, « Biographies sans masques », 1994, 344 p.
Michael BURNS, *Histoire d'une famille française, les Dreyfus. L'émancipation, l'Affaire, Vichy*, Paris, Fayard, 1994, 700 p.
Eric BUSSIÈRE, *Horace Finaly, banquier 1871-1945*, Paris, Fayard, « Pour une histoire du XXe siècle », 1996, 460 p.
Eric CAHM, *Péguy et le nationalisme français. De l'Affaire Dreyfus à la Grande Guerre*, Paris, « Cahiers de l'Amitié Charles Péguy » n° 25, 1972, 249 p.
Emile-François CALLOT, *La pensée libérale au XIXe siècle à travers trois moments de sa formation*, Lyon, L'Hermès, 1987, pp. 125-144.
Emilien CARASSUS, *Le Snobisme et les lettres françaises ae Paul Bourget à Marcel Proust 1884-1914*, Paris, Colin, 1966, 637 p.
Jean-Pierre CHALINE, *Sociabilité et érudition. Les sociétés savantes en France*, Paris, éditions du CTHS, 1995, 270 p.
Pierre CHAMBAT, *Julien Benda (1867-1956)*, thèse de doctorat ès sciences politiques, Paris I, 1976, 4 vol., 1043-CLXII p.
Colette CHAMBELLAND, *Pierre Monatte, une autre voix syndicaliste*, Paris, éditions de l'Atelier, 1999, 191 p.
Jean-François CHANET, *L'Ecole républicaine et les petites patries*, Paris, Aubier, 1996, 426 p.
Christophe CHARLE, *La Crise littéraire à l'époque du naturalisme. Roman, théâtre*

et politique. Essai d'histoire des groupes et des genres littéraires, Paris, Presses de l'Ecole Normale Supérieure, 1979, 207 p.
— *Naissance des « intellectuels » 1880-1890*, Paris, éditions de Minuit, 1990, 271 p.
— *Histoire sociale de la France au XIXe siècle*, Paris, Seuil, « Points-Histoire », 1991, 392 p.
— *Les Intellectuels en Europe au XIXe siècle : essai d'histoire comparée*, Paris, Seuil, « L'Univers historique », 1996, 384 p.
Roger CHARTIER (dir.), *Histoire de l'édition française. Le temps des éditeurs. Du romantisme à la Belle Epoque*, Paris, Fayard-Cercle de la Librairie, 1990, t. III, 669 p.
— *Histoire de l'édition française. Le livre concurrencé 1900-1950*, Paris, Fayard-Cercle de la Librairie, 1991, t. IV, 724 p.
Michel CHARZAT (dir.), *Georges Sorel. Cahiers de l'Herne*, Paris, éditions de l'Herne, 1986, 386 p.
Myrna CHASE, *Elie Halévy an intellectual biography*, New York, Columbia University Press, 1980, 293 p.
François CHAUBET, *Paul Desjardins et les décades de Pontigny*, thèse de doctorat d'histoire sous la direction de Jean-François Sirinelli, Université de Lille III, 1996, 2 vol., 728 p.
Philippe CHENAUX, *Entre Maurras et Maritain. Une génération intellectuelle catholique (1920-1930)*, Paris, Cerf, 1999, 262 p.
Yves CHIRON, *La Vie de Maurras*, Paris, Perrin, 1991, 498 p.
David COHEN, *La Promotion des Juifs en France à l'époque du second Empire (1852-1870)*, thèse de doctorat de troisième cycle sous la direction du professeur Pierre Guiral, Université de Provence, 1980, t. I : *Pouvoir et minorité*, 329 p, t. II : *Promotion et intégration*, 539 p.
Antoine COMPAGNON, *La Troisième République des lettres, de Flaubert à Proust*, Paris, Seuil, 1983, 381 p.
— *Connaissez-vous Brunetière ? Enquête sur un antidreyfusard et ses amis*, Seuil, 1997, 288 p.
Martyn CORNICK, *The Nouvelle Revue Française under Jean Paulhan, 1925-1940*, Editions Rodopi, Amsterdam, 1995, 224 p.
Ernst Robert Curtius et l'idée de l'Europe, Paris, Champion, « Travaux de recherches des universités rhénanes », 1995, 396 p.
Marion DACHARY DE FLERS, *Lagardelle et l'équipe du Mouvement socialiste*, thèse de doctorat d'histoire sous la direction de Raoul Girardet, Institut d'Etudes Politiques de Paris, 1982, 377 p.
Claudine DARRE-BIÈRE, *Jean-Louis Vaudoyer et son œuvre*, thèse de doctorat de lettres sous la direction du professeur Michel Raimond, Paris-IV Sorbonne, 1990, 512 p.
Adeline DAUMARD, *Les Bourgeois de Paris au XIXe siècle*, Paris, Flammarion, 1970, 382 p.
Jean DAVID, *Le Procès de l'intelligence dans les lettres françaises au seuil de l'entre-deux-guerres 1919-1927*, Paris, Nizet, 1966, 350 p.
John C. DAVIES, *L'œuvre critique d'Albert Thibaudet*, Lille-Genève, Droz-Giard, 1955, 206 p.
Michel DÉCAUDIN, *La Crise des valeurs symbolistes. Vingt ans de poésie française 1895-1914*, Genève-Paris, Slatkine, 1981 [1re éd. : 1960], 532 p.
Jacques DEGUY (éd.), *L'Intellectuel et ses miroirs romanesques (1920-1960)*, Lille, Presses universitaires du Septentrion, 1993, 248 p.
Gérard DELFAU et Anne ROCHE, *Histoire littérature. Histoire et interprétation du fait littéraire*, Paris, Seuil, 1977, 314 p.

Christian Delporte, *Les Journalistes en France 1880-1950. Naissance et construction d'une profession*, Paris, Seuil, 1999, 449 p.

André Derval (dir.), *70 critiques de* Voyage au bout de la nuit *1932-1935*, Paris, IMEC éditions, 1993, 239 p.

Claude Digeon, *La Crise allemande de la pensée française (1870-1914)*, Paris, PUF, 1959, 568 p.

Pierre-Marie Dioudonnat, *Je suis partout 1930-1944. Les maurrassiens devant la tentation fasciste*, Paris, La Table ronde, 1973, 471 p.

Maurice Dommanget, *Histoire du Premier Mai*, Paris, Société universitaire d'éditions et de librairie, 1953, 411 p.

— *Les grands socialistes et l'éducation : de Platon à Lénine*, Paris, Colin, « U », 1970, 469 p.

— *La Chevalerie du travail française 1893-1911. Contribution à l'histoire du socialisme et du mouvement ouvrier*, Lausanne, éditions Rencontre, 1967, 564 p.

Michel Drouin (dir.), *L'Affaire Dreyfus de A à Z*, Paris, Flammarion, 1994, 714 p.

Henri Dubief, *Le Syndicalisme révolutionnaire*, Paris, Colin, « U », 1969, 316 p.

Vincent Duclert, *L'Affaire Dreyfus*, Paris, La Découverte, « Repères », 1994, 125 p.

Cécile Duret, *André Chamson, un intellectuel dans la cité 1919-1939*, mémoire de D.E.A. d'histoire sous la direction de Michel Winock, I.E.P. de Paris, 1995, 179 p.

Georges Duveau, *Sociologie de l'utopie et autres « essais »*, Paris, PUF, « Bibliothèque de sociologie contemporaine », 1961, 193 p.

André Encrevé, *Les Protestants en France de 1800 à nos jours. Histoire d'une réintégration*, Paris, Stock, 1985, 281 p.

André Encrevé et Michel Richard (éd.), *Les Protestants dans les débuts de la Troisième République (1871-1885)*, Paris, Société de l'histoire du protestantisme français, 1979, 751 p.

Michel Espagne (dir.), *Philologiques. 1, Contribution à l'histoire des disciplines littéraires en France et en Allemagne au XIXe siècle*, Paris, Editions de la Maison des sciences de l'homme, 1991.

— *Le Paradigme de l'étranger. Les chaires de littérature étrangère au XIXe siècle*, Paris, Cerf, 1993, 379 p.

— *Les Juifs allemands de Paris à l'époque de Heine. La translation ashkénaze*, Paris, PUF, « Perspectives germaniques », 1996, 260 p.

Jean-Louis Fabiani, *Les Philosophes de la République*, Paris, éditions de Minuit, 1988, 177 p.

Christian Faure, *Le Projet culturel de Vichy. Folklore et Révolution nationale 1940-1944*, Lyon, Presses universitaires de Lyon-éditions du CNRS, 1989, 335 p.

François Fossier, *Au pays des immortels. L'Institut de France hier et aujourd'hui*, Paris, Mazarine, 1987, 380 p.

Pascal Fouché, *L'Edition française sous l'Occupation 1940-1944*, Paris, Bibliothèque de littérature française contemporaine de l'Université Paris 7, « L'édition contemporaine », 1987, 2 vol., 453 et 447 p.

Pascal Fouché (dir.), *L'Edition française depuis 1945*, Paris, Electre-éditions du Cercle de la Librairie, 1998, 933 p.

Marc Fumaroli, *Trois institutions littéraires*, Paris, Gallimard, 1994, 365 p.

Jean Garrigues, *La République des hommes d'affaires (1870-1900)*, Paris, Aubier, « Histoires », 1997, 432 p.

Emile Gassier, *Les Cinq Cents Immortels. Histoire de l'Académie française 1634-1906*, Paris, Henri Jouve, 1906, 487 p.

Damien GAUCHERAND, *La Nation française devant la décolonisation*, mémoire de DEA d'histoire sous la direction de Raoul Girardet, IEP, 1988, 125 p.

Jean GAUMONT, *Histoire générale de la coopération en France. Formation et développement de l'Institution coopérative moderne*, Paris, Fédération nationale des coopératives de consommation, t. II, 1923, 735 p.

Laurent GERVEREAU et Denis PESCHANSKI (dir.), *La Propagande sous Vichy 1940-1944*, Paris, éditions de la BDIC, 1990, 288 p.

Laurent GERVEREAU et Christophe PROCHASSON (dir.), *L'Affaire Dreyfus et le tournant du siècle (1894-1910)*, Nanterre, BDIC, 1994, 285 p.

Stéphane GIOCANTI, *Charles Maurras félibre. L'itinéraire et l'œuvre d'un chantre*, Paris, Louis de Montalte éditeur, 1995, 473 p.

Louis GIRARD, *Les Libéraux français 1814-1875*, Paris, Aubier, 1985, 277 p.

Patrick GIRARD, *Les Juifs de France de 1789 à 1960. De l'émancipation à l'égalité*, Paris, Calmann-Lévy, « Diaspora », 1976, 302 p.

J. Didier GIRAUD et Marielle GIRAUD, *Emile Masson professeur de Liberté*, Chamalières, éditions Canope, 1991, 383 p.

Bruno GOYET, *Charles Maurras*, Paris, Presses de Sciences-Po, « Références-Facettes », 2000, 306 p.

Michael GRAETZ, *Les Juifs en France au XIXe siècle. De la Révolution française à l'alliance israélite universelle*, Paris, Seuil, « L'Univers historique », 1989, 487 p.

Alain GREILSAMER, *Les Fédéralistes européens, en France depuis 1945*, thèse de doctorat de science politique sous la direction de Pierre Gerbet, IEP, 1972, 368 p.

Ilan GREILSAMMER, *Blum*, Paris, Flammarion, « Grandes biographies », 1996, 611 p.

Jérôme GRONDEUX, *Histoire des idées politiques en France au XIXe siècle*, Paris, La Découverte, « Repères », 1998, 121 p.

Guillaume GROS, *Philippe Ariès, un réactionnaire authentique : itinéraire d'un maurrassien non conformiste de l'Etudiant français à la Nation française*, mémoire de DEA sous la direction d'Alain-Gérard Slama, I.E.P., 1994, 171 p.

Alain GRUNEWALD, *Un Architalien à Paris : Curzio Malaparte et la France*, mémoire de DEA sous la direction de Pierre Milza, I.E.P., 1982, 123 p. + XXXXV p.

La Guerre et la paix dans les lettres françaises de la guerre du Rif à la guerre d'Espagne (1925-1939), Reims, Presses universitaires de Reims, 1983, 287 p.

Frédéric GUGELOT, *La Conversion des intellectuels au catholicisme en France 1885-1935*, Paris, éditions du CNRS, 1998, 533 p.

Pierre GUIRAL, *Prévost-Paradol 1829-1870. Pensée et action d'un libéral sous le second Empire*, Paris, PUF, 1955, 842 p.

Eric C. HANSEN, *Ludovic Halévy : a study of frivolity and fatalism in Nineteenth Century France*, Boston-London, University Press of America, 1987, 271 p.

Francis HASKELL, *De l'art et du goût. Jadis et naguère*, Paris, Gallimard, 1989, 510 p.

Gilles HEURÉ, *Gustave Hervé. Itinéraire d'un provocateur*, Paris, La Découverte, « L'espace de l'histoire », 1997, 364 p.

Janet HORNE, *Republican social reform in France : the case of the Musée social, 1894-1914*, New York University, 1991, 406 p.

André JARDIN, *Histoire du libéralisme politique. De la crise de l'absolutisme à la Constitution de 1875*, Paris, Hachette, « Littérature », 1985, 437 p.

Lucien JAUME, *L'Individu effacé ou le paradoxe du libéralisme français*, Paris, Fayard, 1997, 591 p.

Jean-Noël JEANNENEY, *François de Wendel en République. L'argent et le pouvoir 1914-1940*, Paris, Seuil, « L'univers historique », 1976, 669 p.

Paul JOHNSON, *Le Grand Mensonge des intellectuels. Vices privés et vertus publiques*, Paris, Robert Laffont, 1993, 361 p.
Ruth JORDAN, *Fromental Halévy. His Life and Music, 1799-1862*, Londres, Kahn and Averill, 1994, 232 p.
Marie-Agnès JOUBERT, *La Comédie-française sous l'Occupation*, Paris, Tallandier, 1998, 444 p.
Tony JUDT, *Un passé imparfait : les intellectuels en France (1944-1956)*, Paris, Fayard, « Pour une histoire du XXe siècle », 1992, 404 p.
Jacques JULLIARD, *Fernand Pelloutier et les origines du syndicalisme d'action directe*, Paris, Seuil, « Points-Histoire », 1985 [1re éd. : 1971], 295 p.
Jacques JULLIARD et Shlomo SAND (dir.), *Georges Sorel en son temps*, Paris, Seuil, 1985, 474 p.
Jacques JULLIARD, *Autonomie ouvrière. Etudes sur le syndicalisme d'action directe*, Paris, Gallimard-Seuil, 1988, 298 p.
André KASPI, *Le Temps des Américains 1917-1918*, Paris, Publications de la Sorbonne, « série internationale » – 6, 1976, 375 p.
Jack KOLBERT, *Edmond Jaloux et sa critique littéraire*, Paris-Genève, Droz-Nizet, 1962, 219 p.
Pierre LABORIE, *L'Opinion française sous Vichy*, Paris, Seuil, 1990, « L'univers historique », 405 p.
Pierre LABROUSSE (éd.), *Langues'o 1795-1995. Deux siècles d'histoire de l'Ecole des langues orientales*, Paris, Editions Hervas, 1995, 477 p.
Frantisek LAICHTER, *Péguy et ses cahiers de la quinzaine*, Paris, éditions de la MSH, 1985, 329 p.
Lionel LEFORESTIER, *Charles Benoist. De « l'organisation de la démocratie » à l'Action française (1861-1936)*, mémoire de DEA sous la direction de Serge Berstein, IEP, 1997, 142 p.
Georges LEFRANC, *Le Mouvement socialiste sous la Troisième République.1. De 1875 à 1919*, Paris, Payot, « Petite bibliothèque Payot », 1977 [1re éd. : 1963], 218 p.
Georges LEFRANC, *Le Mouvement syndical sous la Troisième République*, Paris, Payot, 1967, 452 p.
Albert LÉONARD, *La Crise du concept de littérature en France au XXe siècle*, Paris, José Corti, 1974, 270 p.
Géraldi LEROY, *Péguy entre l'ordre et la révolution*, Paris, Presses de la FNSP, 1981, 294 p.
— *Les Ecrivains et le Front populaire*, Paris, Presses de la FNSP, 1986, 323 p.
Géraldi LEROY (dir.), *Les Ecrivains et l'Affaire Dreyfus*, Paris, PUF, « Université d'Orléans », 1983, 300 p.
Géraldi LEROY et Julie BERTRAND-SABIANI, *La Vie littéraire à la Belle Epoque*, Paris, PUF, « Perspectives littéraires », 1998, 392 p.
Jacques LE RIDER, *Nietzsche en France. De la fin du XIXe siècle au temps présent*, Paris, PUF, « Perspectives germaniques », 1999, 279 p.
Thierry LETERRE, *La Raison politique, Alain et la démocratie*, Paris, PUF, « Philosophie d'aujourd'hui », 2000, 280 p.
Michel LEYMARIE, *Jean Guéhenno et l'enseignement : un professeur en République*, mémoire de DEA sous la direction de M. Michel Winock, IEP, 1989, 165 p.
— *Jérôme et Jean Tharaud. Ecrivains et journalistes. Des années de formation à la notoriété 1874-1924. Une marche au conformisme*, thèse de doctorat d'histoire sous la direction de Serge Berstein, I.E.P. de Paris, 3 vol., 1994, 1 100 p.
Michel LEYMARIE (éd.), *La Postérité de l'Affaire Dreyfus*, Lille, Presses universitaires du Septentrion, 1998, 239 p.

Le Libéralisme, Paris, Flammarion, 1998, 252 p. Textes réunis et présentés par Mikaël Garandeau.

Daniel LINDENBERG et Pierre-André MEYER, *Lucien Herr. Le socialisme et son destin*, Paris, Calmann-Lévy, 1975, 318 p.

Daniel LINDENBERG, *Les années souterraines (1937-1947)*, Paris, La Découverte, 1990, 407 p.

Gérard LOISEAUX, *La Littérature de la défaite et de la collaboration*, Paris, Publications de la Sorbonne, 1984, 570 p.

Herbert LOTTMAN, *La Rive gauche. Du Front populaire à la guerre froide*, Paris, Seuil, 1981, 555 p.

Jean-Louis LOUBET DEL BAYLE, *Les Non-conformistes des années 30. Une tentative de renouvellement de la pensée politique française*, Paris, Seuil, 1969, 493 p.

Thomas LOUÉ, *La « Revue des Deux Mondes » de Buloz à Brunetière. De la belle époque de la revue à la revue de la Belle Epoque*, thèse de doctorat d'histoire sous la direction d'Alain Corbin, Université de Paris-I, 1998, 3 vol.

Patrick LOUIS, *Histoire des royalistes. De la Libération à nos jours*, Paris, éditions Jacques Grancher, 1994, 224 p.

Henri LOYRETTE, *Degas*, Paris, Fayard, 1991, 851 p.

Henri LOYRETTE (dir.), *Entre le théâtre et l'histoire. La famille Halévy (1760-1960)*, Paris, Fayard-Réunion des musées nationaux, 1996, 375 p. [Catalogue de l'exposition du musée d'Orsay]

Claude-Edmonde MAGNY, *Histoire du roman français depuis 1918*, Paris, Seuil, « Points », 1950, 318 p.

Jean MAITRON, *Histoire du mouvement anarchiste en France (1880-1914)*, Paris, Société universitaire d'éditions et de librairie, 1955, 562 p.

— *Paul Delesalle. Un anarchiste de la Belle Epoque*, Paris, Fayard, « Les inconnus de l'histoire », 1985, 207 p.

Pierre MANENT, *Histoire intellectuelle du libéralisme*, Paris, Calmann-Lévy, « Pluriel », 1987, 278 p.

Michael Robert MARRUS, *Les Juifs de France à l'époque de l'Affaire Dreyfus. L'assimilation à l'épreuve*, Paris, Calmann-Lévy, 1972, 348 p.

Thierry MARICOURT, *Histoire de la littérature libertaire en France*, Paris, Albin Michel, 1990, 491 p.

Michael Robert MARRUS et Robert O. PAXTON, *Vichy et les Juifs*, Paris, Calmann-Lévy, 1981, 431 p.

Marc MARTIN, *Médias et journalistes de la République*, Paris, Odile Jacob, 1992, 494 p.

Marie-Madeleine MARTINET, *Le Voyage d'Italie dans les littératures européennes*, Paris, PUF, « Littératures européennes », 1996, 342 p.

Roger MATHÉ, *Emile Guillaumin, l'homme de la terre et l'homme de lettres*, Paris, A.G. Nizet, 1966, 759 p.

Christine MAURER, *La Pensée politique d'Alfred Fabre-Luce dans les années vingt (1922-1930) ou les paradoxes du libéralisme*, mémoire de DEA sous la direction de Serge Berstein, I.E.P., 1998, 123 p.

André MAUROIS, *Aspects de la biographie*, Paris, Grasset, 1930, 260 p.

Françoise MÉLONIO, *Tocqueville et les Français*, Paris, Aubier, 1993, 407 p.

Lucien MERCIER, *Les Universités populaires : 1899-1914. Education populaire et mouvement ouvrier au début du siècle*, Paris, Editions ouvrières, 1986, 188 p.

Jean-Pierre MEYLAN, *La Revue de Genève miroir des lettres européennes 1920-1930*, Genève, Libraire Droz, 1969, 524 p.

Pierre MILZA, *Français et Italiens à la fin du XIXe siècle. Aux origines du rapprochement franco-italien de 1900-1902*, Ecole française de Rome, CEFR n° 53, 1981, 1105 p.

Jean MISTLER, *La Librairie Hachette de 1826 à nos jours*, Paris, Hachette, 1964, 407 p.
Jean-Yves MOLLIER, *Michel et Calmann Lévy ou la naissance de l'édition moderne 1836-1891*, Paris, Calmann-Lévy, 1984, 549 p.
— *L'argent et les lettres. Histoire du capitalisme d'édition 1880-1920*, Paris, Fayard, 1988, 549 p.
— *Louis Hachette*, Paris, Fayard, 1999, 547 p.
Frédéric MONIER, *Le Complot dans la République. Stratégies du secret de Boulanger à la Cagoule*, Paris, La Découverte, « L'espace de l'histoire », 1998, 339 p.
François MONNET, *Refaire la République. André Tardieu, une dérive réactionnaire (1876-1945)*, Paris, Fayard, « Pour une histoire du XXe siècle », 1993, 638 p.
Jean-Claude MONTANT, *La Propagande extérieure de la France pendant la Première Guerre mondiale : l'exemple de quelques neutres européens*, thèse pour le doctorat d'Etat sous la direction de Jean-Baptiste Duroselle, Université de Paris-I, 1988, 8 vol., 1093 p.
Annie MOULIN, *Les Paysans dans la société française. De la Révolution à nos jours*, Paris, Seuil, « Points-Histoire », 1988, 316 p.
Gérard NAVET, *Le Cercle Proudhon, 1911-1914. Entre le syndicalisme révolutionnaire et l'Action française*, cahier n° 6 des Travaux de l'atelier Proudhon, Paris, EHESS, 1987, 21 p.
— « Le Cercle Proudhon (1911-1914). Entre le syndicalisme révolutionnaire et l'Action française », *Mil neuf cent Revue d'histoire intellectuelle*, 1992, n° 10, pp. 46-63.
Victor NGUYEN, *Aux origines de l'Action française. Intelligence et politique à l'aube du XXe siècle*, Paris, Fayard, 1991, 958 p.
Gérard NOIRIEL, *Les Ouvriers dans la société française XIXe-XXe siècle*, Paris, Seuil, « Points-Histoire », 1986, 317 p.
Isabelle OLIVERO, *L'Invention de la collection. De la diffusion de la littérature et des savoirs à la formation du citoyen au XIXe siècle*, Paris, éditions de l'IMEC-éditions de la MSH, 1999, 334 p.
Pascal ORY, *L'Anarchisme de droite ou du mépris considéré comme une morale, le tout assorti de réflexions plus générales*, Paris, Grasset, 1985, 288 p.
— *Une nation pour mémoire 1889, 1939, 1989, trois jubilés révolutionnaires*, Paris, Presses de la FNSP, 1992, 282 p.
Pascal ORY (dir.), *Nouvelle histoire des idées politiques*, Paris, Hachette, « Pluriel », 1987, 831 p.
Pascal ORY et Jean-François SIRINELLI, *Les Intellectuels en France, de l'Affaire Dreyfus à nos jours*, Paris, Colin, « U », 1992 [1re éd. : 1986], 271 p.
Michel OSTENC, *Intellectuels italiens et fascisme (1915-1929)*, Paris, Payot, 1983, 338 p.
Alain PAGÈS, *La Bataille littéraire. Essai sur la réception du naturalisme à l'époque de Germinal*, Paris, Librairie Séguier, 1989, 273 p.
— *Emile Zola, un intellectuel dans l'Affaire Dreyfus*, Paris, Librairie Séguier, 1991, 396 p.
— *13 janvier 1898. J'accuse...!*, Paris, Perrin, « Une journée dans l'histoire », 1998, 293 p.
Marc PÉNIN, *Charles Gide 1847-1932. L'esprit critique*, Paris, L'Harmattan, 1997, 347 p.
René PETER, *Vie secrète de l'Académie française. Au seuil du monde nouveau*, Paris, Librairie des Champs-Elysées, 1940, 289 p.
— *L'Académie française et le XXe siècle*, Paris, Librairie des Champs-Elysées, 1949, 258 p.

Béatrice PHILIPPE, *Les Juifs à Paris à la Belle Epoque*, Paris, Albin Michel, « Présences du judaïsme », 1993, 192 p.

Ian PICKUP et Philippe BARON (éd.), *Aspects de la critique*, Annales littéraires de l'université de Franche-Comté, 1998, 152 p.

Louis PINTO, *Les Neveux de Zarathoustra. La réception de Nietzsche en France*, Paris, Seuil, 1995, 208 p.

Maurice PLAMONDON, *La Revue critique des idées et des livres organe du néo-classicisme français (1908-1914)*, thèse de doctorat d'histoire sous la direction du professeur Pierre Guiral, Université de Provence, 1972, 457 p.

Rémy PONTON, *Le Champ littéraire en France de 1865 à 1905. Recrutement des écrivains, structure des carrières et production des œuvres*, thèse de doctorat en sociologie sous la direction de Pierre Bourdieu, E.H.E.S.S., 1977, 315 p.

Pierre POUJOL, *Socialistes et chrétiens (1848-1924)*, Paris, Le Cep, 1956, 79 p.

Problèmes et méthodes de la biographie, Paris, Publications de la Sorbonne, 1985, 272 p.

Christophe PROCHASSON, *Le Socialisme normalien (1907-1914). Recherches et réflexions autour du groupe d'études socialistes et de l'école socialiste*, mémoire de maîtrise sous la direction de Maurice Agulhon, Université de Paris-I Sorbonne, 1981, 389 p.

— *Place et rôle des intellectuels dans le mouvement socialiste français (1900-1920)*, thèse de doctorat en histoire sous la direction de Madeleine Rébérioux, Université de Paris-I Sorbonne, 1989, 565 p.

— *Les Années électriques 1880-1910*, Paris, La Découverte, 1991, 488 p.

— *Les Intellectuels, le socialisme et la guerre 1900-1938*, Paris, Seuil, 1993, 354 p.

— *Paris 1900. Essai d'histoire culturelle*, Paris, Calmann-Lévy, 1999, 348 p.

Christophe PROCHASSON et Anne RASMUSSEN, *Au nom de la patrie. Les intellectuels et la première guerre mondiale (1910-1919)*, Paris, La Découverte, 1996, 302 p.

Antoine PROST, *Histoire de l'enseignement en France 1800-1967*, Paris, Colin, « U », 523 p.

Georges POUMARÈDE, *Le Cercle Proudhon : une synthèse impossible ? 1911-1914*, mémoire de maîtrise sous la direction de Lucette Levan-Lemesle, Université de Paris I Panthéon-Sorbonne, 1992, 255 p.

Michel RAGON, *Histoire de la littérature prolétarienne en France*, Paris, Albin Michel, 1974, 315 p.

Michel RAIMOND, *La Crise du roman des lendemains du naturalisme aux années vingt*, Paris, José Corti, 1966, 539 p.

François RICHARD, *L'Anarchisme de droite dans la littérature contemporaine*, Paris, PUF, « Littératures modernes », 1988, 241 p.

René RÉMOND, *Les Droites en France*, Paris, Aubier, 1982, 544 p.

Melvin RICHTER, *Bibliography of signed works by Elie Halévy*, Wesleyan University Press, 1967, pp. 46-71.

Rémy RIEFFEL, *La Tribu des clercs : les intellectuels sous la Ve République, 1958-1990*, Paris, Calmann-Lévy-CNRS éditions, « Liberté de l'esprit », 1993, 692 p.

Jean-Pierre RIOUX, *Nationalisme et conservatisme. La ligue de la Patrie française 1899-1904*, Paris, éditions Beauchesne, 1977, 117 p.

Jean-Pierre RIOUX (dir.), *La Vie culturelle sous Vichy*, Bruxelles, Complexe, 1990, 412 p.

Evelyne RITAINE, *Les Stratèges de la culture*, Paris, Presses de la FNSP, 1983, 189 p.

« Robert Garric et son milieu intellectuel entre les deux guerres », *Vie sociale*, novembre-décembre 1997, n° 6, 116 p.

Anne ROCHE et Christian TARTING (dir.), *Des années trente : groupes et ruptures*, Paris, éditions du CNRS, 1985, 298 p.
Thomas ROMAN, *La Revue critique des idées et des livres. Anatomie d'une revue de la Belle Epoque. 1908-1914*, mémoire de diplôme de l'IEP de Paris, 1999, 241 p.
Olivier RONY, *Les Années roman 1919-1939. Anthologie de la critique romanesque dans l'entre-deux-guerres*, Paris, Flammarion, 1997, 702 p.
Pierre ROSANVALLON, *Le Sacre du citoyen. Histoire du suffrage universel en France*, Paris, Gallimard, « Bibliothèque des histoires », 1992, 490 p.
Nicolas ROUSSELLIER, *Le Parlement de l'éloquence. La souveraineté de la délibération au lendemain de la Grande Guerre*, Paris, Presses de Sciences po, 1997, 298 p.
Sabrina ROZET, *L'hebdomadaire* Arts *dans la vie culturelle des années cinquante*, mémoire de DEA d'histoire sous la direction de Michel Winock, I.E.P., 1991, 137 p.
Shlomo SAND, *L'Illusion du politique. Georges Sorel et le débat intellectuel 1900*, Paris, La Découverte, « Armillaire », 1985, 277 p.
Gisèle SAPIRO, *La Guerre des écrivains 1940-1953*, Paris, Fayard, 1999, 807 p.
Antoine SAVOYE et Bernard KALAORA, *Les Inventeurs oubliés : Le Play et ses continuateurs aux origines des sciences sociales*, Seyssel, Champ Vallon, 1989, 293 p.
Mario SCASCIGHINI, *La Maison du peuple. Le temps d'un édifice de classe*, Lausanne, Presses polytechniques et universitaires romandes, 1991, 227 p.
Angelika SCHOBER, *Nietzsche et la France. Cent ans de réception française de Nietzsche*, thèse de doctorat d'Etat de langues et littératures allemandes et scandinaves sous la direction de François Muller, Université de Paris-X Nanterre 1990, 3 vol., 676 p.
Peter SCHÖTTLER, *Naissance des bourses du travail. Un appareil idéologique d'Etat à la fin du XIXe siècle*, Paris, PUF, « Pratiques théoriques », 1985, 294 p.
Paul SÉRANT, *Les Dissidents de l'Action française*, Paris, Copernic, 1978, 323 p.
Pierre SERVENT, *Le Mythe Pétain. Verdun ou les tranchées de la mémoire*, Paris, Payot, 1992, 282 p.
Alain SILVERA, *Daniel Halévy and his times. A gentleman-commoner in the third republic*, Ithaca-New York, Cornell University Press, 1966, 251 p.
Perrine SIMON-NAHUM, *Contribution à l'étude de la bourgeoisie intellectuelle juive parisienne 1830-1914*, thèse de doctorat d'histoire sous la direction de Jean Bollack et François Furet, E.H.E.S.S., 1988-1989, 415 – XXXIX p.
Jean-François SIRINELLI, *Génération intellectuelle : khâgneux et normaliens dans l'entre-deux-guerres,* Paris, Fayard, 1988, 721 p.
— *Intellectuels et passions françaises. Manifestes et pétitions au XXe siècle*, Paris, Fayard, 1990, 365 p.
Jean-François SIRINELLI (dir.), *Histoire des droites en France*, Paris, Gallimard, 1992, 3 vol., 794, 771 et 956 p.
Fabien SPILLMANN, *Ramon Fernandez. De l'antifascisme à la collaboration 1934-1944*, mémoire de DEA de l'IEP de Paris sous la direction de Michel Winock, 1996, 234 p.
Jean-Luc STEINMETZ, *Stéphane Mallarmé*, Paris, Fayard, 1998, 616 p.
Zeev STERNHELL, *Maurice Barrès et le nationalisme français*, Paris, Colin, « Cahiers de la Fondation nationale des sciences politiques » n° 182, 1972, 396 p.
— *L'Eternel Retour. Contre la démocratie, l'idéologie de la décadence*, Paris, Presses de la FNSP, 1994, 253 p.
Albert THIBAUDET, *Réflexions sur la critique*, Paris, Gallimard, 1939, 265 p.

Anne-Marie THIESSE, *Ecrire la France. Le mouvement littéraire régionaliste de langue française entre la Belle Epoque et la Libération*, Paris, PUF, « Ethnologies », 1991, 314 p.

Eliane TONNET-LACROIX, *Après-guerre et sensibilités littéraires : 1919-1924*, Paris, Publications de la Sorbonne, 1991, 374 p.

— *La Littérature française de l'entre-deux-guerres 1919-1939*, Paris, Nathan, « Fac littérature », 1993, 221 p.

Michel TREBITSCH et Marie-Christine GRANJON (dir.), *Pour une histoire comparée des intellectuels*, Paris, éditions Complexe, 1998, 176 p.

Raymond TROUSSON, *Voyages aux pays de nulle part. Histoire littéraire de la pensée utopique*, Bruxelles, éditions de l'Université de Bruxelles, 1975, 296 p.

Jeannine VERDÈS-LEROUX, *Refus et violences. Politique et littérature à l'extrême droite des années trente aux retombées de la Libération*, Paris, Gallimard, 1996, 514 p.

Alain VIALA, *Naissance de l'écrivain. Sociologie de la littérature à l'âge classique*, Paris, éditions de Minuit, 1985, 317 p.

Eugen WEBER, *L'Action française*, Paris, Fayard-Hachette, 1985, 665 p.

— *La Fin des terroirs. La modernisation de la France rurale 1870-1914*, Paris, Fayard, 1985 [1re éd. : 1976], 839 p.

Jean WEISBERGER (dir.), *Les Avant-gardes littéraires au xxe siècle*, Budapest, Akadémiai Kaido, 1984, 2 vol., 1216 p.

René WELLEK, *Une histoire de la critique moderne. La critique française, italienne et espagnole (1900-1950)*, Paris, Corti, 1996, 505 p.

Claude WILLARD (dir.), *La France ouvrière. Histoire de la classe ouvrière et du mouvement ouvrier français*, t. I : *Des origines à 1920*, Paris, Scanéditions – éditions sociales, 1993, 493 p.

Michel WINOCK, *Histoire politique de la revue* Esprit *1930-1950*, Paris, Seuil, 1975, 446 p.

— *La Fièvre hexagonale. Les grandes crises politiques 1871-1968*, Paris, Calmann-Lévy, 1986, 428 p.

— *Le Siècle des intellectuels*, Paris, Seuil, 1997, 695 p.

Nelly WOLF, *Le Peuple dans le roman français de Zola à Céline*, Paris, PUF, « Pratiques théoriques », 1990, 264 p.

Jean-Claude YON, *Jacques Offenbach*, Paris, Gallimard, « NRF biographies », 2000, 796 p.

ARTICLES

Claude ARNAUD, « Le retour de la biographie : d'un tabou à l'autre », *Le Débat*, mars-avril 1989, n° 54, pp. 40-47.
Roland BARTHES, « Histoire et littérature : à propos de Racine », *Annales ESC*, mai-juin 1960, n° 3, pp. 524-537.
Pierre BOURDIEU, « L'illusion biographique », *Actes de la recherche en sciences sociales*, juin 1986, n° 62-63, pp. 69-72.
Dominique DAMAMME, « Grandes illusions et récits de vie », *Politix*, 1994, n° 27, pp. 183-188.
Charlotte HEINRITZ et Angela RAMMSTEDT, « L'approche biographique en France », *Cahiers internationaux de sociologie*, 1991, XCI, pp. 331-370.
Jacques LE GOFF, « Comment écrire une biographie historique aujourd'hui ? », *Le Débat*, mars-avril 1989, n° 54, pp. 48-53.
— « Introduction », *Saint Louis*, Paris, Gallimard, « Bibliothèque des histoires », 1996, pp. 13-27, 976 p.
Giovanni LÉVI, « Les usages de la biographie », *Annales E.S.C.*, novembre-décembre 1989, n° 6, pp. 1325-1336.
Philippe LEVILLAIN, « Les protagonistes : de la biographie », dans René Rémond (dir.), *Pour une histoire politique*, Paris, Seuil, « L'univers historique », 1988, pp. 121-159.
Jean-Claude PASSERON, « Biographies, flux, itinéraires, trajectoires », *Revue française de sociologie*, janvier-mars 1990, XXXI, n° 1, pp. 3-22.
Jean PENEFF, « Les grandes tendances de l'usage des biographies dans la sociologie française », *Politix*, 1994, n° 27, pp. 25-31.
Bernard PUDAL, « Du biographique entre "science" et "fiction". Quelques remarques programmatiques », *Politix*, 1994, n° 27, pp. 32-44.

Eric AGRIKOLIANSKY, « Biographies d'institution et mise en scène de l'intellectuel Les candidats au comité central de la ligue des droits de l'homme entre 1945 et 1975 », *Politix*, 1994, n° 27, pp. 94-110.
Maurice AGULHON, « La sociabilité, la sociologie et l'histoire », dans *Le Cercle dans la France bourgeoise, 1810-1848, étude d'une mutation de sociabilité*, Paris, Colin, « Cahiers des Annales » n° 36, 1977, pp. 7-14.
— « Sur les pas de Daniel Halévy », *Histoire vagabonde. Idéologies et politique dans la France du XIXe siècle*, t. II, Paris, Gallimard, « Bibliothèque des histoires », 1988, pp. 132-143.
« L'amitié dans la République », *Jean Jaurès cahiers trimestriels*, janvier-mars 1997, n° 143, 126 p.
Pierre ANDREU, « Les idées politiques de la jeunesse intellectuelle de 1927 à la guerre », *Revue des travaux de l'Académie des sciences morales et politiques*, 2e semestre 1957, pp. 17-35.

Auguste ANGLÈS, « Le fonctionnement de la NRF (1909-1914) », *Bulletin des amis d'André Gide*, janvier 1984, n° 61, pp. 11-29.

Sylvie APRILE, « La République au salon : vie et mort d'une forme de sociabilité politique (1865-1885) », *Revue d'histoire moderne et contemporaine*, juillet-septembre 1991, pp. 473-487.

Jean-Paul ARON, « Les décades de Pontigny et de Cerisy : introduction à une généalogie du temps des professeurs », *Mélanges Robert Mandrou*, Paris, PUF, 1985, pp. 399-405.

Raymond ARON, « Le socialisme et la guerre (1939) », *Commentaire*, février 1985, vol. 8, n° 28-29, pp. 328-340. [Version augmentée de « L'Ere des tyrannies d'Elie Halévy », *Revue de métaphysique et de morale*, mai 1939, n° 39, pp. 283-307.]

— « L'itinéraire intellectuel d'Elie Halévy », *Commentaire*, février 1985, vol. 8, n° 28-29, pp. 341-346. [Paru initialement dans le *Bulletin de la Société française de philosophie*, janvier-mars 1971.]

Pierre AUBERY, « L'anarchisme des littérateurs au temps du symbolisme », *Le Mouvement social*, 1969, n° 69, pp. 21-34.

Gérard BAAL, « Un salon dreyfusard, des lendemains de l'Affaire à la Grande Guerre : la marquise Arconati-Visconti et ses amis », *Revue d'histoire moderne et contemporaine*, juillet-septembre 1981, pp. 433-463.

Pascal BALMAND, « Les jeunes intellectuels de "l'esprit des années trente" : un phénomène de génération », *Cahiers de l'I.H.T.P.*, novembre 1987, n° 6, pp. 49-63.

— « L'anti-intellectualisme dans la culture politique française », *Vingtième siècle. Revue d'histoire*, octobre-décembre 1992, n° 36, pp. 31-42.

Marie-Claire BANCQUART, « Anatole France : au nom de la science », *Mil neuf cent. Revue d'histoire intellectuelle*, 1993, n° 11, pp. 113-117.

Jean-Michel BARREAU, « Abel Bonnard, ministre de l'Education nationale sous Vichy, ou l'éducation impossible », *Revue d'histoire moderne et contemporaine*, juillet-septembre 1996, n° 43-3, pp. 464-478.

Jean BASTAIRE, « Histoire des péguysmes. En juin 1940, l'hommage à Péguy de la Comédie-Française », *L'Amitié Charles Péguy. Bulletin d'information et de recherches*, octobre-décembre 1982, n° 20, pp. 184-188.

— « Autour du syndicalisme révolutionnaire. Un disciple de Péguy : A.V. Jacquet », *Travaux de linguistique et de littérature*, Université de Strasbourg, XV, 2, 1977, pp. 159-178.

— « Le premier groupe de la NRF et Péguy », *Bulletin des amis d'André Gide*, avril 1984, n° 62, pp. 170-215.

Jean BAUBÉROT, « Aspects du christianisme social français jusqu'à la séparation de l'Eglise et de l'Etat », *Revue du christianisme social*, 1971, n° 11-12, pp. 605-641.

— « L'action chrétienne-sociale du pasteur Elie Gounelle à la "Solidarité de Roubaix" 1898-1907 d'après des documents inédits », *Bulletin de la société d'histoire du protestantisme français*, Paris, 1974, n° 2, pp. 229-256 et 1974, n° 3, pp. 401-437.

— « Tommy Fallot et ses continuateurs Elie Gounelle et Wilfred Monod : la fondation du christianisme social », *Itineris*, Genève, Labor et Fides, 1983, n° 11-12, pp. 13-31.

— « Face à la modernité et au socialisme : le christianisme social », dans *Le retour des Huguenots. La vitalité protestante XIXe-XXe siècle*, Paris-Genève, Cerf-Labor et Fides, 1985, pp. 112-167.

— « Le christianisme social français de 1882 à 1940 : évaluation et problème », *Revue d'histoire et de philosophie religieuse*, vol. 67, 1987, n° 1, pp. 37-63 et vol. 67, 1987, n° 2, pp. 155-179.

Rémi BAUDOUÏ, « Le social en action : Robert Garric, Lyautey, Georges Lamirand et Raoul Dautry », *Vie sociale*, novembre-décembre 1997, n° 6, pp. 14-26.
Christine BEAULIEU, « Le conflit de 1910 entre Péguy et Daniel Halévy », *L'Amitié Charles Péguy. Bulletin d'information et de recherches*, octobre-décembre 1980, n° 12, pp. 200-221.
Daniel BECQUEMONT, « Herbert Spencer : progrès et décadence », *Mil neuf cent. Revue d'histoire intellectuelle*, 1996, n° 14, pp. 69-88.
François BEILECKE, « Die *Union pour l'Action morale* und die *Union pour la Vérité* : Zur Entwicklung und Rolle einer republikanischen Intellektuellenvereinigung 1892-1939 », *Lendemains*, janvier 1995, n° 78-79, pp. 89-121.
Philippe BENETON, « La génération de 1912-1914. Image, mythe et réalité ? », *Revue française de science politique*, octobre 1971, n° 5, pp. 981-1009.
Serge BERSTEIN, « L'affrontement simulé des années 30 », *Vingtième siècle. Revue d'histoire*, janvier-mars 1985, n° 5, pp. 39-53.
— « L'historien et la culture politique », *Vingtième siècle. Revue d'histoire*, juillet-septembre 1992, n° 35, pp. 67-77.
Catherine BIDOU-ZACHARIASEN, « De la "maison" au salon. Des rapports entre l'aristocratie et la bourgeoisie dans le roman proustien », *Actes de la recherche en sciences sociales,* décembre 1994, n° 105, pp. 60-70.
Antoinette BLUM, « Romain Rolland face à l'affaire Dreyfus », *Relations internationales*, 1978, n° 14, p. 127-141.
— « *Europe*, perspectives littéraires et tensions idéologiques », dans Anne Roche et Christian Tarting (dir.), *Des années trente : groupes et ruptures*, Paris, éditions du CNRS, 1985, pp. 19-28.
Louis BODIN et Jean TOUCHARD, « Les Intellectuels dans la société française contemporaine. Définitions, statistiques et problèmes », *Revue française de science politique*, décembre 1959, vol. IX, n° 4, pp. 835-859.
Hans-Manfred BOCK, « Henri Lichtenberger, père fondateur de la germanistique française et médiateur entre la France et l'Allemagne », dans Michel Espagne et Michael Werner (dir.), *Les Etudes germaniques en France (1900-1970)*, Paris, CNRS éditions, 1994, pp. 155-169.
— « Europa als republikanisches Projekt Die *Libres Entretiens* in der rue de Visconti. Paris und die *Décades von Pontigny* als Orte französisch-deutscher Debatte und Begegnung », *Lendemains*, janvier 1995, n° 78-79, pp. 122-156.
Gabriel BOILLAT, « Le grand prix Balzac 1922 », *Revue d'histoire littéraire de la France*, septembre-décembre 1983, n° 5-6, pp. 880-908 et juillet-août 1984, n° 4, pp. 576-585.
Michel BOTTIN, « Les royalistes et le général de Gaulle », dans Christian Bidégaray (dir.), *Les Droites et le général de Gaulle*, Paris, Economica, 1991, pp. 13-41.
Pierre BOURDIEU, « Le champ intellectuel : un monde à part », dans *Choses dites*, Paris, Editions de Minuit, 1987, pp. 167-177.
— « Le champ littéraire », *Actes de la recherche en sciences sociales*, septembre 1991, n° 89, pp. 4-46.
Philippe BRADFER, « Structures de sociabilité des intellectuels et normes de conduite politique », *Cahiers de l'IHTP*, mars 1992, n° 20, pp. 44-51.
Maurice BRAUD, « Edgar Degas et l'affaire Dreyfus entre avant-garde et réaction », *Mil neuf cent. Revue d'histoire intellectuelle*, 1993, n° 11, pp. 107-112.
Eric CAHM, « Pour et contre Emile Zola : les étudiants de Paris en janvier 1898 », *Bulletin de la société d'études jaurésiennes*, octobre-décembre 1978, n° 71, pp. 12-15.
Colette CHAMBELLAND, « La Vie ouvrière (1909-1914) », *Cahiers Georges Sorel*, 1987, n° 5, pp. 89-93.
Christophe CHARLE, « L'expansion et la crise de la production littéraire (2e moitié

du XIXᵉ siècle) », *Actes de la recherche en sciences sociales*, juillet 1975, n° 4, pp. 44-65.
— « Situation sociale et position spatiale, essai de géographie sociale du champ littéraire à la fin du dix-neuvième siècle », *Actes de la recherche en sciences sociales*, février 1977, n° 13, pp. 45-59.
— « Champ littéraire et champ du pouvoir : les écrivains et l'Affaire Dreyfus », *Annales ESC*, mars-avril 1977, n° 2, pp. 240-264.
— « Naissance des intellectuels contemporains (1860-1898) », dans *Intellectuels français, intellectuels hongrois XIIIᵉ-XXᵉ siècles*, Paris-Budapest, Akadémiai Kiado-CNRS, 1985, pp. 177-189.
— « Les étudiants et l'affaire Dreyfus », *Cahiers Georges Sorel*, 1986, n° 4, pp. 61-78.
— « Léon Blum et le champ littéraire », *Cahiers Léon Blum*, 1988, n° 23-25, pp. 5-20.
— « Le temps des hommes doubles », *Revue d'histoire moderne et contemporaine*, janvier-mars 1992, p. 73-85.
— « Champ littéraire français et importations étrangères. De la vogue du roman russe à l'émergence d'un nationalisme littéraire (1886-1902) », dans Michel Espagne et Michael Werner (dir.), *Philologiques. III Qu'est-ce qu'une littérature nationale ? Approches pour une théorie interculturelle du champ littéraire*, Paris, Editions de la Maison des sciences de l'homme, 1994, pp. 249-263.
Thérèse CHARLES-VALLIN, « Le duc de Morny dans l'historiographie du Second Empire », *Revue d'histoire moderne et contemporaine*, janvier-mars 1974, pp. 75-85.
Jean et Monica CHARLOT, « Un rassemblement d'intellectuels. La Ligue des Droits de l'Homme », *Revue française de science politique*, vol. IX, n° 4, décembre 1959, pp. 995-1028.
Philippe CHENAUX, « Le milieu Maritain », *Cahiers de l'IHTP*, mars 1992, n° 20, pp. 160-171.
« Les classes moyennes », numéro spécial de *Vingtième siècle. Revue d'histoire*, janvier-mars 1993, n° 37, 138 p.
Emmanuelle COHEN, « Albert Thomas. Jeunesse, amitiés et formation politiques (1897-1906) », *Jean Jaurès cahiers trimestriels*, juillet-septembre 1995, n° 137, pp. 92-99.
Yolande COHEN, « Avoir vingt ans en 1900 : à la recherche d'un nouveau socialisme », *Le Mouvement social*, juillet-septembre 1982, n° 120, pp. 11-29.
Geneviève COLIN et Jean-Jacques BECKER, « Les écrivains, la guerre de 1914 et l'opinion publique », *Relations internationales*, n° 74, hiver 1980, pp. 425-442.
Georges-Paul COLLET, « Jacques-Emile Blanche épistolier », *Etudes françaises*, février 1967, vol. III, n° 1, pp. 74-93.
Geneviève COMÈS, « Le groupe de *La Revue Blanche* (1889-1903) », *Revue des revues*, automne 1987, n° 4, pp. 4-11.
Alain CORBIN, « "Le vertige des foisonnements". Esquisse panoramique d'une histoire sans nom », *Revue d'histoire moderne et contemporaine*, janvier-mars 1992, pp. 103-126.
François CROUZET, « L'éducation d'un anglophile : Elie Halévy à la découverte de l'Angleterre (1892-1905) », *The Tocqueville Review*, vol. XVIII, n° 2, 1997, pp. 129-156.
Sandra DAB, « Un jeune banquier découvre la question sociale en 1896-1897 : Max Lazard à Londres et Ménilmontant », *Vie sociale*, novembre-décembre 1991, vol. 3, pp. 181-193.
Venita DATTA, « Un jeune dilettante à la *Revue Blanche* », *Cahiers Léon Blum*, 1988, n° 23-25, pp. 21-37.

Marcel DAVID, « Formation ouvrière et pensée sociale en France sur la culture depuis le milieu du XIXe siècle », dans *Niveaux de culture et groupes sociaux*, Paris-La Haye, Mouton, 1973, pp. 213-234.
Adeline DAUMARD, « La vie de salon en France dans la première moitié du XIXe siècle », dans *Sociabilité et société bourgeoise en France, en Allemagne et en Suisse, 1750-1850*, Paris, Editions recherches sur les civilisations, 1986, pp. 81-92.
— « L'argent et le rang dans la société française du XIXe siècle », *Romantisme. Revue du dix-neuvième siècle*, 1983, n° 40, pp. 19-29.
Geneviève DAUTREMANT et Jacques VIARD, « La commandite de 1905 », *Feuillets de l'Amitié Charles Péguy*, juillet 1969, n° 151, pp. 20-39.
Michel DÉCAUDIN, « Formes et fonctions de la revue littéraire au XXe siècle », dans *Situation et avenir des revues littéraires*, Nice, 1976, pp. 15-22.
Pierre DEFFONTAINES, « Le mouvement des équipes sociales de Robert Garric », dans *Mélanges André Latreille*, Lyon, Presses de l'université de Lyon II, 1972, pp. 225-232.
Alain DEGENNE, « Sur les réseaux de sociabilité. Note critique », *Revue française de sociologie*, janvier-mars 1983, XXIV, n° 1, pp. 109-118.
Jacques DEGUY, « Etude de la revue *Le Banquet* (1892-1893) », *Bulletin d'informations proustiennes*, n° 4, automne 1976, n° 4, pp. 29-43.
M. DÉTRIE, « Problématique du champ littéraire », dans : Pierre Citti et M. Détrie (dir.), *Le Champ littéraire*, Paris, Librairie philosophique Vrin, « L'oiseau de Minerve », 1992, pp. 7-10.
Marc DEVRIESSE, « Approche sociologique de la génération », *Vingtième siècle. Revue d'histoire*, janvier-mars 1989, n° 21, pp. 11-16.
José-Luis DIAZ, « Un siècle sous influence », *Romantisme. Revue du dix-neuvième siècle*, 1997, n° 98, pp. 11-32.
Paul DIBON, « Les échanges épistolaires dans l'Europe savante du XVIIe siècle », *Revue de synthèse*, janvier-juin 1976, n° 81-82, pp. 31-50.
Lucien DINTZER, « Le Mouvement des Universités populaires », *Le Mouvement social*, avril-juin 1961, n° 35, pp. 3-29.
Vincent DUCLERT, « Emile Duclaux, le savant et l'intellectuel », *Mil neuf cent. Revue d'histoire intellectuelle*, 1993, n° 11, pp. 21-26.
— « Les revues dreyfusardes en France : l'émergence d'une société intellectuelle », *La Revue des revues*, 1994, n° 17, pp. 9-47.
— « L'Affaire Dreyfus et le tournant critique (note critique) », *Annales H.S.S.*, mai-juin 1995, n° 3, pp. 563-578.
— « Mary Robinson Darmesteter et Emile Duclaux. Le sens d'une rencontre pendant l'Affaire Dreyfus », *Jean Jaurès cahiers trimestriels*, juillet-septembre 1997, n° 145, pp. 73-92.
— « La Ligue de "l'époque héroïque" : la politique des savants », *Le Mouvement social*, avril-juin 1998, n° 183, pp. 27-60.
Philippe DUJARDIN, « De l'histoire à la sociologie. Tours, détours, retours ? », *Cahiers de l'IHTP*, mars 1992, n° 20, pp. 22-29.
Anne-Marie DURANTON-CRABOL, « Appartenance et engagement politique. A propos du Manifeste des intellectuels français (1960) », *Cahiers de l'IHTP*, mars 1992, n° 20, pp. 188-196.
Daniel DUROSAY, « La direction politique de Jacques Rivière à la "Nouvelle Revue Française" (1919-1925) », *Revue d'histoire littéraire de la France,* mars-avril 1977, n° 2, pp. 227-245.
Robert ESCARPIT, « Le Littéraire et le social », dans Robert Escarpit (dir.), *Le Littéraire et le social. Eléments pour une sociologie de la littérature*, Paris, Flammarion, « Science de l'homme », 1970, pp. 9-41.

— « Succès et survie littéraire », dans Robert ESCARPIT (dir.), *Le Littéraire et le social. Eléments pour une sociologie de la littérature*, Paris, Flammarion, « Science de l'homme », 1970, pp. 129-163.

Michel ESPAGNE, « Siegfried Kracauer et Paris », *Pardes*, 1991, n° 14, pp. 146-171.

— « Lecteurs Juifs de Nietzsche en France autour de 1900 », dans Dominique Bourel et Jacques Le Rider (dir.), *De Sils-Maria à Jérusalem, Nietzsche et le judaïsme. Les intellectuels juifs et Nietzsche*, Paris, Cerf, 1991, pp. 227-245.

— « Taine et la notion de littérature nationale », dans Michel Espagne et Michael Werner (dir.), *Philologiques. III Qu'est-ce qu'une littérature nationale ? Approches pour une théorie interculturelle du champ littéraire*, Paris, Editions de la Maison des sciences de l'homme, 1994, pp. 461-477.

— « La fonction de la traduction dans les transferts culturels franco-allemands aux XVIIIe et XIXe siècles. Les problèmes des traducteurs germanophones », *Revue d'histoire littéraire de la France*, mai-juin 1997, n° 3, pp. 413-427.

Rémi FABRE, « Francis de Pressensé », *Le Mouvement social*, avril-juin 1998, n° 183, pp. 61-92.

Lucien FEBVRE, « Une question d'influence : Proudhon et le syndicalisme contemporain », *Revue de synthèse*, octobre 1909, n° 56, pp. 179-193 [Reproduit dans *Pour une histoire à part entière*, Paris, S.E.V.P.E.N., 1962, pp. 772-786].

Catherine FHIMA, « Aux sources d'un renouveau identitaire juif en France. André Spire et Edmond Fleg », *Mil neuf cent. Revue d'histoire intellectuelle*, 1995, n° 13, pp. 171-189.

Etienne FOUILLOUX, « Intellectuels catholiques ? Réflexions sur une naissance différée », *Vingtième siècle. Revue d'histoire*, janvier-mars 1997, n° 53, pp. 13-24.

Simone FRAISSE, « Les grandes étapes des *Cahiers de la Quinzaine* », *Charles Péguy 2. Les « Cahiers de la Quinzaine »*, Paris, Revue des lettres modernes-Minard, 1983, pp. 5-42.

Etienne FRANÇOIS et Rolf REICHARDT, « Les formes de sociabilité en France du milieu du XVIIIe siècle au milieu du XIXe siècle », *Revue d'histoire moderne et contemporaine*, juillet-septembre 1987, t. XXXIV, pp. 453-472.

Marc FUMAROLI, « La Coupole », dans Pierre Nora (dir.), *Les Lieux de mémoire. II. La Nation*, t. 3, Paris, Gallimard, 1986, pp. 323-388.

Marie-Claude GENET-DELACROIX, « Le statut social de l'artiste professionnel aux XIXe et XXe siècles », dans *La Condition sociale de l'artiste XVIe-XXe siècles*, Saint-Etienne, Université de Saint-Etienne-CIEREC, 1987, pp. 87-104.

Willy GIANINAZZI, « *Il Divenire sociale* et *Pagine libere* », *Cahiers Georges Sorel*, 1987, n° 5, pp. 119-130.

Raoul GIRARDET, « L'héritage de l' "Action Française" », *Revue française de science politique*, octobre-décembre 1957, n° 4, p. 765-792.

— « Pour une introduction à l'Histoire du Nationalisme Français », *Revue française de science politique*, septembre 1958, n° 3, pp. 505-528.

Lucien GOLDMANN, « La sociologie de la littérature : situation actuelle et problèmes de méthode », *Revue internationale des sciences sociales*, 1967, XIX, n° 4, pp. 531-554.

Bruno GOYET, « Charles Maurras, homme de lettres », *Cahiers d'histoire*, n° 65, janvier 1996, pp. 29-44.

Michel GRUNEWALD, « L'année 1923 et le débat sur les relations franco-allemandes dans *Die neue Rundschau* », dans Jacques Bariéty (dir.), *La France et l'Allemagne entre les deux guerres mondiales*, Nancy, Presses universitaires de Nancy, 1987, pp. 159-175.

Pascale GRUSON, « Edmond Vermeil (1878-1964) », dans Michel Espagne et Michael Werner (dir.), *Les Etudes germaniques en France (1900-1970)*, Paris, CNRS éditions, 1994, pp. 171-193.

Pierre GUIRAL, « Le libéralisme en France (1815-1870). Thèmes, succès et lacunes », *Tendances politiques dans la vie politique française depuis 1789*, Paris, Hachette, « cahiers de civilisation », 1960, pp. 17-40.
— « Daniel Halévy et Maurras », dans *Etudes maurrassiennes. 4*, 1980, pp. 91-101.
— « Politique et littérature dans la France contemporaine », dans *Les Armes et la toge. Mélanges offerts à André Martel*, Montpellier, Centre d'histoire militaire et d'études de défense nationale de Montpellier, 1997, pp. 23-29.
Jean-Pierre HALÉVY, « Péguy-Halévy. Le différend et la brouille (avril-décembre 1910) », *Charles Péguy 6. Lectures de Victor-Marie, comte Hugo*, Paris, Revue des lettres modernes-Minard, 1995, pp. 29-75.
Yves HIVERT-MESSECA, « Socialisme et protestantisme français 1882-1940 », *Recherche socialiste*, octobre 1997, n° 1, pp. 51-63.
Marie-Claire HOOCK-DEMARLE, « Le cas Bianquis : pour une germanistique de la différence », dans Michel Espagne et Michael Werner (dir.), *Les Etudes germaniques en France (1900-1970)*, Paris, CNRS éditions, 1994, pp. 195-204.
Lucien JAUME, « Aux origines du libéralisme politique en France », *Esprit*, juin 1998, n° 6, pp. 37-60.
— « Le libéralisme », *Cahiers du Cevipof*, 1997, n° 18, pp. 61-85.
Michel JORDAN, « Les abonnés de la première série 1900 », *Feuillets de l'Amitié Charles Péguy*, juillet 1969, n° 151, pp. 7-19.
Jacques JULLIARD, « A propos d'un livre de Peter Schöttler. Les subventions dans le syndicalisme français », *Cahiers Georges Sorel*, 1986, n° 4, pp. 147-158.
— « Georges Sorel contre les professionnels de la pensée », *Mil neuf cent. Revue d'histoire intellectuelle*, 1997, n° 15, pp. 13-28.
André KASPI, « Les soldats américains et la société française », dans Jean-Jacques Becker (dir.), *Les sociétés européennes et la guerre de 1914-1918*, Publications de l'Université de Nanterre, 1990, pp. 323-331.
Moshe KATAN, « La Famille Halévy », *Evidences*, 1955, n° 46, pp. 7-13.
Bernard LAGUERRE, « Orientation bibliographique. Les générations d'intellectuels dans la France du XXe siècle », *Bulletin de l'IHTP*, mars 1988, n° 31, pp. 23-43.
John C. LAPP, « Emile Zola et Ludovic Halévy : notes sur une correspondance », *Cahiers naturalistes*, 1964, vol. X, n° 27, pp. 91-100.
Gilles LE BÉGUEC, « Zola, repoussoir ? Les intellectuels libéraux et le refus du dreyfusisme », *Les Cahiers naturalistes*, 1980, n° 54, pp. 282-298.
Benoît LECOQ, « Les cercles parisiens au début de la Troisième République de l'apogée au déclin », *Revue d'histoire moderne et contemporaine*, octobre-décembre 1985, pp. 591-616.
Jacques LEENHARDT, « La sociologie de la littérature : quelques étapes de son histoire », *Revue internationale des sciences sociales*, 1967, XIX, n° 4, pp. 555-572.
Henri LERNER, « Le colonel Emile Mayer et son cercle d'amis », *Revue Historique*, juillet-septembre 1981, pp. 75-94.
Hélène LE ROUX, « Ecrivains français, écrivains allemands et la conscience européenne dans les années 1930 », *Matériaux pour l'histoire de notre temps*, janvier-juin 1995, n° 37-38, pp. 42-47.
Géraldi LEROY, « Péguy-Bellais et la Société Nouvelle de Librairie et d'Edition », *Feuillets de l'Amitié Charles Péguy*, avril 1970, n° 158, pp. 5-24.
— « Le débat sur les intellectuels dans les *Cahiers de la Quinzaine* (1900-1904) », *Charles Péguy 2. Les « Cahiers de la Quinzaine »*, Paris, Revue des lettres modernes-Minard, 1983, pp. 43-60.
— « Les cahiers de la quinzaine », *Cahiers Georges Sorel*, 1987, n° 5, pp. 77-88.
— « "Un citoyen téléphoniste" : Charles Péguy », *Cahiers de l'IHTP*, mars 1992, n° 20, pp. 137-141.

— « La mondanité littéraire à la Belle Epoque », *Cahiers de l'IHTP*, mars 1992, n° 20, pp. 85-100.

Isabelle LESPINET, « Rôle et fonctionnement de l'Office du travail », dans Jean Luciani (dir.), *Histoire de l'Office du travail (1890-1914)*, Paris, Syros, 1992, pp. 219-234.

Michel LEYMARIE, « Parce que c'était lui... Le "compagnonnage-Péguy", du Collège Sainte-Barbe à la fondation des *Cahiers de la quinzaine* », dans Colette Chambelland (dir.), *Le Musée social en son temps*, Paris, Presses de l'ENS, 1998, pp. 59-73.

Georges LIÉBERT, « Daniel Halévy et Nietzsche », *Commentaire*, hiver 1995-1996, n° 72, pp. 829-837.

Eunice LIPTON, « Degas' friends and a question of stylistic choices », dans *La condition sociale de l'artiste XVIe-XXe siècles*, Saint-Etienne, Université de Saint-Etienne-CIEREC, 1987, pp. 75-85.

William LOGUE, « Sociologie et politique : le libéralisme de Célestin Bouglé », *Revue française de sociologie*, janvier-mars 1979, vol. XX, n° 1, pp. 141-161.

Anthony LORRY, « Les publications du mouvement leplaysien (1857-1948) », *Les Etudes sociales*, 1er semestre 1999, n° 129, pp. 41-72.

Thomas LOUÉ, « La Revue de Paris », *Bulletin du Centre d'histoire de la France contemporaine*, 1990, n° 11, pp. 128-132.

— « Les fils de Taine entre science et morale A propos du *Disciple* de Paul Bourget (1889) », *Cahiers d'histoire*, 1996, n° 65, pp. 45-61.

— « Les Barbares lettrés ». Esquisse d'un temps long de l'anti-intellectualisme en France (1840-1900) », *Mil neuf cent*, 1997, n° 15, pp. 85-108.

Jean MAITRON, « La personnalité du militant ouvrier français dans la seconde moitié du XIXe siècle », *Le Mouvement social*, octobre 1960-mars 1961, n° 33-34, pp. 67-86.

Gaetano MANFREDONIA, « Du symbolisme à l'art social : le cas Bernard Lazare », dans Philippe Oriol (éd.), *Bernard Lazare anarchiste et nationaliste juif*, Paris, Honoré Champion, 1999, pp. 103-126.

Francis MARMANDE, « La passe de Jean Bernier », dans Anne Roche et Christian Tarting (dir.), *Des années trente : groupes et ruptures*, Paris, éditions du CNRS, 1985, pp. 165-173.

Gilles MARTINEZ, « Joseph Barthélemy et la crise de la démocratie libérale », *Vingtième siècle. Revue d'histoire*, juillet-septembre 1998, n° 59, pp. 28-47.

Henri-Jean MARTIN, « Comment mesurer un succès littéraire. Le problème des tirages », dans *La Bibliographie matérielle*, Paris, éditions du CNRS, 1983, pp. 25-42.

Maurice MATHIEU, « Marie de Roux et le barreau de Poitiers. Culture et politique à la Belle Epoque », dans Gilles Le Béguec et Pascal Plas (dir.), *Barreau, politique et culture à la Belle Epoque*, Limoges, PULIM, 1998, pp. 219-239.

Yehoshua MATHIAS, « Paul Bourget, écrivain engagé », *Vingtième siècle. Revue d'histoire*, janvier-mars 1995, n° 45, pp. 14-29.

Françoise MÉLONIO, « Les tribulations du libéralisme en France », *The Tocqueville Review*, 1996, vol. XVII, n° 2, pp. 3-17.

Gilbert MERLIO, « Robert d'Harcourt ou l'esprit de résistance », dans Michel Espagne et Michael Werner (dir.), *Les Etudes germaniques en France (1900-1970)*, Paris, CNRS éditions, 1994, pp. 445-462.

Stéphane MICHAUD, « Nietzsche, la culture française et l'Europe », *Romantisme. Revue du dix-neuvième siècle*, 1993, n° 81, pp. 67-83.

— « Note sur la réception de Nietzsche ou l'historien et le comparatiste comme figures du voyageur », dans *La France démocratique (combats, mentalités, sym-*

boles) Mélanges offerts à Maurice Agulhon, Paris, Publications de la Sorbonne, 1998, pp. 55-63.

Claude MIGNOT-OGLIASTRI, « Sous l'égide d'Anna de Noailles, une revue de jeunes écrivains : *Les Essais* (1904-1906) », dans *Travaux de linguistique et de littérature*, 1986, n° 2, pp. 109-112.

Joseph MILLNER, « Les Grandes familles juives de France », *Le Monde juif*, 1949, n° 31, p. 16-17.

Jean-Yves MOLLIER, « L'histoire de l'édition, une histoire à vocation globalisante », *Revue d'histoire moderne et contemporaine*, avril-juin 1996, n° 43-2, pp. 329-348.

— « Les mutations de l'espace éditorial français du XVIIIe au XXe siècle », *Actes de la recherche en sciences sociales*, mars 1999, n° 126-127, pp. 29-38.

Jean-Yves MOLLIER et Patricia SOREL, « L'histoire de l'édition, du livre et de la lecture en France aux XIXe et XXe siècles. Approche bibliographique », *Actes de la recherche en sciences sociales*, mars 1999, n° 126-127, pp. 39-59.

Jean-Claude MONTANT, « Les services du quai d'Orsay pendant la Guerre » dans *Les Affaires étrangères et le corps diplomatique français*, t. II : 1870-1980, Paris, éditions du CNRS, 1984, pp. 323-345.

— « L'organisation centrale des services d'information et de propagande du quai d'Orsay pendant la Grande Guerre », dans Jean-Jacques BECKER (dir.), *Les Sociétés européennes et la guerre de 1914-1918*, Publications de l'Université de Nanterre, 1990, pp. 135-143.

Emmanuel NAQUET, « Aux origines de la Ligue des Droits de l'Homme : Affaire Dreyfus et intellectuels », *Bulletin du Centre d'Histoire de la France contemporaine*, 1990, n° 11, pp. 61-81.

— « Les ligueurs des droits de l'homme dans le Maitron, de l'Affaire Dreyfus à la Seconde Guerre mondiale », *Cahiers de l'IHTP*, mars 1994, n° 26, pp. 232-245.

— « La ligue des droits de l'homme : une politique du droit et de la justice dans le premier vingtième siècle », *Jean Jaurès cahiers trimestriels*, juillet-septembre 1996, n° 141, pp. 29-48.

Marie-Laurence NETTER, « Georges Sorel et l'*Indépendance* », *Cahiers Georges Sorel*, 1987, n° 5, pp. 95-104.

— « Proudhon et les droites. De l'Action française à Uriage », *Mil neuf cent. Revue d'histoire intellectuelle*, 1992, n° 10, pp. 64-85.

— « Ferdinand Brunetière contre les intellectuels », *Mil neuf cent. Revue d'histoire intellectuelle*, 1993, n° 11, pp. 66-70.

Victor NGUYEN, « Un essai de pouvoir intellectuel au début de la Troisième République : *La Cocarde* de Maurice Barrès », *Etudes maurrassiennes*, 1972, n° 1, pp. 145-157.

— « Elites, pouvoir et culture. Sur une correspondance entre Charles Maurras et Henri Mazel à la veille de la crise dreyfusienne », *Etudes maurrassiennes*, 1980, n° 4, pp. 141-191.

Olivier NORA, « La visite au grand écrivain », dans Pierre Nora (dir.), *Les Lieux de mémoire. II. La nation*, Paris, Gallimard, « Bibliothèque illustrée des histoires », 1986, volume 3, pp. 563-687.

Pierre NORA, « Les deux apogées de l'Action française », *Annales ESC*, janvier-février 1964, n° 1, pp. 127-141.

— « Lavisse, instituteur national. Le "Petit Lavisse", évangile de la république », dans Pierre Nora (dir.), *Les Lieux de mémoire. I. La République,* Paris, Gallimard, « Bibliothèque illustrée des histoires », 1984, vol 1, pp. 247-289.

Philippe OLIVERA, « L'esprit des années 30 » à l'épreuve de la sociabilité », dans *Hypothèses 1997. Travaux de l'Ecole doctorale d'histoire*, Paris, Publications de la Sorbonne, 1998, pp. 165-170.

Pascal ORY, « L'histoire culturelle de la France contemporaine. Question et questionnement », *Vingtième siècle. Revue d'histoire*, octobre-décembre 1987, n° 16, pp. 67-82.
— « Pour une histoire culturelle du contemporain », *Revue d'histoire moderne et contemporaine*, janvier-mars 1992, p. 3-5.
Alain PAGÈS, « Stratégies textuelles : la lettre à la fin du XIXe siècle », *Littérature*, octobre 1978, n° 31, pp. 107-116.
— « L'intellectuel et la littérature nationale à l'époque de l'affaire Dreyfus. Le cas d'Emile Zola », dans Michel Espagne et Michael Werner (dir.), *Philologiques. III Qu'est-ce qu'une littérature nationale ? Approches pour une théorie interculturelle du champ littéraire*, Paris, Editions de la Maison des sciences de l'homme, 1994, pp. 235-248.
Yves PALAU, « Des catholiques et de la politique : les transformations doctrinales du catholicisme français (1900-1930) », *RFHIP*, 2e semestre 1996, n° 4, pp. 317-334.
Denis PELLETIER, « Engagement intellectuel catholique et médiation du social. L'enquête monographique de Le Play à Lebret », *Mil neuf cent*, 1995, n° 13, pp. 25-45.
Jean-Paul PERRIN, « Henri Buriot-Darsiles (1875-1944) : un intellectuel bourbonnais dans la tourmente », *Les Cahiers bourbonnais*, hiver 1995, n° 154, pp. 54-64.
Jean-Michel PÉRU, « Une crise du champ littéraire français. Le débat sur la "littérature prolétarienne" (1925-1935) », *Actes de la recherche en sciences sociales*, septembre 1991, n° 89, pp. 49-65.
Louis PINTO, « Les intellectuels vers 1900 : une nouvelle classe moyenne », dans Georges Lavau (dir.), *L'Univers politique des classes moyennes*, Paris, Presses de la FNSP, 1983, pp. 140-155.
— « La vocation de l'universel. La formation de la représentation de l'intellectuel vers 1900 », *Actes de la recherche en sciences sociales*, novembre 1984, n° 55 pp. 23-32.
— « Une science des intellectuels est-elle possible ? », *Revue de synthèse*, octobre-décembre 1986, n° 4, pp. 345-360.
Maurice PLAMONDON, « L'empirisme organisateur de Charles Maurras et celui de la *Revue critique des idées et des livres* », *Etudes maurrassiennes*, 1980, n° 4, pp. 193-205.
Alain POLICAR, « Science et démocratie. Célestin Bouglé et la métaphysique de l'hérédité », *Vingtième siècle. Revue d'histoire*, janvier-mars 1999, n° 61, pp. 86-101.
Rémy PONTON, « Naissance du roman psychologique. Capital culturel, capital social et stratégie littéraire à la fin du XIXe siècle », *Actes de la recherche en sciences sociales*, juillet 1975, n° 4, pp. 66-81
— « Une histoire des sociabilités politiques Note critique », *Annales ESC*, novembre-décembre 1980, n° 6, pp. 1269-1280.
Janine PONTY, « La presse quotidienne et l'affaire Dreyfus en 1898-1899. Essai de typologie », *Revue d'histoire moderne et contemporaine*, avril-juin 1974, pp. 193-220.
Michel PRAT, « Georges Sorel et le monde des revues », *Cahiers Georges Sorel* 1987, n° 5, pp. 11-14.
Christophe PROCHASSON, « Sur l'environnement intellectuel de Georges Sorel l'Ecole des hautes études sociales (1899-1911) », *Cahiers Georges Sorel*, 1985, n° 3, pp. 16-38.
— « *L'Effort libre* de Jean-Richard Bloch (1910-1914) », *Cahiers Georges Sorel*, 1987, n° 5, pp. 105-118.

— « Revues et mouvement ouvrier fin-de-siècle », *CFDT aujourd'hui*, mars 1991, n° 100, pp. 11-24.

— « Histoire intellectuelle/Histoire des intellectuels : le socialisme français au début du XXe siècle », *Revue d'histoire moderne et contemporaine*, juillet-septembre 1992, pp. 423-448.

— « Le Colonel Georges Picquart ou la vertu cachée », *Mil neuf cent. Revue d'histoire intellectuelle*, 1993, n° 11, pp. 15-20.

— « Philosopher au XXe siècle : Xavier Léon et l'invention du "système R2M" (1891-1902) », *Revue de métaphysique et de morale*, 1993, n° 1-2, pp. 109-140.

— « Sur le cas Maurras : biographie et histoire des idées politiques (note critique) », *Annales H.S.S.*, mai-juin 1995, n° 3, pp. 579-587.

— « L'Affaire dans tous ses états », dans Jean-Pierre Rioux et Jean-François Sirinelli (dir.), *Pour une histoire culturelle*, Paris, Seuil, « L'univers historique », 1997, pp. 233-249.

— « Jalons pour une histoire du "non-engagement" », *Vingtième siècle. Revue d'histoire*, octobre-décembre 1998, n° 60, pp. 102-111.

— « Dick May et le social », dans Colette Chambelland (dir.), *Le Musée social en son temps*, Paris, Presses de l'ENS, 1998, pp. 43-58.

Théodore QUONIAM, « Joseph Lotte et la tentation du muralisme », *Etudes maurrassiennes*, 1980, n° 4, pp. 223-233.

Nicole RACINE, « Du mouvement à la revue *Clarté* : jeunes intellectuels "révolutionnaires" de la guerre et de l'après-guerre 1916-1925 », *Cahiers de l'IHTP*, novembre 1987, n° 6, pp. 19-28.

— « Jacques Robertfrance, homme de revue et homme d'édition », *Cahiers de l'IHTP*, mars 1992, n° 20, pp. 142-159.

— « Les écrivains dans le *Maitron* : champ et hors champ », *Cahiers de l'IHTP*, mars 1994, n° 26, pp. 51-67.

Madeleine REBÉRIOUX, « Critique littéraire et socialisme au tournant du siècle », *Le Mouvement social*, avril-juin 1967, n° 59, pp. 3-28.

— « Le socialisme français de 1871 à 1914 », dans : Jacques Droz (dir.), *Histoire générale du socialisme.2. De 1875 à 1918*, Paris, PUF, 1974, pp. 133-236.

— « Avant-garde esthétique et avant-garde politique : le socialisme français entre 1890 et 1914 », *Esthétique et marxisme*, Paris, UGE, « 10-18 », 1974, pp. 21-39.

— « *L'Humanité* à la veille de la guerre », *Jean Jaurès*, juillet-septembre 1974, n° 54, pp. 11-13.

— « Naissance de *L'Humanité* », *Jean Jaurès*, octobre-décembre 1975, n° 59, pp. 2-8.

— « A propos de la "naissance de *L'Humanité*" », *Jean Jaurès*, janvier-mars 1976, n° 60, pp. 9-10.

— « Histoire, historiens et dreyfusisme », *Revue Historique*, avril-juin 1976, pp. 407-432.

— « Zola, Jaurès et France : trois intellectuels devant l'Affaire », *Les Cahiers naturalistes*, 1980, n° 54, pp. 266-281.

— « La Revue socialiste », *Cahiers Georges Sorel*, 1987, n° 5, pp. 15-38.

— « Politique et société dans l'histoire de la Ligue des droits de l'homme », *Le Mouvement social*, avril-juin 1998, n° 183, pp. 3-26.

Philippe RÉGNIER, « Littérature nationale, littérature étrangère au XIXe siècle. La fonction de la *Revue des Deux Mondes* entre 1829 et 1870 », dans Michel Espagne et Michael Werner (dir.), *Philologiques. III Qu'est-ce qu'une littérature nationale ? Approches pour une théorie interculturelle du champ littéraire*, Paris, Editions de la Maison des sciences de l'homme, 1994, pp. 289-314.

René RÉMOND, « Les intellectuels et la politique », *Revue française de science politique*, décembre 1959, n° 4, pp. 860-880.

— « Plaidoyer pour une Histoire délaissée. La Fin de la IIIe République », *Revue française de science politique*, avril-juin 1957, n° 2, pp. 252-270.

Revue de synthèse, numéro spécial : « Réception et contresens », janvier-mars 1989, t. CX, n° 1, pp. 3-108.

Lionel RICHARD, « Aspects des relations intellectuelles et universitaires entre la France et l'Allemagne dans les années vingt », dans Jacques Bariéty (dir.), *La France et l'Allemagne entre les deux guerres mondiales*, Nancy, Presses universitaires de Nancy, 1987, pp. 112-124.

Alceo RIOSA, « La correspondance Sorel-Lagardelle : la découverte de l'original », *Cahiers Georges Sorel*, 1984, n° 2, pp. 130-136.

Jean-Pierre RIOUX, « La guerre d'Algérie dans l'histoire des intellectuels français », dans Sirinelli et Rioux (dir.), *La Guerre d'Algérie et les intellectuels français*, Bruxelles, Complexe, 1991, pp. 32-55.

Anne ROCHE, « *Cahiers de la Quinzaine* "Cahiers de l'enseignement" », *Charles Péguy 2. Les « Cahiers de la Quinzaine »*, Paris, Revue des lettres modernes-Minard, 1983, pp. 61-82.

Daniel ROCHE, « L'intellectuel au travail », *Annales ESC*, mai-juin 1982, n° 3, pp. 465-480.

Gérard ROCHE, « Les avant-gardes dans l'entre-deux-guerres : de la révolte à l'engagement », *Cahiers de l'IHTP*, mars 1994, n° 26, pp. 185-197.

Dario ROLDAN, « La tradition libérale française et l'idée d'égalité au XIXe siècle », dans *L'Egalité au tournant du siècle. Péguy et ses contemporains*, Paris, Honoré Champion, 1998, pp. 57-71.

Patrice ROLLAND, « La référence proudhonienne chez Georges Sorel », *Cahiers Georges Sorel*, 1989, n° 7, pp. 127-161.

— « Georges Sorel et la démocratie au XXe siècle. Une critique politique de la démocratie », *Mil neuf cent. Revue d'histoire intellectuelle*, 1990, n° 8, pp. 123-154.

— « Georges Sorel et la démocratie au XXe siècle. Une critique éthique de la démocratie », *Mil neuf cent. Revue d'histoire intellectuelle*, 1991, n° 9, pp. 129-161.

— « Le retour à Proudhon, 1900-1920 », *Mil neuf cent. Revue d'histoire intellectuelle*, 1992, n° 10, pp. 5-29.

— « Le fédéralisme, un concept social global chez Proudhon », *Revue du droit public et de la science politique en France et à l'étranger*, novembre-décembre 1993, t. 109, pp. 1521-1546.

— « A propos de Proudhon : une querelle des influences », *Revue française d'histoire des idées politiques*, 1995, n° 2, pp. 275-300.

Laurence ROULLEAU-BERGER, « Sociographie des universités populaires : le cas de Lyon », dans Régis Bernard (dir.), *Education, fête et culture*, Lyon, Presses universitaires de Lyon, 1981, pp. 105-146.

Gisèle SAPIRO, « La raison littéraire. Le champ littéraire français sous l'Occupation », *Actes de la recherche en sciences sociales*, n° 111-112, mars 1996, pp. 3-35.

Shlomo SAND, « Sorel, les Juifs et l'antisémitisme », *Cahiers Georges Sorel*, 1984, n° 2, pp. 7-36.

— « La correspondance comme boîte noire : le cas de Georges Sorel », *Mil neuf cent. Revue d'histoire intellectuelle*, 1990, n° 8, pp. 105-116.

— « Georges Sorel entre utopie et politique », *Mil neuf cent. Revue d'histoire intellectuelle*, 1993, n° 11, pp. 87-93.

Antoine SAVOYE, « Max Leclerc (1864-1932), un éditeur engagé », dans Colette Chambelland (dir.), *Le Musée social en son temps*, Paris, Presses de l'ENS, 1998, pp. 119-134.

Nicolas SCHAPIRA, « Sociabilité, amitié et espace littéraires. Les lettres de Jean-Louis Guez de Balzac à Valentin Conrart », dans *Hypothèses 1997. Travaux de l'Ecole doctorale d'histoire*, Paris, Publications de la Sorbonne, 1998, pp. 141-147.

Peter SCHÖTTLER, « Bourses du travail, "subventionisme" et sciences sociales. Réponse à Jacques Julliard », *Cahiers Georges Sorel*, 1987, n° 5, pp. 205-212.

Hervé SERRY, « Les écrivains catholiques dans les années 20 », *Actes de la recherche en sciences sociales*, n° 124, septembre 1998, pp. 80-87.

— « Le mouvement de "renaissance littéraire catholique" : entre espoirs et désillusions », dans *Francis Jammes-Robert Valléry-Radot. Correspondance (1906-1934)*, Bulletin de l'association Francis Jammes n° 28, décembre 1998, pp. 11-50.

Klaus-Peter SICK, « Alfred Fabre-Luce et la crise du libéralisme dans l'entre-deux-guerres », *Commentaire*, automne 1989, vol. XII, n° 47, pp. 551-562.

Anne SIMONIN, « La *Lettre aux directeurs de la résistance* de Jean Paulhan », dans *Les Ecrivains face à l'histoire*, Paris, BPI centre Georges-Pompidou, 1998, pp. 75-94.

— « 1815 en 1945 : les formes littéraires de la défaite », *Vingtième siècle. Revue d'histoire*, juillet-septembre 1998, n° 59, pp. 48-61.

Jean-François SIRINELLI, « Raymond Aron avant Raymond Aron (1923-1933) », *Vingtième siècle. Revue d'histoire*, avril 1984, n° 2, pp. 15-31.

— « Littérature et politique : le cas Burdeau-Bouteiller », *Revue historique*, juillet-septembre 1984, n° 551, pp. 90-111.

— « Biographie et histoire des intellectuels : le cas des "éveilleurs" et l'exemple d'André Bellessort », *Sources. Travaux historiques*, 1985, n° 3-4, pp. 61-73.

— « Le hasard ou la nécessité ? Une histoire en chantier : l'histoire des intellectuels », *Vingtième siècle. Revue d'histoire*, janvier-mars 1986, n° 9, pp. 97-108.

— « Effets d'âge et phénomènes de génération dans le milieu intellectuel français », *Cahiers de l'IHTP*, novembre 1987, n° 6, pp. 5-18.

— « Alain et les siens. Sociabilité du milieu intellectuel et responsabilité du clerc », *Revue française de science politique*, avril 1988, n° 2, vol. XXXVIII, pp. 272-283.

— « Les intellectuels », dans René Rémond (dir.), *Pour une histoire politique*, Paris, Seuil, « L'univers historique », 1988, pp. 199-231.

— « Guerre d'Algérie, guerre des pétitions ? Quelques jalons », *Revue Historique*, janvier-mars 1988, n° 565, pp. 73-100.

— « Génération et histoire politique », *Vingtième siècle. Revue d'histoire*, avril-juin 1989, n° 22, pp. 67-80.

— « Les intellectuels français et la guerre », dans Jean-Jacques Becker (dir.), *Les Sociétés européennes et la guerre de 1914-1918*, Publications de l'Université de Nanterre, 1990, pp. 145-161.

— « Les intellectuels dans la mêlée », dans Jean-Pierre Rioux (dir.), *La Guerre d'Algérie et les Français*, Paris, Fayard, 1990, pp. 116-130.

— « Guerre d'Algérie, guerre des pétitions ? », dans J.-François Sirinelli et J.-Pierre Rioux (dir.), *La Guerre d'Algérie et les intellectuels français*, Bruxelles, Complexe, 1991, pp. 265-306.

— « Les intellectuels français en guerre d'Algérie », dans J.-François Sirinelli et J.-Pierre Rioux (dir.), *La Guerre d'Algérie et les intellectuels français*, Bruxelles, Complexe, 1991, pp. 11-32.

— « Les élites culturelles », dans Jean-Pierre Rioux et Jean-François Sirinelli (dir.), *Pour une histoire culturelle*, Paris, Seuil, « L'univers historique », 1997, pp. 275-296.

— « Les quatre saisons des clercs », *Vingtième siècle. Revue d'histoire*, octobre-décembre 1998, n° 60, pp. 43-57.

Bruno SOMAVILCO, « *La Voce* et la reformulation de l'identité culturelle italienne », *Cahiers Georges Sorel*, 1987, n° 5, pp. 131-141.

Stéphan SOULIÉ, « *La Revue de métaphysique et de morale*, 1893-1906. Critique philosophique et philosophie morale en République », *Jean Jaurès cahiers trimestriels*, octobre-décembre 1998, n° 146, pp. 45-73.

Jean STAROBINSKI, « La littérature. Le texte et l'interprète », dans Jacques Le Goff et Pierre Nora (dir.), *Faire de l'histoire. Nouvelles approches*, Paris, Gallimard, « Bibliothèque des histoires », 1974, pp. 168-182.

Zeev STERNHELL, « Emmanuel Mounier et la contestation de la démocratie libérale », *Revue française de science politique*, décembre 1984, n° 6, vol. 34, pp. 1141-1180.

Ivo SUPICIC, « Situation socio-historique de la musique au XIXe siècle », dans Jean et Brigitte Massin, *Histoire de la musique occidentale*, Paris, Fayard, 1985, pp. 705-717.

Danielle TARTAKOVSKY, « Les traditions identitaires du mouvement ouvrier français », *Historiens et géographes*, 1995, n° 350, pp. 327-334.

Albert THIBAUDET, « Pour l'histoire du Parti intellectuel », *Nouvelle Revue Française*, 1er août 1932, n° 227, pp. 265-272.

Anne-Marie THIESSE, « Les petites patries et la grande nation. Le mouvement littéraire régionaliste français et la *Heimatkunstbewegung* à la Belle Epoque », dans Michel Espagne et Michael Werner (dir.), *Philologiques. III Qu'est-ce qu'une littérature nationale ? Approches pour une théorie interculturelle du champ littéraire*, Paris, Editions de la Maison des sciences de l'homme, 1994, pp. 339-362.

Guy THUILLIER, « Morale et politique : Péguy et l'affaire des "fiches" en 1905 », *Revue administrative*, juillet-août 1990, n° 256, pp. 310-316.

Jean TOUCHARD, « L'esprit des années 1930 : une tentative de renouvellement de la pensée politique française », *Tendances dans la vie politique française depuis 1789*, Paris, Hachette, « cahiers de civilisation », 1960, pp. 89-138.

Michel TREBITSCH, « Les intellectuels en France dans l'entre-deux-guerres. Tendances récentes de l'historiographie (1985-1988) », *Sources*, 1988, n° 14, pp. 81-90.

— « Sociabilités intellectuelles. Orientation bibliographique », *Cahiers de l'IHTP*, mars 1992, n° 20, p. 206-220.

Alain VAILLANT, « Conversations sous influence. Balzac, Baudelaire, Flaubert, Mallarmé », *Romantisme. Revue du dix-neuvième siècle*, 1997, n° 98, pp. 97-110.

Stéphane VAN DAMME, « La sociabilité intellectuelle. Les usages historiographiques de cette notion », dans *Hypothèses 1997. Travaux de l'Ecole doctorale d'histoire*, Paris, Publications de la Sorbonne, 1998, pp. 123-132.

Jean VIPLÉ, « Hommage au fondateur des "Cahiers du Centre", Henri Buriot-Darsiles », *Les Cahiers bourbonnais*, 1964, n° 32, pp. 236-243.

Reino VIRTANEN, « Nietzsche and the Action Française. Nietzsche's significance for french rightist thought », *Journal of history of Ideas*, april 1950, XVI, pp. 191-214.

William Paul VOGT, « Un durkheimien ambivalent : Célestin Bouglé (1870-1940) », *Revue française de sociologie*, janvier-mars 1979, vol. XX, n° 1, pp. 123-139.

Jean-Claude WARTELLE, « Un maudit de l'histoire de France : le général de Galliffet », *Revue Historique des Armées*, 1984, n° 4, pp. 95-108.

Eugen WEBER, « Le renouveau nationaliste en France et le glissement vers la droite

1905-1914 », *Revue d'histoire moderne et contemporaine*, avril-mai 1958, t. V, pp. 114-128.

Michael WERNER, « La place relative du champ littéraire dans les cultures nationales Quelques remarques à propos de l'exemple franco-allemand », dans Michel Espagne et Michael Werner (dir.), *Philologiques. III Qu'est-ce qu'une littérature nationale ? Approches pour une théorie interculturelle du champ littéraire*, Paris, Editions de la Maison des sciences de l'homme, 1994, pp. 15-30.

Stephen WILSON, « Fustel de Coulanges and the Action Française », *Journal of history of Ideas*, janvier-mars 1973, XXXIV, pp. 123-134.

— « Les historiens d'Action française », *Etudes maurrassiennes*, 1973, n° 2, pp. 195-202.

Michel WINOCK, « La scission de Châtellerault et la naissance du "parti allemaniste" (1890-1891) », *Le Mouvement social*, juin 1971, n° 75, pp. 33-62.

— « Les générations intellectuelles », *Vingtième siècle. Revue d'histoire,* avril-juin 1989, n° 22, pp. 17-38.

— « Paul Bourget, romancier et moraliste de la bourgeoise », dans Colette Chambelland (dir.), *Le Musée social en son temps*, Paris, Presses de l'ENS, 1998, pp. 147-154.

Jean-Claude YON, « La création du théâtre des bouffes-parisiens (1855-1862) ou la difficile naissance de l'opérette », *Revue d'histoire moderne et contemporaine*, octobre-décembre 1992, pp. 575-600.

TABLE

Remerciements 9

Préface 11

Introduction 17

PREMIÈRE PARTIE
GENÈSE D'UN TEMPÉRAMENT POLITIQUE

I. La famille Halévy : judaïsme, « franco-judaïsme » et assimilation. . . . 23
   Elie Halfon Lévi : du ghetto bavarois à Paris — Elie Halévy, l'homme de deux cultures — Léon Halévy aux origines du franco-judaïsme — Les générations Halévy et le processus socio-culturel d'assimilation — Ludovic Halévy : anatomie d'une réussite sociale et culturelle — L'orléanisme libéral Halévy-Paradol — Le milieu Halévy.

II. Le monde clos 47
   Racines — Formation d'une sensibilité — A l'ombre de Verlaine et Mallarmé — La vie de salon : éthique sociale de la conversation.

III. Découverte de la société et débuts littéraires 63
   Mûrissement d'une sensibilité sociale — De la camaraderie à la carrière littéraire — Socialisme, christianisme social et éducation populaire.

DEUXIÈME PARTIE
AU CŒUR DE LA CITÉ

IV. L'ébranlement de l'Affaire Dreyfus 95
   « Justice et passion » — Naissance d'un militant — L'Union pour l'action morale : libéralisme, élitisme et kantisme — Contours d'un socialisme — Aspects d'une pensée sociale : autonomie ouvrière et coopération.

V. Le « deuxième dreyfusisme » : le « parti de la Démopédie ». 131
   Le mouvement des universités populaires — L'Enseignement mutuel — Culture des élites et culture de masse — Les Pages Libres, prolongement des Universités populaires.

VI. La littérature aux prises avec le social 157
   Les convergences intellectuelles avec Péguy — Halévy-Ulysse et la pensée sorélienne — A la recherche d'un roman — Un épisode : la transmission culturelle en échec.

TROISIÈME PARTIE
NOTORIÉTÉ, CONFLITS ET PESSIMISME

VII. Le tournant du post-dreyfusisme. 191
   Les mutations socio-culturelles du monde ouvrier — La mort du « deuxième dreyfusisme ».

VIII. Succès et notoriété littéraires 201
   La Vie de Frédéric Nietzsche — Les invites de la NRF — Libéralisme et dreyfusisme : Apologie pour notre passé.

IX. Dans la mêlée littéraire 221
   La médiation déformante de Sorel — L'Action Française et le « cas Halévy ».

X. Retour au réel 243
   L'apologie de la ruralité — L'attachement à la France provinciale et pré-industrielle.

XI. Portrait d'un libéral conservateur 259
   La montée du pessimisme — La défense du libéralisme conservateur face à Maurras.

QUATRIÈME PARTIE
LE POUVOIR LITTÉRAIRE À L'HEURE DE LA MATURITÉ

XII. Voir la guerre 273
   La fin d'un monde — La société intellectuelle dans la guerre.

XIII. La politique des lettres 287
   Dans les rangs du Parti de l'Intelligence — Les mutations de la Librairie Bernard Grasset — Les « cahiers verts ».

XIV. Une influence littéraire 315
   Le salon du quai de l'Horloge — La critique littéraire — Le pouvoir éditorial : collections et manuscrits — Les nouveaux aspects d'une carrière littéraire.

CINQUIÈME PARTIE
LE TEMPS DE L'ENGAGEMENT POLITIQUE

XV. Face à l'Europe nouvelle. 353
   La difficulté des relations franco-allemandes — L'incompréhension des régimes totalitaires.

XVI. La critique de la démocratie parlementaire.................. 363
    Le régime républicain en accusation — Antiradicalisme et antiparlementarisme — La critique conservatrice de l'école républicaine — Malaise dans la civilisation : l'ère des masses — La crise du libéralisme — Du ruralisme au traditionalisme.

XVII. Histoire contemporaine et critique politique................. 403
    Le sens de l'histoire — Les enjeux politiques des débats historiques — Le compagnonnage Halévy-Maurras.

SIXIÈME PARTIE
LA MARGINALISATION

XVIII. Les années sombres 435
    Aboutissement pétainiste — La littérature occupée.

XIX. Un aîné fraternel 449
    Une sortie de guerre douloureuse — Au cœur des sociabilités néo-maurrassiennes — La fin d'une carrière littéraire.

Conclusion.. 467
Index... 471
Liste des abréviations des références bibliographiques............. 487
La biographie intellectuelle et ses sources : note méthodologique..... 489
Sources et bibliographie..................................... 494

Impression réalisée sur CAMERON par

BUSSIÈRE CAMEDAN IMPRIMERIES
GROUPE CPI
*à Saint-Amand-Montrond (Cher)
pour le compte des Éditions Grasset
en février 2001*

N° d'édition : 11838. — N° d'impression : 010378/4.
Dépôt légal : février 2001.
Imprimé en France
ISBN 2-246-60681-0